Political Polarization

政治极化

The New Reality Of American Politics In The 21st Century

21世纪
美国政治的新现实

庞金友/主编

天津出版传媒集团
天津教育出版社 TIANJIN EDUCATION PRESS　天津人民出版社

图书在版编目(CIP)数据

政治极化 : 21世纪美国政治的新现实 / 庞金友主编. 天津 : 天津教育出版社, 2025. 6. -- ISBN 978-7-5309-9640-9

Ⅰ. D771.2

中国国家版本馆CIP数据核字第2025D76T72号

政治极化：21世纪美国政治的新现实

ZHENGZHI JIHUA:21SHIJI MEIGUO ZHENGZHI DE XINXIANSHI

出版人	黄 沛
作 者	庞金友主编
策划编辑	安 洁 郑 玥
责任编辑	安 洁 郑 玥
装帧设计	高馨月
出版发行	天津出版传媒集团 天津教育出版社 天津市和平区西康路35号 邮政编码 300051 http://www.tjeph.com.cn
经 销	新华书店
印 刷	北京捷迅佳彩印刷有限公司
版 次	2025年6月第1版
印 次	2025年6月第1次印刷
规 格	16开(787毫米×1092毫米)
字 数	400千字
印 张	35.5
插 页	3
定 价	108.00元

CONTENTS

目　录

第三编 政治极化的文化与技术根源

第四编 政治极化的民主后果

第五编
政治极化的可能走向

导 语
“政治极化”的流变与分歧

一个幽灵，政治极化的幽灵，正在北美大陆徘徊。

无论从哪个角度审视，政治极化都是全面考察和深度思考晚近美国政治避无可避的重要议题。在现实维度，它代表着当前美国政治的最新变化，对国内政治、地区政治和世界政治格局影响深远，必须高度重视；在理论维度，它是观察当下美国民主困境的崭新视角，为当代民主理论研究提供了案例和素材，值得深入研究。

“极化”的经典阐释

极化（polarization）一词最早出现在19世纪初的自然科学领域，主要用来描述一些物理现象，即光、电磁、电极、分子等在一定条件的作用下，其性质相对于原来状态有所偏离的现象。该词在1862年首次被用来描述政治领域的现象。当时一位英国政治观察家马森（David Mather Masson）在《麦克米伦杂志》（*Macmillan's Magazine*）如此抱怨道：“我们整个国家的思想陷入可悲的两极分化……形成了辉格主义和托利主义两股对立的潮流。”由此可见，“极化”在起源之初就隐含了人们对根深蒂固的政治阵营之间对立、冲突的担忧。

20世纪后半叶，乔瓦尼·萨托利（Giovanni Sartori）首次在比较政治的背景下系统分析极化多党制（polarized system）的性质与特点，详细阐明“极化”与高强度政治冲突之间的差异，并提出极化多党制这一多党制的变种势必会使国家陷入一种不健康的政治状态。他具体描述了极化多党制的八大特征：

①出现反体制政党。广义的反体制政党是指怀疑或削弱其所反对的政权

的合法性的政党。狭义的反体制政党是指带有一个外源性意识形态的政党，代表着一个政体所面对的最大意识形态距离。

②存在双边反对党。现实政治中存在相互排斥的两类反对党，它们相互敌对，彼此不相容，而且永远不会互相联合。

③中央地带被占据。中央存在一个或一组政党，即在左右向度上该体制度量意义上的中央被有形占据，但该政治体系的中央地带是不存在竞争的，并不鼓励政治体系的向心力。

④综合性特征显现。如果一个政治体制（其中心被有形占据）拥有了反体制、双边的反对党及阻碍向心性的竞争三个特征，就表明它已经是一个极化体制。左右两翼政治观念高度极化，当观念分歧到一定程度，达致共识的可能性就会降低，政治体制的合法性就将受到削弱。

⑤离心力大于向心力。离心性驱动力超越了向心性驱动力，导致中间地带衰弱，选票持续不断流向一个极端或均衡地流向两端。

⑥意识形态存在重大分歧。各政党之间不仅在政策上，更重要的是在核心原则和根本因素上存在明显分野。

⑦不负责任的反对党。如果一个政体以中间党派为基础进行轮流执政，那意味着中间政党（或中间的领导党）不会面临交替执政问题，而很可能是永久执政，“极化多党制是以处于中心地带边缘的政党为半负责的反对党、以反对该体制的极端政党为不负责的反对党为特征的”[①]。

⑧破坏性民主竞争。政治运行中出现与竞争政治截然不同的“抬价政治”或“过度承诺”。[②]平等的竞争者们“争相用更大的吸引力和承诺来获得支持”，从而使为可能得到的供应（支持）的竞争更加激化，而供应（支持）却没有增加。

显然，萨托利将反体制政党作为极化最为鲜明的特征。从广义上来说，只要一个政党削弱其所反对的政权的合法性，该政党就可以被定义为“反体制政党”。当然，在不同时期，人们“反对态度”的激烈程度必定是不同的，且

① ［意］G. 萨托利：《政党与政党体制》，王明进译，商务印书馆 2006 年版，第 198 页。
② ［意］G. 萨托利：《政党与政党体制》，王明进译，商务印书馆 2006 年版，第 184～207 页。

反对态度的种类也不相同，如异化、彻底拒绝和抗议属于不同的种类。但无论是异化、拒绝还是抗议，都会使政体面临合法性危机。从狭义上来说，反体制政党不会改变政府，而是致力于改变政府体制本身，它反对的是一般的原则而不是具体的议题。因此，反体制政党往往带有一个外源性的意识形态，代表着一个政体所面对的最大意识形态距离。由于它暗含着对主流自由民主思想、价值的极端偏离，必将对民主造成极大的危害。

反体制政党与相互排斥的政党、以中间派为基础的政党体制两个特征的结合，真实地展现了20世纪政治极化的经典场景："其侧翼极严格地说是两个分离的极，它们之间的距离则涵盖了观念的最大跨度。这等于说，其分野是非常深刻的，而一致的可能性肯定是很低的，且政治体制的合法性受到了广泛的怀疑。简而言之，当我们有了意识形态的距离（和意识形态近似相区别）时，就会出现极化。"[①]也就是说，萨托利将政治极化理解为候选人、政党、选民之间的意识形态距离，随着意识形态距离的扩大和观点的两极分化，政策立场或者意识形态的立场分布必将从向心性转为离心性。这也从侧面表明，以意识形态为基调和主轴的政党极化、精英极化，是20世纪政治极化讨论的核心议题和基本范畴。

意识形态极化的变与不变

政治极化在20世纪90年代被引入美国，用以解释美国政党和社会的对立状况。但是进入21世纪之后，政治极化的性质和样态发生了重大变化，以意识形态为主线的萨托利式阐释随之丧失解释力。

一是异质意识形态的消失。萨托利认为极化型政党是反体制、反民主的党派，它们对民主政治造成了重大损害，其极端化的极化趋势直接威胁民主。但现在，带有一个外源性意识形态的反体制政党已经不复存在，当下的政党都声称自己是自由民主的捍卫者。"当代政治极化的过程不再是由自称民主敌

① ［意］G.萨托利：《政党与政党体制》，王明进译，商务印书馆2006年版，第192页。

人的存在驱动，而是由对民主敌人的恐惧驱动，它们不涉及极端主义政党对民主中心的意识形态的攻击，而是对意识形态范围内主流政治行为者的民主承诺的争议。”① 自称是自由民主捍卫者的双方在什么趋势、什么程度下的意识形态极化才会走向极端发展，走向“反体制”，甚至是威胁民主体制呢？

二是中心地带的坍塌。萨托利认为极化多党制是一种复杂的综合征，除了反体制政党，还包括强大的政治中心的存在（对中间地带的有形占据）和双方极端的离心竞争（双边反对）。这些政党是信奉民主价值以外的意识形态的政党，这两派敌对的政党从意识形态光谱的两端对民主的中心进行攻击。但现在，“大多数当代政治极化的过程并不依赖于强大中心的存在，而是依赖于其弱点。相互竞争的阵营没有对抗政治中心，而是将其清除并变成一片空地”②。这意味着，党派成员向意识形态两极聚集，而中间派则是一片广阔的荒原。当前政治极化阵营之间的对立是排除了分散竞争、强势中心的强势冲突。

当然，这些变化并未完全改变政治极化的本质，将意识形态光谱作为划分极化的重要标准，在当代政治极化研究中依旧得到保留和延续。承认政党极化和大众极化的研究者都认为，意识形态之间的差距反映着社会中最重要的政治分歧，也是政治极化最核心的特征和最重要的衡量标准。

意识形态距离：政治极化的测量标准

在 21 世纪前后十年，在欧美大多数关于政治极化的研究中，政治极化几乎被完全等同于意识形态极化。这些研究侧重于观察政党领导人、政党以及党派追随者之间政策偏好上的空间演变，倾向于观察冲突的群体之间存在的结构性差异。通常通过研究群体成员的主观和客观属性在三个维度上的分布情况来判断极化的程度，即党派内部的同质性、党派之间的异质性以及对立的党派

① Andreas Schedler, Rethinking Political Polarization, *Political Science Quarterly*, Vol.138, No.3, 2023.

② M. F. Fiorina, S. J. Abrams, Political Polarization in the American Public, *Annual Review of Political Science*, Vol.11, 2008.

及追随者之间的意识形态距离。这是一种集群分析[①]或者结构分析的视角。

最常见的国会意识形态测量方法是基思·T.普尔（Keith T. Poole）和霍华德·罗森塔尔（Howard Rosenthal）的DW-NOMINATE分值[②]评估法，[③]即基于议员的投票情况对议员的意识形态值进行评估得出分值，并以此分值作为党派内部意识形态同质性和政党之间意识形态距离的衡量指标。近几十年的研究表明：随着时间变化，美国各州和国家立法机构中的政党之间的意识形态距离一直在扩大。[④]

拉塞尔·戴顿（Russell Dalton）近年来则利用选举制度比较研究的数据，重点关注立法机构中政党之间的意识形态距离，分析左翼—右翼尺度上的平均政党立场与整个立法机构的平均意识形态立场之间的距离，主要通过观察政党精英之间意识形态的距离、程度以及发展趋势来判断政治极化现象是否发生。[⑤]

上述研究表明，在政党精英之间已经形成了意识形态的极化。那么，随之而来的是另一个问题：大众极化是否发生？

---

① 集群分析是一种对样本观察值进行分析，将具有某些共同特性者整合在一起然后分配到特定的群体，最后形成不同集合集群的一种分析方法。

② DW-NOMINATE即Dynamic Weighted NOMINAl Three-step Estimation，可译为“动态加权定类三步估计”。它是美国政治学家基思·T.普尔和霍华德·罗斯塔尔发明的，现已被美国政治学界广泛引用。这种方法是通过议员的投票行为来对其意识形态作定量评估，比主观打分更加精确。它也可用于评估总统的意识形态，因为总统会批准或否决国会议案，其实际效果相当于议员投票。在这种方法中，意识形态最左/自由一端的分值为-1，最右/保守一端的分值为1。DW-NOMINATE分值可参见https://voteview.com/data；该方法的细节可参见Keith T. Poole，Howard Rosenthal，*Congress: A Political-Economic History of Roll Call Voting*，Oxford University Press，1997。

③ Keith T. Poole，Howard Rosenthal，*Congress:A Political-Economic History of Roll Call Voting*，Oxford University Press，2000.

④ N. McCarty，K. Poole & H. Rosenthal，*Polarized America:The Dance of Ideology and Unequal Riches*，MIT Press，2006.

⑤ R. J. Dalton，The Quantity and the Quality of Party Systems：Party System Polarization，Its Measurement，and Its Consequences，*Comparative Political Studies*，Vol.41，No.7，2008.

大众极化了吗?

政治精英的极化并不必然和大众极化紧密联系在一起。精英阶层因为天然地倾向于了解并关心政治，也倾向于在了解议题之后投身于某一派，故容易出现两极分化。相比之下，大众对政治并不那么感兴趣，他们更多专注于工作、金钱、家庭等其他非政治追求。学界围绕精英极化是否影响大众极化、大众极化是否存在产生了相当长时间激烈、复杂的争论。

一派学者认为，政治极化只在精英中发生，并没有广泛影响到大众，因此，政治极化的程度和影响被夸大了。如莫里斯·弗里纳（Morris Fiorina）和塞缪尔·艾布拉姆斯（Samuel Abrams）认为多数学者对于当前极化态势的推断过于夸张。他们在《文化战争？》中指出，与主导我们公共政治生活的极端主义者和空想家相比，大多数美国人仍然是矛盾的、温和的和务实的。“美国人之间存在着紧密的分歧，但我们并没有严重的分歧，我们之所以有如此紧密的分歧，是因为我们中的许多人都是矛盾的、不确定的，因此不愿对政党、政治家或政策做出坚定的承诺。我们在选举中平分选票，或者完全袖手旁观，因为我们本能地寻求中间立场，而政党和候选人则徘徊在极端立场上。”[①]这意味着，大众选民的偏好依然是温和的。

一派学者认为，政治极化已经渗透到了大众群体并引发了广泛的大众极化。如阿布拉莫维茨（Alan Abramowitz）和桑德斯（Kyle Saunders）通过研究发现，自20世纪70年代以来，美国大众和政治精英之间的意识形态两极分化急速加剧。现在，民主党和共和党之间、“红州”选民和“蓝州”选民之间、宗教选民和世俗选民之间的看法都存在巨大差异。这意味着，大众群体已经产生深刻的分歧。[②]

---

① M. P. Fiorina, S. J. Abrams & J. C. Pope, *Culture War? The Myth of a Polarized America*, Pearson Longman, 2005.

② Alan I. Abramowitz, Kyle L. Saunders, Is Polarization a Myth?, *The Journal of Politics*, Vol.70, No.2, 2008.

争论的双方依据不同的意识形态极化评估指标，一直没有得出明确的结论。

意识形态标准的局限

传统的政治极化衡量标准，也就是政党之间或选民之间的意识形态距离，并不能完全反映政治极化。

首先，就意识形态本身来说，当依据左右翼分野的连续统一体来测量极化时，分析家必须假定存在着某种预先一致同意的左翼、右翼和中间派的界定，并且假定这些界定易于量化。然而，左翼和右翼的划分和分类多样，有政治上的左右翼，也有经济上、社会上乃至宗教上的左右翼。衡量标准的不统一会造成测量的混乱和难以比较。

其次，单纯的意识形态距离测量并不能完全反映极化双方的分歧。只关注意识形态距离，就忽视了非意识形态维度深刻的、复杂的政治极化。

最后，基于意识形态的测量在概念上是相对狭隘的，而且缺乏对外部群体的负面态度的关注。关注简单的左右意识形态分歧不仅可能忽视群众两极分化的其他维度，也无法代表政治极化的多维性。[①]

情感极化的登场

2012 年，艾扬格（Shanto Iyengar）等人提出，基于政策的、意识形态的分裂只是定义极化的一种方式，另一种更具有诊断性的大众两极分化指标是党派人士将彼此视为不受欢迎的外部群体的程度。[②]他们运用美国社会学家博格

① Alban Lauka, Jennifer McCoy & Rengin B. Firat, Mass Partisan Polarization: Measuring a Relational Concept, *American Behavioral Scientist*, Vol.62, No.1, 2018.

② Shanto Iyengar, Gaurav Sood & Yphtach Lelkes, Affect, Not Ideology, *Public Opinion Quarterly*, Vol.76, No.3, 2012.

达斯（Bogardus）关于社会距离（social distance）的经典概念[①]，对极化作出另外一种定义，即情感极化。这一开创性概念将情感的社会距离标准推到了美国政治极化辩论的前沿阵地。

情感极化的主张基于社会身份理论，认为人对自己社会身份或者群体归属的认同不仅要求个人对自己所属的群体有积极的情绪，还要求对那些对立群体有消极的情绪。基于党派身份的情感会让党派成员亲近自己所属的政党群体以及党派领导人，厌恶自己对立的政党群体以及党派领导人。当社会群体处于对立甚至冲突状态时，群体中的个人很难以平和、中立、公平的态度去看待彼此，而是更倾向于产生一种对对方的负面态度，包括情绪化的反感和负面的偏见。[②]

艾扬格通过三个指标来评估美国是否陷入了政治极化：一是美国人对自己所属党派和对立党派的情感温度评分，受访者被要求在 0～100 的情感温度范围内对政党进行评价；二是受访者描述共和党人或民主党人的特质（如爱国、封闭、聪明、虚伪、自私、诚实、豁达、慷慨等）；三是对跨党派婚姻的感受（是否愿意接受自己的孩子嫁 / 娶民主党或共和党人士，并从“非常不高兴”到“非常高兴”之间选择）进行评估。[③]

三个指标都显示美国出现情感极化，美国党派之间越来越分裂。在此之后，学者们采用类似的指标衡量情感极化。

---

① 社交距离方法可以被视为一种社会计量学形式，其研究集中在个人与群体关系的测量、对这些关系变化的测量、在这种测量中使用刻板印象，以及试图利用感觉反应作为理解人类行为的手段等方面。社交距离方法可能在许多方面对社会度量做出贡献。比如，通过获得一个地理区域或一个文化区域的人对生活在不同地理区域或文化区域的人们的反应，社交距离方法可能对群体间敌对行动的爆发以及群体间合作和同化的发展具有预测价值。研究中，注意力的中心是人们对他人和群体的情感反应。在这种处理人际关系和个人与群体关系的方法中，贯穿始终的重点是在人格的情感方面指导下的人类反应。参见 Emory S. Bogardus，Measurement of Personal-Group Relations，*Sociometry*，Vol.10，No.4，1947.

② S. Iyengar & S. J. Westwood，Fear and Loathing Across Party Lines：New Evidence on Group Polarization，*American Journal of Political Science*，Vol.59，No.3，2015.

③ Shanto Iyengar，Gaurav Sood & Yphtach Lelkes，Affect，Not Ideology，*Public Opinion Quarterly*，Vol.76，No.3，2012.

情感极化会驱动政治极化吗?

民主党人和共和党人之间日益加剧的党派敌意对政党制度乃至整个政治系统的运作都会造成负面影响。从政治层面来说，人们通常不倾向于相信他们不喜欢的东西，对反对党越来越不喜欢是理解一方的党派在另一方掌权时对政府的信任下降的核心，这种不信任也阻碍了政治精英之间的合作。从社会层面来讲，党派敌意导致了政党支持者对政治领域以外的反对党的偏见和歧视行为。对此，学界提出两种机制假说，一是党派超越政策假说（party-over-policy hypothesis）[①]，二是政策超越党派假说（Policy-over-party hypothesis）[②]。前者认为情感极化是人类演化过程中对外部群体厌恶的有力体现，而政策分歧只是加剧了这一趋势[③]；后者则认为情感极化是政党之间政策分歧的反映[④]。

党派超越政策假说由社会身份理论演变而来，艾扬格等人在系统解释情感极化这一概念时就指出，人的群体身份在被划定之初可能就预示着偏见的到来，对对立党派的负面态度和消极情绪主要是由党派之间高度的群体竞争意识推动，这是日益负面和持久的政治竞选活动造成的。[⑤] 有学者指出，美国选民在意识形态上是相当杂乱无章的，政党的支持者与一个政党的联系更多的是情感上的，而不是理性的。[⑥] 此外，还有学者认为，媒体环境的变化可能

① Marc J. Hetherington, Thomas J. Rudolph, *Why Washington Won't Work: Polarization, Political Trust, and the Governing Crisis*, University of Chicago Press, 2015, p.32.

② S. Iyengar, S. J. Westwood, Fear and Loathing across Party Lines: New Evidence on Group Polarization, *American Journal of Political Science*, Vol.59, No.3, 2015.

③ Lilliana Mason, *Uncivil Agreement: How Politics Became Our Identity*, University of Chicago Press, 2018.

④ S. W. Webster, A. I. Abramowitz, The Ideological Foundations of Affective Polarization in the U.S. Electorate, *American Politics Research*, Vol.45, No.4, 2017.

⑤ Shanto Iyengar, Gaurav Sood & Yphtach Lelkes, Affect, Not Ideology, *Public Opinion Quarterly*, Vol.76, No.3, 2012.

⑥ L. Mason, I Disrespectfully Agree: The Differential Effects of Partisan Sorting on Social and Issue Polarization, *American Journal of Political Science*, Vol.59, No.1, 2015.

会对广大公众产生重要的间接影响，有线新闻媒体和互联网站营造的信息茧房激化了人的情感，使人生活在我所支持的政党是好的，对立的政党是坏的的信息泡沫中。[①]

政策超越党派假说建立在唐斯（Anthony Downs）理论的基础上，他将选民建模为出于意识形态动机的理性行为者。在高意识形态极化的情况下，党派认为政治竞争的利害关系更大，并通过对政党、候选人形成情感两极分化的观点来应对。[②]美国党派中的情感极化可以被认为建立在理性基础之上。[③]

然而，根据经验来看，政策分歧和党派性之间的差异很难厘清，意识形态极化和情感极化之间的联系难以割裂。依赖社会认同理论的学者也不会完全否认政策会对情感极化和党派偏见造成影响，政策支持者也承认，党派情绪中存在部落因素，情感极化也不能被视为完全理性的现象。[④]

两大范式的同与不同

在意识形态极化的研究中，极化的程度由对立群体之间的异质性、内部群体的同质性及政党与追随者之间的意识形态距离决定。在这类研究中，最常被研究的群体身份是政党身份。情感极化的研究方法与意识形态极化研究相似，也是通过政党之间的距离和政党内部的一致性来定义极化程度。

意识形态范式和情感范式之间的主要区别是：意识形态之间的距离源于政党和政党支持者在意识形态问题和层面上的不同立场，而情感之间的距离则由个人对特定政党的直接态度决定。

---

① Marc J. Hetherington，Thomas J. Rudolph，*Why Washington Won't Work:Polarization，Political Trust，and the Governing Crisis*，University of Chicago Press，2015，p.27.

② J. C. Rogowski，J. L. Sutherland，How Ideology Fuels Affective Polarization，*Political Behavior*，Vol.38，No.2，2016.

③ S. W. Webster，A. I. Abramowitz，The Ideological Foundations of Affective Polarization in the U. S. Electorate，*American Politics Research*，Vol.45，No.4，2017.

④ S. W. Webster，A. I. Abramowitz，The Ideological Foundations of Affective Polarization in the U. S. Electorate，*American Politics Research*，Vol.45，No.4，2017.

需要注意的是，政党与选民作为政党制度的供给方和需求方，二者在两种极化层次上也有不同的侧重。意识形态极化更多地被用于测量精英阶层与政党之间的距离，而情感极化则更多地反映了选民之间的分歧。① 由此可见，意识形态极化和情感极化两大研究范式关注和测量的重心有所区别又相互补充、彼此促进。

当然，必须承认的是，意识形态极化和情感极化虽然互动、关联，但从本质上它们并不是一致的，应该将二者作为单独的概念来对待。② 同时，对二者的测量不仅要关注其空间的分布测量，也要关注群体之间的冲突模式变化。最后，需要注意的是，政治极化指的是在一个国家范围内的两个不同的群体之间的距离变化。极化的程度不仅取决于空间的分布，也关乎双方对抗的激烈程度，要在时间、空间、关系互动等多个维度进行极化的观察和测量。

几点结论

目前，极化已经成为分析当代西方尤其是美国民主困境、治理危机和社会冲突必不可少的概念。政治极化的研究对象、研究维度和研究方法的调适与转变，与当前欧美社会政治冲突的演进和走向紧密相关。虽然分歧与冲突是当前欧美政治生态的基本特征，健康的民主政治制度会宽容冲突而不是压制冲突。但不可否认的是，政治极化是一个真实存在的、已经引起政治学界重视的客观现象。政治极化现象将继续存在，学界对政治极化的研究也将持续深化。因此，关于政治极化的意涵与特征、政治极化的源起与影响、政治极化的动向与趋势等议题的讨论、分歧与纷争，仍将长期持续下去。政治极化议题值得学界以更为持续的热情、更为细致的方法、更为审慎的态度展开更为全面的现实考察和更为细致的理论分析。

---

① S. Pardos-Prado, E. Dinas, Systemic Polarisation and Spatial Voting, *European Journal of Political Research*, Vol.49, No.6, 2010.

② A. Reiljan, Fear and Loathing across Party Lines (Also) in Europe: Affective Polarisation in European Party Systems, *European Journal of Political Research*, Vol.59, No. 2 , 2020.

本书内容与结构

本书是对近年来国内学界关于美国政治极化研究的全面盘点和阶段性总结，共分五编，总计收录论文 27 篇，内容涵盖美国政治极化的多维呈现、经济与制度根源、文化与技术根源、民主后果和可能走向。

第一编的主题是“政治极化的多维呈现”。当代政治极化拥有多张面孔，呈现多维形态，最初以意识形态极化为重心，集中表现为精英极化、政党极化、大众极化，后逐渐向以情感为中心偏转、扩张和渗透，情感极化、文化极化趋势明显。

其中，《当代美国意识形态的极化现象及其根源》以意识形态极化为线索，对比分析了以民主党为基础的左翼自由主义与以共和党为基础的右翼保守主义的鲜明特征，认为当代美国意识形态极化不仅分布在美国社会各个领域，还有向全球层面蔓延的可能。《当代美国的政党政治极化：动因、走向与影响》则聚焦于政党极化这一议题，认为当代美国政党极化的本质特征是以政治联盟重塑为核心变量、以政党重组为中介变量、以政党政治格局重构为因变量，最终形成了民主党、共和党对等极化的极端形态，唐纳德·特朗普（Donald J. Trump）政府执政以来，对等性极化进一步衍生为断层性极化。《“文化战争”与美国政治的神话和现实》试图从政治发展的角度审视“文化战争”（culture war）和大众极化之间的内在关联，借助美国综合社会调查 2012 年的民调数据，倾向于得出一个相对乐观的结论，即美国公众并未陷入全面的政治极化状态。《选举制度如何放大美国的政治极化——对选民整体极化论的质疑》认为美国选举过程的制度性缺陷是形成政治极化的一个重要根源，之所以如此是因为政治极化在精英层面表现明显，在选民群体层面更多表现为选边站队，政治精英与选民之间的这种“断裂”主要是因为选举过程中基于党派利益的选区划分，对极端候选人有利的初选制度，以及推动候选人趋于激进的选举捐献具有强大的扭曲效应，导致选举产生的极端“代表”不能真正地代表广大选民。

第二编的主题是“政治极化的经济与制度根源”。经济基础决定上层建筑，脱离国际经济发展环境、国内经济发展状况，很难全面、深入地了解美国政治发展的底层逻辑。

其中，《不平等：当代美国政治极化的经济与社会根源》认为经济不平等造成的贫富失衡、阶层分化、社会不公、机会不等，不仅导致右翼保守主义兴起、民粹主义泛滥、身份政治崛起和政治信任危机，更使党派冲突白热化、精英立场极端化、意识形态两极化、大众文化冲突化、社会阶层分裂化趋势进一步加剧，再加之不平等与政治极化相互交织、彼此强化，美国政治短期内根本无法摆脱政治极化的发展态势。《美国政治极化的经济逻辑及其影响》也认为当前美国政治极化愈演愈烈，其背后的经济逻辑是主要原因，资本权利与政治权力对立和统一，造成美国国内阶层的分割与固化，贫富分化加速了经济的不平等，最终加剧了政治上的不平等，经济不平等与政治不平等相互强化为政治极化。《老国家与新社会的错位：美国政治极化的根源》聚焦于制度特性与政治生态之间的内在联系，认为美国国家制度的保守性和美国社会生态的开放性之间的内在张力决定了美国政治极化存在周期性，正是经济自由化、社会保守化和全球化并行不悖的长期趋势，最终奠定了美国政治极化的社会根基。

无论从哪个角度来看，美国独特的政党制度框架结构和运行规则都是探究美国政治极化何以生成和加剧的关键因素。《论美国国会政党极化的结构性根源》认为美国政党极化之所以愈加突出，主要是基于四个结构性根源：一是越来越多意识形态激进的议员进入国会，同时部分议员不断向意识形态光谱的两端移动；二是国会自身的制度变革，尤其是议事规则和程序上的变化起着推波助澜的作用；三是国会中的多数党领袖不断强化政党纪律，致使国会中“政党投票”愈加频繁；四是政党领袖自身立场的激进和极化为“否决政治”铺设了道路。《美国政治的演化逻辑与内在悖论》认为美国政治演化的深层逻辑在于不同的自由主义世界观和方法论之间难以解决的悖论，民主党和共和党分别秉承两种截然不同的自由观念的强大张力，推动美国政治形成了普遍主义与精英主义对立的二元结构，使之先后经历了以政党“对等合作”为特征的新政时代及以政党“对等极化”为特征的新镀金时代。《当代美国的南部政党重组与政治极化》重点揭示政党重组对美国政治极化不容忽略的推动和刺激作用。随着南部保守白人逐渐脱离民主党转向共和党，少数族裔大量进入民主党，两党的选民基础和意识形态发生了显著变化：共和党从相对温和变得极端保守，而民主党则越来越走向激进自由化，而且共和党右转的幅度远大于民主党左转的幅度，进而形成了一种“非对称的”极化态势。

第三编的主题是“政治极化的文化与技术根源”。在托克维尔时代之后，普选、代议和多数原则成为现代西方民主的核心特征和普遍原则。随着社会的进步和发展，这些传统民主规则、制度和文化开始遭遇冲击和挑战。谁是“人民”、追求何种平等、公民优先还是族群优先、主流如何对待非主流等议题从边缘话语冲向政治论辩的核心地带。价值观念的后现代化嬗变，文化传统的后物质主义转向，既是理解政治极化源起的分析视角，也是与政治极化平行共生的现实元素。

其中，《当代美国反智主义的平等建构与政治极化的价值根源》以反智主义为观察视角探析美国政治极化的价值根源。从内在维度看，反智主义持续侵蚀政治信任，任由主流政治权威在大众与精英的二元对立中悄然流失，加剧了政治秩序的崩溃、制度整合的艰难和民主功能的衰退。从外在维度看，政治精英对民众充满激情的情感动员与政治操弄，导致反智主义与各种政治思潮耦合纠葛，民粹政治、激进政治与否决政治复杂交织，传统的公民政治不断滑向部落化、对抗化与反民主化倾向显著的身份政治。《困于身份的政治：西方政治极化问题的文化探源》以身份政治为观察视角挖掘美国政治极化的文化根源，认为在全球化危机和民族主义复兴的背景下，西方身份政治日益陷入“部落主义”的罗网，进而导致严重的文化撕裂和政治极化。求异的身份政治与求同的公民身份猛烈碰撞，将弱化公民身份的凝聚力和民族国家的向心力，困于身份的政治无助于造就一个持久有力的国家。《多元文化主义与美国政治极化》以多元文化主义（Multiculturalism）为观察视角探讨美国政治极化的思想根源，多元文化主义的扩张引发了严重的后果：一是引发了保守主义思想家的强势反击；二是激化了民主党与共和党之间的冲突和矛盾；三是冲击、消解了传统秩序和政治共识，特朗普执政时期对多元文化主义的限制及民主党的反击使美国的政治极化更加严重。《美国政治极化的文化与意识形态根源》以政治文化为观察视角，认为当前种族、民族和宗教团体已经取代阶级力量成为美国政治变化的社会基础，宗教保守派和宗教自由派之间的矛盾、少数族群基于群体身份而提出的文化多元主义与以个人自由和民主为核心的盎格鲁-撒克逊式的美国传统共识价值之间的冲突是政治极化的文化根源，现代自由主义与新保守主义之间的冲突、对抗则是美国政治极化的意识形态根源。

伴随着第五轮工业革命和新技术革命浪潮的强势席卷，信息技术对现代政治的冲击力、破坏力和形塑力日趋明显，俨然成为影响现代政治发展和变迁的重要变量。《社交媒体时代的认知与情感：当代欧美国家政治极化的心理根源》重点关注社交媒体时代的认知与情感对政治极化的助推作用，当偏狭的理性认知和偏执的感性情绪与党派归属、阶级身份、公共形象塑造、公共政策选择等迎头相遇，政治极化的形成和扩张便拥有了动力源和助燃剂。随着民众对特定领导人非理性的追捧或声讨，对党派阵营产生强烈的心理依附与行为追随，对政策制订与颁布采取极端态度，对异己群体愤恨和仇视，政治极化的强度、深度和幅度逐渐加剧。《智能推送、政治极化与民粹主义：基于传播学的一种解释路径》重点关注智能推送对政治极化的放大作用，认为基于大数据及算法技术的信息智能推送，其初衷是优化受众阅读体验、简化其信息检索与甄别流程，却可能导致“信息茧房”，用户信息接收与观念表达极端化，传统新闻业构建社会共识的努力逐渐式微，进而导致政治极化趋势愈发明显。《西方社交网络的政治极化与算法传播的角色反思》着重关注情感极化态势中社交网络尤其是算法传播的角色与功能，认为主流媒体信誉下降为社交网络崛起提供了契机，算法传播促成了网络集群的聚合，算法的个性化定制更为组织化政治操纵提供了便利渠道。

第四编的主题是“政治极化的民主后果”。作为当代欧美民主发展的最新趋势和当前欧美民主危机的症结所在，政治极化在经济获益失衡、多元文化主义受挫、公民价值观念扭转、政治传播转型以及政治版图洗牌与选民阵营重组等诸多因素的强势推动下不断升级、愈演愈烈，势必对民主制度、民主规则和民主文化构成重大冲击和挑战。

其中，《国家极化与当代欧美民主政治危机》认为，作为政治极化的升级版和拓展版的国家极化内含强大的破坏力、解构力和重塑力，对欧美国内政治形势、国际关系格局和未来政治走向影响深远，其中尤以否决政体、极端政治、信任危机、“后真相政治”以及全球秩序重构最值得关注。《政治极化与西方民主困境》提出，政治极化既可能带来强政党以及政治精英更明确的政治立场，从而激发民主参与，形成更有力的反对派，使民主更好地运转，也有可能撕裂多元力量之间的民主共识，破坏政治妥协，进而形成政治僵局，降低政府效率，甚至导致民主倒退与崩溃。《西方国家的民主何以衰退：基于对美国政治极化的分析》借助比较政治的视角，明确提出当前的美国民主正处于严重的衰退之中，甚至面临着制度崩溃的重大风险，究其根源恰在于政治极化引发的选举公正性的缺失、党派利益被置于民主原则之上、民主治理陷入严重困境，以及美国社会对民主价值理念渐失信心。《政治极化正在溶蚀美国的民主》则具体分析了政治极化导致的诸多“民主恶果”：政府财政预算案很难在国会通过；在重大议题上难以形成既定政策；全民医保步履艰难；纵容了对宪法和民主规范的挑战；助长了美国政治的种族化；阻碍了民主政治中必要的妥协，这些致命的民主后果正在悄悄溶蚀美国的民主政体。《英美极化政治中的民主与民粹》将极化政治作为背景底色，进而分析了当前英美政治民粹化的根源与特征，认为英美两国早已存在明显的社会两极分化现象，其政治极化只是这种社会分化的反映和进一步加剧的动因而已。

第五编的主题是“政治极化的可能走向”。对于政治极化中表现最为明显的精英极化和政党极化，以及政治极化对当前政治格局、民主规则形态的破坏与影响，人们基本上可以达成共识，但对于大众极化与情感极化是否存在、政治极化是必然走向还是偶然发生、极化政治将愈演愈烈还是自行修复等问题，人们的看法不一，分歧较大。

其中，《周期性与终结性：美国政治极化的两种论断》认为，美国今天的政治极化，只是现代国家运行的政治周期性表现，而不是美国政治的终结性标志。美国确实遭遇了政治周期的低潮期、转型期，但如同所有现代国家一样，尚未走入穷途末路，美国如能克服困难，那就会从极化重回常态；如果处置不当，就会呈现一个漫长的衰颓曲线。《美国政治极化中的妥协困境》通过分析“美国国家选举研究”（ANES）等最新数据发现，美国普通选民对于政治妥协的态度高度分化，年轻、低收入且意识形态保守的坚定共和党人是最为反对政治妥协的群体，拜登政府治下的美国，以民主、共和两党为基本载体，社会在各个维度的撕裂已日趋固化，从政治精英到普通民众，妥协的日渐消失是当前美国民主运行面临的重大挑战。《政治极化与政治冲突的“变质”：当前美国政治困境及原因》认为正是美国20世纪后半叶以来“民情”和“共识”的衰落，政治上“积极的公共空间”逐渐消失，政治精英和大众选民中“温和派”影响力的减弱，导致不同群体间敌对程度的加剧和对话空间的消失，政治冲突的性质逐渐恶化，最终导致了当今美国政治极化的困境，只要这些诱因仍在，政治极化的趋势不仅不会减弱，反而会不断增强。《美国政治能够去极化吗？——基于美国历史经验和政治制度的分析》同样也认为美国政治要想实现去极化，必须从根本上缓和导致极化的经济与社会矛盾，这不仅非常困难，且代价高昂，美国的政治制度不仅对政治极化缺乏有效的抑制作用，反而在不断加剧极化，因此从短期来看，极化将继续维持甚至增强，但从长期来看，人口结构的变迁以及白人蓝领阶层的衰落将有助于美国政治的去极化。《极化格局下的路线之争：后特朗普时代美国政治思潮的可能图景》则认为随着美国政治生态分歧、冲突和极化态势持续加剧，反思、调适与重构成为美国政治思潮的显著特征，与追求更广泛的权利主体、更丰富的权利内涵、更具进步主义色彩的权利想象的自由主义相比，保守主义崇尚更纯粹的价值观念、更传统的道德底线、更具现实主义风格的秩序建构，两者呈现明显的非对等性极化。因此，分裂与极化依旧是后特朗普时代政治思潮的主旋律，路线微调和立场转向在所难免，现实政治仍将左右思潮变迁，极端思潮可能持续抬头。

第一编

政治极化的多维呈现

当代美国意识形态的极化现象及其根源 *

2016 年，特朗普当选美国总统，成为美国政治的黑天鹅事件，同时也引发了国内外学术界的广泛关注。之后，自由贸易、全球化、文化多元主义等在美国思想界占主流地位的意识形态逐渐让位于民粹主义、民族主义、文化保守主义，甚至种族主义、特朗普主义等思潮，引发思想界争议不断。在特朗普当政的四年中，从“筑墙令”“禁穆令”到贸易战、“退群”等一系列逆全球化的政策，更是在美国内外引起了激烈争议。国内学术界也对此进行了大量的研究，尤其是在民粹主义、文化保守主义等方面。大量的研究也产生了各种争论，甚至在相同的主题上得出了相反的结论，即使是在特朗普是不是民粹主义这样的问题上也存在着完全不同的观点。[①] 本文拟对当代美国意识形态的极化现象及其走向进行分析，以便更好地理解当代美国政治的特质。

一、左右摇摆的美国意识形态

一般认为，美国是自由主义长期占据主流地位的国家，但这种说法只对了一半。实际上，美国从建国开始就形成了二元政治结构，托马斯・杰斐逊（Thomas Jefferson）和亚历山大・汉密尔顿（Alexander Hamilton）代表了美国的两条道路，民主派与联邦党人的争论是美国二元政治的开始。这不仅表现在政治意识形态上，还直接落实到美国社会的经济、政治和文化当中，表现为两条不同的道路。两条道路进一步发展为两党制，又几经辗转，形成了现

* 作者简介：佟德志，天津师范大学副校长，政治与行政学院教授。本文原载于《探索与争鸣》2020 年第 9 期。

① 丛日云：《民粹主义还是保守主义——论西方知识界解释特朗普现象的误区》，《探索与争鸣》2020 年第 1 期；佟德志：《解读民粹主义》，《国际政治研究》2017 年第 2 期。

在民主党与共和党的驴象之争。一般认为，民主党代表的是自由主义，共和党代表的是保守主义。如果非要以左右来划分的话，民主党偏左，共和党偏右。从美国政治史的角度来看，美国政治带有二元特征，也就是所谓的“美国反对美国”[①]。但从长时段的美国历史来看，美国意识形态是自由主义的，保守主义的影响难以望其项背。尽管人们可以找到像约翰·卡尔霍恩（John Calhoun）这样的保守主义思想家，但是，系统的保守主义在第二次世界大战前并没有产生像样的影响。

在自由主义理论的支持下，第二次世界大战后美国政府职能大幅度扩张，不仅在国内大幅干预经济和社会发展，扩大社会服务和福利，还在世界范围内推行全球化，影响越来越大，自由偏左的一派占据主流地位。但是，到 20 世纪 70 年代，这些干预政策开始出现问题，经济增长放缓。反其道而行之的保守派开始提出所谓的“新保守主义”，倾向于减少政府干预，为企业减税，培养基督教信仰，提倡勤俭、奋斗和自我约束等中产阶级美德，在外交上采取干预主义立场，对外推行自由民主和资本主义，出现了自由偏右的倾向。共和党总统里根（1981—1989）和小布什（2001—2009）时期是新保守主义的黄金时期，出现了一批保守派政治家。但这基本上被淹没在自由主义，尤其是新自由主义高歌猛进的大潮中，声势浩大的平权运动（Affirmative Action，又译肯定性行动）、文化多元主义基本上锁定了美国自由主义的主流地位，由此向左出发的左翼激进主义奠定了这一时期极化的基本主题和方向。

右翼保守主义的崛起使美国出现了意识形态极化冲突并存的局面。进入 21 世纪，美国的右翼保守主义开始崛起，这一方面是对左翼激进主义的一种反应，同时也是美国经济与社会发展的结果。在这一过程中，2008 年的金融危机影响颇大，但 2008 年后上台的民主党总统奥巴马（Barack Obama）仍然能够保持向左的基本趋势，文化多元主义、自由贸易、全球化仍然继续前行。尽管如此，人们还是看到，右翼保守主义的兴起使得向左极化的趋势得到遏制，奥巴马医保的艰难出台就是一个例证。2016 年美国总统大选是一个

① 王沪宁：《美国反对美国》，上海文艺出版社 1991 年版，第 3 页。

标志性事件，标志着政治节制的减少和党派两极分化，威权主义、民族主义加剧，[①]右翼保守主义走上前台。这不仅是因为特朗普在民粹主义、民族主义、种族主义等问题上的右倾态度，同时也与美国选民的政治倾向联系在一起。如果说右翼保守主义有着一个不断发展的过程，是可以从政治、经济、文化、社会等各个方面找到相应的迹象的话，那么，特朗普当选为美国总统就是这一系列迹象的一个总结。事实也证明，特朗普执政的四年当中，右翼保守主义不再仅仅是理论，而是被落实到政策实践当中。除了这种全国范围内的极化现象外，地方政府层面也产生了极化现象。[②]

右翼保守主义的兴起与之前的左翼自由主义、文化多元主义等思潮出现了并行状态，成为当代美国意识形态极化的基础。一方面是以特朗普为代表的右翼保守主义上台，修正了自由放任、全球化、文化多元等政策；另一方面就是以桑德斯为代表的民主社会主义影响日隆，从社会主义和民主的角度批评不平等、种族主义等社会现实。并且，极化的意识形态都会角逐公共政策领域，试图将自己的主张落实为公共政策。比如，多元主义要求推动同性恋婚姻合法化，而激进的保守主义者则认为政府在道德方面负有义务，应该通过行政或是立法的手段禁止同性恋婚姻。当代美国的政治极化也得到了量化研究的证明。斯坦福大学的李维·博赛尔（Levi Boxell）教授运用美国选举研究的数据，从七个维度构建了政治极化指数（index of polarization）。运用这一数据来考察美国政治极化的现象，博赛尔发现，从1984年到2016年的30年间，美国人的政治极化指数增加了35%。[③]

左翼自由主义构成了激进主义的一面，右翼保守主义则构成了激进主义的另一面，从两个方面拉开了当代美国意识形态极化的距离。这使得原本二

---

① Ann M. Oberhauser, Daniel Krier & Abdi M. Kusow, Political Moderation and Polarization in the Heartland: Economics, Rurality, and Social Identity in the 2016 U.S. Presidential Election, *Sociological Quarterly*, Vol.60, No.2, 2019.

② Soren Jordan, Cynthia J. Bowling, Introduction: The State of Polarization in the States, *State & Local Government Review*, Vol.48, No.4, 2016.

③ Levi Boxell, Demographic Change and Political Polarization in the United States, *Economics Letters*, Vol.192, No.7, 2020.

元化的美国文化更加突出：一方面，女性主义、平等主义、全球化、同性婚姻合法化等文化激进主义声势浩大；另一方面，右翼保守主义则以白人至上主义、反同性恋、反移民、逆全球化等言论占据了另一面，构成了左翼激进主义和右翼保守主义的同时并存、各有千秋的态势。左右摇摆的意识形态极化在多个共享的议题上向两个方向撕裂。比如，多元与保守构成了“政治正确”（political correctness）争论的基本格局。左翼沿用了一致性指向，试图将“政治正确”确立为公共政策、社会生活的一条准则。右翼势力却沿用了传统语境下的讽刺指向，将原有的左翼内部之间的讽刺，转变为右翼对左翼激进主义的讽刺。[①] 再比如，在民粹主义议题上，则形成了以桑德斯为代表的左翼民粹主义和以特朗普为代表的右翼民粹主义，两派针锋相对，在价值体系、公共政策等领域构成了意识形态的两个极端。

政治正确引发的一系列争论，成为美国政治极化并左右摇摆的一个缩影。早期的“政治正确”观念强调对文化多元的保护，将文化多元的理念直接体现在种族、性别、教育等方面。发展到后来，“政治正确”的观念走出高校，进入语言、社会生活甚至是公共政策的方方面面。在这一过程中，政治正确也在激进派的推动下走向极化，严重脱离现实，走到了另一面。在大学，种族和肤色会影响到招生和录取，甚至是课堂上的成绩和学业。在日常和书面语言当中，越来越多的词汇成为禁忌，甚至一些肢体语言都会激怒某个群体。而这种左翼的极化又反过来刺激了保守派的反弹：文化多元主义受挫，新民粹主义、新保守主义的兴起，尤其是特朗普当选后的种种政策使得“政治正确”面临最激烈的批评。在文化保守主义者看来，政治正确正在曲解事实，消解传统文化，形成了对白人的逆向歧视。在挑战政治正确的同时，一些极端化的右翼保守主义甚至回归白人至上、男性优先的传统，猛烈抨击同性恋、堕胎等现象。他们用统计学的“正确”来对抗文化意义上的“政治正确”，用犯罪、吸毒等方面的统计数据来贬低黑人，用低俗的现实主义反击文化多元主义的道德关怀。

---

① 佟德志、樊浩：《美国“政治正确”的语义流变及其三重向度》,《探索与争鸣》2020 年第 3 期。

意识形态极化的后果是严重的。高度极化的意识形态使美国社会在文化上出现撕裂，在民主上出现对立，在政策上左右为难，在社会上冲突不断。极化的意识形态尤其会对民主造成破坏性的影响，使民主陷入困境，这几乎在世界上很多国家得到印证。以公共政策为例，如果有着极化意识形态的公民变得越来越多，公共政策的执行就会变得越来越困难；如果在制定政策的时候偏向某一种极化的意识形态，那就不仅会带来对另一种极化意识形态的伤害，还会影响到中间派的人群。在美国，情况更是如此。特朗普政府在种族问题上的暧昧态度和政策倾向虽然得到右翼保守主义的支持，却激起了左翼自由主义的反抗。右翼保守主义在政治上的得势，并没有消解左翼激进主义。相反，左翼的极化也在进行，逐渐拉开了两派在思想上的距离与隔阂，进而表现出封闭、不宽容、误解、怨恨，最终引发社会动荡、冲突与暴力。2020 年 5 月 25 日由黑人男子乔治·弗洛伊德（George Floyd）窒息死亡引发的“黑人的命也是命”（Black Lives Matter）运动在全美甚至是全球的大爆发表明，当代美国意识形态领域的极化随时可能直接引发社会动荡和暴力冲突。

二、意识形态极化的主要领域

当代美国意识形态的极化分布在各个领域，既有经济领域的民主社会主义与保守主义，也有政治领域的政党极化、精英极化和民众极化。意识形态极化的重点领域还是在文化方面，涉及种族、道德、宗教、教育、语言等领域。同时，这种极化还在全球交往的层面展开，构成了意识形态极化的全方位图景。

意识形态在经济问题上的极化引人注目。左翼极化逐渐开始向“社会主义”靠拢，是民主党极化的结果，以桑德斯的崛起为标志。实际上，尽管美国的民主社会主义影响不大，但是也形成了相对完整的理论体系，包括社会主义、民主主义、国际主义、反种族主义、工联主义、女权主义和生态主义等七个维度，同时在政治、经济、文化、社会和国际关系当中提出了系统的主张。伴随着当代美国“民主赤字”的政治实践和自由主义的衰落，民主社会主义产生了越来越大的影响。[①] 在美国这个号称没有“社会主义”的资本主义国家，民主社会主义在美国政治舞台上崛起，引起了人们的广泛关注。特朗普多次攻击桑德斯在美国搞“社会主义”，也是看到了这一影响。

在经济领域，面对贫富差距，两派的观点还是有共同之处的。特朗普对贫富差距的看法也不再是传统的保守主义，或者说是市场原教旨主义的口吻了。在分享《商业内幕》(Business Insider)的一段视频时，他深有感触地解释说，新冠病毒大流行期间，亿万富翁积累了五万亿美元，同时却有数百万人面临失业。他一反共和党人的常态，不仅认可了视频，还呼吁改变：“我实际上同意这一点。收入差距太大。必须做出改变，并且很快！”事实上，保守派也希望在减少贫富差距方面做一些事情。如果特朗普能够采取行动以最大程度地减少贫富差距，避免使美国社会两极分化，避免中产阶级缩水，那么，特朗普将“经历一次伯克时代”[②]。

种族问题上的极化也引人注目。从建国时期保留黑人奴隶制，到内战时期废除黑人奴隶制，尤其是在黑人平权运动之后，文化多元主义横扫美国，种族主义在很大程度上被抑制了。但是，特朗普上台后，在种族问题上遮遮掩掩，甚至是模糊、暧昧、纵容，使得种族主义在某种程度上复兴。小有影响的“另类种族主义”“种族现实主义”就是典型体现。种族现实主义从生物学的角度认识种族现象，大肆鼓吹基因决定论，赤裸裸地强调种族之间的智力差异，为白人至上做论证。种族主义抬头的一个极化表现就是白人至上主义。在他们看来，美国人政治认同的基础就是白人，白人应该成为主导；所谓的人民就是白人，主权是白人的，美国是白人的国家，政策是白人制定的，政府为白人服务。不仅如此，所有不能为此目的服务的政治制度都需要改变。[③]

白人种族灭绝(White Genocide)运动就是其中一个非常有代表性的运动。这一运动由一群白人至上主义者组织起来。在他们看来，由于移民和通婚

---

① 佟德志:《当代美国民主社会主义的理论体系与政策主张》,《人民论坛·学术前沿》2019 年第 15 期。

② Leo Thuman, Trump's Burkean Moment, https://spectator.us/trump-burkean-moment/.

③ Thomas J. Main, *The Rise of the Alt-Right*, Brookings Institution Press, 2018, p.172.

等，白人正在“灭亡”。他们甚至认为，这是犹太人故意设计和控制的，目的是摧毁白人。他们甚至提出了“我们必须确保我们人民的生存和白人儿童的未来”，声称必须采取行动，甚至是暴力行动来拯救白人，以免其“从地球上灭亡”。[①] 特朗普不仅多次转发“白人种族灭绝”的推文，还把像斯蒂芬·班农（Steve Bannon）这样带有明显白人至上色彩的人吸收进白宫，实际上表明了特朗普在种族主义问题上的立场。

21世纪，尤其是近几年来美国的极化是全方位的，既有经济方面的极化，同时也有政治、文化、社会等方面的极化，并且包括了极化在全球化方面的表现。但如果说重点，这种极化的主要表现还是在文化方面。而极化比较严重的，则是文化多元主义与文化保守主义之间的对立。事实上，由堕胎、同性恋权利引发的文化战争，在美国不仅旷日持久，且不可调和，造成了“两个美国”（two Americans）或是“红蓝美国”（red and blue America），两个部分不仅截然相反，而且阵线分明。

文化领域的极化开始于文化多元主义。文化多元主义从价值多元的保护开始，在尊重少数族群和多元价值方面多有建树，并逐渐为自由主义所接受，在美国社会产生重要影响，为文化多元的美国提供了解决方案。然而，文化多元主义在成功的路上越走越远的同时也越来越超出普通民众的视野，在语言、教育、性别、婚姻、道德等问题上走向极化。在奥巴马时代，包括同性恋权利的承认和婚姻平等、美国宗教的调和、不断增加的族群多样性等问题在继续发展，[②] 为左翼激进主义提供了基础。

在与文化多元主义关注的同样的问题上，右翼保守主义则走向了另外一个极端。在这些人看来，文化多元不仅无益，而且有毒，只有融入盎格鲁-撒克逊白人清教徒（White Anglo-Saxon Protestant，WASP）文化当中来，美国才能保证传统的价值体系。他们重提“大熔炉”“美国梦”等文化多元主义兴起之前的一些口号，而这些口号正是文化多元主义流行期间的众矢之的。右翼保

---

① https://www.adl.org/resources/glossary-terms/white-genocide.

② Daniel Tope, Review The Twilight of Social Conservatism: American Culture Wars in the Obama Era, *Contemporary Sociology*, Vol.46, No.1, 2017.

守主义担心全球化过程中美国文化不断走向多元，希望通过国家的力量来阻止外来文化的入侵，尤其是那些可能与美国传统文化发生冲突的文化，比如伊斯兰文化等。而要想排斥这些文化，保证美国传统文化的主流地位，他们的具体做法主要是两个，一是同化本国的多元文化，二是阻止外来移民的异质文化。具体落实到政策上，就有“筑墙”“禁穆”等计划的出台和实施，在国内取消了奥巴马时期一系列有利于少数群体的法令，对少数群体进行限制，停止支持堕胎，等等。其目标也是打击文化多元，推动传统文化的回归。

保守主义一向以强调道德约束，维护传统文化为己任。随着文化多元主义的兴起，美国传统的WASP文化受到挑战并失去了往日的影响力。但是，倔强的保守主义并没有消失，尤其是极化的一翼，与自由主义激进的一翼一直保持着辩论的紧张状态。以宗教的名义反对堕胎是保守主义在堕胎问题上的常见手法。“罗伊诉韦德案”（Roe v. Wade）的结果加速了堕胎合法化，但是，《曼哈顿宣言：对基督教良心的呼唤》（*Manhattan Declaration*：*A Call of Christian Conscience*）直接反对最高法院支持的堕胎合法化。在堕胎问题上的争论愈演愈烈，直接把美国人分成两个阵营，支持堕胎的人们认为反对堕胎阻碍了自由，而反对堕胎的人则认为支持堕胎是在谋杀。从道德的角度反对各种各样的同性恋，是保守主义的基本主张。这里的同性恋是对包括女同性恋者（Lesbians）、男同性恋者（Gays）、双性恋者（Bisexuals）和跨性别者（Transgender）等的性少数群体的总体简称。这些性别方面的权利，经过多年的斗争，在激进自由主义的帮助下，以文化多元的名义得到了某种程度的承认。然而，保守主义并不买账，对此给予大量的批评。他们把同性恋视为“不正常的人”，认为对欲望的放纵使他们更自私、更不健康，甚至是滥交，而情况之所以如此，是因为这些同性恋者有着不幸的家庭。[①]

在美国，全球化是自由主义跨出国境、建立世界秩序的重要进程，在20世纪末、21世纪初取得了突飞猛进的发展。美国一直是全球化进程的一个主要推动者，以科技创新、军事实力和美元地位形成了以美国领先为特征的全

① Tim LaHaye, *The Unhappy Gays: What Everyone Should Know About Homosexuality*, Tyndale House, 1978, pp.72–75.

球化体系。在全球化问题上，激进的自由主义者不遗余力地推行自由贸易，试图通过深度卷入全球化，使美国成为全球化的领导者。这本身就带有极化的色彩，在为美国带来全方位利益的同时，也出现了制造业空心化、军事支出过大、债台高筑等一系列问题。在这种情况下，右翼保守主义则适时抛出"美国优先"（America First）的策略，在全球范围内实行战略退出，转向另一个极端。全球化进程中出现了逆全球化进程，与保守文化和地方主义起到的作用是分不开的。[①] 在某种程度上，特朗普提出的"美国第一"就是地方主义的典型体现。在美国的右翼保守主义看来，全球合作只是一个虚幻的理想，"美国优先"才是现实的选择。不仅特朗普自己持这种看法，其班子中的约翰·博尔顿（John Bolton）、迈克·蓬佩奥（Mike Pompeo）等人也主张重回单边主义立场，主张以美国为中心的全球化。

跨太平洋伙伴关系协定（TPP）最初只是由新西兰、新加坡等国发起的一个协定。2008 年，美国的加入使得这一协定迅速扩张，日本、韩国等国先后加入，谈判成员国扩大到 12 国。TPP 以全覆盖、宽领域、高标准而著称，体现了美国自由贸易理念的进一步发展。但是，特朗普在上任首日即表态退出TPP，并于上任后一周内签署行政令，正式退出TPP。如果说这一协定反映了奥巴马政府自由贸易的理念与战略的话，那特朗普的退出则明确地昭示了特朗普政府贸易保护主义和逆全球化的清晰立场。

三、意识形态极化的主要根源

当代美国意识形态的极化有着非常复杂的根源。在经济方面，制造业空心化、收入不平等加剧、外贸逆差增长，这些使得美国社会进一步两极分化，贫富差距不断增加，为意识形态的极化提供了基础。在政治方面，政党、精英、选民等各政治主体的两极分化成为意识形态极化的直接原因，尤其是政党的极化，会直接影响到精英和选民的极化，这又会形成关联影响。选民极

① 佟德志、朱炳坤：《保守文化与地方主义——法国右翼民粹主义政党社会动员的要素分析》，《上海行政学院学报》2019 年第 4 期。

化又逼迫政治精英在意识形态上态度鲜明，在选举过程中选边站队，从而使得民众的意识形态出现极化。当然，文化多元是美国意识形态多样化的最主要原因。美国是一个移民国家，本来就在文化方面非常多元，文化多元主义更是为这一文化进行了全面的论证。进入 21 世纪后，移民尤其是科技移民、精英移民的势头仍然有增无减，这也使得美国在民族、种族、宗教等方面越来越多样化，为意识形态多样化提供了丰富的土壤，也会不可避免地带来意识形态的极化。信息技术尤其是移动互联网基础上的社交媒体、自媒体飞速发展，带来了越来越个性化、极端化的信息和思想表达，降低了交流的门槛，使得原有的意识形态差异得到表达，甚至是放大，更为意识形态极化提供了原有的学校、社会、媒体所不能提供的快捷途径。人口的变化也在推波助澜，1984—2016 年之间极化的 34%可以归因于美国的人口变化，教育、宗教和年龄构成的变化是主要的影响因素。①

政党极化是意识形态极化的直接动力。在美国社会，政党会提出明确的纲领，明确表达意识形态倾向，并试图通过掌握国家权力直接将意识形态落实到公共政策当中，是美国社会意识形态形成、发展并强化的直接动力源。大量的学术研究发现，美国选民在政党问题上正在变得越来越两极分化。1994 年的时候，共和党人中有 23%的人比中位数民主党人更自由，而 17%的民主党人比中位数共和党人更加保守。到了 2017 年，只有 1%的共和党人比中位数民主党人更自由，而只有 3%的民主党人比中位数共和党人更保守。②实际上，人们运用多种来源的数据发现，共和党人和民主党人越来越不喜欢甚至讨厌对手。③这种情况会直接影响到意识形态的形成与发展，同时，这也

① Levi Boxell, Demographic Change and Political Polarization in the United States, *Economics Letters*, Vol.192, No.7, 2020.

② Jocelyn Kiley, In Polarized Era, Fewer Americans Hold a Mix of Conservative and Liberal Views, Pew Research Center, http://www.pewresearch.org/fact-tank/2017/10/23/ inpolarized-era-fewer-americans-hold-a-mix-of-conservativeand-liberal-views/, November 18, 2017.

③ Shanto Iyengar, Gaurav Sood & Yphtach Lelkes, Affect, Not Ideology: A Social Identity Perspective on Polarization, *The Public Opinion Quarterly*, Vol.76, No.3, 2012.

是意识形态极化的结果，两者相互作用，直接影响了美国民众中具有明确政治态度的中坚分子。

政党极化对选民的影响也非常大。对于当代美国意识形态的这种极化，最初人们观察到的是精英的极化、政党的极化。那么，这种精英的极化是不是会影响民众的极化？答案是肯定的。相关研究表明，极化的环境从根本上改变了公民的决策方式。在极化政治的背景下，极化突出了政党背书对公民的影响力，甚至降低了实质性信息的影响，使人们对那些没有实质性基础的观点具有更大信心。①人们观察到，在选举过程中，选民的极化正在急剧增加。在选民心中，对对方的敌对情绪越来越根深蒂固，发自内心，己方党派歧视对方党派，这样做的程度超过了基于种族的歧视。②

意识形态的极化与特朗普政府的政策有着密切的关联。特朗普有着浓厚的保守主义色彩，尤其是文化保守主义立场，同时又会在一些涉及公共利益的事情上走极端。比如，在对待非法移民的问题，对待穆斯林移民的问题，甚至是对待非洲裔、亚裔等移民的问题上，特朗普无论是明确的表态，还是模糊的默许，都会在某种程度上纵容种族主义抬头。他明确的“美国优先”态度，对待国际贸易、国际组织甚至是美国盟国的态度，带有明显的逆全球化的倾向，也推动了民族主义的抬头。当然，他在竞选和执政期间表现出来的民粹倾向，更加带有右翼民粹主义的特征。尽管美国意识形态极化由来已久，但在特朗普执政期间，这种极化被加速了，并带来了直接的对立和冲突。

对诸多客观要素的分析各有各的道理，但意识形态极化的原因还得从意识形态本身来看。其中最主要的原因为自由主义作为主流意识形态的引领地位风光不再。作为美国主流意识形态的自由主义受挫，无法统一美国社会的思想与文化，进而导致各种意识形态的纷争，最终出现极化。在自由主义占据主流的情况下，种族主义、民族主义、民粹主义这些极化的意识形态尽管

---

① James Druckman, Erik Peterson & Rune Slothuus, How Elite Partisan Polarization Affects Public Opinion Formation, *The American Political Science Review*, Vol.107, No.1, 2013.

② Shanto Iyengar, Sean Westwood, Fear and Loathing Across Party Lines: New Evidence on Group Polarization, *American Journal of Political Science*, Vol.59, No.3, 2015.

也在一定程度上存在，但还是被自由主义抑制。但是，经济、科技尤其是国际贸易竞争的加剧，使得自由主义捉襟见肘，使得民族主义、民粹主义有机可乘。同时，在文化多元主义的挑战下，自由主义开始向左转，但在文化保守主义的冲击下，自由主义又面临着来自右的夹击，进退两难之间，自由主义的主流地位受到挑战，使得各种极化的意识形态走上前台。

同时，意识形态的极化还存在一个相互作用的机制。在 20 世纪六七十年代，边缘化群体争取包容性的运动将民主党推到了左边，而这种极化又会刺激保守主义，将其推向右边，使美国政治的极化不断发展，愈演愈烈。[①]20 世纪 60 年代开始兴起的声势浩大的平权运动迅速发展，在非洲裔美国人、妇女解放、性革命等一系列民权运动中展示了巨大的实力。其本来的主张实际上是对少数族裔的保护，主张在教育、工作、社会生活等各个领域中保护少数民族、女性等弱势群体，尊重人们在性别、婚姻等方面的多种选择，这逐渐得到了文化多元主义的支持。但是，这一运动越来越极化，出现了一种“反向歧视”，白人甚至在招生方面遭到歧视，引发了右派的强烈不满。他们的不满并不是回归平等的中位，而是极端地走向了种族主义、民族主义，这实际上是一种意识形态领域相互激发的极端化。

民粹主义是当代美国意识形态极化的主要战场，助推了左右两股势力在两个方向将美国意识形态极端化。美国历史上有民粹主义的传统，大名鼎鼎的杰克逊总统开创的杰克逊式民主就带有很强的民粹主义色彩。但实际上，美国的民粹主义一直没有形成广泛而深刻的影响。然而，现在情况不同了，在当代美国政治当中，人们能够感觉到一种民粹主义的愤怒，很多选民都认为华盛顿背叛了他们，而这使得美国政治的不确定性增加。[②]左翼和右翼都试图借用民粹主义的外衣，反建制，反自由贸易，对中间派提出批评，并激烈地反对对方。左派民粹主义从经济层面界定“人民”，更关心底层生活，希望通

---

① Steven Fish, Neil Abrams, The Polarization Paradox, *Journal of Democracy*, Vol.31, No.2, 2020.

② Daniel Tope, Review The Twilight of Social Conservatism: American Culture Wars in the Obama Era, *Contemporary Sociology*, Vol.46, No.1, 2017.

过各种政策促进人民福利，通过更加广泛的民主实现人民主权；右派则更关注文化层面的“人民”，运用文化保守主义处理移民、少数族裔等问题，试图将移民排除在外，进而实现国家安全。[①]

时间和空间的压缩，加剧了当代美国意识形态的极化。在性、性别、堕胎等问题上，意识形态的极化几乎一分为二地撕裂了社会的共识，而道德、宗教、意识形态等各种因素的复杂影响在后物质主义因素的作用下也更为激烈地表现在公共生活当中。在历史维度上，历时性的左右变化并没有被意识形态合理地消化；这种未经消化的分歧又被挤压到一个截面维度上，成为共时性存在，使得左与右的极化在同一时间、同一空间内发生，使得意识形态极化的程度空前加剧。比如，原来的种族主义在遭到批判后，种族平等得到推进，但种族主义并没有解决，而是在新的历史条件下以新的面目出现，比如披上科学的外衣，从生物学的角度论证的种族主义与从社会交往角度论证的种族主义相互交织在一起，使得种族主义这种极化的意识形态能够死灰复燃。

四、结论与讨论

我们看到，随着自由主义的不断衰落，当代美国意识形态出现了明显的极化现象，对美国社会的经济、政治、文化产生了深远的影响。左翼激进主义和右翼保守主义同时走上美国政治的舞台，不仅在文化上产生撕裂效应，而且带来了政治上的对立。对于意识形态极化的表现，我们可以大致从经济、政治、文化、社会等方面来理解，区别为医保政策、文化认同、种族、婚姻、堕胎、贸易政策、移民、国际关系、政治正确、民粹主义等一些基本的方面，左右双方的基本态度如下。

① 陶夏楠:《桑德斯的左翼民粹主义与特朗普的右翼民粹主义比较分析》,《比较政治学研究》2020 年第 1 期。

表 1 美国意识形态极化的议题与态度[①]

维度	左翼极化	右翼极化
医保政策	奥巴马医改方案	反对奥巴马医改
文化认同	文化多元	文化同化
种族	优待弱势种族	白人至上
同性婚姻	合法化	不承认
堕胎	自由选择	违背《圣经》、杀人
贸易政策	自由贸易	贸易保护
移民	接受非法移民	拒绝更多移民
国际关系	全球主义	民族主义
政治正确	支持	反对
民粹主义	左翼民粹主义	右翼民粹主义

在一个社会当中，意识形态的分布大多呈现出正态分布的特征，也就是说，多数公民会聚集在价值谱系的中间部分，极端化的意识形态比较少见地分布在两端。极化的意识形态正好与此相反，较多的公民持有极端化甚至是对立的意识形态，分布在这一谱系的两端。一般认为，中产阶级在经济上占主体的国家更容易稳定和繁荣。在文化上也一样，只有人们的意识形态更为接近，有着共同意识形态的人更多，社会和政治才更稳定。

虽然目前人们还没有发现意识形态极化与经济发展之间的确切关系，但是，极化的意识形态对政治和文化带来的危害是不言而喻的。意识形态的极化会带来封闭、对立的文化，从而给社会带来撕裂效应，这种撕裂效应又可能在政治上形成怨恨动员，影响政治行为，带来冲突与动荡，甚至走向街头政治。如果极化的意识形态转化为政治行为和公共政策，就会给政治实践带来不利的后果，直接影响民主政治的发展。由于美国在全球的影响，这种极化还会影响其他国家，把其他国家拉入意识形态的战场。这是其他国家，尤其是我国需要特别注意的。

① 本表只是一种示意表，提供一个分析框架，提炼出来的文字只是一般性地说明基本的倾向。

同时，我们应该看到，意识形态的极化是相对的。在不同的时代，对不同的主题，极化的内涵是不一样的。相对于南北战争之前美国的种族主义而言，当代美国意识形态的种族主义、白人至上主义还是比较温和的。但是，与文化多元主义强调优待少数族裔比起来，这就是一种极化。另外，笔者提到的自由主义与保守主义本来就有着明显的区别，左翼自由主义、右翼保守主义则更多指在两者基础上的极化，但这些概念也是相对意义上的。相对于中间派来讲，自由主义和保守主义可能兼而有之，甚至混杂在一起，体系越鲜明，观点越离开中间位置，极化也就越明显。

当代美国的政党政治极化：动因、走向与影响 *

一、问题的提出

“这只是一场非法的、基于党争的未遂政变……这场政变将导致你们（民主党）的严重溃败……你们不仅是在打击作为总统的我，也是在打击整个共和党……历史会严厉地审判你。你的遗产将是把众议院从一个受人尊敬的立法机构变成一个实施党派迫害的专断暴虐法庭！”[①]2019 年 12 月 17 日，在美国国会众议院表决通过对其“滥用职权”和“妨碍国会”两项弹劾条款后，特朗普总统在给众议院议长、民主党人及弹劾发起人南希·佩洛西（Nancy Pelosi）的抗议信中，表达了上述强烈愤慨。自 2018 年 11 月美国国会中期选举中民主党时隔八年重新取得众议院多数席位后，以特朗普和佩洛西之间的明争暗斗为缩影的两党政治较量便持续升级，并随着弹劾调查和审判的推进达到高潮。尽管 2020 年 2 月 5 日美国国会参议院分别以 52 票反对、48 票支持和 53 票反对、47 票支持的结果否决了对特朗普“滥用职权”和“妨碍国会”的弹劾，但与其说这是参议院对自身“弹劾政府官员”这一宪法赋予的神圣职能的忠实履行，不如说是继众议院通过弹劾条款后又一次鲜明的以党派划线的政

---

* 作者简介：王浩，复旦大学美国研究中心副教授。本文原载于《美国问题研究》2020 年第二辑。

① Letter from President Donald J. Trump to the Speaker of the House of Representatives, December17, 2019, the White House, https://www.whitehouse.gov/briefings-statements/letter-president-donald-j-trump-speaker-house-representatives/.

治斗争。①

实际上，美国民主、共和两党政争所反映出的国内政治生态持续恶化，一直是近年来国内外学界关注的热点问题，只不过特朗普执政后的两党博弈将其推到了一个新的高度。作为冷战结束之初美国式自由民主和所谓“历史终结论”的鼓吹者，政治学者弗朗西斯·福山（Francis Fukuyama）对美国政治的批判和反思尤为耐人寻味。他在2014年出版的《政治秩序与政治衰败：从工业革命到民主全球化》一书中提出，“否决政治”（vetocracy）已开始主导美国政治的运作，导致的后果是否决为上、治理为下、党争不断、效率低下。福山认为，引发这一现象的原因在于“自19世纪末以来，美国的两大政党从未如此两极分化过……民主制度并非为终结冲突，而是为通过共同制定的规则和平地解决冲突……但是当党派极化遇上美国式的民主制衡体系，结果就是灾难性的”②。概言之，在福山看来，美国否决政治的出现和政治生态的恶化在于政党政治极化（partisan polarization）的不断加剧。

那么，我们应如何理解当代美国的政党政治极化这一重要现象？如果按照福山的说法，近年来美国政党政治的极化已达到一百多年来前所未有的程度，那么与历史经验相比，当代美国政党政治极化加剧的动因是什么？这种极化有哪些特征，又对美国政治造成了何种影响？同样值得关注的是，特朗普政府执政以来美国两党斗争烈度的进一步上升，是否意味着当前美国的政党政治极化正在步入一个新阶段？为了回答这些重要的学理和现实问题，本文将在总结与反思国内外既有相关研究的基础上构建一个新的系统分析框架，用以探究当代美国政党政治极化的动因、走向与影响，并运用该框架对特朗

① 在参议院的两次弹劾投票中，民主党议员无一例外地投了“有罪”票，而共和党方面除犹他州参议员米特·罗姆尼（Mitt Romney）在第一次投票中投出“有罪”票外，均一边倒地投了“无罪”票。无独有偶，在此前的众议院两轮投票中，两党议员的投票结果也几乎完全以党派划线。相关投票记录可参见美国国会网站。参议院投票记录：https://www.congress.Gov/116/crec/2020/02/ 05/CREC-2020-02-05-pt1-PgS936-2.pdf；众议院投票记录：https://www.congress.gov/116/crec/2019/12/18/CREC-2019-12-18-pt1-PgH12130.pdf。

② Francis Fukuyama, *Political Order and Political Decay: From the Industrial Revolution to the Globalization of Democracy*, Farrar, Straus, and Giroux, 2014, p.505.

普政府执政以来美国政党政治极化演变的新趋势展开讨论。

二、既有研究的总结与反思

当代美国的政党政治极化问题，是当代美国政治研究的重要组成部分。美国政治研究一般可以分为政治制度（political institution）研究、政治结构（political structure）研究与政治过程（political process）研究三大类。其中，政治制度研究主要涵盖美国宪法规定的国家和政权组织形式（联邦制、总统制、三权分立与权力制衡）以及政党制度和选举制度；政治结构研究主要指向民主、共和两党的政治力量对比连同各自核心选民群体在经济、阶层、宗教、族裔、文化、价值观和意识形态等方面的构成；政治过程研究则重点追踪政治结构如何被重塑，以及在此基础上主要国内政治行为体如何通过政治制度工具推进各自的政策议程。不难看出，美国政治研究中的上述三类要素是彼此高度关联的。其中，制度与结构是静态的，过程是动态的。如果说制度研究是贯穿整个美国政治研究的“筋脉”，那么结构研究就是实质性的“肌体”，过程研究则成为“血液”。正是血液通过经脉的持续流动，才使机体得以新陈代谢。因此，全面理解和深入探究当代美国的政党政治极化这一重要问题，就需要综合制度性、结构性和过程性三种要素，最终构建一个有机的系统分析框架。

截至目前，学界对政治极化概念的界定通常包括两个方面：一是相互之间的差异性，二是各自内部的同一性。[①] 当代美国的政党政治极化，则主要指的是民主、共和两党在意识形态和政策立场等方面的差异性越来越大，同时各自内部的同一性越来越高。[②] 回顾历史，美国的政党政治极化并非一种晚近现象。按照既有相关研究，早在美国内战爆发前，政党政治极化便已出现，而

---

① David Brady, Hahrie Han, Polarization Then and Now: A Historical Perspective, in Pietro S. Nivola, David W. Brady (eds.), *Red and Blue Nation? Characteristics and Causes of America's Polarized Politics*, The Brookings Institution, 2006, pp.119–151.

② Keith T. Poole, Howard Rosenthal, The Polarization of American Politics, *The Journal of Politics*, Vol.46, No.4, 1984.

南北双方在奴隶制存废问题上的针锋相对以至于兵戎相见则是极化的结果。[①] 内战结束后，民主、共和两党之间的政治极化更是成为常态，其背景在于进入"镀金时代"（the gilded age）的美国伴随经济快速发展而来的社会贫富分化，使不同社会阶层的矛盾日益尖锐。最终，20 世纪 20 年代末爆发的经济大萧条打破了内战后形成的政党政治格局，终结了古典自由主义（classical liberalism）在美国经济、社会发展中的主导思想地位，当代自由主义（contemporary liberalism）理念演变成为两党精英相互妥协后的共识。[②] 由此，美国政治暂时结束了党派极化状态，进入"新政共识"时期。然而好景不长，自 20 世纪 70 年代起，随着当代自由主义在经济社会治理方面暴露出的问题越来越多，加之美国经济出现"滞胀"、越南战争引发社会强烈反弹、民权运动风起云涌等诱因，美国的政党政治极化再次出现并愈演愈烈，以至于自 20 世纪 90 年代以来逐渐达到甚至超越了此前任何一个时期。[③] 基于以上历史回顾可以看出，当代美国的政党政治极化研究所涵盖的时间范畴是 20 世纪 70 年代至今。

---

① 张业亮:《"极化"的美国政治：神话还是现实？》,《美国研究》2008 年第 3 期。

② 古典自由主义世界观的核心是个人主义—理性主义，方法论是实用主义基础上的改良主义。这一理念认为：a. 政府是必要的"恶"，为保障个人权利和自由，必须对政府的权力进行严格限制；b. 人类理性可以使个体成为自身利益的最佳判断者和维护者，因此在经济活动中，市场是"一只无形的手"，可以自动调节经济运行，国家不应干预经济生活；c. 对于现实政治和社会中存在的问题，应该通过法律方式和合法程序进行渐进性的、进步的改革，而非诉诸革命。古典自由主义推动美国在自由资本主义时代实现跨越式发展。此后，进入"镀金时代"的美国在经济和社会发展中暴露出一系列问题，进而催生出反思古典自由主义理念的当代自由主义。这一"改良版"的自由主义认为：a. 古典自由主义只看到政治权力扩张会损害个人自由，却忽视了经济权力扩张同样是对个人自由的侵害，因此经济平等才会带来政治民主；b. 为了实现经济平等，政府必须在经济活动中扮演更为积极的角色。概言之，古典自由主义的实质是反政治权力，当代自由主义的实质则是反经济权力。对于上述两种自由主义的系统分析和总结，参见王浩：《美国政治的演化逻辑与内在悖论》,《世界经济与政治》2017 年第 8 期。

③ Michael Barber, Nolan McCarty, *Causes and Consequences of Polarization*, Cambridge University Press, 2015; Mansbridge, Cathie JoMartin (eds.), *Negotiating Agreement in Politics*, American Political Science Association, 2013, p.20.

（一）当代美国政党政治极化的四种既有研究模式

随着美国经济、社会与文化自20世纪70年代以来出现的一系列重要变化以及相关研究的逐步深入，围绕当代美国的政党政治极化研究，国内外学界已形成四种主要研究模式：经济—阶层模式、制度—规则模式、宗教—文化模式以及意识形态模式。

1. 经济—阶层模式

这一研究模式认为，当代美国的政党政治极化植根于20世纪70年代，即所谓"新镀金时代"（the new gilded age）以来，美国国内日益加剧的经济不平等，尤其是不同社会阶层之间在财产和收入两方面的贫富分化。① 美国政治学者诺兰·麦卡蒂（Nolan McCarty）等人的研究发现，自20世纪70年代起，美国的基尼系数变化与国会两党政治精英的极化存在较强的相关性。例如，由于共和党人主要代表社会高收入阶层，因此他们往往没有意愿去改革现有不平等的财富及收入分配政策，反而倾向于强化现状，甚至采取更为极端的立场，而无需付出任何政治代价。② 上述趋势使得自新镀金时代起，新自由主义（neoliberalism）思潮——强调有限政府、减税、放松金融监管、平衡预算和完全市场自由——及其泛滥加剧了美国经济结构和社会结构的失衡，导致经济金融化、制造业空心化及不同社会阶层财富和收入差距的不断拉大。③ 在这一背景下，20世纪30年代兴起的政治中间主义渐趋终结，民主党代表的社会中低收入阶层与共和党代表的高收入阶层之间的共识日益减少，政治极化随之产生，并在实践中表现为阶层对立、党派斗争和随之而来的国家治理效率下降。

---

① Larry M. Bartels, Unequal Democracy: *The Political Economy of the New Gilded Age*, Russell Sage Foundation, 2008.

② Nolan McCarty, Keith T. Poole & Howard Rosenthal, *Polarized America: The Dance of Ideology and Unequal Riches*, The MIT Press, 2006.

③ 这一思潮主要源自弗里德里希·哈耶克（Friedrich Hayek）、弥尔顿·弗里德曼（Milton Friedman）等自由市场经济学家以及罗伯特·诺奇克（Robert Nozick）等政治哲学家。参见 David Harvey, *A Brief History of Neoliberalism*, Oxford University Press, 2005, chapter1。

2. 制度—规则模式

这一研究模式认为，自立国时起，美国式的自由民主体制以选举、代议制、两党制和三权分立 / 权力制衡为总体框架的政治制度和规则设计，本身便为政党政治极化埋下了伏笔。[①]20 世纪 70 年代以来，在制度和规则的实际运作及其改革过程中，政党政治极化进一步加剧。例如，当代美国日益开放和更为直接的政党初选（primary elections）制度，使政策主张更为极端的候选人更容易动员其选民并最终胜出，由此扩大了党派间的政策分歧。[②] 又如，近半个世纪以来，民主、共和两党在每十年一次的选区重划中基于自身利益而进行的操纵（gerrymandering），大幅增加了各自的“安全选区”、减少了“摇摆选区”，从而加速了政党政治极化趋势。[③] 再如，以政党集权为取向的国会规则改革，成为政党政治极化的又一动力，[④] 其中主要包括党鞭（party whip）制度的强化、分委员会地位的提高和政党领袖权力的上升。[⑤] 总之，美国的政治制度和规则已成为两党斗争的有效工具，由此导致国内政治僵局频现，政党政治极化成为常态。

3. 宗教—文化模式

这一研究模式认为，宗教尤其是新教及其文化始终在美国政治和社会生活中具有举足轻重的地位；然而，随着当代多元文化主义的兴起，一个日益“世俗化的蓝色美国”（Secular Blues）与一个愈发“宗教化的红色美国”（Religious Reds）之间在文化、价值观和生活方式上开始形成越来越大的反

① Geoffrey C. Layman, Thomas M. Carsey & Juliana M. Horowitz, Party Polarization in American Politics: Characteristics, Causes and Consequences, *Annual Review of Political Science*, Vol.9, 2006.

② David W. Brady, Hahire Han & Jeremy C. Pope, Primary Elections and Candidate Ideology: Out of Step with the Primary Electorate?, *Legislative Studies Quarterly*, Vol.32, No.1, 2007.

③ Alan I. Abramowitz, *The Disappearing Center: Engaged Citizens, Polarization, and American Democracy*, Yale University Press, 2010, p.149.

④ 对国会两党极化的专门分析，参见谢韬：《美国国会两党分化的原因及后果》，《国际论坛》2009 年第 1 期。

⑤ Barbara Sinclair, *Party Wars: Polarization and the Politics of National Policy Making*, University of Oklahoma Press, 2006, chapter3.

差、分歧和冲突，进而成为当代美国政党政治极化的根源。[①]对此，有学者甚至用“文化战争”（culture war）来描述这种冲突的烈度。[②]“两个美国”之争发端于 20 世纪 60 年代的民权运动（civil rights movement）、“反文化运动”（counter-culture movement）和 20 世纪 70 年代的肯定性行动，并在近几十年里愈发明显。“世俗化的蓝色美国”支持民主党，多以少数族裔、女权主义者、受教育程度较高的年轻人和城市选民为主，他们笃信多元文化主义、支持女性和少数群体权利，在堕胎和同性婚姻等社会议题上持激进立场。“宗教化的红色美国”则成为共和党的拥趸，多以新教徒尤其是基督教右派和传统福音派新教徒、白人保守主义者为主。他们笃信主流的盎格鲁-撒克逊新教文化（即“瓦斯普”或 WASP 文化），在社会议题上持保守立场，主张维护传统价值观。上述“两个美国”的对立使得当代美国的政党政治极化被赋予了显著的宗教—文化元素。

4. 意识形态模式

这一研究模式认为，20 世纪 70 年代以来民主、共和两党在意识形态领域的两极分化是美国政党政治极化的主要推手。从 20 世纪 30 年代的罗斯福新政到 20 世纪 60 年代的越南战争期间，当代自由主义一直是美国政治社会的普遍共识。在此期间，两党不以意识形态划线，各自内部都有大量自由派和保守派，甚至出现保守派民主党人比自由派共和党人在政治意识形态光谱上更为偏“右”的特殊景象。基于此，政治中间主义一度成为这一时期美国政党政治的主流。著名学者丹尼尔·贝尔（Daniel Bell）在总结这一时期的美国政治时，诧异地得出了“意识形态终结”的结论。[③]然而，从 20 世纪 70 年代开始，民主、共和两党之间的意识形态极化却再次出现，民主党的自由主义和共和党的保守主义分别占据了美国社会、经济发展的主导地位，保守派民主党人

---

① Andrew Gelmanetal, *Red State, Blue State, Rich State, Poor State: Why Americans Vote the Way They Do*, Princeton University Press, 2008, chapter 6.

② James D. Hunter, *Culture Wars: The Struggle to Define America*, BasicBooks, 1991; Morris P. Fiorinaetal, *Culture War: The Myth of a Polarized America*, Pearson Longman, 2005.

③ Daniel Bell, *The End of Ideology: On the Exhaustion of Political Ideas in the Fifties*, Free Press, 1960.

与自由派共和党人在美国政治中逐渐消失，意识形态对立取代妥协成为美国政治生态的新特点。[①] 结果是，当代美国政治日趋“部落化”和“碎片化”，持有不同意识形态立场的政治力量和社会群体在各类国内政策议题上分庭抗礼，使当代美国国内经济、社会改革的效率相比“新政共识”时期大幅下降。

（二）既有研究模式的不足与反思

以上四种主要研究模式为我们分析美国的政党政治极化提供了重要的观察视角和学理依据。然而，它们无一例外地聚焦于政治制度和政治结构两个静态维度，忽视了对动态的政治过程要素的关注，因此在对政党政治极化的理解方面显得机械、笼统，没有系统运用比较研究的方法，历史地审视当代美国的政党政治极化与历史上反复出现的政党政治极化之间的根本差异，进而欠缺对其动因、特征与影响的有针对性地剖析。

首先，无论经济—阶层模式还是意识形态模式，都不能有效解释当代美国政党政治极化（包括特朗普政府执政以来党派斗争）的程度为何显著超越了历史上任何一个时期。一方面，当代美国社会不同阶层的贫富差距虽然持续扩大，但整体上仍小于 19 世纪末 20 世纪初。例如，1910 年时美国最富有的 10% 的人口占有社会总财富的约 80%，其中最富有的 1% 的人群财富占比达 45%；到 2010 年时，美国最富有的 10% 的人口占有社会总财富的约 70%，其中最富有的 1% 的人群财富占比不到 35%（见图 1）。[②] 此外，在当代美国社会贫富分化日益悬殊的同时，社会福利制度也在不断发展和完善；反观 19 世纪末 20 世纪初，正是“社会达尔文主义”（Social Darwinism）在美国和西方盛行的时期。[③] 因此从相对意义上讲，镀金时代美国社会中下层的生活境遇比新镀金时代更为糟糕。显然，经济—阶层研究模式对当代美国政党政治极化何以登峰造极的解释远非充分。另一方面，就意识形态而言，当代美国民

① Nicol Rae, *The Decline and Fall of the Liberal Republicans from 1952 to the Present*, Oxford University Press, 1989.

② Thomas Piketty, *Capital in the Twenty-First Century*, The Belknap Press, 2014, p.428.

③ 社会达尔文主义主张用生物学家达尔文的生物进化论来解释人类社会的发展，认为优胜劣汰、适者生存是人类社会的基本准则。其代表人物是英国哲学家赫伯特·斯宾塞（Herbert Spencer）。

主、共和两党间的两极分化是否比 19 世纪末 20 世纪初更为严重？答案可能也是否定的。早在具有象征意义的 1896 年美国总统大选中，民主党候选人威廉·布赖恩（William Bryan）便痛斥共和党自由放任的资本主义政策，大声疾呼关注“挣扎中的民众”、制约工商业寡头的权力；共和党候选人威廉·麦金利（William McKinley）则极力维护既有自由主义政策。[①] 自此，两党意识形态极化正式成形并不断加剧，以至于在伍德罗·威尔逊（Woodrow Wilson）总统执政时期，民主党的几乎所有进步主义改革都被共和党主导的国会加以阻挠和否决。[②] 不难看出，单纯的意识形态研究模式难以有效地论证新镀金时代和镀金时代的政党政治极化程度孰轻孰重。

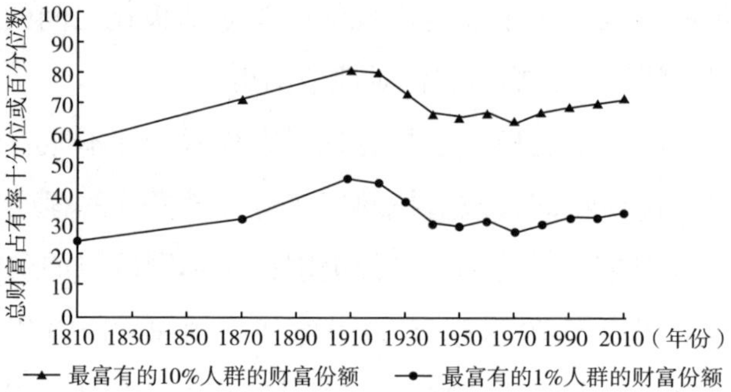

图 1　1810—2010 年美国社会贫富分化的总体态势

资料来源：Thomas Piketty, *Capital in the Twenty-First Century*, The Belknap Press, 2014, p.428。

其次，制度—规则模式在研究当代美国的政党政治极化时，则存在倒果为因的明显逻辑缺陷。本质上，当代美国史无前例的政党政治极化是因，以冲突和对抗为导向的制度—规则改革是果，只不过后者在实践中反过来进一步推动了前者的发展。因此，制度—规则模式更多的是在探讨当代美国政党政治极化所导致的后果及其影响，本身无法真正阐释这一极化的根源（制度—规则至多是一个中介变量而非核心变量），也无法提供为何这一极化较之历史

① James L. Sundquist, *Dynamics of the Party System: Alignment and Realignment of Political Parties in the United States*, The Brookings Institution, 1983, pp.28–32.

② James Holt, *Congressional Insurgents and the Party System, 1909–1916*, Harvard University Press, 1967, pp.81–94, pp.106–120.

上任何一次极化程度更深的有说服力的答案。

最后，宗教—文化模式对于当代美国政党政治极化加剧的分析，固然看到美国社会不同群体因道德认知及其标准差异而产生了政治上的对立、形成了相互竞争的道德观，但大部分美国人在这一问题上仍属于中间派，因此宗教—文化因素在当代美国政党政治极化发展中的作用不应被过分夸大，或者更准确地说，透过宗教—文化模式观察当代美国的政党政治极化是十分片面和狭隘的。已有研究发现，宗教—文化因素对政党政治极化的影响确实在上升，但二者间的相互作用主要与上层白人有关，而非美国社会中的普遍现象；对于广大社会中下层来说，当代美国政党政治中更为重要的议题仍然是经济、就业和社会福利。[①]因此，没有证据显示20世纪70年代以后美国已沿着宗教—文化界限而出现高度极化。[②]

综合以上总结和反思，笔者认为，要想真正明确当代美国的政党政治极化与美国历史上反复出现的政党政治极化之间的根本区别，进而有针对性地充分理解其动因、走向与影响，就需要对已有研究模式进行优化，在政治制度和政治结构要素的基础上加强对政治过程要素的考察。为此，本文致力于引入联盟重塑与政党重组两个过程性变量，运用比较研究方法，构建一个“制度—结构—过程”三位一体的当代美国政党政治极化分析框架。

三、把政治过程找回来：联盟重塑、政党重组与美国政党政治格局的四种形态

（一）联盟重塑与政党重组：内涵及作用

美国是一个先有市民社会（civil society）、契约精神和法治传统，后又形

---

① Thomas A. Hirschl et al., Politics, Religion, and Society: Is the United States Experiencing a Period of Religious Political Polarization?, *Review of European Studies*, Vol.4, No.4, 2012.

② Christopher P. Muste, Bringing Culture Back In: Social Group Polarization and the “Culture Wars in the U.S.”, *International Journal of Humanities and Social Science*, Vol.2, No.20, 2012.

成联邦政府（federal government）的国家，加之自由主义十分强调个人权利、理性主义和有限政府，因而自其立国时起——按照法国政治学家托克维尔（Alexis de Tocqueville）的说法——美国便已存在一个具有强大自治能力的多元化社会。① 与此同时，作为全球最大移民国家，不同文化和肤色的人们秉持自由主义原则在这里共生共存，形成了多元化的族群利益，这也成为美国的一大特质。罗伯特·达尔（Robert Dahl）极具影响力的多元主义民主理论就指出，利益多元化和权力多元化是美国社会的重要特征，前者使人们可以根据自身利益需求自愿成立或加入各种组织，后者则使众多组织与国家分享权力变得可能。② 在上述背景下，竞争性选举与代议制民主的政治制度框架，便赋予各类社会力量影响政治精英内外政策制定的手段和渠道。这一系列独特经验致使美国采用的是一种“自下而上”的政治发展路径，通过代议制民主这一中介将国家与市民社会连结了起来，其中人民通过由他们定期选举产生的代表来行使对政府的最终控制权。基于此，在美国的“国家—社会”关系中，社会力量更为强大。正如美国政治学者理查德·本塞尔（Richard Bensel）声称的那样，社会力量在美国政治的发展过程中发挥着根本作用。③

在政治实践中，美国这一特殊的“国家—社会”关系使得民主、共和两党各自逐步形成了以经济、阶层、宗教、文化和意识形态等为“界标”的核心选民群体，即国内政治联盟（domestic political coalition）。按照多元主义和代议制民主理论的逻辑，建立在社会力量及其利益诉求之上的国内政治联盟，很大程度上决定着政党和政治精英的命运。④ 因此从社会科学的“理性人”假设出发，美国两党及其政治精英从赢得竞选、连任以及推进自身政策议程、最大限度实现各自政治利益等党派和个体政治理性出发，在制定内外政策时便不得不考虑其所代表的国内政治联盟的利益诉求。

---

① Alexia de Tocqueville, *Democracy in America*, Penguin Books, 2003, p.58.

② Robert Dahl, *Pluralist Democracy in the United States: Conflict and Consent*, Rand Mc-Nally, 1968.

③ Richard Bensel, *Sectionalism and American Political Development, 1889–1980*, University of Wisconsin Press, 1984, p.7.

④ [英]约翰·密尔:《代议制政府》，汪瑄译，商务印书馆 1997 年版，第 68 页。

回顾历史，美国国内政治联盟的构成及不同联盟之间的力量对比并非一成不变，而是会随着经济、社会的发展以及由此造成的联盟利益变化，出现相应的分化、组合与再造，这一政治过程就是联盟重塑（coalition reshaping）。基于国内政治联盟对美国政党政治格局的决定性塑造作用，联盟重塑便成为在实践中推动美国政党政治格局演化的核心变量。由于美国经济、社会的发展具有阶段性和周期性，国内政治联盟往往同样呈现出阶段性特征，联盟重塑也随之成为一种周期性现象。

例如，美国内战爆发前，来自东北部和南方的不同政治联盟便在国会围绕如何同前宗主国英国进行贸易展开激烈斗争。一方面，由于东北部工商业发达，工商业和金融界及其利益代言人联邦党（Federalists）主要通过对外贸易获取经济利益和相应政治好处，故而主张与英国保持友好关系。另一方面，美国南方则以农业和种植业经济为主，所以代表南方利益的民主共和党人（Democratic Republicans）反对英国商品大量涌入美国，主张对英采取强硬政策，保护南方地区落后的产业。[①]南北两大政治联盟在贸易问题上的尖锐对立成为当时美国政党政治极化的决定性因素。然而半个多世纪以后，随着美国南方经济开始从种植业向国防军工产业转型，南北双方基于共同利益，开始在贸易问题上从对手变成盟友，一致支持自由贸易和开放的国际秩序。自此，一个东北部—南方主导性政治联盟形成，构建起了第二次世界大战后支撑美国自由国际主义的中坚力量。[②]上述两个历史案例鲜明地体现了美国政治中联盟重塑的内涵及其重要意义。

与美国的市民社会通过代议制民主这一桥梁发挥其对政府的最终控制作用一样，作为推动美国政党政治发展演化的核心变量，政治联盟的重塑在政治过程实践中也需要一个中介变量——政党重组（party realignment）——以将其影响传导至华盛顿宾夕法尼亚大道两端。从定义上讲，美国政治中的政

① Edward Chester, *Sectionalism, Politics, and American Diplomacy*, Scarecrow Press, 1975, p.4.

② Peter Trubowitz, *Defining the National Interest: Conflict and Change in American Foreign Policy*, The University of Chicago Press, 1998.

党重组指的是民主、共和两党的国内政治联盟（或选民基础）在某次或某几次选举之后出现的明显且持续的变化，进而造成政党力量对比的改变，使旧的政党政治格局瓦解、新的政党政治格局形成。① 由此可见，周期性的联盟重塑通过政党重组引发了美国政党政治格局的重构，进而使此消彼长的国内政治力量在历史进程中不断校正美国经济、社会发展和变革的航向（见图 2）。下文将分别通过理论探讨、历史回顾与当代追踪，论证联盟重塑与政党重组两个政治过程性变量如何作用于美国政党政治格局的演化。

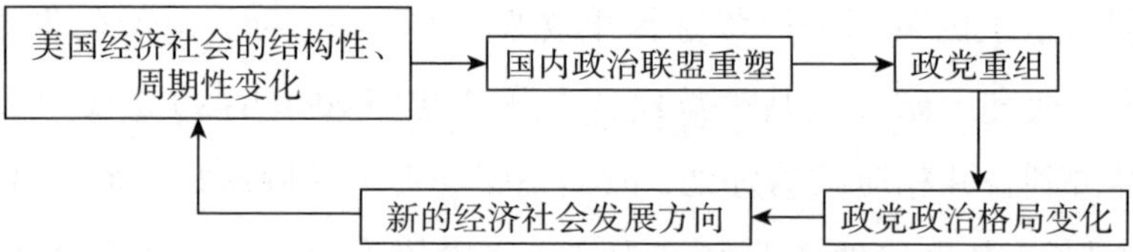

图 2　美国政党政治格局的周期演化逻辑

资料来源：笔者自制。

（二）联盟重塑、政党重组与美国政党政治格局的四种形态：理论探讨

社会利益多元化、特殊的“国家—社会”关系以及两党制政治模式，共同决定了那些试图影响和塑造美国内政、外交政策制定的国内政治联盟在其整合过程中趋向于形成“普遍主义—积极自由”与“精英主义—消极自由”相互博弈的政治二元结构，即两个主要的国内政治联盟分别以民主、共和两党作为各自利益的代表，推动公共政策议程朝着有利于自身的方向发展。② 植根于美国经济社会的结构性、周期性变化，以两党背后两大主要政治联盟间的政治

① James L. Sundquist, *Dynamics of the Party System: Alignment and Realignment of Political Parties in the United States*, The Brookings Institution, 1983, p.14; Jerome M. Clubb, William H. Flanigan & Nancy H. Singale, *Partisan Realignment: Voters, Parties and Government in American History*, Westview Press, 1990, pp.21–24; Arthur Paulson, *Electoral Realignment and the Outlook for American Democracy*, Northeastern University Press, 2007.

② “普遍主义—积极自由”反映的是当代自由主义理念，提倡结果平等；“精英主义—消极自由”反映的是古典自由主义理念，提倡机会平等。参见资中筠：《冷眼向洋：百年风云启示录》（上），生活 · 读书 · 新知三联书店 2009 年版，第 315～320 页。

力量对比和利益冲突程度为划分标准，联盟重塑与政党重组在理论上会构建出四种不同形态的政党政治格局，从而产生差异化的经济、社会和外交影响。[①]

1. 非对等极化（deeply but not closely divided）

两党及其代表的政治联盟处于力量失衡状态且双方利益冲突较大。这一格局意味着美国政治一党独大，处于强势地位的政党—政治联盟完全主导了美国内政外交的走向，并且其政策很大程度上建立在牺牲弱势一方利益的基础上。从理论角度看，此种形态容易存在于经济自由放任式发展、社会达尔文主义盛行、贫富悬殊、社会结构失衡且话语权掌握在既得利益阶层（民主发展尚不充分）的时期。在美国历史上，这一形态出现在从 19 世纪后期一直到大萧条前的镀金时代。“精英主义—消极自由”是其国内经济社会发展理念的核心。

2. 非对等协商（neither deeply nor closely divided）

两党及其代表的政治联盟处于力量失衡状态，但双方利益冲突不大。这一格局意味着美国政治虽然一党独大，但两党及其代表的政治联盟在重要利益上的一致性大于分歧，因而各自的党派属性（partisanship）被弱化。此外，双方可通过利益交换（trade-off）尽可能增进各自利益，尽管弱势一方的妥协更大。从理论角度看，此种形态同样容易形成于社会结构失衡且话语权掌握在既得利益阶层（民主发展尚不充分）的社会条件下，只是其经济前提不再是自由放任和社会达尔文主义模式，而是国家资本主义或社会民主主义等分配结构相对均衡的资本主义模式。在实践中，此种形态尚未在美国出现。

3. 对等协商（closely but not deeply divided）

两党及其代表的政治联盟力量均衡且双方利益冲突不大。这一格局同样意味着美国政治中党派属性的弱化，但由于主要政治力量势均力敌，因此双方需要更多谈判与相互妥协才能达成政策一致，利益交换的难度较非对等协商形态更大。从理论角度看，此种形态容易出现在政治民主取得长足进步，经济发展状况良好并且在政府的有效干预下，经济结构、社会结构和分配结

① 对于美国政治的周期性及其与政党重组逻辑关联的系统分析，参见谢韬：《从大选看美国的历史周期、政党重组和区域主义》，《美国研究》2012 年第 4 期。

构相对均衡的时期。[①] 在美国历史上，这一形态主要存在于“新政时代”，即20 世纪 30 年代到 60 年代，“普遍主义—积极自由”是这一阶段国内经济社会发展理念的核心。

4. 对等极化（deeply and closely divided）

两党及其代表的政治联盟势均力敌且双方利益冲突较大。这是以力量和利益为标准划分的四种形态的政党政治格局中最为糟糕的组合和最为极端的形态。在这一形态下，不仅没有任何一支政治力量能够主导国内政策议程，而且双方立场相去甚远，很难达成共识与妥协，因而极易引发政治僵局和国内治理的低效甚至失效。从理论角度看，此种形态容易出现在民主充分发展但经济结构、社会结构和分配结构失衡的时期。在美国历史上，这一形态主要存在于当代（即“新镀金时代”或 20 世纪 70 年代以后）。“精英主义—消极自由”与“普遍主义—积极自由”分别成为国内经济和社会发展理念的核心。

上述类型化研究表明，美国的政党政治格局在理论上存在四种不同形态，并且始终处于周期性演变状态之中。在这一周期性演变背后，是美国政治中的两大过程性要素——联盟重塑和政党重组——在发挥推动作用，而其根源则是美国经济社会发展所具有的阶段性和周期性（见表 1）。

表 1　美国政党政治格局的四种形态

利益冲突＼力量对比	失衡	均衡
大	非对等极化	对等极化
小	非对等协商	对等协商

资料来源：笔者自制。

按照笔者的这一类型划分，美国的政党政治极化格局被进一步细化为两种不同的形态：非对等极化和对等极化。历史与现实表明，这两种形态的政党政治极化有着全然不同的动因、特征及影响，因此有必要在理论和实践两个层面对其进行区分，从而帮助我们在已有相关研究基础上深化对极化的理解，

① Peter Trubowitz, Nicole Mellow, Going Bipartisan: Politics by Other Means, *Political Science Quarterly*, Vol.120, No.3, 2005.

并为后续更有针对性地探究当代美国的政党政治极化提供学理基础。

四、联盟重塑、政党重组与当代美国的政党政治极化

（一）联盟重塑、政党重组与美国政党政治格局的历史演化概述

1. 民主、共和两党“非对等极化”时期（19世纪60年代到20世纪20年代）

19世纪中后期美国经济、社会的飞速发展与古典自由主义、社会达尔文主义思潮的如日中天，植根于南北战争后美国政治联盟重塑与政党重组带来的日趋显著的政治精英主义倾向。[①]1865年美国内战结束后，以共和党为代表的东北部—西部政治联盟逐渐成为美国政治中的主导力量。这一主导性联盟由东北部的金融、工商业利益集团与西部的农牧业利益集团构成，主张联邦主义、高关税和自由放任的经济政策，以保护国内产业、加速推进工业化及海外扩张。由此，共和党逐步演化为社会既得利益阶层——垄断资产阶级的代言人和维护者。按照美国政治学家卡尔·拉德（Carll Ladd）的说法，共和党成了“工业国家党”[②]。很大程度上，正是当时在美国国内占据主流地位的上述施政理念，加剧了19世纪后期伴随美国高速工业化而来的社会贫富分化现象和对以弱肉强食为基本法则的社会达尔文主义的信仰。例如，在美国内战前，全国范围内几乎没有资产达百万以上的富豪，而在内战后的短短二三十年内，以石油和铁路大亨等为代表，美国的百万富翁开始急速增长，到1892年时超过4000人。以此为背景，东北部的工业、金融寡头和中西部的农牧场主才被美国作家马克·吐温（Mark Twain）描绘成经济上贪得无厌的利益追逐者和美国政治逐渐走向腐败的幕后操纵者，而这一历史阶段则被他称为“镀金时代”。

镀金时代共和党“一党独大”的另一面是正在形成中的现代民主党及其施政理念。此前，民主党一直奉行“杰克逊式民主”，认同政府是必要的“恶”

① Richard Hofstadter, *Social Darwinism in American Thought*, University of Pennsylvania Press, 1945.

② Carll Ladd, *American Political Parties: Social Change and Political Response*, W. W. Norton, 1970.

这一自由主义理念。然而，镀金时代的工业化使美国的社会结构出现剧烈分化，农民、工人和广大新进外来移民成为美国社会中的弱势群体，民主党随之逐渐转向其当代理念，主张“积极政府”（active government），用以保护以工人阶级为代表的中下层民众的利益。此后，关于华盛顿究竟应该管控还是顺应自由市场才能推动美国经济繁荣和社会进步的争论成为美国政治的核心议题。

镀金时代美国民主、共和两党及各自政治联盟政治力量对比与利益冲突的现实，使“非对等极化”成为美国政治过程的常态。由于共和党代表的东北部—西部政治联盟相对于以民主党为代表的南方政治联盟具有压倒性政治优势，因此在此期间共和党及其自由放任政策始终主导着国内政治议程。其间，由四位共和党资深参议员——罗得岛州的纳尔逊·奥尔德里奇（Nelson Aldrich）、艾奥瓦州的威廉·艾利森（William Allison）、康涅狄格州的奥维尔·普拉特（Orville Platt）和威斯康星州的约翰·斯普纳（John Spooner）——组成的保守派联盟（Big Four）牢牢掌控着国会权力。到 20 世纪初，随着四位议员的离世或式微，共和党内出现了保守派与进步派的分裂，进而导致伍德罗·威尔逊幸运地成为自 19 世纪末起一直到大萧条前唯一的民主党候选人且赢得总统宝座。然而，共和党的内部分裂很快便让位于党间斗争：正是共和党进步派对威尔逊时期的进步主义改革持激烈反对意见，才使得当时的政党政治极化程度达到历史高点。[①] 结果是，20 世纪初昙花一现的进步主义改革并未扭转共和党的自由主义路线，也没有解决美国日益加剧的贫富分化问题，反而使 20 世纪 20 年代成为美国历史上自由放任政策登峰造极的时期。

2. 民主、共和两党“对等协商”时期（20 世纪 30 年代到 20 世纪 60 年代）

1950 年，美国政治学会（American Political Science Association，APSA）下设的政党研究委员会发布了一份极具影响力的研究报告，声称自 20 世纪 30 年代以后，美国的政党政治已呈现出日益明显的非政治（apolitical）特性，两

---

① James Holt, *Congressional Insurgents and the Party System, 1909–1916*, Harvard University Press, 1967, pp.81–94, pp.106–120.

党政治斗争彻底成了过去式。[①] 的确，到第二次世界大战结束时，美国的政治图景已远不如 19 世纪末那样党派极化、充满斗争，而是越来越朝着政治光谱的中心靠拢。此外，民主党在这一时期迅速崛起为一个与共和党势均力敌的强大政党，"一党独大" 格局不复存在。正如政治学家弗拉基米尔·奥兰多·基（V. O. Key）指出的，随着罗斯福新政的开展和第二次世界大战的结束，民主党及其代表的社会中下层正日益成为政治主流，社会阶级作为美国不同党派利益标签的现象一去不复返了。[②]

上述巨大政治变迁的出现，植根于 20 世纪 30 年代的美国国内政治联盟重塑和政党重组。以大萧条带来的变革呼声为强大动力和催化剂，美国政治开启了其发展历程中最重要的一轮政党重组——1932年重组。[③] 在这轮重组中，民主党的势力范围从美国南方迅速扩展到了东北部，其崛起使得当代美国政治的两党对等模式彻底成形。[④] 凭借当时极为有利的时代条件，民主党及其当代自由主义开始在美国政治中占据上风。以罗斯福新政为标志，民主党在实践中逐步完成了自由主义从反政治权力到反经济权力、从有限政府到积极政府、从经济的自由放任模式到凯恩斯主义模式、从信奉发展理念主导的消极自由到提倡平等理念主导的积极自由，以及从政治文化的精英主义到普遍主

① American Political Science Association, Toward A More Responsible Two-Party System: Report of the Committee on Political Parties, *American Political Science Review*, Vol.4, No.3, 1950.

② V. O. Key Jr., *Politics, Parties, and Pressure Groups*, Thomas Y. Crowell, 1958, p.274.

③ 关于这轮政党重组对于美国政治影响的系统性论述，参见 David Burner, *The Politics of Provincialism: The Democratic Party in Transition, 1918–1932*, W. W. Norton, 1967; Gerald Gamm, *The Making of New Deal Democrats: Voting Behavior and Realignment in Boston, 1920–1940*, University of Chicago Press, 1986; Carl Degler, American Political Parties and the Rise of the City: An Interpretation, *Journal of American History*, Vol.51, June1964。

④ Richard Bensel, *Sectionalism and American Political Development: 1880–1980*, University of Wisconsin Press, 1984, p.62.

义等的过渡，从而形成了自由主义的民主党式变体。[①]

在实践中，20 世纪 30 年代以后的美国经济在政府主导下实现了高速、均衡发展。其中，现代制造业的崛起使镀金时代造成的社会贫富分化和阶级冲突逐渐淡化。政治领导人由此得以在一系列议题领域找到一个国内政治、社会的“最大公约数”[②]。正是基于社会阶层分化日趋模糊的现实，美国政治学者沃尔特·伯纳姆（Walter Burnham）在对这段历史进行回顾和总结时才写道：“20 世纪五六十年代或许可以被描述为美国政治发展史上一个令人极为困惑的时期，因为那个时候美国国内缺乏一种阶级分明的政治秩序。”[③]

社会阶层差异的缩小以及利益冲突的弱化，致使美国的社会结构连同政治意识形态在此期间开始日益呈现出一种“中间化”的演化趋势。这种社会现实反映到国内政治层面，便集中表现为国会参、众两院中的两党“温和派”势力开始逐渐占据政治主流（见图 3），并且议员的“跨党派”投票也逐步成为国内政治过程中的普遍行为模式。此外，伴随民主党及其当代自由主义理念的崛起，两党对等模式形成，因此任何国内政治倡议要想在国会两院通过，都需要两党间的相互妥协与合作。

① 凯恩斯主义是指通过国家对经济进行宏观调控来扩大总需求和增加就业，参见 Leon Baradat，*Political Ideologies:Their Origins and Impact*，Pearson Education，2009，p.134。在当代自由主义者看来，古典自由主义关于自由意味着不受他人干涉而作出选择的定义是一种消极自由；积极的自由应是罗斯福提出的“四大自由”，即言论自由、信仰自由、免于贫困的自由和免于恐惧的自由。要想实现这些目标，政府就必须在社会生活中发挥更大作用。

② Peter Trubowitz，Nicole Mellow，Going Bipartisan：Politics by Other Means，*Political Science Quarterly*，Vol.120，No.3，2005.

③ Walter Burnham，*Critical Elections and the Main Springs of American Politics*，W. W. Norton，1970，p.304.

图 3　美国国会中“温和派”所占比重变化，1898—1968 年（单位：%）

资料来源：Sarah Binder，The Dynamics of Legislative Gridlock，1947-1996，*American Political Science Review*，Vol.93，No.3，1999。

正是上述一系列有利的时代条件，包括联盟重塑、1932 年政党重组及其带来的经济均衡发展、社会结构中间化以及意识形态淡化，才使得美国政治在新政期间，尤其是第二次世界大战后打造出一种两党“对等协商”的形态，由此在很大程度上推动了当代自由主义政治、经济议程的落实和扩展。当然，“对等协商”的政治基础——新政联合体——本质上是美国南方和东北部政治力量相互妥协的结果，“东北部—南方”主导性国内政治联盟的出现成为当代自由主义和自由国际主义分别在美国内政、外交领域担纲引领的强大支撑。[①] 然而，在美国经济、社会发展周期性定律的作用下，尤其是 20 世纪 60 年代后凯恩斯主义政治经济模式暴露出的问题，以及当代自由主义因民权运动等产生的过度伸展，这一主导性政治联盟最终走向了瓦解并引发美国政治的新一轮联盟重塑和政党重组。

（二）联盟重塑、政党重组与当代美国政党政治极化的动因、特征及影响

1. 对等极化：当代美国政党政治极化的形态及其动因

20 世纪 70 年代以来，美国政党政治极化现象日益突出、程度逐渐加深，以至于达到甚至超越了此前任何一个历史时期。国内外学界对这一问题的探

---

① 对“东北部—南方”主导性国内政治联盟在美国自由国际主义崛起方面作用的分析，参见王浩：《社会联盟与美国对外战略演化的逻辑（1945—2015）》，《世界经济与政治》2016 年第 7 期。

讨已有很多，笔者在既有研究综述部分将其归纳为四种研究模式，并指出了其中存在的不足。按照本文的分析框架，当代美国政党政治极化的特殊性在于 20 世纪 70 年代的国内政治联盟重塑经由政党重组，将美国的政党政治格局塑造成了史无前例的民主、共和两党“对等极化”这一极端形态，这就清晰地揭示出为何其极化程度远甚于过去。具体而言，经过这一轮联盟重塑与政党重组，美国的政治版图发生了深刻变化：民主党代表的东北部—西海岸政治联盟与共和党代表的南方—中西部政治联盟最终定型。二者在力量对比方面趋于均等，但利益冲突程度却日渐加深，这就导致美国国内不再存在一支能够完全左右内政、外交政策议程的主导性政治力量（如镀金时代），抑或是可以通过协商与利益交换达成政策共识的两个政治阵营（如新政时代），而是出现以零和博弈思维看待彼此并且势均力敌的两大政治联盟，从而给当代美国政治生态的恶化埋下伏笔。追根溯源，这一轮联盟重塑、政党重组和两党对等极化形态的形成，涉及当代美国经济、社会和政治过程的多方面复杂动因。

第一，当代美国国内经济和产业结构变迁导致的社会利益冲突是新政时代东北部—南方主导性政治联盟瓦解和两党对等极化格局产生的首要原因。20 世纪 70 年代以后，美国经济先是因越南战争引发通货膨胀和财政赤字，后又因布雷顿森林体系崩溃而使其“金元帝国”风光不再，甚至造成一次经济危机。[①] 所有这些困局反映出当代自由主义的经济发展模式走到尽头、美国经济竞争力——尤其是第二次世界大战后形成的现代制造业优势——已大不如前。结果是，当代美国开启了一项不可逆转并影响至今的经济进程——去工业化（deindustrialization）。这一进程对多元化的国内社会利益产生了明显的差异化影响，其中作为制造业中心的东北部遭受的打击最为严重。在纽约、宾夕法

① 越南战争的久拖不决使美国的财政赤字在 20 世纪 60 年代后期达到 400 亿美元，并导致美元的购买力较 1945 年时下降 60%。进入 20 世纪 70 年代，美国的国际收支状况不断恶化，出现私人海外投资增长与外贸盈余减少并存的局面，由此酿成一场持续一年的经济危机。此外，贸易赤字的增加迫使美国动用大量黄金维持美元汇率，进而导致美元危机频生、黄金储备下降，美元地位急剧衰落。参见资中筠主编：《战后美国外交史：从杜鲁门到里根》，世界知识出版社 1993 年版，第 599 页；周琪主编：《意识形态与美国外交》，上海人民出版社 2006 年版，第 226 页。

尼亚、伊利诺伊及密歇根等传统制造业大州，工人的就业情况比南方糟糕许多，工厂倒闭成为普遍现象（见表 2）。[①] 整个 20 世纪 70 年代，东北部制造业就业岗位缩水 56.7 万个，某些地区的情况甚至比大萧条时还糟糕。[②] 到 1980 年时，东北部制造业人口占全国的比重由 1940 年的三分之二降至一半。[③] 与东北部相反，南方工业化起步不久、起点更高，工业经济更多以新兴高科技企业和国防军工产业为主，因此在 20 世纪 70 年代反而变得更为繁荣。[④] 基于这一现实，越来越多的财富五百强企业逐渐告别东北部老旧的“铁锈地带”，选择落户南方新兴的“阳光地带”。[⑤]

在上述背景下，以蓝领阶层、劳联—产联组织和传统产业为主体的东北部政治联盟与以企业主及新兴产业为主体的南方政治联盟开始在利益选择上分道扬镳，分别倒向了民主党的当代自由主义和共和党的保守主义经济理念，加之产业地理和人口规模两方面出现的“南升北降”趋势，最终使东北部和南方形成了经济意义上的对等极化格局。

---

① Advisory Commission on Intergovernmental Relations（ACIR）, *Regional Growth: Historic Perspective*, ACIR, 1980.

② Fred Shelly et al., *Political Geography of the United States*, Guilford Press, 1996, pp.257–267.

③ Advisory Commission on Intergovernmental Relations（ACIR）, *Regional Growth: Historic Perspective*, ACIR, 1980, p.43.

④ Leonard Wheat, The Determinants of 1963–1977 Regional Manufacturing Growth: Why the South and West Grow, *Journal of Regional Science*, Vol.26, No.5, 1986; R. D. Norton, John Rees, The Product Cycle and the Spatial Decentralization of American Manufacturing, *Regional Studies*, Vol.13, 1979; Neil Smith, Ward Dennis, The Restructuring of Geographical Scale: Coal escence and Fragmentation of the Northern Core Region, *Economic Geography*, Vol.63, No.2, 1987; Bernard Weinstein, Robert Firestine, *Regional Growth and Decline in the United States*, Praeger, 1978.

⑤ John Agnew, *The United States in the World Economy: A Regional Geography*, Cambridge University Press, 1987, pp.161–185.

表 2　1970—1980 年美国国内各地区非农就业增长率（单位：%）

地　　区	平均数	标准差	最低值	最高值
东北部	18.9	10.4	−1.1	44.7
新英格兰	24.7	11.9	14.2	44.7
中大西洋地区	13.9	10.6	−1.1	28.1
五大湖区	16.9	5.3	12.4	25.8
南方	41.0	10.7	25.1	63.4
东南地区	41.6	12.4	25.1	63.4
西南地区	39.4	5.5	34.3	47.0
西部	49.1	20.9	17.7	90.3
大平原地区	31.9	9.2	17.7	45.3
山区	65.8	18.9	36.0	90.3
太平洋沿岸	44.7	4.3	40.1	47.4
整个美国	36.7	19.9	−1.1	90.3

资料来源：U.S. Department of Labor，http://www.dol.gov/general/topic/statistics/geography。

第二，当代美国的社会结构因人口和阶层的剧烈变化而趋向分裂，又在民权运动、反文化运动和肯定性行动之后因大众政治崛起带来了社会中下层政治影响的持续上升，这就为政党政治的对等极化提供了社会基础。一方面，20 世纪 70 年代以来，美国国内的人口迁移使其政治版图趋于“两极化”：一极是作为广大外来移民目的地的、以多种族和中下层为主体构成的东西海岸及五大湖区，它们成为自由化政策和民主党的支持者；另一极则指的是由中产阶级构成的、以新兴产业为主体的南方和中西部小城镇区域，它们成为保守派以及共和党的国内社会基础。[①] 另一方面，与镀金时代类似，当代美国社会贫富分化的日益严重也与政治的不断极化互为因果。对于中下层美国普通民众来说，20 世纪 70 年代以来工资性收入增速落后于通货膨胀速度，尤其是新自由主义浪潮及经济金融化和去工业化趋势，导致美国少数精英和广大民众间的收入差

① William Frey，*Metropolitan Magnets for Domestic and International Migration*，Brookings，October 2003.

距不断增大。[①] 例如，美国联邦储备系统 2011 年发布的《2007—2010 年美国家庭财产变化报告》显示，2007 年美国家庭财产净值的中位数为 12.64 万美元，而 2010 年下降到 7.73 万美元；扣除通货膨胀因素，这一数据等同于 1992 年时的水平；[②] 然而，美国 1% 的最富有家庭占全民财富的百分比却由 2007 年的 34.1% 上升至 2009 年的 37.1%。[③] 在这一趋势之下，美国皮尤研究中心（Pew Research Center）于 2015 年底发布的一项题为《美国中产阶级的衰退》的报告显示，美国成年人的中等收入人群为 1.208 亿，低收入和高收入群体的总数则为 1.213 亿，中产阶级人数首次跌破成年人口总数的一半。[④] 这就意味着，随着以中产阶级为主体的社会结构被日益侵蚀，美国社会已走向两极分化。

前文提到，当代美国不同社会阶层间的财富和收入差距整体上仍小于 20 世纪初，因而单纯的经济—阶层模式无法解释当代美国政党政治极化的程度为何更深。如果我们把联盟重塑、政党重组等过程性变量纳入分析范畴，就可以很清楚地找到这一问题的答案。20 世纪 70 年代以来，民权运动导致的少数族裔政治权利的实质提升、反文化运动兴起对于政治精英主义的反叛，以及肯定性行动的推进对于社会弱势群体利益的伸张，大幅增加了社会中下层包括边缘群体的政治话语权，大众政治崛起的趋势变得不可逆转。在这一背景下，美国政治决策不再像镀金时代那样是由一小撮聚集在“烟雾缭绕之室”（the small smoking room）的政治经济寡头所能决定的，而是力量日趋对等且彼此利益冲突的两大政治联盟及其分别代表的精英主义与普遍主义相互博弈和斗争的结果。这就大大加深了美国政治极化的程度和两党博弈的烈度。

第三，面对 20 世纪 70 年代美国经济结构和产业地理变化引发的南北利

---

① Larry M. Bartels, *Unequal Democracy: The Political Economy of the New Gilded Age*, chapter1.

② Changes in U.S. Family Finances from 2007 to 2010: Evidence from the Survey of Consumer Finances, *Federal Reserve Bulletin*, Vol.98, No.2, 2012.

③ Annalyn Gensky, How the Middle Class Became Under Class, February16, 2011, https://money.cnn.com/2011/02/16/news/e%20conomy/middle-class/index.html.

④ The American Middle Class Is Losing Ground, Pew Research Center, December 9, 2015, http://www.pewsocialtrends.org/2015/12/09/the-american-middle-class-is-losing-ground/.

益对等分化，以及社会结构变迁与大众政治兴起带来的阶层利益对等冲突，民主、共和两党基于自身利益而不失时机地主动调整了各自的竞选战略，从而在政治上加速并强化了联盟重塑与政党重组的进程和效果。其中，共和党“南方战略”（the Southern Strategy）成功推进尤为引人注目。其结果是，民主党在南方的影响力日趋式微，越来越成为一个立足于东北部和西海岸的政党；[①] 而共和党则跨越“梅森—狄克逊线”（the Mason–Dixon Line），成为南方各州的主导力量。[②] 例如，在 1947 年杜鲁门主义出台之时，来自南方的民主党国会议员占国会中民主党全部议席的 60%；而到 1980 年时，这一数字已降至不足 40%。[③] 到 2000 年共和党候选人乔治 · W. 布什（George W. Bush）赢得美国总统大选时，其选票基本上被锁定在一个巨大的 L 形区域，即从蒙大拿州向南到亚利桑那州再折向北到佐治亚州。至此，新政时代美国东北部的温和派共和党人（又被称为“洛克菲勒”共和党人）已经从党团（party caucus）中彻底消失，共和党因此变得越来越保守化。与此同时，国会中的民主党人则越来越集中于东北部与西海岸等社会利益更倾向于自由化的区域。例如，曾经作为两党激烈竞争赛场的新英格兰地区，冷战后彻底成了民主党的票仓。自然地，新政时代南方保守派民主党人逐渐式微，民主党党团因而进一步向左靠拢。这一联盟重塑与政党重组完全逆转了 20 世纪 30 年代到 60 年代美国国会各州选派议员所具备的跨党派特征。基于此，当代美国国会成为以党派划线的政治斗争的场所，而政治制度及其一系列改革只不过是在政治过程造成了两党对等极化后，双方博弈可资利用的工具和引发的后果（见图 4）。

2. 当代美国政党政治对等极化的实践特征及其影响

作为美国政党政治格局尤其是极化的极端表现形态，当代美国政党政治的对等极化在实践中除拥有广义政党政治极化的特征——两党意识形态和政

---

① Earle Blac, Merle Black, *Politics and Society in the South*, Harvard University Press, 1987; Nicol Rae, *Southern Democrats*, Oxford University Press, 1994.

② Martin Wattenberg, The Building of a Republican Regional Base in the South: The Elephant Crosses the Mason–Dixon Line, *Public Opinion Quarterly*, Vol.55, No.3, 1991.

③ Richard Bensel, *Sectionalism and American Political Development, 1889–1980*, University of Wisconsin Press, 1984, p.383.

策立场差异明显且各自内部同一性较高——以外，还具备一些重要的个性化特征，进而产生了特殊的政治、经济、社会和外交影响。

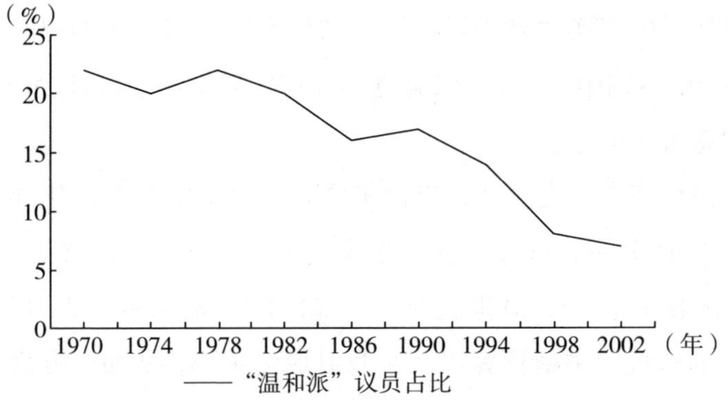

图 4　美国国会“温和派”力量的衰落，1970—2002 年

资料来源：Keith Poole，Howard Rosenthal，Nominate Score Data，http://vote-view.uh.edu/。

首先，在政治层面，当代美国政党政治的对等极化使“跨党派”投票模式逐渐被日趋严格的政党纪律所取代，府会分立和对立成为常态，并且与 19 世纪末的非对等极化不同，在野党具备了在国会制衡执政党的强大能力，因而政治僵局乃至政府关门屡见不鲜。[①] 例如，在 1994 年的美国国会中期选举后，美国政治形成了“金里奇的众议院”与“克林顿的白宫”相互对立和斗争的局势。在这次选举中，共和党取得了众议院多数地位，该党著名保守派代表纽特·金里奇（Newt Gingrich）则出任众议院议长一职。在比尔·克林顿（Bill Clinton）政府的剩余任内，白宫与国会在内政外交等一系列问题上产生了激烈的斗争，直至最后以国会对克林顿发起弹劾达到高潮。[②] 毫无疑问，对等极化

① Sean Theriault，Party Polarization in the U.S. Congress：Member Replacement and Member Adaptation，*Party Politics*，Vol.12，No.4，2006；Jeffrey Stonecash，Mark Brewer & Mack Mariani，*Diverging Parties:Social Change，Realignment，and Party Polarization*，Westview，2003.

② Elizabeth Drew，*Showdown:The Struggle Between the Gingrich Congress and the Clinton White House*，Simon and Schuster，1996.

这一形态不仅极大恶化了美国国内政治生态，使在野党完全成为说“不”的政党，否决政治开始大行其道，而且极大降低了美国政府的决策效率乃至国家治理效率，对美国经济、社会的发展造成显著的负面影响。中国学者阎学通就指出，冷战后中美实力差距迅速缩小的根本原因就在于国内改革效率的差异，即近 30 年来美国国内几乎没有进行任何实质性的经济社会改革，反而陷入无休止的党派斗争之中。[①]

其次，在经济与社会层面，当代美国政党政治的对等极化导致经济政策与社会政策出现分裂，形成了保守主义与自由主义两条并行不悖的发展路径。[②] 在经济政策上，自 20 世纪 80 年代初的“里根革命”起，反映新自由主义经济理念的减税、平衡预算以及小政府成为主流，从而一方面令美国经济逐步扭转了新政时代凯恩斯主义经济学带来的一系列困境，重新迸发出创新活力，进而为 20 世纪 90 年代信息技术革命以及全球化的推进奠定了基础；但另一方面，这一经济发展模式也加剧了美国社会贫富分化和经济金融化趋势，因而成为 2008 年经济危机进而社会危机爆发的远因。在社会政策上，反映当代自由主义理念的“肯定性行动”、多元文化主义以及多语教育等得到学术界和主流媒体的大力支持，进而逐步演化为一种所谓“政治正确”。因此，美国以“精英主义—消极自由”与“普遍主义—积极自由”为特征的二元结构在当代美国政党政治对等极化的背景下，分别占据了经济和社会领域的主流。这一分裂现象表明，美国国内在此期间存在两种相互矛盾又势均力敌的政治诉求：一是希望共和党人确保美国的自由与安全，二是希望民主党人保障美国的社会多样性和开放特征。这一独特现象引发的后果是，两种发展路径在很大程度上都走向了各自的极端：新自由主义经济的狂飙突进恶化了美国的经济结构和阶层结构，加大了贫富分化和社会矛盾，并最终酿成次贷危机；政治正确理念的过度发展则使身份政治大行其道，在阶层分化的背景下反过来进一步加深了美国的社会危机。

最后，在外交层面，当代美国政党政治的对等极化导致美国的对外政

① 参见阎学通：《历史的惯性：未来十年的中国与世界》，中信出版社 2013 年版。
② 周琪主编：《意识形态与美国外交》，上海人民出版社 2006 年版，第 234 页。

策越来越难以摆脱国内政治博弈的影响，“政治不再止于水边”（politics no longer stops at the water's edge）。前文提到，在镀金时代非对等极化的政党政治格局下，美国的对外政策成为共和党及其代表的东北部—西部政治联盟利益的体现，而新政时代对等协商的政党政治格局，推动民主、共和两党在东北部—南方主导性政治联盟支持下形成了强大的“冷战共识”（the Cold War consensus）——推行自由国际主义战略，通过安全优先、自由贸易、盟友体系、海外干预和多边主义，与苏联展开战略较量。所有这些历史案例使结构主义视角成为美国对外政策的有效分析工具。然而20世纪70年代以后，围绕对外政策的两党分野成为影响美国外交的一大变量，这一趋势在冷战后进一步加剧。一方面，传统制造业的衰落使东北部和西海岸（如加利福尼亚州）的工商业集团和劳工阶层成了国际经济竞争的受害者，他们随之从自由贸易的提倡者变为保护主义的支持者。[①]经济和就业困境还使东北部—西海岸政治联盟希望美国减少海外干预、进行战略收缩，将资源投入国内问题的解决中。同时，随着南方军工产业的壮大，军事开支的转移支付效应对东北部更为不利，因此民主党人“要黄油不要大炮”，主张美国削减军费开支，通过多边合作和国际制度低成本地发挥全球领袖作用。[②]另一方面，新兴产业不断崛起的南方则有全然相反的诉求：一是主张通过扩展自由贸易增强美国经济活力，而非回到大萧条前的保护主义；[③]二是认为自由贸易与全球利益扩展必然需要美国强化海外干预，因而美国需要增加军费、推进对外战略扩张；三是认为美国霸权地位的维护必须摆脱来自国际制度和多边主义的束缚。上述两大政治联盟近乎相反的外交利益诉求，使得20世纪70年代以来特别是冷战后的美国外交日益具有鲜明的党派特征。例如，无论是吉米·卡特（Jimmy Carter）、比尔·克林顿还是巴拉克·奥巴马，民主党总统的对外政策理念总是建立在多边主义、国际制度、公平贸易（fair trade）、降低军费开支比例甚至推进战略

---

① Lloyd Rodwin, Hidehiko Sazanami (eds.), *Deindustrialization and Regional Economic Transformation: The Experiences of the United States*, Unwin Hyman, 1989, pp.29–59.

② Drummond Ayres, Developing Sun belt Hopes to Avoid North's Mistakes, NewYork-Times, February12, 1976.

③ I. M. Destler, *American Trade Politics*, Institute for International Economics, 1992, p.66.

收缩的基础上，或者用奥巴马的话说，即“不做蠢事”（do not do stupid stuff，DDSS）[①]。反之，共和党总统的外交政策理念则总是建立在单边主义、自由贸易、增加军费以至于推动全球战略扩张的基础上，这一点在小布什任内得以鲜明体现。上述现象导致美国对外政策（尤其是冷战后）的一致性和连贯性明显削弱，出现了一定程度的“漂移”。在两位美国政治学者看来，正是国内政治的对等极化致使第二次世界大战后兴起的美国自由国际主义战略在 20 世纪 70 年代特别是后冷战时代逐步走向了瓦解。[②]

（三）断层极化：特朗普现象、桑德斯现象与美国政党政治极化新态势

如果说 20 世纪 70 年代开启并于冷战后逐步深化的区域一体化和经济全球化进程已经缓慢冲击和重塑了美国的经济结构和社会结构，那么 2008 年国际金融危机的爆发则使全球化的负面效应——包括经济、社会、意识形态和文化——以一种加速度的方式在美国国内全方位凸显了出来。这一发展趋势进一步撕裂了美国社会，进而在政治上推动民主、共和两党及其代表的两大国内政治联盟的立场更趋极端。结果是，2016 年美国大选至今备受瞩目的特朗普现象，以及与之同时出现并可能深刻影响民主党 2020 年大选进程的桑德斯现象，标志着美国政党政治在后金融危机时代形成了引人瞩目的三大“断层线”。

一是政治联盟断层线。2016 年美国大选让人印象最深的非常规变化是 20 世纪 70 年代后逐步成形的民主党东北部政治联盟出现了重大分裂。一直以来，这一联盟都是由新英格兰（New England）、中大西洋（Middle Atlantic）和五大湖区（Great Lakes）三部分构成的，然而在此次大选中，五大湖区——传统制造业和白人蓝领阶层集中的“铁锈地带”——几乎所有州都从蓝变红，成了共和党和特朗普的坚定支持者。实际上，按照美国政治学家拉里·巴特尔斯（Larry M. Bartels）的研究，自 20 世纪 70 年代起，白人蓝领便已逐步开始疏远

---

① Colin Dueck, *The Obama Doctrine: American Grand Strategy Today*, Oxford University Press, 2015.

② Charles Kupchan, Peter Trubowitz, Dead Center: The Demise of Liberal Internationalism in the United States, *International Security*, Vol.32, No.2, 2007.

民主党。其中，先是基于种族主义和传统价值观的文化保守主义者（分布在南方各州）瓦解了“新政联合体”，使美国南方彻底倒向共和党；此后，又由于经济、就业和移民等问题，南方地区以外的白人蓝领作为身处全球化和自由市场体系失意一端的人群，开始日益反对激进的以民主党为代表的东西海岸精英和外来移民。[①] 因此我们在看待 2016 年美国大选结果时，如果采用历史视角不难发现，白人蓝领阶层对民主党的疏远不过是 20 世纪 70 年代以来美国政治发展趋势的延续，并非突变。[②] 趋势延续导致的政治版图剧变，反映出民主党政治联盟内部的矛盾已到达临界点，也表明当前美国的政党政治在时隔近半个世纪后又一次面临联盟重塑与政党重组的可能性。结果是，两党及其政治联盟近年来在对等极化基础上进一步形成了一条泾渭分明的断层线。一方面，两党联盟内部多元性进一步消失、一致性进一步增强：随着白人蓝领阶层倒向共和党，民主党联盟的主体构成越来越朝着少数族裔方向发展，共和党则日益成为一个白人的政党。另一方面，两大联盟之间的差异进一步增大，在涉及内政外交的几乎所有议题领域，美国政治的极化程度都在加剧，而且除传统的经济、就业和社会保障问题外，移民问题、族群矛盾以及政治正确等成为全球化负面效应持续显现背景下美国政治新的博弈焦点和冲突来源。

二是意识形态断层线。20 世纪 70 年代美国国内政治联盟重塑与政党重组所导致的对等极化，使两党在意识形态领域的分歧不断加深，进而表现为保守主义与自由主义分别主导了经济、社会领域的发展进程。随着 2016 年大选后新一轮联盟重塑与政党重组趋势的出现，尤其是国内政治联盟断层线的形成，两党在意识形态领域的极化达到一个新的高度。一方面，民主党内激进派—进步主义者影响与日俱增、传统温和派力量趋于弱化，使民主党作为整体进一步“左”转。这一趋势在 2020 年美国大选民主党内初选中桑德斯的领跑和前副总统约瑟夫·拜登（Joseph Biden）的失意中得以充分体现。此外，

---

① 在这一方面，民主党一系列社会政策的基本取向——包括移民和“政治正确”理念——加剧了白人蓝领阶层的不满，这种不满在 2016 年大选中演化为一种政治上的反弹。

② Larry M. Bartels, *Unequal Democracy: The Political Economy of the New Gilded Age*, Princeton University Press, 2016, p.112.

民主党初选制度的改革也是对这一趋势的强烈反映：自 2020 年起，民主党内 771 位超级代表通常被视为党内主流温和派的象征——将不再在决定党内候选人命运的全国代表大会第一轮投票中行使投票权，这就大幅削弱了传统建制派候选人的优势，从而为激进主义者提供了“逆袭”机会。[①]另一方面，共和党内极端保守派的崛起，则成为该党不断“右”转的信号。这一点在特朗普执政团队的构成及其就任以来推行的一系列经济、社会政策中已经被充分体现。同样重要的是，近年来两党意识形态断层线的形成，除受到传统的左、右之争加剧推动外，还在于全球化的深入发展及其冲击，为两党的意识形态之争注入了全球主义与本土主义两大相互对立的观念元素，从而使之变得更为复杂。在这一过程中，民主党及其代表的自由主义越来越成为全球主义的信奉者和支持者，而共和党及其代表的保守主义则日益朝本土主义方向靠拢。这一新的意识形态极化结构加深了两党之间的观念鸿沟，致使与之相关但传统上属于非核心范畴的议题——包括左翼和右翼民粹主义之争、移民、族群冲突等——成为美国政治的新焦点。[②]

三是文化—价值观断层线。20 世纪 60 年代以前，整个美国社会文化—价值观的核心一直是白人盎格鲁-撒克逊新教文化（即前文提到的“瓦斯普”或 WASP 文化）。著名的“熔炉论”就认为，外来移民进入美国后都会被这一主流文化—价值观所同化，由此成为美国“合众为一”的重要注脚。[③]然而随着 20 世纪 60 年代以后多元文化主义的兴起，尤其是当代美国政党政治对等极化格局下民主党及其当代自由主义在社会文化领域的显著优势，“瓦斯普”文化的核心地位开始受到冲击，并且其程度随着美国人口结构不利于白人的变化趋势而日益加深。[④]结果是，近年来美国社会矛盾的加剧和特朗普现象的出现，

---

① Lee Ross, Democrats Poised to Limit Influence of Super Delegates in Presidential Nominating System, FoxNews, August24, 2018, https://www.foxnews.com/politics/democrats-poised-to-limit-in-fluence-of-superdelegates-in-presidential-nominating-system.

② 谢韬:《从历史的终结到美国民主的溃败》,《当代世界》2017 年第 1 期。

③ 参见周琪主编:《意识形态与美国外交》,上海人民出版社 2006 年版,第 2 章。

④ 参见王浩:《“特朗普现象”与美国政治变迁的逻辑及趋势》,《复旦学报》(社会科学版)2017 年第 6 期。

使得以白人至上主义为核心的种族主义社会思潮迅速崛起，其中以史蒂夫·班农（Steve Bannon）代表的另类右翼群体在文化—价值观领域主动向多元文化主义发起了“反击”。在他们看来，美国的“白人认同”正在受到运用“政治正确”和“社会正义”来削弱白人和“白人文明”的多元文化力量的攻击。[①]这就意味着，当代美国的“文化战争”在特朗普执政后进入了一个烈度更高的新阶段，即从围绕“我们是谁”（who are we）的争论和博弈上升到关于“谁是美国人”（who are Americans）、“美国是谁的美国”（to whom America belongs to）的抗争，由此加深了不同社会群体的文化—价值观裂痕。[②]

毫无疑问，上述三大断层线的形成，进一步加剧了美国政治和社会的分裂与极化程度，因此笔者将后金融危机时代尤其是特朗普执政以来美国政党政治形态的最新变体描述为“断层极化”。需要指出的是，“断层极化”只是对等极化的衍生形态，在政党政治形态划分中仍从属于对等极化。也就是说，近年来美国政党政治极化出现的上述变化只是程度变化，并未扭转对等极化模式，因为按照本文提出的力量对比与利益冲突两个划分标准，当前美国两大政党及其政治联盟依然势均力敌且存在明显利益冲突，只是冲突程度进一步加深。由于程度变化引发了美国政治生态的变化并对美国内政、外交政策的走向产生了影响，为体现这种变化及影响，笔者提出了“断层极化”这一更具针对性的描述性概念。在政治实践中，“断层极化”到目前为止已经带来三个方面的主要影响，并且其影响仍处于发酵和扩展中，需要继续予以密切关注。

首先，“断层极化”使美国两党斗争进一步升级，政治生态极端恶化到前所未有的程度。仅从2019年初民主党重新取得众议院多数席位的第116届美国国会开幕至今，两党之间的恶斗便已导致美国政府出现史上最长时间停摆（长达35天）、民主党围绕特朗普“通话门”发起弹劾，以及2020年总统国情咨文期间佩洛西手撕国情咨文文件等事件。这些事件充分表明，当前民主、

① 对另类右翼的专门探讨，参见张业亮：《另类右翼的崛起及其对特朗普主义的影响》，《美国研究》2017年第4期。

② 关于“我们是谁”的争论，参见Samuel P. Huntington, *Who Are We? The Challenges to America's National Identity*, Simon & Schuster, 2005。

共和两党在对等极化基础上的“断层极化”，已经使政治精英完全将党派利益置于国家利益之上，进而对美国民主造成极为严重的伤害。其结果是，美国政治已陷入“两党斗争升级—政策难产甚至失效—国家治理失能—社会矛盾加剧—两党斗争进一步升级”的恶性循环。

其次，“断层极化”扩大了美国两党意识形态鸿沟、重塑了其结构，从而加剧了双方的意识形态对立，使美国内政外交政策的党派色彩更为浓厚。以经济议题为例，“如何应对全球化挑战”已成为民主、共和两党意识形态分歧的核心问题之一。一方面，民主党支持全球主义的势头，很可能使其在这一轮联盟重塑与政党重组后彻底失去白人蓝领的支持。考虑到该党在移民问题上的开放态度，这一趋势将变得不可阻挡。[①] 最终结果是，民主党政治联盟将在此轮重组后转化为由以受教育程度较高的白人、少数族裔及城市人口组成的具有全球主义倾向的群体。另一方面，白人蓝领倒向共和党的原因在于经济和就业，即特朗普关于重振制造业、“美国优先”以及“让美国再次伟大”等本土主义解决方案使这一社会阶层看到了有别于新镀金时代的经济发展模式，以及解决自身最为关切的就业问题的前景。如果这些经济政策成为共和党的主流，该党就有望将白人作为一个整体巩固为其核心政治联盟。因此，特朗普现象反映出今后共和党可能会成为代表白人蓝领阶层与南方连同农村地区白人保守派的本土主义政党。

最后，“断层极化”在社会文化领域打破了新镀金时代多元文化主义的主导态势，引发了白人至上主义和种族主义等极端社会思潮的强烈反弹，使美国的社会矛盾和族群冲突进一步激化。从20世纪70年代起一直到2008年国际金融危机爆发前，在当代自由主义的多元文化主义伴随全球化浪潮席卷美国社会的背景下，美国国内的文化—价值观冲突虽一直存在，但始终处于潜伏状态。然而，以经济危机和多元文化主义走到“政治正确”的极端为转折点、以特朗普现象的兴起为催化剂，近年来美国社会的文化—价值观冲突呈

① Michael Lind, This is What the Future of American Politics Looks Like, Politico, May22, 2016, http://www.politico.com/magazine/story/2016/05/2016-election-realignment-partisan-political-party-policy-democrats-republicans-politics-213909.

现出井喷式爆发的态势。以 2017 年 8 月弗吉尼亚州夏洛茨维尔市的种族暴力事件为标志，美国对等极化的两大政治联盟间以文化—价值观为断层线的对峙和冲突达到一个新的高点。这一趋势严重撕裂了美国社会、损害了美国国家认同，使国内社会的“部落化”特征日益明显。毫无疑问，这种撕裂和损伤对美国以“合众为一”为根本历史经验的社会发展模式构成了严峻挑战。

五、结论

在美国政治研究中，当代美国的政党政治极化是一个兼具重要学术价值和强烈现实意义的研究议题。经过对国内外学界既有相关研究成果的系统回顾，笔者发现，如果我们以美国政治研究的三个主要维度——政治制度、政治结构和政治过程为出发点进行分析，目前已经形成的四种研究模式无一例外地聚焦于制度和结构两个维度，而对过程维度的关注极为有限，因此无法有效回答诸多关键的理论和现实问题。为了弥补这一不足，本文试图将美国政治的过程性变量纳入对当代美国政党政治极化的研究中，从而形成一个更为完善的系统分析框架。基于此，笔者引入了联盟重塑与过程重组两个美国政党政治研究中的重要过程性变量，从美国特殊的“国家—社会”关系出发，梳理出了二者与美国政党政治格局变迁之间的因果逻辑链条，表明作为因变量的美国政党政治格局是在以植根于国内周期性经济、社会发展的政治联盟重塑为核心变量、以政党重组为中介变量的双层传导作用下不断动态演进的。在此基础上，本文将政治力量对比和利益冲突程度作为界定标准，把美国的政党政治格局在理论上划分为非对等极化、非对等协商、对等协商和对等极化四种形态。

在构建了本文的核心分析框架后，笔者以历史和现实为考察案例，运用该框架重点回顾和探讨了美国政党政治格局自 19 世纪后期以来的演变历程及其内在逻辑，指出当代美国政党政治极化的本质特征在于其以 20 世纪 70 年代的国内政治联盟重塑和政党重组为动因，形成了民主、共和两党连同各自背后政治联盟之间的对等极化这一最极端形态，从而清晰地揭示出为何当代美国政党政治极化的程度前所未有，并进一步分析了这一极化形态所独有的主要特征及其带来的深远政治、经济、社会影响。最后，笔者沿用本文的分析框架对特朗普政府执政以来美国政党政治发展的最新动态进行了分析，认为当前美国的政党政治格局已形成断层极化这一对等极化的衍生形态，其特点在于两党对等极化的整体态势虽未改变，但双方极化的程度进一步加深、国内政治—社会裂痕进一步增大，因而有必要将其与新镀金时代时期的对等极化进行区分。此外，特朗普现象和桑德斯现象的兴起很可能意味着美国政党政治新一轮联盟重塑与政党重组进程的开启，所以需要学界给予更多关注和研究。

“文化战争”与美国政治的神话和现实 *

近年来，一些美国社会与政治研究者已经注意到，美国学术界正在展开一场关于“文化战争”与美国政治极化的讨论。有学者曾经统计，早在 1992—1994 年期间，仅仅在 Lexis–Nexis 数据库中，就有 1062 篇论文使用了“文化战争”这一术语。[①] 由此可见，“文化战争”和普通公众的政治极化问题，已经在一段时间内成了美国国内政治研究中的重要议题。

虽然目前国内学术界集中关注这一问题的成果并不多，但是仅有的几篇论文就呈现出了明显对立的观点。在张业亮看来，与两党的意识形态极化同步，选民也被分化成两大对立的投票集团。[②] 与此类似的是，潘小松甚至还探讨了美国“文化战争”与移民潮之间的关系。[③] 徐其森也认为，选民极化已经发生，且极化的程度在继续加剧。[④] 与此相反，李钧鹏则认为，美国政治精英和政党活动家们呈现出极化趋势，但全方位的大众极化并未出现。[⑤] 与这两种对立的观点不同的是，周琪和王欢倒是注意到了普通公众在意识形态和具体议题上的差异，以及介于精英与大众之间的政治活跃分子的独特表现。[⑥] 不过，上述作品都是在整体评述美国政治极化趋势时，顺带提及普通大众的极

---

* 作者简介：何俊志，中山大学政治与公共事务管理学院教授。本文原载于《国外理论动态》2015 年第 10 期。

① Robert Wuthnow, The Restructuring of American Religion: Further Evidence, *Sociological Inquiry*, Vol.66, No.3, 1996.

② 张业亮：《“极化”的美国政治：神话还是现实？》，《美国研究》2008 年第 3 期。

③ 潘小松：《美国“文化战争”与移民潮的关系》，《博览群书》2001 年第 10 期。

④ 徐其森：《未竟的争论：当代美国“政治极化”研究述评》，《美国问题研究》2013 年第 2 期。

⑤ 李钧鹏：《政治多元化与美国政治极化：迈向关系网络的理路》，《华南理工大学学报》（社会科学版）2011 年第 3 期。

⑥ 周琪、王欢：《值得关注的美国政治“极化”趋势》，《当代世界》2011 年第 4 期。

化，到目前为止并没有作品专门考察大众极化问题的来龙去脉。

与此形成映照的是，美国国内学者围绕这一问题，同样形成了两大对立阵营。双方围绕着美国人是否正在经历一场以价值冲突为核心的“文化战争”及由此引起的大众之间两极化对立的现象，已经展开了20多年的争论。

因此，本文的目的是，从政治发展的角度系统考察“文化战争”和美国大众极化问题的起源与变迁，归纳和分析各种流派的基本观点及其论据，在此基础上整理出一些基本的研究发现及值得深入关注的问题。

一、“文化战争”模式的提出

根据塞缪尔·亨廷顿（Samuel Huntington）的概括，在20世纪80年代之前，能够抓住美国政治核心特征的理论模式主要有三种，即进步主义理论、共识理论和多元主义理论。进步主义理论强调，美国政治史就是一部少数富人与多数穷人之间不断展开阶级斗争的历史；共识理论认为，美国政治的基础是居于绝对优势地位的中产阶级所尊奉的自由主义价值；多元主义理论则提出，美国政治的核心特征是利益集团之间的竞争。[①]这三种理论模式的共同特点都是用稳定的社会结构的性质来解释政治，都强调经济利益和物质利益在政治中的主导作用，几乎完全忽略了政治理念和理想主义、道义事业和信念激情在美国政治中发挥的巨大作用。而大家又基本上都同意，美国是根据某种政治理想构建出来的，并且由自由平等承诺或梦想所激励。[②]在亨廷顿看来，自由、平等和民主等理想承诺与现实体制之间的裂痕所导致的无法实现理想追求，才是美国政治经验的核心；承诺与实现之间时隐时现的裂痕，才是美国政治失衡的原因。[③]

与亨廷顿类似，亨特（James Davison Hunter）也并不认为当代美国在社会与政治层面上存在价值共识。不过，与亨廷顿不同的是，亨特认为，美国社会

---

① [美]塞缪尔·亨廷顿：《失衡的承诺》，周端译，东方出版社2005年版，第5～9页。
② [美]塞缪尔·亨廷顿：《失衡的承诺》，周端译，东方出版社2005年版，第10页。
③ [美]塞缪尔·亨廷顿：《失衡的承诺》，周端译，东方出版社2005年版，第12～13页。

与政治变迁的基本特征是以宗教多元化为核心的文化多元主义；这种文化多元主义所导致的结果，并不在于价值与体制之间的断裂，而在于美国人在价值层面上进入了一种“文化战争”的状态。在他看来，在美国社会主要由基督新教、天主教和犹太教移民组成的时期，曾经有过价值共识，如《圣经》一神论和泛基督教主义的共识。但是，随着社会经济基础的变化和新移民的不断增多，新教、天主教和犹太教及其教派之间的价值分歧越来越严重，从而在各种宗教和美国社会的各个方面都出现了传统与进步两种价值之间的分裂。具体而言，在犹太教内部，传统派或正统派主张遵循律法并维护支撑律法的社群；在天主教内部，传统派主张忠于教会的教导；在新教内部，传统派认为要绝对信奉经文的最终权威。总而言之，各种宗教内部的传统派都极力推崇宗教经典这一外在权威的超越性和至上性。相反，进步主义者则倾向于根据当代生活的流行价值而重新表征历史信仰。[①]各主要宗教内部沿着传统与进步而展开分化所导致的结果是，各教派和宗教内部的传统和进步主义者们，跨越了宗教和教派的边界，在文化上逐渐走向了传统和进步两极，并且沿着各自的核心价值日益走向尖锐的对立，在各种议题上都形成了全面冲突的局面。而冲突的核心则是美国国民身份的界定。[②]显然，在亨特那里，价值共识或许在历史上存在过，不过在当代美国，价值冲突而不是价值共识，才构成了社会与政治运作的核心特征。

亨特的“文化战争”论，以文化上的传统与进步为标准，将美国人划分成了两大对立的阵营。这一观点在美国的新闻界、学术界和政治界都获得了相当的支持。一些学者和新闻记者甚至开始用“文化战争”理论所揭示的传统—进步模式来替代传统的精英—大众模式。例如，埃德塞尔（Thomas Byne Edsell）在评论亨特的著作时就提出，美国社会过去的裂痕体现在上层新教徒与工人阶级和其他种族的天主教徒之间，而今的文化战争则表现为，传统的

① James Davison Hunter, *Culture Wars: The Struggle to Define American*, Basic Books, 1991, p.44.

② James Davison Hunter, *Culture Wars: The Struggle to Define American*, Basic Books, 1991, p.47.

犹太教徒发现，他们与基督教福音派宗教激进主义者之间的共性要大于犹太教内部的改革派。[①] 就在亨特的著作出版一年之后，共和党总统候选人帕特·布坎南在 1992 年的大选期间也提出，为了寻找美国的灵魂，美国人正处于一场宗教战争之中。这是一场文化战争，就像在冷战期间一样，这场战争对我们将来成为何种民族至关重要。[②] 有些新闻记者甚至认为，正是文化战争的存在，才为小布什的掌权提供了通道并加剧了冲突。[③]

二、共识模式对“文化战争”模式的批判

与那些“文化战争”论者们并行的是，另外一些学者则试图从各个方面证明，亨特所提出的“文化战争”论只是一个神话。在美国的社会与政治现实之中，并不存在因“文化战争”而彼此对立的状态。美国人的社会与政治态度不但没有发生历时性变化，在共时性的框架内也并没有出现大的分歧。

为了在经验层面检验美国大众是否出现了意识形态的极化趋势，迪马乔（John DiMaggio）等人运用美国综合社会调查（General Social Survey，GSS）和全国选举调查（National Election Survey，NES）历时 20 年的数据，逐一检验了美国大众政治态度变迁之后发现，大众除了在堕胎和政党认同的问题上存在差异外，其政治态度并没有表现出明显的极化趋势。[④] 此后，穆（Ted Mouw）和索贝尔（Michael E. Sobel）在对迪马乔等人当年分析过的数据进行重新检查后发现，迪马乔等人在分析美国普通大众有关堕胎问题的观点时，曾经错误地将定序（ordinal）和定类（nominal）的变量当成定距（interval）变

① Thomas Byme Edsell, Culture Wars: The Struggle to Define American, *Washington Monthly*, No.12, 1991.

② James Davison Hunter, Alan Wolfe, *Is There a Culture War*?, Brookings Institution Press, 2006, p.1.

③ David Broder, One Nation, Divisible; Despite Peace, Prosperity, Voters Agree to Disagree, *Washington Post*, November 8, 2000, Al.

④ John DiMaggio, John Evans & Bethany Bryson, Have American's Attitudes Become More Polarized, *American Journal of Sociology*, Vol.102, No.3, 1996.

量进行处理。如果把这些错误处理的变量恢复为定序或定类的变量，再带入模型，就会发现原有的模型因为对变量的不当处理而夸大了普通大众在堕胎问题上的分歧程度。[①] 在他们看来，即使在一些重大而敏感的问题上，美国普通大众的政治极化趋势也并没有先前的文献所称的那么严重。

戴维斯（Nancy J. Davis）和罗宾逊（Robert V. Robinson）通过对一项全国性资料的分析发现，虽然宗教因素是构成美国人政治分歧的重要来源，但是，宗教意义上的传统阵营与进步阵营的分歧，仅仅体现在教育、性、生殖权利和性别分工方面。在种族平等问题上，传统主义者并不比进步主义者表现得更为保守；在某些经济议题上，传统主义者甚至比进步主义者更偏向自由主义。[②] 因此，对于美国的宗教传统主义者而言，并不存在一个前后一致的政治意识形态立场。美国社会并不存在一个整体意义上的保守阵营，所谓的“文化战争”现象，主要存在于媒体权威、政治运动的领袖和学术界之中。[③]

在对美国东部、中部、西部 4 个大城市的 8 个郊区的 200 多位中产阶级家庭的居民进行了长达 2 年的深度访谈之后，沃尔夫（Alan Wolfe）也得出了类似的结论。沃尔夫承认，美国社会确实正在经历一场文化战争。但是，他同时强调，这场战争主要存在于美国的知识分子当中，而并不存在于大多数普通的美国人当中。[④] 这是因为，民意调查所显示出来的美国人在价值上的尖锐冲突，主要是由于问题的设计者有意区隔了调查对象，从而夸大和扭曲了调查对象的真实想法。整体而言，美国的中产阶级既拒斥极端的传统主义，也反对激进的自由主义。介于二者之间的一种中庸的温和自由主义，才是美

① Ted Mouw, Michael E. Sobel, Culture Wars and Opinion Polarization: The Case of Abortion, *American Journal of Sociology*, Vol.106, No.4, 2001.

② Nancy J. Davis, Robert V. Robinson, Are the Rumors of War Exaggerated? Religious Orthodoxy and Moral Progressivism in America, *American Journal of Sociology*, Vol.102, No.3, 1996.

③ Nancy J. Davis, Robert V. Robinson, Are the Rumors of War Exaggerated? Religious Orthodoxy and Moral Progressivism in America, *American Journal of Sociology*, Vol.102, No.3, 1996.

④ Alan Wolfe, *One Nation, after All, What Middle-Class Americans Really Think about*, Penguin Books, 1998, p.276.

国中产阶级的主流价值。大多数中产阶级的成员都意识到，他们毕竟属于同一个民族。由知识界所夸大的传统与现代这两种价值之间的差异，体现的是他们担心左右两种极端的意识形态会分裂这个民族。①

在“文化战争”模式的批判阵营中，莫里斯·菲奥瑞纳(Morris P. Fiorina)团队的工作尤其值得关注。这一团队主要利用全国选举调查的数据和相关民调资料，通过纵横比较后得出结论：“文化战争”的说法纯粹是一种神话。不仅大部分美国人的政治态度没有发生多大的历史性变化，而且全国各地美国人的政治态度差异也不大。即使在表面上呈现出观点对立的堕胎和同性恋问题上，美国人之间的分歧程度也并没有呈现出极化状态。② 针对一些学者将美国全国性选举中的激烈竞争，即两大对立集团的得票都接近 50% 的现象看成是极化的表现，他们提出，这种理解同样是对美国政治的误解。因为有两种民意分布状态都会导致选举竞争的双方得票均接近 50%。第一种情况是公众态度呈 U 形分布；第二种情况是公众态度呈倒 U 形分布。当公众态度呈 U 形分布时，确实表明公众的态度呈极化分布；当公众态度呈倒 U 形分布时，钟形曲线是选民态度呈正态分布的外显，这正好表明多数选民都持中立态度。先前的研究由于将研究单位定位在州一级，从而简单地将美国的政治版图片面地区分为“红州”和“绿州”。如果将研究单位下沉一级，以县为单位，就会发现大多数的县都既不是“红县”，也不是“绿县”，而是介于二者之间的“紫县”。③ 即使在所谓的“红州”与“绿州”之间，选民们在性别平等和死刑等问题上的观点也非常接近。菲奥瑞纳等人同时也认识到，美国政治精英之间在意识形态上的极化现象确实存在，而且，正是在精英之间存在的极化现象被媒体放大之后，才导致了美国民众“被极化”的表象。在日常生活中，大多数美国人都持有一种温和的、中立的甚至是某种保守主义与自由主义混合状态

① Alan Wolfe, *One Nation, after All, What Middle-Class Americans Really Think about*, Penguin Books, 1998, p.319.

② Morris P. Fiorina, Samuel J. Abrams & Jeremy C. Pope, *Culture War? The Myth of A Polarized America, Third Edition*, Person Longman, 2011, p.93, p.117, p.55.

③ Morris P. Fiorina, Samuel J. Abrams & Jeremy C. Pope, *Culture War? The Myth of A Polarized America, Third Edition*, Person Longman, 2011, p.93, p.117, p55.

的观点。

“文化战争”模式的批判者们，无论是通过定性研究还是定量研究，都得出了类似的结论，即美国普通大众的政治态度并没有呈现出极化状态，大多数美国人的政治态度仍然处于模糊、中立或者两可的状态，“文化战争”只不过是一些忧虑美国未来的知识分子制造出来的政治神话。这一神话的背后，仍然是美国人在政治上有高度共识的现实。

三、双方的对话与交流

有趣的是，观点的剧烈分歧并没有带来学者之间的“极化”，反而为双方的交流提供了新的平台。为了深入交流双方的观点，“文化战争”模式的代表亨特与“共识”模式的代表沃尔夫于2006年联手推出了《文化战争是否存在？关于价值与美国公众生活的对话》一书，汇集了双方深入澄清各自观点的相关论文。

在该书中，亨特首先重申，被美国人所尊奉的自由主义根植于差异性的挑战。作为一种政治理想，自由主义力图为多元社群在共享的政治秩序下的共存提供某种解决方案。基于此，“文化战争是否存在”的观点所暗含的一个先导性问题就是：“在政治上具有重要意义的差异性是否在起作用？”就事实而言，美国的历史就是一部以自由民主为基础的体制不断接受新的差异性挑战的历史。“文化战争”概念的提出就是基于这一趋势：在美国公众的态度不断地经历重组的过程中，各种紧张和冲突都可以归结为深层意义上的核心价值观的冲突。根据各自对待终极权威的态度，可以将二者区分为传统主义和进步主义两大阵营。[①]

针对指向自己的各种批评，亨特发现，所有反对“文化战争”模式的研究，无论是大规模的民意调查还是深度访谈，都是基于个体问答而采集数据。这一途径的研究，在概念上源于20世纪50年代将文化等同于个性的传统概

① James Davison Hunter, Alan Wolfe, *Is There a Culture War?*, Brookings Institution Press, 2006, p.12–16.

念，在方法论上将社会整体的价值和规范等同于个体的态度和价值观。在文化研究经过结构主义的转向之后，研究者们发现，不能将作为社会整体的价值规范简单地化约为个体的态度和价值。而“文化战争”论的基本假设并不针对基于个体的价值和规范，而是内化于社会组织和政治制度之中，作为一种公众话语体系的价值和规范。[①]而批判者们不但将文化的概念作了过于狭隘的理解，而且还将整体意义上的文化冲突理解为是普通人的一般态度。与此同时，“文化战争”的概念也并不意味着两股对立的力量在数量上不相上下。在任何社会中，持极端立场的人常常是少数。事实上，正是这些在数量上处于少数，但同时把持着各种社会组织和政治制度的精英们，通过对公众话语和资源的控制与动员，不断地将普通大众拖入文化冲突之中。反之，如果“文化战争”真是一个神话，那么为什么持中间立场的选民无法提出并选举产生一位温和的候选人来代表他们的共识？[②]

沃尔夫的回应是，如果说当今的美国已经进入了“文化战争”状态，那么就必须提出一种可以比较的标准，以将先前的非战争状态和当前的战争状态区分开。但事实表明，很难找到这种可以用来比较的标准。如果以暴力程度为标准，那么当前美国的文化冲突状态远逊于南北战争时期，甚至也远逊于20 世纪 60 年代。与欧洲的法国和德国相比，美国人对某些宗教仪式的容忍程度也相对宽容。选举研究的资料也表明，被认为是文化战争标志的关于堕胎与同性恋的争论，在 2004 年的总统大选中也并没有扮演重要角色。因此，无论从历史还是现实政治的角度看，当前的美国都没有处于一种“文化战争”状态。至于当前美国政治中的各种争论，在沃尔夫看来，只不过是 20 世纪 60 年代以来美国人在文化上向左与 20 世纪 90 年代以来政治上向右之间的矛盾的外显。而纯粹文化意义上的战争状态则从来都没有存在过。[③]

---

① James Davison Hunter, Alan Wolfe, *Is There a Culture War*?, Brookings Institution Press, 2006, p.21.

② James Davison Hunter, Alan Wolfe, *Is There a Culture War*?, Brookings Institution Press, 2006, p.31–32.

③ James Davison Hunter, Alan Wolfe, *Is There a Culture War*?, Brookings Institution Press, 2006, p.47–66.

显然，对话与交流并没有能够消除双方的分歧，反而为双方阵营补充和深化各自的观点提供了机会。不过，在表面的分歧背后，我们还是可以看到双方都能接受的一些共同点。第一，双方都承认，在个体层面上，普通美国大众在观念上呈现出的是一种多元化的状态；第二，与大众的状况相反，美国的政治精英集团内部确实存在政治态度上的极化趋势；第三，在不同的社会群体层次内，则存在着多种态度分布的可能。

值得注意的是，虽然双方都承认精英的极化和大众层面的非完全极化，但是，对于二者之间关系的确切描述，则同样出现了较大的分歧。在亨特等人看来，处于极化状态的精英集团，正在动用各种资源将大众不断动员进各种阵营，因而整个美国社会呈现出一种极化的现实。相反，在菲奥瑞纳等人看来，虽然处于极化状态的精英在不断地将各自的观点尖锐化，并且在媒体上不断放大这些观点，但是普通美国大众的基本态度则依然故我，并未因此而进入全面极化状态。即使当今的美国大众在意识形态上出现了某些分裂，也并不是一种深刻的分裂。因为这种分裂也主要体现在活跃的政党支持者之中。对大多数公众而言，其整体状况甚至与半个世纪前差不多。

四、转化论的协调

与亨特的观点类似的是，历史学家希梅尔法布（Gertrude Himmelfarb）也认为，当代美国社会中存在着两种分裂的文化。希梅尔法布提出，亚当·斯密早就看到，在任何一个文明社会中，都存在着两套道德系统：严谨或朴素的道德系统和自由或放纵的道德系统。前者是普通大众所秉持的道德系统，后者是追求时尚的人们所追求的道德系统。[①] 在美国建国之初，由于社会分化尚不明显，以清教徒为主的普通大众主要尊奉的是严谨或朴素的道德系统。这一系统不但构成了美国建国之初的“共和美德”，而且还经历了美国内战、移民浪潮、领土扩张、经济危机以及工商业、交通和城市化变迁的考验而得以存

① Gertrude Himmelfarb, *One Nation, Two Cultures*, Vintage Books, 1999, p.1.

续。[①] 但是，第二次世界大战以后，随着美国社会的开放和经济的繁荣，一场史无前例的“反主流文化”运动也在 20 世纪 60 年代全面铺开。而与这场反主流文化运动相伴随的，则是在种族、性、技术、人口、政治、经济和心理上的一系列革命。这些革命的共同后果就是，在自由的名义下，大量的美国人从维系传统社会稳定的“共和美德”教条中被“解放”出来，先前被坚定维护的“资产阶级价值”被彻底抛弃。[②] 经过半个世纪之后，发端于 20 世纪 60 年代的反主流文化逐渐在美国的大党、报章杂志、电视和电影之中居于主流地位。而反主流文化在取得主导地位之后，又催生了一种新兴的、挑战这种居主导地位的反主流文化的“异议文化”（dissident culture）。这种异议文化的特征是呼唤和强调传统的价值观。[③] 不过与亨特不同的是，希梅尔法布并不认为这两种分裂的文化之间处于不可调和的战争状态。在她看来，正是异议文化的兴起在一定程度上阻碍了反主流文化的过度发展。她同时还认为，通过完善民主制度下的容忍和妥协原则，可以疗救这种文化上的无序状态。[④]

米勒（Alan S. Miller）和霍夫曼（John P. Hoffmann）发现，在关于“文化战争”的研究中，出现了一种看似相互矛盾的现象：一方面，“文化战争”这一概念不但在学术界获得了大量的支持，而且还在美国的政治现实中得到了一定程度的体现，因为某些选民的政治态度和投票行为确实与其在宗教上的保守和进步取向有关；另一方面，也有大量的经验研究表明，美国人在许多议题上并不存在两极对立的现象。在他们看来，一个基本原因在于，极化的现象主要出现在社会群体而非个体之间。在作为个体的美国人的基本倾向并未发生大变化的背景下，之所以会出现极化现象，主要是因为自 20 世纪 60 年代以后，美国社会所经历的一些重大事件增加了群体之间道德分歧的程度，以及政党出于竞争的需要调整了自己的政治纲领，从而导致自由与保守的含义发生了变化。这种力量不断强化了美国人的社会分类（social category）意识，引导着

---

① Gertrude Himmelfarb, *One Nation*, *Two Cultures*, Vintage Books, 1999, pp.7–8.
② Gertrude Himmelfarb, *One Nation*, *Two Cultures*, Vintage Books, 1999, pp.17–18.
③ Gertrude Himmelfarb, *One Nation*, *Two Cultures*, Vintage Books, 1999, p.124.
④ Gertrude Himmelfarb, *One Nation*, *Two Cultures*, Vintage Books, 1999, p.140.

美国人把自己装进保守和进步的阵营。因此，原来并没有变化的政治态度，是在受到一些重大事件和政治党派的刺激之后，才呈现出了极化的外观。①

与此类似的是，阿布拉莫维茨与桑德尔斯（Kyle L. Sanders）也认为，正是民主和共和两党自20世纪70年代以来都将本党的意识形态立场调整得更为清晰，以区别于对方政党，才使得选民比较容易基于自己的政策偏好而选择政党认同。不过，与前述观点不同的地方在于，他们并不认为选民的意识形态存在着个体和聚集层次上的差异，而是认为美国选民在意识形态上的分化是自里根时代开始就存在着的一种长期趋势。②

另一种协调的观点则认为，之所以会出现个体层面上的多元化与群体层面上的对立化，主要是因为人口的流动。一些学者通过经验研究发现，一些政党的支持者在乔迁新居时，会考量目的地的特征，如种族组成、收入与人口密度等，但同时更倾向于落脚在支持同一政党群聚的区域。在现实中，无论是共和党还是民主党的支持者，都具有这种倾向。③不过值得注意的是，这种观点仅能在中观层面上解释某些地域内的极化现象，而并不能上升为普通大众在全国层面的表现。

总而言之，在协调论的立场看来，无论是共识论还是“文化战争”论，其观点都有偏颇之处。其共同的特点在于在极化与非极化这样一种简单的二分框架下来讨论问题，而现实之中，则有可能是两种状态之外的多种面相。除希梅尔法布试图从另一个侧面来解读之外，其他的几种观点都试图通过某种机制性的解释来消除二者之间的表面矛盾状态。

---

① Alan S. Miller, John P. Hoffmann, The Growing Divisiveness: Culture Wars or War of Words, *Social Force*, Vol.78, No.2, 1999.

② Alan I. Abramowitz, Kyle L. Sanders, Ideological Realignment and in the U.S. Electorate, *The Journal of Politics*, Vol.60, No.3, 1998.

③ Wendy K. Tam, James G. Gimpel & Iris S. Hui, Voter Migration and the Geographic Sorting of the American Electorate, *Annals of the Association of American Geog-Taphers*, Vol.103, No.4, 2013.

五、简要验证

从上述讨论中可以看出，争论的双方在测量美国公众的政治极化时，主要使用了三个层次的指标，即美国公众的意识形态分布、美国公众的政党认同和美国公众在特定议题上的态度分布。为了验证双方的观点，本文选取了在美国的民意调查数据中最为流行的 GSS2012 所提供的最新数据。根据前述的争论焦点，本文选取了能够回应三个层面上的公众政治极化的三个问题进行验证。

在意识形态层面上，本文选取 GSS2012 中的问题是：你认为自己倾向于自由主义还是保守主义？回答结果如表 1 和图 1 所示（文中图表均为作者根据 GSS 数据自制）。

表 1　美国公众的意识形态认同

意识形态倾向	频数	百分比	累积百分比
极端自由主义	179	3.86	3.86
自由主义	598	12.89	16.5
轻度自由主义	520	11.21	27.95
中立	1755	37.82	65.78
轻度保守主义	674	14.53	80.30
保守主义	721	15.54	95.84
极端保守主义	193	4.16	100
合计	4640	100	

表 1 和图 1 都反映出，在有关意识形态倾向的问题中，在 4640 份有效回答的问卷中，37.82% 的美国公众认为自己持中立态度。这一比例明显高于其他各类选项的比例。虽然认为自己倾向于自由主义或保守主义者的比例略高于轻度自由主义和轻度保守主义，但是其比例远远低于持中间立场公众的比例。持极端立场的公众所占的比例则更低。

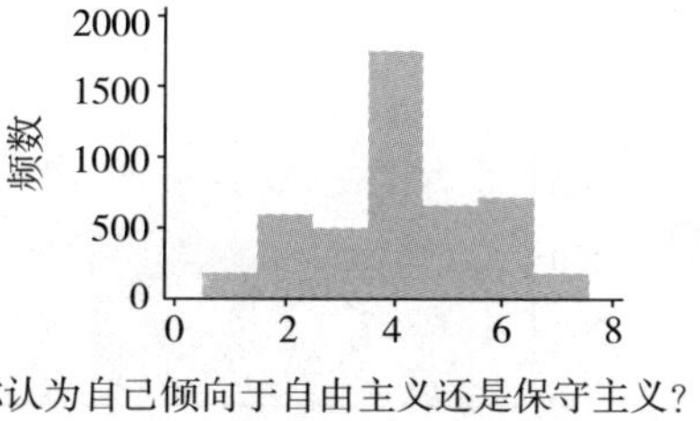

图 1　美国公众的意识形态认同

在政党认同层面上，GSS2012 中有一个明确的问题：你认同哪个政党？显然，这一问题可以直接用来测量美国公众在政党认同问题上的分布状况。

表 2 和图 2 都表明，虽然在 2012 年美国公众的政党认同结果略偏向于民主党，但保持独立地位的公众比例为 17.18%，独立、独立并略偏向民主党和独立并略偏向共和党三个选项的总比例为 38.39%。这一结果与美国公众的意识形态认同的结果较为接近。

表 2　美国公众的政党认同

认同对象	频数	百分比	累积百分比
强烈认同民主党	861	17.97	17.97
比较认同民主党	860	17.95	35.92
独立并略偏向民主党	581	12.13	48.05
独立	823	17.18	65.23
独立并略偏向共和党	435	9.08	74.31
比较认同共和党	629	13.13	87.43
强烈认同共和党	489	10.21	97.64
认同其他政党	113	2.36	100
合计	4791		

在具体的议题层面上，前述研究已经表明，在一般的社会经济议题上，美国公众的态度并没有呈现出强烈的极化趋势。那些认为美国公众已经呈现出政治极化的观点，其主要的证据来自一些带有敏感性的议题。

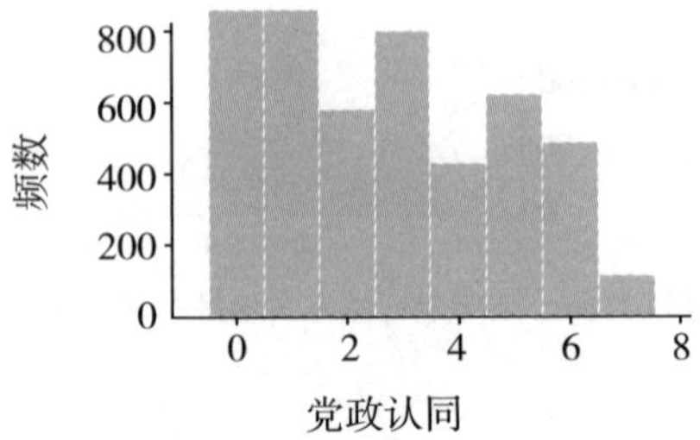

图 2　美国公众的政党认同

在 GSS2012 中，对于敏感性议题所设的一个问题是对同性之间性关系的态度。对这一问题的回答结果如表 3 和图 3 所示。

表 3　美国公众对同性之间性关系的态度

对同性性关系的态度	密度	百分比	累积百分比
绝对错误	1350	44.97	44.97
比较错误	92	3.06	48.03
有点错误	203	6.76	54.80
没有错误	1357	45.20	100
合计	3002	100	

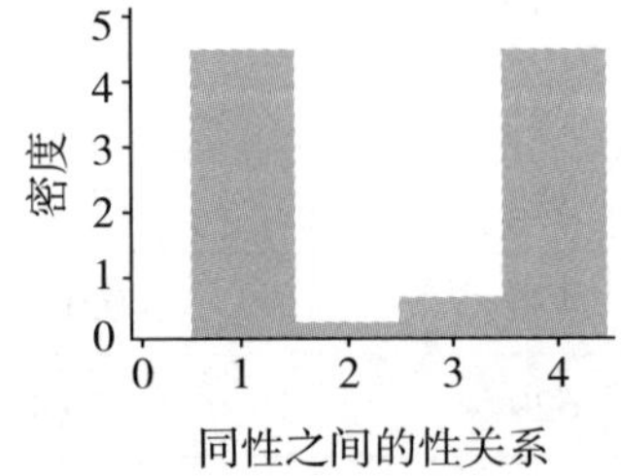

图 3　美国公众对同性之间性关系的态度

表面看来，在敏感问题上，美国公众的态度呈极化状态，即明确赞成和反对的观点形成了对立的双方。但是，值得注意的是，与有关政党认同和意识形态倾向问题的回答情况相比，这个问题在样本中仅有 3002 人作出了回答。相对于政党认同而言，有 1789 人并没有回答这个问题；相对于意识形态倾向而言，有 1638 人没有回答这个问题。显然，没有回答的人数超过了明确赞成和反对的人数。就样本而言，大约有 1/3 的公众对这个问题没有明确的态度或态度较为模糊。如果我们把这一类公众视为单独的一类，他们才占有最大的比例。而那些据此提出政治极化观点的学者，明显忽略了这一部分不愿意表态的公众的态度。

显然，至少 GSS2012 的调查结果表明，无论是在意识形态、政党认同还是敏感议题这三个层面上，我们都没有发现美国公众在政治上已经陷入全面极化的明显证据。

六、发现与讨论

通过对各方面观点的简要梳理，我们已经可以看出，虽然双方关于在大众层面上是否存在“文化战争”仍然存在分歧，但至少已经取得了两个方面的共识，即在承认精英层面极化的同时，认为政治精英们在试图撕裂大众。双方分歧的核心是精英们的这种努力在大众层面上的实现程度。一种观点认为，精英们已经将整个美国社会带入了一种全面对立的文化战争状态；另一种观点则认为，精英们的这种努力在大众层面上收效甚微。

首先，就学术研究而言，双方的这种分歧有可能来自数据来源与测量方面的差异。从前面的讨论中我们已经可以看到，各种分歧的观点所使用的并不是完全一样的数据。一些学者侧重于使用美国综合社会调查和全国选举调查的数据，另外一些学者使用的则是自己收集的数据。

其次，有关争论也可能来自所设定问题的范围和方式的差异。与相关争论相伴的是，一些学者已经提出，在政治精英们的意识形态呈现出极化状态的同时，有关“文化战争”的议题确实会影响到普通大众。但是，普通大众并不会在所有的“文化战争”议题上完全追随政治精英的态度。[①] 或许正是这一情况才导致迪马乔等人所发现的这一现象，即普通大众在某些议题上呈现出了极化状态，但是在另外一些议题上仍然维持着一定程度的共识。

① Kara Lindaman, Donald P. Haider-Markel, Issue Evolution, Political Parties, and the Culture Wars, *Political Research Quarterly*, Vol.55, No.1, 2002.

如果接受我们的这两个判断，接下来有关这个问题的研究可能就将主要围绕着这两个方面展开：一是如何找到一套公认的测量标准来有效测量普通大众的政治极化程度；二是政治精英与普通大众之间的互动模式及其对政治极化程度的具体影响。本文利用GSS2012的数据验证表明，无论是在意识形态、政党认同还是敏感议题上，都不能说美国公众已经陷入了全面极化的状态。

最后，在整体上值得关注的是，“文化战争”及大众极化问题的有关争论已经在一定程度上表明，一些学者已经将美国政治发展的解释模式从传统的阶级对抗模式和组织制度模式转向了目前的文化变迁模式。罗伯特·达尔曾经指出，在后工业化国家里，如果激烈的两极分化发生，则更可能反映出由冲突的思想和意识形态而产生的分裂，这种分裂不完全与职业、社会地位和收入等解释范畴有关。[①] 有关“文化战争”的相关争论是否在一定程度上验证了达尔的这一假说，仍然值得继续研究。

① [美]罗伯特·A.达尔：《多元主义民主的困境：自治与控制》，尤正明译，求实出版社1989年版，第66页。

选举制度如何放大美国的政治极化

——对选民整体极化论的质疑 *

政治极化是当前美国政治的一个显著特征，也是近年来学术研究普遍关注的热门话题。在美国，民主党和共和党之间的意识形态分歧和对立日益加剧，高度的党派纷争致使重大的立法活动和公共政策制定陷入僵局，最终使美国分权制衡的体制沦为所谓的“否决型政体”。学术界对美国政治极化成因的解读主要集中在社会经济、文化和制度等不同角度。如有学者指出，不平等是美国政治极化形成的根本性影响因素。① 有学者认为，美国意识形态极化最重要的原因是自由主义作为主流意识形态的引领地位遭到动摇，导致各种意识形态陷入激烈纷争。② 也有学者提出，政治极化主要是由美国的政治制度决定的，尤其是美国最初设计的政治体制为政治极化的出现提供了土壤。③

既有的相关研究为我们深刻理解美国的政治极化现象提供了重要的认知视角。首先，多数研究指出，美国的政治极化体现在精英和大众两个层面。在美国，精英极化已是不争的事实，这在国会中表现得尤其明显，但是关于选民整体陷入全面极化的论断可能并不成立。选民的极化意味着选民的政策偏好和意识形态认同越来越极化，极端的观念变得更加普遍，以至于选民的偏好分布应该呈现出“双峰”特征，但是这并没有得到实证数据的有力支撑。其

---

* 作者简介：倪春纳，南京大学马克思主义学院副教授。本文原载于《探索与争鸣》2021年第2期。

① 庞金友：《不平等：当代美国政治极化的经济与社会根源》，《探索与争鸣》2020年第9期。

② 佟德志：《当代美国意识形态的极化现象及其根源》，《探索与争鸣》2020年第9期。

③ 刘永涛：《政治极化：当代美国面临的严峻难题》，《美国问题研究》2017年第1期；赵可金：《老国家与新社会的错位：美国政治极化的根源》，《探索与争鸣》2020年第9期。

次，在美国，经济不平等与政治极化之间存在密切的相关性。长期致力于两者关系研究的诺兰·麦卡蒂指出，不平等和政治极化由一种动态关系联系起来，在这种关系中，社会顶层群体收入的攀升加剧了不平等，导致富裕选民支持保守性的经济政策并推动了共和党的“右转”。由此产生的政治极化削弱了政府对不平等的政策回应，继而又进一步加剧了不平等和政治极化水平。① 麦卡蒂指出，经济不平等和政治极化之间的高度相关性也可能有其他解释，如政治极化通过影响联邦政府的决策能力而加剧了不平等，是政治极化恶化了不平等，或者不平等和政治极化都是由第三方因素所导致的。② 由于过去数十年间政治极化不断加剧，共和党反对任何削减经济不平等的再分配政策，民主党人关注的重点也从广泛的福利问题转移到族群、性别、同性恋等议题上。同时在美国分权制衡的体系下，少数派能够经常性地阻挠政策变革，在这种背景下，政治极化降低了减少不平等的政策变革的可能性。③ 最后，美国的政治制度框架自其建国以来确实长期保持稳定，其国家形态具有强大的保守性，然而在一些具体层面，如选举制度却经历了显著的变化和调整。选举制度作为“第三方因素”可能同时加剧了不平等和政治极化。自 20 世纪 70 年代以来，美国选举制度中的一系列变化，如“安全选区”、初选制度和选举捐献等，成为推动精英层面政治极化不断加剧的直接原因。

一、选民极化命题的局限

选民极化或大众极化是美国政治极化各种解释的重要理论前提。很多学者认为，精英层面的显著极化是选举反映了广大选民对立的政治价值观和意

---

① Michael J. Barber, Nolan McCarty, Causes and Consequences of Polarization, in Nathaniel Persily (eds.), *Solutions to Political Polarization in America*, Cambridge University Press, 2015, p.31.

② Nolan McCarty, *Polarization: What Everyone Needs to Know*, Oxford University Press, 2019, p.80, pp.14–15, pp.121–122.

③ Nolan McCarty, Keith T. Poole & Howard Rosenthal, *Polarized America: The Dance of Ideology and Unequal Riches*, The MIT Press, 2016, pp.14–15, pp.168–169.

识形态偏好所致。换言之，政治极化根源于广大选民之间的深度极化，它是美国社会中选民极化的缩影。詹姆斯·坎贝尔（James E. Campbell）指出，美国是一个极化的国度，选民极化是真实而又普遍的存在，并不是极化的政党和政客人为制造的结果。[①] 艾伦·阿布拉莫维茨也认为，美国社会正陷入深刻的"文化战争"，华盛顿的极化政治即建立在美国社会的深度分裂之上。[②]

有关选民极化的论断主要是基于美国全国选举研究和皮尤研究中心等机构的调查数据。这些数据显示：在过去数十年间，美国选民在政治价值观、政府角色、社会福利、种族、移民、税收、环境管制等议题上的党派分歧不断扩大。1994 年，58% 的民主党党员和倾向民主党的"独立选民"赞成"政府应该向贫困群体提供帮助"，38% 的共和党党员和倾向共和党的"独立选民"同样持赞成态度；2017 年时，两者分别为 71% 和 24%。[③] 在对总统的评价上，两党选民也呈现出高度的极化，如特朗普支持率的党派分歧比第二次世界大战以来的任何一位美国总统都要严重。87% 的共和党人对特朗普的工作表示认可，而民主党人对特朗普的支持率仅有 6%。[④]

既有主张选民极化的研究存在几个突出的问题。首先，如何解释两党党员群体长期保持着高度稳定。如从皮尤研究中心长期的调查来看，具有强烈党派认同的选民（即两党党员）群体规模在过去 20 多年间均未发生重大变化（见表 1）。民主党和共和党两党党员占选民的比例分别从 1994 年的 32% 和 30% 变为 2018 年的 31% 和 26%。美国全国选举研究的调查显示，两党党员的群体规模相较于 20 世纪五六十年代有所下降。阿布拉莫维茨认为，这是因

① James E. Campbell, *Polarized: Making Sense of a Divided America*, Princeton University Press, 2016, p.1.

② Alan I. Abramowitz, *The Great Alignment: Race, Party Transformation, and the Rise of Donald Trump*, Yale University Press, 2018, p.117, p.95.

③ The Partisan Divide on Political Values Grows Even Wider, https://www.pewresearch.org/politics/2017/10/05/ the-partisan-divide-on-political-values-grows-even-wider/#overview.

④ Amina Dunn, Trump's Approval Ratings so Far are Unusually Stable-and Deeply Partisan, https://www.pewresearch.org/fact-tank/2020/08/24/trumps-approvalratings-so-far-are-unusually-stable-and-deeply-partisan/.

为许多人将党派身份视为负面标签，不愿意在调查中表明自己的政党偏好，而有意识地将自己划分为“独立选民”，但是这种因解释缺乏实证数据的支撑而难以令人信服。

表 1　美国选民群体的党派认同分布

党派立场＼年份		1994 年	2002 年	2010 年	2018 年
民主党党员		32%	31%	33%	31%
独立选民	倾向民主党	11%	10%	13%	17%
	不倾向任何党派	9%	9%	9%	7%
	倾向共和党	13%	11%	14%	13%
共和党党员		30%	30%	25%	26%

资料来源：皮尤研究中心，Political Independents：Who They Are，What They Think，https://www.pewresearch.org/politics/2019/03/14/political-independents-who-they-are-what-they-think。

其次，如何解释长期存在的庞大“独立选民”群体。皮尤研究中心的调查显示，1994 年，“独立选民”的比例为 33%，2018 年时，达到 37%。选民极化论学者认为，绝大多数“独立选民”并非真正独立，在政策议题立场和投票模式等方面十分接近其支持的党派成员，完全意义上的“独立选民”只是少数。事实上，“独立选民”与其支持的政党和候选人在某些议题立场上存在着重大差异，如倾向共和党的“独立选民”中有多达 58% 的人支持同性婚姻。“独立选民”的政治参与热情也明显低于两党党员。在 2018 年的国会中期选举中，民主党和共和党的党员投票率分别为 59% 和 61%；倾向民主党和共和党的“独立选民”的投票率分别为 48% 和 54%；那些不倾向任何党派的“独立选民”的投票率则仅有 1/3。[1]

最后，多数调查往往是通过直接询问选民在意识形态上的自我认知是自由的、温和的还是保守的。普通选民确实清楚自身的议题立场，但是并不清

① Political Independents：Who They Are，What They Think，https://www.pewresearch.org/politics/2019/03/14/ political-independents-who-they-are-what-they-think/.

楚意识形态标签的真实内涵。这意味着许多选民关于政策议题的看法与其自我认知的意识形态标签之间的联系可能被放大了。因此，更为准确地测量选民意识形态的方法是：根据选民以前对某议题的立场来预测其当前的议题立场，或者根据其对某议题的立场来预测对另一议题的立场。如果这种预测的准确性越高，就越能表明其具有真实和连贯一致的意识形态。通过这种测量方法发现，约有 36% 的一般民众和 43% 的登记选民在意识形态立场上保持着连贯性，但是绝大多数仍居于意识形态的中间位置，在某些议题上采取保守的立场而在其他议题上又秉持自由的态度。[①]

二、选边站队

选民极化意味着选民的意识形态立场存在重大差异。如果多数选民采取极端的意识形态立场或者只有少数选民居于意识形态的中间位置，即意味着选民就其整体而言陷入了一种极化状态。

但是，在探索美国民众的价值观或政策立场的分布是否具有更大的离散性时，并没有发现这种分布在广度上发生了扩展或体现出更大的“双峰性”。[②]这意味着美国选民的极化程度可能被夸大了，尤其是把选民的“选边站队”（party sorting）等同于政治极化。选边站队与政治极化是两个存在密切关联但在逻辑上又相互独立的现象（两者的区别详见表 2）。选边站队是指在两党精英尖锐对立的背景下，选民更容易辨识出符合自身价值偏好的政党并加入该政党。皮尤研究中心的调查显示，84% 的民主党人同意“移民为美国作出了贡献”，仅有 42% 的共和党人赞同该说法。关于移民问题的党派分歧可以有两种解释。一种是选民极化，即两党选民越来越采取极端立场，即民主党选民可能越来越倾向于支持移民，而共和党选民则变得越来越反对移民。选民的

① James Q. Wilson, John J. DiiulIo, Jr., Meena Bose & Matthew Levendusky, *American Government: Institutions and Policies*, Cengage, 2019, pp.164–165.

② Kay Lehman Schlozman, Sidney Verba & Henry E. Brady, *The Unheavenly Chorus: Unequal Political Voice and the Broken Promise of American Democracy*, Princeton University Press, 2012, pp.251–252.

态度变化导致了两党在移民问题上存在巨大分歧。另一种是选边站队，即选民关于移民的态度本身没有出现极化，而是持支持移民态度的选民越来越将自身归入民主党，主张进行移民限制的选民则加入了共和党阵营。在这种模式下，尽管关于移民问题的党派差异在扩大，但是整体选民的态度并未发生变化或者统一向某个方向移动。事实上，美国选民的态度一直朝着支持移民的方向位移。1994 年，约有 30% 的选民同意移民对美国作出了贡献的说法，而在 2017 年，比例上升至 65%。这意味着在移民问题上的党派差异更适合用选边站队来解释。[①]

表 2　政治极化与选边站队的区别

	民主党	独立选民	共和党
初始状态	自由派 50 人 温和派 25 人 保守派 25 人	温和派 50 人	自由派 25 人 温和派 25 人 保守派 50 人
政治极化	自由派 125 人	0	保守派 125 人
选边站队	自由派 75 人 温和派 25 人	温和派 50 人	保守派 75 人 温和派 25 人

资料来源：Samuel J. Abrams，Morris P. Fiorina，Party Sorting：The Foundations of Polarized Politics，in James A. Thurber，Antoine Yoshinaka (eds.)，*American Gridlock：The Sources，Character，and Impact of Political Polarization*，Cambridge University Press，2015，pp.116–117。

选民极化和选边站队论断的主要区别，在于精英和大众之间行为关系的因果指向。前者认为，选民极化是精英层面冲突加剧的重要原因；后者则认为，选民不断回应政党向其提供的极化选择并加入截然不同的政治阵营是精英极化的产物，尽管他们在意识形态上并没有变得更加极端。选边站队有两条发生路径：一是意识形态驱动，即选民因赞同政党的议题立场来选择政党，如在移民问题上，反对移民的民主党选民可能意识到共和党越来越采取与其

① Nolan McCarty，*Polarization：What Everyone Needs to Know*，Oxford University Press，2019，p.80，pp.14–15，pp.121–122.

相近的立场，因而决定改变党派阵营；二是政党驱动，即选民决定采取其偏爱的政党的政策立场，如反对移民的民主党人可能会改变其关于移民的立场以符合其所属政党的主流观点，尤其是那些对移民没有强烈立场的选民更易受到影响而改变态度。

尽管广大选民在广泛的意识形态立场上并没有发生严重的极化，但是选边站队增加了政党的内部同质性和外部差异性，加深了党派之间的偏见。美国社会舆论包括选民自身对选民的极化程度普遍存在认知偏差，感知的极化程度比实际的极化程度要严重得多。党派认同越深的选民往往会夸大对方与己方的差异，相互之间存在严重的“认知歪曲”现象。如民主党人认为 44% 的共和党人是年老公民，而实际比例只有 21%，民主党人认为 44% 的共和党人年收入在 25 万美元之上，而实际比例只有 2%；共和党人认为 36% 的民主党人是无神论者或不可知论者，而实际比例为 9%，共和党人认为 38% 的民主党人是同性恋，而实际比例只有 6%。[①]

与选民群体相比，精英层面呈现出了更为显著的极化特征，最具代表性的是国会中两党议员的高度极化。麦卡蒂等学者提出了 DW-NOMINATE 指数，根据议员的唱名投票行为来评估他们在意识形态光谱上所处的位置，并对个体议员的得分进行汇总，从而得出两党议员在意识形态上的平均差异。他们发现，当前的政治极化趋势自 20 世纪 70 年代开始不断加剧。[②] 目前国会中两党议员意识形态上的重合部分已经消失了，即使是最具自由取向的共和党议员也比最保守的民主党议员要“右”得多。在国会投票中，两党议员按照党派阵营进行投票的现象越来越频繁。但是，精英层面日益加剧的政治冲突并不是广大选民群体的直接映射，他们的意识形态立场往往比其所代表的选民更加极端。如美国国会选举中存在明显的“跳跃代表”现象，即意识形态立

① Douglas Ahler & Gaurav Sood, The Parties in our Heads: Misperceptions about Party Composition and Their Consequences, 2017-03-14, http://www.gsood.com/ research/papers/partisanComposition.

② Frances Lee, Nolan McCarty (eds.), *Can America Govern Itself?*, Cambridge University Press, 2019, pp.304-307.

场极端的国会议员被相反党派的极端议员所取代。[①]也就是说，政治精英的意识形态立场并没有很好地代表选民群体或回应普通选民，这表明美国的民主制度在代表性上存在明显的“断裂”。加里·雅各布森（Gary Jacobson）指出，无论从何种人口统计学意义来看，国会议员都绝对不是美国人民的“代表”：几乎所有议员都毕业于大学，半数以上拥有法律学位，除了法律之外，最常见的先前所从事的职业是商业。绝大多数议员都是某个领域的专业人士，只有极少数具有蓝领背景。[②]从选举过程来看，基于党派利益的选区划分，以及为了获得竞选资金和赢得党内初选，候选人在意识形态上不断趋于激进。总之，美国选举制度本身所具有的强大扭曲效应是形成政治极化的重要根源。

三、基于党派利益的选区划分

美国是世界上唯一一个允许政客“选择”选民的民主国家。自 2010 年以来，共和党通过操纵选区划分在国会和各州创造出虚假的但又十分安全的多数地位。近年来，民主党也开始试图复制共和党的“成功经验”。在 2010—2012 年选举周期里，超过 60% 的州对国会选区进行了调整。各州的多数党通过划分出极不规则的选区给自己带来不正当的选举优势。最常见的做法是，将支持某个政党的选票集中打包在某个或某几个选区中。这样可以保证被打包的某个党派能够赢得少数选区，但是却因绝大多数选票被分散在余下的选区中而败选，即使该政党在全州范围内拥有绝对的多数。[③]目前共和党由于其选民的“有效分布”而具有某种“结构性优势”。民主党选民往往过分集中在某些州，而共和党的选民在各州的分布比较均匀。民主党赢得了多数单身、

---

① Joseph Bafumi, Michael C. Herron, Leapfrog Representation and Extremism: A Study of American Voters and Their Members in Congress, *American Political Science Review*, Vol.104, No.3, 2010.

② Samuel Kernell, Gary C. Jacobson, Thad Kousser & Lynn Vavreck, *The Logic of American Politics (Eighth Edition)*, CQ Press, 2017, p.229.

③ Pippa Norris, Sarah Cameron & Thomas Wynter, *Electoral Integrity in America*, Oxford University Press, 2019, pp.83–86.

青年、少数族群、世俗取向和同性恋选民的支持，这些人主要聚居在城区；共和党选民则较为平均地分布在郊区、小城市和农村地区，因此在高度扭曲的选区中，共和党的选票很少被“浪费”。[①] 在2016年总统大选中，特朗普在全国范围内落后希拉里280多万张选票，但是特朗普却赢得了235个国会选区，而希拉里仅赢得了205个。

在美国，各州通过相应的程序划分国会选区和各州议会选区并不违反美国宪法，并且通过划分选区来影响或改变选举结果的做法有着悠久的历史传统。与当代各州每隔十年根据人口普查情况重新划分选区不同，在19世纪，各州几乎可以随心所欲地划分选区。在1862—1896年，美国全国范围内每年至少有一个州对选区进行了调整（仅有一年除外）。1878—1890年，俄亥俄州更是先后6次重新划分了国会选区。[②]2012年，美国的各个州中，由州议会、法院和委员会来重新划分选区的分别有33个、3个和7个。[③] 为了扩大党派优势或者保护两党的现任议员，各州的多数党尽可能多地划分出有利于自己的“安全选区”。1976年，在435个国会选区中，获胜的总统候选人仅在26个选区中领先20%以上的选票，187个选区中获胜方的领先优势不超过5%；2012年时，435个国会选区中有232个获胜方的领先优势在20%以上，领先优势不足5%的选区仅有47个。[④] 在“安全选区”的影响下，现任参议员再次当选的比例由第95届国会时的60%飙升至第108届国会时的96%。[⑤] 加利福尼亚州拥有国会众议院12%的议席，2002年，民主党控制下的加州议会对选

① Gary C. Jacobson, Eroding the Electoral Foundations of Partisan Polarization, in Nathaniel Persily (eds.), *Solutions to Political Polarization in America*, Cambridge University Press, 2015, pp.83–95.

② Erik J. Engstrom, *Partisan Gerrymandering and the Construction of American Democracy*, University of Michigan Press, 2016, p.8.

③ Jamie L. Carson, Michael H. Crespin & Ryan D.Williamson, Reevaluating the Effects of Redistricting on Electoral Competition, 1972–2012, *State Politics & Policy Quarterly*, Vol.14, No.2, 2014.

④ Alan I. Abramowitz, *The Great Alignment: Race, Party Transformation, and the Rise of Donald Trump*, Yale University Press, 2018, p.117, p.95.

⑤ 数据来源于“响应政治中心”网站，详见 http://www. opensecrets.org/overview/reelect.php。

区作了有利于自己的调整，导致此后五个选举周期里仅有一位现任国会众议员竞选连任失败。[①]在2016年的国会选举中，众议院仅有7位现任议员竞选连任失败，其中有3位是选区划分的受害者，只有12个议席变更了党派归属；同时参议院仅有2位现任议员竞选连任失败，只有1个议席变更了党派归属。随着大部分州和国会选区被某一政党控制，这些州和选区选举出的“代表”没有任何动力去吸引反对党的选民，也没有动机寻求跨党派合作。

需要指出的是，越来越多的美国人喜欢与相同政治取向和相同党派的成员生活在一起。这种志趣相投的选民相互为邻的自然聚集使得操纵选区划分更为容易。在2012年众议院选举中，尽管民主党候选人比共和党候选人多出120万张选票，但是共和党却占有众议院54%的议席。这种情形部分是党派划分选区的结果，同时也与选民的自然聚集有关。[②]比尔·毕晓普（Bill Bishop）指出，我们建立了一个这样的国家：我们可以选择最适合我们的生活方式和信仰的社区以及宗教和新闻节目。我们正忍受这种生活方式隔离所带来的后果，国家变得两极分化，人际交往建立在意识形态之上，人们不认识也无法理解居住在几英里之外的人。[③]

四、有利于极端候选人的初选制度

在美国的选举尤其是国会选举中，两党候选人的意识形态立场往往与其所属的选区之间存在显著差异，不仅如此，两党的国会议员候选人和国会议员也往往比两党选民更为激进，导致这种情形的一个重要原因是现行的初选制度有利于极端的候选人。19世纪30年代，总统候选人由各州指派的代表组成的政党全国代表大会提名。这个制度对政党领导人支持的候选人有利，如

① [美]罗杰·H.戴维森等：《美国国会：代议政治与议员行为》，刁大明译，社会科学文献出版社2016年版，第59页。

② Benjamin I. Page, Martin Gilens, *Democracy in America? What Has Gone Wrong and What We Can Do About It*, University of Chicago Press, 2017, p.162.

③ Bill Bishop, Robert G. Cushing, *The Big Sort: Why the Clustering of Like-Minded America Is Tearing Us Apart*, Mariner Books, 2009, p.40.

果候选人缺少政党领导人的支持就不可能竞选成功。这种封闭和不民主的初选制度遭到了广泛的批评。20 世纪的美国改革者曾将初选制度视为对抗政党寡头和消除腐败的一项重要措施。1901 年，威斯康星州率先采用了初选制度，至 1916 年时，美国半数左右的州都实行了初选制度。20 世纪 70 年代，许多州在遴选候选人时都引入了竞争性的初选制度。这种转变的直接影响是，少数党内精英不再垄断政党立场和提名候选人，他们在历史上起到的在选举中阻止极端主义者的“保护阀”角色遭到严重削弱。[①] 安东尼・唐斯认为，为了追求选票最大化，理性的候选人往往会在意识形态上向中间选民靠拢，这意味着极端主义候选人总是会输给中间派。然而，选举中的两轮投票制度（即初选和大选）导致了美国的政治现实严重偏离了唐斯理论。初选选民与大选选民在人口特征、政治偏好和参与程度方面存在明显区别。参与初选的往往是那些政治上更为活跃、具有强烈党派认同和意识形态极端的选民。在步入大选的竞技舞台之前，政党候选人必须首先确保能够赢得初选以获得党内提名，而候选人为了获得选票取悦那些可以左右党内提名的初选选民，不可避免地加剧了政治极化。

一方面，美国初选的投票率长期保持较低的水平。在 2012 年的国会选举中，亚利桑那州共和党议员提名的投票率仅有登记选民的 1/6，民主党议员的提名投票率也只有 12%，而亚利桑那州总统大选的投票率高达 74%。[②] 在 2018 年的国会中期选举中，约有 19.6% 的登记选民参加了国会初选，2014 年时，仅有 13.7%。[③] 由于有相当大比例的选民认为初选不太重要，参与投票的成本更高和社会压力较小，并主张投票应该限于对政党投入更多和更愿意在大选

---

① Eric McGhee, A Primary Cause of Partisanship? Nomination Systems and Legislator Ideology, *Journal of Political Science*. Vol.58, No.2, 2014.

② Larry Diamond, How to Reverse the Degradation of Our Politics, *The American Interest*, November 10, 2017.

③ Drew Desilver, Turnout in This Year's U.S. House Primaries Rose Sharply, Especially on the Democratic Side, https://www.pewresearch.org/fact-tank/2018/10/03/turnout-inthis-years-u-s-house-primaries-rose-sharply-especially-on-the-democratic-side/.

中投票的人等，这些因素共同导致了初选投票率一直保持较低的水平。[①]参与初选投票的多为政党积极分子和具有强烈政党认同的选民，他们往往支持极端的候选人。[②]由于该群体提供了候选人赢得选举极为关键的资金、时间、人力和信息等资源，他们的政策立场在根本上塑造了所属党派的议题立场，推动着政党及其候选人逐渐偏离中间立场。杰弗里·莱曼（Geoffrey C. Layman）指出，候选人通过争取积极分子的支持向党内提名发起冲击，竞选过程容易受到参与提名而又关切不同议题的政党积极分子的影响，从而推动了候选人在不同议题上都采取极端而非中间的立场。与此同时，具有强烈党派信仰的政党积极分子会持续地将他们的观点与候选人的日程接轨，也在不断地扩展党派冲突的程度与范围。[③]在这种背景下，坚持温和立场的候选人很可能在初选中即遭到淘汰。

另一方面，封闭式初选制度下的党内提名可能具有极化效应。美国各州的初选制度存在较大的差异性。目前美国有 15 个州的初选完全开放，对选民提名政党候选人没有任何限制，选民可以秘密作出投票决定。与之相反，9 个州规定只有注册党员才有资格参与初选提名，要求选民必须在选举日之前，获取特定的政党选票或以其他方式申明党员身份，然后公开地参加政党初选。其他多数州使用介于这两种极端之间的混合初选制度。[④]在限制参与的封闭式初选中，参与投票的多是比普通选民更为极端的选民，导致选出更多极端的候选人；而非本党派选民或独立选民同样拥有投票权的开放式初选，可以通过增加温和候选人得到提名的机会而在政治上具有调和效应。[⑤]候选人重视初选

---

① Alan S. Gerber et al., Why Don't People Vote in U.S. Primary Elections? Assessing Theoretical Explanations for Reduced Participation, *Electoral Studies*, Vol.45, 2017.

② James A. McCann, Nomination Politics and Ideological Polarization: Assessing the Attitudinal Effects of Campaign Involvement, *Journal of Politics*, Vol.57, No.1, 1995.

③ Geoffrey C. Layman et al., Activists and Conflict Extension in American Party Politics, *American Political Science Review*, Vol.104, No.2, 2010.

④ Mark D. Brewer, L. Sandy Maisel, *Parties and Elections in America: The Electoral Process*, Rowman & Littlefield Publishers, 2019, p.190.

⑤ Nolan M. McCarty, The Limits of Electoral and Legislative Reform in Addressing Polarization, *California Law Review*, Vol.99, No.2, 2011.

超过大选还与选区划分有关。在“安全选区”数量越来越多的背景下，党内提名的竞争远比与反对党竞争具有更重要的意义。

五、推动候选人趋于极端的选举捐献

在竞选过程中，候选人需要投入大量资金来塑造和提升知名度、动员选民以及支付竞选工作人员报酬等。过去 40 年间，与政治极化同步发生的是选举支出的急剧攀升。2016 年美国大选（包括总统选举和国会选举）的选举支出达到 80 亿美元。2020 年美国大选再次刷新了历史纪录，支出费用超过了 140 亿美元。[①] 面对如此高昂的选举成本，候选人自身根本无力承担，因此筹集竞选资金成为候选人最重要的工作，并占据了他们大部分的竞选日程。

有学者通过对 9 个国家的 45 个政党的分析发现，对竞选资金的限制越严格，选举捐献对政治极化的影响就越弱。[②] 但是自 20 世纪 70 年代以来，美国联邦最高法院通过对“巴克利诉瓦莱奥案”（1971）等一系列案件的司法裁决，逐步取消了对竞选资金的管制，尤其是在“联合公民诉联邦选举委员会案”（2010）中，联邦最高法院裁决允许外围组织不受限制地投入资金影响选举，为金钱干预政治大开方便之门。选举捐献的不同来源对政治极化具有不同的影响。在联邦选举尤其是国会选举中，选举捐献最主要的两个来源分别是个人和政治行动委员会。在 2012 年大选中，向国会议员候选人捐献超过 200 美元的仅占美国成年人口的 0.53%，不足 0.4% 的富人群体贡献了候选人接受个人捐献总额的 64%。[③] 在 2017—2018 年选举周期里，向联邦选举候选人捐献

---

① 2020 Election to Cost $14 Billion, Blowing Away Spending Records, https://www.opensecrets.org/news/2020/10/cost-of-2020-election-14billion-update.

② Andrey Tomashevski, Does Private Money Increase Party Extremism?, *Journal of Elections*, Public Opinion and Parties, https://www.tandfonline.com/doi/cited by/10.1080/17457289.2019.1652619.

③ Nicholas O. Stephanopoulos, Aligning Campaign Finance Law, *Virginia Law Review*, Vol.101, No.5, 2015.

超过200美元的捐献者不足美国全国成年人口的1%。[①] 从投票和捐献记录来看，提供捐献的群体往往更富有，受过更高的教育，具有世俗化取向，年纪较大，族群差异性低，更有可能参与投票，在意识形态上也更加极端。提供捐献的选民与未提供捐献的选民之间的差异，要远远大于选民和非选民之间的差异。提供捐献的选民与未提供捐献的选民相比，参与初选的可能性高出约20%，参加大选的可能性高出6至9个百分点，同时两党的捐献者在意识形态上要比一般党员（包括初选选民在内）更极端。[②]

政治行动委员会与个体捐献者在行为逻辑和意识形态方面存在着明显不同。一般来说，多数政治行动委员会很少关注候选人的意识形态立场，而是对如何获取政策影响途径更感兴趣。[③] 为了保障稳定的利益，他们倾向于支持最有可能赢得选举的候选人，选择支持现任者而非挑战者，支持温和而非激进的候选人。在2015—2016年选举周期里，在国会参议员选举中，包括政治行动委员会在内的各种组织向7位民主党现任议员捐献了约1600万美元，仅向51位民主党党内挑战者捐献了1020万美元，向22位共和党现任议员捐献了5246万美元，仅向44位共和党党内挑战者捐献了90万美元。[④] 与政治行动委员会相比，个体捐献者往往带有强烈的意识形态诉求，69%的个体捐献者提供捐款时首先考虑的是候选人的意识形态立场。[⑤] 与那些不捐献的选民、政治行动委员会和其他利益集团相比，个体捐献者的意识形态要更为极端。

在过去20年间，政治行动委员会的选举捐献增速相对平缓，来自公民的

① Alex Keena, Misty Knight-Finley, Are Small Donors Polarizing? A Longitudinal Study of the Senate, *Election Law Journal*, Vol.18, No.2, 2019.

② Seth J. Hill, Gregory A. Huber, Representativeness and Motivations of the Contemporary Donorate: Results from Merged Survey and Administrative Records, *Political Behavior*, Vol.39, No.3, 2017.

③ Adam Bonica, Ideology and Interests in the Political Marketplace, *American Journal of Political Science*, Vol.57, No.2, 2013.

④ 数据系笔者根据美国联邦选举委员会网站整理而得，http://www.fec.gov/press/summaries/2016/Election Cycle/24m_Cong Cand.shtml.

⑤ Peter Francia et al., *The Financiers of Congressional Elections: Investors, Ideologues, and Intimates*, Columbia University Press, 2003, p.46.

个体捐献则发生了显著增长，导致候选人愈加依赖个体捐献。目前中位的候选人 80% 的竞选资金都来自个体捐献，而 20 年前该比例仅为 20%。[①] 多数个体捐献者将捐献集中在少数最极端的候选人身上，其中富人的捐献甚至超过绝大多数公民的年收入。选举中的巨额献金者往往是美国社会中人数不多的百万富翁和亿万富翁。[②] 在 20 世纪 80 年代，美国上层中 0.01% 的人口的捐献总额占联邦选举捐献总额的 10%～15%，2012 年时，该比例已经超过了 40%。[③] 捐献者在初选提名竞争中的巨大影响力是导致政治极化的根源之一。不仅如此，候选人当选之后更加回应的是提供捐献的选民而非一般选民。有学者开展过一项有趣的研究实验，研究者分别以“选民”和“捐献者”的身份向该地区的国会议员发送邮件，要求见面讨论环境问题，结果发现以“捐献者”身份得到与国会议员或其高级工作人员会面的机会是“选民”的3～4倍。[④] 两党的议员候选人都对向其提供捐献的群体极其敏感，而该群体是由不成比例的带有极端政策观点的富人所组成，导致了公共政策往往有利于富人阶层而非中产阶级和穷人。[⑤]

六、结论与讨论

在过去的数十年间，美国两党党员和“独立选民”的群体规模保持着高度稳定。与此同时，绝大多数选民并不是泾渭分明的自由派或保守派，不是

---

① Michael J. Barber, Ideological Donors, Contribution Limits, and the Polarization of American Legislatures, *Journal of Politics*, Vol.78, No.1, 2016.

② Nolan McCarty, Keith T. Poole & Howard Rosenthal, *Polarized America: The Dance of Ideology and Unequal Riches*, The MIT Press, 2016, pp.14–15, pp.168–169.

③ Nolan McCarty, *Polarization: What Everyone Needs to Know*, Oxford University Press, 2019, p.80, pp.14–15, pp.121–122.

④ Joshua L. Kalla, David E. Broockman, Campaign Contributions Facilitate Access to Congressional Officials: A Randomized Field Experiment, *American Journal of Political Science*, Vol.60, No.3, 2016.

⑤ Jordan Kujala, Donors, Primary Elections, and Polarization in the United States, *American Journal of Political Science*, Vol.64, No.3, 2020.

以意识形态或非常一致性的方式去思考政治，而是在某些议题上采取保守立场，又在其他议题上秉持自由的态度。事实上，美国选民出现了明显的“党派站队”现象。由于两党政治精英之间的尖锐对立，导致选民更容易辨识出符合自身价值偏好的政党并加入该政党，进一步增加了两党的内部同质性和外部差异性，也加深了党派之间的偏见。但是，选民群体就其整体而言，并没有陷入全面极化的状态。在意识形态上不断趋于极端的仅局限于狭小的政治阶层，如政客、党派积极分子和专家等群体，该群体不足选民总数的 5%。① 在广泛的社会和经济议题上，绝大多数选民并不具有政治活跃阶层的狂热情绪或极端主义倾向。② 与选民群体相比，精英层面的极化现象要更加显著，尤其在国会中表现得最为明显。从选举过程来看，基于党派利益的选区划分，对极端候选人有利的初选制度，以及推动候选人趋于激进的选举捐献具有强大的扭曲效应。在这种背景下，与那些极端的候选人相比，温和的候选人参与国会议员竞选的可能性更低；同时与那些极端的议员相比，国会中温和的议员寻求连任的可能性也更低。③ 极端的候选人纷纷涌入选举竞技场并最终成功当选，然而这些通过选举产生的极端“代表”却不能真正地代表广大选民。可以说，选举制度的扭曲效应产生了极端的代表，造成民主制度的代表性存在严重的“断裂”，成为政治极化的重要根源。拉里 · 巴特斯（Larry M. Bartels）指出，最能体现美国民主制度根本不能回应民众意志的例证是，那些来自相同州的民主党和共和党参议员虽然“代表”完全相同的选民，但是却一贯奉行截然不同甚至对立的政策。④

在选举结束之后，政治精英往往呼吁党派之间的团结合作。如拜登在当

① Morris P. Fiorina, *Unstable Majorities: Polarization, Party Sorting, and Political Stalemate*, Hoover Institution Press, 2017, p.20.

② Pietro S. Nivola, David W. Brady (eds.), *Red and Blue Nation? Characteristics and Causes of America's Polarized Politics*, Brookings Institution Press, 2006, pp.49–71.

③ Danielle M. Thomsen, *Opting out of Congress: Partisan Polarization and the Decline of Moderate Candidates*, Cambridge University Press, 2017, p.7.

④ Larry M. Bartels, *Unequal Democracy: The Political Economy of the New Gilded Age*, Princeton University Press, 2016, p.345.

选总统后就提出要“停止把对手当作敌人”。但是，选举的结束并不意味着政治极化水平的回落，因为有利于产生极端候选人的选举制度环境并没有发生改变。极端候选人在当选以后往往没有动机寻求党派合作，反而却能够从蓄意制造的政治极化事件中受益。如在加利福尼亚州过去30年间无数次的预算停摆期间，极端议员与处于中间立场的议员相比往往募集到了更多的竞选资金。这表明，加利福尼亚州常年的预算僵局这种极化事件使议员的极端主义立场吸引了更多极化的政治精英，而后者通常是提供选举捐献的重要群体。[①]还有学者发现，极端的现任议员在筹集小额捐献方面表现得十分成功，他们通过在国会的投票历史建立起极端立场的可信纪录，成功博得了小额捐献者的青睐。[②]国会选举结果也表明，极端的国会议员往往能够成功连任，而坚持温和立场的候选人很可能在初选中即遭到淘汰。

有观点认为，美国的政治极化将一直保持上升趋势，在短期内根本无法摆脱，这已经成为美国政治内在的客观规律。当前的政治极化主要在于共和党的“不对称极化”。但是，美国社会的人口变化可能会对共和党的“右转”趋势产生抑制作用。目前共和党面临一个根本性的难题：由于美国正缓慢地成为一个族群更加多元、更为世俗化和更具自由取向的社会，导致共和党的选民基础在不断萎缩，这种人口变化趋势使共和党赢得总统选举变得越来越困难。[③]这意味着，共和党想要扩大对非白人选民和具有自由取向的年轻选民的吸引力，就必须在意识形态上进行调整。共和党自身结构已经呈现出了这种变化，如支持共和党的年轻选民与其父辈相比在意识形态上要更为温和，更有可能认可奥巴马，同时在包括移民、同性婚姻、医疗改革、堕胎和

① Stan Oklobdzija, Closing down and Cashing in: Extremism and Political Fundraising, *State Politics & Policy Quarterly*, Vol.17, No.2, 2017.

② Tyler Culberson, Michael P. McDonald & Suzanne M. Robbins, Small Donors in Congressional Elections, *American Politics Research*, Vol.47, No.5, 2019.

③ Alan I. Abramowitz, The New American Electorate: Partisan, Sorted, and Polarized, in James A. Thurber, Antoine Yoshinaka (eds.), *American Gridlock: The Sources, Character, and Impact of Political Polarization*, Cambridge University Press, 2015, p.42.

环境保护等广泛的社会议题上也具有更突出的自由倾向。[①] 不过，如前文的分析，从选举过程来看，美国选举过程固有的制度性缺陷是形成政治极化的一个重要根源，因此关键举措在于消除选举制度存在的扭曲效应，修复代表性上的严重“断裂”。美国部分州，如加利福尼亚州、华盛顿州、缅因州等已经开始着手对选举制度进行改革，但是到目前为止效果尚不明显，还有待于进一步观察。

① Gary Jacobson, The Obama Legacy and the Future of Partisan Conflict: Demographic Change and Generational Imprinting, *The ANNALS of the American Academy of Political and Social Science*, Vol.667, 2016.

第二编

政治极化的经济与制度根源

不平等：当代美国政治极化的经济与社会根源 *

政治极化是当今美国政治的显著特征。特朗普上台后，其发展态势愈加明显。狭义的政治极化专指政党极化，即两党体制内民主党与共和党的分化和对立，广义的政治极化则包括精英极化、民众极化甚至阶层极化、意识形态极化。在探讨政治极化何以形成这一问题时，学者们大多倾向于从制度、传统、文化等角度展开分析，对经济因素尤其是近些年来愈演愈烈的经济不平等[①]乃至经济极化则关注不够。实际上，不平等是政治极化形成的根本性影响因素，是政治极化不断加剧的经济和社会根源。美国经济不平等的态势如何、不平等何以影响政治极化、不平等与政治极化有何内在关联，这是理解美国政治极化根源的重要关节，也是本文试图论述的议题所在。

一、愈演愈烈的不平等

不平等现象自古有之，但一直未引起人们太多重视。在崇尚自由竞争、倡导市场经济的美国，人们大多坚持这一信条：收入与财富上的平均主义不仅影响储蓄，还会阻碍生产规模的扩大与生产技术的创新；作为储蓄和投资的主力军，富人阶层财富的增加，意味着投入和产出的增加，意味着财富总额的增加；与其关注如何分配收入和财富，不如关注如何促进经济增长、增加就业机会、改善贫困阶层的物质生活，如何做大财富的“蛋糕”远比如何切割更为重要。因此，现实生活中，不平等的同情者、支持者甚至辩护者，大有人在。持

---

* 作者简介：庞金友，中国政法大学政治与公共管理学院院长、教授。本文原载于《探索与争鸣》2020 年第 9 期。

① 当代不平等问题涉及政治、经济、社会和文化等若干维度，本文中的“不平等”如无特殊说明仅指经济不平等。

"伪命题论"的人认为，不平等是经济和社会发展的必然结果，一定程度的不平等是可以接受的，甚至还是刺激经济增长、保持社会活力的必要前提。[①]持"终生平等论"的人认为，平等与否不能只看一时多寡，暂时贫穷的人若干年后可能成为富人。[②]持"相对平等论"的人认为，在美国，即便是穷人也享受着那些落后国家中等甚至偏上收入群体难以企及的福利和待遇。持"危险命题论"的人则认为，遏制不平等将扼杀经济增长和社会进步，任何试图改变不平等的措施都得不偿失，甚至可能危及自由、损害平等自身，"打击经济不平等只会让事情变得更糟"[③]。

然而，近些年美国不平等的发展态势令人始料不及。作为世界上唯一的超级大国，美国一步步地沦为"最不平等的发达国家"，其贫富差距的悬殊程度和加剧速度远远超出了人们的想象。

收入差距日趋明显。有数据显示，在过去的 50 年间，美国除顶层 20% 的家庭年收入有所增长之外，其他家庭均无明显变化，底层的 20% 稳居底部，毫无增长迹象，只有顶层 5% 的增长极为醒目（见图 1）。"在过去 30 年里，低工资人群（底层的 90% 群体）的工资只涨了大约 15%，而上层的 1% 群体的工资却涨了差不多 150%，最上层的 0.1% 群体的工资涨了 300% 还更多。"[④]不仅顶级富豪们与其他人口的差距在拉大，收入前 10% 的人口与中产阶级和底层民众的收入差距也在拉大，后两者的收入自 20 世纪 80 年代以来几乎一直停滞不前。[⑤]不同群体的收入的巨大落差直接决定了财富份额的天壤之别。"20 世纪 70 年代末至 2012 年间，1% 最富有人口所拥有的全部私人财富所占的份额上升了几乎 1 倍，但在最富有的 0.01% 人中上升了 3 倍，最富有的 0.01%

① Laurie A. Rudman, Lina H. Saud, Justifying Social Inequalities: The Role of Social Darwinism, *Personality and Social Psychology Bulletin*, Vol.46, Iss.7, 2020, pp.1139–1155.

② Jacob Barrett, Efficient Inequalities, *Journal of Political Philosophy*, Vol.28, Iss.2, 2020.

③［美］唐·沃特金斯、亚龙·布鲁克:《平等不公正：美国被误导的收入不平等斗争》，启蒙编译所译，上海社会科学院出版社 2019 年版，第 19 页。

④［美］约瑟夫·E.斯蒂格里茨:《不平等的代价》，张子源译，机械工业出版社 2019 年版，第 8 页。

⑤［法］托马斯·皮凯蒂:《不平等经济学》，赵永升译，中国人民大学出版社 2016 年版，第 299～302 页。

家庭中上升了至少5倍。”[①] 收入的高度失衡，直接造成顶层的赢者通吃与底层的长期贫困共同存在。

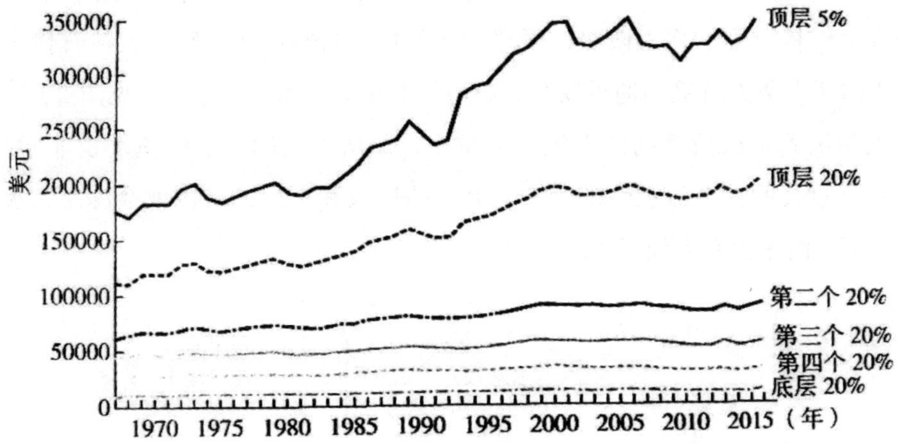

图 1　1965—2015 年美国家庭年收入增长情况

资料来源：[美]基思·佩恩：《断裂的阶梯》，李大白译，中信出版集团 2019 年版，第 7 页。

第二，中产阶级持续萎缩。相对于社会底层那些需要较少技能的工作以及社会上层那些需要更多技能的工作，曾经属于中产阶级的“好工作”逐渐消失。这一变化导致如下结果：一是更多的钱流向了上层，二是更多的人滑向了底层，三是中产阶级人数持续减少。[②] 早在 2008 年金融危机爆发之前，美国的贫困阶层就已面临重重压力。经济危机后，甚至连中产阶级也陷入困苦境地，“美国的中等收入群体所面临的处境远比‘问题和麻烦’更可怕”[③]。整个中下阶层的就业、退休金和住房都处于风雨飘摇之中。

第三，阶层固化初具规模。“盖茨比曲线”告诉人们：高度不平等的国家

① [美]沃尔特·沙伊德尔：《不平等社会：从石器时代到 21 世纪，人类如何应对不平等》，颜鹏飞等译，中信出版集团 2019 年版，第 354 页。

② [美]马修·德雷南：《不平等的收入》，韩复龄译，机械工业出版社 2017 年版，第 31 页。

③ [美]大卫·赖特、厄尔·怀松等：《新阶级社会：美国梦的终结？》，张海东等译，社会科学文献出版社 2019 年版，第 75 页。

往往具有较低的代际流动。而这恰是当前美国面临的棘手问题：贫富差距严重威胁代际间的自由流动。厄尔·怀松（Earl Wysong）用“双钻石型”模型形象地描绘了这种阶层固化的趋势：随着收入差距的拉大和中产阶级的消失，现有的社会结构分裂为两大阶级，顶部小钻石代表特权阶级，底部大钻石代表新工人阶级，两大阶级间通道狭窄，渗透性和流动性都极为有限（见图 2）。“新工人阶级到特权阶级的向上流动非常少，而从上层向下层的流动也非常少。随着有意义的社会流动性的消失，上层的特权和下层的贫困就会冻结，永久地凝固，而很少有人处于中间。”[①]

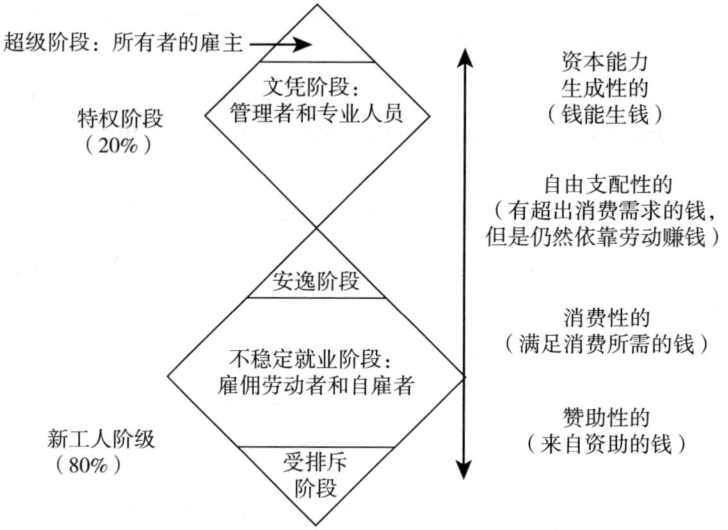

图 2　双钻石型社会结构和阶级组成

资料来源：［美］大卫·赖特、厄尔·怀松等：《新阶级社会：美国梦的终结？》，张海东等译，社会科学文献出版社 2019 年版，第 30 页。

第四，“贫困陷阱”业已显现。不断加剧的贫富差距引发了诸如教育、健康、就业等一系列社会问题。[②] 低收入阶层享受不到良好的教育，没有足够

① ［美］大卫·赖特、厄尔·怀松等：《新阶级社会：美国梦的终结？》，张海东等译，社会科学文献出版社 2019 年版，第 97 页。

② Martin Lindström, Populism and Health Inequality in High-income Countries, *Population Health*, Vol.11, 2020.

的资金，缺乏锻炼的机会，就无法获得更多的就业机会、更好的就业环境和更高的薪酬待遇，也就没有更佳的精神状态和竞争能力，“贫困是因为贫困”，这就是不平等能够把人锁定在贫困当中的现实逻辑。

关于不平等是否重要的争论仍在继续，不平等趋势却已成为不争的事实。不平等引发了一系列诸如破坏机会均等、导致社会不公、造成阶层固化、威胁民主制度等社会和政治问题，尤其对美国政治极化影响深远。[①]“从其对经济和社会所带来的影响来看，不平等是一种灾难，是一种狡猾、隐蔽和可怕的机制。”[②]越来越多的人开始相信，“不平等是当今世界的一个关键问题”[③]。从这个意义上讲，不理解不平等的这种轴心地位和关键作用，就很难理解美国政治极化的经济和社会根源所在。

二、不平等何以影响政治极化

进入 21 世纪，美国的政治极化持续升级，一发不可收。随着特朗普的上台，党派冲突白热化、精英立场极端化、意识形态两极化、大众文化冲突化、社会阶层分裂化的趋势更加明显。政治极化的形成是多重因素共同作用的结果，而非源自单一因素的直接影响，其中，日趋严峻的不平等是政治极化的经济和社会根源，是不容忽视的重要影响因素。收入不均，个人财富差距过大，极富阶层聚敛财富，底层民众生活窘迫，为保守主义回潮、民族主义复兴和民粹主义崛起奠定了社会土壤；分配失衡，贫富群体对立加剧，社会阶层分歧重重，为身份政治泛滥、共识政治瓦解和政治信任危机提供了思想和心理准备。

第一，不平等导致贫富失衡，助推右翼保守主义兴起。美国两党之间的分歧对抗是竞争性政党制度的固有特征，也是美国建国之父们制度设计的初

① CamilaVergara, Populism as Plebeian Politics: Inequality, Domination, and Popular Empowerment, *Journal of Political Philosophy*, Vol.28, Iss.2, 2020.
② [法]雷米·热内维等:《减少不平等: 可持续发展的挑战》,潘革平译,社会科学文献出版社 2014 年版,第 15 页。
③ [美]米凯莱·阿拉塞维奇、安娜·索奇:《不平等简史》,罗海蓉等译,上海社会科学出版社 2018 年版,第 9 页。

衷。两党在 20 世纪 70 年代一度形成“对等极化”的格局，但自 20 世纪 90 年代之后，对等格局被打破。无论从阵营立场、政策取向还是外交风格来衡量，共和党“保守”的程度远比民主党“进步”的程度更为显著。整个意识形态天平开始倾斜，右翼保守主义占据上风，非对等极化局面出现。特朗普就任总统之后，共和党的保守化趋势进一步强化，自由主义倡导的全球化、自由市场和世界主义进程受阻，逆全球化、民粹主义、民族主义和单边主义强势抬头。维持多年的极化格局被打破、保守主义占据上风，恰是因为不断加剧的不平等造成的。经过近 30 年不平等发展趋势的积累、强化和巩固，不断壮大的富人阶层已经将相对于穷人阶层的经济优势转化为政治优势，一个明显偏袒富人阶层的“财阀政治”[①]格局业已形成。“经济不平等意味着富人和穷人之间存在巨大的收入差异，进而意味着两个群体间存在巨大的政治代表性差异。在经济不平等加剧的情况下，富人对政治的影响力会越来越大，而穷人的影响力会日益缩小。”[②]

按照公共选择学派的观点，民主国家对不平等具有自动纠错机制：过度不平等一旦出现，中下阶层势必将通过税收、福利等形式实行再分配，遏制不平等的蔓延势头。然而，人们发现，现实中的经济不平等虽然出现了，但再分配并未启动，或者虽然启动了却没有达到阻止不平等的目标。如果选民主体是中下阶层，由中下阶层投票和决策，怎么可能让不平等愈演愈烈？这恰恰表明：富人阶层对政治的影响要比穷人大得多。与之相比，穷人既没有足够的时间和资金参与政治，也没有足够的影响力，就没有机会竞选公共职位，更不可能成为成功的候选人。“美国正在形成一个由分裂了的社会组成的政体：本应是增加投资的政策变成了富人减税和公司福利政策；本该为了稳定经济保护普通公民出台的管制政策变成了导致不稳定、让其他美国人民向银行家俯首的放松管制。”[③]罗伯特·赖克（Robert B. Reich）对此的评论是，美国不平等的

① 银培萩：《资本阴影之下的“财阀政治”——基金会与美国政治极化的结构演进》，《当代世界与社会主义》2019 年第 3 期。

② 付随鑫：《美国经济不平等和政治极化关系探析》，《美国问题研究》2017 年第 1 期。

③［美］约瑟夫 · 斯蒂格里茨：《巨大的鸿沟》，蔡笑译，机械工业出版社 2017 年版，第 7 页。

严重程度已使民主陷入制度失衡的危机之中。[1]

经济不平等加剧了收入和财富在不同群体间不均衡分布的趋势，随着中间阶层的相对萎缩，低收入的穷人群体与高收入的富人群体之间的界限和裂痕日趋明显。自20世纪30年代以来，美国一直是低收入群体支持民主党，高收入群体支持共和党。进入21世纪之后，两党沿着收入差异而产生的分裂进一步稳定和固化。相比低收入的穷人群体，高收入的富人群体具有更强的行动力和影响力，更倾向于借助政治参与影响公共决策。随着贫富差距导致的富人群体的力量壮大，美国民主的天平逐渐向中高收入阶层倾斜。特朗普上台后，这一趋势进一步增强。这就为右翼保守主义的崛起奠定了坚实的社会和经济基础。

第二，不平等造成阶层分化，加剧民粹主义的泛滥。美国的底层民众是左翼民粹主义的坚定支持者。在过去的30年中，他们的个人财富和实际收入几乎没有增长，经济上升时尚能得到福利和救助，但2008年金融危机后，生存条件和基本福利都受到了威胁，因此对富人群体、经济态势和现行体制充满愤怒和不满。

不平等的受害者不仅仅包括穷人，曾经被视为最可靠、最稳定的工薪阶层和中产阶级正在慢慢解体，缓缓滑向社会底层。这个倍感压力、无比焦虑的中产阶级正是美国右翼民粹主义的主体力量。与左翼不同，右翼民粹主义将矛头直指全球化、外来移民和异质文化，认为其是美国经济衰退和社会矛盾的根源。他们旗帜鲜明地反全球化、反自由贸易、反移民，主张单边主义和美国利益至上，将民众的怒火引向以中国为代表的新兴发展中国家。他们当然不喜欢富人，认为富人抢走了他们的财富；他们也不喜欢穷人，认为穷人占据了太多的福利，这些福利大多源自对他们的税收。2008年金融危机后美国政府的一系列救助政策对穷人有利，尤其是那些无法偿还贷款、看不起病的穷人，这更引起了中产阶级的强烈不满。他们担心民主党会征收越来越多的税收和医疗保险用来补贴穷人，于是提出“你没资格花我的钱”。出于同样

---

① Robert Reich, Saving Globalization From the Republicans, *New Perspectives Quarterly*, Vol.25, Iss.4, 2008.

的忧虑，他们也坚持反对外来移民，因为移民群体所获的福利和救助同样源自从他们手中征走的税收。当然，中产阶级的立场并非一成不变。在 20 世纪 30 年代的大萧条时代，绝大多数中产阶级沦为底层民众，他们与底层民众同病相怜，同仇敌忾，共同倡导左翼民粹主义。但在 2008 年金融危机中，他们所受的冲击有限，他们更害怕政府“劫富济贫”，于是便与左翼民粹主义分道扬镳，转而支持右翼民粹主义。

白人中产群体一直是特朗普的重要票仓，白人中产群体的政治转向自然带动特朗普政府的政策转向。再加上上文所分析的富人群体的强势影响，于是乎，右翼民粹主义自然成为特朗普主义题中应有之基本立场。从这个角度来看，特朗普的反全球化、反移民、反中国、反左翼政治的激进立场也就不难理解了。右翼民粹主义与左翼民粹主义的分歧，直接引发政治精英之间政治立场和意识形态的对抗加剧，间接导致精英与民众、民众与民众之间的裂痕扩大，为美国的政治极化注入了一针剂量超大的催化剂。

第三，不平等带来社会不公，激化身份政治崛起。差异是身份认同的基础。一旦少数族群意识到其与主流族群存在某种差异，这种差异就会反向刺激其对所属群体的认同。而歧视、差别待遇和社会不公又是最能激发身份差异，进而形成身份认同的现实因素。

在现实生活中，不平等往往造成意料不到的社会影响：人们会失去同等的工作机会，会被剥夺基本的社会权利，也会丧失必要的公共服务和公共产品。当人们遭遇这些歧视时，社会不公现象就会出现。在斯坎伦看来，社会不公最明显的表现是地位不平等：禁止更多人获取好处和机会；剥夺人们之间平等相待的机会；导致很多人“基于错误的理由去重视（或轻视）自己的生活和活动”[①]。慈继伟也提出“三重风险”理论，认为一个人只要缺钱就意味着不具备满足身体生存需要的能力，无法按照社会所需要的方式生活，无法承担应有

① [美] 托马斯·斯坎伦：《为什么不平等至关重要》，陆鹏杰译，张容南校，中信出版集团 2019 年版，第 32 页。

的社会角色和功能。[①]社会不公的另一个重要表现就是健康不平等。安格斯·迪顿认为，不同阶层之间的收入差异越大，健康的梯队变化越明显，民众过早死亡率越高。[②]收入低，意味着自身社会地位低下，得不到足够的尊重，体验不到存在感和荣誉感，长此以往，会引起一系列的负面心理反应，进而导致免疫力下降，身体健康状况堪忧。[③]

身份政治是晚近以来美国政治发展的重要现象，它一直被纳入“文化战争”范畴，被解释为一种文化现象，其经济属性和社会属性往往被忽略。对于那些边缘和弱势群体来说，倡导身份政治自然是追求平等、反抗歧视的无奈之举。即便对那些曾经收入稳定、生活宽裕的“铁锈地带”的白人群体来说，倡导身份政治表达的仍是对不断涌入的移民群体无休止的利益诉求的不满、对自身生存的焦虑和对现行政策的愤怒。这些人当中不乏移民群体的同情者、支持者，但现在的他们既失落、委屈又心有不平，开始反省自己的身份认同，主张维护所在阶层的收入、地位与荣誉，进而形成被动、消极的身份意识，即“回应性身份政治”[④]。

毫无疑问，与经济属性息息相关的身份政治正在不断强化着美国政治极化的程度和影响。对于左派来说，身份政治首先是以弱者对抗强者的有力武器，然后才被升级为格调高雅的“政治正确”。[⑤]对于那些渐感生活窘迫的中产以及底层白人来说，他们已经开始接受“受害者”的身份想象，随着不平等的现实体验日趋强烈，身份政治成了宣泄不满的“正当理由”。[⑥]但无论如何，

① Ci Jiwei,The Logic of the Generality of Moral Principles,*The Philosophical Quarterly*, Vol.38,No.152,1988.

② ［美］安格斯·迪顿:《逃离不平等：健康、财富及不平等的起源》,崔传刚译,中信出版社 2014 年版,第 95～132 页。

③ ［英］迈克尔·马尔莫:《健康鸿沟：来自不平等世界的挑战》,俞敏译,人民日报出版社 2019 年版,第 282 页。

④ Grant Farred,Endgame Identity?Mapping the New Left Roots of Identity Politics,*New Literary History*,Vol.31,No.4,2000.

⑤ Nalini Rajan,Liberalism and Identity Politics,*Economic and Political Weekly*,Vol.37, No.3,2002.

⑥ 孔元:《身份政治、文明冲突与美国的分裂》,《中国图书评论》2017 年第 12 期。

左右阵营围绕身份政治的分歧和对抗，正在将美国的民主主义推向狭隘的部落主义：追求国家认同、建基公民共识的民主政治身陷重围，推崇族群认同、投注个体归属的部落政治底牌方显。[①]特朗普上台后，这一趋势愈加明显，“共和党正成为白人政党，民主党正成为少数人群政党。如果这一进程继续下去，身份将完全取代经济意识形态，成为美国政治的核心分歧，这个结果将很不利于美国政治”[②]。

第四，不平等破坏机会平等，引发政治信任危机。美国人一直坚信机会平等的神话，想象着人人都生活在同一艘大船之上，虽然有人坐头等舱，有人坐经济舱，但舱位是可以更换的。勤奋、努力者，就有机会升舱；懒惰、放弃者，则可能降舱。但是当前不断加剧的不平等让人们开始对这种浪漫的想象产生怀疑。近 30 年来，不平等的分配格局不仅打造出一大批富有家庭，也制造了一大批赤贫家庭。更令人担忧的是，“有钱且高知的公民，比起他们那些贫穷且受教育程度低的同胞公民，总是更积极地参与公共事务，也有更丰富的政治知识和公民技艺，同时也更多地参与几乎各种形式的政治和公民活动”[③]。

人们通常把机会平等理解为每个人的发展和成功不应当取决于其家庭经济状况。但现实生活中不平等至少可以通过两种方式影响机会平等：其一，如果富人能够设立一些只对他们有利的优势职位，或者以不正当方式影响这些优势职位的选拔，不平等就会影响程序平等；其二，如果穷人无法进入学校或无法获得与富裕的候选人竞争优势职位所需的其他条件，经济不平等就会影响实质不平等。

在同等条件和环境下，富裕阶层有更多的机会、更多的方法、更多的力量影响决策者，维护自己的权益，从而严重损害政治平等；反过来，当中下阶层

---

① Andrew Sullivan, Can Our Democracy Survive Tribalism?, *New York Magazine*, September18, 2017.

② Francis Fukuyama, Against Identity Politics: The New Tribalism and the Crisis of Democracy, *Foreign Affairs*, Vol.97, No.5, 2018.

③ [美]罗伯特·帕特南：《我们的孩子》，田雷、宋昕译，中国政法大学出版社 2017 年版，第 263 页。

感到较少得到政府的回应或无力影响政治决策时，其政治效能感、政治认同感和政治信任也会随之下降。“如果没有信任，则不会有和谐，更不会有强健的经济。美国的不平等正在减少我们的信任。”①结果只能是中下阶层被边缘化、个体与民主政治日渐疏离、社会动荡无序、强人政治抬头。这意味着，过度的经济不平等必然破坏和损害机会平等从而引发信任危机；当政治信任丧失，人们自然就不再相信既定规则和制度文化，转而投向极端立场和激进政治。

探讨美国政治极化的根源有若干路径。与制度路径、文化路径和传统路径相比，借重经济路径似乎略显老套。但不容否认的是，当西方社会陷入后物质主义的过度想象后，势必将面临一场对后物质主义的深刻反思和向物质主义的集体回归。物质主义强调的国家认同、民族意识、种族归属、宗教信仰、工资收入、财富积累、物质化追求、集权式发展等价值依旧，意义未减。“特朗普所代表的并非什么逆全球化的趋势，更不是反全球化，而是调整到以物质主义价值观为基础的全球化战略，也就是对以往激进的进步主义、后现代和后物质主义的全球化战略做出有限的回调，以挽救西方文明的危机。”②从这个意义来说，以收入不均、财富极化、分配失衡为特征的不平等的影响力深刻，破坏力十足，必须引起高度重视。

三、无法摆脱的极化

毋庸置疑，政治极化已成为当今美国政治最为显著的特征，且短期内根本无法摆脱。之所以说它无法摆脱，主要出于三个原因：一是作为政治极化重要根源的经济不平等仍在持续加强；二是政治极化的势头丝毫没有减弱的迹象；三是经济不平等与政治极化之间存在相互强化的趋势。

第一，过去30年，美国的经济极化始终保持着稳定的上升趋势。贫富差

① [美]约瑟夫·斯蒂格里茨：《巨大的鸿沟》，蔡笑译，机械工业出版社2017年版，第172页。

② 丛日云：《西方文明的困境——后物质主义如何应对全球化的挑战》，《探索与争鸣》2018年第1期。

距不断加剧，阶层固化业已形成，超富阶层与中下阶层的收入和财富有天壤之别，富者愈富、贫者愈贫的势头始终维持。经济极化的持续加剧，再加上民粹主义、民族主义和保守主义的强势助推，使失望、愤懑与怒火的情绪在贫下阶层心中长期积累，一触即发，遇火即燃。

第二，当前的党派冲突和精英分化仍在不断升级。政治精英们放弃了传统的温和审慎，政治立场呈现明显的极端化趋势。要么旗帜鲜明地选择自由派立场，要么坚定不移地固守保守派情怀，温和持中群体日渐萎缩。在民主党内部，保守派议员遭到排挤；在共和党内部，绝大多数共和党人转向保守立场，中间阵营越来越不受欢迎。在选举政治的框架下，广大民众与少数精英是合作、协同的关系。但进入 21 世纪后，选民忠诚度不断下滑，政治冷漠普遍流行。政党越来越代表少数精英和权贵的利益，民主政治越来越像精英统治。2008 年金融危机后，美国联邦政府的一系列巨额援助计划，未能很好兼顾中下层民众的利益，加剧了精英与大众之间的隔阂和对立。面对这些政治危机，特朗普寄希望于强硬政策和激进手段。对早已千疮百孔、裂痕重重的政治生态来说，这无异于火上浇油。随着政治极化的深度扩张，精英与大众、文化传统与现代观念、公民理想与现实政策之间的冲突与对抗就会逐步升级，社会极化和文化极化随之出现。即便换拜登执政，走温和一些的政治路线，情况依旧不会有太大改观。在极化政治的背景下，分歧和对立不断消解共识，冲突和矛盾可能拒绝协商，对立的两方会为了反对而反对，全然不顾国家利益和共同体发展。

第三，不平等与政治极化存在相互交织、彼此强化的趋势。首先，不平等导致政治极化，政治极化反过来强化不平等。不平等造成的贫富差距、阶层分化、社会不公、机会不均，使党派竞争、精英对立、文化冲突、社会分裂等极化趋势不断加深；不断扩大的极化张力和社会裂痕，压制了民主协商，瓦解了共识政治，致使否决政体和激进政治流行，温和折中的政治决策、均衡兼顾的公共政策越来越难以出台或实施。“在一个存在着高度不平等的民主制度里，政治也会失衡；而让不平衡的政治管理不平衡的经济就会出现毁灭性的结局。”[①] 其次，导致不平等加剧的因素往往也是推动政治极化恶化的因素。技术进步、产业结构升级、教育非均等化趋势等，一方面导致不同群体间收入差距越来越大，一方面促使他们对待社会和政治问题的思想分歧越来越大。最后，不平等与政治极化之间具有较强的相关性。不平等越严重，政治极化程度越深；政治极化越加剧，不平等趋势越明显。按照基思·佩恩（Keith Payne）的长期研究，反映经济不平等状况的基尼系数和国会两党政治极化指数之间存在高度的相关性，不平等与极化水平在20世纪五六十年代相对较低，但自20世纪70年代中期开始同步上升，并始终保持着同一水平（见图3）。“赢家通吃的经济分配格局带来的是赢家通吃的政治格局，最富裕阶层作为一个群体对政治的影响力不断上升。”

图3 1947—2012年收入不平等和政治极化的相关性情况

资料来源：[美]基思·佩恩：《断裂的阶梯》，李大白译，中信出版集团2019年版，第98页。

综上所述，当前的美国政治正处于艰难的十字路口。从经济分化到政治极化，从文化冲突到社会断裂，一种前所未有的撕裂正在缓慢而有力地拉扯、扭曲和挤压着民主政治。如何在平等追求与自由理想、权利意识与义务责任、

① [美]约瑟夫·E.斯蒂格里茨：《不平等的代价》，张子源译，机械工业出版社2019年版，第81页。

个人幸福与集体福祉之间寻求正当且适度的平衡，积极应对民主政治的危机与国家治理的困境是当前美国政治亟待解决的问题。面对持续恶化的不平等、内忧外患的国家利益、暗流涌动的民粹主义、危机四伏的身份政治以及隐患重重的政治极化，新一轮总统大选后的美国无论继续走特朗普主义的激进路线，诸如倡导机会平等、高扬保守主义、借重右翼民粹、诉诸身份政治、坚持极端立场等，还是转向拜登可能提出的替代方案，短期内都无法从根本上解决美国政治的深层矛盾和核心困境。危机未除，冲突仍在，撕裂格局与极化趋势不仅无法摆脱，甚至有加剧的可能。这是过往价值冲突与观念歧异的必然结果，也是新一波冲突升级和歧异加剧的必要条件。撕裂时代的政治抉择，一切皆有可能，但任凭特朗普或拜登个人多强大，也不可能改写时代，更不可能左右未来。极化时代的美国政治终将走向何方，唯有拭目以待。

美国政治极化的经济逻辑及其影响 *

当代美国政治极化愈演愈烈，贯穿着美国的内政外交，深刻影响着世界政治经济秩序的变动。一方面，其国内多年积累的社会两极分化在金融危机与新冠肺炎疫情的冲击下达到新的历史高峰，另一方面政党极化进入“否决政治”的严重局面，植根于资本主义经济基础上的政治制度面临严重考验。

一、文献回顾与问题提出

自 20 世纪 90 年代以来，美国国内政治两极化的趋势日益增加，意识形态分歧处于历史高位：在过去的几年里，共和党的大规模右倾和民主党的适度左倾使得两党中几乎没有中间派，高度敏感的政治问题似乎将美国分裂为两个或两个以上的对立阵营。① 针对这一现象，西方学者提出了诸多解释，主要包括：①收入不平等：收入不平等的加剧导致个人支持意识形态极端的政党的可能性增加。② 日益加剧的不平等正在导致政治两极分化加剧，而且持续的高收入不平等将使新一代无法填补两党之间的差距；③ ②全球化冲击：全球化通过减少对当地制造业的需求（并因此导致失业）导致美国的两极分化加剧，尤其

---

* 作者简介：余海燕，西华大学特聘副教授；沈桂龙，上海社会科学院研究员。本文原载于《国际关系研究》2022 年第 4 期。

① David Autor, David Dorn, Gordon Hanson & Kaveh Majlesi, Importing Political Polarization? The Electoral Consequences of Rising Trade Exposure, *American Economic Review*, Vol.110, No.10, 2020.

② Hernan J. Winkler, The Effect of Income In equality on Political Polarization: Evidence From European Regions, 2002～2014, Economics & Politics, Vol.31, No.2, 2019.

③ Francesco Perlasca, Political Polarization and Social Inequalities: An Empirical Application of Bonica's PAC–Nominate Model on the Ideology of Congress Members in the United States, *Tesi di Laurea*, 2021, p.56.

是与中国贸易更频繁的行业出现了更多的工厂退出、更大幅度的就业收缩以及工资收入的降低；① 还会通过增加国民收入中最富有公民的份额而加剧不平等，② 最终加剧了党派两极分化或民粹主义政党的投票。③经济危机和贸易冲击也会重塑国内收入分配和失业率，进一步加剧政治两极分化，如金融危机和新冠肺炎疫情大流行。③

大量文献研究了政治两极分化加剧的不利后果。联邦制国家中政党两极分化延伸到政府间关系，会对治理的有效性和合法性产生严重后果，④ 可能导致短视政策的实施，降低政府采取经济改革的机会，使经济更加低效，它还可能使商业周期更加不稳定并导致经济停滞，⑤ 这有助于解释美国的经济复苏为什么缓慢。严重时，这种政治两极分化会产生部落政治、激烈的选举和零和观念，从而阻碍合作解决世界各地社会面临的紧迫问题。⑥

美国政治极化存在以及不断增加的许多内外因素都在被讨论以及被确认中，但这种现象的根源在西方学者眼中却显得难以描述或鲜有提及。保罗·皮尔森（Paul Pierson）等指出政党竞争是民主的本质，但是麦迪逊政体的自我纠

---

① David Autor, David Dorn, Gordon Hanson & Kaveh Majlesi, Importing Political Polarization? The Electoral Consequences of Rising Trade Exposure, *American Economic Review*, Vol.110, No.10, 2020; Justin R. Pierce, Peter K. Schott, The Surprisingly Swift Decline of U.S. Manufacturing Employment, *American Economic Review*, Vol.106, Issue 7, 2016; Lorenzo, Caliendo, Maximiliano Dvorkin & Fernando Parro, Trade and Labor Market Dynamics: General Equilibrium Analysis of the China Trade Shock, *Econometrica*, Vol.87, No.3, 2019.

② Andrew Q. Philips, Flávio D. S. Souza & Guy D. Whitten, Globalization and Comparative Compositional Inequality, *Political Science Research and Methods*, 2020, pp.509–525.

③ M. Funke, M. Schularick & C. Trebesch, Going to Extremes: Politics After Financial Crises, 1870–2014, *European Economic Review*, Vol.8, No.3, 2016; Yanfeng Gu and Zhongyuan Wang, Income Inequality and Global Political Polarization: The Economic Origin of Political Polarization in the World, *Journal of Chinese Political Science*, November 2021, pp.1–24.

④ Arthur Benz, Federal Democracy and the Challenges of Political Polarization, https://forumfed.org/wp-content/uploads/2021/11/Democracy_and_Polarization-1.

⑤ M. Funke, M. Schularick & C. Trebesch, Going to Extremes: Politics After Financial Crises, 1870–2014, *European Economic Review*, Vol.88, 2016.

⑥ Alban Lauka, Jennifer McCoy & Rengin B. Firat, Mass Partisan Polarization: Measuring a Relational Concept, *American Behavioral Scientist*, Vol.62, Issue 1, 2018.

正机制可能已经被削弱，或者它们本身已经变成了两极分化的引擎：随着两极分化，政体的新发展会鼓励进一步的两极分化，极化存在着自我强化且加剧的方式。[①]基于少数西方学者对资本主义政权的审视，从马克思主义经济基础决定上层建筑以及“社会主义必然代替资本主义”的论断来看，本文认为美国政治两极分化是资本主义基本矛盾的一种内生现象。因此，本文以马克思的资本权利作为逻辑起点构建分析美国政治极化的逻辑框架，试图探讨政治极化背后的经济逻辑如何贯穿美国的内政外交。

“两极分化”一词描述了美国民主党和共和党候选人之间日益扩大的意识形态差距，这种差距在过去20年中一直在明显扩大。[②]政治极化的背后是经济的逻辑：资本主义生产资料的私人所有制会产生极端的经济不平等，资本追求无限增值的本质最终会造成资本权利与政治权力的统一，加速资本积累。在马克思主义理论体系中，资本首先是作为支配劳动的经济权利，然后逐渐转化为统治劳动者的政治权力，在这个过程中资本权利与政治权力相互强化，重塑了美国政治，最终导致政治极化。资本主义制度下，经济运行的规律是资本不断积累，最终造成经济危机，这个过程伴随着扩大再生产与对外开放。因此，美国政治极化的经济逻辑有“内外”两条主线：

对内——生产资料私有造成资本和雇佣劳动在收入与财富分配上的先天不平等，最终必然导致贫富分化：资本主义的社会财富越增长，工人阶级也就越贫困，社会矛盾尖锐成为政治极化的国内温床。政治极化导致公共政策的产出困难，无论是促进经济复苏的结构性改革还是降低不平等的再分配政策都难以在两党间达成共识，经济危机也就成了必然，复苏缓慢而乏力，美国经济实力大幅衰减。

---

① Paul Pierson & Eric Schickler, Madison's Constitution Under Stress: A Developmental Analysis of Political Polarization, *Annual Review of Political Science*, Vol.23, 2020.

② Francesco Perlasca, Political Polarization and Social Inequalities: An Empirical Application of Bonica's PAC-Nominate Model on the Ideology of Congress Members in the United States, *Tesi di Laurea*, 2021, p.56.

对外——资本"物的权利"[①]促进生产力的发展，在资本扩张下世界市场形成，并在全球范围内加速资本积累，最终使财富聚集在少数人的手里形成资本"人的权利"，加剧国内收入与财富再分配的两极分化。全球化红利的不平等惠及导致民粹主义与民主主义崛起为政治极化的加速器。政治极化导致外交政策的矛盾反复以及民主主义和民粹主义得势，降低了美国政治的国际影响力。同时，资本"物权"的正向价值促进了全球化红利惠及发展中国家，新兴国家崛起，美国的国际地位相对下降。由此，过往长久维持美国霸权的资本力量，如今正在推动美国霸权的解体。

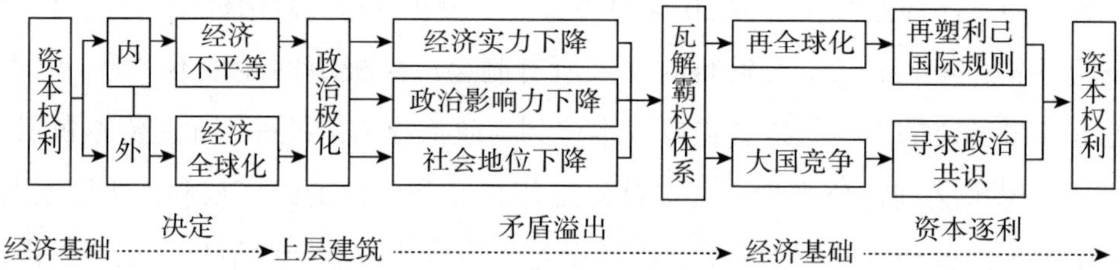

图 1　美国政治极化的经济逻辑及其影响

图表来源：作者自制。

资本主义的基本矛盾无法从根本上消除，其导致的政治极化只能缓解，造成的社会问题只能转移、输出。资本积累而产生的社会两极分化无法通过两党政治合作予以纾解，资本主义经济逻辑推动美国国内的矛盾溢出，具体表现为推动经济、政治和社会文化多维全球化的反弹，打压以中国为代表的新兴力量崛起。

二、美国政治极化的内外经济逻辑

资本主义生产力所决定的生产关系的总和有不可调和的内在矛盾性，生产社会化与资本主义生产资料私有制之间的矛盾在西方国家集中表现为以贫富分化为特征的经济不平等和以两党对立为特征的政治极化。资本权利与政

① 资本"物的权利"即指资本权利的正向价值，体现为促成较高的生产效率和生产力。资本"人的权利"即指资本权利的负向价值，表现为少数人支配或者统治多数人。

治权力的统一造成美国国内阶层的分割与固化，贫富分化加速了经济的不平等，最终促进了其政治上的不平等。资本在全球攫取剩余价值进一步加剧了国内的社会分化。当前“再全球化”和大国竞争深刻影响国际秩序，其背后是美国国内政治矛盾在国际舞台上的一种延续。

（一）对内逻辑：资本权利重塑美国政治

马克思指出资本是“支配劳动的客观权力”[①]。资本主义经济制度是一种以生产资料私有制为基础的社会制度，资产阶级占有以各种形态出现的资本，通过对雇佣劳动者的剥削攫取剩余价值。因此，资本作为支配劳动的权力，被施加于劳动者身上，实现价值增值和资本积累的目的，最终导致资产阶级和雇佣劳动者在经济上的不平等。而财富集中在少数人手里，必然导致不平等的社会关系，转化为资本控制政治下的政治不平等。

1. 资本权利导致贫富分化严重

马克思指出，相比其他权利，资本权利支配下的生产效率最高，生产力的发展水平也最高。在资本扩张的前期，扩大再生产能够不断提高劳动生产率，此时，资本权利更多表现为一种“物的权利”，其正向价值在于提高经济水平进而改善雇佣劳动的生活水平。而资本具有追求无限增值的本性，实现这一目的的手段就是通过扩大再生产加大对雇佣劳动者的剥削，资本“物的权利”又使得扩大再生产成为可能。于是，同资本家财富快速积累相伴随的是工人贫困的更快速累积，财富集中在少数人手里造就了资本的“人的权利”，结果必然就是社会的贫富分化。2018 年美国国内基尼系数攀升至 0.485，贫富差距创 50 年来新高。[②] 美国最富有的 50 人与最贫穷的 1.65 亿人拥有的财富相等，1%最富有的人拥有的净资产是 50%最贫困人口的 16.4 倍。[③] 贫富分化下中产阶级大量萎缩；1971—2019 年，中产阶级家庭里的成年人占比由 61%下降为

①《马克思恩格斯全集》（第 32 卷），人民出版社 1998 年版，第 184 页。

② 国务院新闻办公室：《2019 年美国侵犯人权报告》，http://www.scio.gov.cn/37236/37387/Document/1675341/1675341.htm。

③ 国务院新闻办公室：《2020 年美国侵犯人权报告》，http://www.scio.gov.cn/37234/Document/1700891/1700891.htm。

51%。[①] 贫富分化造成了美国当今社会财富的倒三角结构：一方面富人财富越多，资本积累速度越快，另一方面，底层民众的财富增加速度小于经济整体的增长速度，更远远落后于富人财富的积累速度。1989年至2018年，美国最富有1%和10%的家庭占有家庭财富总额的比例分别从60%上升至约70%、从23%上升至32%，而最底层50%的家庭财富净增长基本为零，且在家庭财富总额中所占比例从4%降至1%。[②] 财富分配和收入分配高度失衡，社会分裂，人口和财富倒三角结构不仅横向扩张，且固化不再流动，穷人群体和富人群体之间的界限愈加明显，底层和顶层的裂痕伴随中产阶级萎缩造成倒三角结构的断层出现。富者通吃与贫困锁定，阶级流动停滞，经济不平等加剧可能导致更高的犯罪率，[③] 健康状况不佳，[④] 以及较低的人力资本积累，[⑤] 破坏和损害美国的民主，影响上层建筑的政治意识形态。

2. 经济不平等导致政治不平等

马克思主义指出，任何一个时代的统治思想始终都不过是统治阶级的思想。资本本身是没有阶级性质的，是资本主义生产资料的私人占有制度造成美国财富与收入分配的不均衡，财富集中在极少数人手里势必滋生腐败，成为权力滥用的工具，破坏和损害政治机会平等，富人资产阶级进一步成为支配阶级和特权阶级，政治也成为特定经济利益关系基础上的一种社会关系。从经济不平等到政治不平等，政治是经济的集中表现。

---

① 牛霞飞、郑易平：《特朗普时代的美国政治危机：表现、原因及发展》，《太平洋学报》2020年第2期。

② 国务院新闻办公室：《2019年美国侵犯人权报告》，http://www.scio.gov.cn/37236/37387/Document/1675341/1675341.htm。

③ T. Enamorado, L. López-Calva, C. Rodríguez-Castelán & H. Winkler, Income Inequality and Violent Crime: Evidence from Mexico's Drug War, *Journal of Development Economics*, Vol.120, 2016.

④ Richard G. Wilkinson, Kate E. Pickett, Income Inequality and Population Health: A Review and Explanation of the Evidence, *Social Science and Medicine*, Vol.62, No.7, 2006.

⑤ W. H. Chiu, Income Inequality, Human Capital Accumulation and Economic Performance, *The Economic Journal*, Vol.108, Issue 446, 1998; O. Galor, O. Moav & D.Vollrath, Inequality in Landownership, the Emergence of Human-Capital Promoting Institutions, and the Great Divergence, *Review of Economic Studies*, Vol.76, No.1, 2009.

在美国生产力发展的自由化背景下，资本主义生产关系已经不能适应先进的生产力发展的需求，经济不平等的先天性和寡头政治后天发展的缺陷性成为固有的长期特征。从资本掌控权利，到拥有资本的人掌控权利，政治以富人的利益为依归，经济权利决定了政治权利，政治选举沦为富人的金钱游戏：2020 年美国总统和国会选举的总支出高达 140 亿美元，是 2016 年的 2 倍多。其中，总统选举花费再创历史纪录，达到 66 亿美元；国会选举花费超过 70 亿美元。除公开登记的选举捐款外，大量秘密资金和"黑钱"充斥着 2020 年的美国大选。①选举不仅是候选人政策取向的较量，更是金钱的较量。握有雄厚资金的利益集团、捐款人与政治候选人之间事实上已经形成一种特殊的债权债务关系。②财富通过购买影响力、塑造大选结果、推动政治产出助推政治的不平等，反过来利益集团的当选者以维护富人阶级利益的政治方式予以回报，富人的政策偏好影响和决定了公共政策，即政治权利的不平等反过来又加深了再次分配的不平等，经济不平等与政治不平等之间相互强化，最终演变为政治极化。

如果个人收入是政策偏好的重要决定因素，那么收入分配的变化就会影响选民的选择：如果处于收入分配范围较低端的选民更有可能支持再分配政策，而更富有的选民更有可能反对这些政策，那么这两个群体之间日益扩大的收入差距可能会增加他们在政策上的分歧。③此外，随着收入不平等加剧，事实上选民确实变得更加两极分化，政党就需要争夺远离意识形态中位的选民。④弱势选民可能将激进政党视为他们最大的希望，因为他们与建制政党完全不同。失业率或经济增长恶化对弱势工人的影响最大，这将使他们在感受到移民威胁时更有可能支持极右翼政党。这意味着当不平等程度下降时（弱

① 国务院新闻办公室：《2019 年美国侵犯人权报告》，http://www.scio.gov.cn/37236/37387/Document/1675341/1675341.htm。

② 李文：《美国政治中的"政党分赃"模式及其弊端》，《党课参考》2018 年第 6 期。

③ Hernan J. Winkler, The Effect of Income Inequality on Political Polarization: Evidence from European Regions, 2002–2014, *Economics & Politics*, Vol.31, No.2, 2019.

④ James C. Garand, Income Inequality, Party Polarization, and Roll–call Voting in the U.S. Senate, *The Journal of Politics*, Vol.72, No.4, 2010.

势工人变得相对不那么贫穷时），政治两极分化下降；当不平等加剧时（穷人变得相对更穷时），政治两极分化加剧。[①]1994—2017 年，美国共和党与民主党之间党派分歧的平均差距从 15% 上升至 36%，[②]两党之间意识形态差距越来越大；同时，党内极端势力得势，1994—2017 年共和党人和民主党人趋于极端的比例分别由 64% 和 70% 上升为 95% 和 97%，[③]党派间异质化与党内同化共同驱动了政治分裂，美国政治面临百年未有的政治极化。

（二）对外逻辑：资本全球化加速政治分化

世界市场是资本主义生产方式的基础和条件，对外贸易和世界市场既是资本主义生产的前提，又是它的结果，即马克思主义理论根据资本逐利的本质对全球化的发展趋势作出了预判：开放是资本追求利润的结果。

1. 资本逐利造成选民分裂

资本主义经济制度下的美国社会是一个开放的社会，开放才能攫取资本主义剩余价值。所谓全球化造成美国制造业空心化不过是美国的大资本追求高额利润的结果。资本逐利推动了美国经济发展的产业结构变动——服务业能够产生比制造业更多的附加价值，研发设计、金融以及营销等环节居于全球价值链的高端环节，具有不可替代的竞争优势，进而产生垄断优势。从分工地位差异转化为垄断竞争优势，是美国资本霸权建立的基础。在本轮全球化下，美国本土产业结构加快调整，产业根据分工效率在地理上集中，逐渐分化为代表不同利益团体或者阶级的区域格局，在总统选举中表现出明显的“红蓝之分”。1972—2016 年，美国历届总统大选中民主党安全州的数量由 1 个上升为 2 个，共和党安全州的数量由 9 个上升为 25 个，政治立场不安全州的数量由 41 个减少为 5 个，两党的选民日益变得更加“纯洁”，对所支持政党的信

① Hernan J. Winkler, The Effect of Income Inequality on Political Polarization: Evidence from European Regions, 2002–2014, *Economics & Politics*, Vol.31, No.2, 2019.

② Hernan J. Winkler, The Effect of Income Inequality on Political Polarization: Evidence from European Regions, 2002–2014, *Economics & Politics*, Vol.31, No.2, 2019.

③ 丁奎松：《美国中期选举评析》，《国际研究参考》2018 年第 1 期。

仰越来越坚定。[①] 不同选区的利益通过选举制度得以表达，最终通过政策的施行得以实现，即政策反过来又强化了产业利益分配效应。以产业划分的区域格局通过所在选区的选票影响、塑造大选结果，那些左右摇摆的“不安全州”成为两党竞选执政党成败的最为关键因素。这就造成了总统竞选人为了得到该州的选票而去迎合该州的政策倾向，通过激进的、极端的言论、口号与政策方针来争取该州选民的选票，既强化了选民的政治倾向又反过来促进了政党竞选人的政治立场极化。

2. 全球化冲击再分配效应

尽管全球化可以通过增加收入来降低绝对贫困，但全球化可能改变国家经济中各群体的相对收入份额，从而加剧不平等，[②] 引发随后的两极分化和分裂。一方面，全球化在给美国创造经济效益的同时，也恶化了美国国内的收入分配效应，即金融精英、资本家等高收入群体受益于经济一体化程度的提高，国内的中低端劳动者福利反而受损。全球化的收益并未在收入分配中均匀地重新分配，使收入分配更加向富人倾斜，加剧财富分化。另一方面，制造业转移和外来移民的涌入造成了原有产业工人的失业，而来自发展中国家的低技能劳工和移民的大量进入也拉低了低收入群体的收入水平，从而扩大了贫富差距。收入不平等的加剧导致个人支持具有极端意识形态的政党的可能性增加。[③] 同时，经济痛苦与贫富分化必然滋生极端民族主义、政治极端主义。[④] 全球化抑制了民主政府的行动，为民粹主义者的崛起铺平了道路，他们利用未得到回应的社会保护需求来满足选举共识。[⑤]激进党派和民粹主义政客

① 阙天舒：《从共识建构到极化解构——当前美国国内政治思潮走向研究》，《学术前沿》2018 年第 11 期。

② Andrew Q. Philips, Flávio D. S. Souza & Guy D. Whitten, Globalization and Comparative Compositional Inequality, *Political Science Research and Methods*, Vol.8, Issue 3, 2020.

③ Hernan J. Winkler, The Effect of Income Inequality on Political Polarization: Evidence from European Regions, 2002–2014, *Economics & Politics*, Vol.31, No.2, 2019.

④ 李滨：《百年政治思潮与世界秩序变革》，《中国人民大学学报》2021 年第 1 期。

⑤ Antonio Russo, Hyper-Globalization and Capitalism: Socio-Political Effects of the International Economy, *International Journal of Sociology and Social Policy*, Vol.41, No.5/6, 2021.

正是利用这一点，通过满足选民的需求并按照阶级路线动员支持者来寻求权力，于是进一步加剧民众对主流政治的背离，也使得达成政治共识变得越来越困难。在历届美国总统大选中，中间立场也不再是最佳选择，通过极端政治立场来争取左右摇摆的“不安全州”选民的选票，形成“自上而下”与“自下而上”的“恶性”循环反应。

三、极化溢出的内向影响：国际地位相对衰落

在经济逻辑的对内与对外作用下，美国政治极化的增加有目共睹。在政党、精英和民众都变得越来越分裂的情况下，极化的美国政治造成了政策制定、国会重要议题立法等政治产出变得异常困难，政治对立与僵局成为一种常态。

（一）政治极化瓦解霸权体系

1. 政治极化减少政府采取经济改革的机会

政治极化导致公共政策产出困难。第 80 届国会（1947—1948 年）中有约 30% 的提案无法通过，到了第 112 届国会（2011—2022 年）这一比例攀升为 71%，[①] 第 116 届国会期间（2019 年 1 月 3 日至 2019 年 12 月 4 日），所提的 11618 个法案只有 77 个通过，不通过率为 99.34%。[②] 从政府关门这一现象也可看出——资料显示，自 1976 年国会预算程序正式执行以来，美国政府一共停摆了 21 次，仅特朗普政府时期就发生了 3 次，其中 2018 年底美国政府遭遇了历史上持续时间最久的一次停摆，长达 35 天。[③] 金融危机之后美国由于无法采取及时有效应对措施，经济复苏乏力而缓慢，叠加疫情导致的经济停滞，美国经济实力大幅衰退。一方面，马克思主义理论指出资本主义经济制度最

① Congressional Gridlock Has Doubled Since the 1950s，https://www.washingtonpost.com/news/wonk/wp/2014/05/28/congressional-gridlock-has-doubled-since-the-1950s/.

②《这届国会不行——美式困境下“不中用”的涉港法案》，https://www.guancha.cn/DuJia/2019_12_18_528726_s.shtml。

③《结束长达 35 天“停摆”美国府院之争结束了？》，http://epaper.bjnews.com.cn/html/2019-01/27/con-tent_745413.htm?div=-1。

终必然导致经济危机，无论是危机过后刺激经济复苏的方案，还是危机引发的结构性改革措施，抑或是缓解危机之后激增的社会矛盾的再分配政策，政治两极分化都降低了政府采取经济改革的可能性，[①]使得关键政策难以达成共识。另一方面，美国实行两党制，民主党与共和党是美国两个主要的政党，两党通过竞选总统而轮流执政。一方执政则存在推翻另一方在任期间因妥协而形成的政策决定的可能，尤其是当政治对立形成“为反对而反对”时，造成“否决政治”[②]的出现。短视政策的实施使经济更加低效，并且也是美国经济问题长期无法得到化解的根源之一。政治极化意味着两个阵营之间在意识形态和政策立场上的差异性越来越大，表现形式就是政治产出的困难。在政党和民众都变得越来越分裂的情况下，美国的政治就不可避免地走向极化。极化的美国政治造成了美国政策制定、国会重要议题立法等政治产出变得异常困难，政治僵局成为一种常态。两党的僵局与政治斗争达到新的高度，造成了美国国会的分裂与极化。

2. 政治极化降低其政治的国际公信力

方面美国的政治极化导致国际社会普遍担心拜登政府做出的外交承诺或者方案被下一个宣扬“美国优先”的胜选总统推翻。特朗普退出《巴黎协定》与拜登重新加入《巴黎协定》的矛盾行为是其国内政治极化外溢国际的客观表现，两党意识形态和政策立场的对立造成外交政策的反复与矛盾，严重损害了其世界大国形象。另一方面，“美国优先”的外交政策反映出美国既失去了提供全球重要公共产品的能力，又失去了承担全球治理大国责任担当的意愿。鉴于美国的多重危机，拜登政府很可能将精力集中在国内。[③]拜登的“始于国内”也会进一步降低其承担国际责任、为全球提供重要公共产品以维持国际秩序正常运转的意愿。近年来不断透支的战略信誉在一定程度上制约

① M. Funke, M. Schularick & C. Trebesch, Going to Extremes: Politics After Financial Crises, 1870–2014, *European Economic Review*, Vol.88, 2016.

② Francis Fukuyama, America in Decay: The Sources of Political Dysfunction, *Foreign Affairs*, Vol.93, No.5, 2014.

③ Maurice Obstfeld, Globalization and Nationalism: Retrospect and Prospect, *Contemporary Economic Policy*, Vol.39, No.4, 2021.

着美国作为世界大国的政治领导力。

在美国霸权的单极时代，大多数国家的政府看不到其他可行的政治制度选择。而中国的崛起和抗疫成功彰显了社会主义制度的优越性，让全世界看到了除资本主义制度之外的其他可能的选择。

3. 新兴大国崛起，美国霸权地位相对下降

从全球层面看全球化福利的不平等导致国家实力非均衡增长，助推新兴经济体的发展高潮，中国崛起为世界第二大经济体带来全球性的影响力。新兴经济体的崛起动摇了美国“一超独霸”的绝对领导优势，发展中国家拥有了更多的话语权。全球化加快了资本的积累速度，美国的经济制度却无法在国内进行全球化利益和财富的重新再分配，全球化财富大量流入极少数人手中，反而加剧了国内贫富分化，加快了社会撕裂，外部霸权失去了内部稳态的经济均衡作为支撑。美国的全球领导地位不仅处于下降状态，而且维持其霸权的经济、政治与社会文化力量正在瓦解。

（二）资本积累导致霸权必然衰落

世界市场的形成造就了美国的霸权地位。1894 年美国的国内生产总值首次超过英国是美国世界霸权的开始。随后的二战、苏联解体、美元本位制的确立等从经济、政治与社会文化等多方面为美国建立起了世界霸权体系，美国成为世界唯一的超级大国。一方面，布雷顿森林体系确立了美元的世界货币地位，使得美元这种“特殊”的资本可以在全球范围内广泛地进行劳动剥削和财富掠夺，从而美国国内财富与收入的两极分化也更为迅速。在经济逻辑的内外双向循环作用下，政治出现极化的周期性高峰①，导致经济、政治与社会等多方实力衰退，推动瓦解其霸权体系。另一方面，单一霸权是一种不稳定的经济结构。资本的无序扩张最终必然导致严重的危机，瓦解美国的内部根基，且新兴经济体的崛起动摇了美国“一超独霸”的绝对优势，发展中国家拥有了更多的话语权。美国国内存在着许多制度性瓶颈问题无法解决，拜登政府并不能从根本上改变美国的现实困境。资本在全球范围内攫取剩余价值

① 考察相关数据发现极化程度存在一种周期性涨落的现象，比如美国建国初期、内战前、罗斯福新政时期等都有着不同程度的政治两极化和两党尖锐对立。

决定了制造业回流的可能性微乎其微，传统白人蓝领的地位继续下降，资本积累只会激化这种社会矛盾。同时，资本的国家属性归根结底维护的是资产阶级的利益。于是资本建立起美国的霸权体系，最后又必然推动其霸权体系的解体。

四、极化溢出的外向影响：再全球化与中美竞争

资本主义基本矛盾运动的阶段性导致周期性的资本主义经济危机的不断出现，美国霸权体系的不断瓦解似乎表明资本主义经济制度解决不断袭来的全球性危机的乏力。资本的“物权”促进经济增长与资本的“人权”加剧社会极化体现了资本的自我矛盾：一边促进发展中国家崛起，一边又造成美国相对霸权衰落。美国在认为全球化更多地促进了两极格局的形成时，便借“逆全球化”推动全球化，重塑利己国际规则体系。

（一）“再全球化”塑造利己国际规则

2008 年金融危机以后，“逆全球化”被视为选民和政党向保护主义和孤立主义方向的政治转变，对政府的倾向和制定政策产生了实质性影响。[①] 许多选民将收入分配恶化归因于商品、资本和人员的全球流动性。[②] 金融危机导致经济衰退促使对全球化的怀疑急剧上升，最贫穷的人承受着最高程度的痛苦和负担，导致无家可归、失业、粮食不安全和普遍的经济困境。机会主义政客利用这种对全球化的怀疑和敌对以及煽动民粹主义来增加社会分歧，使群体相互对抗。[③]“逆全球化”在美国国内拥有深厚的社会与民意基础。同时，单一霸权的确立意味着第二次世界大战之后的全球化是美国主导的全球化。全球化下的国际分工体现了发达国家的利益诉求，美国牢牢占据全球价值链分工体系的

① Italo Colantone, Gianmarco I. P. Ottaviano & Piero Stanig, The Backlash of Globalization, *Cesifo Working Papers*, No.1800, 2021.

② Jeffry Frieden, The Politics of the Globalization Backlash: Sources and Implications, *GRU Working Paper*, No.1, 2018.

③ Matthew Rochat, A Crisis of Globalization: A Review Essay, *The Journal of International Relations, Peace Studies, and Development*, Vol.6, Issue1, 2021.

高端环节，攫取大部分剩余价值。因此，美国只有不断塑造占据绝对优势的国际规则体系以获取源源不断的霸权权利才能够维持其特定利益逻辑。

从经济角度看，全球化包括由于商品、服务、人员和资本的更自由流动而导致国家边界的全球模糊，从而导致国际交易价值相对于国家国内生产总值的上升。因此，逆全球化背后的原因除了政治性的（这个从本文的逻辑来看被证明根源也是经济性的），可能至少部分是全球化的，即逆全球化的内生因素是经济性的。全球化的分配后果导致美国内部社会群体和地区之间的两极分化越来越大，这些全球化驱动下的负向变化导致对主流政党和候选人的政治失望，导致对反建制和反全球化力量的更高支持。[①] 资本积累到达一定阶段造成全球化、民主和国家追求自己的国家利益之间悬而未决的矛盾凸显，[②] 这是资本主义经济制度基本矛盾运动的结果，是资本主义自身无法克服的。但是，资本主义生产追求剩余价值的本质没有改变，当社会福利的增加不足以缓和资本主义的矛盾时，通过逆全球化的行为达到再全球化的目的，最终为资本在更大范围、更高程度的剥削创建合法性国际规则就成了美国当前缓解各方危机的重要手段。

（二）借中美竞争寻求政治共识

2021 年美国国会研究服务部发布的《新的大国竞争：对国会国防议题的影响》报告指出中美大国之间的竞争关系。[③] 在这一过程中，中国作为世界第二大经济体、新兴崛起力量、抗疫成功的社会主义制度典范进一步引领了世界经济的复苏，成为全球化的支撑力量，与美国的“再全球化”形成相反的力量。

长期以来，西方普遍认为中国的冲击导致美国的大量失业和工资下降，中国对特定行业和地区冲击的集中影响，使贸易的经济后果变得显而易见，

---

① Italo Colantone, Gianmarco Ottaviano & Piero Stanig, The Backlash of Globalization, *Cesifo Working Papers*, No.1800, 2021.

② Dani Rodrik, *The Globalization Paradox: Democracy and the Future of the World Economy*, W. W. Norton, 2011, p.368.

③ Congressional Research Service, Renewed Great Power Competition: Implications for Defense–Issues for Congress, https://sgp.fas.org/crs/natsec/R43838.pdf.

因此在政治上也很突出。① 目前，美国两大政党基本上都处于贸易怀疑的阵营，② 中国进口商品冲击导致国内失业率增加以及中国崛起享受了全球化红利却损害了美国的利益等观点是两党能达成的为数不多的共识。美国已经有了冷战后独享单极霸权的体验，因此它对两极格局会产生更大的排斥并将这种排斥转化为更强大的遏制动力。③这背后的原因是美国内部政治极化无法解决社会矛盾导致实力衰减，才会促成发展中国家更快地追赶，以及制造中国问题转移国内矛盾的焦点。其背后的经济逻辑仍然是维护美元作为世界货币构建的以美国为核心的不平等交换体系，维护美元资本对发展中国家廉价劳动力的剥削，遏制新兴力量崛起能够暂时维持美元资本对其他政体的支配权利。

多数学者认为当前中美关系无疑已经进入全面竞争时代。中美全面竞争时代，包含合作、竞争、对抗、冲突四个方面，合作服从于竞争，竞争有时还会服从于对抗。④ 中美关系是世界经济发展的关键变量，两国关系不是两国之间的双边关系，是全球性、区域性的多边关系。但是美国政府的“否决政治”僵局仍然是美国内政外交的关键影响因素，因此重回多边贸易体制在极化政治的影响下，美国对华战略仍然是竞争性大于合作性。

在中美博弈的大背景下，中美大国竞争关系的核心要义是危机管理。中国所坚持的和平发展道路，使得中国对管理中美两国关系不是盲目自信的“安全管理”或者主动挑起冲突的“应急”管理。中美两国的制度、意识形态、国情不同，决定了两国不会永远处于合作的状态，而经济全球化的深化也决定了两国不会一直处于冲突对抗的状态。一般而言，国家对经济相互依赖的政策反应主要有五种：消极的、剥削的、侵略的、防御性的和建设性的，其中，

---

① Rafael Di Tella, Dani Rodrik, Labor Market Shocks and the Demand for Trade Protection: Evidence from Online Surveys, *The Economic Journal*, Vol.130, No.628, 2020.

② Maurice Obstfeld, Globalization and Nationalism: Retrospect and Prospect, *Contemporary Economic Policy*, Vol.39, Iss.4, 2021.

③ 姜鹏:《两极竞争背景下“边缘诱捕”战略及其效用分析》,《世界经济与政治》2021年第4期。

④《拜登时期的中美关系何去何从？——郑永年等学者谈当前中美关系》, https://m.thepaper.cn/baibaijiahao_12395454.

美国的政策反应无疑是消极的、剥削的和侵略的，中国的政策反应则是防御性的和建设性的。[①] 对于我国而言，在美国政治极化进一步加剧的背景下，有组织的政治战是大国在竞争中夺取胜利的关键，我国更应该做好对美国政策极化的防御性与建设性应对。这种防御性与建设性的应对是中美关系危机管理的核心，是出于对两国关系可能持续恶化而做的预防性准备，是针对大国外交冲突升级而做的“关口前移”的预防性工作。鉴于美国最近频频挑起南海事端，插手我国香港事务，中美两国关系存在危险性与不确定性，美国挑起的事端也存在进一步升级的威胁性与突发性，因此保持“居安思危”的危机意识、建立快速高效的危机反应机制、储备应对危机的战略手段至关重要。在中美关系危机管理中，应将解决危机的关口前移，在摩擦进一步升级之前保持同美国的对话沟通，及时化解危机，避免危机升级。

五、结语：政治动态与全球化的未来

美国政治风险咨询公司欧亚集团发布的“2021 年世界十大风险”报告中，将美国政治分裂列在首位。[②] 当前，美国国内多年积累的社会矛盾与经济顽疾导致其政治极化在 21 世纪的今天达到新的高峰期，经济、政治、社会与文化的多重失衡无法保障社会秩序的稳定运行。根植于资本主义经济基础上的政治制度面临严重考验，如何在解决资本主义造成的社会两极分化问题的同时，又能利用资本权利维护统治阶级的利益，再反过来巩固资本对雇佣劳动的支配权，使得美国陷入了进退两难的境地。内忧加外患下，美国的“再全球化”行为恣意高涨，旨在进一步维护其资本在全球剥削剩余价值的合理性与合规性。

随着世界经济再一次面临转型期，各国不得不介入自由经济体系，利用

---

① 李孝天：《经济相互依赖视角下的中美贸易冲突：成因、启示与前景》，《国际关系研究》2019 年第 5 期。

② Eurasia Group, Top Risks 2021, https://www.eurasiagroup.net/files/upload/top-risks-2021-full-report.pdf.

国家的主权权利维持社会的正常运转，刺激经济复苏。而鉴于高度互联的全球化网络下危机传导的迅速性，区域化、分散化、近岸化等趋势都在不断得到加强，多国都在向“在地化”“根植性”发展回归，内向的本土主义政策相继出台进一步加大了全球化回溯的可能性。因此，积极利用全球危机重塑美元资本的霸权成为决定美国政治决策的基点。总体而言，全球如何成功应对一系列资本主义基本矛盾运动下的经济危机事件，美国如何在资本主义制度下使总体结构变革在政治上更具可持续性，中国如何处理同西方大国的关系，在很大程度上影响着全球化的未来。

老国家与新社会的错位：美国政治极化的根源 *

进入 21 世纪后，美国政治陷入了困境。先是 2000 年美国大选中暴露出计票危机和政治僵局，小布什和戈尔在佛罗里达的选票争执最终诉诸最高法院，一度引发了美式民主的信任危机。随后，2001 年的“9・11”事件将美国卷入旷日持久的反恐战争，战火从阿富汗燃烧到伊拉克，在整个伊斯兰世界引发了反美主义的崛起。2008 年的全球金融危机更是极大地伤害了美国的软实力，使其陷入了严重的政治混乱。美国政治中的混乱局面迄今没有得到根本缓解。

从“占领华尔街”运动到“茶党”运动，一直到 2016 年特朗普出乎意料地当选为美国总统，开启了一系列“退群”“筑墙”“内顾”等政策调整，进一步引发了美国两党对立、政治极化的政治僵局。尤其是白人警察暴力执法引起的乔治・弗洛伊德之死事件，引发了全美至少 140 个城市爆发抗议示威，并从最初的游行示威逐渐演变为打、砸、抢等暴力骚乱行为。[①] 美国政治中的自由民主共识正在被打破，美国政治正在陷入自我分裂的“极化美国”的困境。从亨廷顿惊呼“文明的冲突”和“我们是谁”，到福山对美国所谓“否决式政体”的批判，甚至一些“反对选举”“反对民主”“把国王请回来”的更极端声音次第出现，都意味着美国自鸣得意的自由民主正在陷入深深的困惑。

一、极化的美国

关于美国政治的变化及其性质，在学界已经有广泛的讨论，最初主要的

---

* 作者简介：赵可金，清华大学社会科学学院副院长、教授。本文原载于《探索与争鸣》2020 年第 9 期。

① George Floyd Death：Clashes as Protests Spread Across US，BBC，30 May 2020，https：//www.bbc.com/news/world-us-canada-52857334.

分歧在于“灭亡论”和“终结论”。在马克思主义和左翼思想家看来，资本主义必定会灭亡，[①]作为发达资本主义的典型代表，美国的未来必然是走向社会主义革命。然而，不少学者也发现，尽管马克思和恩格斯等寄希望于美国的革命，但“为什么美国没有社会主义”的追问也表明“灭亡论”至少在可见的未来尚难实现。[②]在自由主义和保守主义看来，历史已经终结，自由民主与资本主义是人类社会最后的历史形态，在资本主义之后已经没有社会主义和共产主义。冷战结束以后，“历史终结论”大行其道，在美国的舆论中也表现为睥睨于世、独步一时的“冷战胜利论”。[③]然而，2001 年的“9·11”事件和 2008 年的全球金融危机则让美国陷入了新的困惑。曾经高擎“历史终结论”大旗的福山也不禁感叹美国政治极化的危害，寄希望于美国来一场新的改革运动。[④]在美国学界反思资本主义、反思自由民主的声音与日俱增，尤其是在面对中国崛起的外部压力和政治极化的内部挑战时，此种情绪越来越强烈。美国将何去何从？这是摆在美国面前的重大战略课题。

政治是一种公共的善。在古希腊思想家亚里士多德眼里，人天生是一种政治动物，政治是一种基于人的本性的生活方式。[⑤]作为地中海文明的衣钵传人，美国继承了以尊重人的天性为基本基因的政治生活方式，其政治逻辑是“合众为一”：在最大程度地尊重社会多样性的基础上，寻求最低限度的政治一致性。自美国建国开始，尽管也经历了南北战争、大萧条、冷战等内外挑战，但美国政治总体上运行良好，美国一直自诩为人类文明的灯塔，美国政治的争论也被广泛地理解为不同自由主义派别的争论。然而，20 世纪 70 年代以后，作为民权运动浪潮的制衡思潮，新保守主义不断走强，从里根保守主义革命到小布什的新保守主义“火神派”内阁，推动美国沿着保守主义的方向大踏

① 《马克思恩格斯选集》（第 1 卷），人民出版社 1995 年版，第 284 页。

② Werner Sombart, *Why is There No Socialism in the United States*?, Springer, 1976.

③ Francis Fukuyama, The End of History?, *The National Interest*, Vol.16, 1989.

④ 参阅 Francis Fukuyama, *Political Order and Political Decay:From the Industrial Revolution to the Globalization of Democracy*, Macmillan, 2014。

⑤ [古希腊]亚里士多德：《政治学》，颜一、秦典华译，中国人民大学出版社 2003 年版，第 5 页。

步前进。相比之下，无论是克林顿的新自由主义抗争，还是奥巴马的 8 年新政，都没有抑制住美国与日俱增的保守化趋势。尽管美国政治看上去仍然保持着民主党和共和党的平衡，但在这一平衡之下的板块极化却是一直在积蓄着变革力量，坚冰之下的政治能量正在发生着影响深远的板块位移，美国长期引以为傲的“民主共识”正在被“双峰政治”的政治极化所替代。

根据保罗·迪马吉奥（Paul DiMaggio）的观点，极化既是一种状态，也是一个过程。作为一种状态，极化是指关于某一议题的观点在理论意义上最极端情况下的相悖程度；作为一个过程，极化则意味着在一段时期内关于某一议题观点相悖的发展过程。[①] 极化是一个复杂的现象，它可能是自发的、有利的和民主的，也可能是有害的，导致严重的社会后果。通常情况下，极化主要有精英和大众两个层面，前者主要集中于政党、政府官员及其政策倾向的极化，后者则主要集中于公众舆论和投票行为的极化。无论是精英层面，还是大众层面，当下美国政治的极化趋势都是大大加强了，表现为美国两大政治阵营在社会政策和意识形态倾向上的差异越来越大，而彼此内部的趋同越来越突出。尤其是在国会参众两院议员的投票倾向、公众舆论和投票行为上，都可以看到政治极化加强的现象。从国会议员的投票倾向来看，政党忠诚度持续上升，以党划线投票的倾向不断加强，温和派议员越来越少，两党之间不仅在意识形态和政策立场上的差异性越来越大，而且各自内部在意识形态和政策立场上的同一性越来越高。从公众舆论来看，美国公众在传统政治分化依然故我的情况下，出现了基于后物质主义意识形态的新的左右分化，新左派和新右派的争论在堕胎、LGBT、枪支管制、环境、宗教权利等议题上持续分裂。从美国选民的投票行为来看，“红州”（支持共和党）和“蓝州”（支持民主党）相对稳定，除了东西两岸和大城市由民主党长期主导外，内陆地区和广大腹地由共和党持续控制。近年来，学界普遍认为，世界各国政治极化不再取决于意识形态和利益基础的左右之争，而是取决于社会差异和政治议题的认同之争、社会不平等之争，比如神圣化与世俗化、民族主义与全球主义、

---

① Paul DiMaggio, John Evans & Bethany Bryson, Have American's Social Attitudes Become More Polarized?, *American Journal of Sociology*, Vol.102, No.3, 1996.

传统与现代、城市和乡村等认同的对立。

二、趋势论，还是规律论

关于美国政治极化的研究，无论是基于定性的分析，还是基于定量的分析，学界尤其是中国学者主流的看法是将极化看作美国政治的趋势，是 20 世纪 70 年代以后才有的新现象。事实上，这是一种狭隘的观点，仅仅看到了美国政治的表面现象，没有看清楚美国政治的本质。政治极化是美国政治的内在规律，是美国政治的逻辑决定的。

政治极化并不是美国 20 世纪 70 年代以后才有的政治现象，自美国立国开始，政治极化就作为美国政治的一条线索一直存在。在美国政治中，极化一直与政党政治现象纠缠在一起。虽然美国宪法中并未提及政党，美国制宪之父们也对政党十分排斥，但自从第一届政府开始，美国政府内部就出现了以财政部部长汉密尔顿为代表的联邦党人和以国务卿杰斐逊为代表的反联邦党人两大派系。他们在国会积极寻求代言人，争取支持者，最终形成了国会内部的两个对立的投票集团，而且迅速衍生到社会领域，导致美国首任总统乔治·华盛顿在其告别演说中提醒美国人民要提防“党派精神的有害影响”[①]。此后，安德鲁·杰克逊（Andrew Jackson）在 19 世纪 30 年代前后创立的“政党分赃制”，更是开启了一个“一朝天子一朝臣”的两党极化时代。[②]这一趋势甚至引发了 19 世纪 60 年代血腥的美国内战，引发了大萧条前后两党在关税问题、政府与市场关系问题上的激烈内斗，这些均被学界称为政治极化。在二战后美国政治迎来了一段相对平衡的时期，长期冷战的高压巩固了美国各派的自由民主共识，“自由世界”成为美国对苏冷战的一面旗帜。

当前的政治极化严格说来是从 20 世纪 70 年代开始的。受越南战争和水门事件的影响，美国开始反思价值相对主义的问题。20 世纪 70 年代以来，经

---

① ［美］乔治·华盛顿：《华盛顿选集》，聂崇信、吕德本、熊希龄译，商务印书馆 1983 年版，第 239 页。

② George Thaye, *Who Shakes the Money Tree?*, Simon & Schuster, 1973, p.37.

济领域的新自由主义化与政治领域的新保守主义化并行不悖，促成了政治极化程度的一路走高。很多关于美国政治极化的研究均表明，美国政治极化斗争越来越激烈，当下美国的极化程度是 1879 年以来史上最高的，在国会参众两院，党派投票的比例都超过了 50%。[1] 不难看出，从更长的美国政治史角度考察，政治极化不是一个短期的政治趋势，而是一个长期的政治规律，美国政治自始至终一直保持着极化的基因，其区别只不过在于程度和烈度不同而已。对此，恩格斯曾形象地描述为“为使资产阶级统治永存而轮班执政的两个旧政党的跷跷板游戏”[2]。

政治极化并非全然是消极的，它也是美国社会利益多元化的平衡机制。众所周知，美国是一个以移民为主体的利益集团政治国家，有着数不清的移民群体和众多的种族、宗教。对美国来说，存在的问题是众口难调，顾此失彼，必然面对“野心与野心的对抗”。美国社会经济的工业化和现代化，更加剧了利益分化的趋势，“从内战前的区域之争转化为跨区域的不同经济利益群体的斗争”[3]。在此背景下，政党就是实现利益整合的神来之笔，用于化解“多元民主的困境”。长期以来，多元主义是美国政治的一个典型分析范式。20 世纪初工业化、城市化和现代化带来的诸多变化，激励了美国政治极化的进程，曾经主张多元主义的罗伯特 · 达尔也修正了早先民主竞赛的“市场化模型”，[4] 部分承认谢茨施耐德（E.E.Schattschneider）、查尔斯 · 赖特 · 米尔斯（Charles Wright Mills）等的精英政治观，[5] 越来越强调美国的“多头政体”本

① Michael J. Barber, Nolan McCarty, Causes and Consequences of Polarization, in Jane Mansbridge, Cathie Jo Martin (eds.), *Negotiating Agreement in Politics*, American Political Science Association, 2013, p.20.

②《马克思恩格斯选集》（第 4 卷），人民出版社 1972 年版，第 286 页。

③ 王希：《原则与妥协：美国宪法的精神与实践》（增订版），北京大学出版社 2000 年版，第 337 页。

④ [美]罗伯特 · 达尔：《民主理论的前言》，顾昕等译，生活 · 读书 · 新知三联书店 1999 年版，第 41 页。

⑤ E. E. Schattschneider, *The Semi-Sovereign People: A Realist's View of Democracy in America*, Dryden, 1960；[美]查尔斯 · 赖特 · 米尔斯：《权力精英》，王崑、许荣译，南京大学出版社 2004 年版；[美]威廉 · 多姆霍夫：《当今谁统治美国？——八十年代的看法》，沈泽芬、郑须弥译，中国对外翻译出版公司 1985 年版。

质。[①] 诚如《美国反对美国》一书强调的那样，美国政治是一个自我矛盾的综合体，无论是理解政治极化，还是观察美国多元政治，都不能孤立地看，它们是有机结合在一起的，片面地把美国看成是如花似玉的美人，或者将其批判为无恶不作的恶魔，都是不正确的。[②]

政治极化是美国从娘胎里带出来的。美国之所以周期性地出现极化趋势，归根到底是美国的政治制度和社会特征决定的，它是美国政治制度先天发育不良和后天发展不足共同造成的，与美国两党政治、府会政治、对内行民主和对外行霸道的悖论在原理上是一致的。在美国复杂的"选举人团"选举制度下，美国政治的差异往往被扩大化地表现出来，所有复杂的问题都通过简单的"支持"（Yea）或"反对"（Nay）合并同类项，但美国社会中的问题并非非黑即白的，很多时候是多元共处的。因此，美国政治极化并不可怕，也并非美国当下之乱局的根源，真正值得关注的理论问题是美国社会发生了什么变化，以及美国的国家制度能否适应社会的变化。

三、老国家，新社会

耶鲁大学政治学教授斯蒂芬·斯科夫罗内克（Stephen Skowronek）在其出版的《构建一个新的美利坚国家：美国国家行政能力的扩张 1877—1920 年》中指出，美国在 19 世纪末 20 世纪初建立了一个新的管理型国家，改变了早期"法庭和政党"的国家，并认为这一进步主义变革实现了"整个政府运行模式的系统变革"。[③] 然而事实上，美国的国家形态并没有发生根本性的变化，这一国家形态是美国制宪会议上"人为制造"的理性国家。可能受斯科夫罗内克等人的影响，长期以来，很多研究美国政治的人都误以为美国政治制度是人

① ［美］罗伯特·A.达尔：《多元主义民主的困境：自治与控制》，尤正明译，求实出版社 1989 年版，第 5 页；［英］戴维·赫尔德：《民主的模式》，燕继荣等译，中央编译出版社，1998 年版，第 274 页。

② 王沪宁：《美国反对美国》，上海文艺出版社 1991 年版，第 5～9 页。

③ Stephen Skowronek, *Building a New American State: The Expansion of National Administrative Capacities, 1877–1920*, Cambridge University Press, 1982, p.25.

类社会有史以来最先进的政治制度，全世界都应该以美国为样板。[①] 第二次世界大战后，亚非拉地区很多国家都把参考美国政治制度作为自己的建国方案。然而，几十年来的实践表明，对世界上其他国家来说，美国政治制度只可远观而不可亵玩焉，无论是亚洲的菲律宾，还是非洲的摩洛哥，以及拉美大大小小的国家，照搬美国制度的“飞来峰”到头来都陷入了腐败和混乱的泥淖。

可以说，美国在国家形态上是一个地地道道的老国家。作为从英国脱离出来的清教徒国家，北美十三个殖民地的独立战争摆脱的只是英国王室的统治，但却继承了英国都铎王朝的大多数政治制度。关于这一点，亨廷顿在《变化社会中的政治秩序》中讲得很明确。在英国，这一制度已经通过 1649 年的革命和 1688 年的“伟大妥协”实现了革命化的改造，主权已经从王室转移到了议会。然而，在美国，由于移民社会的多元性和多样性，美国人生来平等，没有封建制度可供革命。因此，摆脱英国王室的殖民地人民，在头脑中无法摆脱都铎王朝分散化的制度精神，决定了制宪会议所建造的制度仍然是都铎体制的翻版。美国人只不过是把国王转变为“民选的总统”，议会、行政、法院分权制衡，以及中央和地方之间的明确分权，从根本上都意味着具有强烈封建制度色彩的新“都铎体制”。[②] 从立国至今，美国宪法没有改变，政治制度的框架依旧故我，保留着都铎王朝制度的传统遗风，美国的国家形态真可以称得上是 21 世纪现代政治橱窗里摆设的封建制度的古董玩意儿。

与一个老古董式的国家形态形成鲜明对比，美国社会却的确是一个生机勃勃的新社会，无论从何种意义上都可以说美国社会是一个没有任何历史羁绊、充满活力的现代社会。作为一个移民社会，美国社会根深蒂固的是个人主义，梦寐以求的是自由民主，除了面对变幻莫测的季风气候、孱弱懵懂的印第安人之外，美国人在北美大陆没有什么人为的羁绊，既没有武装到牙齿的强大封建势力，也没有沉淀千年的思想包袱，每个人除了崇拜英雄、放纵

---

① [美]斯蒂芬·斯科夫罗内克：《总统政治：从约翰·亚当斯到比尔·克林顿的领导艺术》，黄云等译，新华出版社 2003 年版。

② [美]塞缪尔·P.亨廷顿：《变化社会中的政治秩序》，王冠华、刘为等译，沈宗美校，上海人民出版社 2008 年版，第 98～110 页。

自己之外，几乎毫无束缚。这一新社会的特征，决定了美国社会是一个创新能力极强的社会，这一社会几乎每天都在变化，每天都会有新事物产生，一个人摇身一变成为百万富翁，或者一夜之间成为穷光蛋，都是极其稀松平常的事情。正是因为美国社会的无限多样性，加上美国人无所顾忌的自由个性，掩盖了美国的老国家的制度本质和虚伪的政治本性。

相比之下，美国社会朝气蓬勃的创新性与美国政治百年不变的保守性之间存在着一股内在的张力，每当社会领域中的创新达到一定程度，就与保守的制度产生强大的排斥力，美国人在两者之间犹豫不决，造就了美国每隔一段时间就会面临政治极化的现象，除非通过一场政党重组、政治改革和社会运动做出明确选择来实现突破。美国就是在这种波浪式演进中循环不已，这就是美国政治的本性，也是美国政治的宿命。马克思对周期性经济危机的描述解释了欧洲革命的浪潮，但没有能够解释美国没有发生革命的“例外”，因为尽管美国是最发达的资本主义国家，但美国社会却从来没有社会主义革命，令马克思的理论在美国遭遇挫折。马克思没有看到美国政治也有周期性危机的规律，美国缺乏周期性经济危机引发革命的原因，就是美国通过周期性政治危机实现了政治变革，释放了积累在社会物质领域中的巨大张力，这就是美国政治的逻辑。

四、自由、保守与全球化

既然极化是美国周期性政治的常态，那么该如何解释当下美国政治极化的根源呢？如前所述，美国政治存在着老国家与新社会之间的落差，而这一落差所积聚的能量是政治极化的一个基本规律。在老国家的制度因素和新社会的生态因素两者之间，美国政治制度先天发育不良的因素可以解释政治极化的制度诱因，但无法解释为什么在当下出现严重的政治极化问题。解释当下政治极化的根源应当从美国社会发展中去寻找，而不应当带有任何神秘和思辨的色彩。

关于美国社会发生了什么样的变化的问题，更多是一个社会学问题。作为当今世界最发达的工业国家，美国存在着严重的社会问题。从移民问题、种族问题、妇女问题、腐败等早期问题，一直到第二次世界大战后广受关注的社会安全、社会犯罪、贫富分化、环境破坏、恐怖主义等诸多问题，令美国上下头疼不已。其实，美国社会中长期存在的问题远不止这些，其严重程度也超出了美国人的想象，早已成为美国政治动乱的“堰塞湖”。从其关联程度来看，塑造当下美国政治极化现象的主要有三重因素：

一是美国经济中的自由化趋势。20 世纪 80 年代以来，里根革命掀起了解制化的浪潮，货币学派的量化宽松措施以及金融领域对分业监管、分业经营的跨越，不断在经济领域释放了巨大的流动性。以“华盛顿共识”为旗帜的新自由化浪潮不仅覆盖美国，也蔓延到全世界，加之冷战的突然终结，商品、资本、劳动、技术在世界范围内的活跃，引领了新一轮全球化甚至是美国化浪潮。到 20 世纪末，以知识经济为标签的互联网经济领域已经呈现出严重的泡沫化倾向，技术创新也已经令几代人耗费了全部的能量，有的慢慢退出了竞争，留下的也在更残酷的自由竞争中出现了分化。尤其是 2008 年的金融危机，令无数中产阶级的“美国梦”灰飞烟灭，“中产阶级不高兴”演化成为一波又一波社会运动的浪潮。在很多普通美国人眼里，美国虽然在世界上睥睨于世，但国内却已“被世界掏空”，无论是机会和资源，还是政策影响力，都牢牢地掌控在亿万富翁手中，普通美国人无足轻重，美国贫富分化、族群分化、地区分化越来越严重，陷入了“我们是谁”的困惑和苦闷之中。“朱门酒肉臭，路有冻死骨”，华尔街上贪婪成性的财富游戏、华府环城公路里的“纸牌屋”相映生辉，让美国政治已经听不到来自民众的多样性呼声，更多来自普通人的多样性声音已经无法在权贵阶层得到回应。于是，“改变，是的，我们能”（奥巴马的竞选口号）、“让美国再次伟大”（特朗普的竞选口号）成为最牵动选民心声的标语，也成为美国政治极化的载体基础。

二是美国社会中的保守化趋势。与美国自由化浪潮并行不悖的是美国社会领域中日益壮大的右翼保守主义浪潮。也许是对 20 世纪中后期民权运动的回应，美国人开始重新呼唤家庭伦理、宗教信仰和价值观念的回归。面对美国价值相对主义造成的混乱，以列奥·施特劳斯（Leo Strauss）及其门徒为代表的一大批保守主义者开始联合起来，以六经注我的方式，直接从古希腊哲学思想中汲取先贤智慧，掀起对自启蒙运动以来的一系列自由主义神像的批判运动。[①] 自 20 世纪 80 年代开始，尽管自由派有约翰·罗尔斯（John Bordley Rawls）这样的思想巨擘苦苦支撑，但新保守主义的旗帜下却聚集了越来越多的追随者。尤其是在里根、老布什、小布什执政的那些年代里，这些新保守主义者不仅开坛讲法，而且出将入相，将新保守主义的思想转化为社会政策和行动方案，让本已在自由化经济改革和新技术革命中被冲得七零八落的美国社会找到了抗争的旗帜和批判的武器。校园祈祷问题、堕胎问题、LGBT 问题、艾滋病问题、枪支管制问题、环境保护问题等，几乎所有的热点问题背后都有新自由主义和新保守主义作为辩论的双方，在唇枪舌剑中阵营越来越清晰，无论是物质主义的争论，还是非物质主义的争论，都呈现出了政治极化的特征。时下，美国右翼保守主义的 QAnon 运动就是保守主义的激进派别，他们将特朗普总统看作是"救世主"，认为特朗普正在对被称为"深层政府"（Deep State）的神秘精英阶层发动一场隐秘的战争，而过去的美国总统都是光明会血统家族，早已经背离了美国人民。[②] 这一基于阴谋论的判断早已失去理性，无论特朗普做什么，他们都支持，这就是"另类右翼"保守主义的典型例子。

三是当今世界中的全球化趋势。美国政治极化还与全球化趋势有着十分紧密的内在联系。随着全球化的发展，不同的美国人在全球化中的地位不同，受到全球化的冲击也存在很大差别，全球化的这一冲击在保持着巨大社会多样性的美国民众间制造了巨大的分化和分裂，这一分裂体现在多个群体之间，比如白人与非白人之间、城市与乡村之间、年轻人与老年人之间。美国皮尤

---

① 请参阅［美］列奥·施特劳斯:《自然权利与历史》,彭刚译,生活·读书·新知三联书店 2006 年版;［美］列奥·施特劳斯:《回归古典政治哲学——施特劳斯通信集》,朱雁冰、何鸿蒸译,华夏出版社 2006 年版;Allan Bloom,Justice:John Rawls vs. The Tradition of Political Philosophy,*The American Political Science Review*,Vol.69,No.2,1975;Allan Bloom,Leo Strauss:September 20,1899–October 18,1973,*Political Theory*,Vol.2,No.4,1974。

② Paul P. Murphy,Born on the Dark Fringes of the Internet,QAnon is Now Infiltrating Mainstream American Life and Politics,CNN,July 3,2020,https://edition.cnn.com/2020/07/03/us/what-is-qanon-trnd/index.html.

研究中心的一份研究报告说，自冷战结束以来，美国民众对政府角色、生态环境、强制管制等众多问题的态度变得更加对立，两党的分歧和对立也达到了历史的最高点。[①]在美国社会领域中如此巨大的政治极化，在分权制衡的都铎体制中放大了它的能量，以至于福山认为美国已经成了一个“否决政体”，权力分割与制衡变异成为“否决政治”，两个政党更加意识形态化，如果两大主要政党达不成共识，就会导致政治瘫痪。[②]归根到底，本土主义与全球主义的分化，正在日益撕裂美国社会的利益格局，也有力地诱发着更严重的政治极化。有不少学者将政治极化作为诱因，分析美国政府在对外关系上的“退群”和“甩锅”现象。其实，逻辑恰恰相反，不是政治极化在伤害着全球化，而是经济全球化趋势孕育了美国的政治极化，如果不调整全球化，政治极化只能是越来越严重。

总之，政治极化在美国政治中不是一个偶发现象，而是美国政治内在的客观规律。美国政治的逻辑就是一个以极化来平衡多元化的过程，通过周期性的极化政治斗争，释放多元化不平衡发展造成的矛盾，实现美国政治的蜕变再生。因此，应该关注的问题不是美国的政治极化，而是造成美国政治极化的根源。从根源来看，美国政治极化是美国政治制度的保守性和美国社会的开放性所共同决定的，是美国制度先天发育不良和后天成长不足的产物。尤其是冷战结束以来随着经济自由化、社会保守化和全球化趋势的发展，美国面临的极化现象比以往任何一次都要严重。除非美国经济自由化、社会保守化和全球化出现反转，或者美国制度作出新一轮进步主义的调整，否则，美国政治极化将在很长一段时期内存在，成为制约美国内政外交的一个爆炸源。与极化的美国打交道，是雷管和炸药的游戏，需要很高的政治智慧和政治艺术，必须步步惊心，沉着机智，保持定力。唯有如此，才有可能不为其所伤害，找到一条大国和平相处之路。

① 张朋辉：《政治极化撕裂美国（国际视点）》，《人民日报》2018年2月3日，第11版。
② [美]弗朗西斯·福山：《政治秩序的起源——从前人类时代到法国大革命》，毛俊杰译，广西师范大学出版社2014年版，第429～448页。

论美国国会政党极化的结构性根源 *

2017 年 6 月 28 日，美国众议院在第 336 次“唱名投票”（roll call voting）中对一项医改法案进行表决，240 名共和党议员中有 235 名投票反对，5 名弃权；193 名民主党议员中有 191 名投票支持，2 名弃权。这次“唱名投票”只是美国政党极化的一个缩影。民主党和共和党之间的政治极化已经成为当代美国政治的一个显著特征，也是近年来美国政治学界普遍关注但又颇有争议的研究问题。[①] 自 20 世纪 70 年代以来，两党在意识形态上的对立日益加深，造成了双方在重大政策议题上存在严重分歧，政府决策往往因此而陷入僵局，致使美国的政治制度不能有效应对重大的治理挑战。[②] 目前，政党极化已经弥漫至美国政治生活的方方面面。在联邦层面，国会两院、联邦最高法院都成为党派纷争的竞技场。如在联邦最高法院，民主党总统和共和党总统任命的大法官在意识形态上存在明显的“自由—保守”鸿沟。共和党总统任命的大法官数量远远超过民主党总统任命的数量，致使当前联邦最高法院具有强烈的保守倾向。在州层面，各州议会同样也存在显著的政党极化。普林斯顿大学教授诺兰 · 麦卡蒂对 20 世纪 90 年代中期以来各州议会的“唱名投票”记录进行分析后发现，在过去的 15 年间，各州存在显著的极化现象，其中有 15 个州的极化水平甚至超过了国会。[③] 比较而言，政党极化在国会表现得最为突出。国外学者通常将国会议员的“唱名投票”行为在意识形态光谱上（自由—保守）进行排序而得出的 DW–Nominate 指数，作为衡量政党极化程度的重要

---

* 作者简介：倪春纳，南京大学政府管理学院副教授。本文原载于《当代世界与社会主义》2017 年第 5 期。

① 张业亮：《“极化”的美国政治：神话还是现实？》，《美国研究》2008 年第 3 期。

② 倪春纳：《西方民主衰退之争评析》，《江苏社会科学》2016 年第 5 期。

③ Boris Shor, Nolan McCarty, The Ideological Mapping of American Legislature, *American Political Science Review*, Vol.105, No.3, 2011.

标尺。弗朗西斯·福山在其新著《政治秩序与政治衰败：从工业革命到民主全球化》中也讨论了国会中的政党极化现象。他指出："自 19 世纪末以来，两党在意识形态上从未像今天这样极端。"[①] 在第 92 届国会中（1971—1973 年），两党在意识形态光谱中尚有 25% 的重合部分；第 102 届国会中（1991—1993 年），重合部分缩至 10%；第 108 届国会中（2003—2005 年），重合部分则完全消失了。[②] 在国会两院中，政党极化的程度又略有不同，在绝大多数情形中，众议院中的政党极化水平要高于参议院，但是两院的极化演变趋势基本保持一致。

需要指出的是，政党极化并不是当代美国社会所特有的政治现象，在美国历史上就不乏两党"极化"的先例。在美国建国初期，国会的政党极化就处于较高水平，之后不断下降，在 1940 年前后达到最低值；此后又持续攀升，目前已超过历史峰值。尽管多数学者认为，政党极化是因为两党同时向意识形态的两侧移动导致的，但是近来的研究表明，两党的极化程度是不对称的，当前的政党极化主要可归咎于共和党的极化。共和党党员在意识形态上更加自觉，他们的极化程度远超过民主党党员。[③] 著名政治学者西达·斯考切波（Theda Skocpol）指出，不断膨胀的"科勒网络"（Koch Network）是推动共和党和美国政治议程发生大幅右转的主要力量。[④] 与此同时，茶党的崛起也进一步加剧了共和党偏离政治中心的趋势。[⑤]

---

① [美]弗朗西斯·福山：《政治秩序与政治衰败：从工业革命到民主全球化》，毛俊杰译，广西师范大学出版社 2015 年版，第 46 页。

② Nolan McCarty, Keith T. Poole & Howard Rosenthal, *Polarized America: The Dance of Ideology and Unequal Riches*, MIT Press, 2006, p.31.

③ Yphtach Lelkes, Paul M. Sniderman, The Ideological Asymmetry of the American Party System, *British Journal of Political Science*, Vol.46, No.4, 2016.

④ "科勒网络"是以亿万富翁科勒兄弟为首、由数百位保守的金融大亨组成的美国右翼极端保守势力。他们通过在选举中提供巨额政治献金编织出一个错综复杂的关系网络，号召选出完全放任市场自由的共和党人，将美国从秉持自由主义理念的民主党手中"解救"出来。参见 Theda Skocpol, Alexander Hertel-Fernandez, The Koch Network and Republican Party Extremism, *Perspective of Politics*, Vol.14, No.3, 2016。

⑤ Jacob S. Hacker, Paul Pierson, Confronting Asymmetric Polarization, Nathaniel Persily (eds.), *Solutions to Political Polarization in America*, Cambridge University Press, 2015, pp.59-72.

政党极化对美国政治造成了诸多负面影响，成为美国政治衰败的重要诱因。[①]第一，政党极化最受诟病的是严重削弱了国会履行立法活动的能力，导致国会通过法案的难度加大。如第112届国会（2011—2012年）共通过了561项法案，其中仅有283项法案最终成为法律，这是自1947年以来通过法案最少的一届国会。[②]第二，政治极化侵蚀了民众对美国政治制度的信任。随着政党极化水平的不断提高，美国民众对国会等政府机构的信任程度也在持续衰减，甚至诱发了美国民众对政府机构的信任危机。国会成为最不受欢迎的政府机构，民众的支持率在近年来显著降低，一般在20%的水平。[③]最近的一次调查显示，仅有7%的受访者对国会表示信任，这也是自1947年以来的最低值。第三，政党极化导致并强化了各阶层的社会经济不平等。目前美国的收入不平等达到了2008年经济危机以来的最高水平。社会顶层收入的爆炸性增长增加了富裕选民和主张保守经济政策的政治献金者的支持，同时也推动着共和党议员进一步发生“右转”。与此同时，工人阶级薪资水平的长期停滞触发了种族倾向的右翼民粹主义，尤其是农村白人将怒火直接泼向“自由派”的支出项目上，他们认为这些支出项目最终的受益者只是城市的少数群体。[④]

一、议员构成的变化

政党极化的加剧首先与越来越多激进的议员进入国会有关。当意识形态取向上温和的议员退休、竞选失败、死亡或得到晋升时，取代他们的新议员往往更为激进。国会议员构成的变化本身与选民的党派重组有关。20世纪中

① 周淑真:《从美国现状看西方国家政党政治的新变化、新特点》,《当代世界与社会主义》2017年第2期。

② Didi Kuo, Nolan McCarty, Democracy in America, 2015, *Global Policy*, Vol.6, June 2015.

③ ［美］托马斯·戴伊、哈蒙·齐格勒、路易斯·舒伯特:《民主的反讽:美国精英政治是如何运作的》,林朝晖译,新华出版社2016年版,第239页。

④ Robert Mickey, Steven Levitsky & Lucan Ahmad Way, Is America Still Safe for Democracy? Why the United States Is in Danger of Backsliding, *Foreign Affairs*, May/June 2017.

叶逐渐兴起的民权运动推动许多南方州废除了阻碍黑人参与政治的种族歧视法案，使得大量居住在南方州的黑人选民得以参加选举。黑人转而支持共和党，削弱了保守的民主党政治精英在南方各州党内的主导地位。①与此同时，越来越多的南方白人尤其是保守人士加入共和党阵营，保守的南方民主党人逐渐从国会消失了，国会里只剩下立场更为一致的具有自由倾向的民主党人。共和党人在南方的力量曾经十分薄弱，现在则拥有了国会中多数的席位。南方共和党人比南方民主党人更加保守，并且在近年来构成了共和党领导层的中坚力量。

在国会选举中，尽管一些立场激进的议员在竞选连任时失败，但取代他们的往往是政治立场相左但同样激进的新议员，如约瑟夫·巴甫密（Joseph Bafumi）和迈克·赫伦（Michael C. Herron）。在比较选民偏好和国会议员偏好之后可以发现，当前的国会选举中存在明显的“跳蛙代表”（leapfrog representation）现象，即一位相对激进的国会议员被相反党派的另一位激进议员所取代。结果，与美国广大中间选民的意识形态立场相比，第 109 届国会十分保守，而第 110 届国会却更为自由。“跳蛙代表”现象扭曲了美国的选举民主，多数国会议员与选民相比，意识形态立场要更为激进，两者在意识形态上缺少一致性，这也意味着广大中间选民并没有被很好地代表。②

多数学者认为，政党极化与美国的选举制度密切相关，尤其是在初选中选出的往往是意识形态激进的候选人，从而加剧了政党之间的极化水平。在登上大选的竞技舞台之前，政党候选人需要赢得党内初选以获得党内提名，因此候选人必须迎合那些能够左右党内提名的激进的初选选民。与大选选民相比，初选选民的党派倾向更强，意识形态立场也更为激进，候选人为了争取

① 周琪、王欢：《值得关注的美国政治“极化”趋势》，《当代世界》2011 年第 4 期。

② Joseph Bafumi，Michael C. Herron，Leapfrog Representation and Extremism：A Study of American Voters and Their Members in Congress，*American Political Science Review*，Vol.104，No.3，2010.

选票而取悦初选选民不可避免地导致了政党极化。[①]

较低的初选投票率是所有初选的共同特征，其中又以国会初选最为突出。初选投票率即参与初选投票的选民占投票年龄人口的比例。自20世纪70年代开始，国会初选投票率一直处于下降之中，在多数情况下甚至低于两位数。如2002年、2006年国会初选投票率分别仅有5.4%和4.6%，尽管2010年的国会初选受到各方关切，但是投票率也仅有7.5%。[②]初选投票率远远低于大选，参与投票的多为政党积极分子和具有强烈政党认同的选民，他们支持的多是中间选民不喜欢的立场激进的候选人。在这种背景下，国会议员候选人面临着立场选择困境：是与初选选民保持一致还是与大选选民保持一致。候选人如果想要获得提名就必须调整立场变得激进，而坚持温和立场就有可能在初选中落败。从实践来看，国会议员候选人最终选择了更接近初选选民的立场。那些在初选中击败现任议员的竞争者在意识形态上往往更加激进，同时意识形态越温和的候选人在初选中落选的可能性也越高。[③]

封闭式的党内提名可能具有极化效应。美国各州的初选制度存在很大差异。部分州实行非党派成员也可以参与投票的开放式初选制度（民主党21州，共和党19州），部分州采用投票仅限于党员的封闭式初选制度（民主党17州，共和党21州），还有部分州实行介于前两者之间半封闭的初选制度（民主党10州，共和党8州）。[④]限制参与的封闭式初选制度可能会对初选选民的意识形态结构产生影响，导致选出更多立场激进的候选人；非本党派选民或独立选民同样拥有投票权的开放式初选制度，通过增加温和候选人得到提名的机会

① Morris P. Fiorina, Matthew S. Levendusky, Disconnected: The Political Class vs. the People, in Pietro S. Nivola, W. Brady (eds.), *Red and Blue Nation: Characteristics and Causes of America's Polarized Politics*, Brookings Institution Press, 2006, pp.70–71.

② Elaine C. Kamarck, Solutions to Polarization, in Nathaniel Persily (eds.), *Solutions to Political Polarization in America*, Cambridge University Press, 2015, pp.96–103.

③ David W. Brady, Hahrie Han & Jeremy C. Pope, Primary Elections and Candidate Ideology: Out of Step with the Primary Electorate?, *Legislative Studies Quarterly*, Vol.32, No.1, 2007.

④ 节大磊：《美国的政治极化与美国民主》，《美国研究》2016年第2期。

而在政治上具有调和效应。[①]候选人对初选的重视超过大选还与选区划分有关。政党操纵和主导的国会选区数量越来越多，这时党内提名的竞争远比与反对党竞争更重要。

需要指出的是，国会中的政党极化并非完全是意识形态激进的议员取代那些意识形态温和的议员造成的。从微观层面来看，议员群体的“适应性调整”（adaptation）即国会议员自身变得更为保守或激进，也是政党极化的一个重要原因，“适应性调整”可以很好地解释自 1973 年以来 1/3 的政党极化案例。有学者认为，议员的外部取代和自身调适的同步发生，是有关国会变化最有说服力的解释。[②]另外，众议院的政党极化还直接加剧了参议院的政党极化。有学者发现，参议院中的政党极化与共和党“金里奇参议员”（Gingrich Senators）群体密切相关。这些参议员此前均在众议院担任议员，与那些没有担任众议院议员经历的共和党参议员相比，“金里奇参议员”的政治态度要更加保守。[③]

二、国会的制度变革

国会自身的制度变革尤其是规则和程序的变化，在某种程度上也可以解释政党极化现象。20 世纪 70 年代之前的美国国会具有一些鲜明特征：委员会主席握有实权、政党组织十分松散、国会行为准则具有强大的约束力。但是在此之后，民主党主导下的众议院进行了一系列的制度改革，削弱了委员会主席的权力并加强了政党领袖的权力。这些制度变革主要体现在三个方面：一是小组委员会主席被赋予控制立法议程和任免委员会成员的权力；二是在立法和选举活动中，党员为了使政党领袖能够更加对政党前途负责而赋予后者更

① Nolan M. McCarty, The Limits of Electoral and Legislative Reform in Addressing Polarization, *California Law Review*, Vol.99, No.2, 2011.

② Sean M. Theriault, Party Polarization in The U.S. Congress: Member Replacement and Member Adaptation, *Party Politics*, Vol.12, No.4, 2006.

③ Sean M. Theriault, David W. Rohde, The Gingrich Senators and Party Polarization in the U.S. Senate, *Journal of Politics*, Vol.73, No.4, 2011.

大的权力；三是议员个体开始抛弃对委员会的顺从态度，而往往对委员会的议案提出修正，并经常性地质疑委员会达成的决议。[①]20 世纪 80 年代之后，共和党继续效仿民主党，进一步推进了国会的制度变革。如共和党在各个委员会的领袖由党的全体会议无记名选举产生；党的领袖有权提名规则委员会和任命委员会的成员；委员会和小组委员会主席的任期不得超过六年；等等。[②]

经过数十年的制度变革之后，国会内部的规则和程序发生了显著变化。以议事规则为例，在众议院中，当议案被交付全体会议进行表决时，受到的规则限制越来越多，显著降低了少数党对议案进行修改的可能性。在这些越来越封闭的规则中，规则委员会开始设定各种复杂的规则。在限定性规则下进行的议案辩论的比例也越来越高。在 20 世纪 70 年代末，众议院全体会议仅有 15% 的议案辩论需要在限定的规则中进行，而到 1994 年时，这一比例高达 70%。共和党成为众议院的多数党之后，限定性规则适用的比例又进一步扩大。[③] 同时，对投票规则的修改使得国会中的多数党可以更加容易地控制全体会议，议员个体在全体会议中的自由裁量权越来越少，在“唱名投票”中投下温和票的可能性也越来越低。还有研究发现，愈演愈烈的政党极化是国会全体委员会投票方式改变的产物，同时因媒体的压力而进一步加剧。随着阳光法适用于委员会的听证会之后，电视摄像头也进入了两院全体会议。媒体的介入提高了国会的受关注程度，全体会议的程序也因此而发生了改变。肖恩·泰瑞欧（Sean M. Theriault）认为，立法从委员会听证会的闭门活动变成了两院全体会议，加剧了立法过程中的低效率。由于两院需要花费越来越多的时间进行辩论和对越来越多的修正案进行投票，原本全体会议顺畅的立法过

① Barbara Sinclair, *Unorthodox Lawmaking:New Legislative Processes in the U.S. Congress*, CQ Press, 2000.

② Barbara Sinclair, *Party Wars:Polarization and the Politics of National Policy Making*, University of Oklahoma Press, 2006, pp.110–142.

③ Roger H. Davidson, Walter J. Oleszek & Frances E. Lee, *Congress and Its Members*, CQ Press, 2008, p.252.

程被扰乱了。[①] 强森·罗伯茨（Jason M. Roberts）和史蒂芬·史密斯（Steven S. Smith）指出，众议院中的政党极化受到 20 世纪 70 年代早期投票改革的影响，政党投票的频率取决于程序的影响，程序上的变化使得提出立法修正案的难度降低，这些新的修正案往往与正在讨论的法案无关，它们之所以被提出来主要是迫使反对党投下不受欢迎的反对票，从而使其能够考虑立法的主要内容。[②] 罗伯茨认为，规则变化引发了以政党为界线投票频次的急剧上升，也导致了通常用于衡量政党极化的“唱名投票”数量显著增加。[③]

参议院的议事规则与众议院有所不同，参议员因个体拥有更多的权力而拒绝采取行动。[④] 与众议院相比，近年来参议院也经历了一些特有的变化，最显著的是在参议院全体会议中，议事阻挠（filibuster）和搁置（hold）越来越频繁地发生，威胁使用议事阻挠甚至成为参议院党派斗争的惯用武器。一方面，自 1993 年开始，议事阻挠和威胁使用议事阻挠成为参议院的经常性现象。通过议事阻挠，发言的参议员可以不受限制地讲话，也可以选择接替其发言的人，这在事实上赋予了每位参议员拖延或搁置议案的权力，单个参议员完全可以通过冗长的发言阻止参议院对某项议案进行投票表决，最终致使该项议案流产。只有启动终结辩论的程序，即至少需要 3/5 的参议员（60 人）投票才可以终结（cloture）议事阻挠。在 1917—1971 年间，每年只有一次终结阻挠的动议；但是第 111 届国会（2009—2010 年）期间，每周就有两次终结阻挠动议的尝试，不过大多以失败而告终。[⑤] 在这届国会中，参议院的少数党共和党

---

① Sean M. Theriault, *Party Polarization in Congress*, Cambridge University Press, 2008, pp.52–53.

② Jason M. Roberts, Steven S. Smith, Procedural Contexts, Party Strategy, and Conditional Party Voting in the US House of Representative, *American Journal of Political Science*, Vol.47, No.2, 2003.

③ Jason M. Roberts, The Statistical Analysis of Roll-Call Data: A Cautionary Tale, *Legislative Studies Quarterly*, Vol.32, No.3, 2007.

④ [美]戴维·B.马格赖比、保罗·莱特：《民治政府：美国政府与政治》，吴爱明、夏宏图译，中国人民大学出版社 2014 年版，第 203 页。

⑤ William Crotty (ed.), *Polarized Politics: The Impact of Divisiveness in the US Political System*, Lynne Reinner Publishers, 2015, pp.129–156.

曾让 375 项已由众议院通过的法案因为无法在参议院进行表决而流产，约占全部议案的 70%。第 112 届国会（2011—2012 年）的终结投票更是超过了 385 次。[①] 另一方面，参议院的搁置制度是阻止或拖延立法议案审议、批准提名或在某个特定问题上采取行动的另一种常用的策略和方法，它严重妨碍了美国政府的正常运转，尤其妨碍了对总统任命的批准。目前有 1/6 的总统任命需要经过参议院的批准。里根总统对高级行政官员的任命平均需要 114 天才能获得参议院批准，而奥巴马总统需要 195 天。单个参议员可以一直搁置总统任命直到达到特定目的。[②] 一些议员为了迫使政府满足其某项特殊利益，甚至公开提出以议事阻挠相威胁。由于通过议事阻挠或威胁使用议事阻挠，单个参议员的反对足以扼杀某项议案，为了避免出现这种情形，参议院制定了新的议事规则：一旦少数派对议案提出了修正，那么议案将不再受到议事阻挠或议事阻挠的威胁，而直接提交全体会议进行表决。2013 年 11 月，经过数年的挫折，参议院多数党领袖哈里·里德（Harry Reid）终于获得了民主党议员的足够支持，对议事程序提出修改：简单多数即可以终结对总统、行政机关和司法机关（不包括最高法院）提名的议事阻挠，不过该修改不适用于立法活动。[③]

三、多数党领袖的议程控制

国会中多数党及其领袖的权力扩张是政党极化的另一个重要原因。众议院议长往往由多数党领袖担任。众议院议长的权力包括准许议员发言、裁决国会议事程序中的相关问题、委任众议员到临时委员会工作、改组各委员会、

---

① [美]罗杰·H.戴维森等：《美国国会：代议政治与议员行为》，刁大明译，社会科学文献出版社 2016 年版，第 292 页。

② Gerald M. Pomper, Marc D. Deiner, Structural Sources of Political Polarization, in William Crotty (eds.), *Polarized Politics: The Impact of Divisiveness in the US Political System*, Lynne Reinner Publishers, 2015, p.135.

③ Steven Smith, Partisan Polarization and the Senate Syndrome, in Nathaniel Persily (ed.), *Solutions to Political Polarization in America*, Cambridge University Press, 2015, pp.218–229.

提名各委员会主席等。参议院实际上由多数党领袖领导，多数党领袖有权第一个发言，控制着参议院的议事日程，并且可以向多数党推荐委员会成员的人选。这些制度设计都赋予了多数党领袖奖赏和惩罚众议员巨大的个人权力，使他们可以牢牢控制国会的立法议程。国会逐渐从“委员会政府”变成“政党政府”，“政党投票”即一党多数结成联盟反对另一党的多数越来越频繁，政党纪律不断强化，党内团结程度空前加强。两党领袖越来越能有效地在医疗保健、社会福利、经济政策等关键性的投票表决中保证本党议员的团结一致。自 2000 年以来，国会中约 90% 的民主党议员和共和党议员在关键性的投票表决中都与其所属的政党保持一致。比较而言，20 世纪 70 年代“政党投票”的比例平均不足 70%。①国会中多数党对议程的控制程度越深，就越会激化立法过程中的党派冲突。②为了加快立法进程，同时也为了约束不守规则的本党议员，议员们赋予了本党领袖更大的权力。如在第 104 届国会中，众议院议长金里奇根据政党忠诚原则，使任命特定常设委员会主席的权力得到强化。通常情况下，多数党和少数党的领袖会通过达成一致同意协议通过议案。③这种变通做法经常性地应用于预算和解进程（budget reconciliation process），因为议事阻挠不适用于和解的议案。

国会中的两党领袖所采取的策略性行动也有助于理解政党极化现象。为了争相控制国家机构，政党领袖有意将所属政党与反对党区分开来，采取对抗性策略来扩大彼此间的分歧，并逐渐发展出了对抗性的、为了反对而反对的心态。如由奥巴马倡导、民主党议员全力推动的医改法案在国会表决时，参众两院竟没有一名共和党议员支持。④激烈的竞争要求国会议员与其所属党

---

① [美]戴维·B.马格赖比、保罗·莱特:《民治政府:美国政府与政治》,吴爱明、夏宏图编译,中国人民大学出版社 2014 年版,第 215 页。

② Gary W. Cox, Mathew D. McCubbins, *Setting the Agenda:Responsible Party Government in the U.S. House of Representatives*, Cambridge University Press, 2005, pp.92–93.

③ Sean M. Theriault, *Party Polarization in Congress*, Cambridge University Press, 2008, pp.52–53.

④ 柴尚金:《西方国家政党政治新变化与发展趋势》,《当代世界与社会主义》2017 年第 2 期。

派保持一致，个人利益越来越与其所属政党的命运联系在一起。这种情形加剧了两党之间既有的意识形态分歧，人为制造出了大量的议题冲突。[①] 政党领袖主要通过奖赏国会议员来劝诱他们以政党为界线进行投票，如许诺委员会成员身份来争取其投票支持政党议程等。[②]

此外，国会多数政党领袖自身的极化也是一个不容忽视的重要因素。在国会中，共和党领袖比中间共和党议员的立场还"右"，而民主党领袖比中间民主党议员的立场更"左"。[③] 如第 108 届国会与第 93 届国会相比，众议院议会党团的极化程度提高了 47%，委员会领导层提高了 39%，政党领导层提高了 21%；在参议院，对应的提高比例分别为 33%、38% 和 32%。[④]

少数学者认为，国会中的政党极化并不是政党强大所致，而恰恰是出于相反的原因。纳撒尼尔·柏斯利（Nathaniel Persily）指出，政党组织和领袖在面对外部组织时相对软弱是极化产生的根源，可以通过竞选资金改革（如公共资金竞选）来强化政党在选举中的作用。也有学者质疑政党领袖在政党极化中的作用，如艾伦·阿布拉莫维茨认为，尽管政党领袖、初选选民等在政治僵局的形成上都发挥了作用，但均不是最主要的原因。他指出，政府失灵和对抗性政治的根源在于民主党和共和党在意识形态上的深度裂痕，而这种裂痕又源于美国社会本身。在过去的 40 年间，两党选民在人口学、种族、文化和意识形态等方面愈加对立。[⑤] 主张削弱政党和多数党领袖权力的学者认为，应该降低政党在选区划分和候选人选择上的权力，改变国会的组织和程序，修改

① Frances Lee, *Beyond Ideology: Politics, Principles, and Partisanship in the U.S. Senate*, University of Chicago Press, 2009.

② Sean M. Theriault, *Party Polarization in Congress*, Cambridge University Press, 2008, p.134.

③ Bernard Grofman, William Koetzle & Anthony J. McGann, Congressional Leadership 1965–1996: A New Look at the Extremism Versus Centrality Debate, *Legislative Studies Quarterly*, Vol.27, No.1, 2002.

④ Sean M. Theriault, *Party Polarization in Congress*, Cambridge University Press, 2008, p.138.

⑤ Alan I. Abramowitz, Beyond Confrontation and Gridlock Making Democracy Work for the American People, in Nathaniel Persily (eds.), *Solutions to Political Polarization in America*, Cambridge University Press, 2015, pp.197–207.

参议院的议事阻挠规则和众议院议长的选举规则，等等。

四、结语

从结构性视角来看，导致美国国会中政党极化的原因主要有以下几个方面：第一，越来越多意识形态立场激进的新当选议员进入国会，取代了那些相对温和的议员，同时部分议员也在不断修正自己的立场，向意识形态光谱的两侧移动。第二，国会自身的制度变革尤其是议事规则和程序的变化，客观上对政党极化起到了推波助澜的作用。在众议院，当议案被交付全体会议进行表决时，受到的规则限制越来越多，显著降低了少数党对议案进行修改的机会；在参议院，议事阻挠和搁置越来越频繁地发生，尤其是威胁使用议事阻挠成为参议院党派斗争的惯用武器。第三，国会中多数党及其领袖的权力扩张是有关政党极化的另一个重要原因。国会中的多数党领袖往往控制着立法议程，并不断强化政党纪律，导致国会中以政党为界线进行投票的次数愈加频繁。与此同时，国会政党领袖自身的极化也是一个不容忽视的重要因素，而且两党领袖在国会中所采取的策略性行动也直接加剧了政党极化的程度。

长期以来，美国以世界的“民主灯塔”自居，在国际上大肆输出民主，甚至强行推动他国的政权变更。深入解剖美国政党极化现象的历史、特征、成因、影响及未来趋势，既有助于准确理解美国否决型政体的生成逻辑，也有助于深刻揭露美国政治制度的固有缺陷与弊病，有力地驳斥各种附加于美国政治制度之上的“华丽光环”。2016年，美国总统大选在世界瞩目中尘埃落定，素以激进立场博得舆论眼球的特朗普最终获胜。但是从得票数量来看，特朗普和希拉里分别得到46.1%和48.2%的选票[①]，两党的支持者势均力敌，旗鼓相当。在大选之后数日内，许多选民拒绝接受选举结果，纽约、芝加哥等地先后爆发了声势浩大的反对特朗普的抗议活动，部分地区甚至直接演变

① Gregory Krieg, It's Official: Clinton Swamps Trump in Popular Vote, http://edition.Cnn.com/2016/12/21/politics/donald-trump-hillary-clinton-popular-vote-final-count/index.html.

成了暴乱和流血冲突。在 2016 年总统大选中，支持希拉里和特朗普的选民中分别有 41% 和 55% 的人认为美国的政党极化将继续恶化，48% 和 26% 的选民认为会保持现状，只有 9% 和 17% 的选民相信这种极化状态会得到改善。① 美国的政党极化问题被选举政治进一步恶化，社会撕裂的程度和范围空前，“否决政治”将成为美国政治生活的常态而持续下去，其未来发展趋势及影响值得我们关注。

① John Gramlich, America's Political Divisions in 5 Charts, http://www.pew research.org/fact-tank/2016/11/07/americas-political-divisions-in-5-charts/.

美国政治的演化逻辑与内在悖论 *

在备受瞩目的 2016 年美国总统大选中，共和党人唐纳德·特朗普以“反建制”为旗号引发了美国选举政治的一场“地震”，并因此成功入主白宫。这场选举政治“地震”主要指的是 20 世纪 80 年代以来在美国总统竞选中构成民主党稳固票仓的东北部政治联盟出现分裂，从而激起学界关于美国政治是否正在开启新一轮政党重组（partisan realignment）的思考。[①] 传统上，民主党的东北部政治联盟由三个部分组成，即新英格兰地带（New England）、中大西洋地带（Middle Atlantic）以及大湖区“铁锈地带”（Great Lakes/Rustbelt），然而出人意料的是，大湖区“铁锈地带”的几乎所有州在此次大选中都成为共和党的支持者，并由此构成了特朗普最终得以胜出的关键性力量。[②] 究其原因，主要是以白人蓝领阶层为主体的上述区域对美国现有政治经济体制严重不满，变革呼声日益高涨，并且这种不满和对变革的诉求并非一种短期现象，而是自所谓新镀金时代以来长期积累的结果，并在 2008 年金融危机后以“占领华尔街”等抗议活动为形式有所展现，只不过这一次是以政治选举为方式的一种

* 作者简介：王浩，复旦大学美国研究中心副教授。本文原载于《世界经济与政治》2017 年第 8 期。

① 美国政治中的“政党重组”指的是两党的选民基础在某次或某几次选举之后出现持续且明显的变化，由此造成政党力量对比的改变，使得旧的政党格局瓦解、新的政党格局形成。历史地看，政党重组的发生具有一定的周期性，往往引发美国政治版图和政治走向的重大变迁。参见 James L. Sundquist, *Dynamics of the Party System: Alignment and Realignment of Political Parties in the United States*, The Brookings Institution, 1983, p.14; Jerome M. Clubb, William H. Flanigan & Nancy H. Singale, *Partisan Realignment: Voters, Parties and Government in American History*, Westview Press, 1990, pp.21–24; Arthur Paulson, *Electoral Realignment and the Outlook for American Democracy*, Northeastern University Press, 2007, p.12。

② 在“铁锈地带”五州中，俄亥俄州、密歇根州、威斯康星州以及印第安纳州全部变成了共和党的“势力范围”，只有伊利诺伊州支持民主党。

集中且大规模爆发。[1]

回顾美国历史，变革一直是其政治发展的主题。正如法国政治学家托克维尔（Alexis de Tocqueville）在《论美国的民主》一书中所言，“美国人总是喜欢变革而害怕发生革命”[2]。这句话指明了两点事实：第一，美国人因其自由民主体制而自豪，不希望出现对自身体制的革命性颠覆。第二，美国人不回避其经济和社会发展中出现的问题，主张通过渐进变革加以解决。可以说，正是源于这两种政治传统，美国才得以在长达两百多年的历史进程中成功避免了大规模社会动荡、暴力革命、军事政变以及思想上同过往“决裂”等困扰，只是在既有的体制框架内进行调适与更新，较之其他任何一个大国都更为稳定。[3]

然而历史的另一方面告诉我们，尽管有着强大的变革基因，美国却在如何处理政府与市场、国家与社会的关系问题上始终没有找到有效的方法，尤其是周期性的经济金融危机、社会贫富分化以及财政赤字与“滞胀”等交替出现，使其政治发展总是在意识形态的左与右、自由与保守以及政党政治的合作与纷争、民主党与共和党之间形成一种钟摆式的循环往复。[4] 例如，今天美国社会中所谓“99% 的大多数”对于以华尔街为代表的 1% 的建制派精英的不满所折射出的问题，与一百多年前的镀金时代（The Gilded Age）人们对于大企业与垄断利益集团的愤怒如出一辙。正因如此，政治学者才将今天美国所处的时代称为“新镀金时代”。在实践中，美国政治演化的这种钟摆式运动

---

① 近年来关于美国政治的研究中，新镀金时代的说法成为学界关注的焦点之一。概言之，它指的是 20 世纪 70 年代以来，美国由日益加剧的经济不平等和政治极化而引发的以民主政治不断衰落为特征的发展阶段。参见 Larry M. Bartels, *Unequal Democracy:The Political Economy of the New Gilded Age*, Russell Sage Foundation, 2008; Francis Fukuyama, *Political Order and Political Decay*, Farrar, Straus and Giroux, 2014。

② Alexis de Tocqueville, *Democracy in America*, Penguin Books, 2003, p.58.

③ 王缉思：《美国霸权的逻辑》，《美国研究》2003 年第 3 期。在美国学者赫伯特·贝斯等人看来，这种变革传统是美国盎格鲁–撒克逊新教文化的一种“特质”。参见 Herbert J. Bass, George A. Billiasand & Emma J. Lapsansky, *Our American Heritage*, Silver Burdett Company, 1978, p.40。

④ Charles E. Lindblom, *Politics and Markets*, Basic Books, 1977, p.356.

轨迹，逐渐削弱了其民主体制赖以生存的土壤——市民社会（civil society）；[①] 结果是，以 20 世纪 70 年代发端并愈演愈烈的政党政治极化（polarization）为标志，美国的民主体制出现了弗朗西斯·福山所称的“政治衰朽”（political decay）。[②]

上述两方面事实给我们带来了三点研究困惑。第一，美国政治中的变革传统源自何处？第二，以变革为主要手段，在从镀金时代到新镀金时代的历史发展进程中，推动美国政治周期性演化的关键力量有哪些、其背后蕴含着怎样的政治学逻辑？第三，强大的变革基因为什么不仅没有帮助解决美国长期面临的根本性经济、社会挑战，反而使其政治发展逐步陷入意识形态斗争和党派两极对立（hyper partisanship）的困境，进而对其民主体制造成伤害？为了找到上述这些问题的答案，本文致力于从对作为美国政治思想源流的自由主义（liberalism）的界定与分析入手，通过历史回顾、学理总结与逻辑反思厘清美国政治的演化线索，并运用这一线索对当前引人注目的“特朗普现象”进行初步探讨。

一、自由主义与美国政治的变革传统

自由主义作为一种政治意识形态，是近代欧洲启蒙运动和工业革命的智力副产品，反映了正在崛起的工业中产阶级的期求。[③] 结合当时人类社会由前工业文明步入工业文明的时代大背景可以发现，自由主义从诞生时起便被赋予了两点基本意涵。第一，它帮助人们逐步走出中世纪的蒙昧，发现了个体

---

① 关于对这一趋势的经典研究，参见 Robert Putnam，*Bowling Alone:The Collapse and Revival of American Community*，Simon and Schuster，2000。

② 参见 Francis Fukuyama，*Political Order and Political Decay*，Farrar，Straus，and Giroux，2014。实际上，美国政治史上的政党极化现象并非一种晚近现象，只不过 20 世纪 70 年代以来的这一轮极化趋势体现为两党的“对等极化”，即两党在势均力敌的基础上出现了两极化趋势，由此加剧了国内政治僵局。参见 Ronald Brownstein，*The Second Civil War:How Extreme Partisanship Has Paralyzed Washington and Polarized America*，Penguin Books，2007。

③ Louis Hartz，*The Liberal Tradition in America*，Harcourt Brace Jovanovich，1955，pp.14–17.

理性（individual rationality），是人类找回自我的标志。在中世纪，人类将希望寄托于神祇拯救他们脱离恶劣的尘世，然而启蒙运动带来的科学发现，却逐渐激发了人类对运用自身潜能改善物质环境的信心。此后，这种信心又由物质层面延伸到了更高一级的思想层面：人们开始认为，如果科学问题能够通过个体理性加以解决，那么社会和政治问题同样也可以运用理性来解决。①第二，自由主义的信奉者主要是新兴的工业中产阶级，他们不像无产阶级的激进主义者（radicals）那样对社会感到失望，而是致力于通过对政治体制的改革与完善构建理想的社会。因此，自由主义重视法律的概念，希望以合法的程序寻求体制内变革，认为只有渐进主义才是科学主义的体现，也是实现相对深远和进步性变革的保障。②

上述两方面基本意涵提供了作为政治意识形态的自由主义得以不断发展和深化的理论“基底”。首先，对于个人及其理性的强调使之超越了所有其他社会事物，个人主义—理性主义因此成为自由主义世界观的核心。③具体而言，个人主义反映的是一种坚持人类个体具有至高无上价值的信念，反对任何社会团体和政治组织对个人进行控制，认为个人自由优先于平等、正义和权威。以此为出发点，政治学家约翰·洛克（John Locke）在其著作《政府论》中提出，建立政府的目的就在于保护个人所拥有的自然权利（natural right）——包括生命权、自由权和财产权——不受侵犯。④为此，政府的权力应受到严格制约，它只需作为一个被动仲裁者，让人们追求对他们自己最好的利益。⑤理性主义

① George Crowder, *Liberalism and Value Pluralism*, Continuum, 2002, p.8.

② Leon Baradat, *Political Ideologies: Their Origins and Impact*, Pearson Education, 2009, p.22.

③ Marcus Paskin, *Liberalism: The Genius of American Ideals*, Rowman and Little Field, 2004, p.37.

④ John Locke, *The Second Treaties of Government (An Essay Concerning the True Original Extent and End of Civil Government) and a Letter Concerning Toleration*, Macmillan, 1956, pp.87–88.

⑤ John Locke, *The Second Treaties of Government (An Essay Concerning the True Original Extent and End of Civil Government) and a Letter Concerning Toleration*, Macmillan, 1956, p.84.

则假设，世界上存在一个理性的结构，它可以通过对人类理智的运用获得揭示。由此，自由主义者确信个人有能力按照自身利益对事物作出明智的判断，并且他们就是自身利益的最佳判定者和维护者。[①] 这一理念被经济学家亚当·斯密（Adam Smith）在《国富论》一书中表述得相当明确：市场是“一只无形的手”，它会自动调节经济运行，国家不应当干预经济生活。其次，建立在实用主义基础上的改良主义则是自由主义作为一种政治哲学的方法论。基于看待事物的科学主义精神、对人类理性的乐观态度以及以工业中产阶级为主体的社会身份，自由主义者对于现实的不满程度显著低于激进主义者，但他们仍然能够充分认识到既有社会中存在的缺陷，因此渴望对体制进行改革，只是拒斥对于体制的颠覆性破坏，主张通过法律方式和合法程序实现渐进性的进步变革。[②]

自由主义的这种世界观和方法论在美国政治的实践层面产生了极为深远的影响。在取得独立战争胜利、成功摆脱英国政府的殖民统治后，美国人坚信政府是一种“恶”的存在，必须对其权力进行严格限制，才能有效保障个人自由和其他权利。因此，1776 年托马斯·杰斐逊（Thomas Jefferson）起草的美国《独立宣言》和 1789 年颁布的美国宪法成了“美国版”自由主义世界观的集中体现，这两个文件也成为美国政治的“圣经”和美国赖以立国的基础。[③]“美国版”自由主义在政治实践中吸收了洛克和斯密的思想，要求限制国家和政府在经济及社会生活中的作用，在经济上实行自由放任政策，依靠市场调节供需关系；政治上强调政府权力的分立与制衡，防止其损害或妨碍个人自由；而在社会生活中，“美国版”自由主义则主张人们承担起对自己生活的责任而不依赖于政府，依靠个人努力奋斗来实现“美国梦”（American Dream）。可以说，美国政治的每一条原则都散发着浓厚的自由主义气息，后者也因此成为此后美国民主、共和两党施政的根本理论基础。按照托克维尔的总结，“美国自由主

① Andrew Heywood, *Politics*, Palgrave Macmillan, 2007, p.45.

② Leon Baradat, *Political Ideologies: Their Origins and Impact*, Pearson Education, 2009, p.23.

③ Peter Woll, *American Government*, Pearson Education, 2010, pp.31–39.

义的典型特征是，它坚定地相信自由对于实现任何一个值得追求的目标都是不可或缺的。对个人自由的关切激发自由主义反对一切绝对权力”[①]。从立国时起，自由主义的这些理念便成为美国人的共识，也构成了美利坚民族认同的基础。[②]在这一基础之上，美国人迸发出了巨大的创造活力，使这个年轻的合众国一跃成为人类历史上第一个真正意义上的现代国家。

自由主义的方法论——对于经济、社会发展中存在的问题持渐进改革的态度——也在美国的政治实践中被发挥得比欧洲大陆及英国更为充分，这一特点成为美国两百余年来得以实现稳定发展的根本保障。究其原因，主要在于实用主义（pragmatism）本身就是美国土生土长的哲学流派，对美国社会乃至美国人性格、精神和思维方式的形成都产生了深远的影响。[③]实用主义的核心思想就在于只注重可能产生的结果而不是事先定好的原则，只关心社会发展需要的知识而对纯人文的道德伦理嗤之以鼻。[④]因此，“美国版”自由主义对于经济、社会改革的态度相较于欧洲更为灵活，也更加务实。[⑤]此外，作为一支独特的中间力量（intermediate force），美国强大的市民社会也在推动国内改革方面发挥着世界上其他国家不可比拟的作用。[⑥]正是出于以上原因，基于实用主义哲学的改良主义成为“美国版”自由主义方法论的核心，并在实践中推动形成了美国政治的变革传统。概言之，这种变革传统在政治上往往通过小周期性质的政党轮替执政与大周期性质的政党重组得以体现，其中后者在美国政治发展演化的历史进程中扮演了重要的实践推动者角色。

---

① Alexisde Tocqueville, *Democracy in America*, Penguin Books, 2003, p.45.

② 周琪主编：《意识形态与美国外交》，上海人民出版社 2006 年版，第 219 页。

③ John Dewey, Pragmatic America, *New Republic*, Vol.30, No.4, 1922.

④ 资中筠：《冷眼向洋：百年风云启示录》（上），生活·读书·新知三联书店 2009 年版，第 317 页。

⑤ 金灿荣编：《美国二十讲》，天津人民出版社 2009 年版，第 7～8 页。

⑥ 资中筠：《冷眼向洋：百年风云启示录》（上），生活·读书·新知三联书店 2009 年版，第 44～46 页。

二、自由主义的内在悖论与美国政治的裂变

(一)美国自由主义的早期成功及原因

在美国立国早期，自由主义的政治、经济发展模式取得了历史性成功。一方面，建立在有限政府原则基础上的政治理念使得代议制民主成为美国政治实践的核心内容，其中主要包括政府权力分立、竞争性选举以及两党制。这些制度安排在有效保障个人自由不被政治权力侵犯的同时，也为个人提供了监督和制约政府的手段，并由此推动了美国“参与型”政治文化的形成。[①]另一方面，建立在自由竞争原则基础上的市场经济制度，让市场在资源配置中发挥了压倒性的支配作用，最大限度地激发了个人的创造活力，推动美国经济在自由资本主义阶段实现了高速发展。到 19 世纪末时，美国已崛起为人类历史上规模最大也最为发达的工业化、现代化国家。[②]

自由主义取得的这些成功有其特殊的历史原因和时代背景。首先，美国的工业化进程是在其大陆扩张时期完成的，这就为自由主义的发展提供了极为广阔的空间。从 1776 年到 1898 年，美国仅用五千多万美元和几次小规模战争，就顺利地从大西洋西岸扩展到太平洋东岸，领土面积由最初的 80 万平方千米猛增至 937 万平方千米。持续西移的边界为美国的崛起奠定了坚实基础，“西进”也随之成为美国自由精神的象征。[③]其次，工业革命创造的技术前提连同自由资本主义阶段有利的市场环境提供的创新沃土，对美国经济的腾飞起到了助推作用。历史研究表明，美国早在 19 世纪初便开始发展工业经济，到内战前已经具备完善的工业基础。[④]在自由资本主义的市场环境下，工

① [英]约翰·密尔:《代议制政府》,汪瑄译,商务印书馆 1982 年版;Gabriel Almond, Sidney Verba, *The Civic Culture:Political Attitudes and Democracy in Five Nations*, Princeton University Press, 1972。

② 美国的工业规模在 1894 年超越大英帝国成为全球第一。参见 Paul Kennedy, *The Rise and Fall of the Great Powers*, Random House, 1987, pp.378–380。

③ [美]艾伦·布林克利:《美国史(1492—1997)》,邵旭东译,海南出版社 2009 年版,第 463 页。

④ [美]艾伦·布林克利:《美国史(1492—1997)》,邵旭东译,海南出版社 2009 年版,第 497 页。

业化为个人提供了事业成功和发财致富的机会。由此，以电力、石油和钢铁产业的崛起为代表，美国成为第二次工业革命的领头羊。最后，也最重要的是，在自由资本主义阶段，美国社会的结构性矛盾尚未凸显，以男性中产阶级占主流的白人盎格鲁-撒克逊新教文化与自由主义理念实现了高度契合，强调开拓精神、创新意识及辛勤工作，这就为美国经济、社会的发展以及对个人主义—理性主义的进一步强化增添了强大的思想和实践动力。[①]

然而，自由主义的发展模式从19世纪后期开始却变得问题丛生，直接原因在于上述有利于这一模式发展的时代背景不复存在。首先，随着美国从自由资本主义过渡到垄断资本主义，自由竞争与放任政策已与新的经济模式不相适应：垄断的出现很大程度上终结了自由资本主义时期的创新环境，在产生阶级固化趋势的同时，劳资矛盾成为经济发展的突出问题之一。[②]其次，工业化和城市化的高速推进导致美国社会结构趋于复杂、社会问题日益积累，尤其是贫富差距增大使社会矛盾尖锐化；与之相关，族群冲突越来越成为美国难以治愈的顽疾。最后，由于大陆扩张走到尽头、美国边疆趋于封闭，此前自由主义粗放式发展所仰赖的空间及经济、社会矛盾得以消解的缓冲区间大为缩小。[③]

（二）镀金时代：美国政治的"非对等极化"与自由主义的"失灵"

19世纪后期美国变化了的经济社会发展现实与自由主义面临的问题反映到政治实践层面，便集中表现为南北战争后美国政党出现的大规模重组与日趋显著的政治精英主义（elitism）倾向。[④]1865年内战结束后，以共和党为代表的东北部—西部社会联盟成为美国政治中的主导力量。这一联盟由东北部金融、工商业利益集团与西部农牧业利益集团构成，主张联邦主义、高关税

① ［德］马克斯·韦伯：《新教伦理与资本主义精神》，于晓、陈维纲译，上海三联书店1987年版，第100页。

② Richard Hofstadter, *The Age of Reform:From Bryan to F.D.R.*, Alfred A. Knopf, 1965, p.16.

③ Robert Dahl, *Dilemmas of Pluralist Democracy*, Yale University Press, 1982, Chapter 8.

④ James L. Sundquist, *Dynamics of the Party System:Alignment and Realignment of Political Parties in the United States*, The Brookings Institution, pp.134–169.

和自由放任的经济政策，以保护国内产业、加速推进工业化及海外扩张。[①]按照美国政治学家卡尔·莱德（Carl Ladd）的说法，共和党已逐步演化为垄断资产阶级利益的代言人和维护者。[②]正是当时在美国国内位居主流的上述施政理念，加剧了 19 世纪后期伴随美国高速工业化而来的社会贫富分化和对以弱肉强食为基本法则的社会达尔文主义的信仰。[③]例如，内战前美国几乎没有资产百万以上的富豪，而战后以石油和铁路大亨等为代表，美国的百万富翁便急速增长，到 1892 年时超过了 4000 人。[④]以此为背景，东北部工业、金融寡头和中西部农牧场主被作家马克·吐温（Mark Twain）描绘成贪得无厌的利益追逐者和美国政治走向腐败的幕后操纵者，这一历史阶段则被他称为镀金时代。[⑤]

镀金时代共和党一党独大的另一面，是正在形成中的现代民主党。此前，民主党一直奉行“杰克逊式民主”，认为政府是必要的“恶”。然而，镀金时代美国社会结构的剧烈分化使农民、工人和广大新外来移民成为社会弱势群体，民主党随之转向其当代理念，主张以“积极政府”（active government）保护以工人阶级为代表的中下层民众利益。在具有象征意义的 1896 年总统大选中，民主党候选人威廉·布莱恩（William Bryan）开始呼吁关注“挣扎中的民众”、制约工商业寡头权力；共和党候选人威廉·麦金莱（William McKinley）则极力维护既有自由主义的施政路线，主张自由放任的经济政策。[⑥]至此，现代意义上的美国两党制初具雏形，关于美国究竟应该管控还是顺应自由市场才能推动经济繁荣和社会进步的争论，也在此后成为美国政治的核心议题。[⑦]

---

① Ronald Brownstein, *The Second Civil War: How Extreme Partisanship Has Paralyzed Washington and Polarized America*, Penguin Books, 2007, pp.29–32.

② Carll Ladd, *American Political Parties: Social Change and Political Response*, W. W. Norton, 1970, p.46.

③ Richard Hofstadter, *Social Darwinism in American Thought*, University of Pennsylvania Press, 1945, pp.114–120.

④ [美]艾伦·布林克利:《美国史（1492—1997）》,邵旭东译,海南出版社 2009 年版,第 506 页。

⑤ [美]马克·吐温、查尔斯·沃纳:《镀金时代》,春燕译,内蒙古人民出版社 2010 年版。

⑥ James L. Sundquist, *Dynamics of the Party System*, Yale University Press, 1982, pp.28–32.

⑦ Ronald Brownstein, *The Second Civil War: How Extreme Partisanship Has Paralyzed Washington and Polarized America*, Penguin Books, 2007, p.28.

基于镀金时代美国国内政治力量对比的现实与日渐浮现的观念冲突，民主、共和两党间的"非对等极化"成为政治过程的常态模式，其中共和党及其自由放任政策始终主导着国内政治议程。在此期间，由四位共和党资深参议员——罗得岛州的纳尔逊·奥德里奇(Nelson Aldrich)、艾奥瓦州的威廉·艾利森(William Allison)、康涅狄格州的奥威尔·普莱特(Orville Platt)和威斯康星州的约翰·斯普纳(John Spooner)——组成的保守派联盟(Big Four)牢牢掌控着国会权力。到20世纪初时，随着上述四位议员的式微，共和党内出现了保守派与进步派的分裂，进而导致伍德罗·威尔逊(Woodrow Wilson)作为自19世纪末起一直到大萧条前唯一的民主党候选人赢得总统宝座。然而此后，共和党内分裂很快便让位于党间斗争：正是共和党进步派对威尔逊时期的进步主义改革持激烈反对意见，才使这一时期的政党极化史无前例。[①]结果是，20世纪初昙花一现的进步主义改革并未从根本上扭转共和党自由主义路线，也没有改善美国日益加剧的贫富分化，反而使20世纪20年代成为美国历史上自由放任政策登峰造极的时期。

自由主义的理念走到极限，使美国经济、社会发展模式从市场竞争转变成了市场"专政"。[②]在此期间，不受约束的市场经济帮助垄断资产阶级迅速积累了大量财富，社会贫富分化愈发严重，最终造成生产过剩和消费匮乏。以大量资本涌入股票市场形成金融过度投机为导火索，一场巨大的经济危机进而演化为社会危机摧毁了人们对于自由主义的信心。大多数经济理论家突然发现，原先被奉为圭臬的自由主义市场调节理论失灵，成为世界首富的美国竟然陷入了极其悲惨的境地。在这一背景下，美国社会开始对自由主义的世界观进行反思，由此引发了自由主义的裂变、美国政治力量的重组及其当代政治二元结构的形成。在这一过程中，我们可以发现自由主义蕴含的内在悖论与美国政治演化的根本逻辑。

① James Holt, *Congressional Insurgents and the Party System, 1909–1916*, Harvard University Press, 1967, pp.81–94, pp.106–120.

② 资中筠:《冷眼向洋：百年风云启示录》(上),生活·读书·新知三联书店2009年版,第315～320页。

（三）自由主义的内在悖论与美国政治的裂变

美国自由主义的发展模式从19世纪后期开始暴露出的缺陷就植根于其对个人主义—理性主义的内在信仰之中。前文已经阐明，这一信仰将个人及其理性置于一切社会事物之上，对于人类运用自身理性实现个人追求、改造现实世界以达至理想社会的前景持积极乐观的态度，因此主张个人权利优先、有限政府以及充分自由的市场经济。

可以说，这一“美国版”自由主义的世界观本质上是工业中产阶级以及白人盎格鲁-撒克逊新教文化的集中体现，它一方面推动了美国现代国家的建立连同工业化、城市化和市场化的高速发展，但另一方面也在实践中逐步呈现出日益显著的政治精英主义特征、经济不平等性以及社会达尔文主义倾向，这些问题在镀金时代美国国内政治不断极化、经济走向市场“专政”化以及社会贫富悬殊和劳资矛盾趋于深化的过程中扮演了重要的推动者角色。[①] 最终，不加约束的个人主义—理性主义引发了巨大的非理性灾难，甚至导致美国的政治经济体制濒临崩溃的边缘。

在大萧条形成的现实与心理冲击中，自由主义的方法论——以实用主义哲学为基础的渐进改良——开始对美国既有的政治经济体制进行反思和变革，并试图对个人主义—理性主义加以修正。实际上正如前文提到的，早在19世纪末美国政治形成真正意义上的现代两党制时，民主党便已看到了自由主义模式内在的问题，认为与政治权力扩张必然侵害个人自由和民主体制一样，经济权力扩张带来的社会贫富分化同样有违政治民主的本质。因此，民主党开始倾向于以“积极政府”推动经济平等。然而，在镀金时代自由主义理念根深蒂固以及两党形成“非对等极化”政治格局的背景下，平等观念无法与自由观念相提并论，这也是进步主义改革最终未能扭转自由主义模式连同美国政治格局的原因。以大萧条带来的变革呼声为强大动力和催化剂，美国政治开

① 唐士其：《美国政治文化的二元结构及其影响》，《美国研究》2008年第2期。

启了其发展历程中最重要的一轮政党重组——1932 年重组。① 在这轮重组中，民主党的势力范围从美国南部迅速扩展到了东北部，其崛起使得当代美国政治的两党对等模式彻底成形。② 凭借当时极为有利的时代条件，民主党及其当代自由主义开始在美国政治中占据上风。以罗斯福新政为标志，民主党在实践中逐步完成了自由主义从反政治权力到反经济权力、从有限政府到积极政府、从经济的自由放任模式到凯恩斯主义模式、从信奉发展理念主导的消极自由到提倡平等理念主导的积极自由以及从政治文化的精英主义到普遍主义等的过渡，从而形成了自由主义的民主党式变体。③

然而，对于体制的反思与改革并不意味着传统的自由主义世界观能够被轻易颠覆。虽然罗斯福新政以及 1932 年重组彻底改变了美国政治版图，但古典自由主义以个人主义—理性主义为核心的基本理念及其相应主张依然在美国政治中有着强大的生命力。例如，以 1938 年国会中期选举中共和党迅速在参众两院收复失地为标志，保守派在国会中形成了一支有效抗衡“新政”(New Deal)法案的力量。④ 因此，当代自由主义对于美国政治的改造并未使其全然取代古典自由主义的影响，而是造成了古典自由主义的裂变：在民主党式变体的另一面，是中西部共和党连同南方部分保守派民主党对于古典自由

① 关于这轮政党重组对于美国政治影响的系统性论述，参见 David Burner, *The Politics of Provincialism: The Democratic Party in Transition, 1918–1932*, W. W. Norton, 1967; Gerald Gamm, *The Making of New Deal Democrats: Voting Behavior and Realignment in Boston, 1920–1940*, University of Chicago Press, 1986; Carl N. Degler, American Political Parties and the Rise of the City: An Interpretation, *Journal of American History*, Vol.51, No.1, 1964。

② Richard Bensel, *Sectionalism and American Political Development: 1880–1980*, University of Wisconsin Press, 1984, p.62.

③ 凯恩斯主义是指通过国家对经济进行宏观调控来扩大总需求和增加就业，参见 Leon Baradat, *Political Ideologies: Their Origins and Impact*, Pearson Education, 2009, p.134。在当代自由主义者看来，古典自由主义关于自由意味着不受他人干涉而做出选择的定义是一种消极自由，积极的自由应是罗斯福提出的“四大自由”，即言论自由、信仰自由、免于贫困的自由和免于恐惧的自由。要想实现这些目标，政府就必须在社会生活中发挥更大作用。

④ Ronald Brownstein, *The Second Civil War: How Extreme Partisanship Has Paralyzed Washington and Polarized America*, Penguin Books, 2007, p.55.

主义世界观的信仰。[①] 正是在这一背景下，为了在实践中有效推进当代自由主义的政治、经济议程，从罗斯福到肯尼迪等民主党总统才不得不通过在诸多社会政策上与南方保守派民主党人以及东北部温和派共和党人进行妥协，以构建并尽力稳固“新政联合体”（New Deal Coalition）。美国政治格局在大萧条后步入了一个极为特殊的过渡期：以新旧观念的碰撞连同政党重组带来的张力为诱因，一种“四党制”（four party）或曰两党“对等合作”的模式成为新政时代特有的国内政治现象。[②]

然而，随着20世纪60年代民权运动和文化多元主义崛起所导致的当代自由主义的过度伸展以及凯恩斯主义发展模式引发的一系列经济社会问题，包括财政赤字的迅速增长、经济发展陷入“滞胀”以及民主党的“伟大社会”（Great Society）式福利国家流于空想，美国的社会矛盾因价值观念冲突而被再度激发出来，最终瓦解了罗斯福缔造的新政联合体。20世纪60年代末成为美国又一轮政党重组的起点。在这一过程中，共和党跨越区分美国南北部地理分界线的“梅森—迪克逊线”（the Mason–Dixon Line），通过所谓“南进战略”（Southern Strategy）使保守的南方逐渐与民主党分道扬镳。这一变化在政治上表现为来自南方的民主党国会议员数量呈现骤降之势：1947年，南方民主党国会议员占国会中民主党全部议席的60%；而到1980年，这一数字已降至30%。[③] 日益自由化的美国东北部则成为民主党的坚强堡垒，共和党内传统的

---

① 美国南方的保守派民主党人虽然大体认同当代自由主义关于积极政府和市场监管的理念，却难以接受多元主义的社会文化理念，因此重组后民主党政治联盟内部的张力存在于南方保守派与东北部自由派关于社会改革的分歧之中。

② 所谓“四党制”，指的是在这一特殊的过渡阶段，两党内部都存在自由派和保守派，意识形态不再以党派划线；两党“对等合作”则是指在两党势均力敌并且意识形态不以党派划线的情况下，政治共识的达成需要两党之间以及各党内部实现相互妥协与合作。

③ Martin Wattenberg, The Building of a Republican Regional Base in the South: The Elephant Crosses the Mason–Dixon Line, *Public Opinion Quarterly*, Vol.55, No.3, 1991. 对于这一时期美国南方政党重组的专门分析，参见 EarleBlack, Merle Black, *Politics and Society in the South*, Harvard University Press, 1987; Nicol Rae, *Southern Democrats*, Oxford University Press, 1994。

温和派 / 自由派在这一区域逐渐式微。① 经过这一轮政党重组，“对等合作”时代两党在意识形态和势力范围上相互重叠的状况一去不复返。随着以民主党为代表的东北部—太平洋沿岸联盟变得越来越自由化，同时以共和党为代表的南部—中西部联盟转而日趋保守化，当代美国政治由分别强调反政治权力和反经济权力而来的观念性张力以及由这种张力塑造的精英主义 / 消极自由与普遍主义 / 积极自由对立的政治二元结构，最终以两党“对等极化”的形式表现了出来。②

20 世纪 60 年代末开启的这一轮政党重组以 1980 年大选中共和党总统候选人罗纳德·里根（Ronald Reagan）的压倒性胜利而宣告完成。在里根赢得大选的当晚，美国《华盛顿邮报》著名政治专栏作家戴维·布罗德（David Broader）写道：一个时代结束了，另一个时代开始了。③ 这就意味着，美国的变革传统在时隔数十年后推动其政治发展又迈入了一个新的阶段。这一次，变革的动力在于二战后资本主义繁荣的结束标志着凯恩斯主义社会民主走向困境，人们对美国当代自由主义的政治、经济、社会以及外交理念感到不满，认为它导致了联邦政府机构臃肿不堪、财政赤字与日俱增、经济活力下降与“滞胀”频发、主流的白人盎格鲁-撒克逊新教文化被社会改革所稀释以及对外战略过于理想化以至于酿成越南战争悲剧等。结果是，美国当代自由主义者的政治对立面——“新右派”（New Right）逐渐崛起为一支极具影响的政治力量，一种致力于回归古典自由主义基本取向、被称为“新自由主义”（neo-liberalism）的发展理念成为美国政治的主导原则，其中有限政府、减税、平衡预算以及对金融监管的松绑等构成了这一理念的核心，并且相较于古典自由主义，新自由主义进一步强调了财产权和私有化的重要性，认为“私即好、公即坏”；同时，这一理念将个人主义和自由市场原则从国家层面推广到了全球

① Nicol Rae, *The Decline and Fall of the Liberal Republicans from 1952 to the Present*, Oxford University Press, 1989.

② 对于这一时期美国政治演化逻辑的专门分析，参见汪仕凯：《不平等的民主：20 世纪 70 年代以来美国政治的演变》，《世界经济与政治》2016 年第 5 期。

③ David Broader, A Sharp Right Turn: Republicans and Democrats Alike See New Era, *Washington Post*, November 6, 1980.

层面，认为全球化可以让这些原则得以被更好地落实并扩展。[1]可以说，新自由主义及其以"里根革命"为标志开启的所谓新镀金时代，实现了对当代自由主义的一次"反叛"，美国政治的演化路径再一次朝向了个人主义—精英主义，并且这一模式在冷战后被进一步强化。[2]

通过以上分析不难发现，自美国内战后逐步形成现代意义上的两党政治模式以来，以变革为根本手段，以政党重组带来的政治力量对比连同相应国家治理观念的更新作为变革的主要形式和政治周期性演化的关键动力，美国政治完成了从镀金时代到新镀金时代的历史变迁。在政治变革和政党重组背后，则是古典自由主义与当代自由主义因分别强调反政治权力和反经济权力而形成的两种自由观念的张力以及在这一张力作用下不断固化的以精英主义/消极自由与普遍主义/积极自由两极对立为特征的政治二元结构。因此，上述观念、结构、动力和手段的层层递进与相互嵌套构成了美国政治演化最为直观和清晰的逻辑。在厘清这一逻辑的基础上，一个更为根本的问题是：作为美国政治演化的思想源流与实践动力，自由主义产生观念性裂变的学理根源是什么？从这一点进行切入，我们是否可以得出关于美国政治演化逻辑的更深层结论？笔者认为，自由主义的裂变植根于其世界观和方法论之间内在的一项学理悖论。一方面，作为人类文明由农业时代步入工业时代的智力产物，自由主义以个人主义—理性主义为核心的世界观通过启蒙运动找回了人性，并在观念上将个人及其理性置于其他一切社会事物之上，认为依靠人类理性能够实现改造现实世界、构建理想社会的目标，这就在意识形态上将个人主义—理性主义内化为了一种信仰。然而另一方面，工业中产者的阶级身份又令自由主义者在改造现实世界、构建理想社会的方式选择上显著地稳健于激进主义者，主张以渐进改良为手段推动体制内变革，这一点成了自由主义方法论的核心，并且本质上反映出一种对于人类及其理性的审慎乐观，甚至相

① 新自由主义的思想源自弗里德里希·哈耶克（Friedrich Hayek）、弥尔顿·弗里德曼（Milton Friedman）等自由市场经济学家以及罗伯特·诺齐克（Robert Nozick）等政治哲学家。

② 强化的标志即所谓"历史终结论"。参见 Francis Fukuyama, *The End of History and the Last Man*, Free Press, 1992。

较于激进主义，自由主义改造世界的手段意味着其看到了个人主义—理性主义无法摆脱的局限性。因此，当代美国政治意识形态出现裂变与冲突的根源在于自由主义的世界观和方法论在如何看待个人主义—理性主义这一重大问题上有着一项难以解决的内在悖论，这一悖论构成了美国政治演化的根本逻辑基础。

从上述结论出发并结合美国政治的实践，我们可以发现自19世纪后期特别是20世纪30年代的罗斯福新政起，在自由主义世界观对于个人主义—理性主义挥之不去的信仰冲动与其方法论对于个人主义—理性主义的制约和修正之间，始终存在激烈的相互角力。正是在这一角力之下，美国政治才呈现出周期性循环往复的特征，在实践中先后经历了当代自由主义改造古典自由主义，以经济平等化、社会结构中间化与政党"对等合作"为特征的新政时代以及在新自由主义浪潮下以经济金融化、社会贫富分化以及政党"对等极化"为特征的新镀金时代。接下来，笔者将分别对美国政治在这两个历史时期的演化进行简要回顾和总结，从而为我们理解今天美国政治的现实提供学理和逻辑前提。

（四）新政时代：当代自由主义与政党"对等合作"模式的形成

1950年，美国政治学会（APSA）下设的政党研究委员会发布了一份极具影响力的研究报告，声称自20世纪40年代以后，美国的政党政治已呈现出日益明显的非政治（apolitical）特性，政治辩论和斗争已经彻底成为过去，两党制的监督功能逐渐弱化，美国因此正面临着民主异化的危机。① 的确，到第二次世界大战结束时，美国的政治图景已远不如19世纪末那样党派极化、充满斗争，而是越来越朝着政治光谱的中心靠拢。正如政治学家弗拉基米尔·奥兰多·基指出的，随着罗斯福新政的开展和二战的结束，社会阶级作为美国不同党派利益标签的现象一去不复返了。②

① American Political Science Association, Toward a More Responsible Two-Party System: A Report of the Committee on Political Parties, *American Political Science Review*, Vol.44, No.3, 1950.
② V. O. Key Jr., *Politics, Parties, and Pressure Groups*, Thomas Y. Crowell, 1958, p.274.

二战对美国制造业生产形成的巨大刺激以及与之相伴的美国经济所经历的战后 15 年“黄金期”，是上述局面出现的重要原因之一。1945—1960 年，美国国民生产总值增长了 250%，由 2000 亿美元迅速增加到 5000 亿美元。此外，20 世纪 30 年代大萧条期间美国国内平均高达 15%～25% 的失业率到了 20 世纪五六十年代一直保持在 5% 甚至更低水平，同时物价上涨率也仅在 3% 或以下徘徊。经济繁荣的直接效应是，1960 年美国人的平均购买力比 1945 年增加了 20% 以上。到 1969 年，美国的人均年收入（包括所有男性、妇女和儿童）已经超过 1800 美元，比 15 年前增长了 500 美元。当时美国人的生活水平已经达到了人类历史上所有国家人民生活中的最高水平。与经济发展相伴随的是美国社会的健康、活力和自信：富裕的人们开始发展出日益发达的“消费文化”，现代美国西部的崛起、凯恩斯主义政治经济学的有效性，都使人们对未来充满信心，以至于“新边疆”（New Frontier）和“伟大社会”等充满鲜明的当代自由主义色彩的远大设想成为美国政治的主流。[①]

正如人类历史一再表明的那样，经济增长是政治纷争的“止痛剂”，经济衰退则极易引发政治动荡。因此，新政时代特别是二战后美国经济的高速发展使镀金时代造成的阶级冲突逐渐淡化，政治领导人由此便得以在一系列议

① 以上数据和资料参见［美］艾伦·布林克利：《美国史（1492—1997）》，邵旭东译，海南出版社 2009 年版，第 825～826 页。导致这一时期美国经济以及社会繁荣的因素有很多，其中最重要的是以下五点：①政府消费（包括投资学校、住房、老兵福利、社会福利以及 1956 年开始的 1000 亿美元“州际高速公路计划”建设）显著刺激了经济增长；②朝鲜战争导致的军备开支也在某种程度上刺激了美国经济尤其是工业的发展；③科技进步对于经济繁荣也起到了重要作用，技术发展使美国战后第一个十年工人的生产效率提高了 35% 以上，电子计算机的开发则深刻影响和改变了美国人的生活；④“婴儿潮”从战后开始一直持续到 20 世纪 60 年代初，从而使美国社会的消费能力不断提高，经济发展后劲也十分充足；⑤城市郊区的快速发展对于汽车工业、住房建筑业等的繁荣具有重大的意义。参见黄安年：《当代美国的社会保障政策》，中国社会科学出版社 1998 年版，第 379～391 页；［美］威廉·本内特：《美国通史》（下），刘军等译，江西人民出版社 2009 年版，第 327～344 页。

题领域找到一个国内政治、社会的“最大公约数”。[①] 正是基于社会阶层分化日趋模糊的现实，美国政治学者沃尔特·伯纳姆（Walter Burnham）在对这段历史进行回顾和总结时写道：“20 世纪五六十年代或许可以被描述为美国政治发展史上一个极为困惑的时期，因为那个时候美国国内缺乏一种阶级分明的政治秩序。”[②]

社会阶层差异的缩小以及利益冲突的弱化致使美国的社会结构连同政治意识形态在此期间开始日益呈现出一种“中间化”的演化趋势。对此，美国社会学家丹尼尔·贝尔甚至认为，意识形态在美国已经走向终结（the end of ideology）。[③] 这种社会现实反映到国内政治层面，集中表现为国会参众两院中的两党“温和派”势力开始逐渐占据政治主流（如图 1），并且议员的“跨党派”式投票也逐步成为国内政治过程中的普遍行为模式。此外，伴随民主党及其当代自由主义理念的崛起，两党对等模式已经形成，因此任何国内政治倡议要想在国会两院通过，都需要两党间的相互妥协与合作。正是在上述一系列有利的时代条件，包括经济发展、政党重组、社会结构中间化以及意识形态淡化等的作用下，美国政治才得以在新政期间尤其是第二次世界大战后形成一种“对等合作”模式，由此在很大程度上推动了当代自由主义政治、经济议程的落实和扩展。当然，对等合作以及当代自由主义得以发展的政治基础——新政联合体——本质上是美国南部和东北部政治力量相互妥协的结果。随着美国国内经济、社会形势的演变尤其是 20 世纪 60 年代后凯恩斯主义政治经济模式出现的问题以及当代自由主义理念因民权运动等产生的过度伸展，这一政治联盟最终走向瓦解，从而引发了美国新一轮政党重组以及国家发展理念的“回摆”。

---

① 研究表明，美国历史上的两党合作往往发生在经济繁荣期。参见 Peter Trubowitz，Nicole Mellow，Going Bipartisan：Politics by Other Means，*Political Science Quarterly*，Vol.120，No.3，2005。

② Walter Burnham，*Critical Elections and the Mainsprings of American Politics*，W. W. Norton，1970，p.304.

③ Daniel Bell，*The End of Ideology:On the Exhaustion of Political Ideas in the Fifties*，Free Press，1960.

图 1　美国国会中“温和派”所占比重变化(1898—1968 年)

资料来源:Sarah Binder, The Dynamics of Legislative Gridlock, 1947-1996, *American Political Science Review*, Vol.93, No.3, 1999。

(五)新镀金时代:新自由主义与政党“对等极化”格局的固化

20 世纪 60 年代末 70 年代初，以越南战争、经济社会危机、新左派的衰落以及“伟大社会”的破产为标志，美国陷入了战后历史上罕见的内外交困境地，当代自由主义的国家治理模式因此由盛转衰。[①] 在此过程中，随着 20 世纪 60 年代末开启的政党重组使美国政治逐步过渡为以民主党为代表的东北部—太平洋沿岸与以共和党为代表的南部—中西部“对等极化”的格局以及新自由主义政治经济理念对当代自由主义的“反叛”，美国社会的分裂达到了前所未有的程度，进而逐步削弱了其政治民主赖以生存的土壤——市民社会。随着党派斗争、国家治理观念和经济社会政策的分裂成为美国政治的主题以及日益加剧的贫富分化致使美国的社会结构再一次趋于两极化，新镀金时代成为政治学者描述这一阶段美国政治的关键词。具体而言，新镀金时代美国国内政治—社会的“对等极化”体现为以下三个方面。

首先，新镀金时代政治精英的“跨党派”投票模式逐渐被日趋严格的政党

① 新左派是 20 世纪 60 年代美国民权运动和反战运动中的青年激进分子,其反美国主义的基本立场招致了民众对于当代自由主义的反感和疑忌。参见周琪主编:《意识形态与美国外交》,上海人民出版社 2006 年版,第 226 页。

纪律所取代，政党极化以及由此伴随的政治僵局成为美国政治的常态。[①]第二次世界大战结束后，美国的政治学界曾普遍抱怨民主、共和两党间意识形态差异的缩小致使国内政治民主出现了异化，尤其是权力制衡的制度设计无法发挥应有的作用。然而讽刺的是，新镀金时代的政治学者却开始日益担忧美国国内日趋严重的党派极化令政治运转变得极为低效甚至经常出现僵局。归根结底，造成新镀金时代政党“对等极化”的原因在于20世纪60年代末开启的新一轮政党重组。在此期间，共和党实施“南进战略”，到2000年该党候选人乔治·布什赢得总统竞选时，其选票基本上被锁定在了一个巨大的L形区域，即从蒙大拿州向南到亚利桑那州再折向北到佐治亚州。至此，新政时代东北部的温和派共和党人——又被称为“洛克菲勒”共和党人（the Rockefeller Republicans）——已经从该党党团（party caucus）中彻底消失，共和党因此变得越来越保守，其政治根据地也决定性地向南、向西开拓。[②]与此同时，国会中的民主党人则越来越集中于东北部与太平洋沿岸等更为自由化的区域。例如，曾经作为两党激烈竞争赛场的新英格兰地区，冷战后彻底成了民主党的票仓。此外，新政时代南方保守派民主党人在此期间则逐渐式微，民主党党团因而进一步向左靠拢。毫无疑问，这一政党重组完全逆转了20世纪30年代到60年代美国国会各州选派的议员所具备的跨党派特征，使得国会在新镀金时代成为以党派划线的政治斗争的场所（如图2）。

---

① Sean Theriaul, Party Polarization in the U.S. Congress: Member Replacement and Member Adaptation, *Party Politics*, Vol.12, No.4, 2006; Jeffrey Stonecash, Mark Brewer & Mack Mariani, *Diverging Parties: Social Change, Realignment, and Party Polarization*, Westview, 2003.

② 关于共和党自由派在此期间的衰落，参见 Nicol Rae, *The Decline and Fall of the Liberal Republicans from 1952 to the Present*, Oxford University Press, 1989。

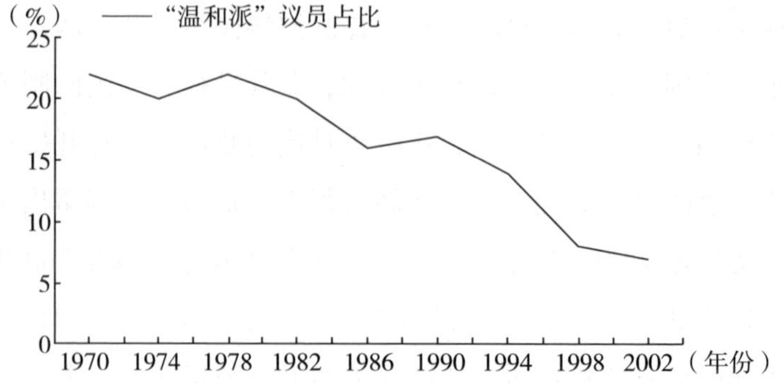

图 2　美国国会中“温和派”力量的衰落所占比重变化（1970—2002 年）

资料来源：Keith Poole, Howard Rosenthal, Nominate Score Data, http://voteview.uh.edu/。

经济变迁导致的社会利益尖锐冲突是新镀金时代美国形成东北部—太平洋沿岸与南部—中西部及其相应两大政党“对等极化”格局的根源。在此期间，东北部的“去工业化”过程逐步终结了其作为美国人口和经济中心的地位，新兴产业、劳动力和资本开始涌向西部和南部的广大“阳光地带”。在这一背景下，民主、共和两党在新政时代进行合作与妥协的社会基础不复存在，分别代表上述两大区域及其社会联盟的政治精英在经济和社会政策上开始产生日益深化的分歧和冲突。意识形态的极化在政治过程中愈演愈烈：在新政时代，美国的两大政党内部都包含着大量的自由派和保守派，但经过这一轮政党重组后，两党都“净化”了各自的意识形态，自由派几乎都倒向了民主党，保守派则都投向了共和党。此外，新政时代社会结构的中间化使得美国社会中存在很大一部分中间选民（最多时约占全体选民的 1/3），而新镀金时代以来这一比例则逐渐下降至不足15%。[①] 这些趋势在政治过程层面使得任何一个党派的政治人物都失去了进行跨党派合作的动因，因为从个人政治理性出发，最为安全的选择就是替自己所代表的那部分极化了的社会利益在国会中“发声”。[②]

---

① 周琪主编：《意识形态与美国外交》，上海人民出版社 2006 年版，第 234 页。

② David Rohde, *Parties and Leaders in the Postreform House*, University of Chicago Press, 1991.

除经济因素外，美国政治的代际转化（generational change）也弱化了政治中间主义的力量。冷战后，成长于第二次世界大战时代的政治精英正以越来越快的速度退出美国政治舞台。例如，在新政时代的第 90 届美国国会（1967—1968 年）参众两院中，有超过 3/4 的议员曾在第二次世界大战的军队中服役，而到第 109 届国会（2005—2006 年）时，这一比例已下降至不足 30%。[①] 同样令人印象深刻的是，第 109 届国会中超过 90% 的议员是在 1988 年之后选举产生的，他们完全没有新政时代党派合作和相互妥协的经历；相反，他们有的却是走向极化的意识形态和日益严格的政党纪律。[②]

其次，新镀金时代美国的社会结构因人口和阶层剧烈分化而日趋两极化，因此演变成政治冲突的原因及其表征。一方面，新镀金时代美国人口的重大变化加剧了“蓝州”和“红州”相互冲突的利益诉求。近几十年来，美国国内人口的迁移使其政治版图日益“巴尔干化”（balkanization）。按照著名人口学者威廉·弗雷（William Frey）的说法，冷战后的美国已经彻底分裂成“两个美国”（two Americas）[③]：一个是作为广大外来移民目的地的、由多种族和多民族人口构成的东西海岸及五大湖区，它们成为自由化政策和民主党的支持者；另一个则是由中产阶级构成的、以新兴产业为主体的南部和中西部小城镇区域，它们成为保守派共和党的国内社会基础。另一方面，新镀金时代社会贫富分化的日益严重也与政治的不断极化互为因果。对于大多数美国普通民众来说，新镀金时代以来工资性收入的增速普遍落后于通货膨胀的速度，尤其是新自由主义浪潮及其经济金融化的趋势，更是导致美国少数精英和广大民众间的收入差距不断增大。[④]

---

① Andrea Stone, For a Few in Congress, War Is a Family Concern, *USA Today*, December 6, 2004.

② Norman Ornstein, Thomas Mann & Michael Maldin, *Vital Statistics on Congress, 2005–2006*, Brookings, 2006.

③ William Frey, *Metropolitan Magnets for Domestic and International Migration*, Brookings, 2003.

④ Larry M. Bartels, *Unequal Democracy: The Political Economy of the New Gilded Age*, Russell Sage Foundation, 2008, Chapter 1.

例如，美国联邦储备系统 2011 年发布的《2007—2010 年美国家庭财产变化报告》显示，2007 年美国家庭财产净值的中位数为 12.64 万美元，2010 年则下降到了 7.73 万美元；扣除通货膨胀因素，这一数据几乎等同于 1992 年的水平；[①] 然而，美国 1% 的最富有家庭占全民财富的百分比却由 2007 年的 34.1% 上升至 2009 年的 37.1%。[②] 在这一趋势之下，美国皮尤研究中心于 2015 年底发布的一项题为《美国中产阶级的衰退》的报告显示，美国成年人的中等收入人群约为 1.208 亿，低收入和高收入群体的总数则为 1.213 亿，中产阶级人数首次跌破成年人口总数的一半。[③] 这就意味着，随着以中产阶级为主体的社会结构被日益侵蚀，美国的社会结构正趋于极化，因而代表不同社会利益的政治精英在政策选择上的妥协空间难免所剩无几。

最后，新镀金时代“对等极化”的政党政治格局使得美国的经济政策与社会政策出现了分裂，形成了两条并行不悖的发展轨道。[④] 在经济政策上，反映共和党及其新自由主义理念的减税、平衡预算以及小政府观念等成为主流，这一方面使得美国在 20 世纪 80 年代以后逐步扭转了凯恩斯主义经济学带来的一系列经济问题和发展困境（尤其是经济增长乏力和通货膨胀），从而使其经济重新迸发出创新活力，并为 20 世纪 90 年代信息技术革命以及全球化的推进奠定了基础；但另一方面，这一经济发展模式也加剧了社会贫富分化以及经济金融化的趋势，因而成为 2008 年经济危机进而社会危机爆发的远因。在社会政策上，反映当代自由主义基本理念的“肯定性行动”、文化多元主义以及多语教育等得到了高校、学术界和主流媒体等具有广泛影响力的社会中坚力量的支持，因而所谓“政治正确”理念在此期间被充分运用到了日常生活

---

① Jesse Bricker et al., Changes in U.S. Family Finances from 2007 to 2010: Evidence from the Survey of Consumer Finances, *Federal Reserve Bulletin*, Vol.98, No.2, 2012.

② Annalyn Gensky, How the Middle Class Became Underclass, http://money.cnn.com/2011/02/16/news/economy/middle_class/index.html.

③ The American Middle Class Is Losing Ground, Pew Research Center, December 9, 2015, http://www.pewsocialtrends.org/2015/12/09/the-american-middle-class-is-losing-ground/.

④ 周琪主编：《意识形态与美国外交》，上海人民出版社 2006 年版，第 234 页。

中，甚至发展为美国社会的重要规范。从上述现实中我们可以发现，美国政治以精英主义 / 消极自由与普遍主义 / 积极自由为特征的二元结构在新镀金时代“对等极化”的背景下，分别占据了经济和社会领域中的主流。这一分裂现象表明，美国国内在此期间存在两种明显相互矛盾却又势均力敌的政治诉求：一是希望共和党人确保美国的自由与安全，二是希望民主党人保障美国的社会多样性和开放特征。

总之，由于美国政治自 20 世纪 70 年代开始出现了愈演愈烈的政党极化趋势，并且伴随这一趋势而来的是社会贫富分化的不断加剧，这一时期很容易被政治学者拿来与一百余年前的镀金时代进行类比，因而“新镀金时代”的提法有其历史和现实意义。然而，与镀金时代政党的“非对等极化”不同，新镀金时代的美国政治形成了政党“对等极化”这一更为糟糕的局面，特别是从 2000 年布什以颇具争议的方式赢得总统竞选开始，美国政治的“50—50”现象成为学界普遍担忧的一大问题，政党斗争及其引发的政治僵局甚至政府关门成为人们习以为常的现象，这严重地削弱了美国作为一个现代国家的社会治理和经济发展效率。[①] 这种“对等极化”的政治—社会结构也打破了长久以来为政治学界所公认的“唐斯定律”，使得政治选举越来越成为“押注”一方才能有可能成功的侥幸游戏，从而使美国政治不再致力于寻求共识、实现妥协以解决问题，而是充满了意识形态斗争与偏见。[②] 从这个意义上讲，新镀金时代的美国政治对于美国民主的负面影响远甚于镀金时代。

① Ronald Brownstein, *The Second Civil War: How Extreme Partisanship Has Paralyzed Washington and Polarized America*, Penguin Books, 2007; Michael Barone, The 49 Percent Nation, *National Journal*, Vol.33, No.23, 2001; Nicole Mellow, *The State of Disunion: Regional Sources of Modern American Partisanship*, Johns Hopkins University Press, 2008.

② 唐斯定律指的是，在一个两党竞争的选举结构下，政治立场越靠近中间的候选人胜算越大，因为在任何一个社会中，温和派的人数最多，所以越靠近中间立场就越能覆盖尽可能多的选民。其结果是，两党在政策立场上会趋同。参见［美］安东尼·唐斯：《民主的经济理论》，姚洋等译，上海人民出版社 2005 年版，第 4 章。冷战后美国的政治、社会结构对于该定律的颠覆，参见 Andrew Gelman et al., *Red State, Blue State, Rich State, Poor State*, Princeton University Press, 2008, p.3。

三、"特朗普现象"与美国政治的未来

美国政治在新镀金时代"对等极化"格局之下所引发的斗争与僵局及其在新自由主义发展理念下积累的一系列深层的经济问题和社会矛盾，最终在2008年的国际金融危机中爆发出来。这些问题和矛盾表明，新镀金时代的政治、经济和社会发展模式已经难以为继。以2016年美国大选中最为引人注目的"特朗普现象"以及新一轮政党重组趋势的出现为标志，美国政治的新镀金时代正在走向终结。具体而言，上述变动态势主要体现在三个方面。

首先，在经济领域，自金融危机以来，"如何应对全球化挑战"已经成为民主、共和两党竞争的核心议题，因而党争"外部化"趋势逐步取代了传统的国内议题导向性，使得新镀金时代的经济发展逻辑不复存在。在新镀金时代，经济金融化和全球化的突飞猛进给美国带来了制造业空心化、移民流动和贸易赤字等诸多问题，这些问题不仅导致了金融危机的爆发，而且引发了来自美国本土主义者的强烈反弹，正是后者在2016年大选中成了特朗普的坚定支持者。这一现实表明，美国两党的基本选民群体连同其政策偏好正在发生重大变化。一方面，民主党日益呈现出的支持全球主义的态势，很可能致使其在这一轮政党重组后彻底失去东北部"铁锈地带"白人蓝领中下层的支持。考虑到民主党在移民问题上的开放态度，这一趋势将变得更加不可阻挡。[①] 如果这一趋势得以延续，民主党的政治联盟将在此轮重组后转化为由以受教育程度较高的白人、少数族裔以及城市人口所组成的具有全球主义或多元主义倾向的群体。[②] 另一方面，白人蓝领中下层倒向共和党的原因首先在于经济因素，即特朗普关于重振制造业、"美国优先"以及"让美国再次伟大"等本土主义解决方案使得这一社会阶层看到了有别于新镀金时代的经济发展模式以及解决自身最为关切的就业问题的前景。如果这些经济政策在特朗普任内成为共

① Michael Lind, This Is What the Future of American Politics Looks Like, Politico, May22, 2016, http://www.politico.com/magazine/story/2016/05/2016-election-realignment-partisan-political-party-policy-democrats-re-publicans-politics-213909.

② 刁大明:《特朗普时代：2016年大选与选后美国政治、外交走向》,北京大学国际战略研究院研究报告,2017年6月。

和党的主流政策，共和党就有望将蓝领中下层特别是白人群体巩固为其重要的政治联盟。此外，这一群体与共和党人还有着传统价值观方面的共识，这一点在下文谈到的社会政策领域体现得尤为明显。因此，“特朗普现象”反映出今后共和党人很可能会成为代表白人蓝领中下层与南方连同农村地区保守派的本土主义政党。

其次，在社会领域，新镀金时代政党“对等极化”背景下与新自由主义经济政策并行不悖的当代自由主义理念——包括政治正确和文化多元主义——正在步入困境，族群冲突已成为美国社会的一大难题，同时国内要求回归个人主义的呼声正变得日益强大。[①] 在这一方面，“茶党”运动以及“反建制派”的崛起成为其中的重要标志。笔者认为，造成这一趋势的原因有两点。第一，当前美国的诸多经济、社会问题已经“外部化”，因而本土主义对于全球化和外来移民的反弹也会体现为在社会政策上反对所谓政治正确和文化多元主义，致力于回归并强化美国以白人为主体的传统价值观念，族群矛盾的激化因而不可避免。第二，美国的诸多社会议题具有代际属性，这些问题的争议性和热度会随着时代的变迁而出现自身弱化的现象，因而在新的政治周期内，过去主导美国社会思潮的议题领域就难免会被新的思潮和议题所取代。例如，当前美国对于同性婚姻的态度已经固化。在 2001 年时，民意调查显示支持同性婚姻者在民主党、共和党以及独立选民群体中分别为 43%、21% 和 43%，而在 2016 年的民意调查中这三个数字已经分别提升为 70%、33% 和 61%。[②] 因此，在后新镀金时代，围绕社会议题而展开的“文化战争”在烈度上会持续下降。

最后，在政治领域，新镀金时代的两党“对等极化”格局正面临新一轮洗牌的过程，而共和党已经在新政治周期的起点上占据了优势和主动。上文提到，2016 年美国大选的结果反映出美国国内对新镀金时代的经济和社会发展理念开始进行反思，并在实践中体现为建立在本土主义基础上的全面“保守

① 谢韬:《从历史的终结到美国民主的溃败》,《当代世界》2017 年第 1 期。

② Changing Attitudes on Gay Marriage, Pew Research Center, May12, 2016, http://www.pewforum.org/2016/05/12/changing-attitudes-on-gay-marriage/.

化”。其一，在经济政策上，特朗普政府致力于保留新自由主义的部分理念，如减税、小政府以及对金融监管松绑，但同时对另一部分理念——包括经济金融化和全球化——进行修正。其二，在社会政策上，特朗普政府则致力于全面推翻既有的普遍主义理念，包括摒弃政治正确、强调传统价值观，同时在移民问题上持强硬立场。这一趋势表明，过去 30 多年两党“对等极化”的格局正在朝着有利于共和党及其全面“保守化”的方向演化。然而不容忽视的是，尽管共和党在美国政府和国会两院占据绝对优势，但也面临党内整合的挑战，尤其是其政治联盟内部代表不同社会利益的政治力量在经济和社会政策领域依然存在分歧。因此，以特朗普为代表的“反建制派”将不得不面临与“建制派”博弈的现实挑战。从特朗普执政初期的表现来看，共和党主流或“建制派”已经对其进行了塑造。例如，特朗普上台后的外交政策迅速回到了共和党的轨道，而在国内议程上，共和党内主流支持并且特朗普本人也接受的政策往往能较为顺利地推进，而一些带有“反建制”色彩的政策——如“边境筑墙”等——却陷入搁置状态。因此，未来共和党能否解决当前被部分学者称为“党内极化”的问题、有效巩固 2016 年大选中出现的有利于该党的政党重组趋势，目前看仍存在不确定性。

毫无疑问，上述现实和趋势表明，美国政治正处于新一轮变革的起点。随着新镀金时代的终结以及 2016 年大选中开始显露的政党重组趋势，特别是共和党利用以反全球化、反建制为旗号的“北进战略”（Northern Strategy）将其影响力扩展至民主党传统势力范围东北部大湖区“铁锈地带”，进而形成新的所谓“南部—中西部—铁锈地带”政治联盟，美国的经济政策将在摒弃新自由主义的基础上更加接近古典自由主义的思想。与此同时，随着共和党及其政治联盟力量的增强，“对等极化”时代经济、社会政策分裂的格局可能被打破，美国的社会政策也将告别普遍主义 / 积极自由，开始再次转向精英主义 / 消极自由。此外，按照美国政党重组的周期性规律，目前也已经到了新一轮重组的时间窗口，因而美国政治在当前和未来一段时期将会呈现出新旧交替阶段特有的不确定性。

然而，总的来看，笔者认为不应夸大“特朗普现象”对于美国政治的冲击。无论 2016 年美国大选中哪一位候选人胜出，美国政治都走到了又一次变革的十字路口：新镀金时代的发展模式已经行至尽头；美国白人蓝领中下层对于民主党的疏远，按照政治学家拉里·巴特尔斯（Larry M. Bartels）的研究，也因全球化和移民问题而早已超越了对于共和党可能加剧美国经济不平等的担忧，所以政党重组已成必然之势。[①] 基于此我们可以发现，美国政治实际上依然在遵循着以变革为主要手段、以政党重组为关键动力的演化逻辑，只不过在全球化时代以及党争“外部化”特征日趋显著的新背景下，这一逻辑体现为本土主义对于全球主义的不满和反弹。这就意味着，在当前和今后一段时期美国本土主义思潮风头正劲以及政党重组趋势有利于共和党及其联盟的政治格局中，一种更为接近古典自由主义理念的发展路径——包括经济政策中的小政府、自由市场以及工业化，连同以盎格鲁-撒克逊新教为主流的精英主义社会文化——将会再一次成为美国政治的主流。当然，美国政治中的二元结构及其背后两种自由观念的张力也依然会在实践中对具体议题及政策的走向产生影响，并且在国内族群矛盾尖锐化、全球主义与本土主义博弈激烈化的今天，这种影响很有可能会加剧美国政治的动荡和极化。自由主义世界观及其方法论所蕴含的悖论在当前美国社会因全球化冲击而进一步趋于复杂和对立的时代条件下，将会导致美国政治二元结构的内在张力对其民主体制造成更为严重的伤害和撕裂。从这个意义上讲，“特朗普现象”及其开启的美国政治新周期无法跳出美国政治既有的逻辑框架，而只是使之进入了一个在全球化纵深时代以本土主义与全球主义相互角力为特征、以“外部化”为表现形式的党派—社会利益斗争新阶段。

四、结语

笔者从对作为美国政治思想源流及其实践动力的自由主义的界定与分析入手，通过历史回顾对美国政治从镀金时代到新镀金时代的长期变迁中，哪

① Larry M. Bartels, *Unequal Democracy:The Political Economy of the New Gilded Age*, Russell Sage Foundation, 2008, Chapter 1.

些因素的作用使其呈现出周期性和阶段性的演化特征以及在这些因素背后存在怎样的政治学逻辑进行了分析和总结。笔者认为，以变革为主要手段，美国政治演化的动力源于古典自由主义与当代自由主义因分别强调反政治权力和反经济权力而形成的观念性张力与政治二元结构，其深层逻辑则在于自由主义世界观和方法论之间难以解决的内在悖论：前者将个人及其理性置于一切社会事物之上，后者却看到了其局限。这一悖论在美国政治实践中体现为自由主义的两种变体。一方面，民主党式变体，即当代自由主义认为，与古典自由主义认为政治权力扩张会损害个人自由与民主体制一样，经济权力的扩张也会损害个人自由与民主体制，因而改良应以市场监管与经济平等为目标；另一方面，共和党式变体即新自由主义则在古典自由主义基础上宣称，财产权是支配性的，政府无权干预经济。上述两种意识形态与自由观念的张力，推动美国政治形成了普遍主义/积极自由与精英主义/消极自由对立的二元结构，使之先后经历了当代自由主义改造古典自由主义，以经济平等化、社会结构中间化与政党对等合作为特征的新政时代以及在新自由主义浪潮下以经济金融化、社会贫富分化和政党"对等极化"为特征的新镀金时代。

当前，随着新镀金时代的政治、经济和社会理念变得难以为继，美国政治正处于新一轮变革的起点。在2016年的美国总统竞选中，共和党候选人特朗普利用以反全球化、反建制为旗号的"北进战略"将该党影响力扩展至民主党传统势力范围——东北部大湖区"铁锈地带"，进而形成新的所谓南部—中西部—铁锈地带政治联盟，使得美国政治出现了新一轮政党重组的趋势。这一趋势体现为在全球化时代以及党争"外部化"特征日趋显著的新背景下本土主义对于全球主义的不满和反弹。基于此，美国政治在当前和未来一段时期将会呈现出新旧交替阶段特有的不确定性。但笔者认为不应夸大"特朗普现象"对于美国政治的冲击，因为按照美国政党重组的周期性规律，目前的确已经到了新一轮重组的时间窗口。从这个意义上讲，"特朗普现象"及其开启的美国政治新周期依然无法跳出美国政治既有的逻辑框架，而只是使之进入了一个在全球化纵深时代党派–社会利益斗争的新阶段。

当代美国的南部政党重组与政治极化 *

在过去的半个世纪里，美国政治中发生了一些重大事件，包括保守的南部白人脱离民主党转向共和党，共和党从相对温和变得极端保守，同时，美国两党的政治极化越来越严重。这些事件在很大程度上可以用政党重组理论来解释。20 世纪 60 年代，美国南部发生了一场政党重组。这场重组肇始于民权运动，种族政治在其中起到了关键作用，最终导致保守的南部白人脱离了民主党并加入共和党阵营。南部政党重组和其他因素的共同作用，推动共和党从 20 世纪 60 年代的相对温和立场转向现在的极端保守立场，而民主党也经历了类似但程度较轻的向左极端化的过程。虽然 20 世纪 70 年代以来的美国政治极化是两党演变共同促成的，但共和党右转的程度要远大于民主党左转的程度，因此成为当代美国政治极化的主要原因。

一、美国政治史上的政党重组

政党重组（party realignment）是美国政治学界用来描述美国政治史上政党体系周期性巨变的一种理论。政党重组通常是由一场关键选举（critical election）所引发，在选举中形成新的政治联盟并取代旧的政治联盟，从而建立新的政党体系，这个体系将在之后的几十年时间里历经数次选举而保持相对稳定。美国著名政治学家弗拉基米尔·奥兰多·基最早阐述了关键选举和政党重组的理论。通过分析总统选举投票记录，基发现，1896 年和 1928 年的总统选举是两场关键选举。与普通年份的总统选举不同，关键选举涉及更大范围的政治运动和更持久的政治变迁。它们具有一些明显的特征：选民高度关

* 作者简介：付随鑫，中国社会科学院美国研究所助理研究员。本文原载于《当代世界与社会主义》2018 年第 4 期。

注大选情况，政治参与度高涨，投票率大增，选民关注的议题和分裂界线发生重大变化，选举后各政党的选民基础和力量对比发生明显改变。[①] 基还认为，政党兴衰和政党体系转变是一个持续几十年的缓慢变化趋势的结果，关键选举只是新政治联盟创建和旧政治联盟衰落这个长期过程中最引人注目的一步；他将这个缓慢的转变过程称为“长期重组”。[②] 一个典型例子是美国南部选民的投票模式的变化。从建国之初到民权运动，南部选民压倒性地支持民主党，但之后却逐渐转向共和党，到 20 世纪 90 年代基本上被共和党主导。政治重组理论对美国政党的研究产生了深远的影响，埃尔默·谢茨施耐德（Elmmer E. Schattschneider）、詹姆斯·桑奎斯特（James L. Sundquist）、沃尔特·伯纳姆（Walter D. Burnham）等一批政治学家相继发展了这种理论。[③] 伯纳姆认为，政党重组以 30～36 年为一个周期。

一般认为，美国政治史上迄今至少发生了五次关键选举，引起了五次政党重组和政党体系的转变。[④] 1792—1824 年间形成了以联邦党和民主共和党为主体的第一政党体系，两党主要分歧是联邦经济政策和外交政策。1800 年发生的一次关键选举使民主共和党上台执政，杰斐逊将其称为“1800 年革命”。这次选举引发的政党重组彻底改变了两党力量对比，此后，民主共和党连续执政 24 年，而联邦党一蹶不振。1828 年出现了第二次关键选举，随之发生的政党重组产生了民主党和辉格党主导的第二政党体系，它们在内部改进、

① Valdimer Orlando Key, A Theory of Critical Elections, *The Journal of Politics*, Vol.17, No.1, 1955.

② Valdimer Orlando Key, A Theory of Critical Elections, *The Journal of Politics*, Vol.17, No.1, 1955; Vladimer Orlando Key, Secular Realignment and the Party System, *The Journal of Politics*, Vol.21, No.2, 1959.

③ E. E. Schattschneider, *The Semi-Sovereign People*, Holt, Rinehart, and Winston, 1960; Walter Dean Burnham, *Critical Elections and the Mainsprings of American Politics*, Norton, 1970; James L. Sundquist, *Dynamics of the Party System*, Brookings Institution, 1973; Theodore Rosenof, *Realignment: The Theory that Changed the Way We Think about American Politics*, Rowman & Littlefield Publishers, 2003. 国内学者对政党重组亦有少量研究，可参见谢韬：《从大选看美国的历史周期、政党重组和区域主义》，《美国研究》2012 年第 4 期；节大磊：《美国的政治极化与美国民主》，《美国研究》2016 年第 2 期。

④ Marjorie Randon Hershey, *Party Politics in America*, Longman, 2006, pp.119-123.

关税、西部土地和奴隶制等问题上存在严重分歧。到19世纪50年代，奴隶制问题的尖锐化导致第二政党体系崩溃。1860年发生了第三次关键选举，导致共和党上台执政和内战爆发。这次政党重组产生了由共和党和民主党所构成的稳定两党制。此后30余年时间里，代表北部工商阶层利益的共和党占据主导地位，而民主党的力量主要集中在美国南部和西部。1896年发生了第四次关键选举。其引发的政党重组并没有改变两党的身份，但它们关注的议题发生了根本性变化。之前引发两党冲突的金本位和关税等问题迅速消失，共和党的经济政策得以巩固。[①] 第五次关键选举发生在1932年，政党重组导致共和党失去了内战以来的主导地位，民主党则获得了长达近40年的优势。民主党建立了一个主要由工人、少数族裔和中小企业主构成的新政联盟。黑人抛弃了林肯所建立的共和党，转而效忠曾支持奴隶制的民主党。

除了上述被普遍认同的五次政党重组之外，许多学者认为1964年或1968年出现过关键选举并引发政党重组。[②] 在1964年大选中，虽然现代保守主义的开创者巴里·戈德华特（Barry Goldwater）惨败于民主党总统林登·约翰逊（Lyndon Johnson），但前者创造了一些历史纪录：共和党赢得了五个南部腹地州，这是自1879年南部重建结束以来共和党首次赢得南部腹地州，而民主党赢得了两岸一些传统上支持共和党的州。这些迹象表明：共和党开始向南部渗透，而民主党的基本盘开始往两岸移动。1964年《民权法》和1965年《投票权法》通过后，两党支持者的结构发生重大变化，大量南部白人抛弃了对民主党长达一个半世纪的忠诚而转向共和党，而黑人对民主党的支持率暴增。这种变化在1968年大选中更加清晰：民主党仅获得一个南部州，反而赢得东北部和五大湖区的13个州；相反，尼克松赢得了南部一半州。[③] 随着民主党丧失了保守的南部基本盘，他们在更加自由化的两岸和五大湖选民中增强了力量。同时，共和党温和派开始失去在东北部的传统据点，扎根于南部和西部的保

① Walter Dean Burnham, The System of 1896: An Analysis, in Paul Kleppner et al., *The Evolution of American Electoral Systems*, Greenwood Press, 1981, pp.147–202.

② L. Sandy Maisel, Mark D. Brewer, *Parties and Elections in America: The Electoral Process*, Rowman & Littlefield, 2011, p.42.

③ 另一半被美国独立党的小乔治·华莱士（George Wallace Jr.）获得。

守力量在共和党中逐渐占上风。

20世纪70年代以后，富兰克林·罗斯福（Franklin Roosevelt）创建的新政联盟基本上解体。美国政党体系从主要依靠新政时期形成的群体忠诚转向主要依靠意识形态和身份政治。民权运动所引发的争议进一步加大了两党的差别。原来的基于地域和社会阶级的分裂逐渐失去重要性，而基于性别、宗教、种族、身份、价值观的差异一直在增强。[①]20世纪60年代南部政党重组的影响在1980年里根当选时得到确认和巩固。这场南部政党重组成为过去几十年里民主党变得更加自由化、共和党更加保守化以及两党极化越来越严重的主要原因。

美国政治史上的政党重组可以用两党DW–NOMINAT分值的定量变化来反映。政党重组往往会导致DW–NOMINAT空间模型的剧烈变动。在美国历史上的大部分时期，两大党基本上都是沿着第一维度（即经济议题维度）发生分裂，但政党重组往往意味着第一维度发生剧变，或者被第二维度（通常是种族或区域议题）所替代或干扰。分裂第一政党体系中的联邦党和民主共和党的主要议题是联邦经济政策。在联邦党衰微后，一党独大的民主共和党也因为密苏里妥协案等问题发生了分裂：北部的民主共和党人反对南部和西部的民主共和党人，此时的经济议题被区域议题所取代。在1828年政党重组后，第一维度得到重建，经济议题再次成为分裂民主党和辉格党的主要因素，但这一时期同时存在奴隶制议题这个较强的第二维度。到19世纪50年代，奴隶制问题成为两党间的主要矛盾，因而发生了第三次政党重组。直到19世纪70年代，第一维度再次重建，同时伴随着区域议题这个较弱的第二维度。1896年和1932年的两次政党重组虽然没有伴随空间模型的剧烈变动，但经济议题的内容和两党力量的对比都发生了巨大变化。从新政后期一直到20世纪70年代中期，是美国唯一的实质性的三党制发展期，因为这时存在较强的第二维度——种族议题。这一时期民主党内一直在第二维度上存在明显分裂，保守的南部民主党人是民主党内一支独立性很强的政治力量。很大程度上正是

① 张业亮：《“极化”的美国政治：神话还是现实？》，《美国研究》2008年第3期。

由于种族议题所造成的民主党内部分裂，两党政治极化在 20 世纪中期处于历史最低水平。[①] 民权运动兴起后，南部保守民主党人逐渐转投共和党，同时，少数族裔大量涌入民主党。民主党内部的南北分裂逐渐减弱，两党内的同质性和两党间的异质性都在增强。70 年代后，种族议题跟经济议题紧密关联起来，独立的第二维度几乎消失。国会和精英真正实现了一维化，政治极化也越来越严重。

二、美国南部政党重组

20 世纪 70 年代以来，美国两党意识形态的变化反映了南部政党重组对政治极化的促进作用。考察内战以来两党 DW–NOMINAT 分值的整体变化可以发现，两党在 20 世纪初的极化程度达到一个高峰，随后缓慢下降，大萧条和新政期间下降最快，随后的三四十年是美国历史上两党差异和政治极化程度最小的时期，但 20 世纪 70 年代以来，两党的差异越来越大，目前的政治极化程度已经超过 20 世纪初的水平。[②] 考察两党内南北两个分支的情况可以发现，两党内南部分支的变化是过去半个世纪以来两党意识形态极端化的重要原因。就民主党而言，南部民主党的 DW–NOMINAT 分值从 1961 年的 −0.076 变为 2015 年的 −0.37，变动幅度为 −0.294；同一时期，北部民主党从 −0.347 变为 −0.387，变化幅度仅为 −0.04；民主党整体从 −0.232 变为 −0.384，变化幅度也只有 −0.152。这些数据表明，新政以来，南部民主党趋向自由化的程度远大于北部民主党和民主党整体。因此，南方民主党从相对保守转向自由是民主党整体越来越自由化的主要原因。

同一时期，共和党的保守化程度明显甚于民主党自由化的程度。在 20 世

① Keith T. Poole, Howard L. Rosenthal, *Ideology and Congress*, Transaction Publishers, 2011, pp.42–54.

② 详见杰弗里·刘易斯（Jeffrey B. Lewis）、基思·普尔和霍华德·罗斯塔尔三人统计并制作的两党国会成员 DW–NOMINAT 分值历史变化图，参见 https://voteview.com/parties/all。本文使用的所有 DW–NOMINAT 分值都是在他们提供的原始数据的基础上整理和分析得出的，参见 https://voteview.com/data。

纪中期，共和党整体上比较温和，DW–NOMINAT 分值长期维持在 0.25 左右，但 20 世纪 70 年代后就迅速保守化，目前的 DW–NOMINAT 分值已达到 0.7，为该党历史最高水平。从 20 世纪 70 年代到现在，共和党 DW–NOMINAT 分值的绝对值增加了 0.5，民主党仅增加了不到 0.1。从这个角度来说，共和党对两党极化的贡献率高达 85%。这说明，在过去几十年里，共和党更趋于极端保守化，而且两党内的南部一支都对两党整体的极端化起了主要推动作用。

美国政治史上的第二维度一般代表种族或区域议题上的分裂，过去半世纪里第二维度的消亡也促进了美国政党政治的极化。从过去 100 多年的变化趋势可以看出，19 世纪后期到新政，两党及其南北分支在第二维度上的分裂相对较小，彼时第二维度的重要性较小。因为这是美国政治极化的第一个高峰时期，所以各种议题都关联到第一维度上去了。但新政之后，两党及其南北分支在第二维度上的分歧变得非常明显，第二维度的重要性大增。如前所述，这一时期南部民主党实质上变成了"第三党"。20 世纪 60 年代南部政党重组之后，第二维度逐渐走向消亡，种族议题重新跟经济议题高度关联起来。换言之，两党在经济和种族等议题上的强化性分裂（而非交叉性分裂）使得政治极化越来越严重。

虽然南部白人脱离民主党在 20 世纪 60 年代突然加速，但南部政党重组实际上是一个漫长的过程。自建国以来，南部绝大多数白人就一直效忠民主党。从 1877 年到 1964 年，民主党控制着南部几乎所有的州立法机构和行政官职。这个维护南部特殊利益的选举集团被称为"坚固的南部"。它对整个民主党的影响力在新政之后逐渐减弱。在 20 世纪 20 年代，南部各州为民主党总统候选人贡献了 90% 的选举人票，但在 1936 年大选中只贡献了 23%。[①] 北部黑人转向民主党和美国人民权意识觉醒推动杜鲁门总统在 1948 年签署了第一个民权行政令，但它遭到南部民主党议员的一致抵制。在该年大选中，斯特罗姆·瑟蒙德（Strom Thurmond）带领大量南部民主党人从民主党中分离出

① Doug McAdam, *Political Process and the Development of Black Insurgency: 1930–1970*, The University of Chicago Press, 1999, p.82.

去，组建州权民主党。[①]

到20世纪60年代，随着民权运动的发展，南部保守民主党人的离心程度越来越大。约翰逊总统于1964年签署《民权法》引起了他们的彻底反叛，“坚固的南部”集团解体。来自南部的约翰逊预见到这种情况的发生，他在签署法案时就说：“我知道风险是巨大的，我们可能会失去南部，但那些州可能无论如何都会失去。”[②]在1964年大选中，约翰逊受到戈德华特所率领的保守共和党人的挑战，南部腹地的五个州第一次投向共和党阵营。同年，瑟蒙德也因反对《民权法》而加入共和党。在1968年大选中，亚拉巴马州前州长乔治·华莱士（George Wallace）脱离民主党，组建美国独立党，最终赢得南部五个州。尼克松同样获得五个南部州。他的“南部战略”效果显著，他有意识地利用南部白人的种族主义情绪，吸引他们脱离民主党转投共和党。[③]除了1976年外，在20世纪70年代以来的历次总统选举中，共和党都获得了大多数南部州的支持。进入21世纪后，共和党对南部各州的掌控基本上绝对化，类似于20世纪60年代以前民主党对南部的垄断。但在国会层面，共和党对南部的掌控经历了一个更长的过程。[④]直到1994年中期选举，纽特·金里奇领导的“共和党革命”才首次获得南部众议院的多数席位。可以说，南部政党重组在总统选举层面肇始于20世纪60年代，在国会层面则直到20世纪90年代才最终完成。[⑤]

从以上论述可得出：第一，20世纪70年代以来的政治极化主要是共和党的极端保守化造成的，而且两党的南部分支都对两党整体上的极端化起了主

---

① Kari A. Frederickson, *The Dixiecrat Revolt and the End of the Solid South:1932–1968*, The University of North Carolina Press, 2001, pp.187–190.

② Nick Kotz, *Judgment Days:Lyndon Baines Johnson, Martin Luther King Jr., and the Laws that Changed America*, Houghton Mifflin Harcourt, 2005, p.61.

③ Joseph A. Aistrup, *The Southern Strategy Revisited:Republican Top–Down Advancement in the South*, University Press of Kentucky, 1996, pp. 8–11.

④ 倪春纳：《论美国国会政党极化的结构性根源》,《当代世界与社会主义》2017年第5期。

⑤ James E. Campbell, Party Systems and Realignments in the United States, 1868–2004, *Social Science History*, Vol.30, No.3, 2006.

要推动作用。第二，种族问题一直是造成民主党内南北分裂的主要原因，也是推动保守的南部民主党人脱离民主党转投共和党的原动力。[①]第三，南部政党重组发生后，种族这个第二维度逐渐消亡，两党再次严格按照第一维度发生分裂，但这并不是说种族问题不再重要，它仍然非常重要，只是同经济等其他议题相互关联起来，并沿着第一维度发生了严重分裂。

三、美国共和党的极端右转

第二次世界大战后，共和党的右转经历了长期的过程。在20世纪四五十年代，共和党内部存在着“杜威共和党人”和“塔夫脱共和党人”两个派系的权力斗争。托马斯·杜威（Thomas E. Dewey）是共和党东部建制派的领袖，赞成新政和国际主义外交政策；罗伯特·塔夫脱（Robert A. Taft）领导着共和党保守派，捍卫新政前的共和党传统原则，坚决反对新政和国际主义外交政策。塔夫脱对罗斯福占用传统上属于共和党的“自由主义”一词感到愤慨，便最早以“保守主义者”自居，但这个词的极端性和普遍性在他那个时代无法与今日相提并论。塔夫脱公开批评种族主义，对宗教议题不感兴趣，反对自由贸易和扩大军费。[②]这种立场在今日必然会遭到保守派甚至是主流共和党人的质疑。

在这场长期斗争中，杜威共和党人控制着历次共和党总统候选人提名。在其策划下，艾森豪威尔代表共和党成功当选总统。艾森豪威尔没有鲜明的意识形态，他将自己的温和政治理念称作“现代共和主义”。当时的共和党全国委员会也采取了类似的温和立场，认为共和党应该使美国团结在一起，而不是沿着意识形态或阶级界线分裂；党内既要有自由派又要有保守派，两者相互妥协；共和党与民主党应共享核心前提和终极目标，只是在实现方法上有

① Edward G. Carmines, James A. Stimson, *Issue Evolution: Race and the Transformation of American Politics*, Princeton University Press, 1989, p.58.

② 戴维·法伯、焦姣：《美国保守主义：政治进程而非固有观念》，《美国研究》2016年第5期。

所区别。[①] 在这种弥漫着共识和妥协的政治氛围中，保守主义无论是在政治上还是在思想上都没有立足之地。右翼保守主义者在当时主流人士看来是“偏执狂、怀旧者甚至野蛮人”，就像著名文学评论家莱昂内尔·特里林（Lionel Trilling）所言：“自由主义不仅是美国主导性的思想传统，而且是唯一的思想传统”，保守主义只是“试图表现为思想但其实是狂躁不安的呓语”。[②]

（一）民权运动与现代保守主义的兴起

二战后的美国社会涌动着一股保守主义潜流，多方面因素共同促成了这种变化：一是出现了一批保守主义知识分子，他们修饰完善了之前粗鄙的保守主义思想；二是来自西部各州的保守政治精英逐渐涌入之前被东部温和派精英控制的政坛；最重要的是，随着民权运动的兴起，保守的南部白人对民主党日益不满，以致最终背离民主党转投共和党。戈德华特成功地利用了这三股力量，成为美国现代保守主义的旗手。戈德华特的反民权运动立场使南部保守派找到了新的支持对象。著名的南部民主党人瑟蒙德在 1964 年加入了戈德华特的阵营。戈德华特在 1964 年的总统竞选策略跟特朗普一样是反主流的。当时两大党都坚持努力吸引持温和立场的中间选民，两者的立场区别甚小，无法给选民提供一个清晰的选择。戈德华特以“选择而非回音”[③] 为竞选口号，承诺他将为选民提供一个清晰的选择。他放弃以模糊政策迎合中间选民的传统竞选策略，竭力去动员他的基本盘——那些为数不多但立场坚定、纪律严明的草根保守主义者。

虽然戈德华特动员基本盘的策略出人意料地赢得了党内提名，却在大选中遭遇了美国总统竞选史上最大的惨败。戈德华特的极端立场和反主流策略在当时尚未极化的政治环境中注定会失败。在当时看来，戈德华特或许是保守主义名声扫地和新政自由主义如日中天的最佳证明，但在后见之明看来，

① Sam Hoffmann Rosenfeld, *A Choice, Not an Echo: Polarization and the Transformation of the American Party System*, Harvard University PhD Dissertation, 2014.

② Russell Kirk, *The Conservative Mind: From Burke to Eliot*, Regnery Publishing, 2001, p.476.

③ Phyllis Schlafly, *A Choice Not an Echo: The Inside Story of How American Presidents Are Chosen*, Pere Marquette Press, 1964, pp.117-121.

他却是保守主义和共和党走向兴盛的开端。第一，戈德华特初步整合了西部和南部的保守派力量，奠定了之后几十年里共和党的基本盘。第二，他开创的现代保守主义成为足以取代传统共和党理念的另一种思潮，最终被里根在 20 世纪 70 年代后期发扬光大，并长期主导之后的美国政治生活。戈德华特的现代保守主义可谓过去半个世纪里共和党的意识形态逐渐走向极端保守的开端。第三，他竭力动员基本盘的竞选策略虽暂遭惨败，但却在 20 世纪 70 年代之后的政治极化时代被越来越广泛地使用。

20 世纪 60 年代的动荡为美国保守主义开启了复兴的大门。以民权运动为首的各种运动撕裂了美国社会和民主党。北部进步派民主党人变得更激进，但南部保守的白人却叛离了民主党，中产阶级和贫穷白人也对社会动荡与照顾黑人的政策感到不满。尼克松发明了“沉默的大多数”这一宣传概念，用以吸引那些政治上不活跃但对社会动荡和少数族裔权利感到不满的白人蓝领与中产阶级的支持。[①] 他还运用“南部战略”吸引南部保守分子，使他们脱离民主党阵营。尼克松在意识形态上无疑是一个保守分子，但他的执政充斥着实用主义，继续推动新政和国际主义外交政策。尼克松的继任者杰拉尔德·福特（Gerald Ford）也是个中间分子，他甚至任命保守派厌恶的温和派共和党人纳尔逊·洛克菲勒（Nelson Rockefeller）为副总统。保守主义者对尼克松和福特感到失望，便在 1976 年支持坚定的保守分子里根与福特竞争共和党提名，[②] 结果使福特以微弱劣势输给了民主党的吉米·卡特（Jimmy Carter）。

（二）里根保守主义主导美国政治

共和党的加速保守化发生在 1980 年的里根革命时期。新保守主义分子为这场革命贡献了重要思想资源。这个群体是生活在纽约和波士顿的一批知识分子，多为犹太人和移民后裔，核心成员包括欧文·克里斯托（Irving Kristol）、丹尼尔·贝尔等人。在新政年代，他们多为民主党支持者，甚至拥

---

① Rick Perlstein, *Nixonland: The Rise of a President and the Fracturing of America*, Simon & Schuster, 2010, p.748.

② Rick Perlstein, *The Invisible Bridge: The Fall of Nixon and the Rise of Reagan*, Simon & Schuster, 2015, pp.443–468.

护各种形态的马克思主义。但他们对精英阶层的向往，使得他们厌恶60年代自由民主党人的各种激进行为。他们最终抛弃了新政自由主义，开创了极端的新保守主义思想。新保守主义者不仅批评自由主义者，而且谴责传统右派。[①]他们在国内政策上坚持小政府和自由市场经济理念，但更关注外交政策。他们赋予外交政策强烈的道德和意识形态色彩，拒绝接受美国相对实力下降和实行战略收缩的假设，反而要求美国重建军事优势和道德自信，甚至采取军事手段向全球推广自由民主制度。[②]

里根革命的另一股重要力量是宗教右翼分子。自由派推动的民权运动和对宗教的挑战激怒了宗教右翼分子，尤其是基督教福音派，他们主要是居住于南部的白人。随着南部保守派脱离民主党加入共和党，福音派也逐渐远离民主党。福音派在私立学校的宗教自由与政教分离问题上跟自由民主党人发生了激烈冲突。他们转而卷入世俗政治，组织起利益集团来迫使政治精英采纳自己的主张。1979年浸礼会牧师杰里·福尔韦尔（Jerry Falwell）建立了“道德多数”组织，使得宗教右翼、社会保守派和共和党紧密联系起来。宗教右翼积极参与美国政治，在堕胎、同性恋、女权运动、学校祈祷等问题上采取极端保守的立场。他们是最早宣布支持里根的群体之一，其强大的基层动员能力为里根的胜利提供了保证。[③]

1980年里根的当选在美国掀起了一场保守主义革命。他推行了一系列重要的保守主义政策，包括削减政府规模、减少福利开支、解除企业管制、推行自由市场政策、降低累进税率、打击工会组织、与苏联展开军备竞赛、将保守派大法官送进最高法院，等等。当里根离任时，美国的政治生活已经与20世纪70年代截然不同：保守主义意识形态成为主流，共和党自20世纪50年代以来首次占据参议院多数席位；共和党虽然逐渐失去在两岸和大湖区的传统阵地，但成功将南部和西部打造成自己的坚固堡垒。民主党也无法无视

① Irving Kristol, *The Neoconservative Persuasion*, Basic Books, 2011, pp.190–194.

② 周琪：《“布什主义”与美国新保守主义》，《美国研究》2007年第2期。

③ Robert G. Liebman, Robert Wuthnow, *The New Christian Right*, Aldine Publishing Company, 1983, p.36.

里根保守主义对美国所造成的不可逆转的影响，当克林顿在 1992 年竞选总统时，他已经回不到纯粹的新政自由主义，而不得不带领新民主党人走“第三条道路”。

20 世纪 90 年代的美国政治议程很大程度上依然是保守派制定的。克林顿执政后采取了一系列在纯粹自由主义者看来过于保守的政策，包括改革福利制度、打击犯罪、减少赤字、平衡预算、取消新政时期对金融行业施加的管制等。尽管如此，他仍遭到保守派的强力挑战。在 1994 年中期选举中，来自南部的金里奇掀起了一场保守的共和党革命，导致 1955 年以来共和党首次获得众议院的多数席位。

小布什的当选意味着共和党变得更加保守。小布什较其父祖要保守得多。他们祖孙三代的 DW-NOMINAT 意识形态分值分别为 0.276、0.578 和 0.729，[①] 保守化趋势非常明显。极端的新保守主义者在小布什执政期间找到了舞台，保罗·沃尔福威茨（Paul Wolfowitz）和路易斯·利比（Lewis Libby）都进入了小布什政府，分别担任国防部副部长和副总统切尼的幕僚长，其他重要的新保守主义者还包括前美国驻联合国代表约翰·博尔顿（John Bolton）、国家安全顾问艾略特·艾布拉姆斯（Elliott Abrams）等。

（三）茶党运动与特朗普推动共和党极端保守化

在奥巴马执政时期，共和党变得更极端。奥巴马的救市和医改刺激了极端保守的茶党运动的兴起。他们不仅反对民主党，而且认为共和党建制派太软弱无能。在 2010 年中期选举期间，茶党共支持 138 名保守派候选者参加竞选，其中 39 名成功进入众议院，5 名进入参议院，[②] 确保共和党赢得了众议院多数。茶党运动实质上清除了所有可能存在的温和派共和党议员。在保守派的压力下，共和党对奥巴马的政策尽一切可能进行阻挠。奥巴马医改法案遭到两院共和党议员一致反对，他们还竭力阻挠政府提高债务上限，不惜导致

① Jeffrey B. Lewis, Keith Poole, Howard Posenthal etc., Voteview: Congressional Roll-call Votes Database, https://voteview.com/data.

② How the Tea Party Fared, The New York Times, http://www.nytimes.com/interactive/2010/11/04/us/politics/tea-party-results. html.

联邦政府关门。共和党人的行为显示，他们拒绝承认民主党总统的基本合法性。金里奇时代的技术性阻挠演变成一种认为任何妥协都会构成背叛的信条。

共和党当前的极端保守言行或许在里根看来都会感到惊讶。里根虽然得到宗教右翼的大力支持，但他对堕胎等社会议题并不太在意，在外交政策上也表现出很强的灵活性。里根的灵活性还表现在他签署了《1986 年移民改革与控制法》，但最近几年共和党反移民态度越来越坚定。2012 年米特・罗姆尼（Mitt Romney）竞选总统失败后，共和党全国委员会曾指出，在未来大选中要想获胜，共和党就必须增强对少数族裔的吸引力，措施之一就是支持全面的移民改革。[①] 但众议院共和党二号人物埃里克・康托尔（Eric Cantor）因移民问题在 2014 年中期选举中却遭到茶党分子的挑战而落选。这震惊了共和党议员，他们不再敢提移民改革了，现在更不敢反对特朗普的极端反移民政策。

2016 年总统选举结果使得共和党在许多议题上更加保守。特朗普获得未受高等教育的白人的鼎力支持，出乎意料地赢得党内初选和大选。这群选民在种族文化议题上非常保守，跟共和党建制派的主张有很大不同。他们反对外来移民，认为移民威胁到美国的价值观和生活方式；也反对全球化和自由贸易，认为它们导致薪资下跌、工作岗位流失和福利减少；他们还担心民主党想要夺走他们的财富，再重新分配给那些少数族裔和外来移民。[②]

上述意识形态、选民基础和关键议题的变化，展现了过去几十年里共和党逐渐走向极端保守的具体过程。直到 20 世纪 60 年代中期，共和党一直由温和派主导，但戈德华特开创的现代保守主义逐渐成为共和党思想的主流。南部保守白人转向共和党等多种因素促成共和党在 20 世纪 70 年代的成功。1980 年里根当选总统更意味着保守主义成为美国政治生活的主流。进入 21 世纪后，共和党变得更加极端保守，茶党运动进一步推动共和党右转。特朗普的当选意味着共和党意识形态再次发生重大变化，并加剧政治极化的势头。

---

① Republican National Committee, Growth and Opportunity Project, https://www.gop.com/growth-and-opportunity-project/.

② 周琪、付随鑫：《美国的反全球化及其对国际秩序的影响》，《太平洋学报》2017 年第 4 期。

四、民主党的左转

过去半个世纪里，民主党的左转程度比共和党的右转程度要低得多，过程也相对简单。20世纪70年代以来，众议院民主党议员的DW-NOMINAT意识形态平均值的降低幅度不到0.1，远低于共和党的0.5。民主党整体值的下降主要是由于南部民主党人的左转。北部民主党人则变化不大，甚至在20世纪七八十年代还略显保守。

南部民主党人的左转是因为保守白人脱离了民主党以及南部少数族裔涌进民主党。1964年《民权法》通过后，南部保守民主党人逐渐转投共和党。这个现象早期主要发生在总统选举中。至于国会和州层面，南部从民主党转向共和党直到20世纪90年代中期才明显出现。在1960年之前，南部除佛罗里达和弗吉尼亚之外的各州州长、联邦参议员和州议会席位几乎都被民主党控制着。到20世纪80年代里根执政期间，民主党所占的比例仍高达80%。明显的转变发生在20世纪90年代中期，即金里奇所领导的共和党革命，其间民主党的比例迅速下降到50%。进入21世纪后，民主党所占比例以更快的速度下降，目前已经接近于零。[①]联邦参议院的变化最显著。在1994年共和党革命前，民主党依然控制着2/3的南部参议院席位。但20年后，随着路易斯安那州联邦参议员玛丽·兰德里欧（Mary Landrieu）在2014年连任失败，参议院里就完全没有来自南部的民主党成员。[②]其余的南部民主党人的左转经历了很长时间。直到最近几年，其整体自由化的程度才接近北部民主党人。左转的主要原因是来自南部的少数族裔议员越来越多。2014年中期选举，来自佐治亚的联邦众议员约翰·巴罗（John Barrow）也未能连任成功。他的失败意味着南部腹地各州已经没有一个白人民主党联邦众议员了，剩余十几名南部民

---

① Nate Cohn, Demise of the Southern Democrat Is Now Nearly Complete, *The New York Times*, Dec.4, 2014.

② Molly Ball, The Last Southern Democrat, https://www.theatlantic.com/politics/archive/2014/12/mary-landrieu-louisiana-senate-runoff-the-last-southern-democrat/383412/.

主党众议员都是非裔或拉美裔的。[1]

直到克林顿时期，民主党自由化的速度整体上仍比较缓慢，进步派民主党人和走“第三条道路”的新民主党人相互牵制。但进入21世纪，民主党开始以更快的速度左转。最近十余年，民主党的左转历程包含两个时期：第一个时期与小布什担任总统有关。克林顿新民主党人曾认为，民主党必须承认里根共和党人带来的不可逆转的变化并且向共和党学习经验，才有可能赢得下次选举。[2] 但小布什的保守政策至少从两个方面严重削弱了新民主党人和“第三条道路”的合法性。一方面，在经济议题上，新民主党人曾认为里根为企业减税和放松管制的政策促进了经济增长，但小布什将最高税率进一步削减至35%并大大放松对企业的监管，结果却是经济增长缓慢，政府债务快速膨胀，随后更是发生了2008年金融危机；另一方面，在外交政策上，新民主党人曾认为里根大规模增加国防支出和提升军备有助于击败美国对手，但小布什在新保守主义的指导下发动反恐战争却引发了外交灾难。随着这些恶性后果日益显现，进步派对新民主党人的不满迅速爆发出来。在2004年总统选举中，默默无闻的佛蒙特州州长霍华德·迪安（Howard Dean）强烈批评那些支持伊拉克战争的民主党人，并赢得大批进步派的支持，一度成为民主党初选的领跑者。这种党内氛围的变化一直延续到2006年中期选举和2008年大选。奥巴马很大程度上正是凭借其反战立场在初选中击败了希拉里。

第二个时期与奥巴马的政策和遭遇的挫折有关。奥巴马的当选曾让进步派民主党人踌躇满志，但其执政表现很快就让他们感到失望。奥巴马本人的意识形态与主流民主党人非常接近，[3] 因此他很难充分接受和推动进步派的主

---

① Jason Zengerle, The Death of the Southern White Democrat Hurts African-Americans the Most, https://newrepublic.com/article/120212/john-barrows-2014-midterm-loss-end-white-southern-democrats.

② Jon F. Hale, The Making of the New Democrats, *Political Science Quarterly*, Vol.110, No.2, 1995.

③ Keith Poole, Christopher Hare, The Presidential Square Wave through the 113th Congress, https://voteviewblog.com/2016/08/04/the-presidential-square-wave-through-the-113th-congress/.

张，而且他的许多重要政策都遭到共和党议员的全力阻挠，以致收效甚微。特别是 2010 年通过的《多德–弗兰克法》没有让华尔街得到有效管制。左翼民粹主义者对此感到愤怒，他们发起了“占领华尔街”运动，抗议华尔街的贪婪和严重的经济不平等。这场运动的积极分子基本上都曾在 2008 年支持民主党，但奥巴马糟糕的执政表现却让他们走上街头。除了参议员伯尼·桑德斯（Bernie Sanders）外，这场民粹运动未能得到其他重要民主党人的支持，也未产生显著的直接影响，但它却将经济不平等议题注入美国政治争论中，并推动民主党进一步左转。

在 2016 年民主党初选中，桑德斯凭借“经济不平等”这个单一议题成为希拉里最有力的党内挑战者。虽然未能获得提名，但他迫使希拉里和民主党建制派接受其部分主张，包括将最低工资提升到 15 美元每小时、加强对华尔街的监管、保护工人阶级利益，等等。[①]桑德斯自称“民主社会主义者”，这在民主党总统竞选史上是前所未有的。他不仅在民主党内没有遭遇太大的意识形态阻力，而且对年轻人产生了巨大吸引力。希拉里在 2016 年选举中几乎完全复制了奥巴马的竞选策略和政策立场，试图吸引曾经将奥巴马送进白宫的那些选民。[②]但问题在于，奥巴马在 2008 年的左倾立场在 2016 年看来已经过于保守了，完全无法吸引更加自由化的民主党选民。对奥巴马期望破灭的进步派民主党人希望推动政策进一步左转。在 2016 年初选中，民主党选民比在 2008 年更加自由化。在艾奥瓦这种传统“红州”，决定参加民主党党团会议的投票者中有 43% 自认为是社会主义者，他们占到桑德斯支持者的 58% 和希拉里支持者的 1/3。[③]尽管多数美国人至今仍对社会主义心存怀疑和反感，但它在美国年轻人中却越来越受欢迎。2016 年的盖洛普调查显示，只有 35% 的

① 周琪、付随鑫:《深度解析美国大选中的“特朗普现象”与“桑德斯现象”》,《国际经济评论》2016 年第 3 期。

② Anne Gearan, Clinton Is Banking on the Obama Coalition to Win, https://www.washingtonpost.com/politics/running-to-the-left-hillary-clinton-is-banking-on-the-obama-coalition-to-win/2015/05/17/33b7844a-fb28-11e4-9ef4-1bb7ce3b3fb7_story.html.

③ Bloomberg Politics, Des Moines Register Iowa Poll, http://media.bloomberg.com/bb/avfile/rgsikEKtNf30.

美国人对社会主义持正面评价，但在18～29岁的年轻人中这一比例却高达55%。[①] 从这些变化趋势来看，未来民主党很可能会继续左转，美国政治的极化短期内不会缓和。

五、结论与思考

过去的半个世纪里，美国政党体系和政治思潮都发生了显著变化。最大的变化之一是共和党变得越来越保守，保守主义成为共和党的主流意识形态，南部保守白人从民主党转向共和党是这种变化的一个重要原因。随着南部保守白人的脱离和少数族裔的涌入，民主党的左转也有所加速。在过去的半个世纪里，两党意识形态向两极移动的趋势使得美国的政治极化越来越严重。共和党的大幅度右转和民主党的左转，都源自20世纪60年代以来的南部政党重组过程。

特朗普的当选和执政预示着美国的政治极化趋势很可能加剧。2016年选举后美国政治确实发生了巨大变化，两党的格局在一定程度上出现了重组。在选民结构方面，特朗普当选的关键是大多数白人蓝领和乡村白人的鼎力支持。这些人自里根时期以来逐渐从民主党转向共和党，特朗普的当选延续了这个趋势。不管特朗普采取什么措施，美国白人人口比例还会不断下降，许多白人的经济社会地位也会继续恶化，他们对少数族裔和外来移民的不满短时期内很难缓解。可以预见，两党在选民基本盘上的分野将不会模糊而是更加巩固：共和党将更依赖白人，特别是未受高等教育的白人；而民主党并没有竭力挽回白人蓝领，而是愈加依赖少数族裔、外来移民和支持全球化的白人精英。在选举地理方面，由于选民结构的变化，特朗普赢得了威斯康星、密歇根、宾夕法尼亚等“铁锈地带”。而这些州自1992年以来一直都支持民主党，在2016年竞选中也被普遍认为是民主党的安全州。意识形态方面，最大

① Frank Newport, Americans’ Views of Socialism, Capitalism Are Little Changed, http://www.gallup.com/poll/191354/americans-views-socialism-capitalism-little-changed.Aspx.

的变化是特朗普反对全球化、自由贸易和外来移民的右翼民族主义–民粹主义意识形态很大程度上取代了共和党建制派长期秉持的里根式保守主义。同时，在减税、去管制、医保改革和社会价值观等共和党传统议题上，特朗普的立场可能比共和党建制派更保守。整体来看，共和党的意识形态虽然发生了很大变化，但其保守性并没有弱化反而在强化。民主党方面，虽然进步派和温和派的分裂继续存在，但前者的许多主张实际上在逐渐变成主流，例如支持桑德斯"单一付款人"医改方案的民主党人显著增加。民主党人对身份政治的依赖也在增强。此外，特朗普的言行也在加剧美国政治分裂和极化。虽然特朗普和共和党占据了联邦政府的所有三个分支，但他们在 2016 年大选普选票上却处于劣势，美国人口结构的未来发展也对他们不利。因此，在这个已经非常极化的政治环境中，为了巩固支持和谋求连任，特朗普和共和党的策略只能是继续向极端迈进，竭尽全力迎合和动员其基本盘，而非拉拢中间选民或在美国民众中创造共识。

综上所述，特朗普的执政将延续并强化南部政党重组以来的政治极化趋势。政治极化在美国历史上其实是常态而非例外，但当前的极化已经达到内战结束以来的最高水平。美国历史上只有大萧条和新政曾导致极化程度明显下降。可以预见，短期内美国不大可能出现缓和政治极化的政治经济因素。

第三编

政治极化的文化与技术根源

当代美国反智主义的平等建构与政治极化的价值根源 *

当代美国反智主义（Anti-intellectualism）的兴起及其对选举政治的冲击、公共秩序的挑战与公民价值观的重塑所产生的广泛影响已是不争的事实。作为一种社会文化现象，反智主义不仅深植于美国历史传统，更普遍存在于美国人的精神生活、世俗生活、经济生活和智识生活，“这个国家的反智主义已根深蒂固”[①]。美国学界对反智主义的研究大抵涵盖在以理查德·霍夫施塔特（Richard Hofstadter）为代表的史学研究[②]和以汤姆·尼科尔斯（Tom Nichols）为代表的关系研究两种路径之中。[③]2016 年极具反智主义色彩的政治素人特朗普逆袭建制派精英希拉里登上总统宝座，成为国内学界关注和探讨美国反智主义的契机。从目前来看，学界对美国反智主义的研究主要集中在下面四

---

* 作者简介：庞金友，中国政法大学政治与公共管理学院院长、教授；孙玉寻，中国政法大学政治与公共管理学院博士研究生。原文刊载于《国外社会科学》2023 年第 3 期。

① Hannah Arendt, *The Portable Hannah Arendt*, Penguin Classic, 2000, p.27.

② 理查德·霍夫施塔特对美国反智主义的研究采用史学研究的范式，他通过对反智主义进行宗教溯源、政治传统、商业取向和教育目标的整体分析，指出美国的反智主义事实上比美国的民族认同更加古老，而且有着深远的历史文化背景。参见[美]理查德·霍夫施塔特：《美国生活中的反智主义》，陈欣言译，九州出版社 2021 年版，第 23～47 页。

③ 汤姆·尼科尔斯基于“平民—专家”的关系视角，从互联网的开放性和匿名性、高等教育的商业化与新闻产业的娱乐化等信息环境变化来揭示当代美国的民众对智识的指责、对知识的抵制、对无知的推崇已经严重威胁到公共空间的秩序与理性政治的发展。重要的是，尼科尔斯警示了反智主义在公共政策与日常生活中对“观点平等”的捍卫已经严重扭曲了民主平等的本质，破坏了政治信任，造就了平民与专家（民众与精英）之间的敌对关系，从而诊断出反智主义的放任发展会使美国的民主社会进入一个死亡螺旋，即美国民主要么陷入暴民统治，要么走向精英技术官僚统治。参见[美]汤姆·尼科尔斯：《专家之死：反智主义的盛行及其影响》，舒琦译，中信出版社 2019 年版，第 225～231 页。

个方面：一是挖掘美国反智主义的宗教溯源与阶层构成；[①] 二是分析反智主义在美国民主政治中的表现、特征与后果；[②] 三是结合新冠疫情探究美国反智主义的当代传播方式、国家话语构建与社会动员机制；[③] 四是阐释美国保守主义复兴、民粹主义崛起、后物质主义流行等议题时论及反智主义因素的相关影响。[④] 整体来说，国内对美国反智主义的研究更注重反智主义的微观现象学分析与宏观政治生态学分析。

不论当前反智主义研究采用何种路径，呈现何种状态，大体都是将反智主义视为整体性社会思潮或应急性社会机制进行考量。这种以社会为考察单元的分析框架，其背后是“国家—社会”二元关系假设，由此引发的思考必然是国家与社会在政治博弈中的平衡与互动问题，这就会弱化甚至忽略对反智主义的逻辑分析和价值判断。实际上，作为一种社会心理或社会态度，反智主义不仅是美国社会结构弊病与文化观念变迁的产物，其在政治领域的影响更折射出了当代美国价值信念的某种发展趋势。对反智主义进行价值分析，就是从思想观念的演进中透析经验世界的现象。从某种程度来说，从个别民众的反智心理到整个社会群体的反智观念形成的背后蕴含了民众政治信念的变化。基于上述思考，本文无意对美国的反智主义进行溯源研究，而是试图

① 参见刘艳：《当代美国反智主义的宗教文化根源》，《世界宗教文化》2021年第6期；阚道远、梁靖宇：《欧美反智主义的兴起：一个社会阶层结构嬗变的视角》，《浙江大学学报》（人文社会科学版）2022年第4期。

② 参见刘恩东：《反智主义的本质及社会根基分析——基于美国社会的问题审视》，《人民论坛》2020年第23期；张毅：《反智的美国》，《国际政治研究》2017年第6期。

③ 吴炜华：《反智主义、信息疫情与“后真相”合谋——美国媒体的涉华疫情报道》，《中国广播电视学刊》2020年第8期；许海云、张秦瑜：《新冠疫情下美国反智言行分析》，《现代国际关系》2020年第11期；赵海、陈展：《美国极右翼信息生产与社会动员机制——以匿名Q运动为例》，《美国研究》2021年第1期。

④ 参见张旭：《反智主义为何成为一种突出政治文化现象》，《人民论坛》2020年第36期；曾森：《美国民粹主义的历史、现实与民主根源》，《辽宁大学学报》（哲学社会科学版）2020年第6期；张建辉、郑易平：《当代美国保守主义的两重面向与保守政治的未来走向》，《世界经济与政治论坛》2022年第3期；刘艳：《美国“另类右翼”政治的兴起及其对华政策》，《当代世界与社会主义》2020年第5期；刁大明：《2016年大选与美国政治的未来走向》，《美国研究》2016年第6期；王聪悦：《美国民粹主义：历史演进、文化根基与现实嬗变》，《当代世界与社会主义》2021年第2期。

立足于当代美国的社会政治环境，集中分析美国反智主义的平等观念及其建构所表现出的当代特征，在此基础上，深入探讨反智主义如何在内外两大维度上不断强化和加剧着美国政治的极化。

一、平等主义：当代美国反智主义的价值诉求

美国人对自由主义原则的普遍信仰支撑着美国的政治秩序。这一原则以民主制为制度载体，以平等观为价值根基，以保障所有美国人的平等权利为基本目的。美国的自由主义民主以平等主义为底色，以追求平等的自由为终极善业，暗含普遍主义与个人主义两大核心原则。首先，普遍主义原则坚持“人人生而平等”的理念，认为政治权力和政治体制应该是“平等主义的、参与式的、开放的、非强制的，能够对个体和团体的诉求做出反应”[①]，同时，“能够为人们反对现实生活中存在的各种不平等、排斥与歧视提供合法性依据”[②]。因此，美国人始终对自然权利的保障和不平等的上升保持着清醒的认知，广大民众更是始终保持着对精英主义倾向的警惕和戒备。其次，个人主义原则坚持个人优先于国家和群体的抽象权利观，在政治实践中赋予每个人以平等的公民身份去追求和实现个人的权益。普遍主义原则为美国的政治动员和政治运行提供了核心价值理念，个人主义原则作为精英与民众的底线共识，长期发挥着规范个体行为、调节社会矛盾的作用。可以说，以普遍主义与个人主义相结合为原则，以自由、平等、民主、宪政、法治为核心的信念体系形塑了美国的政治共识和民族认同。

普遍的平等共识既是社会稳定的保障也是各种冲突的根源。当共识得到遵循时，民主政治稳定，民众的政治生活普遍以理性参与为基础；当共识出现裂痕时，政治冲突不断，民众的政治行为则受个人情感支配。因此，平等共识的破裂意味着个人信念的再确立，在普遍共识与个人信念的破与立中，反智

① ［美］塞缪尔·亨廷顿：《美国政治：激荡于理想与现实之间》，先萌奇、景伟明译，新华出版社 2016 年版，第 69 页。

② 唐士其：《美国政治文化的二元结构及其影响》，《美国研究》2008 年第 2 期。

主义逐渐酝酿并潜滋暗长。

第一，经济不平等和价值危机的叠加诱发反智主义滋长。当代美国社会的价值危机是由经济、政治、文化等多领域的多重不平等引发的，其中经济不平等是至关重要的基础。与以往历史时期不同，当前美国社会的不平等浪潮"发生在一个致力于追求平等的道德环境之中"①。正如夏尔·阿列克西·德·托克维尔（Charles Alexis de Tocqueville）所言，"当不平等是社会的通行法则时，最显眼的不平等也不会被人注意；而当所有人都处于几乎相等的水平时，最小一点不平等也会使人难以容忍。因此，人们越是平等，平等的愿望就越是难以满足"②。美国既有秩序中内含的平等主义追求与当前不平等现象之间的巨大反差在社会经济发展、政治制度设计与多元文化差异中广泛存在，逐渐让美国民众的平等主义理想走向幻灭。民众对客观理性的背离、对知识分子和权力的不信任、对激进政制变革的渴求等反智心理皆根源于此。

在塞缪尔·亨廷顿看来，自由、平等、民主、个人主义以及基于宪法的法治原则是美利坚国家认同的核心，在塑造和推动美国政治演变与发展的过程中发挥着关键作用。③美国社会既存秩序的稳定与冲突乃植根于美国人对这一信条的高度认同，从这个意义来说，美国社会的意识形态冲突归根结底是自由主义价值的危机，所以，"对美国政府的意识形态挑战不是来自国外，是美国本土的理想主义。在理想 / 制度间的鸿沟作用下，美国政府的合法性与美国政治理想的信仰之间存在一种此消彼长的关系"④。反智主义只是对这种价值危机的回应性反应，"每当美国社会遭遇政治危机与价值危机时，反智主义便如影随形，悄然而至"且成为"美国社会政治演进的重要标志与风向标"。⑤

---

① ［美］塞缪尔·亨廷顿：《美国政治：激荡于理想与现实之间》，先萌奇、景伟明译，新华出版社 2016 年版，第 18 页。

② ［法］托克维尔：《论美国的民主》（下卷），董果良译，商务印书馆 1989 年版，第 728 页。

③ ［美］塞缪尔·亨廷顿：《美国政治：激荡于理想与现实之间》，先萌奇、景伟明译，新华出版社 2016 年版，第 18 页。

④ ［美］塞缪尔·亨廷顿：《美国政治：激荡于理想与现实之间》，先萌奇、景伟明译，新华出版社 2016 年版，第 69 页。

⑤ 刘恩东：《反智主义的本质及社会根基分析——基于美国社会问题的审视》，《人民论坛》2020 年第 23 期。

第二，群体焦虑与社会怨恨的积累助推反智主义盛行。这是美国社会经济发展的价值危机在民众心理上的反映。发展性悖论在不平等程度上更具深刻性和广泛性，是指美国社会由机会平等自然发展而形成的优绩主义（Meritocracy）对经济不平等与教育不平等的掩饰，并在资源转换中具有与政治不平等相互塑造的趋势，导致中下层民众的政治存在感、社会尊严感和相对剥夺感增强，怨恨精英与不满体制的情绪高涨。美国人因崇尚自由和效率而推崇机会平等，认为任何人只要通过自己的努力使自己的所得效益最大化，并因此实现阶层跃升是应得的和正当的，越是平民出身、经过个人努力而获得成功的人越能得到社会的认可和崇拜。美国民众可以接受经济不平等，但当经济不平等逐渐引发教育不平等和政治不平等时，机会平等的信念就会随之幻灭，陷入优绩主义的陷阱之中。

优绩主义表达了一种自由观——每个人的命运应该由自己决定，而不是出生的环境。与这种自由观念紧密相关的是公共生活的专家主导转向，认为“政治与社会问题最好由受过高等教育、价值中立的专家来解决”[①]，公共政策的制定越来越依赖“聪明的”“理性的”专家和精英，决策权交予专家和精英之手，而“愚昧的”“感性的”公众被排斥在代议制政治之外，普通民众的权力被削弱。优绩主义也表达了一种希望——人们可以自由地靠个人选择、才能和努力实现个人价值和阶层流动。这种希望既是美国梦的核心，也是挑战美国共识的社会心理根源。当中下层民众被排斥在政治之外，生活境遇和社会尊严遭到傲慢精英的蔑视与不公正对待时，平等主义的激情被强化，“普通民众不仅仅反精英、反体制，也把专家以及专家所代表的科学权威、科学精英和科学知识作为体制宰制和精英文化的象征，对其怀着深深的不满和敌意”[②]，而这恰恰是中下层民众反智心理及其价值观的本质所在。

第三，智识精英与权力精英的垄断加速反智主义政治化。美国反智主义

① ［美］迈克尔·桑德尔:《精英的傲慢：好的社会该如何定义成功》，曾纪茂译，朱慧玲审校，中信出版社 2021 年版，第 73 页。

② 阚道远、梁靖宇:《欧美反智主义的兴起：一个社会阶层结构嬗变的视角》，《浙江大学学报》（人文社会科学版）2022 年第 4 期。

的发展是一个大众民主取代精英民主的过程。美国的民主实践是在以精英统治为取向的共和政制下进行的，美国的民主是美国精英统治的制度衍生结果，托马斯·戴伊（Thomas R. Dye）等人认为这一制度特质是对“民主的反讽”。[①]大众民主的平等理想与精英政治的权力垄断在恶性政党竞争中激发了大众反精英、反特权的非理性心理。同时，反智主义成为精英反对精英的动员工具。纵观历史，从 19 世纪 30 年代的杰克逊，到第二次世界大战后的艾森豪威尔、尼克松、里根、小布什，再到 2016 年的特朗普，美国的反智主义一直伴随政党政治而出现。政党竞争越激烈，政党政策越分化，政治精英越对立，反智主义就越活跃。“随着政治极化堡垒化，科学问题政治化，反智将成为两党斗争的新工具。”[②]政党竞争并非真正关心民众的正当诉求，而是利用反智民众对社会精英的反感、批判与质疑赢得选举，使民众沦为政党博弈的木偶。美国代议制民主对大众民主的改造致使选举政治成为反智主义爆发的高潮。代议制政制原则不再以追求实现“民主”为目标，而是基于精英共识以限制联邦政府权力、保障精英阶层的利益为旨归。美国的权力精英通过扩大普选权对大众民主进行了改造，使“民治”民主成为大众选择统治精英的合法程序，“‘大众民主’被悄悄改造为‘精英统治 + 人民同意’”[③]，将普选权等同于“民治”。民众的政治意愿只有在选举政治中才能进入主流政党考虑的范畴。选民动员关系到政党竞选的社会基础。为了赢得选举，政党候选人使用煽动性的修辞语

① 托马斯·戴伊、哈蒙·齐格勒与路易斯·舒伯特等人的研究认为，美国的民主是精英操作国家运行下的民主，这种操作使美国的国家政制设计得以稳固和强化。在美国政制中，精英阶层对美国民主的操弄使民主政治面临着诸如政治分化、种族主义、阶级对抗、极端主义、反智主义、宗教歧视和暴力思想等威胁。同时也认为精英统治是任何社会都存在的政治寡头铁律，美国民主也不例外。其“民主的反讽”意指民主政治的存活必须有精英的明智统治，民主价值的实现取决于精英在多大程度上代表和实现公共利益，即民主价值的存在要依靠开明的精英阶层，当精英阶层坚持民主理念时，民众响应精英阶层的思想和行动，民主得以运行，当精英阶层放弃民主理念或者是民众对精英阶层丧失信任时，民主便会消亡。参见［美］托马斯·戴伊、哈蒙·齐格勒、路易斯·舒伯特：《民主的反讽：美国精英政治是如何运作的》，林朝晖译，新华出版社 2015 年版，第 2～6 页。

② 庞金友、吕玉红：《大变局与小趋势：21 世纪美国保守主义的发展前景》，《江苏社会科学》2022 年第 5 期。

③ 魏南枝：《寡头政治化的美式民主》，《世界社会主义研究》2022 年第 1 期。

言打动选民，关注民众热衷的政策走向，比如以战争或和平、经济繁荣、社会福利、宗教、性别、性取向、环境保护等引导民众政治情绪，“群众情绪被精英们所操纵的程度往往要比精英们的价值观被群众情绪所影响大得多”[①]，精英对民众情绪的私利化操弄不仅不会使反智主义回落至正常状态，反而助长了反智主义的政治化。

二、平等建构：当代美国反智主义的政治表征

反智主义在平等共识的破裂中滋长，在不平等现实的感知中建构。直觉上的反智主义“是一种对智识生活及其代表人物的反感与怀疑，以及不断想要贬低智识生活价值的倾向”[②]，但在深层逻辑上，反智主义是“反对理性化的知识生产，排斥秉持理性主义和科学对世界的解释原则”[③]，因此，反科学与反理性，反精英与反建制是反智主义的本质。反智主义的平等建构寄居于美国平等共识的概念下，却呈现出与原初涵义或原初规范渐行渐远的言论和行为风格。易言之，反智主义的当代建构对平等、民主、自由等概念及其内容的理解和阐释都基于个人利益和需求的立场之上，且在当代美国社会发展中表现出极端化、激进化与反现代性的内涵。

第一，反智主义推崇无知平庸的观点平等。观点平等是反智主义在当代美国的基础性表现形式。它意味着在民主政治中，民众基于个人立场对同一政治议题的看法及其对公共决策所产生的影响具有同等效力，否定智识精英在公共领域中的自我优越感与话语主导权。如汤姆·M.尼科尔斯所言，“美国人现在普遍认为，拥有平等的政治权利义务意味着对任何事物的观点也应该

① [美]托马斯·戴伊、哈蒙·齐格勒、路易斯·舒伯特：《民主的反讽：美国精英政治是如何运作的》，林朝晖译，新华出版社 2015 年版，第 6 页。
② [美]理查德·霍夫施塔特：《美国生活中的反智主义》，陈欣言译，九州出版社 2021 年版，第 7 页。
③ 刘艳：《当代美国反智主义的宗教文化根源》，《世界宗教文化》2021 年第 6 期。

是平等的”[①]。民众对观点平等的固执是与智识精英进行话语对峙和博弈的外在形式，实质上是对权利的曲解及对平庸的推崇。奥尔特加·伊·加塞特（José Ortegay Gasset）认为当前这个时代的典型特征是“平庸的心智尽管知道自己是平庸的，却理直气壮地要求平庸的权利，并把它强加到自己触角所及的一切地方”[②]。智识上的平庸之辈对公共生活的把持与控制是当下美国时局引人注目的现象，“在美国，大众把一切与众不同的、优秀的、个人的、合格的以及精华的事物打翻在地，踩在脚下；任何一个与其他所有人都不像的人，没有像其他所有人一样考虑问题的人，都将面临着被淘汰出局的危险”[③]，而“当民主被理解为一种永无止境的追求，追求的是给无根据的观点自然而然的尊重，那么一切皆有可能发生，包括民主共和国政府的终结”[④]。反智主义推崇无知和平庸致使大众自我意识不断强化，对外在权威的质疑和排斥引发民众对权利平等的直接诉求。观点平等的存在与行为目的不在于实现个人的独立价值，而是通过对自己是否与其他人一样来进行自我定位，以自己与他人的相似性作为行为准则，任何与这个准则相异的行为、人群和价值观念都被反智的相对原则所排斥、拒绝甚至敌视。

第二，反智主义寻求效能等同的话语平等。这是观点平等在深层逻辑上的拓深，是反智主义从政治参与的维度对当代美国政治产生影响的主要环节。它主张智识差异不应成为影响政治参与效能的因素，平庸之人和智识出众者在民主政治中的影响力要具有同等价值性和有效性。反智主义对政治参与效能等同的强化受到平等主义激情的感召，在政治运动中塑造了社会群体的激情政治倾向。美国历史上的改革时期、杰克逊时期、进步时代与 20 世纪 60

① ［美］汤姆·M.尼科尔斯：《专家之死：反智主义的盛行及其影响》，舒琦译，中信出版社 2019 年版，第 7 页。

② ［西班牙］奥尔特加·加塞特：《大众的反叛》，刘训练、佟德志译，山西人民出版社 2020 年版，第 13 页。

③ ［西班牙］奥尔特加·加塞特：《大众的反叛》，刘训练、佟德志译，山西人民出版社 2020 年版，第 13 页。

④ ［美］汤姆·M.尼科尔斯：《专家之死：反智主义的盛行及其影响》，舒琦译，中信出版社 2019 年版，第 253 页。

年代至70年代初的四个时期，在平等主义激情影响下“不满情绪普遍存在，权威、等级、专门性和专业性受到广泛的质疑和否定”①，反智主义成为政治行为的主要特征。作为一种抗议性的政治理想，“平等体现并刺激着人对宿命和命运、对偶然的差异、具体的特权和不公正的权力的反抗”②，对参与效能等同的极端诉求是反智主义进行权力抗议的方式。一方面欲求确立自我意识，意图摆脱智识精英对社会生活的干预，另一方面追求外在的政治承认，即排除智识差异的政治效能平等。在自由主义民主的话语体系中，实质性平等只囿于政治领域即选举过程中的“一人一票”原则，政治之外的经济、社会领域的平等只是一种资格意义上的平等，实质性的不平等是存在的，不平等差异也是合理的，以此来保证政治领域与社会领域的相对独立性，维持政治与社会的秩序稳定。但是当民众，特别是社会下层要求实质性平等从政治领域扩展到非政治领域，平等就成为泛化的且充满对抗性的话语手段而有悖于平等的目的，这个过程必然充满了斗争和冲突，社会也将陷入追求平等却不断制造和加剧不平等的恶性循环中。

第三，反智主义诉诸激进自由的价值平等。这是参与效能等同在逻辑上的最终走向，是当代反智主义政治行为的表现形式。它将参与效能等同的诉求归结为对自由权利的追求和自由价值的实现。美国个人主义的自由民主原则与先政原则倾向于从个人层面上理解并赋予其公民身份与公民权利去追求自身的权利和利益，因而，个人对自由权利及其价值的实现在美国具有天然的道德性和制度保障性。约翰·密尔（John Mill）认为，“自由就是按照我们自己的道路去追求自己的好处的自由”③，追求自己好处的自由的前提是“不试图剥夺他人的这种自由，不试图阻碍他们取得的这种自由的努力”④。在遵循平等的自由（罗尔斯语）的前提之下个人自由越多越好，因为完全的个人自由

① [美]塞缪尔·亨廷顿：《美国政治：激荡于理想与现实之间》，先萌奇、景伟明译，新华出版社2016年版，第146～147页。

② [美]乔万尼·萨托利：《民主新论》（下卷“古典问题”），冯克利、阎克文译，上海人民出版社2015年版，第511页。

③ [英]约翰·密尔：《论自由》，许宝骙译，商务印书馆1959年版，第14页。

④ [英]约翰·密尔：《论自由》，许宝骙译，商务印书馆1959年版，第14页。

和充分的个性发展不仅是个人的幸福所系，而且是社会进步的关键因素之一。因此，在感受到个人自由权利及其价值的实现受到来自权力或社会的阻碍时，以自由进行话语抗争是个人行为的道德首选。

自由价值受阻是反智主义诉诸激进自由的心理根源。个人自由价值的实现在很大程度上取决于个人能力，个人能力越强，实现个人自由的可能性越大，而个人能力的强弱感知又受制于社会境况的两个方面。一方面，美国是一个“贫困陷阱”显著的国家，越是贫困的中下层民众越难通过自我努力实现自我提升，贫困严重地抑制了个人的发展潜能，桎梏了个人的自由价值。另一方面，美国是一个文化身份不平等的社会，这在心理上驱使那些弱势和边缘的中下层民众深感美国主流价值的虚假性，这种文化身份不平等与个人能力不平等的结合强化了中下层民众个人尊严受损和政治效能缺失的心理，“羞辱政治”致使反智主义遍布公共生活。在极端不平等的社会里，民众在非理性情感与群体运动的裹挟中“高唱”个人自由，“个体主义不断扩展其领域，直到突破各种限制，形成‘越自由越好的原则’，由规范的（有限制的）个体主义走向放纵的个体主义”[①]，由物质不平等分配引发的自由抗争逐渐延展至价值观领域的自我价值的不平等的抗争，致使个人主义的自由民主愈发具有反智阐释和群体联结色彩，价值观政治成为反智主义勃兴的重要动因。

当代美国反智主义的平等建构塑造着广大民众偏执激进的政治态度与政治行为。反智主义以观点平等、话语平等和价值平等置换了权利平等的政治意涵，并赋之以身份平等、效能平等和实质平等的极端意义，这使美国民众将多维度复合而致的不平等事实归责于精英政治的制度性弊病，将智识精英和权力精英置于实现平等的对立面，强化了广大民众反精英与反建制的政治态度，侵蚀了民众对建制精英的政治信任。当不信任成为引导甚至支配行为的心理时，民众的政治行为将产生关联甚广甚至极端彻底的变革性力量，美国政治的极化就在主流政治权威流失与精英政治操弄的内外合力下愈发不可遏制。

---

① 丛日云:《从精英民主、大众民主到民粹化民主——论西方民主的民粹化趋向》,《探索与争鸣》2017 年第 9 期。

三、侵蚀政治信任：反智主义加剧政治极化的内在机制

民众对精英的信任是保障民主政治良性运转的关键机制。查尔斯·蒂利（Charles Tilly）认为，“政治信任意味着大众可以合理地假定政府代理人会兑现他们的诺言，因此信任网络整合进公共政治是民主政治的必要条件，而信任网络脱离公共政治则意味着去民主化”①。美国的政治信任是民众对政治精英的信任，民众如何认知精英影响着政治信任的状态。20 世纪 70 年代前，民众对精英或精英主义有着积极的评价，精英主义被形容为“五湖四海最优秀的人才济济一堂，共同实现一种理想的感觉。这种理想就是建构新的美国民族主义，并为美国在国际事务中的历史作用带来一种崭新有力且主动进取的精神”②。21世纪以来，美国的经济寡头化与政治寡头化趋势渐盛，代议精英的社会代表性不断弱化，普通民众的政治效能感不断降低，民众与精英之间出现信任危机。反智主义的盛行加剧了这种不信任，政治不信任又反向强化了民众的反智心理，普遍存在的无知和冷漠是对民主制度最大的威胁。③

美国反智主义的平等建构是政治体制能力危机的社会反应。“反智主义并不是社会文化领域的自发现象，也不是欧美社会中的偶发现象，而是资产阶级的统治方式和制度体系‘制造’了反智主义。”④政治制度是政治信念的载体，政治体制能力影响着政治信念的强弱。政治体制能力是政治组织、政治程序和政治规则在构建国家与社会形成相互支持关系中所产生的制度效能，其中，政治制度化与政治参与是影响政治体制能力的两个核心要素。前者以制度化的方式保持国家与社会之间的平衡来塑造政治共同体，后者在政治制度的范

① Charles Tilly, Mechanism in Political Processes, *Annual Review of Political Science*, Vol.4, 2001, p.33.

② [美]威廉·曼彻斯特：《1932—1972 年美国实录（光荣与梦想）》（第 4 卷），四川外国语大学翻译学院翻译组译，中信出版社 2015 年版，第 8 页。

③ [美]汤姆·尼科尔斯：《专家之死：反智主义的盛行及其影响》，舒琦译，中信出版社 2019 年版，第 100 页。

④ 阚道远、梁靖宇：《欧美反智主义的兴起：一个社会阶层结构嬗变的视角》，《浙江大学学报》（人文社会科学版）2022 年第 4 期。

围内进行有效推进以维持政治秩序的稳定。这表明政治体制既要具备自主性，能保障国家意志的贯彻落实，也需具备回应性，能保障政治参与的有序推进，唯有如此，才能保障利益矛盾的渐进化解并增强政治体制的内聚力。

第一，反智主义的对抗特征加速主流政治权威流失。利益集体的政治分利削弱政治制度自主性而造成的政治不平等是反智主义对抗特质的根源。政治制度的自主性是指代表社会公共利益的政治组织和政治程序不受非政治团体干涉而独立运作的程度。在民主社会，政治制度的自主性越强，政治体制的公共性就越强；政治制度的自主性越弱，政治体制的私利性就越强。政治多元论者认为利益集团在民主社会中发挥了诸多重要的作用。首先，利益集团把个人和政府联系起来，个人只有通过社团才能把自己与政治制度有效而又有意义地联系在一起；其次，利益集团能够更大程度地代表公众的利益诉求，更广泛地为社会群体发声，提高个人的福利；最后，政治多元主义者根据利益集团成员身份的重叠预设，认为所有公民都是各集团的成员，公民的多重身份可以帮助改善任何一个集团的需求和减少社会冲突，进而有助于消除潜在的分裂性矛盾。[①]但事实是，建立在资本主义生产体系基础上的美国政治体制始终在利益集团的左右下运作，并以维护资产阶级的利益和精英群体的价值为根本目的。亨廷顿认为，“衡量政治机构的自主性，主要看它是否具有有别于其他机构和社会势力的自身利益和价值”[②]，政治体制的制度利益是其区别于非政治团体和社会势力私人利益的本质所在。政治体制的制度利益就是公共利益，政治体制的能力就是创建公共利益的能力。美国的竞争性选举是金钱驱使的选举，竞争性政治是利益集团实现政治分利的主要制度形式。美国式精英政治对民众所开放的普选权是形式上的，民众虽享有平等参选的权利，但金钱起着至关重要的作用，决定着谁将赢得选举以及谁将对获胜者产生影响。精英体制中的利益集团通过对公职人员的竞选支持削弱了政治体制的自

① [美]托马斯·戴伊、哈蒙·齐格勒、路易斯·舒伯特:《民主的反讽:美国精英政治是如何运作的》,林朝晖译,新华出版社2015年版,第202～203页。

② [美]塞缪尔·P.亨廷顿:《变化社会中的政治秩序》,王冠化、刘为译,上海人民出版社2008年版,第18页。

主性，政治体制的制度利益及其能力遭到精英利益的侵蚀。

反智主义实质上是对政治体制自主性降低导致的公共政策失衡的不满。在失衡的公共政策中，民众的政治经济剥夺感十分强烈，由此产生的政治激进主义使反智主义成为能够推动政治经济体制变革的抗争力量。反建制精英对广大民众的心理引导，唤起了民众对现存秩序的怨愤，并冠以“权力属于人民”或“人民的意愿”的道德合法性，向民众灌输极端思想，使民众成为挑战建制精英与主流政治权威的社会力量。在民众与精英的对抗中，主流政治权威流失亦是当代美国国家治理危机与自由主义民主体制功能衰退的表征。自由民主体制的有效性和稳定性需要以政治平等来反制经济不平等以弥合国家与社会之间的张力。自由民主体制的功能衰败使“它既不能保障政治平等，又不能制约经济不平等，从而导致了政治不平等与经济不平等相互促进的严峻局面”①。反智主义对不平等的抗争加速了国家与社会相互支持关系模式的瓦解，激化了民众与精英的矛盾。

第二，反智主义侵蚀政治信任导致底层意识引发极端政治参与。马克思认为物质生产方式是社会关系建立的基础，人们又根据所处的社会关系创造相应的原理、观念和范畴。所以，“这些观念、范畴也同它们所表现的关系一样，不是永恒的。它们是历史的、暂时的产物。生产力的增长、社会关系的破坏、观念的形成都是不断运动的”②。随着产业结构空心化、社会政策失衡化与社会阶层分化等趋势渐盛，美国的结构性失业、种族冲突、文化冲突与阶层断裂等社会问题使中下层民众的生存不断恶化。“中产阶级的集体萎缩、阶层下滑和群体焦虑形成了欧美社会独特的心理状态和文化景观，为反智主义的兴起提供了肥沃的社会土壤和阶层基础。”③反智主义激发中下层民众的底层意识易引发极端的政治参与。经济上的失利与政治上的缺位具有制度性关联。在达尔看来，资本主义与民主的内在张力制度性地制造了政治不平等，并且

① 汪仕凯、张语丹：《国家治理危机：对 21 世纪初美国政治的解释》，《国外社会科学》2022 年第 1 期。

② 《马克思恩格斯选集》（第 1 卷），人民出版社 1995 年版，第 146 页。

③ 阚道远、梁靖宇：《欧美反智主义的兴起：一个社会阶层结构嬗变的视角》，《浙江大学学报》（人文社会科学版）2022 年第 4 期。

代代相传。“市场经济不可避免地、经常地对某些公民造成严重的伤害，通过在公民之间制造大量的不平等，资本主义在民主社会的公民中间也带来了政治不平等。”①而政治不平等来源于制度上的褊狭：一种情况是制度排斥。制度是维护利益集团和统治阶级的工具，而不是经济弱势群体和政治边缘群体表达利益诉求的有效渠道。另一种情况是滥用制度来制造不平等。资本主义的市场经济体系与优绩主义的教育体系成为维护阶级特权，实现特权代际传递的制度化方式。西摩·马丁·李普塞特（Seymour Martin Lipset）认为经济收入的高低不仅影响美国社会中下层民众对政治参与的热情，也影响中下层民众的政治参与行为。“收入越高的社会群体，倾向于在制度许可的范畴进行政治诉求的表达，而他们稳妥的政治参与行为，更容易得到政府的政治吸纳。”②社会中下层没有稳定的收入保障，诉求得不到回应，他们的政治参与朝两个极端方向发展：一是政治冷漠，对既存体制感到失望而不关心政治；二是会走向政治激进主义，民众有可能采取示威游行、抵制、罢工以及其他的非制度化的极端行为。

第三，反智主义的反精英立场加剧美国政治极化，削弱了自由民主的制度内聚力。自由主义是美国政治的主流意识形态，对自由主义民主的捍卫是新自由主义和新保守主义的共识，是民主党与共和党在政治竞争中相互妥协的基础。但随着美国民主制度的结构性弊病不断凸显，美国国家极化态势已然明朗，其逻辑是“分配失衡和收入差距首先造成贫富阶层的两极分化；在民主制度的框架内，这种经济极化容易引发精英分化、政党分化和意识形态分化，最终导致文化的全面冲突和社会的彻底分裂”③。“作为美国主流意识形态的自由主义受挫，无法统一美国社会的思想与文化，进而导致各种意识形态的纷争。”④

自由主义与保守主义的意识形态纷争使两党精英长期处于互不信任、互

① [美]罗伯特·达尔：《论政治平等》，谢岳译，上海人民出版社2014年版，第44页。
② [美]西摩·马丁·李普塞特：《政治人——政治的社会基础》，郭为桂、林娜译，江苏人民出版社2013年版，第204页。
③ 庞金友：《国家极化与当代欧美民主政治危机》，《政治学研究》2019年第3期。
④ 佟德志：《当代美国意识形态的极化现象及其根源》，《探索与争鸣》2020年第9期。

不妥协的敌对关系中，保守主义者的反智主义倾向加剧了政党政治的不妥协趋势，“当沿着政党界限形成的分化不断加强，从选民到精英所面临的政治妥协障碍也日渐增强，尤其是偏向保守的共和党人的政党认同强烈时更有可能趋于不妥协”[①]。在无休止的政党冲突中，反智主义倾向明显的民众，更偏好意识形态相对激进的政党，更支持具有现实性和实用性的公共政策，而温和中间立场的政党及其政策主张则遭受政治冷遇。主流政治权威流失致使民众对主流政党的依附性降低，一些小党则因获得了社会对其观点的关注而得以迅速发展。“美国的绝大多数民众（76%）认为两党制是‘严重的分裂行为’或者存在‘真正的问题’”，由此呈现出两种态势，“首先，不亲近任何一个政党的选民比例大量增加了。其次，民主党的忠诚度逐渐削弱，无党派人士的兴起和民主党党员的减少是对以上现象形成补充的两种主要发展态势”。[②]

四、精英反智动员：反智主义加剧政治极化的外在机制

反智主义的平等建构使其极具政治耦合性。“反智主义是一种非主流的社会思潮，是美国社会思潮中的一股暗流”[③]，它对美国民主的影响虽不像经济发展那样具有根本性，也不像自由主义或保守主义那样具有意识形态引导性，但却是当代美国社会各种力量维护某种观念与获取权力的重要策略。反智主义的极端平等诉求能为激进思潮提供源源不断的社会力量，因为“追求平等的历程几乎没有终点，这尤其是因为，在某个方面实现的平等会在其他方面产生明显的不平等。因此，如果说存在着一个使人踏上无尽历程的理想，那就是平等”[④]，精英的政治操弄使反智主义成为推动当代美国激进政治勃兴的一个

① 祁玲玲：《美国政治极化中的妥协困境》，《江苏社会科学》2022 年第 5 期。
② [美]托马斯·戴伊、哈蒙·齐格勒、路易斯·舒伯特：《民主的反讽：美国精英政治是如何运作的》，林朝晖译，新华出版社 2015 年版，第 182 页。
③ 刘恩动：《反智主义的本质及社会根基分析——基于美国社会的问题审视》，《人民论坛》2020 年第 23 期。
④ [美]乔万尼·萨托利：《民主新论》（下卷“古典问题”），冯克利、阎克文译，上海人民出版社 2015 年版，第 511 页。

重要变量。

第一，反智主义抵制精英，助长民粹主义泛滥。反智主义以反智识和反科学为形式，本质却是反精英、反建制与反特权，其目的是通过对智识及其代表群体的贬低来扩充普通民众在观点表达与决策自主方面与智识精英的平等。因而，反智主义暗合了以平民立场为特征的民粹主义对平民身份构建的道德基础。它对“人民”的构建“是以人民中的平民、下层或各种弱势群体来作为代表的”①。它以反精英、反建制为必要条件，核心是对“人民”的身份与阐释的道德垄断，目的是通过“强调平民群众或‘纯粹的人民’的价值和理想，将平民化作为政治运动合法性的根源”②。民粹主义通过对人民身份的排他性构建，对人民代表性的道德性垄断来抵制腐败专权的精英，以期实现一种人民至上性和道德纯洁性的最高民主理想。可见，反智主义与民粹主义均以“民众—精英”二元思维形塑民众的价值观，对普通民众的推崇，对精英群体的抵制，企图实现平等政治理想是二者耦合的基础。

反智主义以刺激大众对权利平等的实质诉求助长民粹主义政治。大众是以集群意义统摄个人意义的社会行动者，其行动逻辑是集群欲望、想法和思维的相似性，终极诉求是经济状况、社会地位和政治利益的平等性。对内寻求自我认可与对外渴望社会承认是反智主义催生集体行动的路径，内在自我认可在智识上体现为对平庸群体的认同塑造，渴望外在承认表现为对精英群体的反叛。集体行动逻辑与实质平等追求使大众成为助长民粹主义政治乃至身份政治的非理性力量。福山认为，人的内在自我与外在自我的断裂会激发普遍的平等激情与强烈的身份认同，而这正是现代民主乱象出现的重要原因，“驱动当代身份政治的，是被社会边缘化的群体对平等承认的追求。但是，对平等承认的渴求很容易滑向要求承认所属群体高人一等”③，反智的民众盲从与

① 丛日云：《从精英民主、大众民主到民粹化民主——论西方民主的民粹化趋向》，《探索与争鸣》2017 年第 9 期。

② 林冈、王晓笛、吴维旭：《民粹主义研究的概念泛化问题及其辨正》，《厦门大学学报》（哲学社会科学版）2022 年第 3 期。

③［美］弗朗西斯·福山：《身份政治：对尊严与认同的渴求》，刘芳译，中译出版社 2021 年版，第 26 页。

精英的民粹动员致使美国的民主制度和社会状况呈现出民粹化倾向。

第二，反智主义暗含极端诉求，助推激进主义崛起。一般而言，激进主义是对既有社会制度及其运作方式怀有强烈不满，并对其抱有彻底的否定态度且急切诉诸变革现状诉求的社会思潮。左翼激进主义倾向于以更公平公正或更科学的态度进行社会变革，右翼激进主义则倾向于从传统社会及其价值体系中寻求心灵居所来规避破坏既存秩序的剧烈变革。意识形态激进化是当代美国政治极化的显著特征，“左翼自由主义构成了激进主义的一面，右翼保守主义则构成了激进主义的另一面，从两个方面拉开了当代美国意识形态极化的距离”①。反智主义耦合民粹主义是其助推激进主义崛起的关联机制。霍夫施塔特将反智主义归咎于民粹主义，认为反智主义可以为左右翼政治力量所利用，民粹主义既隐含追求平等的激进诉求，又透露出怀恋文化传统和乡村生活的保守情调。可以说，反智主义推动当代美国激进主义崛起是民粹主义及其政治动员的逻辑延展。

激进右翼保守主义的反智动员是美国政治极化的重要表现。从逻辑而言，以观点平等、效能平等与价值平等为当代表征的反智主义与以尊重智识、维护差异、坚守传统、强调秩序为特质的经典保守主义背道而驰，却能成为激进右翼的动员策略，这主要基于两点：一是美国保守主义懈怠的特性。美国保守主义在政治思想上没有一套凝练的价值体系和连贯的政策主张。赖特·米尔斯（C. Wright Mills）认为，“美国是一个没有任何保守意识形态的保守国家，其政治思想懈怠致使其运用自由主义言论也能蒙混过关”②，这使其不能从根本上形成牢固的保守主义阵营和坚固的意识形态认同，因而在与自由主义的博弈中也就无法获得压倒性优势。实际上，美国的保守主义“始终难以成为主流意识形态，也始终无法控制政治议程，而是被激进自由主义拖拽着前行”③，因此，美国保守主义代言人的最大问题就是要在激进自由主义占优势的

① 佟德志：《当代美国意识形态的极化现象及其根源》，《探索与争鸣》2020年第9期。
② ［美］C. 赖特·米尔斯：《权力精英》，李子雯译，北京时代华文书局2017年版，第375页。
③ 庞金友、吕玉红：《大变局与小趋势：21世纪美国保守主义的发展前景》，《江苏社会科学》2022年第5期。

境况下寻找能接受保守主义的人群。这些人群不是经典保守主义意义上的贵族阶级、农民阶级和保留行会传统的小资产阶级，而是对激进自由主义的政策主张和价值观念不满的民众。特朗普反智主义的胜利暴露出美国社会存在的一个严重问题，“美国的精英在强调社会、文化进步的同时，忽略了白人工人阶级的正当经济诉求，而且缺乏对他们的尊重，常常简单粗暴地把他们的一些文化价值观斥之为愚昧落后”[①]。二是大众群体盲目的特性。大众心理学研究认为，处在认知失调状态下的大众是一群极易被精英煽动的、非理性的、盲目崇拜且偏执的反智者集体，其行动具有强大的社会冲击力。因而，对反智主义的巧妙运用和操弄就成为激进右翼政治动员的必然策略。

反智主义掏空了民主价值。反智主义对民主权利的曲解及其反精英的平等主义逻辑使其具有极强的社会感召力和政治动员力，左右激进精英的介入为其内置了精英逻辑，使变革偏离了民主政治的协商特质而走向政治对抗。反智主义的实用主义特征使其得到民众的支持，而这只能加剧美国意识形态的极化，却不是真正的民主。政治议题与政策主张的激进化使民主这一“解决问题之政治”衰落，民主意义被消解，美国民主的结构性危机上升为文明形态危机。

第三，反智主义构筑后真相主义，助力否决政治发展。反智主义的盛行得益于现代信息技术构筑的传播环境。安东尼·吉登斯（Anthony Giddens）认为与传统社会相比，现代社会最显著的特征是“脱域”，即“社会关系从彼此互动地域性关联中，从通过对不确定的时间的无限穿越而被重构的关联中‘脱离出来’”[②]，社会关系的构建不再受具体地理空间和时间的限制。互联网是对民众与精英之间的信息关系的再“脱域”，民众的信息来源和知识获取不再依赖专家与精英单向性、选择性甚至垄断性的给予，而是自觉成为信息与知识的接收者。信息的完整性、事件的突发性、系统的可靠性、所信赖原则的正确性、风险认知环境等联系在一起的一系列信念都是影响民众信任精英的要

① 张毅：《反智的美国》，《国际政治研究》2017 年第 6 期，第 78 页。
② ［英］安东尼·吉登斯：《现代性的后果》，田禾译，黄平校，译林出版社 2000 年版，第 18 页。

素，传播主体多元化、信息碎片化、热点焦点化、冲突放大化、认知圈层化等特质使社交媒体对前述信任的关联要素中产生负面影响，从而导致民众与精英之间的信任破裂。

反智主义与后真相主义具有极强的互动性。二者在生成逻辑上具有同构性，都凸显了非理性情感与个人信念对理性认知的扭曲；在效用机制上具有同质性，均在消解理性公共空间与理性辩论的基础上破坏民主共识；在行为逻辑上具有同向性，都导向对抗化与极端化的群体性或派系性行动。二者的强互动从民众认知极化的层面推动当代美国否决政治的发展，出现了两个后果。一是反智主义构筑"后真相"加深了美国民众的证实性偏见。证实性偏见是反智主义与"后真相"的认知特质，意指"当我们在主观上认为某种观点正确的时候，往往倾向于寻找那些能够支持这一观点的信息，只接受那些能够加强论证这一观点的事实，而忽略那些能推翻这一观点的信息"①。民众的信息接收不以追求事实和真理为目的，而是为了维护自己所看重的信念，坚持符合自己政治立场与所在政治团体观念的信念，看到的是确认既有信念的信息，排斥对立派别的信息和信念，从而导致民众认知具有党派偏见，进而"政治极化的程度越高，我们就越不相信'另一边'的人，于是抱团越发严重，我们只相信自己所在的群体和强化这个群体信念的人"②。民众认知分化直接导致主流政党统合公共议程的能力弱化，也易催生激进极端思想和专权型领导人的出现。二是强化了政党敌对关系致使不妥协成为显著的政治倾向。作为政党竞争的基本盘，掌握和引导民众的认知是政党立足政坛、提升政治影响力的关键，政客想要维护"基础"，自然会助长民众分化的倾向，为了迎合民众，故意抹黑对方阵营，妥协与合作越来越少，极端与不可调和的观念越来越多。以妥协包容为底色，以保障公共利益为根本，以尊重多元价值观为特征的民主政治逐渐被以党派敌对为底色，以谋取党派私利为目的，以单一意识形态

① [美]汤姆·尼科尔斯:《专家之死：反智主义的盛行及其影响》,舒琦译,中信出版社 2019 年版,第 53 页。
② [瑞典]奥萨·维克福什:《另类事实：知识及其敌人》,汪思涵译,中信出版社 2021 年版,第 100 页。

为特征的否决政治所替代。

五、结论

从民主价值的角度，当代美国反智主义呈现显著的平等建构性，藏匿在这一特性背后的是若隐若现的平等主义与个人主义在当代社会的演进轨迹和发展趋势，即越来越强调广泛的社会平等与极端的个人自由。孕育于平等主义理想幻灭背景下的反智主义是当代美国自由民主弊病的社会应激反应。反智主义所推崇的观点平等是排斥精英的平等，实质上走向了另一种不平等；它所寻求的效能平等是抹平能力差异的平等，实质上扭曲了权利平等；它所诉诸的激进自由是突破价值边界的自由，实质上损害了政治自由。抵制精英的反智主义侵蚀了广大民众对建制精英与主流政党的政治信任，致使主流政治权威在民众与精英的对立中悄然流失，冲击了美国民主政治有序运行的内在基础；具有强大动员效益的反智主义与各种政治思潮的耦合纠缠加剧了美国政治生态的复杂多变：身份意识更加强烈，社会群体更加撕裂，政党政治更加激进，民主政治部落化、对抗化与反民主化倾向更加显著。作为影响民主政治有序运行的社会心理与价值取向，反智主义的平等建构更具内在深刻性，它着眼于解构平等信念的原初规范，以期重构更广泛也更实质的平等社会，这不仅会曲解政治权利平等的真正意义，也会冲击既有政治经济体系的渐进发展。如何认识并应对当代反智主义的潜滋暗长，不仅是当下美国亟待解决的重要问题，也是所有后发现代化国家必须警惕的社会风险。

困于身份的政治：西方政治极化问题的文化探源 *

21 世纪的世界政治可以说是在全球化危机和极右翼保守主义复苏的背景下展开的。在对这两种世界性政治变迁具有显著影响的变量中，经济因素及其背后的贫困与不平等问题最先引起了关注和讨论，人们希望从中挖掘全球化陷入困顿而民粹主义浪潮风起云涌的经济根源；与此同时，文化因素及相关的身份政治、族群认同问题也被不断揭开，一些自由派学者如福山和马克·里拉（Mark Lilla）等人率先从身份政治的角度对西方政治向右转进行了文化反思。虽然从宏观视野解释政治变迁时，身份并非总是处于核心地位，但身份对于政治的强大解释力是无法否认的，因为就本体而言，“身份是意识形态的原型”[①]，这一特质赋予身份以政治潜能。

政治的问题到底是由经济因素还是由文化（或身份）因素决定的，抑或是由某种整全性、结构性因素决定的，从来没有统一答案。从总体上说，20 世纪的世界政治被认为由经济问题决定，战争、革命与社会运动无不肇启于经济斗争，左翼力量声势浩大，以工人、工会和再分配为中心议题的阶级政治成为时代主题；然而，从文化的维度看阶级政治，它又何尝不是一种广义的身份政治呢？在 21 世纪的今天，时代主题发生了转变，在复杂多元的人类生活中，单一的经济、文化或其他因素都无法充分解释政治的发生与变迁，尤其是 21 世纪的西方政治。当代西方正在经历的与其说是全球化的危机和极端保守主义的复兴，不如说是以身份为核心的左翼文化政治衍生出右翼文化政治，多元身份政治与白人身份政治形成对抗，极化的政治不断侵蚀自由民主的文化根基。要理解西方社会这种戏剧性的政治变化，固然需要考虑全球化、新

---

* 作者简介：林红，中国人民大学国际关系学院教授。本文原载于《天津社会科学》2021 年第 6 期。

① Theodor W. Adorno, *Negative Dialektik*, Suhrkamp, 1966, p.151.

自由主义经济政策等方面的影响，同时也需要在文化维度上，探究身份、身份意识以及身份政治的意义建构与流变，追溯西方政治极化和文化碎片化的根源。

一、从个体到群体：身份的意义及其政治化

身份是一个文化概念，源自无时不在、无处不有的人类认知体验，即我们每一个人都将自身解释为“拥有身份”——某种个体性或群体性的身份。这也是英文 identity（身份 / 认同）要表达的双重意涵，既指向包含生物、文化和心理特征的种种身份，也指向对这些特征进行确认的具体行为。埃里克·埃里克森（Erik Erikson）最早将“identity”引入社会心理学的分析，他通过考察个体在社会历史变迁中的心理历程，发现明确的自我认同（egoidentity）对于个体具有重要意义：当个体在时间中感知到自我的同一性和连续性，同时也感知到别人对这种同一性和连续性的承认，个体的自我认同便建立起来，并由此获得身份意识。[①] 斯图尔特·霍尔（Stuart Hall）从文化与启蒙的角度诠释了埃里克森的早期研究，认为“自我的根本中心是人的身份认同”，因为“人是完全以自我为中心的统一个体，他被赋予了理性、意识和行动能力”。[②] 这些人类能力被用于追求和确认自我，即通过自我识别和群体识别的方式获得身份，自我的感知与他人对这种自我的承认是身份认同中无法分离的构成部分，因为“识别自我的独特个性以及一个人与他人之间的共性和差异是人类本能的一部分”[③]。因此，身份既是个体概念，也是群体概念，人们之需要身份，在于身份内在的个体性和社会性的双重意义。

在个体层次上，身份的意义在于获得埃里克森所说的对自我同一性和连续性的感知。在现代社会，身份之所以成为讨论的话题，源自社会内在的道

① Erik H. Erikson, *Identity and the Life Cycle*, Norton & Company, 1980, pp.108–110.

② S. Hall et al. (eds.), *Modernity and Its Futures*, Polity Press, 1992, p.275.

③ 玛丽·莫兰：《身份和身份政治：文化唯物主义的历史》，宁艺阳、陈后亮译，《国外理论动态》2019 年第 1 期。

德困境和意义世界的丧失，个体生活常常被没有意义、没有方向感或者没有确定性等自我感觉困扰，因此，自我认同对于确认个体意义尤为重要。不仅如此，在汉斯·莫尔（Hans Mol）关于宗教是一种“认同的神圣化”的论述中，身份还是一个人在混沌环境中所占有的稳固方位，个人能够据之对外在环境做出积极防御。[①] 查尔斯·泰勒则从伦理学的角度指出个体存在的目的在于追求自我的本真性理想，在于获得具有独特价值的“本真自我”或“内在自我”，个人主义、平等主义的现代社会为这种个体追求提供了条件。[②] 吉登斯的“自我认同”（self-identity）类似于泰勒的“本真自我”，强调“个体依据个人的经历而反思性地理解到的自我”[③]。泰勒的“内在自我”即是主体性本身，身份于个人而言，是主体性认知的结果，是实现本真自我的需要。

在社会层次上，身份的意义是为了获得他人承认并与他人共享特定的规范和价值，用汉斯·莫尔的话来说，普遍持有的信念规范和价值有助于身份共同体对抗其环境与成员所面临的潜在威胁。[④] 个人的自我认同必然要与现代性的社会制度联系起来才有意义，因为自我认同“一方面由现代性制度所塑造，同时也塑造着现代性的制度本身”[⑤]。换言之，完整的身份是个体性认同和社会性认同的结合，没有外部承认，个体性并无意义。泰勒认为只有在与他人的“对话”和“继续斗争”中才能获取被认同的可能性，“人类心灵的起源在此意义上不是‘独白式的’，不是每个人能够独自完成的，而是对话式的”，“我自己的同一性根本上依赖于我与他人的对话关系”。[⑥] 在查尔斯·蒂利看来，认

① Hans J. Mol, *Identity and the Sacred:A Sketch for a New Social-Scientific Theory of Religion*, The Free Press, 1977, p.65.
② ［加］查尔斯·泰勒:《世俗时代》,张容南等译,上海三联书店 2016 年版,第 169 页。
③ ［英］安东尼·吉登斯:《现代性与自我认同》,赵旭东、方文译,生活·读书·新知三联书店 1998 年版,第 275 页。
④ Hans J. Mol, *Identity and the Sacred:A Sketch for a New Social-Scientific Theory of Religion*, The Free Press, 1977, p.65.
⑤ ［英］安东尼·吉登斯:《现代性与自我认同》,赵旭东、方文译,生活·读书·新知三联书店 1998 年版,第 2 页。
⑥ ［加］查尔斯·泰勒:《现代性之隐忧》,程炼译,中央编译出版社 2001 年版,第 37、54 页。

同指行动者对于某一范畴、关系、角色、网络、群体或组织的体验，这种体验通常与共享的故事、传统等公共表达联系在一起。[①]现代身份的社会性意义就是在群体中确认自我、完善自我，使个体获得承认，形成归属感。

然而，一旦涉及社会性、群体性行为，就有了利害关系，从而也有了政治。当身份成为诉求的目标并被置于群体叙事之中时，便成为严肃的政治事务，而“社会运动的发明，促进了先前没有得到认可的政治行动者诉求的利害关系”[②]。身份的现象先于政治而存在，一个人要形成政治选择和政见倾向，显然是在其作为个体建构并塑造自我认知和群体归属的身份之后。[③]但是，身份的概念却是在身份政治中形成的，在第二次世界大战后的西方社会，尤其是在 20 世纪 70 年代新社会运动之前，身份的概念并没有被正式提出，随着新消费主义实践即“消费社会”的出现，一系列关于性别、种族和性取向的社会运动频发，具有社会和政治意义的身份概念才得以形成。可以说，没有身份政治，也就没有身份概念。查尔斯·蒂利认为身份是一组有力的社会安排，人们在其中建构有关他们是谁、如何联系和发生了什么的共享故事，而在国家出场之后，即“当政府成为当事方的时候，身份就成为政治身份”[④]。这种政治身份是一种具有向内凝聚与向外划界功能的现代性政治动力，它在民族国家的内部催生了一种新型政治。

身份政治的登台是 20 世纪下半叶意义重大的社会转型结果之一。虽然有学者将身份政治的源头追溯到近 300 年前发生的以宗教、语言、种族以及殖民者与原住民关系为焦点的各种冲突，[⑤]或者追溯到 19 世纪美国的废奴运动和

---

① Charles Tilly (ed.), *Citizenship, Identity and Social History*, Cambridge University Press, 1996, p.7.

② [美]查尔斯·蒂利:《身份、边界与社会联系》,谢岳译,上海人民出版社 2021 年版,第 259 页。

③ Richard T. Ford, Political Identity as Identity Politics, *Unbound*, No.53, 2005.

④ [美]查尔斯·蒂利:《身份、边界与社会联系》,谢岳译,上海人民出版社 2021 年版,第 258 页。

⑤ Avigail Eisenberg, Will Kymlicka (eds.), *Identity Politics in the Public Realm*, UBC Press, 2011, p.1.

选举权运动，[①] 但就身份政治对今天政治的主题及其走向的影响而言，它实际上是在20世纪后期才出现。在美国，《康比河公社宣言》被视为现代身份政治的先声，[②] 是身份政治的话语第一次正式出现在社会运动中，表达了少数派群体争取承认和平等权利的诉求，反映了西方在这一时期发生的政治文化的结构性转向。20世纪70年代中期甚至更早的20世纪60年代，在普遍进步与共同发展的基础上，西方社会日益呈现出多元性、包容性和开放性，与性别、性取向、种族或地方相关的文化认同政治纷纷上演，人们从特定的生物、心理或文化特征中提取某种身份信息，形成身份认同并结成身份团体，随之以团体的名义提出政治诉求并采取政治行动。到了20世纪80年代，随着经济全球化的展开，身份政治成为大众生活、政治论争和学术讨论的重要话题，身份问题日益政治化，族群、性别、性取向成为身份政治的三大议题，建立在身份政治基础上的政治正确逐渐确立。进入21世纪后，身份政治继续发展，后物质、后现代和后工业化的意识形态成为主流观念，但问题也随之出现。在特朗普第一任期内的四年，美国的白人身份政治声势逐渐壮大，反映了全球化和新自由主义衍生的、日益严重的经济不平等与多数派群体的身份觉醒，身份政治开始突破“少数派群体的专用政治工具”的范畴，主流社会成员、白人群体也成为身份政治的主体，主张的是与少数派群体完全相反的、针锋相对的身份诉求。于是，最初因少数人的不满而形成的身份政治发展为所有人都希望用来表达不满的方式，少数和多数、主流与边缘等身份群体都声称自己是弱势群体和被剥夺群体，都在身份地位、资源分配、尊严保护等方面陷于一种压迫性结构。有学者据此认为身份政治实际上是一种误称，“它其实是

① Linda Martin Alcoff et al. (eds.), *Identity Politics Reconsidered*, Palgrave Macmillan, 2006, p.8.

② “康比河公社”是一个成立于1974年的黑人女同性恋组织。1977年发表的《康比河公社宣言》写道：“我们相信，最深刻、最激进的政治直接来自我们自己的身份”，“对于我们自身所受到压迫的关注体现在身份政治的概念之中”。The Combahee River Collective Statement, in Barbara Smith (eds.), *Home Girls: A Black Feminist Anthology*, Rutgers University Press, 2000, pp.264–265。

一种关于压迫而不是关于身份的政治”[①]。经过半个多世纪的发展，在西方身份政治问题升级为政治体制的结构性矛盾，从文化的政治化和少数人的身份政治，发展为既可以是追求平等尊严的群体政治，又可以是强调身份排他性的文化政治。

从身份政治的现代发展历程可知，身份的政治意义是在群体关系中被赋予的，体现在向本群、他群以至国家这个大群伸张独特性、反抗压迫性和寻求自主性的积极行动中，可以说身份政治是一种以抗争为手段、以赋权为目标的现代政治形态。如果说身份在原初意义上是个体性的、文化性的诉求，那么在身份政治中，身份就指向了群体性、社会性的诉求，是所有个体差异的多样性集合。艾米·古特曼定义了身份群体（identity group）的概念：“由一个或多个社会标记所识别的或认同此标记的人们所形成的、在政治上有意义的联合”，人们通常“基于他们的群体身份以组织化的方式在政治中行动”，因此，身份群体一旦形成，身份政治便呼之欲出。[②]

二、左翼政治转向与多元文化主义的少数派身份政治

自我认同的追求与身份群体的形成是现代性政治得以展开的基础。现代性政治以平等、自由、民主为价值目标，但是，从历史维度看，它的起点不是以生物性、文化性特征为标志的身份政治，而是经济性、社会性的阶级政治。18 世纪 60 年代的西方工业革命奠定了资产阶级的支配地位，资本主义制度的建立加速了物质文明的演进，也制造了前所未有的经济不平等，工人阶级反抗资产阶级压迫的阶级斗争定义了现代政治的激进性和革命性。吉登斯在思考现代性发展的正向动力时，提出了解放政治的概念，将其定义为“一种力图将个体和群体从对其生活机遇有不良影响的束缚中解放出来的观点”，或者说一种从剥削、不平等或压迫中解放出来的政治追求。解放政治包含两个要素，一个是力图打破过去的枷锁，因而也是一种面向未来的改造态度；另一个是力

① David Azerrad, The Promises and Perils of Identity Politics, *First Principles*, 2019.
② Amy Gutmann, *Identity in Democracy*, Princeton University Press, 2003, pp.9–10.

图克服某些个人或群体支配另一些个人或群体的非合法性统治。[①]激进的解放政治具有鲜明的左翼性质，涵盖了阶级政治和身份政治两个历史阶段，前者接受马克思主义的思想指导，蓬勃发展于18世纪末到20世纪上半叶；后者受到自由主义的价值形塑，初现于20世纪六七十年代并延续至今。

解放政治从关注阶级的经济平等到关注身份的文化平等，反映了西方左翼运动思考不平等问题的转变。当左翼政党通过马克思主义的视角来看待不平等时，重大斗争是经济性的并发生在资本家和无产阶级之间。1941年，奥威尔曾这样描述英国的社会主义革命："普通民众要有奋起反抗的意识，反对低效率、阶级特权、陈旧的规则……英国政府应该是代表人民意愿的，如果我们从底层出发改变结构，就可以得到一个我们需要的政府。"[②]但奥威尔主张的是一种改良的社会主义，与马克思主义有相当的距离，他不认同阶级专政以及"红旗和巷战"式的革命。经过长期努力，改良主义者设想的人权平等在第二次世界大战后西方福利国家实践中得到了部分实现。战后英国建立了以社会保障为主体，包括医疗保健服务、充分就业、住房、教育等政策的全面系统的福利国家制度。1971年，希思政府在《人民与工作》中宣布要实现就业服务现代化，为失业者提供更充分的服务。美国在1961年成立了一个"机会均等委员会"，旨在消除政府部门和私人企业在用人过程中可能存在的任何形式的歧视。

然而，当一些被主流社会边缘化的身份群体不断提出对法律地位和文化身份的诉求时，尤其是当中产阶级逐渐壮大，左翼政党判断工人阶级面临的不平等问题在资本主义经济中得到了解决时，左翼政治开始与工人阶级脱离联系，不平等理论开始关注妇女、少数族裔和其他弱势群体的权利问题。在20世纪70年代以来的西方政治舞台上，为了争取更广泛的政治联合，"各派别的政治人物倾向于吸引最广泛的选民而不是特定的阶级，不平等被定义为

① 参见［英］安东尼·吉登斯：《现代性与自我认同》，赵旭东等译，生活·读书·新知三联书店1998年版，第273～274页。
② ［英］乔治·奥威尔：《狮子与独角兽》，董乐山等译，北京燕山出版社2015年版，第189页。

社会问题而非阶级问题"①。左翼政治议程对文化性身份政治的兴趣已压倒民族性和阶级性议题，通过促进经济增长和满足消费社会的需求来解决分配性问题的福利国家开始衰落。虽然阶级政治消退了，但是左翼的解放政治并没有终结，它转向受到主流权力压迫和排斥的群体。在 20 世纪 70 年代的新社会运动中，身份概念最终"被有效地用来制定可行的目标并动员起参与者"②，因此，"新社会运动是建立在身份认同基础上的，反对权力控制的斗争"③。根据吉登斯关于自我的反思性建构的观点，与其将身份政治归于广义的解放政治，不如说是"生活政治"更为准确，即一种"与当地和全球的辩证法以及现代性的内在参照系统的兴起相关联的自我实现的政治"④。这种政治关注的是在个体和群体意义上人的自我实现，表面上看是少数派群体要从不平等的文化关系中寻求解放，实质上是从自我反思或自我认同中解放天性，争取差异性的身份权利，因此身份政治既是形式上的解放政治，更是实质上的生活政治。

在第二次世界大战后工人运动式微的背景下，首先兴起的黑人民权运动和妇女解放运动也包含有种族和性别差异的身份元素，但是将它们视为身份政治的起点并不完全准确，因为这两场运动使用的都是公民身份的话语，针对的是相关群体的公民权利在法律上的偏失和在实践中被轻忽的现实，旨在争取完整的、平等的公民身份权利。艾丽斯·杨（Iris Young）指出，自由主义的公民身份主张掩盖了各种不平等的权力关系，也掩盖了这样一种事实——公民身份是根据特殊社会身份即男性白人的利益而界定的，同时也是维护他们的利益的。⑤早期的黑人运动和妇女运动力图打破这种权力关系，寻求平等

① Wendy Bottero, Class in the 21st Century, in Kjartan Pall Sveinsson (ed.), *Who Cares About the White Working Class*, The Runnymede Trust, 2009, pp.11–12.

② 玛丽·莫兰：《身份和身份政治：文化唯物主义的历史》，宁艺阳、陈后亮译，《国外理论动态》2019 年第 1 期。

③ Colin Barker et al. (eds.), *Marxism and Social Movements*, Blackwell Publishing Ltd., 2013, p.259.

④ [英]安东尼·吉登斯：《现代性与自我认同》，赵旭东等译，生活·读书·新知三联书店 1998 年版，第 273～274 页。

⑤ Iris Marion Young, *Justice and the Politics of Difference*, Princeton University Press, 1990, p.110.

的公民待遇，从根本来说有助于西方国家完善公民身份制度，但并不完全等同于后来的多元身份政治。查尔斯·蒂利认为妇女谋求公民身份权利的斗争远比工人阶级的经济斗争要成功，“欧洲工人为了工作权利反复诉求，没有一项在任何一个资本主义国家对公民的法令中得到完全实现。相反，妇女诉求政治参与已经获得相当的成功”[①]。而马丁·路德·金（Martin Luther King）领导的黑人民权运动至少也在法律和制度层面取得了胜利。在基本的公民身份权利已有制度性保障的情况下，以种族、性别、性取向等为议题的多元身份政治在某种意义上是在完成黑人民权运动和妇女运动未竟的使命，即在文化与社会层面追求平等和尊严。但在多元文化主义的影响下，身份政治最后成为一种张扬个性解放和维护差异性权利的新政治。在此意义上说，身份政治的真正起点应该是1977年的《康比河公社宣言》。

20世纪70年代兴起的身份政治标志着左翼的解放政治从经济决定论向文化与意识形态决定论转向，阶级政治采取的经济斗争与集体行动随之转向个人化、群体化的分散斗争，反抗的目标也从经济压迫转向社会歧视。为这种政治转向提供思想武器的正是自由主义的文化立场——多元文化主义。一方面，自由主义是多元文化主义的价值基础，伯林的多元自由主义、罗尔斯正义论中的差异原则可以为多元文化主义提供价值解释，威尔·金里卡（Will Kymlicku）的“自由多元文化主义”理论则致力于使多元文化主义成为自由主义民主政治的有机构成部分，同时回答在国家视野下如何处理族群多样性和文化多元性问题，其中，身份政治是一个非常重要的主题。另一方面，多元文化主义是自由主义的文化主张、文化立场，它为身份政治的兴起与发展提供了丰富的思想资源。“多元文化主义”这个词最先在加拿大进入政策实践领域，其核心主张是：普遍价值可以在不同的文化当中以不同的形式来实现，而且每一种文化都是值得尊重的。[②] 约瑟夫·拉兹（Jasehp Raz）认为多元文化主义首

① ［美］查尔斯·蒂利：《身份、边界与社会联系》，谢岳译，上海人民出版社2021年版，第242页。

② Joseph Raz, *Ethics in the Public Domain: Essays in the Morality of Law and Politics*, Clarendon, 1994, p.120, p.179; Joseph Raz, *The Morality of Freedom*, Clarendon, 1986, p.265.

先不是一种道德理论或政治理论，而是重申某种社会敏感的标志，它的出现意味着在同一个政治社会中并存着许多大的文化群体，这些文化群体希望在原则上能够保持其独特的身份。[①]现代国家在成长中会出现越来越多的文化群体（基于种族、性别、性取向、地方、宗教等差异），保障多元文化的空间和权利至关重要，多元文化主义不仅表达了进步主义的善意和道德关怀，更影响着重大历史事件的发展趋势。

在 20 世纪 80 年代以来加速发展的全球化进程中，多元文化主义与新自由主义的组合造就了一个文化碎片化和经济不平等的世界，21 世纪右翼政治的复兴正是全球化时代文化与经济焦虑共同作用的结果。阿马蒂亚·森（Amartya Sen）认为，公正地评价多元文化主义，主要依据的是不同文化背景的人们在多大程度上被允许“自行其是”，或者他们可以在多大程度上通过在一个国家内接受教育、参与公民活动和政治经济过程而有效地做出理性选择。[②]正是在自由主义和多元文化主义的价值基础上，身份政治成为文化领域的政治正确，成为西方左翼运动、自由派阵营的政治主张和政治工具。福山认为西方左翼之所以接受多元文化主义，是因为制定可能导致大规模社会经济变革的政策比之前更加困难了[③]。20 世纪末，社会民主党向右转，与保守派在新自由主义的目标下实现了和解。同时，基于多元文化主义的价值理念，西方左翼政党改变了政治策略，从阶级政治中撤退出来，不再为工人阶级谋福利，也不再坚持经济平等和福利普适的信条，转而开始关注被边缘化的少数派群体，致力于争取对“特殊”予以承认的差异政治。在高度分化的现代社会，“个体部分地是由其群体归属和关系构成的，因而不可能是统一的，而是异质的和不连贯的”[④]。多元文化主义的身份政治关注多重群体身份之间文化、观点、特点与

① Joseph Raz, Multiculturalism, *Ratio Juris*, Vol.11, No.3, 1998.
② 参见［印度］阿马蒂亚·森：《身份与暴力：命运的幻象》，李风华等译，中国人民大学出版社 2013 年版，第 121 页。
③ 参见［美］弗朗西斯·福山：《信念式国民身份 —— 应对身份政治带来的民主危机》，甄成、张淦译，《国外社会科学前沿》2019 年第 11 期。
④ 艾丽斯·M.杨：《正义与差异政治》，李诚予、刘靖子译，中国政法大学出版社 2017 年版，第 57 页。

压迫关系的分殊，有其特定的政治与社会条件。

然而，多元文化主义从一开始就遭到民族主义的严重挑战。民族主义者相信共同的民族性是决定政治共同体生存能力的必要条件，多元文化主义不利于建立在共同文化甚至血统基础上的民族性的形成。21 世纪以来，西方国家内部族群矛盾日益严重，恐怖主义、极端种族主义事件频发，在主流社群中，以反移民、反全球化为主题的逆向身份政治大行其道，右翼保守势力挑战建立在自由主义基础上的政治正确，质疑多元文化主义是否走得太远了。事实上，民族主义的重新抬头与不断壮大，说明多元文化主义的理念与政策陷入了困境。2005 年，英国学者贝特·叶奥出版《欧拉伯：欧洲—阿拉伯轴心》[①] 一书。其中，“欧拉伯”（Eurabia）一词是欧洲（Europe）和阿拉伯（Arabia）的组合，被用来描述一种臆想中的欧洲未来，切中了主流社群的身份忧虑——他们担心大量的阿拉伯人移民欧洲会在文化、宗教上极大地破坏白人群体的传统文化与优势地位。2016 年，特朗普的大批支持者通过选票表达了类似的担忧。事实上，早在 2010 年前后，英法等国已纷纷宣布其多元文化主义政策失败。2011 年 2 月，卡梅伦在慕尼黑安全会议上发表演讲，反思英国的多元文化主义实践，认为“我们鼓励不同文化各自为战，彼此孤立也孤立于主流社会，我们没能提供一个使他们产生归属感的社会愿景，我们甚至容忍这些处于隔离状态的社群以完全违背我们价值的方式生活，结果是产生了一大堆双重标准”[②]。在法国，穆斯林文化与法兰西价值的冲突长期困扰法国社会，在“国民阵线”等极右翼政党的影响下，多元文化主义的主张正在失去原有的社会基础，法国政府甚至试图回到同化政策的轨道上。霍布斯鲍姆曾指出，左翼并没有走出一条更广泛的政治联合之路，因为“少数相加不等于赢得多数”[③]，被过度运用的多元文化主义没有真正实现少数派群体的身份政治诉求，反而导致了以维护多数族群的利益与地位为诉求的逆向身份政治。

---

① Bat Ye'or, Eurabia: *The Euro-Arab Axis*, Fairleigh Dickinson University Press, 2005.

② David Cameron, *PM's Speech at Munich Security Conference*, February 5, 2011, http://www.gov.uk.

③ Eric Hobsbawm, Identity Politics and the Left, *New Left Review*, Iss.217, 1996.

三、退守“姆庇之家”：从少数派到多数派的身份政治

在多元文化主义的意识形态滋养下，左翼的自由派阵营把身份政治打造成了“差异政治”“承认政治”。最初源于对普遍公民权缺陷的反思和抗争，逐步发展为一种追求差异化和“为自己命名”的权利的少数派身份政治，并形成了具有广泛道德约束力的、以权利平等为核心的政治正确。然而，在竞争性选举和政党政治的影响下，进步主义性质的身份政治日益成为功利主义的政党工具，成为“一种沉迷于空洞的自我表演和缺乏建设意义的抗议运动”[①]。身份政治的日益泛滥和工具化不仅不利于左翼政治的发展，也无益于国家认同和公民身份建构。

当西方左翼政治从阶级转向个人、从政治转向文化，身份政治日益成为少数人的政治，偏离共同体政治的核心议题，这种转向造成了严重后果。一方面，多元身份政治破坏了左翼阵营的政治理想。从政治使命来看，身份政治对不公正对待的控诉变成一种自我异化和自由派精英的自恋行为，而不是左翼应该进行的对资本主义的反抗。霍布斯鲍姆（Hobsbawm）指出，身份政治致力于特定群体的特殊目标，而“左派的政治规划应该是普遍主义：它是为了所有人的”，其目标应该是民主、共和与社会主义。[②] 另一方面，多元身份政治也导致右翼身份政治的兴起。保罗·沃黑赫（Paul Verhaeghe）将公共精神的死亡和超级个人主义的崛起归因于新自由主义经济模式[③]，在这种模式下展开的身份政治实际上鼓励人们有系统地相互争斗，扩大了共同体的异质性，尤其是随着全球化危机的加深，制造了民粹主义与民族主义合流、极端保守主义复归的机会。

2008 年以来，西方社会保守主义思潮日趋高涨，反映在身份问题上的政治右翼化现象也非常突出，其表征之一就是自由派的多元身份政治逆向激发

① 何涛：《极端个人主义的“伪政治”——马克·里拉对美国当代身份政治的批判》，《国外理论动态》2020 年第 6 期。

② Eric Hobsbawm, Identity Politics and the Left, *New Left Review*, Iss.217, 1996.

③ [比]保罗·沃黑赫：《身份》，张朝霞译，花城出版社 2018 年版，第 245 页。

了主流白人群体的多数派身份政治。长期以来，美国自由派的身份政治重视文化议题甚于经济议题，民主党因政党竞争的需要深陷身份政治而不能自拔，其结果是不仅转移了全球化金融资本积累导致的社会矛盾，而且在白人主流人群中制造了身份的压迫感，所谓“全球化的失落者”就是指那些感受到经济不平等和失去文化优越地位的白人族群。右翼的保守派站在本土和主流的立场上表达了对少数人身份政治的强烈不满，认为“多元文化主义过于支持少数群体的身份认同和文化，从而削弱了原有的本土文化”[①]。特朗普、班农（Bannon）等右翼政治家借用左翼的身份认同概念，通过民粹主义的动员策略和民族主义的意识形态，在中下层白人群体中激发了同质性的族群意识，以致“身份政治也成为美国白人表达自己受害者意识和经济、文化处境与焦虑的新标杆”[②]。2016年英国公投脱欧和特朗普当选美国总统都离不开右翼对于身份政治的利用，“沉默的大多数”和被遗忘的白人工人阶级被动员起来，成为极端保守主义政策的坚定支持者。白人主流社群希望回到有更多固定性和更少流动性、更多国家保护和更少市场掠夺的传统秩序，由此，他们形成了自己的群体身份诉求，也提出白人社群的差异性权利。

左翼的多元身份政治与右翼的白人身份政治同台竞演、针锋相对，既是对全球化的反应，也是对民族国家的挑战，在21世纪的后工业时代制造出一种“部族主义”政治，将各个身份群体重新带回他们的“姆庇之家”[③]，使建立在统一公民身份基础上的国家认同摇摇欲坠。从身份政治的前现代性来说，

---

① 恩佐·波伦科：《多元文化主义：西方社会有关多元文化的争论概述》，郭莲译，《国外理论动态》2017年第4期。

② Laila Lalami, The Identity Politics of Whiteness, *The New York Times Magazine*, November 27, 2016.

③ 肯尼亚基库尤族（Kikuyu）人在1963年国家独立后立下的誓约——“誓死固守姆庇之家（House of Muumbi）”。“姆庇”是基库尤人共同的母亲，“姆庇之家”就是孕育基库尤人的“子宫”和养育他们的家园，基库尤人要捍卫的是本族的家园，而不是独立的民族国家肯尼亚。哈罗德·伊罗生在其著述中引用这个概念，指一种民族的原乡情结，它能够驱动人们不惜代价，为自己的种族、部落献身。参见［美］哈罗德·伊罗生：《群氓之族：群体认同与政治变迁》，邓伯宸译，广西师范大学出版社2015年版，第6、20页。

“姆庇之家”的政治隐喻和米歇尔·马费索利（Michel Maffesoli）提出的“部落主义”概念在本质上是一致的。马费索利看到了全球化反向激发的不满现状的怀旧情结，认为不满与怀旧会使人们想要回到过去寻找组织原则，重回部落状态，将“部落利益”和自我身份认同置于共同体的宏大价值观之上。[①] 重返“姆庇之家”的“部落主义”正在成为重构世界政治和国家政治的重要力量，日益侵蚀民主与共和的现代国家根基。

美国是身份政治的大本营，受到身份政治的干扰和破坏也最为严重、最为典型。早在立国之初，美国就确立了建立开放社会、组成多元国家的美国主义信条，但《独立宣言》《权利法案》中的声明和原则更接近一种政治理想或目标，历史与现实均表明，自由民主的美国政治从来没有摆脱种族问题的困扰。经过最近半个多世纪的发展，少数派群体的自由主义多元身份政治已渗透并影响到美国公共生活的方方面面，身份议题引发的冲突也成为美国社会的核心特征之一，从早先的平权法案、辛普森案判决、堕胎问题、军队中的同性恋问题、同性婚姻合法性问题、男校女校的正当性问题，再到近年的 MeToo 运动、“黑人的命也是命”运动等，无不折射出美国文化与政治中的深度对立。当前，美国社会在身份问题上的最大困境是，在少数、弱势族群的权利与尊严远未得到应有保障之时，主流社会却已感觉做出了太多牺牲，无论哪一方，都对现状不满，都无意为了共同体利益而做出妥协。事实上，“只要涉及种族、宗教、起源与文化的差异，族群行为在美国与在其他地方并无二致”[②]。从国内政治的视角看，在身份政治的离散作用下，美国政治极化问题在特朗普任内不断升级，反映到政党政治中便是“共和党正在成为白人政党，民主党正在成为少数群体政党”[③]，这一趋势在拜登就任美国总统后并没有发生实质改变。身份政治在美国的持续发酵，在很多时候会掩盖经济议题的根本

---

① Michel Maffesoli, *The Time of the Tribes: The Decline of Individualism in Mass Society*, SAGE Publications Ltd., 1996.

② ［美］哈罗德·伊罗生：《群氓之族：群体认同与政治变迁》，邓伯宸译，广西师范大学出版社 2015 年版，第 321 页。

③ Francis Fukuyama, Against Identity Politics: The New Tribalism and the Crisis of Democracy, *Foreign Affairs*, August 14, 2018.

性影响，转移和压制阶级政治的诉求。如果美国政治的核心分歧始终停留在文化议题上，事实上将有利于富豪和权贵阶层继续掌控政治。

四、“求异”压倒“求同”：西方公民身份的失落

20 世纪 70 年代以来，身份政治在西方社会的兴起，是文化与政治议题交织发展的结果，也是西方内部结构性矛盾的客观反映。福山认为身份政治本身没什么错，只是一种“对不正义的自然且不可避免的反应”①，有身份压迫自然就有身份政治的抗争。但当身份政治发展出以少数人与多数人的不同诉求为基础的两种对抗的形态时，它就成了问题。身份政治的最大问题是对建立在统一的国家认同之上的公民身份的解构。黑格尔相信“生存于国家之中，对每个人来说是绝对必要的”，因为“个人本身只有成为国家成员才具有客观性、真理性和伦理性……成为国家成员是单个人的最高义务”②。归属于一个共同国家所获得的公民身份是身份认同中最具政治意义的部分，它包含对国家的认同以及对个人在其中的权利义务的认同，公民个人“通过对公共关怀的认同行为来获得政治身份”③。当然，正像国家内部必然存在各种差异、不同和多样性一样，公民身份也不是一种排斥独特性和差异性的身份提纯。自由主义的公民权利观认为，公民身份应该是一种享受差异、接受差异的权利。公民身份应该超越诸如种族、宗教、性别或地域等的人际差异，但这并不意味着否定或排斥这些文化性的个体身份差异。实际上，人们之所以能够组合成一个国家，不是因为他们彼此相同，而是因为他们彼此不同，异质的成员通过彼此的差异相互接榫和契合，从而结合成一个整体并赋予整体以力量。

因此，存在差异并不是问题，为了强调差异而拒绝共同价值、拒绝合作

① Francis Fukuyama, *Identity: The Demand for Dignity and the Politics of Resentment*, Farrar, Strausand Girouxm, 2018, p.96.

② ［德］黑格尔：《法哲学原理》，范扬、张企泰译，商务印书馆 1961 年版，第 83 页、第 253～254 页。

③ Chantal Mouffe (ed.), *Dimensions of Radical Democracy: Pluralism, Citizenship, Community*, Verso, 1992, p.235.

才是真正的问题。在文化激进主义与文化保守主义的意识形态斗争中，这种问题不可避免地发生了。自由派和保守派各自开拓了身份政治的战场，在几乎所有的身份领域都展开斗争，出现了阿马蒂亚·森所形容的一种“多元单一文化主义”[①]，即表面是多元的，多种风格或传统并存，实际上各种身份群体呈现出一种离散、各自独立、碎片化和不交融的状态。霍布斯鲍姆尖锐地指出，高度排他性的身份政治，不论其终极目标是什么，其悲剧性在于它根本行不通，它无法处理当前人们遇到的种种难题，而只是人们面对难题时的情绪反应。[②] 身份政治的排他性源自对差异性、独特性的过度强调，其结果是一方面迎合了极端个人主义、市场资本主义的价值逻辑，导致个人权利凌驾于整体利益之上；另一方面则消解了政治共同体内部的普遍共识，破坏了民族国家中心化的权力结构，为政党竞争提供了工具。因此，身份政治无论是为少数派群体，还是为多数派群体伸张身份权利，本质上都是求异，即追求差异的权利或身份的优越感，都没有止步于法律框架内的承认和尊重，也没有设定建构政治共识的目标。更深远的影响还在于，身份政治将身份这个文化议题带入政治斗争领域，混淆了文化与政治的应有界限，在文化领域进行政治性的斗争，而在政治斗争中炒作文化议题，不仅无助于实现文化与经济上的平等，而且带来了一个越来越躁动、分裂的泛政治化社会。在这样的社会中，各个身份群体日益失去应有的自我克制和妥协精神，无意也无力确立共同的目标并用共享的语言描述共同关怀。

求异的身份政治与求同的公民身份之间不是简单取舍的问题，而是由谁主导和如何相互协调的问题。在西方政治实践中，二者已经发生猛烈冲撞，进而弱化了公民身份的凝聚力和民族国家的向心力，致使无论少数派还是多数派的身份诉求都难以完整实现。沃黑赫认为，“一个社会稳定与否很大程度上取决于主导叙事的力量，它越强大，交流和身份的形成就会越稳定”，稳

---

① [印度]阿马蒂亚·森:《身份与暴力：命运的幻象》,李风华等译,中国人民大学出版社 2013 年版,第 126 页。

② Eric Hobsbawm, *Age of Extremes: The Short Twentieth Century 1914–1991*, Abacus, 1995, pp.429–430.

定性太高固然会陷入专制，但西方的问题是相反的，它正日益走向稳定性极低的一端；瞬息万变的社会表现出一种“流动的现代性”，很难形成清晰叙事，因此社会成员的身份形成极不稳定，并可能导致边缘性人格障碍。[①] 在西方，身份政治的根源主要在于公民身份和国家等“主导叙事的力量”不够强大，政治无法超越成员个人及其身份群体的文化属性（如种族、宗教、性别或地域等）。“个人权利是前政治性的存在，政治共同体存立的价值就是保护这些权利”[②]，当共同体无力提供应有保护，只能任由其成员为个人权利而厮杀时，身份政治的破坏性便充分显现——多元文化的大熔炉无法生成统一的国家认同和普遍的公民身份，无法造就国家所需要的“既能治理又乐于受治的人们”[③]。

为了阻止身份政治对民族国家、公民身份造成更大的破坏，很多共和主义性质的政治方案被提出来。如哈贝马斯（Habermas）希望以“宪政爱国主义”取代原始的民族主义，主张多样的生活形式应该平等相处，并且“必须重叠于一个共同体的政治文化”[④]。霍布斯鲍姆认为必须建立一种基于共同利益的整全性的身份政治，即“公民民族主义”[⑤]。福山提出在核心价值观和基本信念之上建立“信念式国民身份”，鼓励公民认同关于国家的根本理论，并利用公共政策有意识地吸纳新成员。[⑥]这些方案的基本思路都是主张恢复公民身份认同的优先性，压倒或吸纳其他碎片化的身份认同。但是，以所谓“共和主义的复兴”来治理分裂性身份政治问题的思路，没有真正解决差异性身份与共同性身份如何并行不悖的问题，更没有提出一个恰当的具体方案，去解决卢梭曾提出的如何平衡公共利益与私人利益的问题。

通过身份政治谋求差异性权利的行动，不管是以少数还是多数的名义，

---

① ［比］保罗·沃黑赫：《身份》，张朝霞译，花城出版社 2018 年版，第 36 页。

② ［美］理查德·C.西诺波利：《美国公民身份的基础：自由主义、宪法与公民美德》，张晓燕译，复旦大学出版社 2019 年版，第 289 页。

③ ［古希腊］亚里士多德：《政治学》，吴寿彭译，商务印书馆 1997 年版，第 355 页。

④ ［德］哈贝马斯：《在事实与规范之间：关于法律和民主法治国的商谈理论》，童世骏译，生活·读书·新知三联书店 2003 年版，第 678 页。

⑤ Eric Hobsbawm，Identity Politics and the Left，*New Left Review*，Iss.217，1996.

⑥ Francis Fukuyama，Against Identity Politics：The New Tribalism and the Crisis of Democracy，*Foreign Affairs*，Vol.97，No.5，2018.

如果无法与公民身份兼容匹配，都不能被视为现代国家所需的，基于公义的政治参与。从国家的角度来看，有意义的参与应该有助于将人人为利益和生存相互争斗的“自然状态”转变为一种与共同体生活相关联的社会性存在，因为“一个和解的社会只能被理解为一个自由公民组成的伦理共同体”①。但是，在自由民主价值统领一切的西方社会，公共生活早已分化为国家认同的仪式性再确认（如参与投票）和有产阶级之间相互博弈的竞技场，以公民权利义务为中心的政治被降格为一种纯粹符号性、标志性的例行运作，而“一个只需要在程序上获得正式的合法化认可的国家，将导致公民成为微不足道的政治考量”②。大多数普通民众仍然会行使投票权来确保民主程序的存在，但是对政治结果却没有任何实质性影响，因为政治始终操控在权贵阶层和利益集团手中。就此而论，公民权的符号化、空心化或许正是西方身份政治大行其道的根本原因。

① ［德］阿克塞尔·霍耐特：《为承认而斗争》，胡继华译，上海人民出版社 2005 年版，第 17 页。

② Sheldon Wolin, The Idea of the State in America, in John P. Diggins, Mark Kann (eds.), *The Problem of Authority in America*, Temple University Press, 1981, p.56.

多元文化主义与美国政治极化 *

克里斯托弗·黑尔与基思·普尔等美国学者认为，从 20 世纪 70 年代末开始，美国政治就日益呈现出极化的现象。他们指出，所谓的政治极化，就是指民众对政党的忠诚度提高，民主党中的右派和共和党中的左派比例下降，同时在国会投票中，跨党投票现象越来越罕见，而按照党派路线投票的议员比例越来越高。① 随着时间的推移，美国的政治极化问题日益严重，不少学者认为，当前美国的政治极化已经处在 1879 年美国重建时期结束以来的最高水平。② 两党及其支持者互相视对方为敌人，美国政治已经“超极化”。③ 还有学者认为，政治极化连同身份政治以及国民认同危机等已经在美国引起了严重的政治危机。④

---

* 作者简介：牛霞飞，同济大学马克思主义学院助理教授。本文原载于《世界经济与政治论坛》2021 年第 1 期。

① 相关的论文和著作主要有：Keith T. Poole，Howard Rosenthal，The Polarization of American Politics，*The Journal of Politics*，Vol.46，No.4，1984；Nolan McCarty，Keith T. Poole & Howard Rosenthal，*Polarized America：The Dance of Ideology and Unequal Riches*，MIT Press，2006；Adam Bonica，Nolan McCarty，Keith T. Poole & Howard Rosenthal，Why Hasn't Democracy Slowed Rising Inequality?，*Journal of Economic Perspectives*，Vol.27，No.3，2013；Christopher Hare，Keith T. Poole，The Polarization of Contemporary American Politics，*Polity*，Vol.46，No.3，2014；Didi Kuo，Nolan McCarty，Democracy in America，*Global Policy*，Vol.6，No.1，2015。

② Michael Barber，Nolan McCarty，*Causes and Consequences of Polarization*，in Jane Mansbridge，Cathie Jo Martin (eds.)，*Negotiating Agreement in Politics*，American Political Science Association，2013，p.20.

③ Stephen Walt，America's Polarization Is a Foreign Policy Problem，Too，March11，2019，https://foreignpolicy.com/2019/03/11/americas-polarization-is-a-foreign-policyproblem-too/.

④ 牛霞飞、郑易平：《特朗普时代的美国政治危机：表现、原因及发展》，《太平洋学报》2020 年第 2 期。

为何美国会出现政治极化？对于这一问题，当前国内外学界除了从经济方面（如贫富差距），制度方面（如美国国会制度的改革、选区划分、政党重组及否决制），以及社交媒体及其传播特点等方面来解释极化产生的原因外，也开始关注文化因素在引起美国政治极化方面的作用。不过，在国外，学者们的研究多集中在对“文化战争”即传统价值观与进步主义价值观的对立是否导致了政治极化的探讨上，在国内，学者们则主要围绕美国核心共识的破坏、后物质主义与传统价值观的争斗等角度来探讨美国政治极化的原因。[①]本文在梳理总结多元文化主义的内涵的基础上，探讨多元文化主义导致美国政治极化的具体理路，并分析在特朗普执政时期，多元文化主义如何进一步加剧了美国的政治极化，最后，对 2020 年美国大选后多元文化主义的发展与政治极化的未来进程进行评析与展望。

① 从经济方面进行解释的文献有：Nolan McCarty, Keith T. Poole, Howard Rosenthal, Political Polarization and Income Inequality, January27, 2003, https://ssrn.com/abstract=1154098；付随鑫：《美国经济不平等与政治极化关系探析》，《美国问题研究》2017 年第 1 期。从制度方面进行解释的文献有：Richard H. Pildes, Why the Center Does Not Hold: The Causes of Hyperpolarized Democracy in America, *California Law Review*, Vol.99, No.2, 2011；Ernest A. Young, Federalism as a Check on Executive Authority: State Public Litigation, Executive Authority, and Political Polarization, *Texas Review of Law & Politics*, Vol.22, 2018；何兴强：《美国参议院“议事阻碍”：争议、改革及其影响》，《美国研究》2012 年第 4 期；倪春纳：《论美国国会政党极化的结构性根源》，《当代世界与社会主义》2017 年第 5 期；付随鑫：《当代美国的南部政党重组与政治极化》，《当代世界与社会主义》2018 年第 4 期；［美］弗朗西斯·福山：《政治秩序与政治衰败：从工业革命到民主全球化》，毛俊杰译，广西师范大学出版社 2014 年版，第 423～459 页。从社交媒体方面进行解释的文献有：Delia Baldassarri, Andrew Gelman, Partisans without Constraint: Political Polarization and Trends in American Public Opinion, *American Journal of Sociology*, Vol.114, No.2, 2008；Kevin J. Mullinix, Partisanship and Preference Formation: Competing Motivations, Elite Polarization, and Issue Importance, *Political Behavior*, Vol.38, No.2, 2016；刘红凛：《信息网络化对美国政党政治的影响》，《政治学研究》2015 年第 4 期；全燕：《西方社交网络的政治极化与算法传播的角色反思》，《社会科学》2018 年第 10 期。从文化角度进行解释的文献有：Morris Fiorina, Samuel J. Abrams & Jeremy C. Pope, *Culture War? The Myth of Polarized America*, Pearson Longman, 2005；王希：《特朗普为何当选？——对 2016 年美国总统大选的历史反思》，《美国研究》2017 年第 3 期；刘瑜：《后现代化与乡愁：特朗普现象背后的美国政治文化冲突》，《美国研究》2018 年第 6 期。

一、美国多元文化主义的内涵

美国犹太裔学者霍拉斯·卡伦（Horace Kallen）1915 年发表的《民主与熔炉》一文最早提出了“文化多元主义”这个概念。①1924 年，他又出版了《文化与民主》一书，从人种学的角度分析和论证了“文化多元论”，对“同化”及“美国化”进行了批判。他认为，作为群体划分的根本标准，人种及血统是不可改变的，其潜在的意思是，多种族、多民族移民的到来使美国变成了一个“多民族联邦”“一个多民族的民主国家”：一方面，不同种族和民族的移民应当为他们的文化传统感到自豪；另一方面，在保持统一性的前提下，美国也应当尊重和认同文化差异，使自身保持永久的活力。②1916 年，美国学者伦道夫·伯恩（Randolph Bourne）发表了《跨种族的美国》一文。同卡伦一样，伯恩批判了“美国化”，认为美国应当成为一个跨民族的“世界主义国家”。美国实用主义哲学的创始人约翰·杜威（John Dewey）对上述看法表示了赞同。他指出，在面对其他种族的文明时，美国应当接受它们，博采其他种族的文明之长，汇聚不同文明的智慧和经验，这才是真正的美国民族精神。③因此，总的来说，“文化多元主义”首先确认种族及其文化是相互捆绑的，其次主张美国应当承认文化差异并尊重其他种族和民族的文化，认为各种族及民族的文化应当和谐共处，但前提是要维持美国主流文化的主导地位，也就是说，在一个

① Horace Kallen, *Democracy Versus the Melting Pot: A Study of American Nationality*, Brandeis University Press, 2012, pp.155–168.

② Matthew Pratt Guterl, The New Race Consciousness: Race, Nation, and Empire in American Culture（1910–1925）, *Journal of World History*, Vol.10, No.2, 1999。其实，从霍拉斯·卡伦认为美国是“多民族”国家的说法中就可以看出，他所说的“文化多元主义”差不多就是“多元文化主义”，因此，学者们研究多元文化主义时，基本上都将其追溯到霍拉斯·卡伦的“文化多元论”。

③ 理查德·J.伯恩斯坦：《文化多元主义》，高莉娟等译，《国外理论动态》2017 年第 3 期。

普遍性的文化框架内容忍少数民族及种族的文化。[①]

可以说，在 20 世纪上半叶，对“文化多元主义”的关注基本上都集中在理论界，美国普通民众对其知之甚少。不过，从 20 世纪 60 年代开始，随着美国社会日益多元化，“文化多元主义”日益成为美国政界、学界乃至普通公众所关心的热点话题之一，也正是从这个时候起，不同的思想流派都开始对文化多元主义进行理论探讨。其中，自由主义和社群主义虽然对文化多元主义的认识存在比较明显的差别，但它们基本上都认为应当尊重并且支持少数群体的文化及生活方式，因此为文化多元主义提供了相应的哲学基础。在自由主义和社群主义之外，也出现了一种比较激进的文化多元主义观点，它特别强调文化的平等，主张文化相对主义和文化“去中心化”，它还极力主张“差异政治”，认为应在基本权利之外赋予少数群体以差异的公民身份。

可见，激进的文化多元主义的出现使文化多元主义的内涵被大大地扩展了。与早期的“文化多元论”相比，20 世纪 60 年代后的文化多元主义更加强调不同种族民族及其文化的差异性，更加强调它们之间的平等地位，同时也更加强调主流文化对少数族裔文化传统的承认乃至优先对待。[②] 这样，到 20 世纪 80 年代末，随着美国社会对文化多元主义的深入讨论，学术界和大众媒体开始日益频繁地使用“多元文化主义”一词，[③] 并用它来替代“文化多元主义”(Culture Pluralism)。显然，多元文化主义这一概念继承自文化多元主义，特别是激进的文化多元主义，而且它们的内涵有着相当多的重叠之处，因此，有学者认为多元文化主义和文化多元主义是可以互换的、意义相同的词，[④] 而不少当代学者在探讨 20 世纪初特别是 20 世纪 60 年代以来的美国社会架构和

---

① Michael W. Hughey (ed.), *New Triblisms: The Resurgence of Race and Ethnicity*, Macmiillan Press Ltd., 1998, p.7.

② 王恩铭:《美国多元文化主义与美国政治》,《解放军外国语学院学报》2009 年第 5 期。

③ Nathan Glazer, *We Are All Multiculturalists Now*, Harvard University Press, 1997, p.7.

④ Guito Bolaffied, *Dictionary of Race, Ethnicity and Culture*, SAGE Publications, 2003.

文化态势的时候，也基本上是将这两个概念混同使用的。[1] 不过，近 20 年来，随着理论研究和实践的发展，与文化多元主义相比，多元文化主义有了更丰富也更复杂的涵义，学者们因此也开始有所区别地使用这两个概念。[2]

从多元文化主义对文化多元主义内涵的继承和发展中，以及当前学界对多元文化主义的界定中，可以归结出多元文化主义的几点核心内容：①多元文化主义的基础是群体身份或族群身份，它认为不同的群体或族群拥有不同的文化及身份认同，[3] 并且特别强调这种文化上的差异和独特性；②多元文化主义认为所有族群的文化虽然存在差异，但它们在本质上都是平等的，少数族群的文化具有同多数族群的文化相同的地位，不应该有主流文化与非主流文化之分，因此传统的西方中心主义、欧洲中心主义、白人中心主义等都是错误的；③既然文化之间是平等的，那么就意味着所有的价值都不存在本质上的是非高低，因此也就应当倡导价值中立，对所有的文化及价值观一视同仁，甚至一些激进的多元文化主义会将非西方文化神圣化，几乎不容许对非西方文化或少数族群文化的批评；④在具体的公共政策上，多元文化主义反对“同化”政策，主张在政治、经济、教育等方面对少数族裔、妇女、LGBT 群体进行倾斜性照顾，鼓励这些少数族群以群体身份来进行政治动员，反抗文化非

① 相关的论文及著作包括：理查德 · J.伯恩斯坦：《文化多元主义》，高莉娟等译，《国外理论动态》2017 年第 3 期；张国军、程同顺：《当代西方民主的基础与危机 —— 右翼民粹主义与多元文化主义对抗的政治冲击》，《中南大学学报》（社会科学版）2019 年第 4 期；张慧：《从同化到多元——基于国外融入理论的思考》，《理论界》2015 年第 2 期；王恩铭：《美国多元文化主义与美国政治》，《解放军外国语学院学报》2009 年第 5 期；李其荣：《从同一到多元的历史轨迹 —— 美国多元文化主义管窥》，《中南民族大学学报》（人文社会科学版）2005 年第 4 期；常士訚主编：《异中求和：当代西方多元文化主义政治思想研究》，人民出版社 2009 版，第 12 页；［英］C.W.沃特森：《多元文化主义》，叶兴艺译，吉林人民出版社 2005 版，第 20～32 页；伍斌：《当代美国外来移民融入主流社会的困境》，《民族研究》2019 年第 2 期；等等。

② 本文在探讨多元文化主义时，也将其追溯到文化多元主义，承认两者有区别，但也承认前者对后者的继承和发展关系，并在特定时候将两者等同使用。

③ 庞金友：《族群身份与国家认同：多元文化主义与自由主义的当代论争》，http://www.aisixiang.com/data/77527.html，2014-09-03.

正义，[①]同时，倡导一整套“政治正确”的语言规范以确保上述群体不会被随意冒犯。

不可否认，多元文化主义对美国社会有着重要价值和进步意义。经过几十年的发展，多元文化主义在美国有了大批的支持者，不过，多元文化主义也激起了相当多人的反对，甚至，它在很大程度上成了美国政治极化的重要推手。

二、多元文化主义引发美国政治极化的三重理路

多元文化主义从三个层面导致了美国的政治极化：一是支持多元文化主义与支持保守主义的思想家及学者的争论构成了美国政治极化的思想基础；二是多元文化主义的理念及利益诉求引发并加剧了民主党与共和党的矛盾与冲突；三是多元文化主义消解了美国的政治共识，冲击了美国的传统政治社会秩序，由此而引发了政治极化。

（一）多元文化主义和保守主义的争论是美国政治极化的思想根源

20世纪60年代以来，文化多元主义及其后的多元文化主义在美国高歌猛进，逐渐引起了美国保守势力的强烈反弹。一些保守主义思想家和学者，如内森·格莱泽（Nathan Glazer）、阿尔文·施密特（Alvin Schmidt）、艾伦·布卢姆（Allan Bloom）、阿瑟·施莱辛格（Arthur Schlesinger）、塞缪尔·亨廷顿等，纷纷著书立说，对多元文化主义展开回击，在思想界和学术界形成了一场“文化冷战”。[②]他们认为，多元文化主义及其主张存在如下几个方面的严重问题：①多元文化主义的过度扩张会导致并加深美国种族之间的冲突，甚至导致美国的分裂。由于受多元文化主义影响，受到压迫和歧视的少数群体的群体意识被唤醒，他们主张以集体为单位获得经济利益补偿，但同时也导致了少数群体之间的利益争夺，而且，当某一群体的利益无法得到满足时，其群体意

① Nancy Fraser, From Redistribution to Recognition? Dilemmas of Justice in a “Post-Socialist”Age, in Anne Philips (ed.), *Feminism and Politics*, Oxford University Press, 2009, pp.430–460.

② 胡谱忠：《多元文化主义》，http://www.aisixiang.com/data/98930.html，2016–04–22。

识就会更加强烈，并进一步以群体为单位进行社会动员，进而演化成为一种严重的分裂力量，危害政治秩序和社会稳定。格莱泽、施密特和施莱辛格等认为美国的肯定性行动政策在少数族裔之间引起了诸多争议和矛盾，而且多元文化主义者要求在编写美国历史书时更加强调和突出少数群体的贡献，但他们认为这样做是在强调流血和冲突，因而会更加显现出美国白人在历史上对印第安人、黑人等少数族裔的压迫，进而引发少数群体对美国价值观的认同危机，并相应地产生出一种分离的情感；[①] ②多元文化主义要求美国在中小学校中实行双语教育，以体现对少数群体文化的尊重，但格莱泽及亨廷顿则认为，由于语言是族群文化认同的基本要素之一，因此双语教育会阻碍美国对新移民的同化，也会延缓新移民对美国共同文化和价值观的接受和忠诚感的形成；[②] ③多元文化主义关注以美国为代表的西方文化的弊端，却忽视了其他文化特别是少数族裔的文化中也同样存在许多消极的甚至是野蛮的风俗习惯；[③] ④多元文化主义看似主张民主，但它特别强调群体的权利，而民主则是以个人权利为基础的，因此，它实质上是反民主的；[④] ⑤多元文化主义主张的"政治正确"虽然有很大的合理性，但过分强调"政治正确"也会产生许多负面后果，施密特就认为，多元文化主义在"政治正确"的名义下，"钳制人们的思想和言论自由，破坏了美国的灵魂"；[⑤] ⑥多元文化主义使越来越多的美国移民可以保留双重国籍、双重国民身份和双重忠诚，特别是人口众多的拉

① Nathan Glazer, *Ethnic Dilemmas 1964–1982*, Harvard University Press, 1983, p.239; Alvin J. Schmidt, *The Menace of Multiculturalism: Trojan Horse in America*, Praeger, 1997, pp.52–72; Arthur M. Schlesinger Jr., *The Disuniting of America: Reflections on a Multicultural Society*, W. W. Norton & Company, 1998, p.11.

② Nathan Glazer, *Ethnic Dilemmas 1964–1982*, Harvard University Press, 1983, pp.152–155; [美] 塞缪尔·亨廷顿:《谁是美国人? 美国国民特性面临的挑战》, 程克雄译, 新华出版社 2010 版, 第 115～124 页。

③ Alvin J. Schmidt, *The Menace of Multiculturalism: Trojan Horsein America*, Praeger, 1997, pp.120–130.

④ 常士訚主编:《异中求和: 当代西方多元文化主义政治思想研究》, 人民出版社 2009 版, 第 402 页。

⑤ Alvin J. Schmidt, *The Menace of Multiculturalism: Trojan Horse in America*, Praeger, 1997, pp.170–176.

美裔移民居住集中，还统一使用西班牙语，这正使美国逐渐变成一个双语言、双文化的社会，也日益破坏美国的国家特性。[①] 总之，在上述保守思想家和学者的眼中，多元文化主义是潜入美国政治社会内部的现代“特洛伊木马”，[②] 它最终会导致美国社会的严重冲突和分裂，消解美国的国家特性，使美国国将不国。

可以说，多元文化主义者与保守主义思想家之间的“文化冷战”是美国政治极化在思想文化领域中的突出表现，两者之间的观点论争对政界及民众产生了较大的影响，他们各自赢得了相当多的支持者，是美国政治极化的主要思想根源。

（二）多元文化主义的理念与利益诉求造成了民主、共和两党的矛盾与对立

20世纪下半叶以来，美国多元文化主义得到迅速发展，围绕多元文化主义的理念诉求与利益要求，民主、共和两党不断发生冲突，导致了严重的政治极化现象。由于多元文化主义的理念和利益都接近于民主党，因此，下文以多元文化主义和民主党的理念和利益结盟关系的分析为主，以共和党对多元文化主义的反对的分析为次，来阐释多元文化主义引发两党矛盾与对立进而导致政治极化的机理。

1. 民主、共和两党与多元文化主义的理念契合与理念分歧

从美国民主党和共和党的发展历程来看，可以发现，它们之间一直存在时而和缓时而激烈的理念之争。如果两党内部在理念问题上发生了党派的分裂，也就是说，两党党内都具有较强的异质性，那么，在不同的议题上，两党

① [美]塞缪尔·亨廷顿：《谁是美国人？美国国民特性面临的挑战》，程克雄译，新华出版社2010版，第149～155页。

② Cyril Levitt, Reviewed Work(s): The Menace of Multiculturalism: Trojan Horse in America by Alvin J. Schmidt, *The Canadian Journal of Sociology/Cahiers Canadiens de Sociologie*, Vol.24, No.2, 1999.

内部持相同意见的派别就有可能相互联合，形成议题联盟，[1]从而为政党合作开辟空间，两党就不易发生剧烈的政治斗争，政治极化也就难以产生。然而，如果某一理念问题尤其重要，而且两党内部针对该问题的分歧过大以至于使党派分裂发展成了政党重组，进而消除了党内分裂，使两党之间的理念区别加大，那么，政党斗争和政治极化就容易随之出现。

在南北战争前夕，围绕奴隶制的存废问题，民主党和辉格党内部都各自分为南北两派。1854年，两党内部的废奴主义者联合起来，成立了共和党，而两党内部主张继续保持奴隶制的势力也相互联合，成立了民主党。这样，两党内部同质化加强，但两党之间的分歧却更加明显。1861年，两党在废奴问题上的势不两立引发了美国的南北战争。从南北战争后的重建时期一直到民权运动前，共和党和民主党在黑人民权问题上又产生了矛盾，但这种矛盾没有激化到特别严重的程度。从总体上说，北方共和党和北方民主党支持黑人争取政治权利的斗争，而南方共和党和南方民主党则坚持种族隔离政策，这样，两党在黑人民权问题上日益呈现出一种奇特的扭曲状态，因而，有学者将20世纪40年代至60年代的美国政党体制称作“四党制”[2]。在“四党制”下，美国的政治极化水平较低。

然而，到20世纪60年代中后期，随着黑人民权运动的大规模开展，民主、共和两党都无法再回避其内部对于种族问题的分歧，两党再次发生分化和重组。南方民主党人和南方共和党人站在一起，而北方共和党人则与北方民主党人联合起来，在新的基础上重构了民主党和共和党，两党内部在种族问题上的理念趋于一致，但两党之间的差异开始变得明显起来，也正是从这时开始，美国的政治极化水平开始提高。从这个意义上说，黑人民权运动开启了

① David L. Weakliem, Reviewed Work(s): Red State Blue State, Rich State, Poor State by Andrew Gelman, *International Review of Modern Sociology*, Vol.35, No.1, 2009; Katherine Cramer Walsh, Reviewed Work(s): Red State, Blue State, Rich State, Poor State: Why Americans Vote the Way They Do by Andrew Gelman, *Political Science Quarterly*, Vol.124, No.3, 2009.

② Richard H. Pildes, Why the Center Does Not Hold: The Causes of Hyperpolarized Democracy in America, *California Law Review*, Vol.99, No.2, 2011.

政党重组，而政党重组则推动了两党内部政治理念的同质化和两党之间的异质化，进而导致了当代美国的政治极化。

不过，如果对上述结论进行更深层次的分析，则可以发现，通过黑人民权运动，两党不仅明确区分了各自的政治理念，而且日益以多元文化主义为基准来界定自身的政治理念。换句话说，民主党开始将多元文化主义作为自身的核心意识形态，而共和党则把反对多元文化主义的保守主义看作是自己的意识形态。

之所以如此，根源在于，美国的多元文化主义及政治正确在黑人民权运动中得到了极大的发展，而部分民主党人在参与甚至是领导黑人民权运动的过程中深刻认识到了多元文化主义与本党价值理念的契合之处。具体来说，作为美国最主要也是受压迫最深的少数族裔和弱势群体，黑人通过民权运动赢得了选举权，废除了种族隔离的法律和政策，提高了自身的地位。而且，黑人民权运动还开创了以集体抗争的形式来争取权利的范例，他们认为，美国传统政治文化中强调以个人主义为基础的“人人机会平等”的观念貌似公平，却掩盖了“人人”当中的相当一部分人因为种族等原因而集体受到歧视的现实，因此，黑人民权运动主张以群体或集体而非以个人为基础来争取权利，它还将种族或身份之类的整体的概念引入美国宪政理念中，主张将原来分散的、孤立的个人权利的概念改造成一种关于集体权利的概念，并要求政府对这些权利予以承认和保护。[①]黑人的政治抗争激发了美国社会其他少数族裔及女性等弱势群体的权利意识，他们也开始控诉自己遭受的不公和不幸。20 世纪 60 年代末，美国各个群体的“权利革命”风起云涌，奇卡诺人[②]、印第安人、女权主义者、同性恋群体等都发起了争取自身权利的运动，而且，少数民族和女性等常常发现他们在许多问题上都有共同的语言和相似的立场，[③]因此，这些运动之间也互相影响、互相支撑，同时，它们也基本上都借用了同黑人民权

① 王希：《原则与妥协：美国宪法的精神与实践》（增订版），北京大学出版社 2014 版，第 478 页。

② 奇卡诺人即墨西哥裔美国人。

③ ［英］C.W.沃特森：《多元文化主义》，叶兴艺译，吉林人民出版社 2005 年版，第 11 页。

运动相似的集体动员的形式和对抗性的战术。以黑人为首的少数民族和弱势群体的政治抗争推动了美国多元文化主义的发展，也推动了“政治正确”的产生和“肯定性行动”政策的出台。“政治正确”将其批判的矛头对准种族主义、性别歧视以及其他一切形式的压迫，具有较大的进步意义；而“肯定性行动”政策则规定，凡是以前在美国历史上曾因种族、族裔和性别等原因遭受过集体性和体制性歧视的群体，包括印第安人、黑人、拉美裔人、亚裔、女性等，在相同的条件下拥有优先享受包括就业、入学和获得政府商业性合同等在内的社会福利的权利。无论是“政治正确”还是“肯定性行动”，都是美国多元文化主义的核心诉求。更重要的是，当少数族裔和弱势群体在以集体斗争的方式来争取权利，以及在日常政治生活中特别强调自身的基于族裔、性别等的群体权利的时候，就与同样也关注群体身份或族群身份的多元文化主义站在了一起，并为后者提供了强有力的社会支持。

因此，从产生根源上看，多元文化主义成长和发展于美国少数族裔和弱势群体争取自身权利的政治抗争中，从思想倾向上说，多元文化主义本身也是一种为弱势群体争取平等权益的激进左翼意识形态。对于民主党来说，其理念与多元文化主义有着较高的契合度，至少从20世纪30年代起，民主党就是左翼政党，从民权运动以来，民主党更加左倾，更加同情并支持少数族裔、移民、女性、同性恋群体等要求文化和身份认同的诉求，同时，由于部分民主党人直接参与并支持了民权运动，因此他们也在多元文化主义的发展中贡献了力量，这就使得民主党人在面对多元文化主义时，会不由自主地产生一种“天然的亲近感”。

然而，对共和党来说，多元文化主义与其政治理念的契合度要低得多。共和党当前所信奉的政治理念或意识形态的核心要义是古典自由主义或保守自由主义，实际上也就是自由主义的右翼，它在文化上持保守态度，尤其坚持基督新教的价值理念，更加强调个人主义，强调机会平等。因此，对于LGBT群体要求美国主流社会承认其身份认同的诉求，共和党人出于基督教信仰，始终无法欣然同意。民主党及多元文化主义者认为，美国社会对少数族裔等弱势群体存在一种“体制性歧视”，这使他们在竞争中无法和主流群体处于同一起点，且前者总是处于不利地位，因此需要对其进行特殊照顾，而共和党并非不同情少数族裔等弱势群体，他们认为，从总体上说，美国自由竞争的政治经济体制已经为这些人提供了向上流动的机会。民权运动后，虽然共和党不得不接受了多元文化主义所倡导的“政治正确”和“肯定性行动”政策，但其一直寻求机会对之进行扭转或“纠偏”。早在 20 世纪 70 年代，共和党人就提出了“反向歧视”的问题。[①] 另外，值得注意的是，部分共和党人还与“白人至上主义”联系紧密，[②] 他们极力推崇并努力想要保持白人的主体地位。因此，在理念上，共和党与民主党及主张各种族地位平等的多元文化主义产生了难以调和的冲突。

综上所述，从民权运动开始，民主党与共和党内部的意识形态趋于同质化，民主党大力支持多元文化主义及其政策主张，而共和党则秉持保守主义的立场，反对多元文化主义，它们在意识形态及政策理念上的冲突与斗争无疑是美国政治极化产生及加剧的重要原因。

2. 民主、共和两党与多元文化主义的利益耦合与利益冲突

其实，民主党支持少数族裔和弱势群体争取政治权利以及将多元文化主义作为自己的意识形态，除了在理念上有相通之处，它们在利益上也有相互支持和相互结盟的关系。

很明显，对于少数族裔和弱势群体来说，宣扬多元文化主义，可以使自己在政治斗争和利益斗争中掌握“优质”话语权，毕竟，同共和党支持的保守主义所带有的排外主义、种族主义等内容相比，多元文化主义中的宽容、平等和扶持弱者等更具有“道德高尚”的意味。另外，他们全力支持更加同情自身权益的民主党，也相当于在美国竞争性的政治体制中找到了牢固的靠山，以此为凭借，可以为自己争取更多的利益。对于民主党来说，与少数族裔和弱势群体结盟，可以扩充自己的选民基础，赢得稳固的选票来源，而将多元文化

---

① 王希:《原则与妥协：美国宪法的精神与实践》(增订版),北京大学出版社 2014 版，第 529 页。

② 刁大明等:《“白人至上主义”与“多元文化主义”间的根本冲突》,《世界知识》2017 年第 18 期。

主义作为本党的核心理念，则可以加固上述结盟关系，使自身在选举中获得更加有利的地位。

民主党与多元文化主义及其支持者之间的利益耦合尤为明显地体现在民主党对美国移民和同化政策的态度上。

从殖民地时期到建国初再到19世纪80年代，美国一直对移民持开放态度。[①] 这一时期，无论是从人种、民族属性还是宗教来看，美国都是一个高度均质的社会。对于不断到来的移民，当时占绝对主流地位的同化理论即“盎格鲁一致论”[②]认为，美国的定居者及其后代需要用“盎格鲁-撒克逊的正义、法制、秩序以及民众政府观念”[③]去同化移民，而移民也必须适应盎格鲁-新教的社会和文化。

从19世纪中后期开始，具有异质文化的来自德国、爱尔兰以及东南欧的移民变成美国外来移民的主要组成部分，华人也开始进入美国，美国逐渐成为一个种族、族裔、信仰以及语言多元化的国家。这一时期，美国开始对外来移民特别是华人进行限制，也比以往更加强调对移民进行同化，“熔炉论”也成为美国人在同化问题上的主流观点。因此，尽管美国社会已经开始变得多元化，但“多元文化主义”的抬头及发展受到了比较大的遏制。

然而，也正是在美国加强对移民的同化以及限制移民的时候，民主党开始显示出其对同化与移民政策的异议。首先，一些持进步主义观点的或倾向于民主党的学者对“熔炉论”提出了异议，这就是文首所提及的霍拉斯·卡伦、约翰·杜威等人的“文化多元论”。其次，对于共和党主政时期，即1882年通过的“排华法案”，不少民主党人包括西奥多·罗斯福（Theodore Roosevelt）总统都表示反对，他在1905年致国会的年度咨文中主张公正地对待华人。到第二次世界大战期间，在民主党总统富兰克林·罗斯福的主导下，排华法案

① 丁则民：《美国建国以来移民政策的发展变化》，《湖北大学学报》（哲学社会科学版）1997年第2期。

② Milton M. Gordon, *Assimilation in American Life: The Role of Race, Religion and National Origins*, Oxford University Press, 1964, p.98.

③ Milton M. Gordon, *Assimilation in American Life: The Role of Race, Religion and National Origins*, Oxford University Press, 1964, pp.94–95.

最终被废除。

从 20 世纪中后期开始，美国出现的大规模的移民潮最终促成了美国多元文化主义的形成，而这次移民潮的出现，与民主党总统肯尼迪主导下的取消按国籍规定移民限额和禁止对移民进行种族、民族歧视的“移民和国籍法”有着密切的联系。[①]20 世纪末，美国通过的最重要的移民法就是旨在增加移民配额和民族多样性的 1990 年移民法，当时，虽然共和党总统老布什主政，但民主党却同时控制着参众两院。小布什总统时期，美国加紧了移民控制，而克林顿总统和奥巴马总统时期，美国的移民政策都相对宽松。在这种情况下，拉美裔成为新移民的主力军，其人数持续高速增长，从 2002 年起，美国的拉美裔正式超过非洲裔，成为美国最大的少数民族群体，2012 年，美国拉美裔移民人数增至 5300 万，是 1970 年的 6 倍。[②] 此外，20 世纪 60 年代后，还有大量的非法移民进入美国，到 2017 年，美国共有约 1050 万非法移民，占这一年美国总人口的 3.2%，在非法移民中，有一半左右都是墨西哥人。[③] 因此，纵观 20 世纪 60 年代后特别是 1990 年以来的移民政策，可以发现，在对待移民乃至非法移民的态度上，共和党政府相对比较严厉，而民主党政府则相对宽松。此外，在同化移民的问题上，民主党也秉持多元文化主义的立场，强调要尊重移民原先的语言和文化传统，这样，美国降低了对拉美裔移民的同化力度，同时，又迫于拉美裔移民人口的迅速增加，开始在一些地区实施双语政策，使其得以与美国主流文化保持相应的距离。对于主要来自墨西哥的非法移民来说，由于他们与母国距离近，同时先进的通信技术使他们与母国保持了紧密的联系，[④] 更因为非法移民的身份，他们得以保持自身的文化特色，在

---

① 刘亚林：《美国移民政策的演变》，《兰州大学学报》（社会科学版）1993 年第 2 期。

② Anna Brown，The US Hispanic Population Has Increased Sixfold Since 1970，February 26，2014，https://www.pewresearch.org/fact-tank/2014/02/26/the-u-s-hispanic-population-has-increased-sixfold-since-1970/.

③ Jens Mauel Krogstad，5 fact About Illegal Immigration in the US，June6，2019. https://www.pewresearch.org/fact-tank/2019/06/12/5-facts-about-illegal-immigration-in-the-u-s/.

④ Joseph Nevins，Operation Gatekeper，*The Rise of the “Ilegal Alien” and the Remaking of the US-Mexico Boundary*，Routledge，2002，p.156.

某种程度上隔离了美国主流文化的影响。

从根本上说，民主党人之所以欢迎移民，不反感非法移民，同时，他们还选择尊重移民及非法移民的原文化认同，部分是因为最初来到美国的移民特别是拉美裔移民都从事着最艰苦的底层工作。① 民主党从自身的理念出发，视其为弱势群体，进而予以同情及照顾，但其更多的是出自本党利益的考量，尤其是在大众民主及选举政治的逻辑下，“人多就是力量”，这从 2012 年美国大选中奥巴马赢得 71% 而罗姆尼仅赢得 27% 的拉丁美裔选票 ② 这一事实中就可以得到明证。更重要的是，美国还有人口数量可观的非法移民，将来如果他们获得选举资格，那么对民主党来说，将是一支左右选举结果的支持力量。而对大量移民以及非法移民来说，民主党认同多元文化主义并为其积极发声，所以全力支持民主党也是他们得以在美国生存下去乃至获得相应的政治权利、享受美国社会福利的重要途径。

因此，利益因素特别是选举利益的因素使民主党支持移民的到来，使他们倾向于放松同化政策，也使他们更加坚定地支持多元文化主义。

对共和党来说，他们反对多元文化主义，相当一部分原因也是基于利益考虑。一直以来，美国社会都以白人为主体，虽然白人同时是民主党与共和党的主要选民来源，但同民主党相比，共和党对白人选民的依赖度更高。对于部分白人选民要求降低对少数族裔等的照顾力度以及限制移民的诉求，共和党不得不对之进行回应。另一方面，共和党并非没有认识到少数族裔、女性、LGBT 群体以及移民在选举中日益增加的重要性，为此，他们也在做出调整，如有限度地支持“政治正确”与“肯定性行动”等。在移民问题上，部分共和党也努力在移民与反对移民的白人选民中寻求一种平衡，但常因为党内强硬派的反对而使这一努力归于失败。例如，2006 年，共和党参议员麦凯恩同民主党参议员肯尼迪合作，推出了肯尼迪–麦凯恩法案，旨在使符合一定条件的非法移民能够留在美国，但共和党保守势力却强烈反对。2007 年初，在

① 张杰等:《美国“熔炉”不熔：奥巴马政府时期拉美裔移民问题探究》,《拉丁美洲研究》2016 年第 1 期。

② 黄放:《美国移民问题与奥巴马政府的移民改革》,《国际研究参考》2015 年第 10 期。

布什总统推动下，美国国会推出一项移民改革法案，其中包括建立“Z 签证”和“移民积分制度”等，使某些非法移民能有机会申请绿卡，这既能满足民主党给非法移民居留权的愿望，也符合共和党所能接受的高质量移民的要求，然而，同样是由于共和党强硬派的阻挠，该法案胎死腹中。[①] 可见，出于选举利益考量，共和党有时不得不对多元文化主义及其支持者做出一些让步，但更多时候，共和党只能选择站在多元文化主义及其支持者的对立面上。

总而言之，民主党和多元文化主义之间是一种利益耦合关系，而共和党与多元文化主义之间则是利益冲突关系，围绕多元文化主义及其利益诉求，民主党和共和党无法避免矛盾和冲突，并逐渐走向越来越严重的政治极化。

（三）多元文化主义从根本上挑战了美国的政治共识和传统政治秩序

随着多元文化主义影响力的增强，它日益冲击着美国社会的主流文化，也解构、冲击着美国的政治共识，甚至对美国传统的政治社会秩序形成了一定的挑战。这是多元文化主义导致美国政治极化乃至其愈演愈烈的最为深层的原因。

多元文化主义之所以会消解美国的政治共识，我们认为有以下几点原因：

第一，多元文化主义要求不同的文化之间都享有平等的地位，这确有一定的进步意义。然而，正如塞缪尔·亨廷顿所指出的，美国是由那些第一批来到北美大陆的具有盎格鲁－撒克逊血统的、信仰新教的且持有包括自由、平等、民主、个人主义、人权、法治和私有财产等在内的政治原则即“美国信念”的定居者所建立的国家，“美国信念”对美国的文化、体制、历史发展以及国家特性起了定型的作用。[②] 尽管美国人一直宣称美利坚民族是包容性的民族，美国文化是包容性的文化，但实际上，这种包容态度的背后还隐藏着对主体民族和主体文化的坚持，如果少数族裔及其文化挑战了它们的主体地位，那么，多数对少数的包容度就会降低。而且，由于一直以来美国都是以盎格鲁－撒克逊

① 姬虹：《美国移民政策改革与 2008 年大选》，《中国社会科学院研究生院学报》2008 年第 4 期。

② ［美］塞缪尔·亨廷顿：《谁是美国人？美国国民特性面临的挑战》，程克雄译，新华出版社 2010 版，第 31 页。

新教文化为核心来构建其政治共识的，[1] 如果使少数族裔的文化同盎格鲁－撒克逊新教文化平起平坐，无疑会在很大程度上解构美国的政治共识。

第二，多元文化主义要求在对各种文化进行评判时，要坚持价值中立的立场，而价值中立很容易走过头，变成价值相对主义，价值中立和价值相对主义的尽头就是无价值，也就是所有价值一律平等，这就会使人们丧失判断是非善恶的标准，进一步破坏以自由、平等、民主等为核心的美国信念和美国共识。

第三，多元文化主义强调群体或集体的权利，但它确实与美国信念中的个人主义相背离，冲击了以个人为基础而享有自由和民主权利的美国宪政制度。

第四，美国的政治共识和政治文化中的核心理念即平等、自由之间存在一种内洽与平衡的关系，但多元文化主义对个人主义的背离和对集体权利的强调恰恰破坏了平等与自由之间的关系。可以说，在欧洲，自由与平等之间存在比较强的张力，但在美国，两者之间的紧张关系却由于个人主义的存在而大大化解，原因在于，美国的个人主义是从新教理念中孕育出来的，它认为个人要对自己的成败负责，因此，在机会平等的前提下，个人自由地发挥其才智，如果出现了结果的不平等，只要这种不平等的程度不是特别严重，那么还是可以接受的。然而，当多元文化主义过于强调集体的权利时，就会产生集体的结果平等的要求，从而减弱美国式的个人主义对自由与平等关系的张力的平衡作用。

第五，也是最为重要的原因，多元文化主义这一价值理念本身存在明显的世俗化倾向，这同美国的新教文化及以此为基础而形成的政治共识有着不可调和的冲突。可以说，多元文化主义最为深刻的来源是美国宗教宽容的理念与实践，宗教宽容意味着没有什么组织可以强迫信徒遵守所谓的正统教义，这样，宽容的思想慢慢从宗教的桎梏中解放出来，宗教多元主义最终被各教派所认可，而在美国这样大多数人都信教的、宗教氛围浓厚的国家中，人们接受了宗教的多元化，也就更能够接受文化多元化，虽然这种多元化是建立

① Lawrence Auster, America: Multiethnic, not Multicultural, Academic Questions, *Academic Questions*, Vol.4, No.4, 1991.

在以基督新教为主的基础之上。

然而，多元文化主义虽生于美国的宗教宽容，但却叛离了宗教，特别是美国的基督新教。它的世俗化和“非基督教化”主要表现为反对以基督教为核心的“西方文化中心主义”，[①]反对过于强调美国用以基督新教为基础的主流价值观对移民进行同化，它主张承认、认可而不仅仅是尊重少数族裔的文化传统和非基督教的宗教信仰，甚至是无神论者等，它还强烈主张使学校远离宗教。近几十年来，美国社会本身的世俗化在加强。有数据显示，20 世纪 70 年代初，世俗主义者占美国人口比例为 5%，到 2009 年这一比例已经升至 15%～17%，[②]到 2019 年，虽然基督教徒占人口比例还有 65%，但无神论和不可知论者占比达到 26%，[③]可以肯定地说，多元文化主义在相当程度上推动了美国社会世俗化的进程。

正如上文所述，基督新教文化是美国政治共识的核心，而多元文化主义本身的世俗性以及它对美国社会世俗化的推动，也必然导致其对基督新教文化以及立基于其上的美国政治共识的破坏。

可以说，政治共识是一个国家保持团结和凝聚力的基础，也是那些有着不同的利益诉求及文化背景的群体之间实现妥协的基础，政治共识减弱或受到损害，妥协就难以达成，冲突也就难以平息。因此，多元文化主义对美国政治共识的消解无疑会增加解决矛盾和冲突的难度，从而促进政治极化的产生。正是在这一意义上，有学者指出，多元主义的扩张会对美国公共文化的稳定性形成挑战，造成冲突、暴力与灾难。[④]

复杂的是，多元文化主义确实对美国的政治共识有消解作用，但吊诡的

---

① 胡玉萍：《西方多元文化主义价值困境及实践特征——以美国多元文化主义为例》，《中央党校学报》2018 年第 2 期。

② James Davison Hunters, The Culture War and the Sacred/Secular Divide: The Problem of Pluralism and Weak Hegemony, *Social Research*, Vol.76, No.4, 2009.

③ Pew Research Center, In US Decline of Christianity Continues at Rapid Pace, October 17, 2019, https://www.pewforum.org/2019/10/17/in-u-s-decline-of-christianity-continues-at-rapid-pace/.

④ 王建勋：《文化战争、保守主义与西方文明的未来》，《当代美国评论》2019 年第 4 期。

一面是，它也坚定地支持着美国的政治共识，只不过，它所理解的美国政治共识与反多元文化主义者眼里的美国政治共识有着巨大的差别，在如何实现美国政治共识上，双方也有相当不同的看法。随着这种“一种共识各自认识，如何实施各有措施”的局面的发展，多元文化主义者与反多元文化主义者之间的分歧日益加深，导致了美国的政治极化。

如果我们追溯一下美国的历史，可以发现，其共发生过三次政治极化，其中，对峙双方都是一方面极力坚持美国的政治共识，但另一方面，在共识如何实现以及共识的实现范围上，双方又有着不同的理解，甚至是严重的分歧：第一次是在南北战争时期，南方人和北方人都高度认同自由、民主、平等这些核心理念，但对这些理念的实现范围存在严重分歧，北方人认为，黑奴也是人，同样应当享受自由和平等的权利，南方人则认为黑奴是私人财产，他们不应该至少在当时不应该享有同白人一样的权利，而且，北方强行解放黑奴是对南方人财产权的侵犯。第二次是在19世纪末20世纪初的进步主义运动时期。被工业托拉斯打压而濒临破产的中小企业主以及失业工人认为自己的自由平等权利都受到了侵害，而当时的垄断资本家及其支持者则认为他们只不过是在法律保障下行使其自由竞争的权利、通过个人努力而增加私人财产而已，而把企业做大做强，则是于国于民于己都有利的事，何错之有？第三次政治极化出现在罗斯福新政时期。1929年经济危机引发了严重的失业，民众生活极度困难，面对这种情况，共和党人仍然坚持自由竞争的理念，认为政府干预经济会破坏自由，而以罗斯福为首的民主党人认为，如果连“免于匮乏的自由”即生存权都无法维持，那么自由、平等也就无从谈起。

可以说，同历史上发生的三次政治极化相比，美国当今正在发生的政治极化同样是由于对立双方之间的强烈的共识与明显的分歧。上文提到过，多元文化主义者和保守主义者之间有着激烈的观点之争，但实际上，他们之间既有巨大的分歧，也有强烈的共识。共识体现在，他们都承认美国政治共识的价值和重要性，也基本上认同美国政治共识的核心价值理念，而分歧不仅表现在观点之争，还体现在他们对美国政治共识的内涵、实现方式及实现范围上的极为不同的理解。也就是说，多元文化主义对自由、平等、民主等核心理念的坚定不移的信仰，以及要求在政治实践中彻底实现这些核心理念的广泛行动，引起了那些同样坚守并珍视美国政治共识的保守主义者的对抗。支持多元文化主义的人们坚称，在长期的历史发展中，美国并没有真正落实上述核心理念，例如，在平等问题上，美国没能真正地实现平等，少数族裔、弱势群体一直没有真正获得和占人口多数的白人同样平等的政治、经济地位，同时，少数族裔的文化传统及其语言同盎格鲁–撒克逊新教文化以及英语之间的关系也从来没有平等过。但保守主义者则认为，自由、平等、民主这些理念的真正实现需要经历一个长期的过程，而且，它们现在已经得到了基本的实现，欲速则不达，如果操之过急，例如让那些并不认同美国政治共识的非法移民大量地进入美国，会破坏美国的政治共识，危及美国的宪政制度，最终使美国人经过长期艰苦奋斗而实现的自由、平等、民主的权利得而复失。

三、多元文化主义与特朗普执政时期美国政治极化的加剧

2016 年美国总统大选中，多元文化主义就成为加剧民主、共和两党斗争以及美国社会左右撕裂的重要议题，从特朗普当选为总统并执政至今，多元文化主义也一直起到了加深美国两党及其民众之间的矛盾和分歧的作用。我们可以从以下三个方面来分析这种作用。

（一）反政治正确与政治极化的进一步发展

在美国，同多元文化主义一样，政治正确得到公众的广泛关注也是在民权运动时期，政治正确同多元文化主义密切相关。特朗普在竞选中及其执政后的一系列反政治正确的言行在美国赢得了大量称赞，也招致了相当多的骂声，并由此而激化了美国两党及其民众之间的矛盾与冲突。

在 2015 年的美国总统初选辩论中，特朗普就语出惊人，表示“政治正确是这个国家最大的问题……我根本没有时间政治正确，这个国家也没有时

间”[1]。此后，他又发表演讲，明确其“拒绝政治正确”。特朗普由此成为美国反政治正确的代言人。在2016年大选中，特朗普更是在多个涉及政治正确的领域开启了其反政治正确之路。在少数族裔问题上，特朗普多次发表关于墨西哥裔移民的不当言论，如“墨西哥移民大多是罪犯”等；在女性问题上，特朗普对希拉里等女性频频发表涉嫌侮辱的言论；在宗教信仰问题上，特朗普称“有必要关闭美国的清真寺，并增强对穆斯林的监视”。

在就任总统后，特朗普也不改其反政治正确的言行，最突出的表现就是其对民主党少数族裔女性议员的诘难。当前，民主党在国会中有不少少数族裔议员，其中，最为有名的是四名女性议员，即明尼苏达州众议员奥马尔（Ilhan Omar）、纽约州众议员科特兹（Alexandria Ocasio-Cortez）、密歇根州众议员拉希达·特莱布（Rashida Tlaib）、马萨诸塞州众议员阿亚娜·普莱斯利（Ayanna Pressley），其中，奥马尔和特莱布还是美国国会中仅有的两名穆斯林议员。这四个少数族裔女性议员经常一起活动，被特朗普称为“四人组”“进步小组”等[2]。

特朗普反政治正确的做法在政党和民众层面造成了对立，加剧了美国的政治极化。首先，在政党层面，自特朗普打破政治正确的“禁忌”之后，共和党人就开展了对政治正确的全面批判，例如，泰德·科鲁兹（Ted Cruz）、本·卡森（Ben Carson）认为政治正确正在扼杀、破坏美国，后者还以政治正确为武器攻击奥巴马的中东政策和医改法案。对于民主党来说，由于少数族裔、女性、LGBT群体、移民等政治正确的坚定支持者是其重要选票来源，因此，民主党必须与共和党在这个问题上进行斗争，坚守政治正确。2020年美国纽约州众议院第14、15、16、17选区选举中获胜的都是身份更加“正确”的选举人，如少数族裔女候选人科特兹（Alexandria Ocasio-Cortez），黑人

---

① Tim Hains, Trump to Megyn Kelly: I Don't Have Time For Political Correctness and Neither Does This Country, August6, 2015, http://www.realclearpolitics.com/video/2015/08/06/trumpgyn__kelly__political__correctnessy. html#!.

② Jonathan Allen, How Trump Flipped the Script on Pelosiand The Squad, July15, 2019, http://www.msn.com/en-us/news/politics/how-trump-flipped-the-script-on-pelosi-and-the-squad/ar-AAEmSqr?li=BBnb7Kz.

男候选人伯曼（Jamaal Bowman）、托雷斯（Ritchie Torres）和琼斯（Mondaire Jones），后两位候选人是同性恋。另外，曾角逐2020年民主党总统候选人的马萨诸塞州参议员伊丽莎白·沃伦（Elizabeth Warren）的DNA测试结果显示，其只有非常少的与哥伦比亚人、秘鲁人、墨西哥人相似的血统，但其一直声称自己是印第安人后裔。[①]在政治正确的问题上，沃伦时常与特朗普针锋相对，双方在社交媒体上骂战不断，尽显极化政治的恶果。

其次，在民众层面，对于支持特朗普的民众来说，其"苦政治正确久矣"，在他们看来，政治正确在"种族歧视、非法移民、同性恋、非主流宗教等话题"[②]上设置重重限制，阻碍对上述问题的正常讨论，甚至形成了对言论自由的压制。许多美国人不敢表明自己的共和党身份，怕被冠之以"种族主义者""法西斯"之名。[③]甚至，很多人讨厌特朗普，但仅仅因为其反政治正确，就选择对其进行支持。此外，根据菲尔勒迪金森在2016年的一项调查，超过半数的人既支持特朗普又痛恨政治正确。[④]然而，特朗普的反政治正确同样激起了相当多的民众特别是民主党支持者的反对，在他们看来，特朗普是十足的种族主义者，他歧视女性，无视政治正确的进步意义，2016年，基于特朗普的"种族歧视、性别歧视和本土主义"，《时代周刊》将特朗普评为"美利坚分裂国总统"。

总而言之，美国两党及其选民已经在政治正确及言论自由等相关问题上发生持续而激烈的对抗，由此形成了巨大的政治分裂。

（二）限制移民与政治极化的进一步深化

特朗普自竞选及上台以来，做出了种种限制移民的举措，纵观这些举措

① Tammy Bruce, Elizabeth Warren and Her Little DNA Story, October18, 2018, https://www.foxnews. com/opinion/tammy-bruce-elizabeth-warren-and-her-little-dna-story.

② 徐海娜：《特朗普的"政治正确"：美国利益就是一切》，《当代世界》2017年第5期。

③ Conor Friedersdorf, A Dialogue with a 22-Year-Old Donald Trump Supporter, https://www.theatlantic.com/politics/archive/2016/05/a-dialogue-with-a-22-year-old-donald-trump-supporter/484232/.

④ Samantha Marcus, Fewer Americans Hate Political Correctness When Trump Slams It, Poll Find, http://www.nj. com/politics/index.ssf/2015/10/trump__political.html.

所引起的美国朝野的反应，不难发现，美国政治极化程度正在急剧加深。

特朗普在竞选期间就对其选民承诺，一旦上台，将实施严厉的移民政策。果真，特朗普一上台，就推出了针对6个伊斯兰国家的旅行禁令，虽然给出的理由是为了维护国家安全以及防止恐怖主义袭击，但其明显有遏制多元文化主义的考量。“禁穆令”一经颁布就引起了轩然大波，民主党人对此强烈反对，倾向于民主党的联邦地区法院不断阻击，迫使特朗普再二再三修改禁令，并不断上诉，最后，官司一直打到最高法院。最高法院虽然最终选择了支持特朗普，但总统及其领导下的共和党以及民主党的司法攻防战却使两党斗争白热化。同时，在穆斯林移民问题上，美国民众的左右撕裂也进一步加深，根据路透社和益索普对美国民众进行的调查，有49%的受访民众表示支持特朗普的“禁穆令”，41%的受访者则表示反对。[①]

特朗普还承诺要构筑美墨边境墙，以阻挡来自墨西哥的非法移民，这显然也是为了阻止多元文化主义的进一步发展，他甚至将这一举措提升到了国家安全战略的高度。[②]然而，从特朗普提出这一设想开始，反对多元文化主义的民众就对此予以坚定支持，而赞同多元文化主义理念的民众则表示强烈反对，并对之进行讥讽。围绕这一问题，美国社会的分裂趋势加强。据加州伯克利分校在2018年所做的研究，有半数以上的加州人支持特朗普在美墨边境筑墙的提议。[③]在筑墙费用问题上，特朗普及共和党与民主党主导的众议院也产生了激烈的对立，这种对立先是导致了美国政府最长时间的关门，后又导致特朗普颁布紧急状态令，国会对此进行否决，而总统又对国会进行否决，进而，特朗普及共和党则被迫绕过国会，动用军费筑墙，民主党接着又控告特朗普，最终，联邦法院判决特朗普挪用军费的行为违法。在民众当中，反对特朗普的人认为其违反了美国的宪政体制，而支持特朗普的人则赞扬其“努力履行

---

① 郝亚明：《从“禁穆令”看美国少数群体的权利保障》，《人民日报》2017年3月10日，第18版。

② The White House, National Security Strategy of the United States, December18, 2017, https://www.whitehouse.gov/wp-content/uploads/2017/12/NSS-Final-12-18-2017-0905.pdf.

③ 赵梅：《美国特朗普政府移民政策改革及影响》，《当代世界》2018年第9期。

对美国人民的承诺及为国家安全而奋斗”①。

如前文所述，特朗普之所以反对移民特别是非法移民，其实质都是为了限制多元文化主义，而之所以限制多元文化主义，又源于共和党及其选民的现实利益及保守主义的政治理念。共和党及其支持者特别是白人草根选民对民主党所支持的移民及同化政策极度不满。他们认为，民主党及共和党建制派拥抱全球化，而民主党尤其欢迎移民这种流动的劳动力，但移民特别是低技术移民会降低美国本土工人的平均工资，②甚至使他们失去工作。而且，大量移民特别是拉美裔移民在不久的将来会超过美国本土白人，成为人口多数。③民主党所秉持的多元文化主义还主张放松对移民进行同化，这样的局面在白人草根选民眼里就是移民既抢了他们的饭碗，又不认同他们的价值观，因此，他们产生了一种强烈的“被围困心态”。④而特朗普及其领导下的共和党限制移民的主张显然能够代表他们的利益和诉求，何况，后者还誓言要保卫他们的工作、工资和安全。⑤对于民主党及其支持者来说，为了捍卫他们在移民问题上的利益及理念，他们必须同特朗普及共和党斗争。

（三）反对由少数族群发起的政治运动与政治极化的严重化

在特朗普执政时期，美国爆发了“我也是”（Me Too）和“黑人的命也是命”这两场由少数族群主导的大规模政治运动。特朗普及其领导的共和党对这两场运动都颇有意见，甚至予以公开反对；民主党及其支持者则全力支持。双方的对决将这两场运动推向高潮，也导致美国政治极化向更严重的方向发展。

---

① Jonathan Allen, Dartunorro Clark, Trump Announces National Emergency to Obtain Billions for Border Wall, February15, 2019, https://www.nbcnews.com/politics/politics-news/trump-declare-nationalemergency-obtain-billions-border-wall-n972021.

② William W. Olney, Offshoring, Immigration, and the Native Wage Distribution, *The Canadian Journal of Economics/Revue Canadienne d'Economique*, Vol.45, No.3, 2012.

③ Nancy Foner, Kay Deaux & Katharine M. Donato, Introduction: Immigration and Changing Identities, *RSF: The Russell Sage Foundation Journal of the Social Sciences*, 2018, Vol.4, No.5, 2018.

④ 刘瑜：《后现代化与乡愁：特朗普现象背后的美国政治文化冲突》，《美国研究》2018 年第 6 期。

⑤ 吕虹、孙西辉：《“结构性矛盾”与“特朗普主义”——特朗普政府“印太战略”的双重动因》，《世界经济与政治论坛》2018 年第 6 期。

其一，女性群体发起的“我也是”运动最初以反性侵为主要诉求，后又将其反对目标拓展到女性歧视及男权社会压迫上。显然，这符合多元文化主义的价值理念，因此也得到了民主党的大力支持。然而，随着“我也是”运动的影响力的日益扩大，许多美国政治、经济、文化领域的精英被指控性侵，特朗普本人也不断面临这一指控，以至于他声称“‘我也是’运动非常危险，不公平地威胁了整个有权势的男性阶层”①。“我也是”运动还将两党及其民众斗争的战火引到了最高法院。2018 年，在特朗普提名保守派法官卡瓦诺（Kavanaugh）为最高法院大法官的过程中，性侵指控始终缠绕着卡瓦诺，在卡瓦诺的提名确认被参议院通过后，抗议浪潮仍然不止，对立双方的斗争甚至在美国引起了一场政治风暴。②

其二，2020 年 5 月底，黑人乔治·弗洛伊德在白人警察暴力执法下死亡的事件引爆了“黑人的命也是命”运动，美国先是爆发了大规模的游行示威及政治抗议活动，其后，民主党精英包括美国前总统奥巴马及其夫人、2020 年民主党总统候选人拜登、民主党众议院领袖佩洛西以及民主党参议院领袖舒默等，都表示坚定支持这场运动，佩洛西、拜登等还同多位民主党人单膝下跪以表示对弗洛伊德乃至整个黑人群体的歉意。虽然有部分白人及黑人相互单膝下跪，以示和解，但运动还是向着激进化的方向发展，参与其中的民众多次出现“打、砸、抢”的行为，甚至数次冲击白宫，迫使特朗普紧急转移到白宫地堡中。特朗普及共和党虽然也对这场运动表示理解，但对上述局面，他们还是予以强硬谴责，特朗普将参与这场运动的组织“安提法”（ANTIFA）称作恐怖组织，还威胁要派军队维持秩序，但他的反应引起了民主党及运动支持者的更加激烈的反对。部分抗议者占领了西雅图市的国会山区，宣布成立

① Philip Rucker, Robert Costa, Josh Dawsey & Ashley Parker, Defending Kavanaugh, Trump laments#MeTooas “very dangerous” for powerful men, September26, 2018, https://www.washingtonpost.com/politics/defending-kavanaugh-trump-laments-me-too-as-very-dangerous-for-powerful-men/2018/09/26/e9116536-c1a4-11e8-97a5-ab1e46bb3bc7 y. html? outputType= amp.

② Ralph Ellis, Anti-Kavanaugh Protesters Keep up the Fight, even After He's Confirmed, October6, 2018., https://www.cnn.com/2018/10/06/politics/kavanaugh-protests/index.html.

自治区。另外，还有一大批抗议者开始了推倒美国历史上与奴隶制有关的人物雕像的运动，美国南北战争期间南方总司令罗伯特·李、南方邦联政府“总统”杰斐逊·戴维斯和美国国父们（包括华盛顿、杰斐逊）的雕像先后被拆除，而老罗斯福总统的雕像因有种族歧视之嫌也被拆除。面对“黑人的命也是命”这一运动的支持者的行为，共和党及其支持者也进行了回击，极右翼的持白人至上主义立场的组织一开始就参与到运动中来，另外，反对这场运动的民众也拆除了一些废奴主义者的雕像，如南北战争时期北方联邦军总司令格兰特的。可以说，美国的精英和大众都深度参与到“黑人的命也是命”的运动中，将政治极化推向了新的高度。

总而言之，无论是反政治正确，还是限制移民，抑或是反对由少数族群发起的政治运动，特朗普的主要行动目标其实就是遏制多元文化主义的发展，而民主党的殊死斗争特别是在特朗普及共和党主导下的最高法院的保守化问题上的激烈反抗，最深层次的原因也是为了保卫多元文化主义，因为他们担心保守化的最高法院会在移民、平权等涉及多元文化主义的司法问题上做出不利于他们的判决，而这种判决的影响将是长期的。共和党及民主党之间的缠斗无疑加深了美国社会的左右撕裂，因此，学者艾伦·阿布拉莫维茨指出，美国正日益分裂成共和党和民主党两个国家，它们互相反对，很难再和谐共处，[①] 学者福山也指出，共和党正在变成白人党，民主党则正在变成少数族群党，当身份政治成为美国政治的核心分歧，结果将是非常不利的。[②]

四、结论与展望

当代美国发生政治极化的主要诱因是多元文化主义。多元文化主义支持

---

① Alan I. Abramowitz, America Today is Two Different Countries, They Don't Get Along, March10, 2016, https://www.washingtonpost.com/news/in-theory/wp/2016/03/10/america-today-is-two-different-countries-they-dont-get-along/?noredirect=on&utm__term=.38a058993404 .

② Francis Fukuyama, Against Identity Politics: The New Tribalism and the Crisis of Democracy, *Foreign Affairs*, Vol.97, No.5 , 2018.

政治正确和身份政治，要求主流社会尊重并平等对待少数族裔及弱势群体的文化，扩大实施“肯定性行动”政策，鼓励少数族裔及弱势群体以集体方式来争取自身的权益。多元文化主义影响力的扩张引发了保守主义的反击，激发了美国的政党斗争，冲击了美国的政治共识和传统的政治秩序，从而引发了美国的政治极化。自特朗普上台以来，其在反政治正确、限制移民以及反对由弱势群体发动的政治运动上的举措都是为了限制多元文化主义的发展，但这引起了支持多元文化主义的民主党及民众的激烈反对，两党斗争和左右撕裂的程度迅速加深，政治极化也明显严重了。

2020 年是美国大选年，从某种意义上说，这是一次决定美国政治未来走向的选举。在大选中，民主党与共和党将其战火主要集中在与多元文化主义紧密相关的诸如移民、少数族裔、女性、LGBT 群体的权利和身份认同的议题上，两党之间的斗争更加激烈，也进一步提高了美国政治极化的严重程度。

如果以历史的眼光来考察美国历史上的三次政治极化，我们会发现，虽然三次政治极化基本上都被化解了，但化解的过程都极为艰难且漫长。第一次政治极化导致了南北战争，使美国不得不将惨烈的内战当作了解决分歧的手段，但战争结束后，美国也只是从宪法上废除了奴隶制，在名义上保障了黑人的平等地位，但在实践中，随后确立的种族隔离制度却严重地伤害了黑人群体的权利和尊严，直到 20 世纪 60 年代，黑人的民权问题才得到基本解决。引发第二次和第三次政治极化的社会问题直到第二次世界大战后才得以缓解。从某种意义上说，战争使美国人放下其在社会问题上的分歧，团结起来，从而消除了政治极化。从历史经验看，美国当前所发生的这次政治极化，其化解的过程恐怕也将是长期而痛苦的，或许在将来，政治极化带来的政党恶斗、社会撕裂的痛苦会促使对立的双方各让一步，走向妥协与和解，但如果政治极化的严重后果没有引起美国社会的深刻反思，其社会撕裂的程度则会进一步加深，那么，美国将不可避免地开启走向分裂的过程。

美国政治极化的文化与意识形态根源 *

民主必然与多样性和差异性相伴随，因为民主的精神在于尊重与保护个人的独立表达与自由选择，从而激发并展现多元的样态，但民主要成为一个国家政治生活有效运行的基本制度，必须能够从差异性中形成基本共识。在一个成熟的民主国家，无论是民众还是精英，在价值选择与利益判断的谱系中呈正态分布，即处于中间状态的人数众多，而处于两个极端的较少，具有差异的各方易于妥协而达成共识。民主制度的最大隐忧是多样性的反向分布状态，即居中的温和派较少，而更多的公民分别聚集在谱系的两个极端，且双方不断地自我强化而僵持不下、难以妥协，这就陷入了政治极化的困境，它是民主制度的最大威胁，从原则上看，政治极化本身并不违背民主，却伤害了民主。

不幸的是，20 世纪后期，欧美发达国家出现了不同程度的政治极化，美国政治极化尤甚。由此，政治极化问题成为美国国内政治研究的热点。当然，美国的政治极化不只是反映美国自身的政治与社会危机，更不是中国的利好，相反，其危害也会波及包括中国在内的其他国家，毕竟当今的全球化是美国以其科技创新、美元地位和军事实力为支柱而推动与主导的全球化，其国内贸易政策和对外战略的变化无不引起全球化体系的震荡。事实上，每当美国国内陷入纷争与困局之时，往往会表现出对外强硬一致：一方面，美国担心因自身内聚力的削弱而受到他国的挑战；另一方面，也力图借强硬对外而缓解国内的紧张困局。

人们意识到并已经感受到，美国政治极化加剧而引起的战略调整（如技术封锁、逆全球化的贸易战等）对中国经济社会发展产生的影响，国内学术界正加大对美国政治极化的研究力度。本文试图在经济与阶层分化研究路径和政

---

* 作者简介：申建林，武汉大学政治与公共管理学院教授。本文原载于《人民论坛·学术前沿》2021 年第 22 期。

治与制度调整的研究路径之外，基于美国文化与意识形态的特征及其演变来解释美国的政治极化，该解释路径不只是经济分化与制度调整研究路径的补充，在某些领域（如种族与身份政治、生育与性别权利）的极化研究，它具有不可取代的价值。

一、美国政治极化及其主要研究路径

何谓政治极化？何以确定与评估政治极化？美国在多大程度上出现了政治极化？美国政治极化背后的推动力量和影响因素是什么？学术界，尤其是美国学者已经在关注并探讨这些问题。早在20世纪七八十年代，美国学者率先对政治极化展开了研究，近年来，随着美国民众和美国政治精英中政治极化呈“急剧上升”之势，“民主党和共和党、‘红州’选民和‘蓝州’选民、宗教选民和世俗选民之间差异拉大”[①]。美国学者更是进行了跟踪研究。

极化，“既可以被视为一种状态，也可以看作一种过程。是否将一个既定的分布定性为极化分布通常是一个判断问题”[②]，如果将共同体中全体一致的状态视为作为基点的理想状态，那么，随着从这一状态中走出而形成的差异和对立的增加，其极化也在增加。而当政治观念和政策立场之间的差异发展到针锋相对、无法共处，共同体的制度无法协调双方的对抗而只有超出制度的力量而使用暴力解决冲突时，政治极化也就达到了最高值。如19世纪60年代美国内战爆发前夕，南北双方在奴隶制存废问题上势不两立，并发展到兵戎相见，此时的政治极化即达到峰值。

当然，对于美国政治极化及其程度，我们既可以采用质性的经验描述方式，也可以采用量化的统计分析方式来确定，当基于直觉和经验而描述政治极化时，通常从政党、国会、选民等多方面将政治极化解释为：美国共和党和

---

① Alan I. Abramowitz, Kyle L. Saunders, Is Polarization a Myth?, *The Journal of Politics*, Vol.70, No.2, 2008.

② Morris P. Fiorina, Samuel J. Abrams, Political Polarization in the American Public, *The Annual Review of Political Science*, Vol.11, 2008.

民主党在意识形态和政策倾向上出现异质和对立，而且两党内部的同质化和内聚力增强；在国会辩论与投票中，温和人士少，党派意识强，往往出现一党多数与另一党的多数相互反对的情况；公众的政治观点和态度远离中立而分化为自由派和保守派，在总统选举中，出现“红州”与“蓝州”之间的对峙，在总统和国会选举中，选民不是基于中立，而是基于党派倾向只支持本党候选人。对政党极化、国会极化和选民极化的这种解释强调的是两极分化且双方内部高度凝聚，即把政治极化理解为政治“观测值的双峰分布”。但我们也可以将政治精英和民众在价值观、政治立场或政策倾向上的“支离破碎”或“异质”的状态确定为政治极化状态，[①] 因为这种离散的状态与双峰对峙的状态一样，无法形成共识而严重削弱了民主制度的治理能力。

政治极化的量化研究通常是统计美国民主党和共和党在重要问题上显示出来的差异程度，如根据议员的记名投票分值来衡量其意识形态得分，从最保守到最自由，从 -1 分到 1 分之间确定其分值，用共和党的意识形态平均分值减去民主党的意识形态平均分值，即是反映两党极化程度的得分。[②]

无论是根据经验描述还是量化统计，也无论在政治精英、政党还是民众层面，政治极化已成为普遍认可的美国政治特征。事实上，政治极化并不是当代美国政治的新现象，在 150 多年前的美国内战前夕就已出现政党极化，在内战结束之后呈现缓和。随着 19 世纪末美国农业经济向工业经济的转型和发展，特别是 1929 年爆发的经济危机引发两党在遏制危机措施上的争执，美国再度陷入极化状态；罗斯福新政的成效促进了两党的“新政共识”，在二战后的冷战时期，苏联的外部威胁使美国两党在对外政策上取得一致，而艾森豪威尔的“现代共和主义”也缓解了两党在国内政策上的分歧，由此，美国暂时进入了妥协与共识时期。但进入 20 世纪 70 年代后，“新政”自由主义政策带来的问题逐渐暴露，经济滞胀和民权运动兴起激起了两党的分歧与争议，党

① Morris P. Fiorina, Samuel J. Abrams, Political Polarization in the American Public, *The Annual Review of Political Science*, Vol.11, 2008.

② Pietro S. Nivola, David W. Brady, *Red and Blue Nation? Characteristics and Causes of America's Polarized Politics*, The Brookings Institution Press, 2006, pp.18–22.

派斗争加剧。共和党先是赢得了美国南部保守派选民的支持，后又争取了宗教保守派的选民团体，两党争夺由地理区域扩大到文化与宗教道德领域。里根总统在其任期内（1981—1989 年）进一步促进了共和党的右转，从而使其与左转的民主党之间的意识形态分歧加深。特朗普总统上任后（2017 年），将美国政治极化推向了一个新高度，温和派不断减少，党派归属的力量不断聚集，致使在全球化与自由贸易、移民、文化多元主义等重大问题上引发了深刻的争议和政治震荡，甚至因为两党难以及时就预算案达成一致而导致政府关门。曾经推崇美国式自由民主制的学者福山也感慨，“自 19 世纪末以来两党在意识形态上从未像今天这样极端”[①]。

关于当代美国政治极化原因的研究，学术界多采用经济上的阶层分析和政治上的制度分析，并取得了大量成果，加深了对美国政治极化的理解。

政治极化与经济不平等或贫富分化之间的关系首先受到研究者的关注。从原则上讲，一个人的政治态度通常会受到其收入和财富水平，尤其是相对收入和财富水平的影响，穷困的选民和富有的选民对税收、医保、福利等政策的看法必定存在分歧，两党为了争取各自的选民而采取各自的政策。经济不平等的加剧在很大程度上成为美国政治极化的经济基础。这一理论假设得到了大量实证研究的证实。麦卡蒂、普尔和罗森塔尔以具有说服力的统计数据证明：“大众选民和国会议员之间的极化趋势与国民收入不平等趋势一致。”在联邦层面，“当收入不平等加剧时，美国众议院议员和参议员之间的记名投票两极化加剧”，在州层面，“收入不平等程度较高的州，民众中的民主和共和身份更加两极分化；州民众的两极化和州收入不平等同时转化为代表不同政党的美国参议员的极化行为”，“不同的意识形态立场是州收入不平等的一个函数”，由此可得出结论：在美国政治生活的舞台上，“收入不平等和政治极化是一对舞伴”。[②] 经济上的利益与阶层分析固然具有较强的解释力，但也存在

① ［美］弗朗西斯·福山：《政治秩序与政治衰败：从工业革命到民主全球化》，毛俊杰译，广西师范大学出版社 2015 年版，第 446、454 页。

② James C. Garand, Income Inequality, Party Polarization, and Roll-Call Voting in the U.S. Senate, *The Journal of Politics*, Vol.72, No.4, 2010.

局限。并非在任何议题和政策问题上，民众的立场与态度都由其收入与财富水平决定。事实上，在美国的政治生活中，近一半政策议题在收入水平不同的阶层中获得了大致相同或相近的支持率，民众对这些议题的支持与否跟他们的收入水平之间并没有太大关系。因为民众的政策态度与选择，不完全受到经济利益的考虑，同时也受到道德与价值观的影响。

政治上的制度分析法也是政治极化的重要解释方法，尤其是在探讨美国国会极化加剧的趋势时，人们往往将其归因于"国会选区重新划分"的制度调整，[①] 鉴于大量人口转移到城市而导致不同选区的议员所代表的选民数量差异过大，1962年，美国联邦最高法院在"贝克诉卡尔"（Baker v. Carr）一案中作出裁决：各州应通过每10年的人口普查，重新划分选区，以解决议席分配不公的问题。但各州议会的多数党按照有利于本党的方式进行选区划分，同时，在联邦众议员的推动下，建立有利于本党议员的安全选区。两党各自安全选区的出现，减少了优势党派在选区内的竞争性，使极端的候选人能够当选，同时，安全选区也增强了优势党的同质性而使温和派丧失影响力。这种制度分析无疑有效解释了选区极化与国会党派极化现象，但制度调整对政治极化的影响并不是孤立的力量，它无非是通过聚合具有相同价值观的选民压制其他价值观的选民而实现的，也就是说，制度与规则的调整效果来源于对不同价值观的选民进行重组。所以，文化、价值与意识形态对于美国政治极化的解释始终是无法绕开的因素。

二、政治极化的文化根源

近年来，国外学者对美国政治极化的解释越来越集中于文化因素，这里的文化是指广义的，既包括世俗的道德、价值观和生活观念，也包括宗教观念。肯尼思·沃尔德和克莱德·威尔科克斯曾强烈呼吁政治科学家要"重新发

---

① James M. DeVault, Political Polarization, Congressional Redistricting, and Trade Liberalization, *Public Choice*, Vol.157, Iss.1, 2013.

现”“信仰因素”，[1]加大对文化、道德价值观和宗教的研究力度。事实上，社会科学领域的一大批学者聚焦于与文化之战相关的世俗价值之间、宗教之间冲突的主题研究。这种研究重心的转变与美国社会在文化、道德价值与宗教上的纷争和冲突上升为美国政党、国会与选民结构变化的最重要影响因素息息相关。自20世纪70年代以来，宗教团体、种族、民族力量在很大程度上取代了阶级力量而成为美国选举变化与政治极化的社会基础，以经济为主导的竞选议题转变为堕胎、同性恋权利、移民政策、身份认同和族群权利等议题，文化、道德与宗教等“信仰因素”“在公众舆论和整个美国政治中具有日益增长的重要性”。[2]

美国建国初期并没有出现明显的宗教冲突问题，当时的美国是一个新教社会，福音新教成为多数公民的宗教信仰，该宗教信仰与宗教道德主导着人们的个人生活和社会生活。天主教和犹太教移民的不断涌入打破了新教主导的美国社会，三大宗教并存使它们彼此之间无法避免紧张和冲突，但绝大部分美国民众在自由、宽容的社会环境中还能保持自我克制而相安无事。到了20世纪60年代，激进自由派开始挑战美国传统宗教与道德，追求前卫和新潮，要求尊重同性恋、堕胎、胚胎干细胞研究等权利，这些激进要求引起宗教保守派的强烈反感。由此，不同教派之间的紧张关系反而被抑制，而宗教保守派和激进自由派之间的矛盾则凸显出来。

在世俗文化与道德上，多元主义观念的兴起及其引发的争议则成为美国文化冲突的焦点。美国是一个独特的移民国家，其活力和困境最终与移民不无关系。移民的不断流入使美国成为种族和民族最多样化的国家，不同种族和民族在其历史传统、习俗、语言、文化、价值观等方面存在着差异，美国面临着多种族多民族的共存与融合问题。美国在其建国和发展初期通过“熔炉”观念成功地解决了这一问题，来自英国的犹太移民赞威尔（Zangwill）热

---

① Kenneth D. Wald, Clyde Wilcox, Getting Religion: Has Political Science Rediscovered the Faith Factor?, *American Political Science Review*, Vol.100, No.4, 2006.

② Jody C. Baumgartner, Peter L. Francia & Jonathan S. Morris, A Clash of Civilizations? The Influence of Religion on Public Opinion of U.S. Foreign Policy in the Middle East, *Political Research Quarterly*, Vol.61, No.2, 2008.

情颂扬“熔炉”的方式，并最早积极地推动“熔炉”过程。在他看来，“美国是一个奇妙的器皿，种种不同的民族成分在其中混合烹饪，而形成了一道不同于世界其他任何文化的独一无二的菜肴”[①]。但是，到了20世纪60年代，首先是黑人，后来是美洲原住民、亚裔美国人和西班牙裔美国人对“熔炉理论”提出挑战，他们质疑“熔炉”背后的“欧洲中心主义的盎格鲁-撒克逊文化”和“同化主义”的本质。为什么在一个“以种族和文化多样性为特征的国家的公民”都必须抛弃自己的独特性而融入“盎格鲁的统一的大熔炉理想”中？为什么不尊重多样性，且多样性被同化为一致性？为什么不承认“黑人、印度人、西班牙裔、亚洲人在美国生活中”同样重要的价值和作用？[②]这种质疑之声所唤起的文化多元主义观念不仅进入了美国大学课程，而且激发了 20 世纪 60 年代非裔美国人领导的民权运动。

“成为美国人”究竟意味着什么？这一身份政治问题自民权运动后越来越成为困扰美国社会政治生活的难题。在种族和文化日益多元的现代国家，文化多元主义者力图开创新的解释方法，在他们看来，要真正理解“成为美国人”的恰当含义，必须摒弃种族或民族之间的优与劣、先进与落后的观念，摆脱以欧洲为标准的范式，将“成为美国人”解释为：“对不同的族群意味着不同的事情”，承认差异并尊重差异。文化和种族同化主义者坚持他们的立场时，却忽视了美国的人口现实，“大约四分之一的人口由有色人种组成：12% 的非洲裔美国人；10.2% 的拉丁裔美国人；3.3% 的亚裔美国人和 1% 的美洲原住民。到 2050 年，盎格鲁人和有色人种的人口将几乎持平”[③]，面对当代美国的人口结构，激进民主党派的克林顿曾在美国总统就职演说时强调：每一代美国人都必须定义“成为一个美国人”的含义。

在一定的意义上，美国自由主义本身并不排斥文化多元主义，甚至为文

① Chaim I. Waxman, America's Jews: Ideology of Cultural Pluralism/Reality of Melting Pot, *Shofar*, Vol.12, No.3, 1994.

② Stephen Wilbers, Why America Needs Deaf Culture: Cultural Pluralism and the Liberal Arts Tradition, *Sign Language Studies*, Vol.59, 1988.

③ Bill Ong Hing, *To Be An American: Cultural Pluralism and the Rhetoric of Assimilation*, New York University Press, 1997, p.176.

化多元主义提供了某种思想基础，它承认不同种族和民族及其文化的差异，并容纳差异，主张差异的合理共存。但古典自由主义（或保守自由主义）接纳文化多元主义的前提是：坚守基于新教信仰和个人主义、平等、自由、法治等核心价值的美国主流文化，少数族群或民族文化必须尊重美国的主流文化，并被纳入这种主流文化所建构的价值共识框架中。

但到了 20 世纪 70 年代，文化多元主义变得更为激进。激进文化多元主义者不只是维护少数族群文化的独特性及其存在，而更加强调少数族群文化与主流文化的完全平等，否认主流与非主流之分，否认不同文化在价值上的高低之分。甚至基于文化相对主义，以少数族群的群体身份在政治、经济和教育等方面提出更多的要求和照顾，力图在个体公民普遍平等的基本权利之外，要求维护少数族群文化的政策优待。激进的文化多元主义者常常站在少数族裔和群体立场上而指责西方文化的缺陷，却将对少数族群文化的批评视为歧视和“政治”错误。

激进文化多元主义的观念与政策主张引起了美国传统自由主义者（即古典自由主义者或保守自由主义者）的担忧和不满。在传统自由主义者看来，激进多元主义至少存在如下问题：一是抱持相对主义而无视现代文明观念和进步观念，只看到来源于盎格鲁–撒克逊传统的美国自由主义文化的缺陷，却无视其开创人类现代文明的力量，以及这种文化对多种族多民族文化的宽容。二是偏离了民主与自由的精神。文化多元主义为少数族裔和少数群体而争取平等权利，似乎契合于民主与自由原则，但文化多元主义追求的并不是个人平等且自由的权利，而是基于特定族群身份而提出一系列超越于公民普遍权利的政治、经济与社会要求，甚至将禁止少数族群文化批评的做法确定为政治正确。这既背离了民主本义，也损害了自由精神。三是文化多元主义引起了美国社会的冲突与分裂。它并不致力于不同文化之间取长补短、相互融合和美国精神的提升，而是固守少数族裔文化的不容置疑性和神圣性。这种观念激发了少数族群的群体意识，引起了不同种族之间的严重分裂，冲击了以自由、民主、平等为核心的美国共同文化与共同价值。

如果说，在 20 世纪上半叶，文化多元主义还只是温和的，并处于理论探讨阶段，那么到了 20 世纪下半叶，文化多元主义则演变为挑战美国主流文化和传统共识的激进主义，并走进美国民众生活，推动民权运动，提出双语教育、双重国民身份等政策要求，从而引起美国社会广泛的文化之战。这种文化之战又导致美国党派分裂和政党重组，最终引起严重的政治极化。

当社会在某种理念或政策上发生分歧和冲突时，这种社会分歧和冲突必定会反映在政党内部而引起党内的派别之争。当党内派别之争还不至于达到引起政党分裂的程度，在两个不同政党内持相同观念的派别会超出本党限制而相互联合，从而为两党合作建立了通道。但是，当党内派别之争引起政党分裂时，两个政党根据理念与政策的差别而发生重组，其结果是，重组后的两党内部获得了同质性，但两党之间则更为异质，党争更加激烈，政治极化也随之产生。

20 世纪 70 年代以来，美国两党之间的政治极化在很大程度上正是文化多元主义引发的两党分化和重组而导致的。种族问题和黑人民权运动促使南方民主党和南方共和党的众多党员联合，北方共和党与北方民主党的党员联手，重组后的民主党以文化多元主义作为自己的价值选择，而重组后的共和党则将反对文化多元主义的保守立场作为自己的政治理念。由此看来，文化多元主义冲突是美国政治极化的重要文化根源。

三、政治极化的意识形态根源

意识形态分析与文化分析通常交叉重叠，甚至被视为同一种分析，但本文所作的文化分析侧重于对基于特定民族、种族、语言和习俗而形成的特定宗教与道德观念的分析，而意识形态分析则侧重于根据对现代性的理解所形成的不同价值观念的分析。

与欧洲相比，在相当长的历史阶段美国两党之间的意识形态界限模糊，人们难以判断它们在意识形态上的差别，因为美国社会更为多元而开放，而政党并不是一种具有强大自我建构能力并致力于改造社会和塑造民众价值的政治力量，相反，它是适应自由社会并成为人们进行政治自由选择的选举工具和竞选平台。美国政党没有明确而稳定的纲领，不会对成员的思想与行为进行纪律约束，党员管理松散，选民进出自由。美国两党都无法强化党派意识，民众对党派也不太信任，通常约有一半的选民是无党派选民，而且在选举时一个党派的党员可以将选票投给另一个党派的候选人，该党派不能对党员进行纪律制裁，公民自由高于党派归属。两党都是由思想多元的多派别组成。“在 1940 到 1960 年，民主党是一个由南部保守派和北部自由派组成的意识形态多样化的联盟；共和党则主要由北部自由派、北部中间派和南部保守派三大选民团体组成。”① 在美国政党政治中，跨党联盟和跨党投票是常见现象。

美国两党意识形态界限不明，甚至相互重叠。但整个美国社会还是存在意识形态分歧和差别的。自 1860 年以来，美国就出现自由主义与保守主义的意识形态，但这两种意识形态在社会基本价值上并不存在原则性的分歧，它不过是古典自由主义内部的两个派别，其中自由主义派别更强调平等，保守主义更强调自由。这两派的共同作用维系了美国自由主义的主导地位，使美国既不至于通过强大的权势和对每个人的限制而强制实现社会经济的平等，也不会因为个人自由和自由竞争而导致严重的社会经济不平等。这两个派别的牵制与平衡使美国社会内部具有差别和分歧的各方能够在较为稳定的框架内寻求共识，不同的社会组织能够合作。

但自由主义与保守主义之间的平衡被罗斯福新政打破。罗斯福新政推进政府对市场的干预与调整，强调通过税收实行收入再分配，正是这种新的政策实践孕育了后来的现代自由主义（即左翼自由主义）。但是，到了 20 世纪 70 年代，政府干预经济模式的弊端充分暴露，经济发展放缓，阶层分化，社会矛盾加剧。由此，新保守主义（即右翼保守主义）这一反对派应运而生。

现代自由主义坚持女权主义、平等主义、同性婚姻合法化、堕胎自由、接受非法移民、自由贸易、全球化等。而新保守主义则强调白人至上、反同性婚姻、反堕胎、反移民、贸易保护、逆全球化等。这两种意识形态对于政府的经济社会责任和政治权力边界的观念相互对立，现代自由主义提倡政府

① 张业亮：《“极化”的美国政治：神话还是现实？》，《美国研究》2008 年第 3 期。

的经济干预和对弱者的保护，却反对政府对社会生活和私人生活及其道德的干预，而新保守主义则反对政府的经济干预，但要求政府发挥维护社会生活与私人生活道德的作用。现代自由主义与新保守主义在一系列社会经济问题上的看法各执一端，两者在政策议题上的对立源于意识形态上的分裂。这种意识形态的分裂在20世纪80年代里根任期（1981—1989年）内得到了彰显和巩固，在20世纪90年代克林顿任期（1989—2001年）和21世纪初奥巴马任期（2009—2017年）内进一步激化。

里根是美国保守主义运动的杰出领导，其减税计划、增加军费开支和削减国内社会项目引起了美国在意识形态上的极大分裂，加强了美国两党在国会中几十年来的最大程度的政党团结。共和党内的自由派和民主党内的保守派面临极大的压力，要么转变立场支持本党，要么转党或退出，其结果是出现“一个越来越自由的民主党和一个越来越保守的共和党”[①]。

在20世纪90年代，克林顿以“新民主党人”的身份参加竞选，在其就任美国总统期间，迅速宣布允许男女同性恋公开参军、结束联邦资助的医疗保健诊所禁止堕胎咨询等政策。奥巴马在其总统任职期间还提出，提高美国中高收入人群的税收，并大幅扩大联邦政府在提供医疗保险方面的作用。民主党的这些政策主张彻底激怒了保守的共和党，在第103届国会（1993—1995年）时，众议院共和党人选择金里奇作为共和党党鞭。金里奇作为强硬的保守共和党人倾向于与民主党的对抗而不是妥协，为了表明共和党的保守立场，众议院的主要共和党人起草了《与美国的合同》，并得到几乎所有众议院共和党人的签署，从而使共和党成为具有强烈保守意识形态的政党。2017年，特朗普就任美国总统后，通过推行贸易保护、反非法移民、逆全球化、限制多元化等一系列政策而将共和党推到右翼保守主义的极端。

美国社会和选民中的“意识形态异质性不断增加”，同时，美国学者的实证研究表明，“随着民众意识形态异质性的增加”，现任者和候选人的“极化程度也在增加”，因为当选民意识形态极化时，两党竞选的成败更多地取决于意

① Alan I. Abramowitz, Kyle L. Saunders, Ideological Realignment in the U.S. Electorate, *The Journal of Politics*, Vol.60, No.3, 1998.

识形态调整，而不是财政捐助、志愿者和利益集团支持等其他因素。[①] 竞选活动的最主要方式是动员和劝说，动员是鼓动那些已经支持自己的选民，而劝说主要是说服那些摇摆不定的选民。在通常情况下，候选人会在动员与劝说之间取得平衡，但当选民意识形态极化时，要赢得选举，候选人在其选区中必须偏离选民的中位数，采取更极端的立场而动员和吸引那些党派活动家、竞选贡献者和意识形态极端的选民，由此而获得的竞争资源足以弥补偏离温和立场所带来的损失。2006 年，美国各州公民意识形态测评和州立法机构的记名投票理想点估值的经验数据表明，"公民之间具有高度意识形态异质性的州拥有意识形态高度一致而极端的立法政党"，也就是说，"当公民偏好越异质，立法政党在记名投票中两极化程度越严重"。[②]

反过来，政党的意识形态极化也直接影响选民的政治认同与立场。当不同政党的意识形态模糊不清而无法辨识时，选民的政党认同和政党归属也被淡化，或者成为独立选民，或者跨党投票。但是，"自 1980 年以来，特别是 1992 年以来，领导人和活动家使选民更容易认识到各党派立场的差异"，于是选民更多地基于自己的意识形态立场而选择一个政党，"其结果是选民在意识形态上重新调整对政党的忠诚"和政党认同，[③] 当然，民众的政党认同也受到总统选举中特定人选和政党绩效的影响，但这些只是短期影响因素，却无法解释选民政党认同的长期变化，影响选民政党认同和政党忠诚的长期而稳定的因素则是选民的政策偏好及其意识形态倾向。政党意识形态的极化激发了选民的政党认同，加强了选民的政党联系，最终导致选民的政治分化，并进而使美国由"以候选人为中心的政治"转变为"政党政治"，使选民分裂为相互对立的两大投票阵营。

由此看来，当代美国现代自由主义和新保守主义意识形态的分裂导致政

① Michael J. Ensley, Incumbent Positioning, Ideological Heterogeneity and Mobilization in U.S. House Elections, *Public Choice*, Vol.151, No.1/2, 2012.

② J. H. Kirkland, Ideological Heterogeneity and Legislative Polarization in the United States, *Political Research Quarterly*, Vol.67, No.3, 2014.

③ Alan I. Abramowitz, Kyle L. Saunders, Ideological Realignment in the U.S. Electorate, *The Journal of Politics*, Vol.60, No.3, 1998.

党的政治极化和选民的政治极化。而政党极化和选民极化存在互动效应，从而使整个美国社会出现政治争斗与政治裂痕。

四、结语

如何评价美国的政治极化？它会带来哪些后果？对该问题的探讨也存在争议。值得肯定的是，政治极化激发了选民的活力，刺激公民的政治参与，加强了政党凝聚力，培养了具有连贯一致性的意识形态信仰的老练选民。

但政治极化将带来更多的不良后果。首先，它损害了美国的个人自由和民主精神，政治极化使政党成为团结一致、思想集中、纪律严格的政治组织，极大提升了美国政党的自我建构能力，加强了政党内部的同质化，在激烈的党争中，无论是投票还是政策评价，选民个人更多地受制于政党立场，而难以基于自身的良知和对公共利益的理解而独立表达。意识形态极化所造成的选民对政党的认同和忠诚极大地损害了美国人崇尚的个人自由和民主精神。其次，政治极化削弱了国家立法与决策的能力，降低了立法与决策质量。当代美国面临着税收、社会福利政策、医疗改革、移民政策、枪支管制、同性恋和同性婚姻、堕胎等一系列亟待解决的社会经济问题，但因为美国两党意识形态极化，难以达成共识而常常陷入立法僵局。在立法与决策上，党派立场高于基于公共利益需要的判断，党派斗争及其意识形态分野直接影响了立法与决策的理性化。最后，一旦党派平衡被打破，政治极化之下的力量失衡将使民主变得畸形，并招致政治灾难。

当然，美国人也意识到，政治极化在分权制衡和否决制之下时刻面临着分崩离析的危险，汉密尔顿曾经强调，要保持美国民主体制的有效运行，需要一个强而有力的行政部门。尤其是当今美国，“经济庞大、多元、复杂，与高速运转的全球化世界经济紧密相连，既需要大量的专业知识，又面临严峻的外部安全威胁”，必须设立获得委托权力的高度自主的官僚部门，使之在复杂而危险的时候具有独立决断的权力。事实上，美国联邦储备系统、情报机构、国家航空航天局、疾病控制与预防中心和武装力量正是这样一种具有独立权力的专门机构，令人意外的是，“美国人最认可的，恰恰是这些几乎不受即刻监督的机构”，而最民主的直接对民众负责的国会所“获得的支持最少”。[①]当今美国面临的最大问题不是自由不足，而是自由的过度而引发的纷争和极化，能否缓和纷争和极化并达成共识将决定美国未来的兴衰。

① [美]弗朗西斯·福山:《政治秩序与政治衰败:从工业革命到民主全球化》,毛俊杰译,广西师范大学出版社 2015 年版,第 446、454 页。

社交媒体时代的认知与情感：当代欧美国家政治极化的心理根源 *

政治极化是晚近欧美政治生活的最新发展和显著特征。在政治极化的催动下，一系列民主乱象接踵而至，政党纷争不断，政府频繁关门，社会撕裂加剧，种族仇恨喧嚣尘上，身份政治愈演愈烈，公共政策难以执行。特朗普执政时期，政治极化渐呈加剧和蔓延之势。政治极化现象之所以在欧美国家兴起且持续升级，是多重社会政治因素彼此叠加、共同作用的结果。其中，社交媒体的兴起和社交时代的到来是其中一个重要变量。本文就尝试为社交媒体何以加剧政治极化提供一种更为细致的可能性解释。

一、问题的提出

当今世界正面临百年未有之大变局，尤其是自新冠肺炎疫情暴发以来，国际局势和各国发展的不稳定性和不确定性大大增强：全球化遭遇逆流，“脱钩”“断链”屡见不鲜，黑天鹅、灰犀牛事件频频发生，反智主义、民粹主义、恐怖主义、霸权主义或是沉渣泛起，或是相互裹挟。在波谲云诡的时代场景下，国际社会中的不同国家，各国内部的不同党派、不同群体甚至是不同性别间基于自身利益考虑，围绕各种政治现象和问题的看法愈发割裂，甚至难以调和，学者将这一现象概括为政治极化。以美国为例，起初，政治极化主要是指政党和政治精英之间的对立与分裂，发展至今，政治极化已然成为美国政治生活中的重要症候，无论是政党、国会、利益集团还是意识形态、公共政策都存在高度两极分化现象，并由此引发了一系列深刻的社会政治影响。

---

* 作者简介：庞金友，中国政法大学政治与公共管理学院院长、教授；赵洁，中国政法大学政治与公共管理学院博士后。原文刊载于《社会科学》2023 年第 7 期。

与此同时，当今世界各国的信息技术飞速发展，传播媒介和传播方式不断更新，社交媒体不仅成为各国民众传播和获取信息、进行新闻消费的主要媒体，依托社交媒体的算法、深度造假等技术也深刻嵌入人们日常生活之中，对人们的行为和心理产生了广泛影响。根据《数字 2022：全球概览报告》，2022 年初全球互联网用户已攀升至 49.5 亿；截至 2022 年 1 月，全球已有 46.2 亿社交媒体用户，并且在过去十年中社交媒体用户的增长速度已经超过了互联网用户的增速。[①] 在使用时间上，2021 年全球互联网用户平均每天在社交媒体上花费 2 小时 27 分钟。其中，新兴市场国家在社交媒体上花费的时间较多，尼日利亚以用户平均每天登录时间为 4 小时 7 分钟居于榜首，老龄化国家较少，但是也都在一个小时左右。[②] 从效能发挥的角度，社交媒体已然成为世界各国民众社会、政治生活中的重要组成部分。例如，根据皮尤研究中心 2022 年 9 月的调查，社交媒体在美国人的新闻消费中发挥着不可替代的作用，至少有一半的美国人会通过社交媒体获取新闻，其中的脸书（Facebook）和优兔（YouTube）是美国人获取新闻的首选社交媒体。[③]

在此背景下，社交媒体与政治极化的关系问题被推至研究前台，逐渐成为国内外学界热切关注的话题。各国学者围绕社交媒体、算法技术等与政治极化的关系等问题展开了深入探讨。纵观既有研究，关于社交媒体中是否存在极化现象以及社交媒体是否以及如何作用于政治极化等问题仍然众说纷纭、结果不一。总体而言，目前现有研究结果可以分为两类：

第一类研究明确肯定社交媒体加剧了政治极化现象。多数研究认为，由于社交媒体中存在选择性曝光、算法推送、回声室、信息茧房等传播机制，因此极大加剧了政治极化。早在《网络共和国》一书中，桑斯坦就曾提及群体极化的现象，他警醒新科技（包括网络）让人们容易听到志同道合的言论，同

① Kemp S., Digital 2022: Global Overview Report, https://datareportal.com/reports/digital-2022-global-overview-report, 2022-1-26.

② Buchholz K., Where People Spend the Most & Least Time on Social Media, https://www.statista.com/chart/18983/time-spent-on-social-media/, 2022-4-26.

③ Pew Research Center, Social Media and News Fact Sheet, https://www.pewresearch.org/search/Social+Media+and+News+Fact+Sheet, 2022-9-20.

时让自己更孤立，听不到相反的意见。这种缺乏竞争观点的信息暴露会埋下极端化的种子，对社会和民主构成潜在的危险。① 在后续研究中，学者们进一步聚焦于算法推送、选择性曝光等传播机制。戴蒙德的《剧变：人类社会与国家危机的转折点》将美国走向政治极化的部分原因归咎于新兴社交媒体。在他看来，社交媒体是美国民众信息定制的过滤器，加剧了美国社会在政治领域的极化态势。② 帕里泽等学者也都提及社交媒体的回声室效应可能会加深受众对政治的固有看法，久而久之使其做出偏执的选择。国内学者也围绕社交媒体、智能推送和算法传播与政治极化的关系展开多方位的探讨，提出这些传播机制都在一定程度上加速了政治极化的进程。除此之外，也有少数研究反其道而行，虽然肯定了社交媒体加剧政治极化现象这一结论，但却认为其中的关键是社交媒体使人们能够接收到多样化的信息，而非过滤泡沫所导致。③

第二类研究质疑社交媒体加剧政治极化现象这一论断。有研究针对回声室效应进行深入分析，从源头质疑社交媒体与政治极化之间的关系。学者提出回声室效应需要分情况论之，当社会网络结构表现为意见领袖具有绝对控制力的星形网络时，回声室效应极强；当社会网络结构表现为较长社会距离的线形结构时次之；但是，当社会网络结构用户间平均社会距离较低，且有较多中心和次中心节点存在的情况下，回声室效应的形成就会受到限制。故而，由于回声室效应本身就存在条件限制，那么回声室效应对政治极化的加剧效应也就有待进一步考证。④ 此外，还有研究认为社交媒体有助于个体接触与其关系薄弱的人，为个体提供新颖信息。这种弱关系联结减少了政治极端主

① ［美］凯斯·桑斯坦：《网络共和国：网络社会中的民主问题》，黄维明译，上海人民出版社 2003 年版，第 48～49 页。

② ［美］贾雷德·戴蒙德：《剧变：人类社会与国家危机的转折点》，曾楚媛译，中信出版社 2020 年版，第 300 页。

③ De-Wit L., Brick C. & Van Der Linden S., Are Social Media Driving Political Polarization, *Greater Good Magazine*, January 16, 2019,

④ 李卫东、彭静：《社交网络平台信息传播的回声室效应仿真实验分析》，《现代传播》2019 年第 4 期。

义。[①] 有研究对互联网和社交媒体的使用人口群体进行分析，发现在最不可能使用互联网和社交媒体的人群中，两极分化现象增加得最多，由此倒推社交媒体在解释政治极化加剧方面作用有限。[②] 甚至有研究提出非算法或算法生成的新闻都不会导致更高水平的党派两极分化，社交平台并非政治极化的源头。[③]

由此看来，当前学界针对社交媒体是否以及如何加剧政治极化这一议题仍存在较大争议。而之所以会产生如此众多相异的观点和相左的结论，其中一个重要的原因就在于学者们虽然注意到了社交媒体的传播特性和传播方式，探讨了其可能存在的潜在影响，但是却没有充分关切到由社交媒体特性到产生政治极化效果之间存在的其他诸多深层因素和步骤。而恰恰是这些因素与步骤直接影响着社交媒体传播效能的稳定发挥。换言之，虽然与其他媒介相比，社交媒体具有独特的传播特性，形成了特定的信息传播和接收机制，但是这些机制使行动者既能够选择同质化的信息，也能够接收多样化的信息。因此，社交媒体何以导向政治极化，其中还应有很多转化机制。目前，现有研究对于这些转化机制的探讨还有待深入。故而，本文就尝试聚焦于关键转化机制之一——社交媒体时代的政治心理，并以此为政治极化现象的产生和加剧提供一种可能性解释。

二、以偏为准：社交媒体时代的后政治心理

当人们步入社交媒体时代，社交媒体俨然不再只是一种中介工具，而是

① Barberá P., How Social Media Reduces Mass Political Polarization. Evidence from Germany, Spain, and the US, *Job Market Paper*, Vol.46, 2014.

② Boxell L., Gentzkow M. & Shapiro J. M., Greater Internet Use is Not Associated with Faster Growth in Political Polarization Among US Demographic Groups, *Proceedings of the National Academy of Sciences*, Vol.114, No.40, 2017.

③ Feezell J. T., Wagner J. K. & Conroy M., Exploring the Effects of Algorithm-driven News Sources on Political Behavior and Polarization, *Computers in Human Behavior*, Vol.116, 2021.

作为一种结构化要素，上至对宏大社会政治生活，下至对个体微观的政治行为都产生了深刻影响。当行动者使用社交媒体传播和获取信息时，其政治传播方式必然受到社交媒体传播逻辑的影响，这将直接决定个体行动者政治心理的个性特征。与此同时，社交媒体独特的传播逻辑会对宏观的政治传播环境产生结构性冲击，这也将间接影响个体行动者微观政治心理的发展变化。

媒介化是“媒介效果向宏观社会效应的一种延展”[①]。媒介化理论的奠基学者施蒂格 · 夏瓦（Stig Hjarvard）将媒介化置于高度现代性的历史进程中，“作为一个关于媒介在文化和社会日渐增强和变化的重要性理论的核心概念加以使用”[②]，用来解释媒介所具有的独有方式及其特质对社会制度与文化的长期、大范围的结构性影响。事实上，媒介化概念最初就是指政治媒介化，指涉媒介对政治生活的嵌入和影响。换言之，在政治生活中，媒介逻辑开始与政治逻辑相互交织、彼此嵌入，政治行动者越来越需要考虑媒介逻辑，将其作为实施与调整政治心理与行为的基础。学者杰西帕 · 斯特伦巴克从四个维度解剖了政治媒介化这一概念：一是信息来源，即相比个人切身经验，媒介在多大程度上构成了关于政治和社会的信息来源，为政治行动者提供相关信息；二是媒介自主性，即媒介在结构和功能上独立于政治机构和政治权力的程度，强调媒介变化对政治传播秩序的重塑；三是媒介内容的呈现，即相较政治逻辑，媒介内容的呈现方式受媒体逻辑支配的程度；四是政治行动者的行为方式及其所在的政治文化、政治制度受政治逻辑或媒体逻辑支配的程度。[③]

信息技术的升级换代和社交媒体的深入发展迅速改变了既有的媒介格局，社交媒体超越大众媒介成为人们实践和交往中最经常、广泛运用的媒介。根据政治媒介化四维度理论，在信息来源维度，社交媒体已经成为人们获取信息最便捷的渠道之一，为人们提供海量的信息；在媒介自主性维度，社交媒体

① 周翔、李镓：《网络社会中的“媒介化”问题：理论、实践与展望》，《国际新闻界》2017 年第 4 期。

② ［丹麦］施蒂格 · 夏瓦：《文化与社会的媒介化》，刘君等译，复旦大学出版社 2018 年版，第 21 页。

③ Strömbäck J., Four Phases of Mediatization: An Analysis of the Mediatization of Politics, *The International Journal of Press/Politics*, Vol.13, No.3, 2008.

重塑了政治传播秩序，改变了政治传播的规则，大大增强了普通用户的传播能力，使其能够自主生产内容和传播信息，同时也削弱了专业化传播机构的权力；在传播内容维度，由于社交媒体中存在海量的信息，并且信息传播和更新速度非常快，因此，内容及其表达形式既需要尽可能快速地把握受众的注意力，又需要与受众建立起长期的联结；在政治行动者的行为方式及其所处的政治文化、政治制度方面，政治行动者愈来愈需要考虑和利用适合社交媒体传播逻辑的叙事和话语进行表达，甚至从个体微观的政治心理到宏观的政治生活都时时刻刻充斥着由社交媒体构造的传播逻辑。凡此种种都表明：随着自主性和影响力的大大提升，社交媒体已然成为社会政治活动的一个结构化要素，人类正悄悄进入一个崭新的社交媒体时代。

约翰·舒勒曾在一份名为《网络空间的基本心理特征》的报告中指出，虚拟网络空间与人际真实世界大不一样，数字化的人、关系和群体扩展了人类互动的时间和方式，这些独特的心理特征塑造了人们在这个新的社会领域中的行为。[①] 虽然舒勒的讨论针对的是互联网，但是同样适用于社交媒体。在社交媒体场域中，行动者逐渐培养出与社交媒体相适应的、不同于现实政治生活中的政治心理。为了与现实生活中的政治心理相对应，可以称其为“后政治心理”。随着社交媒体时代的到来，这种心理不仅弥漫在网络空间，也逐渐延伸至现实生活，成为影响现代人的主导性心理，规约着人们的政治和社会行为。社交媒体是基于六度分割关系理论、以用户的社会关系为基础建立起来的信息场域，具有独特的传播逻辑和传播特质，为行动者提供了截然不同于传统大众媒体的政治传播方式，重构了以往人们所熟悉的政治传播秩序。因此，由于政治传播方式的转变、传播秩序的重塑、传播内容的引导、传播话语的刺激，久而久之，行动者的政治心理也随之改变，并逐渐形成了以“偏”为核心的后政治心理。

第一，社交媒体时代的行动者易于形成偏向性的政治认知。认知是人们政治心理的重要组成部分，对于理解人们如何处理信息和体认周围世界具有

① Suler J., The Basic Psychological Features of Cyberspace, https://www.truecenterpublishing.com/psycyber/basicfeat.html, 1996-5.

中心作用。[①] 按照微观心理和行为决策理论，每个人都是认知上的守财奴。面对纷繁复杂的社会环境和层出不穷的日常问题，人们的大脑乐于并且善于走捷径，不但选择最适合个体信念的信息，刻意忽略相反和不一致的信息，而且还常常以具有偏见的方式解码信息，从而减少人们内在的认知冲突及其带来的心理不适，实现认知的动态平衡。不过，经过专门学习和经验累积，人们的理性思维和意志力会使人们尽可能地规避认知吝啬，以理性、开放和谨慎的态度审视信息并做出抉择。然而，人们规避认知吝啬的努力需要社会与信息环境、媒介技术等基础条件作为前提保障。社交媒体的传播机制却恰恰迎合了人们固有的认知吝啬，放大了个体的认知偏见。

在社交媒体中，行动者的自主意识大大提升，这加强了行动者对自我政治认知的自信心和政治参与的满足感。在舒勒看来，行动者在网络场域中独特的心理体验之一就是平等的地位和均衡的状态。[②] 这意味着，在社交媒体中，人与人之间的传播体验和心理感受基本上是平等的，每个人都拥有平等的机会为自己发声。虽然有意见领袖的存在，但多数情况下，借助社交媒体，绝大部分行动者都能够随时随地发表对于政治事件和人物的看法，根据自我的理解解码相关信息，并在原始政治信息上添加饱含自我意识的评价，赋予政治信息以新的意义。无论是信息的传播还是解码活动，行动者的主体性得到极大彰显，且相对自由平等。这在一定程度上助长了行动者的自主意识，增加了行动者对自我政治认知的自信程度，他们不仅确信自己能够相对自由地表达政治观点，而且愿意显露自己的政治立场，积极加入政治辩论之中。

在社交媒体中，行动者易于获得相似的观点和持相似观点的联结关系，这加强了行动者固有的政治认知。行动者在社交媒体上的信息接收和新闻消费呈现两大特征。第一，行动者接收信息的选择性更强且更多，能够自主地选择是否以及如何接收某类政治信息，并且，辅之以算法技术的针对性和个

① [美]马莎·L.科塔姆等:《政治心理学》,胡勇、陈刚译,中国人民大学出版社 2013 年版,第 57 页。

② Suler J., The Basic Psychological Features of Cyberspace, https://www.truecenterpublishing.com/psycyber/basicfeat.html, 1996-5.

性化推荐，所谓的信息茧房效应和回声室效应得以形成。行动者更容易去选择或者获得自己认同的或者是能够让自己愉悦的政治信息，并在反复的选择和获得中形成具有一致认知的圈层。在社交媒体营造的信息生态中，行动者看似是在进行双向或者多向交流，实则是交流双方在相互加深既有认知中故步自封，甚至走向极端偏执。第二，通过社交媒体，行动者在客观上也能够接收到更为多元的政治信息。这也是部分学者做出社交媒体并不会加剧政治极化这一判断的理由之一。与其他媒介相比，借助社交媒体，弱关系能够建立起联结，并且社交媒体中信息数量更多，种类更丰富，更新速度也更快。社交媒体的这些特性使行动者容易接触更多角度的信息，轻松获取更大范围的知识，逐渐拥有更多消费的经验，也让他们更加确信自己获取和掌握了足够的信息，已经有能力做出正确的判断。这恰恰为形成具有偏向性的政治认知提供了契机。或者，在多如牛毛又眼花缭乱的政治信息中，由于缺乏专业或者权威信息源的存在，行动者无法判断信息的真假，更无法甄别信息的优劣，因而只能转向自己熟悉的信源，沉浸在信息茧房中，选择相信与自己原有政治认知和价值观相同或相近的观点。

可见，社交媒体中独有的信息接收与传播方式迎合和加剧了人们认知本身的吝啬规律，使其愿意进行政治表达，并且倾向于接收与其原有信念相一致的信息，成功抵抗非一致的信息，进而提升行动者对自我政治认知的自信度和偏执度，形成或是高度赞同某个观点和支持某个人物，或是怀疑一切，认为自己不再能够得到真相，只能愈加确信自我判断的认知。

第二，社交媒体时代的行动者易于形成偏激性的政治情绪。情绪是心理的重要组成要素，它扮演着双重角色，一是构成了一种倾向体系，影响我们对于正常的、熟悉的情境的反应；二是扮演着监督的角色，让我们对新奇的，可能危险的情境保持警惕。[①] 在社交媒体时代，行动者的情绪本就容易被激发并

① [美]马莎·L.科塔姆等:《政治心理学》,胡勇、陈刚译,中国人民大学出版社 2013 年版,第 75 页。

且趋于偏激，况且政治议题还是一种易于激发极端情绪的生活领域。[①]

社交媒体是一个公私交融的场域，行动者能够轻易展现情绪和敏锐感受情绪。社交媒体是基于用户的社交关系建立起的平台，除新闻消费、关系维系外，表达观点和分享日常也是社交媒体的重要功能。可以说社交媒体是一个公私交融的场域，行动者能够将私人信息公之于众，将个体情绪暴露于公共平台之上。一方面，行动者既能够便捷地传播信息，根据事态的变化表达自身观点和情绪，而且这些观点和情绪还可能会得到裂变式传播，形成巨大的影响力；另一方面，行动者也能够轻易地接收到海量的信息，敏锐地感受到个体、群体和社会情绪的变化。虽然个体情绪往往是暂时的、冲动的，但个体的情绪表达容易激发个体间的共鸣或者对抗；群体情绪则具有感染性，能够裹挟个体情绪，使其导向更加偏执的程度。

社交媒体的传播风格较为简单直接，其中简单粗暴的文字，直击心灵的图片和戏剧化的视频都容易激发行动者的情感，调动行动者的情绪。社交媒体中的文字以简单明了为显著特征，寥寥数语就能够完成一次传播。并且，由于社交媒体的草根特质，直白甚至粗暴的话语在其中屡见不鲜。这种表达方式更容易触动人们的情绪，而非调动理性思维。此外，目前很多社交媒体以图片为主要传播媒介，有些是图文相结合的方式。相比文字，图片的传播力更强，阐释空间更大，吸引力亦更足。生动多彩的图片能够快速地抓住受众的注意力，直击受众心灵，产生视觉冲击，调动受众情绪。同时图片还容易被转换解读语境或者进行移花接木，以此来左右人们的情感。视频可以看作是图片的升级版，内容呈现更加生动真实，引人入胜，使人们有身临其境之感，而且往往更具戏剧化色彩，因此更加容易引起人们的情感波动。

社交媒体中匿名制度的存在提升了行动者表达偏激情绪的可能。在一些社交媒体中，行动者可以在不暴露真实身份的情况下进行表达，退一步言之，即使不是匿名制，由于现实空间距离的限制，社交媒体中的冲突多表现为语言冲突，实质性报复并不多。正是由于匿名制度，以及被制裁或者报复的可

---

① [美]马莎·L.科塔姆等:《政治心理学》,胡勇、陈刚译,中国人民大学出版社 2013 年版,第 12 页。

能性较小，行动者便能够更加敏感地意识到他人糟糕的行为，而且更加容易站在道德制高点审视他人，产生对不道德行为表达愤怒的高动机，以更加愤怒、偏执的情绪来指摘他人。[①]进而，在个体行动者激动的情绪表达过程中，情绪与情绪不断交汇、叠加，逐渐引发公共讨论热潮，升级为群体愤怒或者集体质疑；继而当个体情绪在群体中获得共鸣，又会进一步扩大和强化，愈演愈烈。

第三，社交媒体时代的行动者易于形成偏执性的政治人格。态度通常被认为是由一些思想单元所组成，每一思想单元由某一认知成分和一种对于它的情绪反应组成。[②]相比认知和情绪，作为认知和情绪整合的态度更具有稳定性。在社交媒体时代，无论是信息茧房和回声室效应，还是多元信息接收和传播，都在不同程度上增加了行动者对自己所掌握的信息的信心，这就为偏狭的政治认知的形成提供了契机；同时，置身社交媒体场域的行动者容易暴露或者夸大自身情绪，并且易于感知他人情绪进而引发情绪共振与叠加。久而久之，当民众形成了偏颇的思维方式或者常常处于偏激的情绪中时，就容易针对某人或某物生成偏爱的政治态度和偏执的价值取向。并且，这种偏向态度还会在其他因素的刺激下变本加厉，进而形成极端而偏执的政治人格。

三、由偏致极：后政治心理如何加剧政治极化

政治极化是近些年出现的具有代表性的宏观政治现象，也是当代西方国家民主困境和治理危机的症结所在。[③]政治极化之所以在西方民主国家凸显，原因是多方面的，经济与社会不平等的凸显、竞选制度设计的内在缺陷、后现代文化的兴起与蔓延、社交媒体和智能算法对政治传播秩序的改变等都是其中重要的推动力量。不过，当剥去上述各类原因的刚性和显性维度，隐藏

① Carpenter J., Brady W., Crockett M. et al., Political Polarization and Moral Outrage on Social Media, *Connecticut Law Review*, Vol.52, No.3, 2021.

② ［美］马莎·L.科塔姆等：《政治心理学》，胡勇、陈刚译，中国人民大学出版社 2013 年版，第 12 页。

③ 庞金友：《国家极化与当代欧美民主政治危机》，《政治学研究》2019 年第 3 期。

在后面的微观政治心理便显现而出，即政治极化的形成和蔓延都离不开个体政治心理的隐微变化与相互感染。进而言之，以偏激为核心的后政治心理作为一种柔性机制，恰好充当了政治极化现象产生和演化的动力源和助燃剂，由心理上的偏狭、偏激和偏执不断加剧政治上的分化、裂化和极化。当偏狭的理性认知、偏激的感性情绪、偏执的政治人格与党派利益、阶级身份、公共形象塑造、公共政策选择等不期而遇时，就会演化为疯狂的个人追捧、极端的政党认同、激进的意识形态和强硬的政策取向，从而为政治极化的升级和加剧推波助澜。

第一，后政治心理驱动民众对特定领导人非理性的追捧或声讨。在如今的网络时代，事实上人们能够接触到的世界只是一个由媒介塑造出来的拟态环境，而非全然真实的现实世界，所谓的形象和真相一般来说具有较多塑造和建构成分。对于大人物而言更是如此，他们往往拥有公共的和私人的、英雄的与凡人的两类自我，并且通过一种虚拟的个性而广为人知。[1] 换言之，自古以来，任何公共人物都会借助媒介刻意塑造公共形象，打造出极具个性的人设。尤其是在社交媒体时代，随着公私界域的融通，公共人物能够与普通民众直接展开交往，形象塑造更为便捷，效果亦更加真实。以特朗普为例，他的每一条推特、每一次出镜和每一篇演讲都在竭力打造一个深沉的爱国者、坚定的经济发展者、国家重建的领路人形象。这种个性鲜明的形象塑造容易吸引到本就对此感兴趣的民众，或者暂时抓取到其他民众的注意力。当然，这种暂时的关注和短时的头脑发热只是政治极化的开端。想要真正形成无脑追捧与非理性认同，还需要后政治心理的迎合与作用。

在民众被后政治心理裹挟，容易形成具有偏向的政治认知和偏激的政治情感的心理状态下，暂时的好奇或者是瞬间的吸引会被助燃，引发舆论场中不同观点的激烈交锋与碰撞，产生强烈的情感对抗或情绪渲染。由此，在群体内协同和群体间对抗中，短暂的偏好和厌恶会分别得到强化，形成长期的、忠诚的认同与偏好，作为“路人”或“路人粉”的民众会逐渐演变成特定领

① [美]沃尔特·李普曼:《公共舆论》,阎克文、江红译,上海人民出版社2006年版,第6页。

导人的忠诚的甚至疯狂的“死忠粉”或“黑粉”。当该领导人发表言论或者制订政策时，就会在舆论场中呈现出两股极端的政治态度，围绕特定领导人而非具体的事件或者政策理念展开博弈：一方只要是该领导人提出的观点或制定的政策都无条件支持，另一方则截然相反，不论事实的对与错都会极力反对。此时双方的关系已经不再是孰优孰劣的竞争关系，而是你死我活的敌我关系，事态的发展也到了“只对人不对事”“为了反对而反对”的非理性境地。线上的舆论之争甚至还可能演变为线下的暴力行动。在美国近两次的特朗普与希拉里、特朗普与拜登的政治竞选期间，网络舆论就明显地分为两个派别，从政见、性别、身份等各个方面支持或反对某位特定的领导人。不仅于此，2021 年 1 月 6 日，时任美国总统特朗普的支持者曾聚集华盛顿特区向正在进行的国会联席会议施压，后又暴力闯入国会山，这一行为正是对特定领导人追捧的极端表现。

第二，后政治心理触发民众对党派强烈的心理依附与行为遵循。当前欧美国家政党层面的两级或者多级分化已然十分明显，尤其在竞选捐款、国会唱名投票、立法提案等方面最为显著，这种分化格局开始影响其他精英甚至社会大众，并有逐渐向社会生活方方面面渗透之势。以美国为例，20 世纪 70 年代中后期，美国国会中的两极分化就开始显现，几乎每一届新的共和党议员的投票记录都比该党的老党员更加保守，民主党中由于黑人和拉丁裔代表人数增加，立场左倾趋势也日趋明显。[①] 除此之外，各类媒体亦不断展现和烘托党派极化的趋势。他们运用“左派”与“右派”、“自由派”与“保守派”或“民主党”与“共和党”等二元标签和对抗框架进行报道，借助党派间辩论、党派观点和党派选举呈现出党派的显著区别，强化和放大党派极化立场。

面对日益分化的党派，已然形成后政治心理的党派成员和选民就像异名磁极一般紧紧地吸附在党派之上。这首先表现在他们基于原有意识形态形成的党派认同的韧度和程度都大大提高。一方面，民众形成了党派偏爱，不会再针对特定事件、人物或政策进行具体思考与判断，进而发生党派认同的流

---

① McCarty N., *Polarization: What Everyone Needs to Know*, Oxford University Press, 2019, p.3.

转，而只是坚定地遵循政党意见，即使之后政党的理念和政策会发生转变，他们将仍然忠于自己所选择的党派；[①] 另一方面，更加坚定认为他们的政党所提供的公共政策和产品是最为优越的，将其自身能力、立场甚至命运都与政党紧紧捆绑在一起。其次体现为他们对本党派形成了强烈的忠诚感、信任感和依赖感，并且更加敏感于我群体和他群体之间的界限与区别。一旦本党派与其他党派间出现不同的观点，民众极容易对其他群体展现出明显的敌意。换言之，党派分化与后政治心理的结合会激发出选民高度的认同、信任与忠诚，将过去理性的、流动性的政党认同转变为感性的、持久的党派心理依附和行为遵循。

第三，后政治心理诱发民众对政策的极端选择和对异己群体的仇视行为。面对堕胎、移民等公共政策，民众通常会有三种态度倾向：一是堕胎 / 移民在所有情况下都是非法的，不受任何限制；二是堕胎 / 移民在大多数情况下是合法的，但是在另外一些情况下受到限制；三是堕胎 / 移民在所有情况下都是非法的。[②] 在后政治心理的驱使下，民众更加倾向于选择第一种和第三种趋于极端的观点，放弃温和的观点。这是因为当面对不同的公共政策选择时，不同立场和身份的民众必然会围绕政策进行辩论，形成对立的双方或者多方。辩论的结果之一是各自妥协，形成高度一致或底线共识；结果之二是各方固执己见，均不愿意让步，由此理性的辩论会逐渐演变为对抗的情绪，这种情绪在传播过程中不断叠加和升级，最终形成群体非理性。

显然，结果之二就会在后政治心理的加持下而实现。在偏激情绪的驱使下，为了满足一时的胜负欲或者其他的情绪诉求，狂热的支持与极端的仇恨将占据上风，导致民众做出情绪化的抉择。再者，由于偏向心理的作用，人们常常基于性别、阶层、党派归属等不同的社会身份形成强烈的情感偏向、心理依赖和社会认同，并以此为依据将多维度、多因素和多面向的公共政策选

---

① Karlberg M., Partisan Branding and Media Spectacle: Implications for Democratic Communication, *Democratic Communique*, Vol.18, 2002.

② McCarty N., *Polarization: What Everyone Needs to Know*, Oxford University Press, 2019, p.9.

择简化为非此即彼的身份与立场抉择。如前所述，对于某一议题或者政策，选民也许并没有强烈的看法，但是却会根据党派的观点直接进行选择。有学者曾围绕美国民众对堕胎的态度进行分析，发现民众尤其是男性会自觉或不自觉地接受本党政治人士关于堕胎问题的道德建议。[①]因此，一旦政党出现极化，民众的政策选择也必然是趋向极端的。除政策选择外，偏执的政治心理还极易诱发一些民众对异己群体产生暴力行为。2023 年 1 月 12 日，美国印第安纳州的一名 56 岁的美国女子用折叠刀刺伤与其同乘一辆公交车的亚裔女孩，其原因并非利益纠葛或者人情纠纷，只是因为二者的种族身份和国别之分。[②]无独有偶，在外来移民较多的美国、法国，类似事件时有发生，很多都是因为当地居民具有偏执的认知和情绪，只看到了异己群体带来的负面影响，认定外来移民抢夺了他们的资源与利益、冲击了国家的价值与信仰。

总之，原本偏执、怀疑、自负等以“偏”为核心特征的“后政治心理”在社交媒体时代就极易形成，甚而，当外驱力与内驱力相结合——民众又受到外界的政治指引与劝服时，这种偏狭的政治态度和政治人格就会逐渐加强、趋于极端，甚至做出非理性的极端行为，进而推动或者加剧政治极化格局和趋势。

四、依极促偏：政治极化对后政治心理的反向加强

萨托利认为“人类作为社会动物，多以‘我们 – 他们’（us–them）的方式结合在一起，不过这种二元划分未必一定是敌视和好战的，而是同时意味着不断的分分合合，这意旨边界的划分因为不受‘他们’所划定的界线限制的这个‘我们’会在无形中消失”[③]。换言之，在政治与社会生活中，行动者虽然有

---

① Achen C. H., Bartels L. M., *Democracy for Realists: Why Elections Do Not Produce Responsive Government*, Princeton University Press, 2017, p.266.

② 《美国再现种族歧视事件 18 岁女孩因是“亚洲人”被连刺多刀》，人民网，http://usa.people.com.cn/BIG5/n1/2023/0116/c241376-32607277.html，2023-1-16。

③［意］萨托利：《民主：多元与宽容》，转引自刘军宁等编：《直接民主与间接民主》，生活·读书·新知三联书店出版社 1998 年版，第 65 页。

依赖群体和获得认同的内在需要，但是隶属群体的变动和既有观点的转化却应是常态化现象。并且，在群体或观点的动态转化过程中，极端与温和态度并存，冲突与共识现象同在，忠诚与背叛随时都可能发生。与之相反，当政治生活中出现极化现象时，不仅行动者的态度会发生两极分化，社会中缺乏温和、中立的观点，而且行动者的群体归属亦极度忠诚，呈现出固态凝结的态势，政治社会生活在整体上常常出现群体内部凝滞与群体间激烈冲突的状态。这种现象进一步助长了以“偏”为核心的政治心理的深入发展，使得“绝对自负”与“怀疑一切”、“无限恐惧”与“毫无敬畏”、“政治狂热”与“政治冷漠”的政治心理同时且广泛存在于民主政治中。

第一，政治极化滋生“绝对自负”与“怀疑一切”的政治心理。在政治极化的情景中，领导人个性突出，政党立场明确，社会舆论对抗，由此，以感性思维为主导的情感联结、信任与认同开始在行动者的选择中发挥着至关重要的作用。民众的选择由以前深思熟虑的理性考量转变为以自身偏好为基准的、非此即彼的抉择，价值为先、立场先行和情绪做主等心理状态成为主导。进而，在持续的感性选择体验中，民众眼中的真相由事实性真相转变为主观性真相，客观事实演变为主观事实，人们愈来愈相信自己这一方永远且绝对是正确的。由此，现代性内涵的理性价值和科学传统持续塌陷，民众越发关注自我的接纳感和归属感等情感体验。除民众主观上的心理演变外，具有极化倾向的政治精英同样会影响到民众的政治心理。他们为了获取民众更集中的关注，赢得更忠诚的支持，往往使用对立性、极端性和简单化的政治话语竭力鼓吹自身观点，有意引导大众“自我 – 他者”的二元想象。由此，在极化精英的引导和渲染下，本就以价值、立场或情绪为首要依据进行选择的民众，会深陷于“同一”情绪和观点的螺旋增强中，以道德高尚方自居，对自我或者所属群体的观点深信不疑，即使该观点只是制造出来的事实或者片面的真相。特朗普就深谙此道，“他借助浅白、粗暴甚至略显偏执的话语，成功地激发了中下层白人群体心底潜藏已久的怀疑、愤怒和恐惧，使他们越来越相信自己的观点：必须坚决抵制全球化、外来移民和穆斯林的扩张”[①]。

正是政治上的“绝对自负”令事实和真相发生了贬值，变得不再重要或者常常被加以涂抹利用，民众才会逐渐“怀疑一切”。首先，在具有极化倾向的民众眼中，“怀疑和敌视对立方”是一种常态：当政治精英和政治当局不是他们的选择时，任何由其所做出的政治决策和执政行为都会被个体天然地、生理性地怀疑、屏蔽和反对；当新闻报道不符合个体的既有认知和个人体验时，人们往往容易忽略、怀疑并快速遗忘这些信息；当他人观点与自身看法相左时，两人便可能会怀疑对方的动机，变得剑拔弩张，针锋相对。其次，久而久之，怀疑“除本群体以外的一切”的政治心理就成为大势所趋，整个社会弥漫着对政治的不信任感。况且，随着社交媒体的普及，每个行动者都可能成为亦真亦假、时真时假信息的制造者和传播者，他们为了获取认同或者增加流量，也会故意使用夸张修辞甚至编造虚假信息。在这一政治信息生态下，每个人都切身参与到虚假信息制造的实践中，这些行为经验反作用于民众心理，不断引发民众对各类信息真实性的怀疑和否定。如此一来，在个体与群体的互动、感知与行为的映射中，行动者“绝对自负”和“怀疑一切”的政治心理循环往复，不断加强。

第二，政治极化激发出“无限恐惧”与“毫无敬畏”的政治心理。在人类漫长的现代化过程中，自然、空间等资源不断被开发使用，变得越发紧俏甚至稀缺。进入 21 世纪，面对百年未有之大变局，各种黑天鹅、灰犀牛事件频发，世界的不确定性大大增加。为了在不确定性中最大化地获取确定性，部分民众不仅改变原有全球化能够带来更多资源和自由的想法，而且开始认为抢夺各类资源，维护个体权利和特定价值观具有极强的必要性和重要性。政治极化现象是这一发展趋势的可能性结果之一，同样也迎合和加剧了人们的这种心理。

在政治极化场域下，政治精英、媒体或者普通个体都倾向于以极端的态度和夸张的话语进行表达，所采取的决策与行为也具有极端偏向性。这类言

① 庞金友：《国家极化与当代欧美民主政治危机》，《政治学研究》2019 年第 3 期。

行凸显了群体之间的对立性，增强了行动者维护自身权益的强烈意愿，也强化了个体利益被损害却又无法得到弥补而产生的不满与怨恨感。由此，民众对异己群体损害自身利益的焦虑和恐惧心理不断得到激发和扩大，甚至引发出对未来是否能够保持正常生活的恐慌心理，例如对外来移民的恐惧，对就业形势的担心，对不同价值观和宗教发展的抗拒，对全球化带来的资源再分配的担忧，等等。民粹主义的盛行正是“无限恐惧”政治心理的一种直接体现。它具有平民对抗精英和本国居民对抗外来移民两种内涵，前者恐惧作为政治资源分配和规则制定的政治精英的压制和盘剥，后者是对全球化日益侵蚀民族国家主权边界的应激反应，惧怕他们“抢走本国民众的工作机会、破坏社区关系、生活方式和文化传承，从而威胁到本国民众的主导性、正统性和纯粹性”[①]。

与“无限恐惧”政治心理相对应的是对民主制度、司法独立和新闻自由“毫无敬畏”的政治心理。在政治极化中，民众会狂热崇拜特定领导人或者极度依赖某个政党，形成特定的情感偏向和联结。由此，在选举等各类政治活动中，领导人的个人魅力、学识、形象变得越发重要，领导人专断的可能性日益加大，政党的意见亦成为选择的关键因素，反之，选举制度、代议制度、政党制度和协商制度等各种成熟制度的效用大大降低，甚至无法通过有秩序投票、平等协商等行为形成共识。换言之，在社会政治生活中，人们对制度和程序的敬畏之心遭到削弱。众所周知，民主与法治是民主政治运行的重要环节，通过民主制度与程序选出的领导人和制定出的政策均具有合法性。1787 年美国制宪会议确立《美利坚合众国宪法》，规定了总统选举的各类情形，确立了选举的合法性。并且，在美国历届总统选举中，竞选失败的一方通常会进行败选演说，以表达对胜利者的支持和对选举程序与结果的尊重。2008 年，麦凯恩输给奥巴马后就曾进行了败选演讲，表达合作与支持的意向，提出将与新任总统一起创造一个更加伟大的国家。[②] 但 2020 年，同样是败选，特朗普却表现出无所畏惧的姿态，在推特上发表不承认选举结果的言论，鼓励其支持者向国会大厦聚集发起“停止偷取选举结果”大游行，引发了后续

① 林红：《西方民粹主义的话语政治及其面临的批判》，《政治学研究》2018 年第 4 期。
② 仇颖：《政治宽容：衡量民主成熟度的标尺》，《求实》2014 年第 S1 期。

令世界震惊的占领国会山运动。这场暴力冲突正是特朗普支持者们无视法律与程序、毫无敬畏之心的印证。之后，这些行为被新闻媒体加以报道和渲染，为更多的民众提供了无视规则与程序的先例。无独有偶，2023 年 1 月 8 日，前巴西总统博索纳罗的支持者同样以选举结果被窃为理由无视选举程序和结果，强行闯入国会、总统府和联邦最高法院，并与军警发生冲突。

第三，政治极化助长“政治狂热”和“政治冷漠”的政治心理。顾名思义，政治极化的特征之一就是个体或者群体在政治方面的极端化和绝对化，具体体现为情感极化、意识形态极化和行为极化等多个维度。也就是说，政治极化加剧了政治精英和大众的政治心理中的极端和狂热基因。在过去，竞争中的党派和候选人之间是对立但不敌对的竞争状态，充其量只是持有不同的政治见解，对“这个国家怎么了”“我们应该向何处去”这样的问题有不同的答案而已。他们既不会绝对自负，相信自己一方就是永远和绝对正确的，也不会将其他阵营及其支持者看作真正意义上的“敌人”，并且站在代表人民的制高点上断言不同意自己的另一方就是“与人民作对”，甚至应该被彻底打倒的激进观点。[1]但是，当候选人、政党具有极化趋势时，他们不仅会使用对立性、极端化的话语表达观点，而且往往声称自己是代表人民、代表国家的一方，激进狂妄之感呼之欲出。

并且，借助极化的政治传播，选民、候选人与党派之间会形成紧密的情感绑定，联系也变得更加密切。因此，如果政治精英不断鼓动民众参与政治，那么部分民众会对参与政治、采取行动抱以极大热情和激情，这是民众狂热政治心理的表现之一。其外在体现为民众参与政治活动的频率会大大增加，频繁地出现在各类政治行动中，小至在社交媒体上情绪化地发声，大至参与线下的示威甚至暴力等各类政治活动。此外，具有极化倾向的党派、候选人也会深刻影响到民众的政治态度，使其变得愈发偏执和狂热。再者，随着群体归属感和认同感的提升，民众会越发以群体的荣耀为荣，以群体的耻辱为耻，表现出极强的内聚性和对抗性。例如，凡是所属党派或者阵营提出和赞

① 段德敏:《英美极化政治中的民主与民粹》,《探索与争鸣》2016 年第 10 期。

同的，党派成员和选民都会无条件支持；凡是特定领导人或候选者的言论，支持者都会予以绝对信任与拥护；凡是关乎特定社会群体利益的决策，民众不再会多方位权衡，而是会直接根据自身的社会身份或者感性偏爱进行选择。总之，这种非理性的政治支持与信任会产生一种感性的屏幕，通过这个屏幕，个人倾向于看到什么对他的党派、群体和支持者倾向有利，党派关系和个人联结越牢固，选择和感知扭曲的过程就越夸张。[①] 久而久之，当这种状态愈演愈烈时，就会形成以非理性忠诚为首要特征的政治狂热。

当部分民众处于狂热和偏执的状态之时，另一部分民众则会主动或者被动地选择保持政治沉默。宽容是现代民主国家的社会心理基础，其本质是在求同的过程中存异，在包容异见中形成共识，有助于缓冲社会冲突，形成底线共识，维护社会秩序的有序运转。因此，在民主社会中，任何言论和观点本应都具备存在的合理性，且应鼓励多种观点之间的辩论，即使是不符合大众审美和主流观点的言论也能够自由表达。随着政治极化的日甚一日，整个社会都趋于思维僵化和情感对立，只允许与自身相同或者相似的观点存在，但凡与本群体观点相异的言论都会遭到强烈的抨击。尤其是在社交媒体上，观点上的反对、否定会转化为人身攻击，甚至会引发出人肉搜索等非理性行为。因此，部分表达异见的民众会遭受到强烈的抨击、谩骂甚至恐吓，进而被打压至不敢发声，远离社会政治生活；部分民众则会因为这种舆论氛围而对现实政治产生失望，主动选择保持沉默，不再愿意参与政治讨论。并且，在非理性的意见碰撞和争执之后，有效的共识并不能如期形成，反而会导致群体间、党派间更加深刻的排斥心理。

五、结论

当代欧美各国政治极化的产生和发展具有一定的政治心理根源，突出表现在以“偏”为主基调的后政治心理。在新技术革命的加持下，社交媒体时代

① Campbell A., Converse P. E., Miller W. E. et al., *The American Voter*, University of Chicago Press, 1960, p.133.

中传统的传播方式和传播内容发生了结构性变革，以极端、激进和不妥协为表征的后政治心理逐渐酝酿、形成，不断刺激并加剧着政治极化的层级和烈度。与此同时，后政治心理在政治极化的格局和态势中寻找到了进一步滋生和蔓延的土壤，从而异化衍生出更多不宽容、不妥协、不团结、不合作和不理性的心理症候。从这个角度来说，后政治心理与政治极化两者之间已经形成了互补互济、彼此构成的关系模式。帕特南的研究成果显示，社会资本的存量，如信任、规范和网络等，往往具有自我增强性和可累积性，与此相反，缺乏这些品质的非公开精神共同体，孤立、猜疑、逃避和利用同样也相互强化着。[1] 由此可见，扭转以偏激为核心的后政治心理是缓解政治极化现象的可能路径。其中，校准接收和传播信息的心态和方式，尽可能以谦逊、温和的心态阅览多元化的信息，对各种言论和人物保持理性，挖掘繁华表象背后的深层意义最为关键。

① [美]罗伯特 D.帕特南：《使民主运转起来：现代意大利的公民传统》，王列、赖海榕译，江西人民出版社 2001 年版，第 208 页。

智能推送、政治极化与民粹主义：基于传播学的一种解释路径 *

作为一种全新形态的信息传输与处理方式，智能推送集人工智能、算法推介、数字编辑技术优势于一身，呈现出人性化、个性化、高效率等特征。依托智能推送技术进行新闻生产的媒体具备智能属性，被称为智媒，通过大数据技术分析用户的兴趣偏好，描绘精准的用户图谱，投送与之相匹配的信息。由于智能推送投用户之所好，使其产生强黏性、媒体依赖与使用惯性，因此被社交媒体、搜索引擎、聚合类平台等新媒介广泛使用。在智能推送引导下，不同用户接收的信息高度个性化，“千人千面”的个体拥有“千面千媒”。然而，由于受众接收的信息不同，其观念建构和世界形塑的方式也有着相应的差别，这在一定程度上导致了“交流的无奈”，即使处于同一时空场域和媒体平台，仍无法有效沟通，在各自编织的“信息茧房”中“对空言说”。

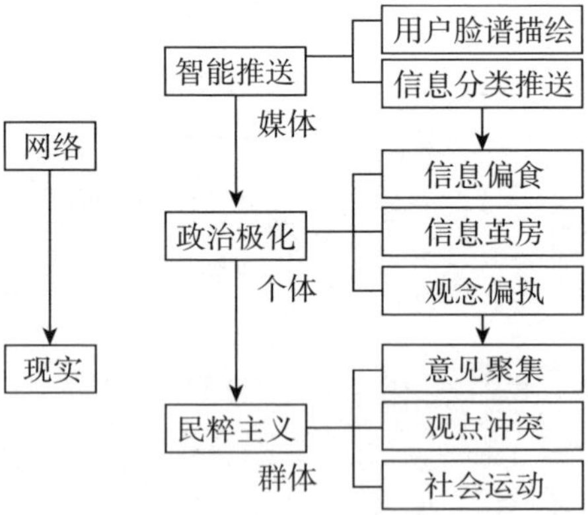

图 1　智能推送普及后给社会认知带来的影响

* 作者简介：马立明，暨南大学新闻与传播学院副教授；万婧，广东外语外贸大学新闻与传播学院讲师。本文原载于《理论与改革》2020 年第 4 期。

当前研究表明，信息的智能推送与受众观念的政治极化之间存在高度关联。[①]在以互联网为主要交流场域的语境下，网络空间的意见聚集与观点极化成为某些民粹主义的基础。从认知到行动，智能推送的影响已突破虚拟网络延伸至社会现实，成为以激进化、极端化、情绪化为特征，以反精英、反理性、反智为属性的民粹主义思潮与行动的技术铺垫。民粹主义有深刻的社会根源，是政治、经济、社会、文化等方面因素高度关联与互动的结果。算法与智能推送技术并不是民粹主义的决定性动因，而是一种伴生性力量，潜移默化地影响公众的认知、观念、逻辑与思维；新媒介技术降低了普通用户参与政治讨论的准入门槛，为言论自由提供了基础和平台，但也在客观上导致了以观念、利益和爱好等为导向的社会化群体聚集与主体性崛起，从而为民粹主义提供基础。作为一种技术，算法本身无分好坏，然而却有可能在新媒介传播过程中受到传播者的意志左右，对受众产生影响，令社会进入一种动员“加速”和观念“极化”状态，加速民粹主义进程，并呈现新的特征。

本文结合政治学与传播学理论，从算法技术（algorithms）的方式和特征入手，分析受众的信息接收、理解与处理路径，通过剖析大量现实案例，探索智能推送与政治极化的关系，为新媒介环境下民粹主义的现实表现与特征寻求传播学解释路径。

一、智能推送的路径与特征

智能推送被各类互联网平台广泛使用，包括脸书、Smart news、推特、优兔等国际社交媒体，以及今日头条、网易新闻、新浪微博等国内资讯类媒体。该技术建立在对用户兴趣及媒介使用习惯的深度了解和全面掌握基础之上，因此对用户信息的搜集分析成为精准推送的首要前提。媒体或新闻平台服务商通过数据挖掘算法，追踪用户在“物联网”上的行为数据，通过分类算法对

① 《2019 数字新闻报告》（*Digital News Report 2019*）对于荷兰大选的研究表明，随着用户在优兔上观看更多某一政治偏向的视频，相关推荐也会变得更加极端。而另一类用户则收看其对立面政治偏向的视频，其言说方式同样非常极端。

受众进行个人定位与分组分类，即“描绘相应的用户脸谱”[①]，继而根据脸谱精准推送信息。由于开发人员设定操作参数并根据用户想看到的结果进行配置，导致这些结果优先于价值观和道德要求等其他因素。[②]社会学功能主义的观点认为，媒体首要的功能之一是信息发送功能。采用智能推送技术的媒体在很大程度上更新了用户信息接受的模式。这意味着用户的兴趣偏好被置于最重要的位置，算法技术的伦理受到挑战，甚至出现大量低俗报道、广告软文以及打着新闻幌子的不实信息，导致新媒体平台“内容下降的螺旋”[③]。更重要的是，智能推送的长期使用有可能导致社会共识的减少及偏执用户的形成，进一步的后果则是被看作引发民粹主义浪潮的起点。

（一）精准描绘用户脸谱

大数据技术对海量受众信息的分类、筛选与甄别是智能推送的前提和基础。用户收入情况、婚姻状态、受教育程度、政治立场等信息被充分挖掘，商业公司对用户信息过度利用，使得隐私保护成为网络治理难题。用户脸谱的精准描绘通常源于以下途径：

1. 信息登记制度

使用某个应用程序展开浏览、评论、转发、付款等行为，用户会被要求登记个人真实信息，如果拒绝登记则无法使用。大量用户在缺乏深入考虑的情况下在应用程序里进行登记，有个别网络公司还需要拍摄照片、进行脸部识别。这样，后台数据就很可能掌握了用户的基础资料，包括姓名、性别、住址、出生年份、受教育程度、工作性质甚至相貌特征等内容。系统会根据这些变量的不同把用户进行基本分类，形成第一层级的分类系统。

---

① Portmess L., Tower S. & Data Barns, Ambient Intelligence and Cloud Computing: The Tacit Epistemology and Linguistic Representation of Big Data, *Ethics and Information Technology*, Vol.17, 2014.

② Mittelstadt B. D., P. Allo, M. Taddeo, S. Wachter & L. Floridi, The Ethics of Algorithms: Mapping the Debate, Big Data & Society, 2016, https://doi.org/10.1177/2053951716679679.

③ 宋建武：《智能推送为何易陷入“内容下降的螺旋”：智能推送技术的认识误区》，《人民论坛》2018 年第 17 期。

2. 网络行为搜集

当用户开始使用这个系统，他（她）的行为就会在网络上留下痕迹，并被网络储存为“个人使用记录”。用户的个人兴趣、偏好选择、消费能力、生活方式等，都能通过“个人使用记录”而计算出来。例如，一个男性用户喜欢进行网购，而75%的金钱都花费在书籍上，就可以得出“他喜欢书”这个初步结论。如果他消费总金额非常有限，那可以得出他“消费能力不高”这个初步结论。而另外一些变量则可以通过网络推导出来，比如分析他所处的社会阶层、他的工作性质、他的价值取向，等等。系统可以根据用户的个体使用记录，逐渐丰富用户的各项信息。

3. 价值取向分析

个人价值取向包括了人对社会、对政治、对人生的种种看法。用户在使用带有评论功能的网络系统时，总会通过话语、文本或视频等表现方式将个人价值取向呈现出来。这种带有价值取向的呈现也会成为“个人使用记录”的一部分，并被后台掌握。根据他（她）的浏览记录、发帖记录、转发记录及互动状态，可以推测出他（她）所处在的政治光谱，比如“政治上的激进主义者”“经济上的自由主义者”“文化上的保守主义者”，也包括一些与身份政治相关联的概念，比如“女权主义者”“环保主义者”“地域主义者”等次级议题。尽管大数据还不足以就某个用户的真实价值取向做出精确判断，但它可以逐渐触摸到某类关键词。比如一个用户阅读过三篇以上与女性权益相关的新闻，大数据就推算出该用户有“女权主义”的倾向。这种“读心术”的奥秘在于，大数据在后台逐渐掌握了用户的画像及内心深处的思维方式，成为“比用户更了解用户”的智能机器。

近年来，互联网产业链中出现了专门以数据分析为业务的公司，它们独立承包用户画像描述的工作并在此领域进行深耕，将画像描述好再递交给更大的网络公司。它们对于用户脸谱的描述已经趋于高度精确化，并进行严格的分类。伦敦的“剑桥数据分析”公司因为深度参与2016年英国脱欧公投与特朗普选举等民粹主义运动而名声大振，下文将有详细描述。

（二）有效推送分类信息

迎合受众的算法推送新闻也被称为“新闻馈送算法”（News Feed Algorithm）。在这种机制下，受众接收到的信息倾向和领域是有限的，在主题、偏好、观念、立场上往往接收到的是自己较为同意的、喜欢的内容。根据大众传播学的“选择性接触理论”，受众并不是不加区别地对待任何媒介和内容，而是更倾向于接触与自己的既有立场、观点与态度一致或接近的媒介或内容。“媒体个人化”以及以此为基础的“信息个人化”在智能推送的普及下进一步加强；无论是搜索引擎，还是推荐引擎，都将把满足个人的信息需求放在首位。媒体的“用户导向”变得越来越明确，帮用户选新闻、挑信息成为媒体必备功能之一。

智能推送是建立在精准用户画像上的信息发送。用户画像的精确性加强，智能推送的结果往往体现出用户的深层次诉求。从产品提供的维度上看，智能推送呈现的是正面意义，它推送了用户最关心、最感兴趣的信息，同时也将用户获取信息的“费力程度”降到了最小值，确保了用户以最短的时间、最少的金钱和最小的精力来获取这些信息。[①]一般而言，大多数智能媒体都采取了基于“点赞”与“转发”的 HackNews 的算法共识，即 score=（P−1）/（T+2）*G，根据用户的“点赞”与“转发”的行为来确定用户面貌。后期智能媒体更多地使用了“趋向于更精确”的升级算法，例如“二项分布样本的威尔逊置信间下界”（简称威尔逊算法）。[②]它们都在尽力获得读者的喜爱。

不少人对大数据的精确性深信不疑。克里斯·安德森说：“谁能够知道为什么人们会做他们所做的事？关键在于他们做了之后，我们可以追踪和测量它，并且有着空前的精确。有了足够的数据，数字就可以自己说话。”[③]这成为数据化精确分析用户的理论基础。它认为一切都是可知的，也可以进行精细

① 胡钰、谢铭琪：《高质量新闻缺失：数字时代新闻伦理的最大挑战》，《青年记者》2019 年第 24 期。

② 范红霞、叶君浩：《基于算法主导下的议程设置功能反思》，《当代传播》2018 年第 4 期。

③ Chris Anderson, The End of Theory: The Data Deluge Makes the Scientific Method Obsolete, *Wired Magazine*, 2008.

化操作。尽管有一些反对的声音出现，比如有学者指责“数据神话”，是因为它被大众观念塑造为一种“全知全能”的认知工具。[①]也有人认为“数据”在最初是被“想象”为数据，这就需要特定的阐释，这种阐释也决定了哪些数据将会被测量，这些过程本身就是主观的。[②]但是，这并不能避免智能推送在各种软件中的广泛应用，尤其是信息类的产品。

二、政治极化：智能推送对用户观念的形塑

智能推送将用户导向作为最重要的标准，导致技术对受众的反塑。技术发展可能带来人类的异化，正如哈贝马斯所言，当今“数据资本主义”对现实政治造成一定威胁：“处身于技术统治的强力阴影下，有可能被终结的主体意志，将使得一种主体间的交往维度被彻底抹杀，代之以一种‘数据搜集者-信息’的主客模式。”[③]“数据搜集者-信息”的主客模式实际上就是智能推送的模式：掌握数据资源的网络公司掌握了用户脸谱（数据），并对其精准地发送信息，这形成了针对特定目标的信息轰炸。目标（用户）在接收到大量针对性信息时，个体的主体意志有可能“被终结”。也就是说，信息持续轰炸将动摇个体的认知体系，导致个体出现“认知失调”的状况，成为被某种意识形态所劫持的偏执用户。

（一）“投喂”同类信息，形成“信息偏食”

在接受“投其所好”的信息推送之后，用户的认知平衡会被打破，出现“信息偏食”的情况。“偏食”是一种不良的饮食习惯，长期偏食会导致饮食结构失衡、身体机能出现问题。而“信息偏食”则会让人的认知结构出现问题。智能推送很大程度上是在不知不觉中推进这种“信息偏食”，引诱用户进行同类信息的重复消费。《资治通鉴·唐太宗贞观二年》记载：“上问魏征曰：人主

① 袁光锋：《政治算法、“幻影公众”与大数据的政治逻辑》，《学海》2014年第4期。

② Danah Boyd，Kate Crawford，Critical Questions for Big Data，*Information，Communication & Society*，Vol.15，No5，2012.

③［德］哈贝马斯：《技术官僚统治的漩涡》，转引自李谦：《中国数据开放：经济逻辑和政法意涵》，爱思想网，http://www.aisixiang.com/data/96973-3.html，2016-02-06。

何为而明，何为而暗？对曰：兼听则明、偏信则暗。”魏征的回答不仅是帝王之道，也是人生经验：只听一面之词就会变得糊涂，常常会做出错误判断。[①]明代顾宪成也撰写过一副对联，“风声雨声读书声，声声入耳；家事国事天下事，事事关心”。其意是劝青年们听取各种不同声音、关注不同的事件。在日常生活经验之中，广泛获取信息资源、听取不同声音有助于拓宽视野、进行正确判断，是工作处事的正确方式。信息系统的智能推送违背了“兼听”“声声入耳”的古训，成为一个完全用户导向的信息发布机器。它围绕“用户脸谱”进行服务，以一种谄媚的姿态进行信息偏好处理，强化“一种声音”，而有意屏蔽“不同声音”。这会造成所谓的“信息偏食”的情况，进而形成“偏信”的偏执型人格。

(二)破坏共有认知体系，编织信息茧房

凯斯·桑斯坦在《信息乌托邦》中指出，“公众只注意自己选择的东西和使自己愉悦的通信领域，久而久之，会将自身桎梏于像蚕茧一般的‘茧房’中”[②]。按照大数据、人工智能的技术逻辑，新媒体平台为争夺用户注意力资源，“投其所好”的算法推荐成为流量争夺战中的利器。然而，在个性化推送大行其道的同时，“信息偏食”问题凸显、网民陷入自我封闭的“信息茧房”。这意味着生活在信息时代的人们不但没有享受到多元声音的好处，反而可能进入“只听一面之词”的封闭信息之中。

传统媒体对社会认知有建构功能。李普曼说过：报纸营造了一个虚假的“拟态环境”。科恩进一步指出，大众媒体功能“不能决定人们怎么想，但可以决定人们想什么”。勒温和怀特在关于媒体“把关”的研究中，认为传播者拥有设置媒体议程的权限，公共传媒的报道与评论的倾向性很大程度上会影响公众的认知。以用户口味为导向的智能媒体就造成了议题与关注点的分散。智能推送将破坏大众媒体建立的共有认知体系，让读者进入自说自话的“原子状态”，这导致了个体的极化。

---

① 〔北宋〕司马光：《资治通鉴·唐纪八》，古诗文网，https://so.gushiwen.cn/guwen。

② [美]凯斯·R.桑斯坦：《信息乌托邦：众人如何生产知识》，毕竟悦译，法律出版社 2008 年版，第 8 页。

产品的长期使用会对读者带来负面影响。持续的同类推送会让用户长期依赖于某一类产品，产生“成瘾”效应，兴奋点不断被撩动但又难以戒除。更严重的是，用户会因此产生“被取悦”的感觉，就会变得更加保守而封闭，进入“以我为主”的自我认识之中。比如，一个用户会以智能推送的现象确定自己喜欢某事物的合理性，并不断加以深化，从而进入自我循环：越是喜欢，越是推送；越是推送，越是排他。而偏执性与排他性正是民粹主义的重要特征之一。

（三）重“阐释”轻“事实”，陷入后真相困境

针对用户喜好而投送的信息通常是被选择、过滤与建构的，是经过一定的结构性或程序性处理过的、被再现的事实。在今天的网络化事实阶段（networked facts）中，事实被认为是网络的一部分，信息内容介于真实与虚假之间，既不完全客观也不完全虚构，是一种情绪化的现实。[①]“后真相时代”的真相标准往往是经过技术网络设计的，许多在线内容的价值并不是因为它的真实性，而在于它的情绪制造或情感预设的影响力，即在“后真相”状态下，每个人都可以找到属于自己信任半径范围内的“真相”。智能推送中出现的单一类别信息，只有少量是严肃的、不带情绪的新闻产品，大部分则是一种“情绪化的现实”。因为在智能推送中，情绪是显性的、可检测的，也是“投其所好”、轻易能获得用户的肯定的。当每个人都有“各自真相的一部分”的时候，后真相时代出现，“阐释”大于“真相”，个体分歧将会加大，并走向极化。尤其是对于媒介素养不太高的一般用户，他们甚至不会在乎甄别真相，而会选择相信自己所认定的“真相”。

（四）从多元到极化，偏执型用户的形成

在智能推送技术引导下，受众接收的不再是多元、全面、类型多样的信息，而是同质、单一、与个人偏好高度一致、强化某种意见或观念的内容，即“你相信什么就看见什么”。累积到一定程度，必然导致其看待事物和理解世界的偏狭甚至极化。极化是某种意识形态抵达一定峰值，产生从认知到

① 张庆园、程雯卿：《回归事实与价值二分法：反思自媒体时代的后真相及其原理》，《新闻与传播研究》2018 年第 9 期。

行为的一系列偏激行动，反映在政治领域表现为政治观点的极端化。政治观点的极化在智能推送的反塑下逐渐出现，并在网络上与现实中出现征兆。最直接的表现是用户的言辞与行为出现激进倾向，并促生了一部分具备较高行动力的积极受众——偏执型用户，一些偏执型用户甚至成为意见领袖。建立在用户画像基础上的智媒并不热衷于寻找中间立场或者共有底线，也很少进行内容把关，而是将大量带有价值取向、措辞激烈的内容作为迎合用户口味的信息推送给用户。这种内容往往并不是由专业媒体所生产的精确信息，而是带有浓厚的价值偏见、情绪渲染、特定口味等元素的自媒体言论，甚至包含或多或少的虚假信息。在这样的信息轰炸下，很可能导致用户“信息偏食”“情绪偏食”，而放弃平和理性的中间立场，成为带有某种路线的偏执用户——封闭、固执、以自我为中心、难以交流。大众传媒时代新闻把关人设置的共有底线消失后，不同政治光谱的公众形成大量的“信息茧房”，并在“茧房”内自我确认、自我强化，形成恶性循环，形成带有激进主义倾向的偏执型用户。偏执型用户的数量在社会中大面积增多，并逐步开始在网络上或现实中进行内容再生产，或者直接投入行动。这意味着社会中的民粹主义浪潮已经具备了土壤。

三、民粹主义：政治极化集聚的现实投射

政治极化发展为民粹主义存在显性的路径。当用户存在某种程度的价值观偏执时，就会具备民粹主义的某种特质，比如情绪化、非理性、排他性等极端禀性。而当价值观相似的极端用户通过网络链接而产生意见集聚，在实现一定组织化与常态化后就会成为带有民粹主义特质的群体，并通过一系列社会运动展示其存在；当价值观不一致的群体之间出现行动与言语上的对立及冲突，并在对抗中不断自我强化固化，就会形成泾渭分明的阵营派别，并导致社会割裂与动荡，甚至可能导致国际冲突。

民粹主义高涨是当下世界局势的显著特点，而政治极化普遍被认为是民粹主义形成的根本原因之一。民粹主义是一个非常复杂的形态，在不同的社

会民粹主义有不同的表现，而且即使在同一个社会里，民粹主义也体现为不同的形态，从而被划分为截然不同的阵营。卡斯·穆德（Cas Mudde）提出，“一种内核空洞的意识形态”，“常常呈现在与其他意识形态的混合循环中”[①]。俞可平支持穆德的观点，认为民粹主义更像是一个“政治涂料”，它可以涂在截然相反的不同意识形态和政治体制上，并体现出政治极化、以暴力为出口。当下语境的民粹主义被认为带有强烈的情绪性、抗争性与排他性的意识形态，它经常以带有冲突性的社会运动等方式表现出来。在当下全球能见的范围内，西方国家出现一系列带有民粹主义的浪潮。它包括线上的内容生产与线下的社会运动，包括美国的“占领华尔街”、英国的“占领伦敦”、法国的“黄背心”运动、西班牙的“愤怒者”运动。除此以外，还有其他的民粹主义表现，比如自由主义、社群主义、环保主义、复古主义、无政府主义等极端组织，他们与异己们产生正面冲突。[②] 由于底层大众在规模与呼声上占据最高，因此民粹运动多体现为反权贵、反精英或者民族主义、国家主义的左翼路线。

（一）意见集聚：民粹主义的行动基础

民粹主义浪潮的行动前提是持有极化观念的人群聚集，并为联合行动做准备。分类与集聚是一个群体再塑造的过程，大数据会根据大量用户脸谱特征进行分类，但又会将脸谱相近的用户重新组织起来，并加以共同的驯化。这导致这部分人被赋予共同信息，而认知也开始趋同。智能推送功能导致用户“信息偏食”“价值偏信”，必然产生一大批偏执用户。偏执用户经历了从认知到行动的嬗变，通过智能媒体自带的社交功能，相同价值观的人可以通过网络实现聚集，从而形成“茧房”内的信息分享（比如在微信上建群）。这部分人通过类似的智能媒体实现组群、联合，出现意见领袖，投入实际行动，甚至组成意识形态的区域 / 全球联盟。这部分人因为共同的意识形态与价值取向而形成了集聚，并加以组织化和制度化，固化为一种“想象的共同体”。张爱

①《“民粹主义”一词是个筐，什么坏事都能往里装？》，界面新闻，http://finance.sina.com.cn/roll/2017-01-04/doc-ifxzizus3650234.shtml，2017-01-14。

②《特朗普最舍得在 Facebook 花钱投放政治广告》，新浪科技，https://tech.sina.com.cn/i/2018-07-18/doc-ihfnsvza1079718.shtml，2018-07-18。

军指出，“利用大数据会真实再现意识形态在网络里的分布，过去那种以隐性方式存在的意识形态或者想象共同体式的意识形态被大数据客观地、海量地呈现出来”。这意味着智能推送技术的深化，逐渐催生了一些行动力较强的组织：他们以意见领袖（群主、大 V、网红）为纽带，通过自主途径建立组织制度与行动纲领。需要指出的是，一些组织有时以非政治的议题为纽带，但不自觉地带有了民粹主义的意识形态。比如，某支地方足球队的球迷群很可能成为带有地域保护主义色彩的民粹主义者，工人联谊小组很可能成为左翼的民粹主义者。

需要指出的是，智能推送技术促进了意见的集聚。在西方大选中，政治家往往采用智能推送技术寻找自己的选民，以确保争取最多的票数。2018 年 3 月爆出的脸书丑闻，就披露了一款名为“this is your digital life”的应用挖掘了 5000 万脸书用户数据的报道，这些数据有助于精准地找到“可能支持特朗普的人”。[①] 这些带有极端主义倾向脸谱的用户在受到信息持续轰炸的时候，成了特朗普的忠实选民。另外，数据分析企业“剑桥分析”（Cambridge Analytica）公司也被认为参与了特朗普胜选及英国脱欧等大选或公投行动，利用“情感因素”，向选民发送“定制”广告，以影响他们的选票去向。大数据技术逐步展示出对社会的强大控制力，从纯粹的技术成为了主导者。

（二）观念冲突：民粹主义的排他与宣泄

民粹主义的特点在于排他性与斗争性。在现实中民粹主义经常与暴力冲突、街头运动、抗争口号等联系在一起，而在网络上则表现为观念的冲突与不可调和。如前文所述，民粹主义是一种“政治涂料”，它可以依附于任何意识形态之上，也就是说，民粹主义者其实存在着多种不同的派别，他们之间有时可以联合，有时又势不两立，处于左冲右突的状态。比如激进自由主义的拥护者与激进的国家主义者之间经常在网络上展开针锋相对的谩骂。投影到现实中，他们发起的社会运动往往展示出抗争性的一面，不过他们未必能找到一个合理的宣泄对象，比如法国劳动阶层指向马克龙政府，英国底层工

① 《大数据分析助推特朗普胜选及英国脱欧，定制推送影响选票去向》，环球时报，http://mini.eastday.com/mobile/170227032608386.html，2017-02-27。

人则将矛头指向欧盟，德国保守主义者则将矛头指向叙利亚危机后涌入的中东移民。由于“信息茧房”的存在，偏执用户生活在自己的世界中，沟通、对话、和解的难度日益增加。他们只相信自己收到的信息，而认为其他信息都是“假新闻”。张爱军指出，“具有政治意识形态隐私的个人变成了政治意识形态的透明人，意识形态之战由隐性之战变为显性之战”[①]。

民粹主义被政治投机者看作是可以利用的机会，因此很多政客热衷于利用民粹的狂热以获得权力。政治力量、资本财团、意见领袖、科技公司的共同合力能造就一股民粹主义者行动组织，并以此作为实现自己利益的政治手段。保罗·塔格特说，“民粹主义是间歇性的插曲……在其极盛时，它总会使政治的内容和基调发生结构性变化”[②]。结构性变化既意味着政治机会的出现，也决定了政治投机者对民粹主义路线的钟爱。以特朗普为例，他采用了一种保守主义、国家主义至上的民粹话语技术，通过推特进行充分表达。特朗普的选举策略可以充分显示出“激进话语—智能推送—极端用户—民粹崛起—选举获胜”的路径。当两位或以上的政客纷纷利用民粹以自用时，社会就会出现不同面目的民粹集团“山头林立”的情况。这些带有强烈排他性、情绪性的组织一旦相互对峙，可能引起威胁社会稳定的暴力冲突。

（三）社会运动：民粹主义的现实表现

全球民粹主义思潮高涨的现实投射表现为激进社会运动的兴起与繁盛，这些行动高度组织化并具有明显的破坏性。这种带有民粹主义思潮的社会运动的涌现与智能推送在时间上有着一致性，其中存在着共时性的统一。智能推送技术在 2010 年左右在美国得以推广，而这一波全球民粹主义浪潮最早可上溯至 2009 年的茶党事件，再加上 2011 年的“占领华尔街”运动，在时间上高度吻合。随着智能推送技术在全球的普及（发展路线为西方发达国家—准发达国家—发展中国家—欠发达国家），全球多个地方出现带有民粹色彩的社会组织，其中不少直接导致暴力冲突。社会运动风起云涌既有客观原因也有主观原因。客观原因包括：第一，全球化动力衰减、贸易保护主义盛行，社会

① 张爱军、秦小琪：《大数据视阈下的国家政治治理》，《探索》2017 年第 5 期。

② Paul Taggart, *Populism*, Open University Press, 2000, p.32.

共识逐渐失去基础；第二，某些政客采用民粹主义叙事风格进行游说动员，煽动社会不满；第三，一些社会问题积重难返，民众对技术型官僚失去耐心，从而寻求快速解决。主观原因如下：第一，智能推送导致了“信息茧房”，而“信息茧房”又强化了认知的差异；第二，通过媒体的社交功能，多位偏执用户得以组合建群，他们的认知投影到行动，并在行动主义的指引下开始社会运动；第三，“信息偏食”与“信息茧房”导致公共领域的减少，并增加运动的极化程度。可见，本文的逻辑路径是归纳了民粹主义的主观原因，历史不断说明，认知变革往往会带来社会变革。

尽管民粹主义拥有非常多的版本，但是强调平民至上的民粹主义依然是民粹主义系列光谱中最强势、最主流的部分。俞可平认为，民粹主义以中下层大众为诉求对象，坚持反精英的、反体制的社会批判立场。[①]这一种民粹主义往往与集体主义、民族主义结合在一起，但有时也会表现为庸俗的自由主义与民主主义，它对民众有着致命的吸引力。因为这种民粹主义的本质是极端强调平民群众的价值和理想，把平民化和大众化作为所有政治运动和政治制度合法性的最终来源；依靠平民大众对社会进行激进改革，并把普通群众当作政治改革的唯一决定性力量；通过强调诸如平民的统一、全民公决、人民的创制权等民粹主义价值，对平民大众从整体上实施有效的控制和操纵。更恶劣的后果是，一些民粹被标榜“代表公众”的政府所利用，成为官方或半官方的意识形态版本。俞可平指出，民粹主义成为执政者“操纵群众的一种特殊的具体方式，是表达其利益的一种手段。也可以把它看作是统治集团组织权力的方式，在工业和城市发展过程中新兴的群众的主要政治表达方式，统治集团进行统治的机制，同时也是威胁这种统治的一种潜在危险”。对于民众而言，一边接受信息带来的愤怒与煎熬，又一边上瘾地消费着这些信息。本杰明·莫菲特和西蒙·托米关注民粹主义的官方版本，并将民粹主义看作执政者的一种政治风格，更关注“政治美学和表演因素”。[②]当执政者试图呼唤民

① 俞可平:《现代化进程中的民粹主义》,《战略与管理》1997 年第 1 期。

② 本杰明·莫菲特、西蒙·托米、宋阳旨:《对民粹主义的再思考：政治、媒介化和政治风格》,《国外理论动态》2016 年第 10 期。

粹主义的时候（打造民粹主义的国家版本），智能推送就会被视为一个有力的推广工具。

四、结论与思考：智能推送的“反智”悖论

本文解释了“智能推送—政治极化—民粹主义”演变的逻辑相关性，但并不说明其结果的必然性。不可否认的是，一部分用户对于智能推送高度警惕，具有较强的信息选择、甄别、吸收与处理能力，能够作出理性的分析判断，而避免“极化”倾向。同时，有学者质疑桑斯坦的“信息茧房”观点，认为智能推送对受众观念的形塑效果有限。然而，即使智能推送仅导致一小部分用户观念的偏执和极端，从巨大的网民基数来看，这在全球仍然是一股不容小觑的激进力量。

智能推送通过单一、相似且集中的分类信息推送，使用户接收的意见高度同质化，久而久之，可能导致用户观念的极端与偏狭，反映在政治领域即为观念的政治极化。这给民粹主义思潮与现实行动提供了思想基础。技术的发展演化不仅导致新闻传播业的变革，也在一定程度上影响社会理解与社会行动。由于智能推送的信息质量很难控制和保障，导致“信息越来越多，真相越来越少”。当算法成为新闻推送的主导力量，传统媒体建构共识的愿望愈发难以实现，用户的观念不断极化。当政治极化演变为带有攻击性、排他性，夹杂着绝望与愤怒的民粹主义思潮，并以暴力的方式投射在现实中，便会极端危险。

被广泛应用的智能推送技术，在为用户创造信息选择与处理便捷性的同时，也潜移默化地影响其观念与态度。这种趋势是非显性的、潜移默化的，是一种没有痕迹但又意味深长的驯化。这一部分恰恰无法用数据衡量——这就是在人类历史上不断被证实的“认知变革导致社会变革”。当下的民粹主义思潮很可能导致未来十年内全球社会进一步动荡、政治冲突的风险，必须清醒看到媒体技术变革，尤其是智能推送在其中的负面作用。作为大数据技术的智能推送具有一定的中立性，然而一种技术一旦形成，便成为具有一定独

立性的权力结构，如同海德格尔所说的“座架”，各种权力主体既是技术的使用者，但也被技术所塑造。因此，对技术政治的分析，也要看到它对社会、对个体的异化，它在带来便利的同时，可能也会带来意想不到的恶劣后果。

智能推送被认为是“智力”参与的技术，意味着赋予计算机人的智商与能力属性。然而，结合当今现实来看，智能推送导致作为用户的人的政治极化，其观念集聚形成民粹主义思潮，投射在现实中则表现为此起彼伏的全球社会运动。对事物的客观分析与理性判断被悬置乃至遗忘，人运用智力进行有效信息选择、接纳不同观点的能力一再降低，民粹主义的狂热取代了理性，民粹分子在暴力行动中释放的恰恰是反人类的动物性。在这一层面，智能推送引发的“失智”乃至“反智”的观念行为，应当引起算法技术研发者以及政治、社会、传播学者的重视，也应引起每一个沉浸在新媒体环境中享受技术便利的个体的警惕。

西方社交网络的政治极化与算法传播的角色反思 *

政治极化在西方民主政治研究中是一个核心关键词，指的是政治态度上的极端意识形态分歧。极化作为一种状态，描述了就某一问题、政策、立场与特定党派或意识形态分歧方形成最大值的对立程度。①2016 年美国总统大选和英国脱欧全民公决，包括其他西方多国同时出现的多元民粹政治的兴起，使得政治极化现象的讨论再一次受到广泛关注。接二连三的政治黑天鹅事件一再表明当今西方主流国家在政治上分歧更大，社会团体在思想上相互对立更明显。人们越来越倾向于聚集到志同道合，并且往往是半孤立的同质群体中，这些群体在很多情况下都会转移到政治领域的更极端方面。

随着全球政治越来越多地被两极化立场所标记，一个日趋凸显的问题是存在于政治极化与社交网络之间的马克思·韦伯意义上的选择性亲和关系（elective affinity）。这二者并非互为因果，但是会相互影响和改变。社交网络和政治极化之间的这种匹配来自算法传播为政治极化提供了一个合适的渠道。从更深一层次来看，这种伙伴关系还需要从意识形态的角度来理解。在西方，当快速的网络技术发展与深刻的经济危机同时发生，动摇新自由主义秩序合法性的时候，带有民粹性质的极化政治叙事就会与社交网络联系在一起。

一方面，社交网络被设计成普通人可以表达自我的平台，为民粹主义运动提供了一个合适的场所。另一方面，嵌入在算法架构的"过滤泡沫"效应能让心怀不满的个体找到彼此并形成网络群体，这些群体为网络政治极化和网络民粹主义的滋长提供了激进的支持。那么西方社交网络和政治极化的选择

---

* 作者简介：全燕，广东外语外贸大学新闻与传播学院教授。本文原载于《社会科学》2018 年第 10 期。

① DiMaggio P. J., Powell W., The Iron Cage Revisited: Institutional Isomorphism and Collective Rationality in Organizational Fields, *American Sociological Review*, Vol.48, No.2, 1983.

性亲和关系如何呈现？算法传播在其中起到了什么作用？如何干预算法以规避极化风险？这些都是本研究需要回答和解决的问题。

一、社交网络算法传播下西方政治极化现象的新表征

如果要捕捉西方网络政治极化潮流的逻辑本质，并探究当前算法背景下政治极化的表现形式，我们首先需要超越在主流评论家中普遍流行的对政治极化的简化理解。政治学家通常区分两种政治极化：精英极化（elite polarization）和大众极化（popular polarization）。精英极化指的是政治精英的两极分化，比如政党组织者和民选官员的两极分化；而大众极化指的是选民和公众的两极分化。但在社交网络算法传播的背景之下，这种简单划分已然不能涵盖政治极化的新动态、新现象、新表征。与传统政治极化中双方纲领性议题和立场的对立有所不同，社交网络上的政治极化带有明显的网络群体极化的特征，实质是网络“暴民”对现实政治的越界与反叛。一方面，主导社交网络的高度个人主义导致了网民原子化，非常有利于民粹主义运动集中融合网络人群中的原子化个体；另一方面，智能算法帮助西方带有民粹色彩的政治候选人通过过滤泡沫加剧制造意识形态的两极分化，促进互联网民粹模因的传播，促使具有单边极化色彩的虚假新闻扩散，使网络政治极化带有了民粹主义和民族主义色彩。散布在社交网络中的有各种不满情绪的原子化个体被算法重新捏合成为一个新的政治团体，一个具有民粹倾向的网络极群，并和现实中的党派斗争、政治竞选、极端化民族民主运动等裹挟在一起，呈现出新的极化表征。

西方网络政治极化的首要表征是互联网的种族民粹主义被编入算法程序，并迅速推动了白人至上主义、仇外言论、激进主义等在整个西方世界的传播。社交网络和算法传播为近两年西方各国左右两翼民粹主义运动或黑马候选人所利用，煽动起一个又一个始于网络，波及世界政坛的极化政治风潮。以美国为例，曾经在历史学家雷福德·洛根（Rayford Logan）眼中，吉姆·克劳法案（*Jim Crow Laws*）中的种族隔离制度使 1877 至 1920 年的美国种族关系成

为历史最低点，而我们看到近年来美国社交网络极化势力的兴起，则很可能意味着美国种族关系第二个最低点的开始。美国有线电视新闻网（CNN）时事评论员范·琼斯就将2016年美国大选称为“白人对抗”（Whitelash），他认为这才是白人选民真正的政治反弹。不过这次的不同之处在于“白人对抗”在算法上被放大、被加速，并通过社交网络传播，掀起了世界各地的其他有政治极化倾向的网络民族主义运动风潮。

新马克思主义者尼尼斯特·拉克劳（Ernesto Laclau）认为民粹主义是一种政治逻辑，它涉及整个政治共同体对共同的敌人，特别是对政治精英的反抗。[①]这种统一的诉求可以根据某一特定运动的政治倾向而采取不同的形式。例如在民粹主义右翼，它倾向于采取高度排外的形式，从而使人民反对移民、少数民族和宗教少数派；在左翼民粹主义阵营中，人民的团结是通过反对不道德的特权而建立起来的，而这种特权是由贪婪的银行家、流氓企业家和被指控剥削普通民众的腐败政客所体现出来的。[②]这两种民粹主义逻辑都在社交网络上找到了一个有利的空间。我们可从近两年西方政治选举中代表民粹势力的候选人来看，除了善于操纵社交网络，代表白人利益的美国共和党领导人唐纳德·特朗普之外，还有帮助投票离开欧盟的英国独立党前领导人奈杰尔·法拉格、法国极右翼“国民阵线”领袖马林·勒庞、意大利右翼五星运动党党首狄马欧、美国民主社会主义左翼领袖伯尼·桑德斯、西班牙左翼公民政党Podemos的领导人巴勃罗·伊格莱西亚斯，以及英国工党激进左翼领袖杰里米·科尔宾等，这些或左或右的多元民粹政治领袖都在各自国家的大选中，在社交网络上有着令人印象深刻的表现。

与各国政治领袖的极端政治主张相对应，社交网络的平民政治极化同样也爆发出不可小觑的破坏力。另类右翼（Alt–Right）就是一种主要在互联网上宣传极端保守观点的平民极化政治运动。近年来美国另类右翼势力的崛起既是经历了几个世纪的种族主义的延续，也是一个由算法驱动的新兴政治传播

① Laclau E., *On Populist Reason*, Verso, 2005, p.30.

② Gerbaudo P., Screti F., Reclaiming Popular Sovereignty: The Vision of the State in the Discourse of Podemos and the Movimen to 5 Stelle, *Javnost: The Public*, Vol.22, No.4, 2017.

体系的一部分。2017 年夏末的一个晚上，数百名极右翼者聚集在弗吉尼亚州的夏诺茨维尔，用 tiki 火炬为美国南北战争时期的南方联盟总司令罗伯特·李的雕像（此雕像被认为是奴隶制、白人至上主义的象征）辩护。这一集会被称为“团结右翼”的集会，主要是在网上组织的。夏洛茨维尔事件也被认为是美国白人民族主义极化运动通过算法传播实现线下行动的开始。夏洛茨维尔集会后，特朗普重复着白人民族主义者的言论，并为美国建国奴隶主的雕像辩护。这当然不是首位在任总统在白宫椭圆形办公室公开宣扬白人至上主义，但这是第一次，白人至上的极端意识形态通过搜索引擎和社交网络平台的算法传播，使互联网成为美国另类右翼势力集结的策源地。其实早在 2008 年，社交网络平台及其算法就开始改变白人民族主义者使用网络的方式。算法为那些寻求种族主义观念认同，并企图将新人连接到种族主义人群的人提供搜索结果，例如谷歌算法就可以提供种族主义网站和其他社区，精准投放到相应人群中以确认和发展他们的共同仇恨。算法加速了美国白人至上主义意识形态的传播，就像“青蛙佩佩”（Pepe the Frog）这样在美国总统大选期间遭到右翼团体滥用的卡通人物形象，它的模因一度从 4chan 或 Reddit 等非主流网站流向主流新闻网站，就是通过算法技术进行挪移、放大、扩散，最终成为网络极化政治话语的替身。

算法加速种族主义或民粹主义在网络的泛滥，导致了民粹政治、情感政治成为西方网络政治极化的又一个表征。民粹政治在西方社交网络的崛起，对新自由主义秩序和全球化都构成了极大挑战。或左或右的政治派别追求的是完全不同的社会愿景，却似乎具有共同的特征：反对建制派，反对新自由主义意识形态的关键原则，以及代表普通人的政治主张。民粹政治的基础在于算法鼓励下个人主义文化极端盛行，并令人惊讶地成了网络政治极化的口号和武器。[①] PageRank 是谷歌用于标识网页的等级 / 重要性的一种方法，是网页排名的算法，也曾是谷歌发家致富的法宝。谷歌的工程师们利用这一“民主”——数亿人在谷歌上搜索集合而成巨大质量的数据来支持它的算法。这

① Nagle A., *Kill All Normies:Online Culture Wars from 4Chan and Tumblr to Trump and the Alt–Right*, Zero Books, 2017, p.112.

一切使得算法文化听起来似乎是个人主义和民主公共文化的最终成就，然而正如美国《连线》杂志在2010年所解释的那样，PageRank被认为是将极端个人主义纳入搜索引擎的一种方式，即由数百万人的民主决定了在网络上链接什么，而这恰是形成网络民粹政治的土壤。

情感政治源自网络中算法对网民情感的捕捉和预测，算法主导的情感控制极有可能促成社会控制手段的一种突变。目前社会理论仍在寻找足够的词汇来描述当下的这一进程。研究者们尝试使用“认知资本主义”（cognitive capitalism）①、“情绪资本主义”（emotional capitalism）②、“交际资本主义”（communicative capitalism）③和“情感资本主义”（affective capitalism）④等描述算法影响情感的能力如何转化为资产、商品、服务和管理等。而情感政治就是在算法的影响下出现在社交网络中令人瞩目的政治现象。在网络的世界里，意义和表征不再是政治的唯一主要领域，身体、感觉、情感也成为政治观点不可简化的核心。在政治表达异常活跃的社交网络中，算法技术的精准投放使人们认知到相异观点的概率严重下降，尽管基于事实的理性分析对每个人都有吸引力，但人们依然要寻求支持他们情感世界观的东西，而这完全不利于团结一个有分歧的社会。

2014年脸书的研究人员在一份学术期刊上发表了一篇研究报告，承认故意操纵用户的新闻信息，以显示更多或更少的积极情绪。他们发现，当向人们展示消极信息时，人们更有可能发布自己的负面信息，反之亦然，最后的结果清晰表明网络上的情绪感染是真实的。脸书的研究证明了一个事实，在一个数字化的环境中，算法作为一种指导和约束注意力的精确方法，可以轻易操纵人们的情绪。研究者发现，算法引发意识形态导向的假新闻泛滥，导致

---

① Braidotti R., *The Posthuman*, *Malden*, Polity Press, 2013, p.67.

② Illousz E., *Cold Intimacies: The Making of Emotional Capitalism*, Polity Press, 2007, pp.234–240.

③ Dean J., *Affective Networks*, Media Tropes, 2010, pp.19–44.

④ Karppi T., Khknen L., Mannevuo M., Pajala M. & Sihvonen T., Affective Capitalism: Investments and Investigations, *Ephemera: Theory & Politics in Organization*, Vol.16, No.9, 2016.

了“真相游戏”（truth games），且只在一定程度上吸引意识形态“过滤泡沫”，并没有准确而客观地报道事实，从而瓦解了政治的权威性和严肃性。[①] 如果进一步将情绪操控与算法使用直接运用在选民身上，就可以发现这种大数据算法驱动情感的极端化行为已经成为西方政治选举的另类煽动形式。

情感政治的典型案例是美国特朗普时代的崛起。美国大选中的特朗普利用智能算法操控社交网络，在支持者中发起精心打造的“让美国再次伟大”的反体制运动，最终实现了他对最高权力阶层的尝试。特朗普竞选团队利用美国白人工人阶级中存在的明显反建制情绪，基于社交网络所谓的反映许多潜在选民的视角，制造极端情绪化的政治对立认同，创造了一场情感政治的选举奇观。他本人拒绝接受主流媒体的监督批评，利用公众对主流媒体的敌意，大肆推行他的“推特治国”方略。他的推文往往充满情绪的煽动性，经常以充满情感色彩的感叹词结尾，比如“Sad!”“Very Sad!”“So Sad!”“Bad!”“Be Honest!”“I Will Fix It!”等，以唤起狂热的互联网人群，网罗了不少情感选票。

二、政治极化与社交网络选择性亲和的原因及算法扮演的角色

研究者认为，西方社交网络提供了一个让人有机会传播政治极化主题的场所，比如强调人民的主权、排外排异、攻击精英等，这些与网络的平民话语有天然的亲近性。[②]社交网络的交互功能和算法架构中的非正式投票系统也提供了一种手段，进一步推动公民意见的极化。[③] 例如具有民粹主义运动性质的意大利五星运动和西班牙 Podemos 运动都是利用社交网络和算法传播，提出了自下而上的人民主权恢复的极端政治诉求。但上述研究仍未对社交网络，特别是算法传播与政治极化之间密切关系的缘由做出令人信服的解释。事实

① Harsin J., Regimes of Post Truth, Post Politics, and Attention Economies, *Communication, Culture & Critique*, Vol.46, No.2, 2015.

② Engesser S., Ernst N., Esser F., Populism and Social Media: How Politicians Spread a Fragmented Ideology, *Information, Communication & Society*, Vol.20, No.7, 2017.

③ Gerbaudo P., Screti F., Reclaiming Popular Sovereignty: The Vision of the State in the Discourse of Podemos and the Movimen to 5 Stelle, *Javnost: The Public*, Vol.22, No.4, 2017.

上，这一选择性亲和关系乍一看似乎确实难以有合乎逻辑的解释。首先，民粹、群体极化一直被认为是落后和极端社会的典型代表，例如美国的土地民粹主义和拉丁美洲的城市民粹主义等。相反，社交网络和算法技术是先进的高科技社会的象征，从而使它们与民粹、极化之间的亲和关系并不协调。其次，社交网络通常被视为高度个人主义的表现，算法推荐也是高度自动化的精准传播，因此更符合新自由主义及互联网精神对个人自主性和自发性的崇拜，而不是导向政治极化的社群主义精神。但当我们深入分析会发现，当代民粹主义和政治极化是一个动荡时代的产物，一方面是资本主义深刻的经济危机，它影响着大部分人口，使他们的生活条件显著恶化；另一方面，快速和高度颠覆性的技术创新重新定义了人们交流的方式和工作生活的组织方式。尤其是社交网络的崛起和算法传播的盛行，一方面冲击了主流媒体的权威地位，另一方面为个人表达和先前被边缘化的选民提供了渠道。这两种趋势的结合为网络政治极化提供了一个出口，吸引了大量有政治不满情绪的网民（同时也是选民）。

1. 主流媒体信誉下降与社交网络崛起，为网络政治极化提供土壤

如果说社交网络为政治极化提供了一个合适的渠道，那么其首先是成为人们反对主流新闻媒体的武器。研究者认为，Web2.0 的实现使社交网络成为普通人直接表达自己并选择性接触信息的平台，从而绕开传统媒体和记者以及所有其他“不必要的调解者”（unnecessary mediators）。[①] 但这个叙述显然是有问题的，不仅仅是因为社交网络总体上是一个商业化网络，而且在西方，社交网络已经被谷歌和脸书等庞大的资本主义公司迅速控制，他们利润驱动的议程其实与普通民众的利益并无关联。然而不可否认的是，社交网络在平民中的崇高声誉确实需要与西方主流新闻媒体受到的批评相结合来理解。自经济危机以来，美国主流新闻媒体经历了相当程度的信任下降。根据皮尤研究中心的数据，只有 18% 的美国人对主流新闻机构还持有信任感。虽然主流媒体对攻击其权威性的反击是谴责这部分人乃政治非理性和民粹主义的表现，

① Nagle A., *Kill All Normies:Online Culture Wars from 4Chan and Tumblr to Trump and the Alt-Right*, Zero Books, 2017, p.112.

但现实是公众对老牌媒体的反感源于他们在预测2008年全球金融危机时的失败，这一事件让媒体扮演了“不吠的看门狗”（the watch dog that didn’t bark）的角色[①]。越来越多的普通人开始认为主流媒体是超级富豪和他们的政治盟友的代理人，而不是代表公众的真实需求和利益。意大利马克思主义者安东尼奥·葛兰西（Antonio Gramsci）曾用“权威危机”（crisis of authority）来描述在两次世界大战期间教会和其他传统机构的合法性丧失。而今天，主流媒体也正在面临这样的“权威危机”。

这种对主流媒体的不信任，在很大程度上解释了为什么主流媒体面对来自唐纳德·特朗普和杰里米·科尔宾（英国工党激进左翼领袖）等民粹主义政客的猛烈抨击时，往往显得无所适从，反而让这些攻击行为为民粹政客赢得了英勇的、反建制的、特立独行的名声。此外，它还解释了为什么特朗普如此轻易地将舆论对他利用假新闻网站的指控转移到主流媒体身上，并谴责主流媒体（如CNN）就是假新闻的代言人。基于“主流媒体不希望你知道真相”的说服，活跃在社交网络中的极化行为往往表现为攻击主流媒体倡导的政治正确和专家权威。英国脱欧倡导者迈克尔·戈夫曾公开表示，英国人在电视辩论中“厌倦了听取专家的意见”，更愿意通过社交网络寻找持另类观点的同伴和群体。当然更经常被抨击的不是所谓专业知识，而是过去30年主导世界政治的自由市场意识形态，即“新自由主义学说”。

2. 算法传播促成网络极群的聚合，形成政治极化的基础

网络政治极化气候的形成归根结底与网络极化人群的聚合有密切关联，算法传播在其中起到了聚合的作用。社交网络时代网络人群的政治和社会话语出现惊人的复兴，研究者发现在线极化群体的形式多种多样，例如“众包”（crowd-sourcing）、“众筹”（crowd-funding）或“群体智慧”（wisdomofcrowds）等，[②]而这些群体的形成是由社交网络的算法和其综合能力构成的。

首先，算法的“过滤泡沫”效应能够将用户的注意力集中在符合其兴趣的

① Starkman D., *The Watchdog That Didn’t Bark: The Financial Crisis and the Disappearance of Investigative Journalism*, Columbia University Press, 2014, pp.213-219.

② Surowiecki J., *The Wisdom of Crowds*, Anchor, 2005, pp.99-105.

内容上。算法会将用户置于一个个泡沫中，他或她只会看到与以前的消费或搜索行为相匹配的信息。这些算法的目标和功能能够针对不同个体，使他们对某些项目的访问比其他项目更容易获得。这种“关注过滤”有可能促进公众舆论的两极分化，因为它控制了用户对符合其现有意识形态立场内容的注意力，同时将它们与其他观点隔离开来。这种过滤泡沫趋势的系统性政治影响令人担忧，它们可能加剧政治的两极分化。从形成政治极化的基础来看，过滤泡沫可以起到人群动员的作用，有利于形成网络极化群体。

算法传播的另一个促成网络极化群体形成的因素是所谓的“网络效应”，它有使高度连接的节点变得更加紧密的趋势。例如时间轴算法就可以立即推荐流行内容，这些文章在发表后几秒钟或几分钟内就能吸引大量关注。脸书页面的管理员 Kullena Khaled 说这在 2011 年的埃及革命中起到了关键作用，他认为这种影响导致了一种“暴民”倾向，更多的眼球将会转向耸人听闻的内容。[①] 这也许可以解释为什么特朗普通过他的个人推特账户的荒唐宣传，却能成功吸引大量的公众关注，前提就是算法技术往往能将公众的视线从更严肃更客观的内容中转移出去。

应该说，研究者描述的社交网络的极化倾向并不一定会导致耸人听闻的后果，却可以为渐进的政治极化目的服务。社交媒体算法中固有的焦点和聚合机制为民粹主义运动聚合网络上高度分化的原子人提供了一种合适的工具。正如英国政治理论家埃内斯托·拉克劳（Ernesto Laclau）所指出的，民粹主义运动利用“空洞的能指”（empty signifier），允许在单个平台和活动中融合不同的需求。[②] 他们试图克服网络人群的阶级和身份的线上分散的劣势，让人们意识到他们其实拥有共同的利益和共同的敌人。算法能够使正常信息与带极化内容的信息获得不成比例的可见度，而后者可以使民粹主义模因获得病毒式传播，数以百万的有不满情绪的个人（或者被剥夺了共同的组织联系）因此聚集在一起，成为网络的极化群体，使政治的单边极化趋势愈演愈烈。

---

① Gardels N., Wael Ghonim: We Have a Duty to Use Our Social Media Power to Speak the Truth, *The World Post*, Vol.32, No. 6, 2016.

② Laclau E., *On Populist Reason*, Verso, 2005, pp.251–255.

3. 算法的个性化定制导致选择性曝光，便于组织化的政治操纵

2017 年美国某机构关于算法策略对社交网络服务影响的研究设计了一项实验，该实验的目的是检测可定制技术下的系统驱动与用户驱动这二者在用户点击次数上是否有显著差异；另外，花在阅读相同态度上的政治文章的时间，是否比花在阅读相悖态度的政治文章的时间有所增加。经验结果表明，算法定制性技术在个人意识形态倾向方面上显著增加了选择性曝光。该研究的最终结论是：由于算法自动化和不显眼的操作，可定制技术在减少与避免人们在面对挑战性信息时产生认知失调方面特别有效。与此同时，结论显示系统驱动的可定制性（例如脸书信息流的算法）对用户信息选择性接触的影响，比用户自我驱动更强。[①] 显然算法的个性化定制带来的选择性曝光即是一种便于组织化操纵的引发意识形态两极分化的技术方式。

英国作家乔治·蒙博（George Monbiot）曾在《卫报》撰文指出一家名为剑桥分析公司（Cambridge Analytica）的机构利用算法操纵政治的做法，该公司部分股份为美国亿万富翁罗伯特·默瑟（Robert Mercer）所持有。蒙博质疑这家公司利用背后财阀的力量，帮助美国大选和英国公投，从脸书中挖掘数据，运用算法结合数据创建用户个人资料，预测人们的性格和政治倾向，然后根据他们的心理特征量身定制广告和带有极化色彩的假新闻并进行靶向投放。尽管蒙博披露此事的说法遭到该公司的极力否认，但英国隐私监管机构——信息专员办公室认为有足够的理由发起调查，而且正在这么做。由此可见，在西方普选制的环境中，尤其在政治权力和影响力不均衡的情况下（比如竞选筹资的多寡和媒体联盟的导向），假新闻、机器人水军、虚假的在线账户都会被算法创造出来以支持某种政治立场，网络政治的两极分化也就在这个过程中被生成、被激发。

由于选择性曝光，不同的观点意见会在同质化群体天然正义的压制中迅速丧失话语权利，个人意见让位于群体思维。算法鼓动同质化群体的思维走

① Dylko I., Dolgov I., Hoffman W. et al., The Dark Side of Technology: An Experimental Investigation of the Influence of Customizability Technology on Online Political Selective Exposure, *Computer in Human Behavior*, Vol.73, No.11, 2017.

向更加极端，甚至会忽视足以证明他们的观点错误的事实，并在整体上呈现出“自我延续，自我加强的社会分化状态”[①]。这不仅导致公众讨论的建设性变差，而且导致在一个社会中人们对自己的支持者持绝对正面的看法，对政治领域另一方的人会持非常消极的看法。算法有效过滤人们的在线体验，识别人们的情感特征，将人们置于自身所熟悉的回声室中，是造成两极分化的原因，也是假新闻日益增多的关键因素。假新闻以社交网络为集散地，声称自己才是真实的新闻来源，以谣言或公然的谎言为内容物，故意传播不准确的消息。据研究，美国大选中大约 62% 的美国成年人选择从社交网络获得新闻，在这段时间里，最受欢迎的假新闻算法推送远比主流媒体报道要多得多。其中网民在脸书上分享的假新闻大大倾向于特朗普，共有 115 篇赞成特朗普的假新闻被共享 3000 万次，41 篇赞成希拉里的文章只共享了 760 万次。[②]可见算法成就的假新闻泛滥深刻影响了网络民主的走向，更多导向了民粹政治和极化政治。

二、网络政治极化的风险规避与算法干预思考

政治极化与社交网络的选择性亲和关系表明，社交网络的底层叙事所主导的价值取向与主流制度政治的主要特征（制度主义、形式理性、全球化等）背道而驰，社交网络因其平民底色，更倾向于支持那些毫不隐晦的民粹主义话语和政治极化运动，也更容易被民粹和极化政治团体所利用。在这个过程中，算法传播利用数字文化中固有的对权威和精英文化的怀疑，为网络政治极化推波助澜。

在社交网络平台上，规避政治极化的风险需要我们从网络民主建设和算法干预的双重角度进行思考。网络民主建设是网络政治走向良性发展的必经

① Bishop B., *The Big Sort: Why The Clustering of Like-minded America is Tearing Us Apart*, Mariner Books, 2008, pp.36–40.

② Allcott H., Gentzkow M., Social Media and Fake News in the 2016 Election, *Journal of Economic Perspectives*, Vol.14, No.2, 2017.

之路，也是避免网络政治极化的有效途径。网络民主的突出特征是多元性、开放性和讨论性，网络民主建设必须顺应网络作为民主公共领域的这些典型特征。当代著名政治哲学家查特尔·墨菲（Chantal Mouffe）在接受《政治学》杂志采访时被问到如何界定民主，她回答："当我们承认每一个共识都可能是霸权的暂时结果时，我们就应该设想民主的公共领域的性质，以期改变权力的运作方式。而这就是一个多元民主的公共领域需要为不同意见和可以表现的制度留出空间的原因。它（民主公共领域）的生存取决于围绕明显多极立场所形成的开放讨论，以及在多种选择之间进行选择的可能性。"[①]墨菲的思想对我们的启示在于，当我们希望建设网络民主，规避网络政治极化的风险时，首先需要考虑如何将网络环境真正培育成多元民主的公共领域。用倡导多元民主论的美国政治理论家威廉·康诺利（William E. Connolly）的话来说，"我们需要促进尊重不同道德来源的多重选区，这至少会提供在'真正的选择'之间进行选择的机会"[②]。

鉴于网络环境下的算法传播致力于个性化定制和目标用户的靶向投送，极容易忽视向用户提供多元选择的机会，当被网络民主主义和民粹主义利用后，也极易导致观点和态度的单边极化。如何改变这一现状？如果我们的算法设计能采用协商民主的范式，照顾到多元政治主体的话语表达，那么它就会假定网络政治是一个具有理性辩论和新兴共识立场的辩证统一体。这样的设计逻辑强调算法决策的制定应始终是一个比赛，一个从通常对立的角度进行选择的比赛。作为一种技术竞争的精神存在，算法应该承担永久的争论，并且承认争论并不会导向极化。我们不妨从具体设计的角度重新思考这个问题：如何展示算法竞争的复杂性？一种方式可以是采用维基百科的"查看历史"的模式，在这个模式下，即使删除了内容之后，后台对内容价值的争论仍然可见。我们设想在谷歌、脸书、推特等平台上，在政治立场、态度、观点等方面出现分歧的地方也可以采用这种方式。这至少提供了一个基于自由选

① Castle D., Hearts, Minds and Radical Democracy, *Red Pepper*, No.1, 1998, Accessed December 4, 2014.

② Connolly W., *Why I Am Not A Secularist*, University of Minnesota Press, 1999, pp.14–16.

择的不同途径，而不是重回令人失望的算法导向单一意识形态的困境。以此类推，为了有效避免假新闻的问题，我们还可以考虑“引入随机的新闻故事，并确保用户接触到高质量的信息，这将是一种简单且健康的社交媒体平台的算法调整”①。

更进一步来看，如果假定一种新的算法设计给我们提供了新的知识逻辑，那么就要考虑这种知识逻辑背后呈现的价值观。不同的算法设计是不同利益群体的代理，很多时候必须在冲突的数据对象之间进行选择，也就是对价值观的取舍。避免极化就必须认识到不同观点和对立价值观的作用，就需要接受研究者称之为“共同的游戏规则”，以及冲突和博弈是“无限的过程”的观点。同时必须明白算法从根本上说是制度治理和互联网知识生产的参与者，算法的设计需要民主正当化其过程，例如采取以利益相关者的参与形式开放源代码，民主化算法的设计过程或公共认证等。②而提高算法和数据的透明度或可审核性的努力是基于这样的假设：获取源代码，哪怕是获取用于培训机器学习模型的数据源代码，都可以辅助我们了解在系统中是否存在政治偏见的问题。③虽然描述算法的每一个流程、条件、资格和例外情况等问题不太可能被公众全部理解，但通过形式公正的方式揭示算法是如何工作的，也就能在一定程度上印证“揭示信息处理实践的方式对引导个人做出政治选择是具有重要意义的”④。

---

① Howard P., *Is Social Media Killing Democracy*?, Oxford Internet Institute, 2016, pp.178–182.

② Orwat C., Raabe O., Buchmann E. et al., Software als Institution und ihre Gestaltbarkeit, *Informatik Spektrum*, Vol.22, No.6, 2010.

③ Diakopoulos N., *Algorithmic? Accountability Reporting: On the Investigation of Black Boxes*, Columbia Journalism School, Tow Center for Digital Journalism, 2014, pp.354–357.

④ Nissenbaum H., From Preemption to Circumvention: If Technology Regulates, Why Do We Need Regulation and Vice Versa, *Berkeley Technology Law Journal*, Vol.26, No.7, 2011.

四、结语

美国批判社会学家丹尼尔·贝尔等人曾在20世纪60年代判断，西方世界传统的意识形态分裂正在消退，政治的两极分化正在结束，市民政治学可能会取代意识形态政治学。但尔后的批评家们认为贝尔的"意识形态的终结论"带着历史的后见之明，更像是一种幻想，而不是现实。他们进一步论证后物质时代的到来使西方公众再度极化，刺激环境问题、性别平等和生活方式选择等方面产生新的冲突。[①] 其导致的结果是"越来越不能容忍政治分歧，导致全国性共识不可能；政治如此分化，选举不再只是政治竞争，而是生活方式之间的艰难选择"[②]。近两年西方政坛的风云动荡也在证明政治极化的确没有消失，而且在社交网络的背景下呈现出新的表现形态和生成原因。把脉当下西方网络政治极化问题的实质，就需要将西方最新民粹潮流与社交网络的算法传播走向结合起来考察，揭示算法机制背后的人和政治的操控和选择。

我们同时也注意到，西方主流政治阵营的领导者有时也会利用社交网络制造出一种进步的民粹形象以拉拢网民，从而导致像法国总统埃马纽埃尔·马克龙和意大利总理马泰奥·伦齐这样具有精明头脑的"建制民粹主义者"诞生。另外，西班牙Podemos党所倡导的左翼民粹主义倡导解决不平等和腐败问题，英国工党领袖杰瑞米·柯柏恩和美国左翼领袖伯尼·桑德斯也都有类似进步的民粹主张，他们或将在未来西方政治格局中占领上风。那么未来社交网络的算法选择是否只会偏向目前处于领先地位的特朗普这样的右翼民粹主义者，还是会倾向于以解放人民姿态出现的左翼民粹主义形式，我们尚不得而知。但可以肯定的是，社交网络将继续成为未来几年建制和反建制阵营之间极端化冲突的中心舞台。

然而无论网络政治极化在社交网络上的表现形态如何变化，所带来的最

① DaltonR J., Social Modernization and the End of Ideology Debate: Patterns of Ideological Polarization, *Japanese Journal of Political Science*, Vol.35, No.7, 2006.

② Bishop B., *The Big Sort: Why The Clustering of Like-minded Americais Tearing Us Apart*, Mariner Books, 2008, pp.329-331.

大威胁始终在于其导致的网络群体政治联盟对多元民主的极大破坏。我们由探究网络政治极化与社交网络算法传播之间的关系，进而提出通过干预算法传播达到控制网络政治极化的设想，也是试图开启西方网络政治传播研究的一个新面向。而这条研究理路依然需要结合西方现实政治的发展和网络政治的变化，不断进行后续研究的开拓和深挖。

第四编

政治极化的民主后果

国家极化与当代欧美民主政治危机 *

当今欧美政坛乱局横生，暗流汹涌，新现象、新问题层出不穷。如何理解这些新变化的本质与根源，判断这些新变化的走向与趋势，既是重大的理论问题，也是紧迫的现实问题。在当前学界已提供的分析范式和解释框架中，国家极化现象最应被关注，也最易被忽略。国家极化既是当前欧美政治的显著特征，也是晚近系列变革的症结所在，受全球化、资本化、民主化、自媒体化、后物质主义等浪潮推动，又对民粹主义、保守主义、激进主义、逆全球化和“后真相”等思潮影响深远。本文试图在全面梳理国家极化的本质特征和演进逻辑的基础上，深度剖析国家极化的时代背景和形成原因，详细探讨国家极化对国内政治、国际关系和世界格局的深刻影响，以期为后发现代化国家的国家建构和政治发展提供积极的经验与启示。

一、国家极化的本质特征

国家极化既是一种客观的政治现象，也是一个抽象的分析范式。作为前者，它代表着当代西方民主政治的最新变化，对欧美国内政治、地区间政治以及未来世界格局影响深远，值得高度重视；作为后者，它是观察当代欧美民主政治危机的全新视角，拓展并深化当前学界关于政治极化研究的同时，也为民主政治理论研究提供了新的议题和素材。

“极化”原属物理学概念，意指物体在一定条件作用下其性质相对于原来状态有所偏离从而发生两极分化的现象，如分子极化、光子极化和电极极化等。这一概念后来被引入政治学领域，用来描述当代政治中的极化现象。最

* 作者简介：庞金友，中国政法大学政治与公共管理学院院长、教授。本文原载于《政治学研究》2019 年第 3 期。

初的政治极化专指美国政党政治中民主党和共和党的两极分化与对立。进入 21 世纪后，政治极化在美国的强度、深度和广度明显增强且呈全球蔓延之势，学者们开始将英国和欧陆各国纳入研究视野。由于欧陆各国大多实行多党制，极化范围随即由两极分化扩展为多极分化。随着研究范围的扩大、研究视野的拓展和研究议题的深化，极化的内涵和外延继续延展。政治精英间的分化，精英与民众的分化，意识形态的分化，社会阶层的分化，乃至政治激化、文化战争、反全球化等议题，均被纳入极化研究的视野。至此，原来的“政治极化”概念已无法涵盖这些新现象和新变化。因此，本文提出“国家极化”概念用来指称当代欧美国家因利益分配长期失衡造成贫富阶层两极分化、政治精英对峙决裂、政治观念对立冲突、政治行为极端激进，进而导致意识形态分歧加剧、社会群体裂痕扩大、大众文化对抗升级以及地区合作和国际关系逐渐孤立化和紧张化的政治发展形态。

那么，究竟何为国家极化现象？国家极化现象具有哪些本质特征，遵循何种演进逻辑？从发生学的角度，当代国家极化现象的演进逻辑是：分配失衡和收入差距首先造成贫富阶层的两极分化；在民主制度的框架内，这种经济极化容易引发精英分化、政党分化和意识形态分化，最终导致文化的全面冲突和社会的彻底分裂。当前欧美各国国家极化现象虽然程度不同，形态各异，但整体来看，由经济到政治，再到社会和文化的多维度、多层级的复合性极化是当代国家极化的显著特征。

第一，贫富阶层分化对峙。因分配制度失衡，普通民众财富的持续减持与少数精英财富的高度聚敛相伴而生，最终必然造成低收入阶层与高收入阶层的两极分化与对峙。虽然法律面前人人平等，但基于收入和财富，原本平等的人群被硬生生切分为两大对立群体。这种经济极化是近些年欧美各国的普遍现象。“在过去的 10 年中，美国的家庭平均收入下降了超过 10%。同时，收入不平等也在逐年加剧，美国成为不平等现象最严重的工业化国家。截至 2010 年，美国最富有的 1% 的人口占有全国将近 25% 的收入。”[①]2008 年后，

① 查尔斯 · A.库普坎：《治理鸿沟：全球化与西方民主的危机》,《国外理论动态》2014 年第 5 期。

一些美国人甚至失去了住房、工作甚至退休金。如果说财富失控地向富有群体集中是可怕的，更可怕的是，当下美国已经形成“赢者通吃”的局面。从1989年到2008年，收入最高的1%获得了美国经济收入增长的一半以上。更有甚者，“假如这28年的总收入增长是一个馅饼，最高的1%中的1/10，也就是30万人，所享有的那一块，比底层90%，即2.7亿人那一块的2倍还要大”①。欧洲的情形同样不容乐观。在过去的20年间，“在欧洲最主要的经济体中，中产阶级的收入持续下降，不平等不断加剧。西班牙的失业率维持在20%，居高不下；甚至连作为欧盟经济火车头的德国也境况不佳，从2000年到2008年，德国中产阶级减少了13%”②。穷人和富人的政治立场和党派归属是泾渭分明的：在美国，穷人更倾向于支持民主党，更支持国家干预和福利政策；富人则倾向支持共和党，更支持自由市场和减税减福利政策。日趋严重的经济极化会加剧各政治阵营之间的分歧，激化精英之间和政党之间的矛盾，从而使意识形态冲突、党派对立趋于表面化、公开化。③

第二，政党政治乱局横生。20世纪80年代以来，欧美政党格局发生较大变化：一些温和的主流政党逐渐式微，甚至在内忧外患下面临四分五裂的危险；一些激进政党迅速崛起，风头大盛；一些新兴小党则趁势而起，拼力搅局。这种政党乱局具体体现为：首先，两党对抗白热化。美国共和党和民主党的冲突和对抗不断升级，不断加剧，“政治对峙在美国创建的时候就被纳入了国家体制之中，但近年来在华盛顿越演越烈”④。2010年3月，奥巴马力推的医疗改

① [美]雅各布·S.哈克、保罗·皮尔森：《赢者通吃的政治》，陈方仁译，上海人民出版社2015年版，第2页。

② 查尔斯·A.库普坎：《治理鸿沟：全球化与西方民主的危机》，《国外理论动态》2014年第5期。

③ 西方有学者曾专门论述经济不平等与政治极化之间的密切联系，认为这种联系主要体现在两个机制上：“第一个机制是，经济不平等往往是政治极化的原因；第二个机制是，政治极化使财富不平等和过度集中的现象更加严重。”参见[美]诺兰·麦卡蒂、基思·普尔、霍华德·罗森塔尔：《政治泡沫：金融危机与美国民主制度的挫折》，贾拥民译，华夏出版社2017年版，第39页。

④ [美]约瑟夫·奈：《美国世纪结束了吗？》，邵杜罔译，北京联合出版公司2016年版，第104页。

革法案虽获国会通过，但没有一名共和党议员投票赞成医改方案。其次，精英立场极端化。国会议员的政治立场不断突破传统的温和审慎的特点，呈现明显的极端化趋势，甚至达到了“有史以来的最大值”（如图 1 所示）。他们要么旗帜鲜明地选择自由派立场，要么坚定不移地固守保守派情怀，温和持中立场越来越不受欢迎。在民主党内部，保守派议员损失惨重；在共和党内部，宣扬自由放任原则的数名共和党大佬落选，绝大多数共和党候选人转向保守立场，逐渐背离共和党人的传统基调。[①] 再次，意识形态两极化。从意识形态的角度来看，美国国会议员纷纷向左右两翼偏移，中间阵营日渐萎缩（如图 2 所示）。“这两个政党的议员基本上分别组成了左翼自由派阵营和右翼保守派阵营，而 20 世纪 50 年代和 60 年代时期比较常见的自由主义共和党人和保守主义民主党人至 2005 年前后变得相当罕见。”[②] 进入 21 世纪的第二个十年，欧洲各国极左、中右、极右政党势力不断增强，在选举政治中屡有突破。在欧洲议会内部，甚至形成了左翼和右翼政党的稳定联盟，为欧盟政治的分裂埋下了伏笔。最后，主流政党权威不再。欧洲各国主流政党的权威形象遭遇实质性撼动，独霸政坛的政治格局已难以维系。多数政党不得不放弃一党组阁的最优模式，被迫选择联合执政的次级方案。一些原本默默无闻的小党、摇摆不定的中间政党在成为主流政党竞相争取的热门对象后，开始待价而沽，“大张狮口”。这就使得原本充满变数的联合执政更加错综复杂。德国总理默克尔所在的全民党历时数月方成功组阁，从而开创了德国政党组阁历时最长纪录就是一个明证。

---

① Alan I. Abramowitz，Kyle L. Saunders，Ideological Realignment in the U.S. Electorate，*The Journal of Politics*，Vol.60，No.3，1998.

② 周琪、王欢：《值得关注的美国政治“极化”趋势》，《当代世界》2011 年第 4 期。

图 1　美国国会的极化

资料来源：[美]诺兰·麦卡蒂、基思·普尔、霍华德·罗森塔尔：《政治泡沫：金融危机与美国民主制度的挫折》，贾拥民译，华夏出版社 2017 年版，第 39 页。

第三，精英阶层与民众阶层裂痕扩大。经济极化由来已久，再加上政党极化、意识形态极化的强力助推，社会阶层不可能无动于衷。20 世纪中后叶，欧洲选民的政治忠诚度开始下滑，政治冷漠普遍流行。选民们宁愿冷眼旁观也不愿亲身参与，甚至拒绝投票。随着选举政治的功利化、政党政治的世俗化和新兴媒体的普及化，欧洲各国主流政党“越来越只代表少数在经济全球化和新自由主义中获益的大资产阶级、少数跨国公司资本家的利益，西欧政治转变为精英统治、富人民主。”[①]政党领袖们大多出身豪门，家世显赫，政治履历光鲜，为了追逐权力和选票，往往忽略甚至无视普通民众的利益诉求和生活疾苦。这就变相加大了精英与大众之间的隔阂和对立。2008 年全球金融危机在重创欧盟经济、引发主权债务危机的同时，引发了大规模的社会矛盾、分歧和动荡。欧洲各国为应对危机，或推出巨额援助计划，或实行经济紧缩政策，但都无法兼顾中下层民众的生活质量和就业问题。民众纷纷投身街头运动，游行不止，抗议不断，暴力冲突此起彼伏。

第四，极右思潮与极左思潮同步崛起。20 世纪 80 年代后，一度流行的“第三条道路”遭到冷遇，多元文化主义等调和路线不再吃香，激进主义、民

① 张莉：《极右与极左：欧洲政治惊爆“极化”现象》，《世界知识》2011 年第 18 期。

粹主义、孤立主义等有所抬头。“在矛盾叠加的情况下，越来越多的个体或群体对所处现状和政治制度日益不满，倾向于接受和支持意识形态光谱中处于左右两端的思想，并不断分化，包括政党之间的极化、政治精英和普通民众的极化、不同族群的极化等。”[①]这一思想态势最终造成一种极端结局：极左与极右势力同时崛起。首先，右翼势力在法国、意大利、奥地利、瑞典、荷兰和丹麦等风起云涌。右翼民粹主义者为了赢得更多的选民，简单、粗暴地将矛头指向伊斯兰教和穆斯林移民，将其视为当前一切社会矛盾的根源。这种激进情绪虽不能解决任何实质问题，却成功地将公众的视线和民众的不满引向了外来族群。这在一定程度上起到了缓解社会紧张情绪、慰藉民众无助心理的作用。同时，新纳粹主义开始死灰复燃。以德国新纳粹党为代表的激进派崇尚暴力手段与恐怖主义，仇视现存体制与规则，拒斥现行民主规则和政治体制；以德国国家民主党、意大利社会运动党和英国国家党为首的温和派则采取温和策略，将重点放在稳步占据地方议会选举，积极参与执政联盟，竭力争夺欧洲议会席位方面。与此同时，左翼势力虽然在全球经济持续低迷、社会矛盾普遍激化和右翼政党强势崛起的三重压力下面临的政治形势越来越严峻，但经过艰难的整合与重组，“欧洲左翼党”和“欧洲反资本主义左翼”两个欧洲议会党团联盟先后成立，并开始在他们擅长的议会斗争和街头运动中大展手脚。然而，前者执着地相信可以借助无限度甚至不计代价地增加福利的方式赢取选民支持，后者则天真地希望通过彻底断绝与整个资本主义体系的往来摆脱全球经济危机，他们的政治纲领注定缺乏前瞻和远见。某种程度上，左翼政党活动代表着广大民众负面情绪的宣泄和释放，起到了抗衡右翼势力的作用，但这种倾向一旦失控就会对欧洲社会的稳定与和平构成威胁。在左右两大极化势力的夹击和裹挟下，一度强盛的欧洲还能坚持多久，还是一个未知数。

① 史志钦：《多重危机下的欧洲政治社会极化趋势研究》，《学术前沿》2017年第3期。

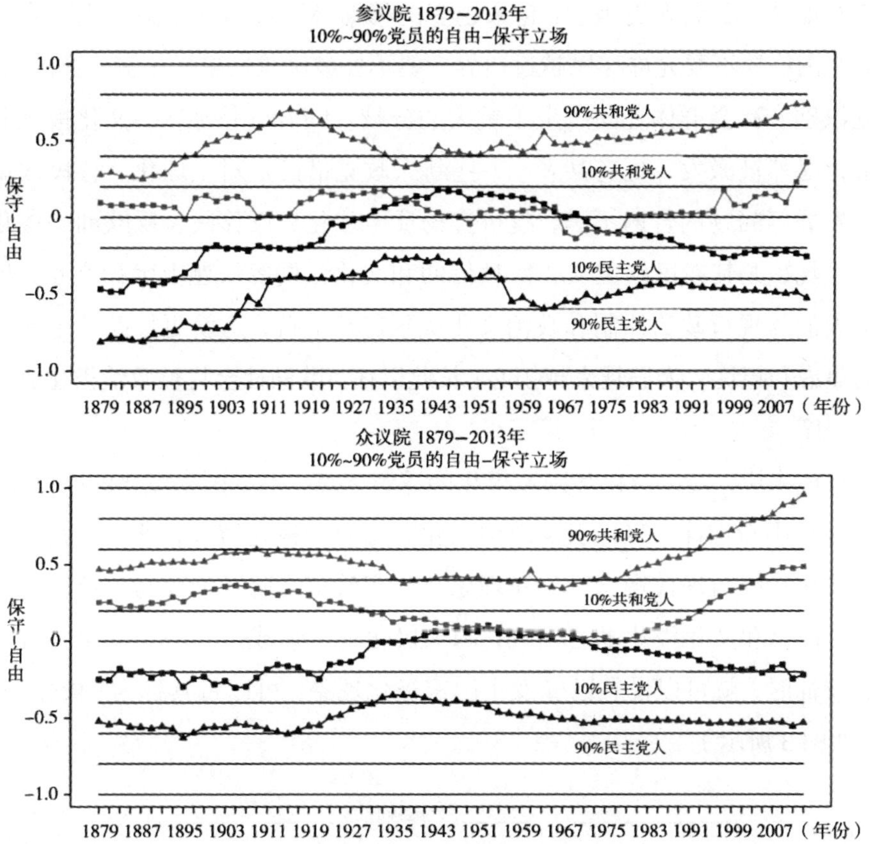

图 2　美国国会议员意识形态光谱图

资料来源：Christopher Hare，Keith T. Poole，The Polarization of Contemporary American Politics，*Polity*，Vol.46，Number 3，July 2014。

第五，社会分裂危机加剧。一体化进程和移民、难民问题是瓦解欧洲政治共识、加剧欧洲社会分裂的火药桶。对于老一辈欧洲人来说，欧洲一体化是一种信仰，更是一种寄托，他们相信一体化是摆脱 20 世纪那场血腥噩梦的最佳途径。而对于年轻人来说，利害得失才是评判一体化必要与否的唯一标准；他们不在乎欧洲未来是否走向一体化，只在乎这种一体化能给他们带来什么。换句话说，他们不爱欧洲，只爱自己。这种代际断裂乃至背后的文化冲突是终结欧洲一体化命运的真正根源。移民和难民问题也是欧洲人的纠结所在。曾经，欧洲人担心：穆斯林进入本国边界容易，如何让他们融入社会主流？如今，欧洲人更担心：越来越多的穆斯林越过边界、融入主流意味着什么？围绕要不要允许移民越过边界、要不要鼓励难民融入主流，各国政府、政党派别、社会群体之间产生了重大的分歧。随着分歧加剧，文化极化和社会极化必然被激发。更有甚者，一些新兴政党借民众对全球化、移民政策和经济发展等问题的普遍不满，趁机宣扬反全球化、反移民、反欧洲一体化等激进立场，尤其在民族主义、宗教信仰和文化认同等议题上大做文章，极力鼓动人们与现行政治体制和政治文化决裂甚至对抗，这就更加助长了人们心中的焦虑和担忧。人们越来越担心：长此以往，欧洲社会将被政治极化撕裂到何种程度？

总体来说，经济极化是国家极化的逻辑起点，也是国家极化的必要条件。经济极化不断加深，容易引发政治极化。当政治极化持续扩张时，精英与大众、文化传统与现代观念、公民理想与现实政策之间的冲突与对抗就会逐步升级，社会和文化极化随之出现，国家极化最终形成。当一个国家符合上述所有特征时，就可以说它已经发生国家极化现象，可以将其称为“极化国家”了（如图 3 所示）。

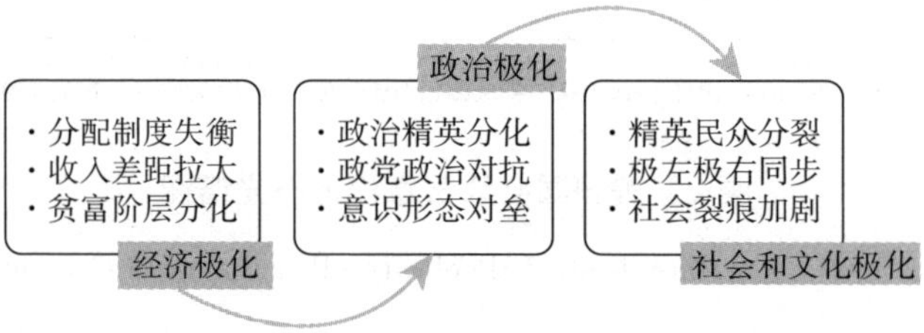

图 3 国家极化的特征与逻辑

图表来源：作者自制。

二、国家极化的时代诱因

从本质上讲，国家极化仍是现代民主政治发展的一种形式，只不过是一种极端形式，一种变态形式。作为现代民主政治的衍生形态，它在以普选、代议和多数原则为核心精神和基本原则的民主框架内孕育、形成和发展。没有主权在民，贫富两大阶层再分化，也不会在国会活动和政党政治中掀起多大波澜；没有民有、民治和民享，政治精英再对立，政党政治再混乱，也不会引发民众的普遍响应，更不会有“文化战争”的爆发。[①]经济极化和政治极化的现象在欧美各国由来已久，为何在当下迅速加剧并最终导致国家极化的形成呢？我们不妨仔细观察晚近20年欧美社会发生的重要变革。

第一，全球产业形式深度转型。随着后工业化时代的到来，工业化水平迅猛升级，资本、技术、劳动力等生产性要素在全球范围内的流通加速，劳动密集型产业和传统劳资结构被迫转型，“高消费–知识附加值”的经济运行模式应运而生。这种经济形态的后果是：一方面，精英阶层迅速聚敛财富。皮凯蒂和塞斯的数据显示，“20世纪70年代后，收入分配底层90%与顶层10%群体之间的实际收入增长率形成了巨大差距。2013年，底层90%的平均实际收入竟然比1972年还低”[②]（如图4所示）。另一方面，底层弱势群体逐渐被边缘化。“富人、利益集团和商业公司能够使用其大量的资源，来扩大它们赢得或影响公共政策的机会。这或多或少地制造了所有民主中规范的政治程序（如投票）和实际情况之间的紧张关系，因为富人更有能力施加政治影响，从而使结果对其‘更公平’。”[③]底层民众长期处于不利的境地，对经济全球化、国内经济形势和政府实际作为非常不满。[④]正是这种经济获益上的不均衡，决定了低收入和高收入阶层之间的冲突、对抗和不可调和性，从而为政治极化

① Morris P. Fiorina, Samuel J. Abrams & Jeremy C. Pope, *Culture War? The Myth of a Polarized America*, Longman, 2011, pp.11–32.

② [美]罗伯特·戈登:《美国增长的起落》,张林山、刘现伟、孙凤仪译,中信出版集团2018年版,第583页。

③ [美]马克·凯赛尔曼、乔尔·克里格:《转型中的欧洲政治》,史志钦等译,人民出版社2016年版,第9页。

④ Clem Brooks, Jeff Manza, A Great Divide? Religion and Political Change in U.S. National Elections, 1972–2000, *The Sociological Quarterly*, Vol.45, Iss.3, 2004.

埋下了重大隐患。[①]“公民经济不平等和他们参与选举和政策制定的平等权利之间的紧张关系，体现为‘一人一票’和‘一欧元一票’之间的矛盾，这种矛盾可以在所有欧洲民主政体中发现，这也是典型的政治分野的来源。”[②]换言之，只要社会出现贫富差距，政治就有极化的可能；贫富差距越大，政治极化的程度就可能越高。

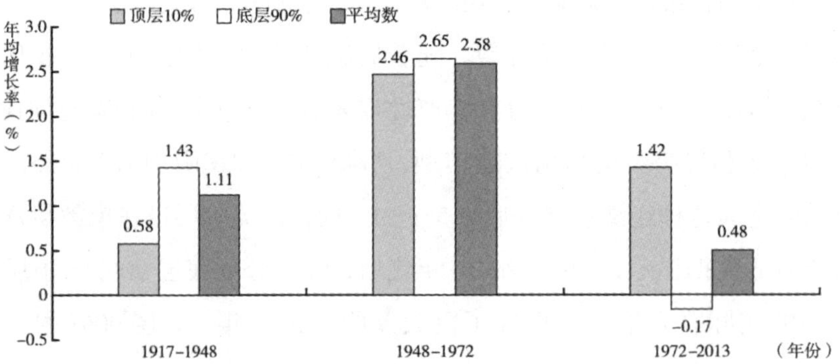

图 4　1917—2013 年样本区间实际收入增长率

资料来源：根据 Facundo Alvaredo、Anthony B.Atkinson、Thomas Piketty and Emmanuel Saez 的世界顶层收入数据库计算，http://topincomes.g-mondparisschoolofeconomics.eu/，参见［美］罗伯特·戈登：《美国增长的起落》，张林山、刘现伟、孙凤仪译，银温泉校，中信出版集团 2018 年版，第 583 页。

第二，多元文化主义遭遇困境。宽容、理解、吸纳是当代多元文化主义的基本原则，[③]但各国践行这一原则的具体政策略有不同。英国追求权利平等，法国侧重文化认同，德国则关注社会地位。然而，随着移民不断涌入，这些具体政策相继遭遇阻击和困境。其中最核心的困境是族群认同与国家认同之间

① Andrew Gelman，Lane Kenworthy & Yu-Sung Su，Income Inequality and Partisan Voting in the United States，*Social Science Quarterly*，Vol.91，No.5，2010.

② ［美］马克·凯赛尔曼、乔尔·克里格：《转型中的欧洲政治》，史志钦等译，人民出版社 2016 年版，第 9 页。

③ ［美］威廉·A.盖尔斯敦：《自由多元主义》，佟德志、庞金友译，江苏人民出版社 2005 年版，第 136～144 页。

的冲突。过于推崇少数族群的族群认同，会助长族群对国家的离心力；而过于强调国家的优先性，又会引发族群与国家的对立。这意味着，无论是放任自流，还是强势同化，都会遇到问题。尤其当基于宗教、心理等文化因素而自身高度认同的外来族群进入推行多元文化主义政策的国家时，问题会更突出，更复杂，作为多元文化主义根基的“文化相对主义”的脆弱性就更为明显。[①]困境之二是移民群体不满情绪的增加。各国多元文化主义政策大多通过颁布法律以保障外来族群的权利，往往忽视文化、种族和心理上的差异。少数族群在工作和生活中遭受歧视和排斥的现象并不少见，游行、示威和抗议运动此起彼伏。困境之三是欧洲民众种族意识被唤醒。近些年，欧洲民众原本对移民群体的增长速度和高生育率深感不安，少数族群的不满和抗议更加剧了社会各阶层的忧虑。越来越多的欧洲人开始担忧“欧拉伯”的出现，[②]开始思考“who are we”的问题，开始怀疑若干年后欧洲还能否是欧洲人的欧洲。蛰伏已久的欧洲人的种族意识被重新唤醒，再度获得生机。困境之四是社会大众排外心理加剧。连续不断的恐怖袭击带来的不安全感，强化了民众对特定移民群体的恐惧和排外心理。益普索集团的民意调查显示，法国民众已经对外来群体失去了信心、耐心和爱心，74% 的人认为伊斯兰文明与法国社会无法兼容，70% 的人认为在法国的外国人太多了，63% 的人认为法国文化对移民群体没有影响力，57% 的人认为仇视白人的种族主义在法国已经相当普遍。[③]可以肯定的是，多元文化主义政策的社会正义性是不容置疑的，但上述困境的出现，使多元文化主义在欧洲沦为鸡肋，食之无味，弃之可惜。连那些一直持温和或多元立场的知识分子群体，也开始质疑多元文化主义政策的合理性。一些激进派政党更是打着维护欧洲传统和文化的旗号，刻意强调异质文化和宗教之间的冲突，将特定移民群体视为欧洲价值和民主制度的敌人。这些无

① [美]劳伦斯·哈里森：《多元文化主义的终结》，王乐洋译，新华出版社 2017 年版，绪论第 3 页。

② 刘晓锋、廖晓明：《欧洲政党意识形态极化倾向的原因和影响分析》，《国际展望》2017 年第 4 期。

③ 参见鲍永玲：《欧洲难民潮冲击下的多元文化主义政策危机》，《国外社会科学》2016 年第 6 期。

疑都埋下了社会分裂的隐患。

第三，公民价值观念发生变迁。自 20 世纪 70 年代起，西方发达国家公民价值观发生了重大转变，即由传统价值观转向世俗–理性价值观，由关注人身和经济安全转向关注生活质量和自我实现（如图 5 所示）。这种变化被英格尔哈特称之为由物质主义价值观（materialism）向后物质主义价值观（post–materialism）的转变。[①]对后物质主义者来说，物质和财富依旧是必需的，但精神价值和生活质量更为重要。他们淡化了对物质的追求、对权力的追逐和对权威的敬畏，也淡化了对家庭、国家和宗教的坚守，更淡化了对主流文化的自信、对传统文明的捍卫；他们更看重生态环境的质量，更关注族群和移民的权利，更关心性别角色与性道德的界限，更青睐生活方式的自我选择，更重视生命的价值与社会关系的和谐。公民价值观的这种变化，在迅猛的全球化进程的加持下，引发了当代西方文明的深层危机。首先，后物质主义追求更高层面的精神价值，其必要前提却是物质主义的根基。只有经济繁荣，国家富裕，福利完备，才有公民精神追求的条件和基础。一旦这些前提和基础出了问题，后物质主义便成为无源之水，镜花水月。其次，后物质主义一边大张旗鼓地反思西方社会、批判西方文明，一边却对非西方文明表现出极大的宽容，正如丛日云教授所说，"后现代主义与现代主义为敌，但却向前现代文化伸出橄榄枝"[②]。而非西方文明往往包含前现代甚至反现代等复合元素，最终使得西方文明身陷后现代和前现代的双重夹击之下。最后，后物质主义消磨了政治精英捍卫西方文明的斗志，使西方社会渐渐失去了优势，难以应付咄咄逼人的民族主义和国家主义。按后物质主义的观点，当前西方文明的衰败之势是发展的必然，任何一种文明的衰落或退位都是理所当然的。西方发达国家率先进入现代文明，也率先闯入后现代文明。当它们越来越现代，越来越文明，越来越追求和平生活和精神富足时，后发现代化国家也在不断崛起，不断

① [美]罗纳德·英格尔哈特:《现代化与后现代化：43 个国家的文化、经济与政治变迁》,严挺译,社会科学文献出版社 2013 年版,第 150～155 页。

② 丛日云:《西方文明的困境——后物质主义如何应对全球化的挑战》,《探索与争鸣》2018 年第 1 期。

扩张，不断形成自己的特色优势和全球竞争力。尽管发达国家依旧强大，但在以更高速度发展和壮大的发展中国家面前，优势地位日益受到威胁和挑战。从这个意义来看，特朗普主义绝非真正的反全球化，只能被看作是对后物质主义价值观的回应，是向以物质主义为重心的全球化策略的回转，只是一种试图挽救西方文明危机的努力而已。相比之下，主流政党仍然试图通过模糊意识形态争取更多的选民。殊不知，选民对主流价值和千篇一律的施政纲领不再感冒，他们更倾向于认同那些立场鲜明、取向坚决、不拖泥带水的政党和主张，这就在更大程度上助长了政治极化的氛围和环境。

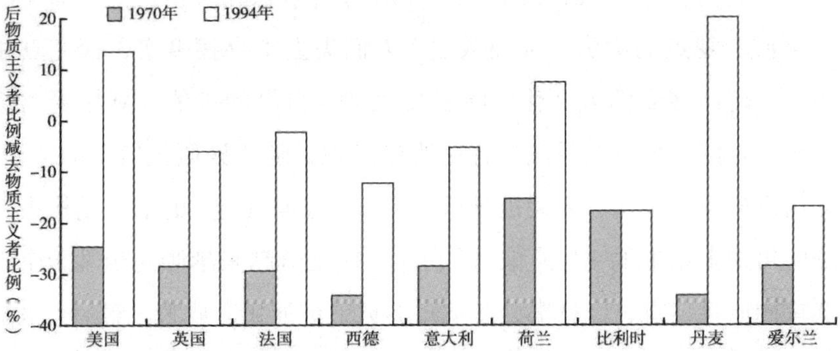

图 5　西欧九国民众朝向后物质主义价值观的转变（1970—1994 年）

资料来源：[美]罗纳德·英格尔哈特：《现代化与后现代化：43 个国家的文化、经济与政治变迁》，严挺译，祁玲玲校，社会科学文献出版社 2013 年版，第 160 页。

第四，政治传播发生重大变革。随着互联网的深度普及、社交平台的广泛流行、信息技术和算法的持续升级，现代人在不知不觉间进入以信息共享、智能分发和大数据为特征的自媒体时代，传统政治传播途径和信息分发规则发生了根本性的变革。这种变革具体表现为：首先，力量对比被扭转。自启蒙时代以来，政治精英与普通民众一直是引领者和被引领者的关系。随着选举民主时代的到来，为了争取选民，决胜竞选，精英们不再冲在时代前沿，反而转向揣摩民意，亦步亦趋，引领者竟成了追随者。随着自媒体的兴起，原本居于政治外围和边缘地带的普通民众，开始活跃起来。精英还是精英，无论看财富、地位还是权力都占据相对优势，但在互联网的环境下，他们的言论和主张逐渐淹没在此起彼伏的民意喧嚣和舆论热点中。曾经略带贬义的“人多势众”，终于在选举权和话语权的双重加持下，转化为实实在在的实力和能量。最近两年，无论是英国脱欧，还是美国大选，抑或欧陆的民粹运动，政治精英的气势与境况可谓节节败退，江河日下。其次，媒体格局被改变。传统政治传播格局中，主流媒体高居垄断地位，一度风光无限。思想的启蒙、价值的传播和信息的扩散，全部仰仗主流媒体由上至下的单向传播。而在自媒体时代，各种新兴媒体由下而上表达诉求和情感，它们更廉价，更灵活，更多元，天然具有草根色彩，拥有无与伦比的群众基础和民意支持。再次，认知偏见被放大。置身信息时代，人们每天面对海量信息和各色观点，却无法甄别信息的真假、观点的优劣。久而久之，人们失去了寻找事实、探究真相的信心和耐心，转向接受熟人文化、圈子文化和与自己的价值、立场更为接近的观点，却对与自己相左的看法选择回避或漠视。随着异质化信息的自动过滤，同质化信息的反向强化，人们被抛进了类似“过滤气泡”的信息结构中。这种主观倾向再加上精准的“智能推送”技术，使受众越来越倾向于基于个人偏好自主选择同质化信息，自身偏见在不知不觉中被强化、放大。最后，极端立场被强化。广泛普及的社交平台和网络，为相近立场的人群提供了相互沟通的便利，也为发展和巩固已有立场提供了更多的机会，这就更容易强化极端群体的封闭性、激进性和极端性。“社交网络的使用者通过一系列对相异观点的筛选和过滤，进而通过在线社交网络的朋友建构机制，寻找与自己政见相同者，最终塑造了一个以自己为中心的观点极化的社会网络。”[①] 上述政治传播的新变化给现代人提供了一个高度便捷又极度威胁的政治境遇：轻松获取政治信息，自由寻找政治社群；同时在不知不觉间，不断放大认知偏见，不断强化极端立场。

第五，政治版图与选民阵营不断重组。二战后，美国南方各州的政治版图发生了重大洗牌。最大的变化是受罗斯福新政和福利国家政策的影响，原本支持共和党的黑人选民转而支持民主党，而民主党中持保守立场的政治精

① 陈福平、许丹红：《观点与链接：在线社交网络中的群体政治极化：一个微观行为的解释框架》，《社会》2017 年第 4 期。

英的主导地位受到冲击后，开始向自由主义立场靠拢。[①] 另外，民主党中相当数量的白人选民转向支持共和党。“南方的民主党人已经是行尸走肉。当他们离职的时候，替代他们的几乎总是更为保守的共和党人。”[②] 与此同时，共和党内部，激进的保守派在不断替代那些温和的保守派，这又反向迫使南方共和党的保守立场趋向明确甚至激进。三股力量同时作用，无论是保守的民主党政治精英，还是温和的共和党政治精英，最终都必须有所行动：要么主动强化自身意识形态色彩，要么被动转向对方阵营，这就奠定了世纪之交美国国家极化的基本框架。欧洲的情况与美国相近。面对国际大环境和欧洲小环境的持续恶化，欧洲经济、政治和社会境遇每况愈下，民众对政治精英、主流政党渐渐丧失信心和耐心。疑欧情绪、排外主义开始流行，极端情绪和暴力行为逐渐蔓延。激进的左翼政党和极端的右翼政党同时登上政治舞台，中间政党则遭到冷遇。对于选民来说，政党和精英的政治主张越鲜明，越激进，越具现实关怀，民众越喜欢；界限模糊、路线摇摆的则被民众抛弃。

由此来看，国家极化的出现并非一朝一夕之功，它是全球化、民主化和信息化等世界大潮流，保守主义、民粹化、移民潮等欧美“小气候”，以及英国脱欧、特朗普上台等个体性政治事件等多重因素在后物质主义价值观和新兴政治传播格局的托衬下，合力助推、相互作用的结果。它明显呈现出“后现代政治”的典型特征：民主政治越发达，意识形态越多元，国家极化程度越高。这一发展态势，势必对当下欧美的国内政治生活、国际关系格局和未来世界政治走向产生重要而深远的影响。

三、国家极化的影响

作为现代政治发展的一种极端形式，国家极化内在的破坏力、解构力和重

① Keith T. Poole, Howard Rosenthal, The Polarization of American Politics, *The Journal of Politics*, Vol.46, No.4, 1984.

② [美]雅各布 · S. 哈克、保罗 · 皮尔森：《赢者通吃的政治》，陈方仁译，上海人民出版社 2015 年版，第 184 页。

塑力，有些已经显现，有些仅露冰山一角，有些尚在潜滋暗长。但毋庸置疑，这一现象正在愈演愈烈，日益成为影响当下欧美民主政治生活的重要因素。

第一，否决型政体出现。共识、宽容与妥协，是美国政治传统的底色。但国家极化现象的出现，对美国政治传统构成了致命的威胁。民主党和共和党在意识形态和政策主张上势同水火，持续对抗，必将导致共识的瓦解、宽容的消散、妥协的危机，从而埋下分裂政治和否决政治的重大隐患。“高度两极化的自由主义－保守主义政治的力量和美国现有政治制度的惯例组成了一个既定的框架，决定了美国政府对 2008 年金融危机的应对政策。”①否决政体既消解了总统的行政权威，也削弱了国会的立法效率，更打击了选民的参政信心。尤其是民主党和共和党的持续对抗，时不时将崇尚分权制衡的三权分立体制推向人人都不愿看到的制度僵局。两党之间的分歧和冲击越来越多，合作与默契越来越少，具有前瞻性、持续性和重大变革意义的公共政策的出台越来越困难。奥巴马在参选之初就注意到了美国政党极化的危险，因此承诺要做一个“超越党派”的总统。然而，愿望再美好，行动再努力，他最终仍未能恢复两党合作、重振美国经济。他的经济刺激计划虽获通过，却没有得到共和党众议员哪怕一票的支持；他的医改方案，更是遭遇共和党的全线阻击。2014 年中期选举后，共和党全面掌控参众两院，两党冲突几乎成为奥巴马试图推行的每一项现实政策的巨大障碍，无论是有形的还是无形的。“在对外政策问题上，民主党与共和党争斗频繁，难解难分；而党内分歧，如共和党新保守主义者与茶党孤立主义者之间的裂隙，可能会同党派分歧一样削弱政府的力量。”②“政府停摆”（非核心部门关闭）是否决型政治的典型表现。仅 2018 年，美国政府就于 1 月、2 月和 12 月停摆了 3 次，最后一次停摆导致联邦政府的国土安全部、运输部、内政部、农业部、国务院和司法部等 9 大内阁级部门以及数十个附属机构停止运行，更创下最长停摆时间的最新纪录。

---

① [美]诺兰·麦卡蒂、基思·普尔、霍华德·罗森塔尔：《政治泡沫：金融危机与美国民主制度的挫折》，贾拥民译，华夏出版社 2017 年版，第 221 页。

② 查尔斯·A.库普坎：《治理鸿沟：全球化与西方民主的危机》，《国外理论动态》2014 年第 5 期。

第二，极端政治流行。国家极化容易导致极端政治的出现。这种政治形态“在政治竞争中采取不妥协的立场，追求一种极端化的目标。如果两党均采取不妥协的态度，‘极端政治’便有可能演化成为‘极端化政治’或极化政治，并导致宪政体制的低效和瘫痪。”[①]某种程度上，特朗普主义本身就是一种极端政治，它代表着对传统建制派、新兴建制派甚至包括整个联邦政府在内的官僚机构的全面反击。这种反击既是特朗普的竞选策略，也体现着他的“反潮流”特征，极大迎合了底层选民的不满情绪和变革心理。无论目标如何，特朗普的竞选策略和施政纲领容易造成社会结构的高度裂化、意识形态的直接对立、极端立场的深度蔓延。借助浅白、粗暴甚至略显偏执的话语，特朗普成功地激发了中下层白人群体心底潜藏已久的怀疑、愤怒和恐惧，使他们越来越相信：必须坚决抵制全球化、外来移民和穆斯林的扩张。国家极化一旦发生，选举政治原则提供的竞争关系就会面目全非，全新的敌友关系浮出水面。选举政治中的不同政党及其候选人将彼此视为竞争对手，他们认定彼此间的差别只是路线和策略的不同，“他们不会相信自己一方就是永远和绝对正确的，从而不同意自己的另一方就是‘与人民作对’，甚至应该被彻底打倒”[②]。然而，特朗普治下的美国政治却是别样风景。特朗普向世人宣告，他所代表的“沉默的大多数”才是真正的人民，有色人种、外来移民、穆斯林、同性恋等群体则不应划归人民行列。他将希拉里乃至背后整个竞选阵营都视为敌人，他甚至向其支持者暗示，如果他落选，那些持有枪支、支持他的人应该做点什么。

当对抗成为政治的显性特征，敌对成为政治的主旋律，其结果只能是：传统选举政治中优胜劣汰的竞争关系，直接升级为当前极化政治中你死我活的敌我关系。茶党的出现就是一个绝好的例子。茶党运动的兴起源自奥巴马执政时代美国经济和政府财政的急剧恶化。茶党运动的倡导者旗帜鲜明地反对凯恩斯主义，反对政府过度干预，主张减少税收、降低福利。从政治光谱来

① 王希：《特朗普为何当选？——对 2016 年美国总统大选的历史反思》，《美国研究》2017 年第 3 期。

② 段德敏：《英美极化政治中的民主与民粹》，《探索与争鸣》2016 年第 10 期。

看，茶党运动大体属于右翼自由放任的共和党阵营，但更强调公共权力的合法性，政府权力应严格限定于宪法规定的范围。茶党运动有力响应了那些对奥巴马时代经济政策和政府行为强烈不满的群体的诉求，影响力迅速扩大。在 2010 年中期选举中，它不仅极大地影响了共和党议席的选举结果，也成功地迫使一些共和党精英采取更倾向右翼、更加激进的政治立场，从而成为影响当代美国国家极化现象的一个重要的因素。

第三，政治信任危机升级。政治信任是现代政治的重要特征，是政治正当性的根本来源。若政治信任缺失，政治正当性就会松动，政府合法性就会削弱；一旦政治信任过低，政治决策和政府行为就会丧失民意基础，难以得到民众的支持和认可。如此一来，“政府在制定和执行政策时将会遇到难以预料的阻力，付出更多的社会成本。”[①]在现实生活中，民众对政府的信任程度往往与其对政府的政策预期和政府的实际作为息息相关。若政府尊重民意，积极作为，政治信任就会增强，民众对政府的支持度必然上升；若政府背离民意，消极无为，政治信任就会减弱，民众对政府的支持度必然下降。这就是政治信任的运行逻辑。

在极化政治的情境下，因经济利益而分化的阵营之间是对立的竞争关系，彼此戒备，相互提防。受民众利益和诉求的牵动，政党精英、国会议员们出于维护本阵营威信和广大选民的权益，其言论和主张必然要体现为民请愿的精神，与对立阵营的冲突与对抗就不可难免，有时甚至不惜采取激进的立场或极端的做法。政治精英们维护了本阵营的利益，却失去了对立阵营的信任。更何况，在当下利益高度分化的背景下，政治精英难以确保本阵营所有成员的利益。长此以往，采取激进立场的精英们不仅渐渐失去了对立阵营的支持，也可能损失一部分己方阵营的信任，结果只能是“人们对政府有一种新的不踏实感”[②]。有数据表明，当前美国民众对政府的信任度正在明显下降，“1964 年有 3/4 的美国公众说，他们相信联邦政府绝大多数的时候在做正确的事情，而

① 庞金友:《当代西方国家失败理论的路径与逻辑》,《政治学研究》2017 年第 5 期。
② [美]史蒂夫·福布斯、伊丽莎白·艾姆斯:《重铸美国自由市场的灵魂》,段国圣译,华夏出版社 2017 年版,前言第 3 页。

现在只有 1/4 的美国人承认自己持这种观点。”[1] 这种信任危机并非美国专有，包括欧洲在内的全球大部分国家都有所显现，“加拿大、英国、意大利、西班牙、比利时、荷兰、挪威、瑞典和冰岛也出现了相当程度的政府信任度的下降。”[2] 如果国家极化愈演愈烈，信任危机居高不下，政治信任长期处于真空状态，就可能导致信任异化或信任替代。此时人们往往会滑向两个极端：要么选择相信谣言和传言，相信极端分子的激进言论；要么转向怀疑一切，拒绝权威，疏离道德，从而走向政治犬儒主义的歧路。

第四，“后真相政治”蔓延。在国家极化的框架下，各政治阵营之间的竞争和对抗不断升级。分属不同阵营的政党精英和国会议员必须借助各种传播媒介和舆论平台，积极表露立场，宣扬政治主张，为了达到解释、说服和引导的效果，他们在宣传内容和传播策略上有时难免要有所侧重，有所取舍。过度渲染，片面解释，避重就轻，甚至有意无意地隐瞒事实，有选择地公布真相，逐渐成为政治传播的常态。再加之 20 世纪 90 年代后，欧美各国的媒体机构陆续获得经营自主权，为了争夺市场份额，追求利润最大化，更为了追求时效性，满足受众的趣味性，各媒体不惜牺牲新闻的真实性和事实的客观性。更有甚者，有些网络媒体为了吸引眼球，刻意营造一种介于真相与事实之间的“第三种现实”，曲意迎合广大受众。这就形成了一种所谓的“后真相时代”。“后真相”（post-truth）以及“后真相政治”揭示了当代欧美社会出现的一个特殊政治现象：事实不再是媒体报道的中心，真相开始让位于情感、观点和立场；相较于事实与真相，人们更倾向于信任自己的感觉、情绪和情感。换句话说，当情感先于事实、立场决定真相时，真相即便在场，也显得不那么重要了。

“后真相政治”的出现，反过来又加剧了欧美社会的政治危机。首先，它给传统政治秩序带来了颠覆性的挑战。“后真相”时代，信息内容高度多元化、多样化和差异化，信息传播深度碎片化、扁平化和不确定化，使得政治秩序

---

① ［美］小约瑟夫 · S.奈、菲利普 · D.泽利科、戴维 · C.金编：《人们为什么不信任政府》，朱芳芳译，商务印书馆 2015 年版，第 5 页。

② ［美］小约瑟夫 · S.奈、菲利普 · D.泽利科、戴维 · C.金编：《人们为什么不信任政府》，朱芳芳译，商务印书馆 2015 年版，第 6 页。

以一种不同于以往的方式运行：在“前真相”时代，谁拥有真相，谁就掌控民众；在后真相时代，谁更有热情，谁更富创见，谁更具感召力，谁就拥有更多民众。[①] 其次，后真相政治程度越深，人们对现实政治的怀疑越深，左右阵营的对抗和分化越严重，造成的社会危害越大。在话语专断、情感压制理性的背景下，来自底层民意的宣泄、非理性的社会氛围和极端化的利益表达三者合一，就构成当代极端民粹主义情绪产生的重要根源。此时，质疑理性，仇官仇富，反精英，反体制，成为一种升级版的“政治正确”。最后，“后真相”容易导致“后政治心理”的形成。由于得不到真相，或者不相信得到了真相，民众会产生怀疑和批判的心理。个体的质疑心理在社交平台的加持下，借助回声室效应，很容易上升为集体质疑和无节制的偏执。与怀疑心理相伴而生的是从众心理。由于担心被遗忘，害怕被边缘化，在“沉默螺旋”效应影响下，人们更倾向于接受那些更活跃、更有活力的立场和观点。

第五，国际秩序紧张趋势增强。国家极化的影响远不止在国内政治层面。精英分化、政党对抗和文化分裂等极化现象都在不同程度上影响着地区关系、全球秩序和未来世界格局。英国脱欧造成的欧洲一体化进程的暂时中断，特朗普主义倡导的反全球化浪潮的波涛汹涌，欧洲移民问题引发的全球多元文化主义政策的彻底破产，某种程度上都是国家极化的结果。对政治精英来说，“强大的经济和种族压力集团让他们为以自身利益定义的国家利益而争斗，并对美国国会施压，为带有对其他国家制裁措施的外交政策和行为准则的谋略而立法”[②]。对普通公民来说，“如果因为国内社会和文化方面的问题变得心烦意乱，或为内部的争斗而分裂的话，美国就失去了在外交政策上集体行动的能力”[③]。即便他们一直相信“通向全球化的唯一道路就是合作与分享”[④]，但国

① 庞金友：《网络时代“后真相”政治的动因、逻辑与应对》，《探索》2018年第3期。
② [美]约瑟夫·奈：《美国世纪结束了吗？》，邵杜罔译，北京联合出版公司2016年版，第100页。
③ [美]约瑟夫·奈：《美国世纪结束了吗？》，邵杜罔译，北京联合出版公司2016年版，第87页。
④ [法]热拉尔·迪梅尼尔、多米尼克·莱维：《大分化：正在走向终结的新自由主义》，陈杰译，商务印书馆2015年版，第148页。

家极化的加剧势必对传统世界秩序造成致命冲击，对战后相对稳定的国际关系产生负面影响。越来越多的人意识到："自由主义霸权秩序的理念忽视了世界政治中地区的作用和地区性的秩序建构；但地区正在成为世界政治冲突和合作的重要场所。"[①]越来越多的人感觉出"欧洲政治正在转型，从战后的稳定到一个未定的未来：从一系列被以阶级为基础的政治支配的冲突到一个更为复杂的政治动向；这种动向由包括中立者与超越了左派与右派分歧的政治主张的多个激进版本组成"[②]。

四、几点启示

国家极化代表着当代欧美政治的最新变化，是当代欧美诸多政治危机的重要源头，虽未从根本上撼动欧美政治的根基，但确实改变了一些政治观念，松动甚至颠覆了一些人们早已习以为常的原则和习俗。它尚未成为政治的主流，但却能量超强，影响力十足。

首先，国家极化是现代民主政治的极端形式和变态发展。国家极化在民主体制和框架内孕育，成熟后又反噬民主。若没有民权观念的广泛普及，平等理念的深入人心，领军人物的登高一呼，广大民众的普遍参与以及新兴媒体的推波助澜，国家极化现象不会出现。一旦时机成熟，国家极化又成为冲击和挑战民主的利器。实际上，分配不均、贫富差距自古有之，国家极化在欧美的疯长和扩张，恰是在当代民主不断深化、发展的背景下，在经济、政治、社会和文化等诸多因素多维联动和加持中出现的。

其次，国家极化的冲击和挑战是长期的、持续的。国家极化的出现是经济分化、政治冲突和社会矛盾日积月累的结果。只要这些根源不除，国家极化就不会消失。乐观地说，国家极化会持续到这些影响因素的彻底消除；悲

① [加]阿米塔·阿查亚：《美国世界秩序的终结》，袁正清、肖莹莹译，上海人民出版社2017年版，第180页。
② [美]马克·凯赛尔曼、乔尔·克里格：《转型中的欧洲政治》，史志钦等译，人民出版社2016年版，第52页。

观地说，它可能持续相当长的一段时期。国家极化也许不会将人类社会拉回那个类似冷战格局的时代，但掀起一幅覆盖全球的“极化铁幕”却是完全可能的。国家极化暗含分化、激化和裂化的政治风险，对崇尚理性、宽容的政治原则是一个挑战，对倡导和平、发展的国内政治是一场危机，对注重合作、双赢的国际秩序是一波冲击。更何况，它的影响和后果还在慢慢显现。

再次，经济极化是国家极化的必要条件。一个国家即使出现经济极化，也并不必然出现国家极化。然而，但凡出现国家极化现象，必有经济极化为其基础和条件。这意味着，经济极化如果控制不好，容易使极化现象向政治、社会和文化领域扩散和蔓延。因此，发展中国家必须高度重视经济极化的后果，最大程度回避国家极化的风险。当代欧美国家极化的经验与教训提醒我们，发展中国家必须从以下几个方面着力：第一，建立合作、共享的分配机制。第二，打造开放、有序的公共领域。第三，培育谦逊、宽容的文化氛围。第四，建构理性、共识的话语体系。第五，追求发展、共享的国际环境。

最后，国家极化使当代欧美各国民主政治生活遭遇困境和危机的同时，也为未来的政治发展提供了新的可能性。未来世界秩序究竟会走向何方，是否将指向一个“复合的世界”[①]，这个尚不可知，但旧的世界格局的解体，必然带来崭新的全球体系的建立。对于发展中国家而言，无疑既是挑战，也是机遇。发展中国家若能抓住这一机会，就有可能在未来的发展道路中谋求更大的发展空间，拥有更多的可能性。

① 正如阿查亚所说：“复合的世界将是一个充满多样性和复杂性的世界，是一个新旧大国并存、地区治理能扮演更重要的角色以及去中心化的秩序治理结构。”参见［加］阿米塔·阿查亚：《美国世界秩序的终结》，袁正清、肖莹莹译，上海人民出版社 2017 年版，第 12 页。

政治极化与西方民主困境 *

过去十年西方国家民主质量持续倒退，[①] 尤其是 2016 年以来，脱欧风潮，右翼激进政党在欧洲大选中崛起，特朗普对美国民主的冲击等一系列政治新动向极大地考验了西方选举民主的韧性。此间，西方民主运行的困境伴随着一个极为重要的现象，即社会各领域的全面分化：经济不平等加剧和文化激烈冲突，进而折射在民主政治运行中的政治极化上。极化现象已经成为当前观察西方民主运行逻辑不可或缺的视角，该视角与精英政策制定、选民意识形态定位、政党认同，以及公民文化等现代代议制民主运行的核心议题相连，在学术界激起诸多争论。目前对政治极化的学术讨论主要集中在美国民主政治的研究领域，而比较政治学界针对欧洲、亚非拉民主的学术关注远远不够。[②] 本文的主要目标是勾画当前政治极化的基本状况，展示西方民主国家政治极化现象的基本特征、背后的动因以及可能产生的后果，并指出比较政治学界如何有可能在政治极化问题上做出更为深入而广泛的学术探索，以期更好地理解当前政治极化现象与民主运行之间的内在牵连。

---

* 作者简介：祁玲玲，南京大学政府管理学院教授。本文原载于《开放时代》2022 年第 3 期。

① Sarah Repucci，A Leaderless Struggle for Democracy：Democracy and Pluralism Under Assault，Freedom in the World 2020 Report，https://freedomhouse.org/report/freedom-world/2020/leaderless-struggle-democracy。参见非政府组织“自由之家”（Freedom House）过去十年的年度报告。

② 比如，国内新近出版的比较政治学教材中并未提及。参见王正绪、耿曙、唐世平主编：《比较政治学》，复旦大学出版社 2021 年版。

一、概念的辨析：何为政治极化？是否存在？

政治极化并不是一个全新的概念。早在 20 世纪 60 年代萨托利就提出了“极化的多元主义”（polarized pluralism）的概念来分析意大利的政党体系，并纳入其经典的政党与政党体系分析框架，[①] 用来探讨政党体系中政党极化的政策立场和意识形态定位如何作为迎合多元社会的选民取向、建构自我生存的状态而存在。[②] 但这一概念此后运用不多，直至 20 世纪 90 年代被美国媒体讨论和学术研究引用之后便铺展开，到新千年之后逐渐流行，成为分析美国政治生态的重要视角，[③] 并在比较政治学领域得到一定的推进。从概念上来说，政治极化一般是指不同的政治行为体包括政党、政治代表、政治候选人、普通民众、媒体等在政策立场阐释、投票行为、政治观点等行为与价值上相差甚远，最终造成向极端发展的对立姿态。[④] 但是，究竟如何对此概念进行量化衡量并以定量的方式展示，学者们思路不尽一致，直到现在仍然在发展中。

从萨托利开始，一般认为极化的状态是呈现“双峰”（bimodal）分布的 U 字格局。但有学者认为，正态分布的倒 U 形中也不一定不存在向两端极化的可能，因此提出了衡量极化中所谓静态的“水平”（level）与动态的“趋势”（trend）之间的区分。[⑤] 不过，“水平”和“趋势”这两者之间并不存在矛盾，因为后者也是通过测量和对比不同时期的静态水平获得的。在实际研究中，如何测量在特定时间点上的极化水平仍然是关键。然而，最大的争论并不在于对极化水平的衡量本身，而是所谓的“政治极化”概念中“政治”究竟所指何

① Giovanni Sartori, *Parties and Party Systems: A Framework for Analysis*, Cambridge University Press, 1976, pp.131–145.

② Luciano Bardi, Peter Mair, The Parameters of Party System, *Party Politics*, Vol.14, No.2, 2008.

③ Morris P. Fiorina, Samuel J. Abrams, Political Polarization in the American Public, *Annual Review of Political Science*, Vol.11, 2008.

④ Alan Lauka, Jennifer McCoy & Rengin B. Firat, Mass Partisan Polarization: Measuring a Relationship Concept, *American Behavioral Scientist*, Vol.62, No.1, 2018.

⑤ Morris P. Fiorina, Samuel J. Abrams, Political Polarization in the American Public, *Annual Review of Political Science*, Vol.11, 2008.

在？到底是哪些政治行为体在哪些不同的政治维度或议题上的极化呢？前者最重要的分野是政治精英与普通大众的政治极化，而后者主要指在意识形态、党派认同以及与各国政治运行密切相关的其他政治议题上的分化，这两个维度的组合形成较为复杂的政治极化概念以及对其的测量。

在美国政治中，衡量政治精英/政党体系极化程度的主流思路是测量国会当选代表的意识形态差距。运用该指标测量政治极化程度最经典的是基于美国国会历届代表投票记录编码形成的“意识形态数据库”。[①]作为在国会行为主义研究中非常成熟且随着国会投票记录不断更新的数据库，该数据库自建构以来几乎被应用于所有有关美国参众两院以及两党政治精英的政治极化实证研究中。但在比较政治学领域并不具有“意识形态数据库”这样占绝对主导地位的指标可直接利用，出现了多元的测量方法，例如早些年较为简练的方法是计算议会中“极端政党所占席位”。[②]该测量方法只适用于以国家为分析单位的跨国比较研究，无法展开以政治精英为分析单位的行为研究。因此，不少研究仍然通过直接测量政党或代表在“左－右”意识形态光谱上的定位来确定极化程度，这可运用调研数据或专家评定的方法来进行编码。[③]新近，有研究探索测量政治精英极化程度的新路径，比如对政治精英的辩论和演讲进行

① 关于该数据的构建，参见 Nolan McCarty, Keith T. Poole & Howard Rosenthal, *Polarized America: The Dance of Ideology and Unequal Riches*, MIT Press, 2006。该数据在线资源可参见 Royce Carroll, Jeff Lewis, James Lo, Nolan McCarty, Keith Poole & Howard Rosenthal, DW-NOMINATE Scores With Bootstrapped Standard Errors, https://legacy.voteview.com/dwnomin.htm。

② G. Bingham Powell Jr., Extremist Parties and Political Turmoil: Two Puzzles, *American Journal of Political Science*, Vol.30, No.2, 1986; Kaare Strom, Party Goals and Government Performance in Parliamentary Democracies, *American Political Science Review*, Vol.79, No.3, 1985.

③ 例如 Donald A. Gross, Lee Sigelman, Comparing Party Systems: A Multidimensional Approach, *Comparative Politics*, Vol.16, No.4, 1984; David S. Brown, Michael Touchton & Andrew Whitford, Political Polarization as a Constraint on Corruption: A Cross-national Comparison, *World Development*, Vol.39, No.9, 2011。

内容分析。[1] 相对于以上所列出的锁定描述个体政治精英的极化状态的思路，有些学者转向从"关系"（relational）维度进行测量，利用社交网络的方法解析立法机构代表们如何相互合作提出议案，或者考察政治精英在社交媒体上的互动，从而在他们互相交往的逻辑中测量极化趋势。[2]

对公众极化的描述，主要集中于其意识形态距离以及对政党认同的分化。"美国国家选举研究""社会公众调查"等成熟数据库被大量用于分析美国选民在各个维度上的极化趋势，包括意识形态、种族、经济、个人权利、政党认同等，以及关于新冠肺炎疫情应对的态度等政治化的议题。在比较政治学领域，对多党制政党体系下极化衡量指标应用相对广泛的是对立法机构中政党意识形态的衡量，利用"比较选举制度研究"（Comparative Study of Electoral Systems，CSES）这样的跨国数据计算公众对政党意识形态感知（perception）的差距。[3] 然而，依据意识形态单一维度指标来测量政党体系或政治精英极化程度的方法一直受到批判，学者们一直以来都在努力改进测量方法。一些研究试图糅杂"左-右"意识形态之外的维度（比如，宗教-世俗、体制支持，以及物质主义等）形成混合指标，[4] 在政治行为极化与意识形态 / 议题的极化之间做出区分，[5] 或者加入社会经济、道德原则、政治选择等元素来更

① Senem Aydın-Düzgit, Evren Balta, When Elites Polarize Over Polarization: Framing the Polarization Debate in Turkey, *New Perspectives on Turkey*, Vol.60, No.1, 2019.

② Zachary P. Neal, A Sign of the Times? Weak and Strong Polarization in the U.S. Congress, 1973-2016, *Social Networks*, Vol.60, 2020; Anatoliy Gruzd, Jeffrey Roy, Investigating Political Polarization on Twitter: A Canadian Perspective, *Policy & Internet*, Vol.6, No.1, 2014.

③ Russell J. Dalton, The Quantity and the Quality of Party Systems: Party System Polarization, Its Measurement, and Its Consequences, *Comparative Political Studies*, Vol.41, No.7, 2008.

④ Paul Warwick, Ideological Diversity and Government Survival in Western European Parliamentary Democracies, *Comparative Political Studies*, Vol.25, No.3, 1992.

⑤ Lilliana Mason, The Rise of Uncivil Agreement: Issue versus Behavioral Polarization in the American Electorate, *American Behavioral Scientist*, Vol.7, No.1, 2013.

精确地描述公众的极化状态，[①] 这一过程伴随着政治极化概念的精细化，“情感极化”（affective polarization）、“意识形态感知极化”（perceived ideological polarization）[②] 等多种概念被定义、被测量。[③] 总之，目前的研究正以更宽阔的视野、更精确的表述来全面审视西方民主中的政治极化。[④]

以上所呈现的对政治精英、政党以及大众政治极化的多元定义与测量方法造成实证结果的复杂性。尽管关于政治极化的研究日渐繁荣，但在美国政治研究中关于政治精英及大众是否真正走向了极化是存有争论的。早在 2008 年菲奥莉娜（Morris P. Fiorina）和艾布拉姆斯（Samuel J. Abrams）的综述文章就引用了大量前期研究，对美国政治正在走向极化的观点基本上予以否定，到 2014 年菲奥莉娜仍然坚持这个基本观点，[⑤] 并得到其他学者的支持。[⑥] 还有研究表明，即便政治精英分化走向极端，美国民众的态度仍然是稳定的，[⑦] 调

① Morris P. Fiorina, Samuel J. Abrams, Political Polarization in the American Public, *Annual Review of Political Science*, Vol.11, 2008.

② Yphtach Lelkes, Mass Polarization: Manifestations and Measurements, *Public Opinion Quarterly*, Vol.80, No.S1, 2016; Kristina B. Simonsen, Bart Bonikowski, Moralizing Immigration: Political Framing, Moral Conviction, and Polarization in the United States and Denmark, *Comparative Political Studies*, 2022, https://doi.org/10.1177/00104140211060284.

③ Zachary P. Neal, A Sign of the Times? Weak and Strong Polarization in the U.S. Congress, 1973–2016, *Social Networks*, Vol.60, 2020.

④ Tianru Guan, Tianyang Liu & Yilu Yang, Moving Away from Partisanship: Diversifying the Motives Behind Political Polarization, *Political Studies Review*, Vol.19, No.4, 2020。新近的对政治极化进行的测量着眼于对多党体系中相关概念的测量，例如 Güneş Ertan, Ali Çarkoğlu & S. Erdem Aytaç, Cognitive Political Networks: A Structural Approach to Measure Political Polarization in Multiparty Systems, *Social Networks*, Vol.68, 2022。

⑤ Morris Fiorina, Americans Have Not Become More Politically Polarized, *The Washington Post*, June 23, 2014, http://www.washingtonpost.com/blogs/monkey-cage/wp/2014/06/23/americans-have-not-become-more-politically-polarized/.

⑥ 例如 Seth J. Hill, Chris Tausanovitch, A Disconnect in Representation? Comparison of Trends in Congressional and Public Polarization, *The Journal of Politics*, Vol.77, No.4, 2015; Matthew Dickinson, No, America's Not Divided, *Politico Magazine*, June 2014, http://www.politico.com/magazine/story/2014/06/no-americas-not-divided-108119.html。

⑦ Marc J. Hetherington, Putting Polarization in Perspective, *British Journal of Political Science*, Vol.39, Iss.2, 2009.

研数据中呈现的所谓极化的结果与对极化测量的偏误和对沉默的大多数选民的忽略有关。[①]不过，自从 2016 年特朗普裹挟着右翼民粹旋风卷进美国政坛并获得总统选举胜利之后，美国社会以及政治中的撕裂基本成为媒体和学术界的共识，这也符合此前认为美国社会从 20 世纪 70 年代开始逐步分化的主流观点。[②]纵观美国的历史，政治极化实际上从美国建国之初的国父一代就已开始，但根据"意识形态数据库"中的历年赋值，当前的政治极化程度已经达到美国历史的顶峰，在一定程度上正挑战着麦迪逊式民主设计中的盲点。[③]

相较于美国政治领域对政治极化深入而精细的描述性呈现，比较政治学领域对当前其他西方国家的政治极化状态的理解远不够清晰。过去若干年的研究零星展示了各国政治精英与大众的极化状况，例如，讨论墨西哥大选中政治精英与选民极化结构的差异，[④]各国社交媒体中的政治分化，[⑤]欧洲各国政治极化的整体趋势[⑥]等。其中，过去近二十年对于欧洲激进左右翼政党的讨论相对成熟，[⑦]但这些讨论并没有直接纳入政治极化的话语体系，而是更多地沿

① Amnon Cavari, Guy Freedman, Polarized Mass or Polarized Few? Assessing the Parallel Rise of Survey Nonresponse and Measures of Polarization, *The Journal of Politics*, Vol.80, No.2, 2018.

② 较为详细的总结参见 Geoffrey C. Layman, Thomas M. Carsey & Juliana Menasce Horowitz, Party Polarization in American Politics: Characteristics, Causes, and Consequences, *Annual Review of Political Science*, Vol.9, 2006。

③ Paul Pierson, Eric Schickler, Madison's Constitution Under Stress: A Developmental Analysis of Political Polarization, *Annual Review of Political Science*, Vol.23, 2020.

④ Kathleen Bruhn, Kenneth F. Greene, Elite Polarization Meets Mass Moderation in Mexico's 2006 Elections, *PS: Political Science and Politics*, Vol.40, Iss.1, 2007；庞金友：《无法摆脱的撕裂：美国大选背后的价值冲突与观念歧异》，《当代美国评论》2020 年第 4 期；谢韬：《美国政治百年大变局与 2020 年大选》，《现代国际关系》2020 年第 8 期。

⑤ 例如 Alfredo Jose Morales, Javier Borondo, Juan Carlos Losada & Rosa M. Benito, Measuring Political Polarization: Twitter Shows the Two Sides of Venezuela, *Chaos: An Interdisciplinary Journal of Nonlinear Science*, Vol.25, No.3, 2015；彭修彬：《媒介化语境下的西方政党政治极化》，《当代世界与社会主义》2020 年第 6 期。

⑥ Frank Wendler, Justification and Political Polarization in National Parliamentary Debates on EU Treaty Reform, *Journal of European Public Policy*, Vol.21, Iss.4, 2014.

⑦ 例如 Matt Golder, Far Right Parties in Europe, *Annual Review of Political Science*, Vol.19, 2016; Cas Mudde, *On Extremism and Democracy in Europe*, Routledge, 2017。

袭了欧洲政党研究的传统。总体来说，比较政治学领域有关政治极化的研究往往将这些国家或地区内的极化现象视为既有的现象直接考察其后果或阐释原因，[①]并未深入考量各国政治极化现象的基本特征。近年来随着全球民主局势的恶化，政治学界开始打破政治极化研究中的美国研究与比较政治学之间的壁垒，试图广泛地展开全球比较，以展示民主危机中的各国政治互动的全球基本规律，[②]但这样的研究刚刚起步。

二、政治极化作为因变量：什么因素导向政治极化？

既然政治极化获得广泛关注，那么这背后究竟有哪些驱动因素？其中的因果机制是怎样的呢？在美国，首先需要关注自20世纪60年代兴起的民权运动，始于罗斯福新政，支持民主党的“新政联盟”在美国大选中开始分崩离析，尤其是南方州的白人选民转向保守的共和党。[③]这一结构性变迁对于理解美国当前政治生态极为关键，这是两党的意识形态在经历二战后一段共识期之后逐渐向自由主义与保守主义这两端滑行的开始。但是，美国社会此间在种族、经济政策、文化战争、外交等一系列议题上所出现的社会分化远不止南方州白人的政治认同转型，而是整个社会价值和态度基于这些议题的整体分化，并最终落脚在自由主义与保守主义意识形态上的大分化。[④]那么，社会

---

① Adrienne LeBas, Polarization as Craft: Party Formation and State Violence in Zimbabwe, *Comparative Politics*, Vol.38, No.4, 2006; Adrienne LeBas, Can Polarization be Positive? Conflict and Institutional Development in Africa, *American Behavioral Scientist*, Vol.62, Iss.1, 2018.

② Thomas Carothers, Andrew O'Donohue (eds.), *Democracies Divided: The Global Challenge of Political Polarization*, Brookings Institution Press, 2019; M. Steven Fish, Neil A. Abrams, The Polarization Paradox, *Journal of Democracy*, Vol.31, No.2, 2020.

③ Steve Fraser, Gary Gerstle (eds.), *The Rise and Fall of the New Deal Order, 1930–1980*, Princeton University Press, 1989.

④ 例如 Jeffrey M. Stonecash, Mark D. Brewer & Mack D. Mariani, *Diverging Parties: Social Change, Realignment, and Party Polarization*, Routledge, 2018。关于美国公众以及政治精英在各个议题上的态度变迁的文献汗牛充栋，基本构成二战后美国政治研究的主流，这里不一一列举。

收入、种族等不平等究竟如何转化成政治上的极化呢？这一问题同样适用于其他议题的分化向政治极化的转化问题，这涉及选民与政治候选人之间的互动逻辑以及选举制度基本设计所产生的影响。

根据中间选民理论，立法代表以选区的中间选民取向为其国会行为的基本取向，其中意识形态是最重要的中间变量，即收入、种族等议题的不平等直接导致国会代表所在选区选民的意识形态分化，在以竞选获胜为主要理性的逻辑下，政党政策必然要回应所在选区选民意识形态的变迁，例如低收入人群可能更加倾向于高水平的再分配政策，将意识形态推向左倾，立法代表为获得连任就会积极响应这一诉求。在这一思路下，选民的意识形态分化可以从总统选举中的两党初选就开始影响政治候选人的取向，[①] 因为当选民意识形态呈现双峰分布时政党更可能偏向提名意识形态倾向更为显著的候选人，意识形态站位相对中立的候选人因无法迎合两端选民的取向，其竞选的动力也更弱。[②] 尽管相关实证结果并不稳健，[③] 选民意识形态分化给中间选民理论提出了理论挑战，这是对该理论前提假设的否定。如果说在意识形态相对单一的民主党或共和党选区，中间选民可以轻松认定，那么对于意识形态撕裂的选区，中间选民则具有不确定性。已有研究表明，意识形态单一选区的代表（无论是民主党还是共和党）都比意识形态极化选区的代表更容易极化。[④] 这与“杰利蝾螈”（gerrymandering）的不公正划分选区的视角产生了联系。在美国“赢者通吃”的选举规则下，政党的不公正划分选区的行为实际上只需要

---

① Eric McGhee, Seth Masket, Boris Shor, Steven Rogers & Nolan McCarty, A Primary Cause of Partisanship? Nomination Systems and Legislator Ideology, *American Journal of Political Science*, Vol.58, Iss.2, 2014；庞金友：《不平等：当代美国政治极化的经济与社会根源》，《探索与争鸣》2020 年第 9 期。

② Danielle M. Thomsen, Ideological Moderates Won't Run: How Party Fit Matters for Partisan Polarization in Congress, *The Journal of Politics*, Vol.76, No.3, 2014.

③ Shigeo Hirano, James M. Snyder Jr., Stephen Daniel Ansolabehere & John Mark Hansen, Primary Elections and Partisan Polarization in the US Congress, *Quarterly Journal of Political Science*, Vol.5, No.2, 2010.

④ Nolan McCarty, Jonathan Rodden, Boris Shor, Chris Tausanovitch & Christopher Warshaw, Geography, Uncertainty, and Polarization, *Political Science Research and Methods*, Vol.7, No.4, 2019.

通过在既定的选区之内获得相对稳定的多数选民的选票即可达成目标，这一结论是基于有稳定的中间选民的基本假设。但如果选区中选民意识形态是高度分化的，那么选区划分的不公正既可能带来压倒性的政党支持从而导向更高水平的政治极化，[①] 也可能在极化的选区带来不确定的中间选民，从而导致“杰利蝾螈”与政治极化之间的关系无法确定。[②]

选区选民意识形态的结构变化也会影响政党精英，特别是国会中政党领袖在政治极化中发挥作用。大量的研究表明政党领袖在议程设置，策略性运用国会行为规则，委员会的分配以及各种政策制定和两党互动过程中的重要环节都有相当大的影响，但也不无条件。这就是广为人知的“有条件的政党政府”（conditional party government）理论，[③] 在选区选民意识形态同质化程度高且党派之间日趋极化的情形下，国会政治会出现强政党影响效应。[④] 当选区内选民的异质化程度高时，国会中的政党核心人物协调不同代表之间的诉求以取得政党内部团结的能力会被削弱，选区代表就更加倾向于减弱政党精英的干涉从而获得更多的自主以更好地回应选民诉求的多样性。尽管也有学者不认为政党影响的强弱是连接选区与代表之间关系的关键因素，认为政治极化是选区意识形态变迁的直接结果，[⑤] 但政府中的政党作用基本是被实证研究确认的。[⑥] 因此，选区选民意识形态结构不仅可能通过中间选民理论的机制直接

---

① 例如 Jowei Chen，Jonathan Rodden，Unintentional Gerrymandering：Political Geography and Electoral Bias in Legislatures，*Quarterly Journal of Political Science*，Vol.8，No.3，2013。

② Nolan MeCarty，Keith T. Poole & Howard Rosenthal，Does Gerrymandering Cause Polarization?，*American Journal of Political Science*，Vol.53，Iss.3，2009.

③ Lewis A. Froman，Randall B. Ripley，Conditions for Party Leadership：The Case of the House Democrats，*The American Political Science Review*，Vol.59，No.1，1965.

④ Jeffrey W. Ladewig，Conditional Party Government and the Homogeneity of Constituent Interests，*The Journal of Politics*，Vol.67，No.4，2005.

⑤ Keith Krehbiel，Where's the Party?，*British Journal of Political Science*，Vol.23，No.2，1993.

⑥ 例如 Keith T. Poole，R. Steven Daniels，Ideology，Party，and Voting in the US Congress，1959–1980，*The American Political Science Review*，Vol.79，No.2，1985；James M. Curry，Frances E. Lee，Non–Party Government：Bipartisan Lawmaking and Party Power in Congress，*Perspectives on Politics*，Vol.17，No.1，2019。

影响政党代表的取向，而且还可能通过钳制政党进而影响政治精英的行为。

相对美国政治极化研究的“繁荣”，比较视野的政治极化原因探讨仍有相当的学术空间。现有的研究沿用了美国政治中关于政治意识形态差异、中间选民理论等基本框架，但相关讨论不仅仅限于政党或选民之间的意识形态、党派认同“差距”，还直接延续了比较政治学中政党研究传统，这主要体现在关于激进左右翼民粹政党的分析中。[①]这些研究除了追踪各国激进左右翼政党在选举中沉浮的基本事实之外，主要致力于探讨推动民粹导向的激进左右翼政党崛起的背后力量。纵观各国，激进的民粹势力在选举中的表现主要受制于两大维度，即所谓的需求侧以及供给侧。[②]前者是学术探讨的重点，主要关注全球化带来的各国国内经济与社会阶层分化，经济危机冲击下窘迫人群的艰难以及全球化流动中的移民问题带来的经济与文化冲击等；后者主要指各国不同的政党体系、选举制度、媒体等因素提供的制度性可能。从选民的需求角度来看，激进民粹力量的支持者主要来自全球化进程中的失败者，在全球化、技术进步中逐步边缘化的工薪及中低收入阶层看不到主流政党改变的可能之后会转向支持激进力量，这样的转向往往会随着经济危机而加剧。[③]现代化、全球化进程同时还推动了以自由、平等、自我表达的诉求为特征的后物质主义文化发展，这同样也会引起文化保守主义的反弹。[④]然而在看似繁荣的研究中，各国不同的制度安排、多样的社会结构究竟会带来怎样的政治极化国别差异仍然是未知的比较政治学议题，而至于细化到以选区为分析单位进

① Hernan Winkler, The Effect of Income Inequality on Political Polarization: Evidence from European Regions, 2002–2014, *Economics & Politics*, Vol.31, Iss.2, 2019.

② Matt Golder, Far Right Parties in Europe, *Annual Review of Political Science*, Vol.19, 2017; Jens Rydgren, The Sociology of Radical Right, *Annual Review of Sociology*, Vol.33, 2007.

③ 例如 Michael Minkenberg, The Renewal of the Radical Right: Between Modernity and Anti-modernity, *Government and Opposition*, Vol.35, Iss.2, 2000; Helen V. Milner, Voting for Populism in Europe: Globalization, Technological Change, and the Extreme Right, *Comparative Political Studies*, Vol.54, No.13, 2021。

④ Ronald Inglehart, *Modernization and Post-modernization: Cultural, Economic, and Political Change in 43 Societies*, Princeton University Press, 1997.

行制度主义分析的研究更是未曾出现。不过，最近几年有一个视角的分析在比较政治学与美国政治学领域展示出齐头并进的势头，即新媒体的出现与政治分化之间的关系。

从逻辑上来讲，社交媒体与政治极化的关系分为三种，即造成政治极化、无影响或可以减弱政治极化。从现有的研究来看，三种实证结果都已出现，但认为社交媒体会造成分化的研究结果更为丰富。公众在推特、脸书等社交媒体上的政治讨论中的极化在各国、各时间段研究中得到证实，而且新近出现的实验法、神经网络等计算社会科学的方法还在不断被用来展示社交媒体中的极化格局。① 社交媒体有可能增进政治极化的内在机制主要源于社交媒体中个人偏好、算法推送、平台个性化设置等所导致的“信息茧房”，在大量使用社交媒体进行的政治讨论中则产生了“回声室效应”，于是极端的观点在螺旋上升中不断得到加强，② 一个最明显的例子就是假新闻的传播与特定意识形态之间产生的关联。③ 但是，该效应并不稳定，被发现只有在社会运动中发生，而不能长时期存在。④ 更多的反对声音认为，社交网络加大了接触随机信息的可能性，有利于建构“弱联系”，是拓展异质性社交网络的重要途径，在多元对立信息的辩论中可以减弱政治极化程度，比如，2016 年美国总统大选

① 例如 Moran Yarchi, Christian Baden & Neta Kligler-Vilenchik, Political Polarization on the Digital Sphere: A Cross-Platform, Over-time Analysis of Interactional, Positional, and Affective Polarization on Social Media, *Political Communication*, Vol.38, Iss.1-2, 2020。

② Shelley Boulianne, Karolina Koc-Michalska & Bruce Bimber, Right-Wing Populism, Social Media and Echo Chambers in Western Democracies, *New Media & Society*, Vol.22, Iss.4, 2020; Myiah J. Hutchens, Jay D. Hmielowski & Michael A. Beam, Reinforcing Spirals of Political Discussion and Affective Polarization, *Communication Monographs*, Vol.86, No.3, 2019.

③ 例如 Hunt Allcott, Matthew Gentzkow, Social Media and Fake News in the 2016 Election, *Journal of Economic Perspectives*, Vol.31, No.2, 2017。

④ Francis L. F. Lee, Impact of Social Media on Opinion Polarization in Varying Times, *Communication and the Public*, Vol.1, Iss.1, 2016.

中的脸书实际上缓解了选民的极化。[①] 两个理论的争论仍在进行，最新研究认为或许网络的异质性或同质性并不重要，重要的是负面沟通（negatively toned language）的信息更容易产生极化效应，[②] 而且通过协商、改善算法等可以减弱极化取向。[③] 更细致的研究开始挖掘极化效应在不同党派中的不对称状态，认为对于自由主义者来说社交媒体的极化效应更强，而保守主义者的回声室效应不明显。[④] 总之，社交媒体与政治极化的研究在近两年可谓“欣欣向荣”，但日渐精致化的研究如何在理论上实现突破，并与广泛的政治行为相结合是该研究领域需要突破的重点。

三、政治极化作为自变量：政治极化与民主运作

从当前对政治极化研究的基本出发点来看，关切政治极化主要源于它给当前全球民主带来破坏效应，但实际上政治极化与民主运作之间的关系颇为复杂。在非常极端的意义上，政治极化表明政党及其选民完全处于对立的两端，然而在更多的情形下，这实际是表明各政党从中心往两端转移的基本趋势，也是意识形态分布多元化的过程，更清晰地表明了不同政党 / 意识形态群体的基本定位。党派间意识形态明晰可以带来诸多积极的效应，政党可以给选民提供更加清晰的政策纲领，展示更明确的立场，而清晰的线索可以帮助

① Michael A. Beam, Myiah J. Hutchens & Jay D. Hmielowski, Facebook News and (de) Polarization: Reinforcing Spirals in the 2016 US Election, *Information, Communication & Society*, Vol.21, Iss.7, 2018.

② Jürgen Buder, Lisa Rabl, Markus Feiks, Mandy Badermann & Guido Zurstiege, Does Negatively Toned Language Use on Social Media Lead to Attitude Polarization?, *Computers in Human Behavior*, Vol.116, 2021.

③ Kim Strandberg, Staffan Himmelroos & Kimmo Grönlund, Do Discussions in Like-minded Groups Necessarily Lead to More Extreme Opinions? Deliberative Democracy and Group Polarization, *International Political Science Review*, Vol. 40, Iss.1, 2019.

④ Jay D. Hmielowski, Myiah J. Hutchens & Michael A. Beam, Asymmetry of Partisan Media Effects? Examining the Reinforcing Process of Conservative and Liberal Media with Political Beliefs, *Political Communication*, Vol.37, Iss.6, 2020.

选民在大选中更便捷地进行判断，[①]这为回溯性的投票以及政策问责提供了更大可能性。[②]这还可能是一个更好的政治动员过程，因为政党明晰的导向可以吸引更多的选民，意识形态光谱上的多样化可以动员更广泛的政治参与中的沉默者，有些政治候选人甚至会采用“策略性分化”（strategic polarization）进入选举。[③]多国的实证研究已经表明政治极化的“双峰效应”可以带来更高水平的投票率，[④]而政治议题的多元化与选民的支持使得代议制民主的联合政府更为稳定。[⑤]政治极化还可能有助于形成更好的政治反对派，极化的过程是意识形态在党派内部趋于同质化的过程，这可以帮助克服诸多党内的异见，[⑥]形成领导力强且边界清晰的政党，从而更好进入政治竞争。在政策领域，政党在一定程度上的极化状态还可以帮助遏制政府规模的扩张，因为意识形态分化下少数党进行“否决投票”的概率更大。[⑦]因此，听起来似乎有悖于直觉，

① Matthew S. Levendusky, Clearer Cues, More Consistent Voters: A Benefit of Elite Polarization, *Political Behavior*, Vol.32, No.1, 2010.

② Piero Stanig, Political Polarization in Retrospective Economic Evaluations During Recessions and Recoveries, *Electoral Studies*, Vol.32, Iss.4, 2013.

③ Juan D. Carrillo, Micael Castanheira, Information and Strategic Political Polarisation, *The Economic Journal*, Vol.118, No.530, 2008.

④ Markus M. L. Crepaz, The Impact of Party Polarization and Postmaterialism on Voter Turnout: A Comparative Study of 16 Industrial Democracies, *European Journal of Political Research*, Vol.18, Iss.2, 1990; Sergio Béjar, Juan A. Moraes & Santiago López-Cariboni, Elite Polarization and Voting Turnout in Latin America, 1993–2010, *Journal of Elections, Public Opinion and Parties*, Vol.30, Iss.1, 2020.

⑤ Zeev Maoz, Zeynep Somer-Topeu, Political Polarization and Cabinet Stability in Multiparty Systems: A Social Networks Analysis of European Parliaments, 1945–1998, *British Journal of Political Science*, Vol.40, Iss.4, 2010.

⑥ Jennifer McCoy, Tahmina Rahman & Murat Somer, Polarization and the Global Crisis of Democracy: Common Patterns, Dynamics, and Pernicious Consequences for Democratic Polities, *American Behavioral Scientist*, Vol.62, Iss.1, 2018.

⑦ Erik Lindqvist, Robert Östling, Political Polarization and the Size of Government, *American Political Science Review*, Vol.104, Iss.3, 2010.

但政治极化的确可能带来更高质量的代议制民主，①更高的民主满意度。②然而，举目全球，当前西方国家政治极化在绝大多数情形下并没有提高民主运行的质量，反而从各个维度危害民主的运行，那又是为何呢？

如果说一定程度的意识形态多元化和极化趋势带来了政党政策的明晰具有积极效应，那么当一个社会中各个议题、社会裂痕都不断叠加、固化到意识形态的双峰状态并日渐尖锐对立，党派认同中的分歧将会打破精英以及民众对民主价值的深层共识，造成撕裂。在民主制度的运行中，多元的利益表达是民主社会的应有之意，为了让民主运转起来，利益博弈中的政治妥协是其内核，日渐严重的政治极化会使多元利益之间的基本博弈与妥协无法进行，政治僵局直接导致政府效率低下甚至全面失灵。③政治极化可能带来的各种破坏作用，增加了政治讨论、竞选中的不文明程度，④造成民众对民主制度的不满，⑤削弱民众对政府的信任，形成政策制定中的拉锯战格局等。⑥当政治极化趋于严重之后，意识形态的极端化与过度的党派认同甚至会导致从精英到选民都无视民主价值的底线，2020 年美国总统大选中特朗普拒绝承认选举失败，以及此后其支持者对国会山的冲击就是个人及政党选举利益完全越过民主选举基本规则边界的典型例子，是政治极化对美国乃至整个西方民主价值

① Douglas J. Ahler, David E. Broockman, The Delegate Paradox: Why Polarized Politicians Can Represent Citizens Best, *The Journal of Politics*, Vol.80, No.4, 2018.

② Hannah M. Ridge, Just Like the Others: Party Differences, Perception, and Satisfaction with Democracy, *Party Politics*, 2021, https://doi.org/10.1177/1354068820985193.

③ David R. Jones, Party Polarization and Legislative Gridlock, *Political Research Quarterly*, Vol.54, Iss.1, 2001; Frances E. Lee, How Party Polarization Affects Governance, *Annual Review of Political Science*, Vol.18, 2015.

④ Lilliana Mason, The Rise of Uncivil Agreement: Issue Versus Behavioral Polarization in the American Electorate, *American Behavioral Scientist*, Vol.57, Iss.1, 2013.

⑤ Julian M. Hoerner, Sara B. Hobolt, Unity in Diversity? Polarization, Issue Diversity and Satisfaction with Democracy, *Journal of European Public Policy*, Vol.27, Iss.12, 2020.

⑥ David R. Jones, Party Polarization and Legislative Gridlock, *Political Research Quarterly*, Vol.54, No.1, 2001; Marc J. Hetherington, Thomas J. Rudolph, *Why Washington Won't Work: Polarization, Political Trust, and the Governing Crisis*, University of Chicago Press, 2015.

的重大冲击，也充分显示了在高度撕裂的社会中民主原则的脆弱性。当前一系列国家的民主规则遭遇的挑战表明破坏性的政治极化（pernicious polarization）对民主造成的困境已在各国蔓延，成为全球民主倒退的重要原因。[①]

四、结语与展望

本文梳理了当前全球政治极化的基本格局及其背后的动因。应该说，该现象在一定程度上一直与政党政治相伴，但过去十年全球政治的剧烈变迁把对政治极化的关注带入新的阶段。就目前相关研究的现状来说，我们认为以下三个方面将是未来学术可以进一步拓展的方向：

首先，要大大拓展在比较政治学领域的政治极化实证研究。相比美国政治学领域关于政治极化研究的精细，比较政治学领域对该议题的关注完全谈不上系统化，还没有与比较政治学研究传统中的各个议题进行结合。虽然过去两年对政治极化与全球民主困境有了一定程度的概述性讨论，但从学术研究的深入性、系统性来看都是刚刚起步。比较政治学者们不仅要精确地描述当前各国政治极化的基本生态并勾勒出国家 / 地区的差别，更要细致地挖掘第三波新兴民主国家政治极化产生的原因从而解释国家间极化水平的差异。另外，在比较研究中纳入美国案例进行各维度的跨国比较将是检验所谓美国民主例外性的难得的学术机会。

其次，要建构更为复杂的政治极化与民主之间的一般性理论。政治极化的状态从根本上挑战了唐斯中间选民理论关于选民意识形态分布的预设，选民偏好的双峰状态对政党、政治候选人、选民的感知，以及选区内选民分布的格局都会产生影响，正催生更为复杂的选举理论。同时，政治极化在理论上可能改变多元利益结构下的博弈逻辑，这同时存在于民主体制与威权体制

① Jennifer McCoy，Murat Somer，Toward a Theory of Pernicious Polarization and How it Harms Democracies：Comparative Evidence and Possible Remedies，*The Annals of the American Academy of Political and Social Science*，Vol.681，Iss.1，2019；Murat Somer，Jennifer L. McCoy & Russell E. Luke，Pernicious Polarization，Autocratization and Opposition Strategies，*Democratization*，Vol.28，No.5，2021.

当中。政治极化既可能导向必要的多元化也可能导致（战略性）博弈中的对峙乃至断裂，究竟在何种社会制度条件下可能导致民主的崩溃以及威权体制下的断裂，都在呼唤深入的理论与实证研究。

最后，引入全新的研究方法助力政治极化研究的全面展开。全新的社会研究方法包括机器学习、神经网络等已经被学者用来捕获和解释不同视角下的政治极化现象，这也将是未来的趋势。新方法的运用不仅是技术更新本身，背后的根本驱动力仍然是对政治极化现象的复杂理解。在大数据时代，包括政治极化在内的各种政治现象表征在浩瀚的数据中，对数据的抓取和处理成为挖掘政治现象的多向度和理解复杂内在机制的重要路径。[①] 我们相信，多元方法论带动下的政治极化研究将有助于政治极化理论的拓展以及该研究在比较政治学领域的全面展开。

---

① Justin Grimmer, We Are All Social Scientists Now: How Big Data, Machine Learning, and Causal Inference Work Together, *PS:Political Science & Politics*, Vol.48, No.1, 2015.

西方国家的民主何以衰退：基于对美国政治极化的分析 *

亨廷顿曾指出，20 世纪 70 年代开始的“第三波”民主化不会永远持续下去，而是面临着民主退潮的严重威胁。① 拉里·戴蒙德较早发现，全球自 2006 年起即进入了明显的“民主衰退期”。但是该论点并没有被国外主流学术界所接受。然而，从特朗普当选美国总统到欧洲爆发民粹主义浪潮再到美国国会山的暴乱事件，充分暴露出自由主义民主制度的脆弱性，同时也挑战了西方国家的民主不会发生衰退的观点。② 根据“民主多样性”机构的统计，2021 年，全球自由主义民主国家的数量锐减至 34 个，覆盖人口仅占全球总人口的 13%。即使加上 55 个“选举式民主国家”，西方所谓的“民主国家”人口数量也仅占全球总人口的 30%。不论是从国家数量还是从人口比重来看，“第三波”已经悄然退潮至“冷战”结束之前的状态，全球的政治发展已经进入重要的分水岭。③ 戴蒙德指出，比总数更令人不安的是发展趋势及其发生的地方，助长当前这一趋势的正是美国民主稳步而令人震惊的衰落。④

政治极化是窥视西方民主困境的重要视角，也是当今美国政治最为显著

---

* 作者简介：倪春纳，南京大学马克思主义学院副教授。本文原载于《江苏社会科学》2022 年第 5 期。

① [美]塞缪尔·亨廷顿：《第三波：20 世纪后期的民主化浪潮》，欧阳景根译，中国人民大学出版社 2013 年版，第 296～297 页。

② Robert R. Kaufman, Stephan Haggard, Democratic Decline in the United States: What Can We Learn from Middle-Income Backsliding?, *Perspective on Politics*, Vol.17, No.2, 2019.

③ Vanessa A. Boese, Martin Lundstedt & Kelly Morrison, State of the World 2021: Autocratization Changing Its Nature?, *Democratization*, Vol.29, No.6, 2022.

④ Larry Diamond, Democracy's Arc: From Resurgent to Imperiled, *Journal of Democracy*, Vol.33, No.1, 2022.

的特征。[①]政治极化是指政治精英和公众在公共政策和意识形态上变得越来越分裂的过程。在这一过程中，社会中的多样性差异越来越沿着单一维度排列，在一系列问题上形成“我们”与“他们”的尖锐对立。政治对手不仅仅是竞争者，而且被认为是敌人甚至是叛国者。[②]在美国，政治极化主要有以下几种表现形式。

首先，基于意识形态的极化。政党往往通过塑造意识形态标签以区别于对方政党，在选民中培养忠诚的核心追随者，并降低选民投票决策的信息成本。自 20 世纪 70 年代以来，国会两党议员都逐渐偏离了意识形态的中心位置，在医疗改革、堕胎权利、枪支管制等广泛议题上，两党朝着相反的方向发展。随着两党之间的意识形态重合部分逐渐消失，寻求共同点进行跨党派合作的可能性越来越低。

其次，基于社会身份的极化。公民对依附于特定政党的社会群体的认同也可以简化投票选择。如选民可能通过家庭或社会关系认为某个政党代表其利益，并将党派忠诚内化为其社会群体身份的自然延伸。目前民主党和共和党不仅在意识形态上的分歧越来越大，而且各自分别代表着选民中截然不同的部分，在种族、宗教、性别和地理等方面存在着显著差异。随着社会群体成员身份和党派认同日益紧密地联系起来，个体会更强烈地认同其内部群体，同时降低对外部群体的宽容，结果导致在党派激烈竞争的环境下，两党成员即使不存在政策分歧，也可能基于社会身份而厌恶甚至憎恨对方[③]。

最后，基于党派竞争的极化。国会中的党派会运用“战略性反对”手段，有意采取不同于对方阵营的议题立场，攻击并反对对方提出的任何倡议。党派竞争加剧极化还与两党力量的相对均衡有关。在第 117 届国会，参议院中两党以 50∶50 平分秋色，最后由副总统哈里斯的关键一票决定党派归属，众

---

① 庞金友：《不平等：当代美国政治极化的经济与社会根源》，《探索与争鸣》2020 年第 9 期。

② Stephan Haggard, Robert Kaufman, The Anatomy of Democratic Backsliding, *Journal of Democracy*, Vol.32, No.4, 2021.

③ Lilliana Mason, Julie Wronski, One Tribe to Bind Them All: How Our Social Group Attachments Strengthen Partisanship, *Journal of Political Psychology*, Vol.39, No.1, 2018.

议院中民主党以微弱的4席优势成为多数党。在1980年以来的70%以上的时间里，不同党派分别控制着国会和总统职位，[①]同时国会两院的多数党也多次发生变化（参议院7次，众议院4次）[②]。当两党面临着竞争加剧和微弱多数的基本现实时，多数党越来越依赖本党议员的高度团结，几乎需要完全一致才能通过其党派的优先事项，这反而又进一步强化了政党内部的凝聚力。

一、程序正义消解与选举公正性的缺失

政治极化对美国选举具有复杂的影响，鲜明的意识形态标签可以明确展示政党的立场，提供清晰的线索帮助选民做出投票选择；激发更加广泛的政治参与，提高选民投票率；克服党内分歧，形成强有力的政党。[③]但是，面对激烈的竞争，两党操纵选举进程，使选举成为限制民主的工具，其中最具代表性的就是通过操纵选区划分和剥夺选民权利以获得不公正的选举优势。

一方面，党派操纵选区划分被认为是"一种极大地降低民主制度民主性的黑暗艺术和现代科学"[④]。在美国，各州必须每隔十年根据人口普查结果对各州国会众议院的席位重新进行分配，同时重新调整国会选区和各州议会选区。在这一过程中，控制州立法机关和选区划分委员会的政党往往通过操纵选区划分，将人口居住区划分成若干形状极不规则的选区，以"稀释"或"打包"特定选民群体，进而使自己获得原本并不存在的选举优势。

通过选区划分改变选举结果对国会和州立法机构的控制权产生了重要影响。在2011—2020年的重新划分选区周期中，共和党通过操纵选区划分在众

① James M. Curry, Frances E. Lee, One Obstacle Among Many: The Filibuster and Majority Party Agendas, *The Forum*, Vol.19, No.4, 2021.

② Robert C. Lieberman, Suzanne Mettler & Kenneth M. Roberts, *Democratic Resilience: Can the United States Withstand Rising Polarization*?, Cambridge University Press, 2021, p.21.

③ 祁玲玲：《政治极化与西方民主困境》，《开放时代》2022年第3期。

④ [美]道格拉斯·史密斯：《民主之门——最高法院如何将"一人一票"制带到美国》，胡晓进、李丹译，上海社会科学院出版社2017年版，第376页。

议院获得了 17 个议席的党派优势。[①] 在各州议会的选举中，操纵选区划分使共和党候选人在赢得与民主党候选人相似得票率的情况下，却能获得比后者多出 9% 的议席数量。[②] 2022 年的国会中期选举在新一轮选区划分的背景下展开。共和党在划分选区方面保持优势。共和党控制了 21 个州国会选区和 24 个州议会选区的划分主导权，而民主党仅控制了 8 个州国会选区和 10 个州议会选区的划分主导权。[③] 为了在今后十年保持或获得更多的选举优势，两党都不遗余力地对国会选区进行有利于自己的划分。如在共和党控制下的得克萨斯州，有色人种增长数占人口增长数的 95%，使该州将在今后十年内获得众议院两个额外席位，然而新划分的 2 个选区却以白人选民为主体。[④] 民主党控制下的俄勒冈州也通过重新划分选区，使民主党的“安全选区”由原来的 2 个增至 4 个，“摇摆选区”则由 2 个减至 1 个。党派操纵选区划分严重削弱了美国选举的公正性，这不仅仅是某个党派应该获得更多代表性的问题，更重要的是侵犯了民主原则的核心价值，因此被批评为“民主之刺”。

另一方面，剥夺选民权利一直是美国选举政治中备受诟病的痼疾。在美国的历史上，不论是民主党还是共和党都曾通过滥用投票法律、程序和选举改革以实现狭隘的政党利益。由于限制投票权的法律主要影响倾向民主党的有色族裔和青年学生等群体的投票权，因而多数共和党人支持使选民登记和投票更加困难的法律，而多数民主党人则持相反态度。在 2010—2018 年间，美国有 25 个州（主要是共和党控制的州）制定了关于选民登记和投票的新法律，其中 14 个州实行了更为严格的选民身份法，12 个州增加了选民登记的难度，7 个州减少了提前投票的机会，3 个州使恢复过去犯罪嫌疑人的投票

① Jon X. Eguia, A Measure of Partisan Advantage in Redistricting, *Election Law Journal: Rules, Politics, and Policy*, Vol.21, No.1, 2022.

② Alex Keena, *Gerrymandering the States*, Cambridge University Press, 2021, p.11.

③ Christopher Warshaw, Eric McGhee & Michal Migurski, Districts for a New Decade–Partisan Outcomes and Racial Representation in the 2021–2022 Redistricting Cycle, *Publius: The Journal of Federalism*, Vol.52, No.4, 2022.

④ Fredreka Schouten, Kelly Mena, How Democrats are Winning Congressional Redistricting Fights, CNN, 8 March, 2022, https://edition.cnn.com/2022/03/08/politics/democrats–congressional–redistricing–fights–ctzn/index.html.

权变得更加困难。① 在 2020 年的总统大选中，尽管投票率创下历史新高——达到 66%，其中 70.9% 的白人选民参加投票，但是非白人选民的投票率只有 58.4%。② 导致投票率上存在族群差异的一个重要原因是各州颁布了大量法律故意压制甚至是剥夺特定选民群体的投票权。在美国，约有 11% 的合法选民缺少符合各州严格要求的身份证明，其中 25% 的非裔成年选民没有政府签发的带有照片的身份证明，而白人成年选民的这一比例仅有 8%。③2016 年至 2018 年间，共和党控制的各州还以清理选民名单为由，直接剥夺了超过 1700 万选民的投票资格。④2020 年大选之后至 2022 年 4 月，美国 18 个州通过了 152 项限制性法案。⑤ 这些法案使整个投票过程变得更加困难。

投票权被视为是美国民主制度的基础，只有自由公正的选举才能真正反映美国人民的意愿，同时也是保证选举官员承担责任和权力制衡的基础性手段。然而，长达几个世纪的普及所有美国人全面选举权至今仍未真正实现。与其他西方国家相比，美国的选民投票率长期居于末位。当前对投票的诸多限制依然对数千万美国人的公民权行使构成了严重障碍，尤其是针对非裔和其他少数族裔的限制。拜登政府也承认，几代人以来，非裔选民和其他有色人种选民仍面临着歧视性政策和各种障碍，这些选民更有可能在投票时排起长队，而且选民

① Richard L. Hasen, *Election Meltdown: Dirty Tricks, Distrust, and the Threat to American Democracy*, Yale University Press, 2020, p.33.

② Will Wilder, Voter Suppression in 2020, 20 August, 2021, https://www.brennancenter.org/our-work/research-reports/voter-suppression-2020.

③ Phoebe Henninger, Marc Meredith & Michael Morse, Who Votes Without Identification?, *Journal of Empirical Legal Studies*, Vol.18, No.2, 2021.

④ Kevin Morris, Voter Purge Rates Remain High, Analysis Finds, August 1, 2019, https://www.brennancenter.org/our-work/analysis-opinion/voter-purge-ratesremain-highanalysis-finds.

⑤ Maya Brown, Attacks on Voting Rights aren't Slowing Down and Black Americans are in the Crosshairs, New Report Finds, CNN, 12 April, 2022, https://edition.cnn.com/2022/04/12/us/state-of-black-america-voting-rights-report/index.html.

身份法和邮寄投票的机会有限，给他们带来了不成比例的负担。[①]

二、权力结构失衡与制约机制的变异

美国的制宪者们认为："任何一个权力部门所得到的合法权力，都不应该凌驾于其他两个权力部门之上，直接或者间接地拥有对其他部门产生压倒性的影响力。"[②]基于反对暴政的考虑，制宪者们决定在不同的机构之间进行权力分配，精心设计了一套权力制衡机制，立法、行政和司法权力彼此间交叉混合，在宪法上相互制约。在制宪者们的设想中，共和政体下的立法权必然处于支配地位，因为"宪法赋予它的权力比较广泛，而且也没有明确限制"，从而使国会能够"以复杂、间接的手段，从其他两个部门手中夺权"。[③]相比之下，总统几乎没有正式的宪法权力，同时总统权力还受到了诸多限制。在这种背景下，托马斯·杰斐逊预言：立法机构的专制是目前最大的危险，并且将会继续下去，而行政机构的专制将是遥远的事情。[④]在美国的历史上，国会长期主导国家的政治生活，成为政府中最重要的部门，常常对总统实施严格的监督。国会甚至拒绝拨款雇用秘书或助理帮助总统处理日常事务。因此，总统不得不经常亲自接待来访者，负责自己的通信和记录，以至于乔治·华盛顿总统被迫雇佣家庭成员作为非正式私人秘书。在美国三权分立的体制下，联邦司法机关是对国会和总统的重要制约，司法机关的独立性受到保护，其中司法审查权是实行权力制衡的一种重要手段。制宪者们认为，行政部门负责分配荣誉、任命官员、掌握武力；立法部门掌握财权、制定法律和规定公民的

---

① Executive Order on Promoting Access to Voting, The White House, 7 March, 2021, https://www.whitehouse.gov/briefing-room/presidential-actions/2021/03/07/executive-order-on-promoting-access-to-voting/l.

② [美]亚历山大·汉密尔顿、詹姆斯·麦迪逊、约翰·杰伊：《联邦党人文集》，杨颖玥、张尧然译，中国青年出版社 2022 年版，第 271～272 页。

③ [美]亚历山大·汉密尔顿、詹姆斯·麦迪逊、约翰·杰伊：《联邦党人文集》，杨颖玥、张尧然译，中国青年出版社 2022 年版，第 273 页。

④ James A. Thurber, *Rivals for Power: Presidential-Congressional Relations*, Rowman & Littlefield Publishers, 2017, pp.93–94.

权利与义务。比较而言，司法部门不拥有军权、财权，对社会力量和国家财富也没有支配权，既没有强制力量，也不能靠主观意志行事，因而是“最弱小的部门”和“最不危险的部门”。

在政治极化的背景下，分权制衡机制发生了制宪者们所没有预料到的变化。随着政治极化达到前所未有的水平，历史上强大的国会逐渐变成党派色彩浓厚、功能严重紊乱的“破碎的部门”[①]，其履行宪法赋予法定职责的能力遭到严重削弱。面对国会中的立法僵局和政策瘫痪成为治理常态，尤其是在国会被对立的党派控制时，总统往往选择绕开国会，通过行使单边权力来达成其政策目标，总统权力的持续扩张逐渐形成了备受争议的“帝王式总统制”。与此同时，国会则经常放弃其宪法权力，帮助甚至是迎合总统的权力诉求。目前两党议员在重大议题上的投票基本上以党派划界，国会中的斗争已不再是白宫与国会之间的相互制衡，而更多地表现为两党之间的权力争夺。例如，在特朗普首次被弹劾的过程中，参议院的共和党议员选择保护特朗普，而不是要求其对明显的滥用权力和阻挠国会的行为负责。在近半个世纪前的尼克松被弹劾事件中，在低水平的政治极化背景下，除了民主党的一致支持外，众议院司法委员会弹劾尼克松的条款同时得到了共和党议员的支持。共和党参议员对尼克松支持率的骤降最终导致了尼克松的辞职。相比之下，在当前严重政治极化的背景下，无论是在司法委员会还是在参众两院，没有一位共和党议员投票支持众议院的弹劾条款（在参议院，仅有共和党议员米特·罗姆尼投票赞成对两条弹劾条款中的一条定罪）。2021年1月6日的国会山暴动之后，特朗普史无前例地遭到第二次弹劾，众议院有10名共和党议员投票弹劾，参议院有7名共和党参议员支持定罪，但是距离有罪判决所需的三分之二多数票仍差10票。[②]此外，最高法院、司法部和联邦调查局等机构也越来越难以保持其独立性。如当前的美国已经进入一个所有自由派大法官都由民主党总

① Thomas E. Mann, Norman J. Ornstein, *Rivals for Power: Presidential-Congressional Relations*, Basic Books, 2012.

② Robert C. Lieberman, Suzanne Mettler & Kenneth M. Roberts, *Democratic Resilience: Can the United States Withstand Rising Polarization?*, Cambridge University Press, 2021, pp.9–10.

统任命，所有保守派大法官都由共和党总统任命的时期。最高法院逐渐成为国家重要政策最后的仲裁者，尤其是在涉及政治选举和公民权利等一系列案件的判决中，大法官通常支持有利于所属党派的结果，判决往往不受公众舆论的影响，甚至与多数人的意愿冲突。[①]2022 年 6 月 24 日，最高法院推翻了“罗伊诉韦德案”，取消了对堕胎权的宪法保护，57% 的美国人反对这一判决。同时两党对该判决的态度截然不同，该判决引起了 80% 的民主党人的反对，但是得到了 70% 的共和党人的支持。[②]有学者指出，从长远来看，最高法院对美国的价值观造成了巨大的破坏，已经成为“最危险的部门”[③]。

政治极化对麦迪逊分权制衡机制的稳定性造成了严重挑战。分权制衡机制旨在约束权力的滥用，但是制宪者们自身也清醒地意识到，仅凭宪法对几个权力部门的书面限制，完全不足以避免某一方不断侵蚀其他各方的权力。[④]美国民主制度的弹性意味着权力制衡机制的有效运转，但是，在高度政治极化的环境下，政党往往利用这些制度性“杠杆”去维护推动本党政策议程的总统。于是民主体制被用于反民主的目的，政治机构被操纵并沦为党派斗争的工具。权力制衡机制的这种变异否定了“以野心对抗野心”的系统可以自我纠正的假设，党派利益被置于民主原则之上。如国会山暴乱事件之后，共和党仍有 139 名众议员和 8 名参议员支持特朗普对 2020 年选举合法性的攻击，公开鼓吹选举中存在舞弊而拒绝承认大选结果。

---

① Ben Johnson, Logan Strother, The Supreme Court's (Surprising?) Indifference to Public Opinion, *Political Research Quarterly*, Vol.74, No.2, 2021.

② Majority of Public Disapproves of Supreme Court's Decision to Overturn Roe v.Wade, Pew Research Center, July 6, 2022, https://www.pewresearch.org/politics/2022/07/06/majority-of-public-disapproves-of-supreme-courts-decision-to-overturn-roe-v-wade/.

③ David A. Kaplan, *The Most Dangerous Branch: Inside the Supreme Court s Assault on the Constitution*, Crown, 2018, p.23.

④ ［美］亚历山大·汉密尔顿、詹姆斯·麦迪逊、约翰·杰伊：《联邦党人文集》，杨颖玥、张尧然译，中国青年出版社 2022 年版，第 275 页。

三、体制功能紊乱与治理绩效低下

在美国，一项议案最终落地成为法律需要顺利闯过许多“否决门”，如国会委员会、参众两院、参议院议事阻挠以及在被总统否决后国会两院三分之二的多数票，因此妥协是必要的。但是政治极化的不断加剧导致两党在立法议程上的共同点越来越少，妥协的可能性越来越低。[①]政治极化使两党更加重视如何在激烈的党派竞争中获得选举优势，而不是更好地治理国家，制定有利于多数人的公共政策。由于两党追求不同甚至截然相反的政策，新上台的执政党都会投入大量精力用于取消对方党派的政策遗产。如 2017 年 1 月，特朗普就职后不久即提出废除平价医疗法案，但是在参议院屡屡受挫之后，不愿再等待的特朗普最终通过行政命令自行废除了该法案。拜登执政百日史无前例地发布了 42 项行政命令，其中有 21 项是为了推翻特朗普的行政命令。政治极化还严重影响了国会的正常运转，降低了立法活动效率。联邦机构的党派控制情况对国会的立法活动产生了重要影响。1985—2022 年，在分裂政府的背景下，多数党议程项目的失败率高达 51%。[②]预算紊乱尤其是推迟预算也成为一种常态，甚至导致政府停摆，影响正常的政治经济与社会秩序。[③]1997—2017 年，仅有 10% 的拨款在下一财年开始之前被通过。此外，参议院批准重要任命的进程也明显迟滞。自 20 世纪 60 年代开始，预期的提名周期显著拉长，由 1961 年的 11 天增至 2017 年的 93 天。更为普遍的情形是，在总统提名后的数百天内，参议院往往没有采取任何行动。[④]伴随着美国政治体制陷入严重功能紊乱的是其治理绩效低下。

---

① Cynthia R. Farina, Congressional Polarization: Terminal Constitutional Dysfunction?, *Columbia Law Review*, Vol.115, No.7, 2021.

② James M. Curry, Frances E. Lee, One Obstacle among Many: The Filibuster and Majority Party Agendas, *The Forum*, Vol.19, No.4, 2021.

③ 徐理响:《竞争型政治：美国政治极化的呈现与思考》,《社会科学研究》2019 年第 6 期。

④ Frances E. Lee, Nolan McCarty, *Can American Govern Itself?*, Cambridge University Press, 2019, pp.312–318.

一方面，政治极化加剧了贫富分化。目前美国约有 5200 万工人时薪低于 15 美元，同时受到通货膨胀的影响，最低时薪的价值已经严重缩水。[①]绝大多数的美国人（62%）赞成提高联邦最低工资，即使是持反对立场的人中绝大多数（71%）也支持适度提升，但是民众的支持并没有转化为相应的公共政策。[②]在过去几十年间，提高最低工资的提案在国会屡屡搁浅，导致该现象的一个重要原因是政治极化对社会政策的消极影响。政治极化“冻结”了现有法律，阻止对其进行调整以应对日益加剧的经济不平等。[③]有学者指出，当代美国的经济不平等与公共政策的优先次序选择有关。[④]向共和党候选人提供巨额政治捐献的富人尤其是亿万富翁在经济议题上往往持保守立场，他们主张限制社会福利性支出、降低对高收入群体的税收以及放松政府对经济的管制等。[⑤]民主党则越来越重视“身份政治”，更关心边缘群体的政治权利而非改善个体的经济状况。结果造成不论是以收入水平还是以财富多寡来衡量，美国的经济不平等都在不断恶化。美国的家庭收入基尼系数从 1967 年的 0.397 上升到 1990 年的 0.428，2016 年进一步达到了 0.481。[⑥]考虑通货膨胀的影响，美国底层 90% 的家庭收入几乎没有增长，而最富裕的 0.1% 家庭的财富总和已经超过了底层 90% 的家庭财富总和[⑦]。

另一方面，政治极化导致暴力冲突不断升级。在政治极化的背景下，两

① Gina Cummings, The Federal Minimum Wage Hhasn't Risen in Almost 13 Years and US Workers are Paying the Price, CNN, 22 March, 2022, https://edition.cnn.com/2022/03/22/perspectives/oxfam-federal-minimum-wage/index.html.

② Amina Dunn, Most Americans Support a $15 Federal Minimum Wage, Pew Research Center, 22 April, 2021, https://www.pewresearch.org/fact-tank/2021/04/22/most-americans-support-a-15-federal-minimum-wage/.

③ Frances E. Lee, How Party Polarization Affects Governance, *Annual Review of Political Science*, Vol.18, No.1, 2015.

④ [美]拉里·M.巴特尔斯:《不平等的民主：新镀金时代的政治经济学分析》，方卿译，上海人民出版社 2021 年版，第 3 页。

⑤ 倪春纳:《政治献金与美国的选举政治》，《当代世界与社会主义》2018 年第 5 期。

⑥ Frances E. Lee, Nolan McCarty, *Can American Govern Itself?*, Cambridge University Press, 2019, p.331.

⑦ Robert B. Reich, *The System: Who Rigged It, How We Fix It*, Knopf, 2020, p.15.

党不断调动民众对选举的关注和参与热情，不断将反对党污名化和妖魔化。如民主党精英宣称，共和党人是法西斯主义者、性别歧视者、害怕同性恋者和无知者；而共和党精英则鼓吹，民主党人对美国怀有敌意，对国家的价值观和传统漠不关心。现在两党都有一半以上的成员对对方产生了极其负面的看法，政治上的激烈辩论已经发展到肢体对抗甚至是暴力冲突。越来越多的美国人愿意采取、支持或容忍政治暴力行为。调查显示，超过三分之一的美国人同意“美国传统的生活方式正在迅速消失，我们可能不得不使用武力来拯救它”[①]。震惊全球的国会山暴力事件即发生在这一背景之下。2021年1月6日，数千名美国民众聚集在华盛顿国会山并强行闯入国会大厦，以阻止国会确认总统大选结果，导致总统权力过渡进程中断，并造成5人死亡，140多人受伤。在2020年总统大选之后，公开的政治暴力日益升级。暴力冲突的不断加剧与美国枪支泛滥有直接关系。据统计，2020年美国有45222人死于枪伤，打破了历史纪录[②]。尽管如此，两党在枪支管控问题上仍存在严重分歧。73%的民主党人将枪支暴力视为非常重大的问题，但是仅有18%的共和党人持同样的立场。[③]由于美国全国步枪协会长期向共和党候选人提供巨额政治捐献，因此共和党一直反对对枪支实行严格的管控措施。

四、西方民主的全球衰退与美国民主的前景

“历史终结论”的提出者福山指出，我们现在生活在一个与1990年完全不同的政治环境中，对自由主义民主取得胜利的乐观主义已经被民主衰退的悲

① Miles T. Armaly, Adam M. Enders, Who Supports Political Violence?, *Perspectives on Politics*, First View, 2022, DOI: https://doi.org/10.1017/S1537592722001086.

② John Gramlich, What the Data Says about Gun Deaths in the U.S., Pew Research Center, 26 April, 2022, https://www.pewresearch.org/fact-tank/2022/02/03/what-the-data-says-about-gun-deaths-in-the-u-s/.

③ Katherine Schaeffer, Key Facts about Americans and Guns, Pew Research Center, 2021, https://www.pewresearch.org/fact-tank/2021/09/13/key-factsabout-americans-and-guns/.

观情绪所取代。[①] 长期以来，西方主流学术界笃信，西方发达国家的民主不会发生衰退，尤其是像美国这样拥有悠久民主历史和高度经济发展水平的国家，民主制度已经得到了巩固。如著名的民主理论学者亚当·普沃斯基指出，民主制度的巩固与经济发展水平之间存在密切的联系，贫穷国家的民主制度十分脆弱，而富裕国家的民主制度则永远不会消亡。[②] 然而，目前绝大多数民主理论学者都发出警告，全球包括美国在内的自由主义民主国家正处于严重的危机之中。[③] 自由主义民主自身缺陷引发的"民主退潮"，在事实上宣告了"历史终结论"的破产，越来越多的学者甚至转而开始思考自由主义民主的终结。[④]

1950年，美国政治学会曾建议，两大政党要提高内部的凝聚力和彼此的差异性，这样才能使选民做出明确而有意义的选择。目前这一建议在相当程度上已经成为现实。但是与期望相反，忠诚而有凝聚力的政党并没有使美国民主更好地运转起来，反而给美国自诩"民有、民治、民享"的政体带来了严重危机。首先，政党之间的激烈竞争鼓励选举操纵，使选举成为限制民主的工具，其中最具代表性的就是党派操纵选区划分和剥夺选民权利以获得不正当的选举优势，从而削弱了程序正义，导致了选举公正性的缺失。对选举制度的不满使得相当一部分美国人甚至同意以选票换取现金：12%和20%左右的受访者愿意分别以25美元和100美元出卖自己的选票。[⑤] 其次，传统的分权制衡机制发生变异，"机构分权"被"党派分权"所取代。与美国制宪者们的预期不同，原先主导国家政治生活的强大国会因政治极化成为"破碎的部门"；原先受到严格限制的总统因权力不断扩张逐渐成为"帝王式总统"；最

---

① Francis Fukuyama, 30 Years of World Politics: What Has Changed?, *Journal of Democracy*, Vol.31, No.1, 2020.

② Adam Przeworski, *Democracy and Development: Political Institutions and Well-Being in the World, 1950–1990*, Cambridge University Press, 2000. p.111.

③ Marc F. Plattner, Democracy Embattled, *Journal of Democracy*, Vol.31, No.1, 2020.

④ David Runciman, *How Democracy Ends*, Basic Books, 2018; Steven Levistsky, Daniel Ziblatt, *How Democracies Die*, Crown, 2018; Luca Tomini, *When Democracies Collapse*, Routledge, 2019.

⑤ Jordan Gans-Morse, Simeon Nichter, Would You Sell Your Vote?, *American Politics Research*, Vol.49, No.5, 2021.

高法院则放弃了宪法上的独立性而成为党争工具，保守派大法官作出的一系列判决使其成为“最危险的部门”。在政治极化背景下，党派利益被置于民主原则之上，导致对行政权力的约束越来越形同虚设。最后，政治极化使政治体制功能发生紊乱，对两党来说，获得竞选优势胜过国家治理，国会甚至无法履行基本的职能，民主治理陷入严重困境，贫富分化不断加剧，暴力冲突不断升级……总之，政治极化的负面效应使许多人对美国民主表达出强烈不满。如 2021 年 10 月，皮尤研究中心的民调显示，高达 85% 的美国人认为美国的政治制度需要进行彻底变革或重大改革。①

政治极化不仅削弱了美国的选举制度、制衡机制和治理绩效，更侵蚀了美国社会对民主价值理念的支持。民主制度的长期稳定取决于一套稳定的价值规范。当前美国政治面临的一个重要问题是民主规范能否以及在何种程度上维护民主制度。② 在美国，越来越多的政治精英愿意扭曲甚至摒弃民主规范以获得或维持权力，如特朗普最严重的违反民主规范行为是他在 2020 年总统大选中输了 700 多万张选票，仅获得 232 张选举人票（拜登为 306 张）的情况下，依然拒绝接受选举结果。特朗普以民主党选举欺诈为由，试图质疑选举的合法性并推翻选举结果。与此同时，普通民众对民主规范的支持也在衰退。从理论上讲，民主规范应该被所有公民普遍接受；但是在现实中，极化的选民往往会牺牲民主规范来换取党派利益。有学者通过分析美国全国选举数据发现，当本党候选人违反民主规范时，仅有 3.5% 的选民会真正地通过投票给予惩罚，对绝大多数选民来说，党派忠诚远远高于民主规范。③ 政治极化在两个方面削弱了民众对民主规范的支持：一方面，政治极化将民主规范政治化。掌

---

① Richard Wike, Citizens in Advanced Economies Want Significant Changes to Their Political Systems, Pew Research Center, 2021, https://www.pewresearch.org/global/2021/10/21/citizens-in-advanced-economies-want-significant-changes-to-theirpolitical-systems/.

② Robert C. Lieberman, Suzanne Mettler & Thomas B. Pepinskyr, The Trump Presidency and American Democracy: A Historical and Comparative Analysis, *Perspective on Politics*, Vol.17, No.2, 2019.

③ Matthew H. Graham, Milan W. Svolik, Democracy in America? Partisanship, Polarization, and the Robustness of Support for Democracy in the United States, *American Political Science*, Vol.114, No.2, 2020.

握权力的政治精英，尤其是总统，因为民主规范限制了自身权力而加以反对，而反对党成员则希望总统的权力受到限制而选择维护这些规范。另一方面，政治极化削弱了政治宽容，激发了强烈的党派偏见，将对方党派视为对国家严重的威胁，因而主张限制对方的投票、自由表达和抗议的能力。① 在其他民主衰退的案例中，民主制度往往在选民的同意下逐步消亡。选民不愿意追究本党政治家的责任，甚至支持破坏民主制度以实现党派目的，这对美国民主制度的稳定构成了严重威胁。

需要指出的是，当前美国民主的危机是结构性的，而不能完全归咎于某位特定的总统。特朗普时期的乱象更多的是美国民主制度运转紊乱的结果而非原因，这些问题在特朗普退出政治舞台后依然会长期存在。② 美国民主困境的最根本原因在于美国宪法所确立的政府结构不能适应现代社会，尤其是对国会的制度设计使其成为特殊利益政治的堡垒，无法制定连贯而有效的公共政策来解决国家所面临的各种迫切问题。③ 在美国，修改宪法的门槛极高，需要得到参众两院三分之二的多数支持和四分之三多数州的同意，因而修改宪法很少会取得成功。到目前为止，除了《权利法案》之外，美国整个国家历史上只有17项宪法修正案被通过。几乎所有的宪法修正案都是关于代表的问题，如谁参加选举和如何举行选举等（第16项修正案关于税收），没有一项试图改变政治制度设计，以提高政府解决社会问题的能力。④

比较政治学的研究发现，当前自由主义民主制度的崩溃多数不是体制外暴力冲突的结果，而是体制内民选领导人缓慢地破坏民主制度所致。在政治极化的背景下，行政权力的不断膨胀逐渐摆脱了各种外部约束，最终对自由

---

① Jon Kingzette, James N. Druckman & Samara Klar, How Affective Polarization Undermines Support for Democratic Norms, *Public Opinion Quarterly*, Vol.85, No.2, 2021.

② Richard L. Hasen, *Election Meltdown: Dirty Tricks, Distrust, and the Threat to American Democracy*, Yale University Press, 2020, pp.12–15.

③ William G. Howell, America's Crisis of Democracy, *Political Science Quarterly*, Vol.136, No.1, 2021.

④ William G. Howell, Terry M. Moe, *Presidents, Populism, and the Crisis of Democracy*, University of Chicago Press, 2020, p.145.

主义民主制度的稳定性构成了严重威胁。这一问题使很多国外学者更加担忧美国民主的前景，其他国家民主衰退甚至崩溃的诸多现象正在美国上演，美国已经进入了一个充满高度不确定性的政治危机阶段。[①]目前两党都以破坏民主游戏规则的方式进行竞争。它们习惯性地参与各种形式的“肮脏政治”以支持所属党派的利益，包括试图改变选举规则和竞选资金规定、司法职位的派系任命以及修改关键的立法程序等。这些政治主体甚至在不同程度上拒绝承认选举结果，不承认获胜者有治理的道义使命，并试图阻止执行政策或干扰权力的有序过渡。[②]戴蒙德更是直接悲观地宣称，不仅如此，所有的西方国家都在经历经济紊乱、不平等恶化、移民压力剧增、身份认同分裂以及社交媒体对这些问题爆炸式煽动的激烈冲击。自由主义民主已经进入了半个世纪以来的最黑暗时刻，美国的民主制度已经发生了“解固”，在下一次总统大选时将面临制度崩溃的重大风险。[③]

① Kurt Weyland, *When Democracy Trumps Populism*, Cambridge University Press, 2019, p.135.

② Roberto Stefan Foa, Yascha Mounk, America after Trump: From “Clean” to “Dirty” Democracy?, *Policy Studies*, Vol.42, No.5–6, 2021.

③ Larry Diamond, Democracy's Arc: From Resurgent to Imperiled, *Journal of Democracy*, Vol.33, No.1, 2022.

政治极化正在溶蚀美国的民主 *

关于美国的政治极化，美国和中国国内的研究方兴未艾。政治极化，即政治的两极化，是近年来美国政治的重要特征。政治学家一般把政治极化分为两个层面，一个是精英层面的政治极化，一个是公众层面的政治极化。本文的研究主要是围绕着精英层面的政治极化展开的。绝大多数对精英政治极化的研究主要集中在政党以及国会立法上，本文亦是如此。在政治极化的情况下，国会中的两党成员几乎没有意识形态的重合，他们几乎在所有关于重大政策问题的立法上都是相互对立的，而同时两党内部都具有很强的凝聚力和一致性。可以肯定的是，美国的政治极化在不断深化，而且迄今看不到弱化的前景。

至于美国的民主，长期以来美国一直视自己为世界民主的样板。美国人普遍本能地接受一个神话——“美国例外论”，其基本含义是，美国是一座“山巅之城”，美国的自由价值观念和民主体制应当被推广到全世界。[①] 然而，政治极化正在明显削弱美国政府的治理能力，尤其是在弗朗西斯 · 福山在《国家构建》(*State Building*) 一书中所列举的国家最小 (基本) 职能和中等职能方面，包括提供纯粹公共产品、国防、公共卫生、增进公平、保护穷人、教育、环境保护、社会保险等，[②] 并正在进一步侵蚀美国民主体制本身。

本文的论述重点不是美国政治极化的表现和造成政治极化的因素，而是揭示逐步加深的政治极化正在如何削弱美国政府的治理能力和溶蚀美国的民主体制。

---

* 作者简介：周琪，中国社会科学院美国研究所研究员。本文原载于《美国研究》2022 年第 2 期。

① 参见周琪主编：《意识形态与美国外交》，上海人民出版社 2006 年版，第 13 页。

② [美] 弗朗西斯 · 福山：《国家构建：21 世纪的国家治理与世界秩序》，黄胜强、许铭原译，中国社会科学出版社 2007 年版，第 8～9 页。

一、政治极化导致政府频繁关门

美国之外的人们可能很难想象一个民主国家的政府会因党派分歧而频繁关门，从而使政府“停摆”，但这就是美国的事实。联邦政府关门最初是国会通过 1974 年《国会预算法》（*The Congressional Budget Act of 1974*）的结果，而前 6 次的政府关门并没有影响政府的运作，直到 1980 年和 1981 年，根据总检察长本杰明·希弗莱蒂（Benjamin Civiletti）发表的意见，政府才开始要求在出现“资金缺口”，即国会未能为正在履行的政府职能分配资金的时期，必须全部或部分关闭政府机构。从此以后，当为政府机构运营分配所需资金的立法未能通过时，政府就会关闭。[①]

每年国会都必须通过并签署下一个财政年度的预算法案，其中包括 12 项拨款法案，众议院拨款委员会的每个小组委员会各负责一项。小组委员会必须在每年的 10 月 1 日（即国会财政年度的开始日）前提交资金申请，如果在规定的时间之前预算案没有被通过，理论上讲，联邦政府就不得不关门。在关门的情况下，联邦机构必须停止所有非必要的自由裁量职能，直到新的拨款法案通过并签署成为法律。但此时，由政府承担的基本职能不能停止，包括与公共安全有关的服务，如边境保护、住院医疗、空中交通管制、执法以及电网维护等，这些都被列为必不可少的服务；一些立法和司法人员的工作也在很大程度上需要继续。此外，一些不受年度拨款限制的“强制性”支出，也需要维持，如社会保障、医疗保险和医疗补助，以及由签证费资助的移民事务。

历史上，从 1976 年福特执政期间政府第一次关门至今，政府总共有 21 次“停摆”，所涉及的立法问题虽然多种多样，但大都是因两党在基本理念上不能调和而引起，如财政预算、国防开支、社保改革、堕胎、移民政策等。例如在卡特政府期间，5 次政府关门中有 4 次是关于堕胎的，即是否允许在强奸、乱伦和危及母亲健康的情况下使用政府资金救助母亲。值得关注的是，与 20

① Dylan Matthews, All 20 Previous Government Shutdowns, Explained, January 12, 2019, https://www.vox.com/policy-and-politics/2018/1/19/16905584/govinernment-shut-down-history-clinton-obama-explained.

世纪 90 年代以来政府关门都是因国会中的投票以党派划界不同，70 年代的政府关门可能发生在总统和国会都掌握在一个政党手里的情况下。例如，1978 年政府关门是因为吉米·卡特（Jimmy Carter）总统否决了一项国防开支法案，其中包括了对建造一艘核动力航空母舰的拨款，他认为这是浪费；此外卡特还否决了一项为各种水利项目提供资金的公共工程法案。这次关门就是在民主党控制两院的情况下发生的，最终以国会的妥协告终。[①]

另一个值得注意的情况是，自 1976 年国会引入现代预算程序至 2019 年，已经出现了 21 个“资金缺口”，但在 1980 年之前，政府并没有关闭，而是继续正常运营。自 1981 年以来，有 10 次因资金缺口造成的政府关门时间不超过 3 天，而且大多发生在周末，对政府运营也没有产生很大影响。但是，自 1995 年以来，情况发生了变化，虽然政府关门的频率大大减少了，但每一次关门都是“真正的”关门，对政府造成了“伤筋动骨”的损伤。

1995 年，当民主党人比尔·克林顿上台执政时，参众两院都控制在反对党共和党手里，共和党把注意力放到了限制克林顿总统的执政能力上。强势的众议院议长、共和党人纽特·金里奇领导的众议院多数党，否决了克林顿政府的 1996 财年预算案，目的是迫使总统削减财政预算，减少政府赤字。克林顿拒绝接受共和党在 1996 财政年度预算中大幅削减医疗保险、医疗补助和其他非国防开支的要求，作为回应，金里奇威胁要阻止关于提高联邦政府债务上限的投票，这会给美国造成前所未有的债务违约。克林顿最后被迫接受了 7 年预算平衡的要求，提出了一项能使国会接受的预算计划。1996 年 1 月 27 日，克林顿在国情咨文中宣布“大政府的时代已经结束”，这是他在共和党的平衡预算要求下转向采取第三条道路的一个例证。这次政府关门持续了 21 天，在 2018—2019 年特朗普总统打破关门时长纪录之前，它一直是美国历史

① Dylan Matthews, All 20 Previous Government Shutdowns, Explained, January 12, 2019, https://www.vox.com/policy-and-politics/2018/1/19/16905584/government-shutdown-history-clinton-obama-explained.

上持续时间最长的一次政府关门，约 28.4 万名政府雇员被迫休假。[①]

历史上持续时间第三长的政府关门发生在奥巴马执政时期的 2013 年 1 月，也是因一个两党争议的重大问题而引发，即医保改革。由于无法废除 2010 年 3 月通过的奥巴马总统的标志性医改法案《患者保护与平价医疗法》（*The Patient Protection and Affordable Care Act*），共和党参议员泰德·克鲁兹要求，任何拨款法案都必须将“奥巴马医改”的实施推迟一年。他得到了足够多的众议院共和党议员的支持，最终导致政府关门。在 17 天的讨价还价之后，众议院议长约翰·博纳（John Boehner）做出妥协，提出了一项资金法案，其中包括对进入奥巴马医疗保险的美国人进行更严格的收入核实的规定。尽管大多数共和党议员表示反对，两党最终还是达成了妥协。这一次，大约有 85 万名雇员（约占联邦雇员的 40%）因政府关门而被迫休假。[②]

唐纳德·特朗普总统任期内的第三次政府关门，是美国历史上持续时间最长的一次。这次“停摆”是由特朗普政府与民主党占多数的参众两院在美墨边境修建隔离墙问题上的激烈争论引起的。特朗普试图在 2019 年的拨款法案中列入一项边境安全拨款，为修建隔离墙提供 57 亿美元。[③] 而民主党人坚决反对这项拨款，理由是这笔资金是在浪费纳税人的钱，并质疑修建新隔离墙的效果。他们提出的选择方案是，为边境安全提供资金，但要改善现有的安全措施。特朗普最初放弃了为边境墙拨款的要求，但在那些敦促他继续为修建隔离墙而战的支持者的压力下，又于 2018 年 12 月 20 日推翻了自己的决定，

① Bryan Craig, 1995–1996 Government Shutdown, Summary, https://millercenter.org/1995-96-government-shutdown; Michael Collins, The Ghost of Shutdowns Past Haunts Latest Talks to Keep the Federal Government Open, USA Today, January 19, 2018, https://www.usatoday.com/story/news/politics/2018/01/19/ghost-shutdowns-past-haunts-latest-talks-keep-federal-government-open/1047438001/.

② Michael Collins, The Ghost of Shutdowns Past Haunts Latest Talks to Keep the Federal Government Open, USA Today, January 19, 2018, https://www.usatoday.com/story/news/politics/2018/01/19/ghost-shutdowns-past-haunts-latest-talks-keep-federal-government-open/1047438001/.

③ Annie Karni, Sheryl Gay Stolberg, Trump Offers Temporary Protections for “Dreamers” in Exchange for Wall Funding, January 19, 2019, https://www.nytimes.com/2019/01/19/us/politics/trump-proposaldaca-wall.html.

拒绝签署不包括这一要求的任何持续决议案（Continuing Resolution）。[①] 政府被迫于 2018 年 12 月 22 日关门。

在其后的讨价还价过程中，参议院中的共和党人和民主党人提出了各自的方案，但都未得到程序所需 60 票的多数票。特朗普拒绝在国会为他拨款修建隔离墙之前重启政府，而国会中的民主党人拒绝在他重启政府之前进行谈判。事情陷入了僵局。2019 年 1 月 8 日，特朗普向全国发表电视讲话宣称，除非国会同意拨出这笔资金，否则他将宣布进入全国紧急状态，借此绕过国会，允许现有资金用于此目的。僵局最终在 1 月 25 日结束，当时国会参众两院批准了一项计划，让美国政府重新开放 3 周，以继续就边境围墙问题进行谈判，确定两党都能同意的拨款法案。在政府“停摆”带来的各种问题的压力下，特朗普最终接受了该协议。[②]2 月 15 日，特朗普签署了一项折中的国土安全支出法案，结束了政府关门。

然而，折中法案仅为 88.5 公里的新边境围墙提供 13.75 亿美元，远低于特朗普所要求的用以修建 376.6 公里坚固的新围墙的 57 亿美元。为了达到目标，特朗普宣布进入国家紧急状态，将国防部军事建设预算中的 35 亿美元用于建造新的边境围墙，并签署行政令，将财政部的药品没收基金（The Department's Drug Forfeiture Fund）中的 6 亿美元和国防部禁毒计划中的 25 亿美元用于同样

① Joel Rose, The Border Wall Isn't the Only Reason Democrats Oppose Plan to End the Shutdown, *NPR*, January 22, 2019, https://www.npr.org/2019/01/22/687516967/the-border-wall-isnt-the-only-reasondemocrats-oppose-plan-to-end-the-shutdown; Ted D. Hesson, Republicans Load Spending Bill with Hardline Measures Targeting Asylum, January 22, 2019, https://www.politico.com/story/2019/01/22/republican-spending-bill-asylum-restrictions-1103837.

② Ilya Somin, Donald Trump Can Call a "National Emergency", But That Doesn't Mean He Can Build the Wall, January 21, 2019, https://www.cato.org/commentary/donald-trump-can-call-national-emergency-doesnt-mean-he-can-build-wallCOMMENTARY; Reuters Staff, Trump Says Not in a Rush to Declare Emergency in Border Wall Fight, January 12, 2019, https://www.reuters.com/article/ususa-shutdown-trump-idUSKCN1P52AI.

目的。[1]这为此后特朗普政府期间共和党与民主党的进一步争斗埋下了伏笔。[2]

表 1　历史上美国政府的关门及持续时间

总统	关门时间	关门天数
福特	1976 年 9 月 30 日—10 月 11 日	10
卡特	1977 年 9 月 30 日—10 月 13 日	12
卡特	1977 年 10 月 31 日—11 月 9 日	8
卡特	1977 年 11 月 30 日—12 月 9 日	8
卡特	1978 年 9 月 30 日—10 月 18 日	18
卡特	1979 年 9 月 30 日—10 月 12 日	11
里根	1981 年 11 月 20 日—11 月 23 日	2
里根	1982 年 9 月 30 日—10 月 2 日	1
里根	1982 年 12 月 17 日—21 日	3
里根	1983 年 11 月 10 日—14 日	3
里根	1984 年 9 月 30 日—10 月 3 日	2
里根	1984 年 10 月 3 日—5 日	1
里根	1986 年 10 月 16 日—18 日	1
里根	1987 年 12 月 18 日—20 日	1
布什	1990 年 10 月 5 日—9 日	3
克林顿	1990 年 11 月 14 日—19 日	5
克林顿	1995 年 12 月 16 日—1996 年 1 月 6 日	21

① Tom Murse, All 21 Government Shutdowns in U.S. History, January 29, 2020, https://www.thoughtco.com/government-shutdown-history-3368274.

② 2019 年 2 月 18 日，在特朗普总统宣布紧急状态仅仅 3 天之后，以加州为首的美国 16 个州组成的联盟提起诉讼，指控特朗普总统宣布全国进入紧急状态是违宪的，并要求法庭颁布临时禁止令。这 16 个州的州长，除马里兰州的州长外，都是民主党人。See Amy Goldstein, Coalition of States Sues Trump over National Emergency to Build Border Wall, February 18, 2019, https://www.washingtonpost.com/national/health-science/coalition-of-states-sues-trump-over-national-emergency-to-build-border-wall/2019/02/18/9da8019c-33a8-11e9-854a-7a14d7fec96a_story.html。

续表

总统	关门时间	关门天数
奥巴马	2013 年 10 月 1 日— 17 日	16
特朗普	2018 年 2 月 9 日	1
特朗普	2018 年 1 月 20 日— 23 日	3
特朗普	2018 年 12 月 22 日— 2019 年 1 月 25 日	34

资料来源：笔者自制。

纵观美国政府关门的历史，虽然自 20 世纪 90 年代中期以来，政府关门的频率并没有增加，甚至表面上看还有所减少，但通过以上的分析可以看出，国会中两党争斗的烈度越来越大，不仅是基于有关两党基本理念的重大议题，而且双方在这些问题上都表现出了势不两立和不达目的决不罢休的姿态，更难达成妥协。这也就是为什么，政府每次关门的时间都比此前大大加长了。更加引人注目的是，随着政治极化成为美国政治生活中的常态，两党议员在这些重大议题上的投票基本上都以党派划界，国会中的争斗不再是政府行政部门与国会之间的相互制衡，而更多地表现为两党之间的权力争夺和政策之争。不仅如此，国会和总统越来越把政府关门作为一种实现政治目标的方式，而其实这些目标与减少政府国债或预算赤字并没有直接关系，争斗的目标在于维护各自在重大议题上的基本理念以及体现这些理念的实际政策。

此外，国会中争论场合的增多也表现为国会越来越多地通过“持续决议案”（continuing resolution）来解决政府开支问题。一般来说，在拨款法案尚未通过的情况下，国会会用一项持续决议案来作为临时解决方法，即根据上半年的拨款水平来为政府提供临时资金。传统上，持续决议案是为了在维持政府运作的同时，在短时间内完成预算案的工作。由于围绕政府预算案的争论日益频繁，持续预算案的使用变得非常普遍，20 多年来，在财政年度开始前通过全年拨款法案且不需要持续决议案的最近的一年是 20 多年前的 1997 财年。而在其他财年，如 2011 财年，通过了 8 个持续决议案；在 2013 财年，通过了 2 个持续决议案；在 2012、2014、2015、2016、2020 和 2021 财年中，每年约有四分之一的时间是用持续决议案来为政府提供资金的。在 2017 年 5 月通过一项综合拨款法案之前，需要 3 个持续决议案来为两党提供辩论时间，2018 财年需要 5 个。在 2019 财年三分之一以上的时间里，12 项拨款法案中有 7 项使用了持续决议案。[①] 可见两党之间在预算案上的争论之激烈，调和之困难。

然而，使用持续决议案来解决预算争论会损害政府总体治理效率。因为，其一，持续决议案通常以前一年的预算水平继续提供资金，而不考虑不断变化的政策需要或每个项目的具体情况；其二，使用持续决议案扰乱了机构内的工作，使计划或启动未来项目变得更加困难，并使工作人员在每次预算改变时都要花费时间来修改计划。

人们可能会以为，在政府关门结束之后，一切政府管理工作都会回到正轨，对政府雇员拖欠的工资会补发，因此不会造成什么损失，但事实是，政府关门导致了政府服务的中断，并由于劳动力的缺失而增加了政府和纳税人的成本。许多社会服务被暂停或延误了，例如：在环境和食品检验方面，美国环保署在 2013 年政府关门期间停止了对 1200 个不同地点的危废物品、饮用水和化学设施的现场检验；食品与药物管理局（The Food and Drug Administration，FDA）推迟了近 900 次检查。在 2018—2019 年政府关门期间，联邦调查局对一些高风险产品的检验中断了几个星期。

在国家公园管理方面，2013 年政府关门期间，美国国家公园管理局管理的 400 多处公园、国家纪念碑和其他景点被关闭，数百万游客不能入场。美国国家公园管理局估计，此次关闭导致全国范围内游客消费损失超过 5 亿美元。在 2018—2019 年政府关门期间，虽然许多公园仍然开放，但不为游客提供服务，之后全国许多景点都报告有设施损坏和垃圾堆积。

在航空旅行方面，2018-2019 年政府停摆期间，由于空中交通管制员和运输安全管理局（The Transportation Security Administration，TSA）的工作人员

① Everything You Should Know About Government Shutdowns, September 23, 2021, https://www.crfb.org/papers/qa-everything-you-should-know-about-government-shutdowns.

只能无偿工作，一些工作人员没有上班，一些安全检查站被关闭，旅客排起长队。同时，由于 10 名空中交通管制员缺岗，拉瓜迪亚机场的航班被迫暂停，并导致几个主要机场的航班延误。

在卫生与公共服务方面，美国国立卫生研究院（The National Institutes of Health，NIH）被禁止接收新患儿或处理拨款申请。2013 年，美国各州不得不为贫困家庭的临时援助提供资金。虽然补充营养援助计划（The Supplemental Nutrition Assistance Program，SNAP）的资金是强制性的，但其发放“食品券”救济金的职能受到了政府关门的影响。

在联邦税务方面，在政府关门的情况下，美国国税局无法核实收入和社会安全号码，为此，2013 年积压了 120 万宗核实申请，导致抵押贷款和其他贷款的审批被推迟，数十亿美元的退税也被推迟。2018—2019 年美国政府停摆期间，至少有 2.6 万名休假的国税局员工被召回工作，为纳税季节做准备，但有 1.4 万名员工被暂停工作。

在 2013 年政府关门期间，联邦政府 210 万名非邮政雇员中约有 85 万人休假，国防部 35 万名文职雇员中绝大多数在一周内被召回工作。2019 年 1 月通过的一项立法规定，休假的员工不允许工作，也得不到工资，但欠薪会得到支付。在 2018—2019 年的政府停摆中，估计有 80 万名联邦雇员，包括边境巡逻人员、运输安全管理局雇员和空中交通管理员，要么在无薪的情况下工作，要么无薪休假。[①]

此外，事实上，对于政府来说，“关门”并非如表面看到的那样没有损失，根据白宫管理与预算办公室的估算，2013 年政府停摆期间，政府向休假的员工支付了 25 亿美元的工资和福利，以及大约 1000 万美元的利息罚款和损失的费用，相当于让这些雇员享受了半个月以上的带薪休假，从而引起公众的极大不满。《政府行政管理》（*Government Executive*）杂志披露，根据美国人事管理办公室（The Office of Personnel Management，OPM）的工资数据，在

---

① 以上政府关门造成的影响的数据来自：Everything You Should Know about Government Shutdowns，September23，2021，https://www.crfb.org/papers/qa-everything-you-should-know-about-governmentshutdowns。

2018—2019 年政府停摆的 34 天中，政府向 80 多万名部分休假员工承诺的补发工资每天要花掉美国纳税人逾 8600 万美元。[①]

政府停摆也会给国家经济带来很大损失，美国国会预算办公室（The Congressional Budget Office，CBO）估计，2018—2019 年政府关门使美国国内生产总值（GDP）减少了 110 亿美元，其中 30 亿美元永远无法收回。此外，由于企业无法获得联邦政府的许可和认证，或获得联邦贷款，政府停摆时间的延长会对私营部门的投资和招聘决策产生负面影响。参议院 2019 年的一份报告发现，2013 年、2018 年和 2019 年的三次政府关门使纳税人损失了近 40 亿美元。[②]而根据金融评级机构标准普尔（Standard & Poor's）的估算，因 2013 年 10 月 1 日至 17 日 16 天的政府关门，美国经济损失了 240 亿美元，"导致 2013 年第四季度国内生产总值年化增长率至少下降了 0.6%"[③]。

从政府关门造成的影响来看，政治极化导致的政府关门明显削弱了美国的政府治理能力和效率，而这原本是在政治极化未发生的情况下可以避免的。

二、政治极化使国家重大社会政策难以形成和执行

美国的政治极化使很多有关国家治理的问题不能得到有效解决，例如持枪问题，尽管自由持枪造成了无数校园和社会枪击案，但关于这个问题迄今仍处于无休止的争论中。《患者保护与平价医疗法》的命运或许是美国政治极化最典型的案例。《患者保护与平价医疗法》，也被称为《平价医疗法案》（*The Affordable Care Act*）或"奥巴马医改"，是近几十年来美国国内最具争议的法案，也是民主党和共和党之间即使在医保法案通过之后仍难以停止斗争的重

---

① Tom Murse, All 21 Government Shutdowns in U.S. History, January 29, 2020, https://www.thoughtco.com/government-shutdown-history-3368274.

② Everything You Should Know About Government Shutdowns, September 23, 2021, https://www.crfb.org/papers/qa-everything-you-should-know-about-government-shutdowns.

③ Tom Murse, All 21 Government Shutdowns in U.S. History, January 29, 2020, https://www.thoughtco.com/government-shutdown-history-3368274, 2022.2.9.

大议题。

在奥巴马2010年推行医改之前，根据美国国家科学院（The National Academy of Medicine，NAM）医学研究所（The Institute of Medicine，IOM）的评论，美国是“唯一一个没有全民医疗保险的富裕的工业化国家”。一些统计数字可以间接说明美国缺乏全民医疗保险给美国医疗卫生事业带来的弊端：美国2019年的婴儿死亡率是5.6‰，明显高于欧盟的3.4‰；[①]2019年美国人的平均寿命为78.78岁，在世界上排名第49位，低于大多数发达国家，甚至排在智利和古巴之后；[②]2019年，美国66.5%的个人破产是由医疗债务所引起。[③]

然而，美国的医保改革却步履艰难，这是因为两党在这个问题上存在两极分化的看法，分歧的焦点在于，是否应当由政府来确保公民在医疗照顾方面的基本权利。民主党人认为应由政府来承担医疗保险的责任，赞同通过较高的税收来实施强制性医疗保险，扩大医疗保险的覆盖面；而共和党人则认为，政府承担全民医疗保险责任是对公民自由权利的侵犯，医保应当是个人的责任，通过私人公司来提供医保和控制开支比政府更有效。

由于存在着理念上的鸿沟，历史上，建立由联邦政府管理的全民医保制度的法案都是由民主党总统推动的。医疗改革最初在1912年成为一个政治议题，之后罗斯福总统于1944年做出了实际努力，支持相关法案。此后，历届民主党总统都一直在进行不懈的追求，其中约翰逊政府取得了标志性的进展，他于1965年7月30日签署了一项包括医疗照顾计划的法案，使之成为其“伟大社会”宏伟目标的一部分。根据该法案，医疗保险成为联邦政府管理的社会保障项目，政府向65岁以上或符合其他特殊标准的美国人提供医疗保险。克

---

① Maternal and Infant Health, CDC, September 8, 2021, https://www.cdc.gov/reproductivehealth/maternalinfanthealth/infantmortality.htm; Infant Mortality Sharply Declined over the Past Decades, Eurostat, June 4, 2021, https://ec.europa.eu/eurostat/web/products-eurostat-news/-/ddn-20210604-1.

② Life Expectancy at Birth, Total (years), The World Bank, https://data.worldbank.org/indicator/SP.DYN.LEOO.IN?locations=US&most_recent_value_desc=true.

③ Mark P. Cussen, Top 5 Reasons Why People Go Bankrupt, Investopedia, February 24, 2020, https://www.investopedia.com/financial-edge/0310/top-5-reasons-people-go-bankrupt.aspx.

林顿总统也曾在 1993 年雄心勃勃地推动建立全民医保制度，但他的努力在共和党的全力阻击下遭到惨败。

正如民主党和共和党的分歧所显示的，共和党人并不反对为医疗保险立法，他们反对的只是政府对医保承担过多责任。例如，一向在国内以“反对社会主义福利制度”而著称的尼克松总统，于 1974 年提出了一个《全面医疗保险计划》，要求雇主为雇员提供医疗保险，并把其作为全民医保制度的一部分。但是民主党人强烈反对尼克松的做法，认为他想要建立的是一个使保险公司获益的医保制度。

奥巴马总统在竞选中和当选后，都把建立全民医保制度作为其社会政策的中心。在奥巴马不遗余力地推动下，《患者保护与平价医疗法》于 2010 年 3 月 21 日在国会获得通过，并于 2010 年 3 月 23 日由奥巴马签署成为法律。该法要求使大多数个人获得医疗保险，并要求大多数雇主提供医疗保险。它为购买保险的个人提供了税收抵免和成本分担补贴，并扩大了医疗补助计划的覆盖面，使其覆盖到收入低于贫困线水平 138% 的无子女成年人。特别重要的是，该法禁止保险公司拒绝为已患病的个人提供保险，要求它们提供一套标准的福利，并限制它们改变保费的方式。

《平价医疗法案》在国会通过的过程异常艰难。2009 年 7 月，众议院民主党人率先提出了《美国平价医疗法案》(*The Affordable Health Care for America Act*)，这是《平价医疗法案》的前身。众议院于 2009 年 11 月 7 日以 219 名民主党议员和 1 名共和党议员投票赞成、39 名民主党议员和 176 名共和党议员投票反对，通过了该法案。

2009 年 12 月 24 日《平价医疗法案》在参议院获得通过时，票数为 60∶39。在民主党一方，除 1 人投反对票外，其他所有民主党议员都投了赞成票；在共和党一方，仅有 1 人投反对票，1 人缺席，其他所有共和党议员都投了反对票。投票可以说是完全以党派划界。[①] 但是，2009 年 8 月，马萨诸塞州民主党参议员爱德华·肯尼迪(Edward Kennedy)的去世使民主党面临困境，因为赢得该

① Obamacare Overview，https://ballotpedia.org/Obamacare_overview.

州补选的是共和党人斯科特·布朗（Scott Brown），这就使民主党在参议院的票数减少到 59 票，而民主党只有得到 60 票以上，才能确保共和党不能以“冗长辩论”（filibuster）来阻挠议案的通过。[①]在这种情况下，民主党控制的众议院必须做出一个抉择：要么接受参议院的法案版本，要么坐视法案在参议院的失败。如果选择前者，根据国会程序，参众两院的协调法案只需要 50 票就可以通过。众议院中的民主党人选择了前者。2010 年 3 月 21 日，众议院通过了参议院的法案，178 名共和党议员反对该法案，仍然仅有 1 名共和党议员投了赞成票；219 名民主党议员投票赞成，34 名民主党议员投票反对，最终民主党获胜。众议院在同一天以 220 票对 211 票通过了协调法案，3 月 25 日，参议院以 56 票对 43 票通过了该法案。投票依然是基本上以党派划界。[②]

奥巴马总统于 2010 年 3 月 23 日签署了参议院法案，并于 2010 年 3 月 30 日签署了协调法案。这两项法案合在一起被称为《患者保护与平价医疗法》，也就是《平价医疗法》。由于共和党毫不妥协的态度，最后通过的医改法案版本与原先奥巴马政府所期望的相去甚远，但对于民主党人来说，新医疗法的诞生仍然是一个巨大的成就，因为它毕竟在美国历史上首次建立起了一个覆盖 95% 人口的全民医保制度。

然而，关于《平价医疗法》的争论并没有在法案颁布后平息下来。共和党废除《平价医疗法》的努力自 2010 年 3 月 23 日，也就是奥巴马签署该法案的同一天就开始了。当日，南卡罗来纳州共和党参议员吉姆·德明特（Jim DeMint）发起了一项法案，要求废除《平价医疗法》。德明特是众议院最保守的成员之一，他曾写过一本书，警告世人自由主义者正试图把美国变成一个社会主义国家。最初德明特的法案仅有 22 名共同提案人，2010 年中期选举之后，共和党在国会取得了巨大胜利，德明特又提交了一份新版本的立法倡议，

① Filibuster 在中文中也被形象地译为“费力把事拖”。这是美国国会立法在辩论阶段的一个程序，只有以 60 票以上的多数通过“结束辩论，进行投票”的议案，才能就法案进行表决。否则，从理论上说，辩论将无休止地进行下去，从而使这个法案不能进入表决程序。

② Obamacare Overview，https://ballotpedia.org/Obamacare_overview.

这一次，每一位共和党参议员都加入了共同提案人的行列。[1]这显示了整个国会共和党党团和共和党在多大程度上支持德明特的极端保守的观念。

《平价医疗法》问世之后，迄今已经经历了三次对其合宪性的挑战，分别发生在2012年、2015年、2018—2021年。

在第一轮的法律较量中，共和党领导的26个州、2名个人，以及全国独立企业联合会（The National Federation of Independent Business，NFIB）就《平价医疗法》向最高法院提出起诉，认为国会通过的强制个人加入医保的规定，超出了《商业条款》规定的管理州际贸易的权力，因为该强制令相当于介入州际贸易。2012年3月，最高法院就《平价医疗法》的合宪性进行了长达6小时的口头辩论，这是自1970年以来遵守的每项裁决1小时辩论时限的6倍，可见对于最高法院来说案件的重要性和复杂性。[2]6月28日，最高法院以5∶4票对《平价医疗法》做出了符合宪法的裁决，认为对个人的强制要求是一种监管税，意味着鼓励个人购买医疗保险，在国会的征税权力下，该法对个人保险的强制规定符合宪法。首席大法官约翰·罗伯茨(John Roberts)和4名自由派法官都投了赞成票。这一裁决被《纽约时报》称为自罗斯福新政以来最重要的联邦主义裁决。[3]

然而，3年之后《平价医疗法》就再次受到合宪挑战。2015年6月19日，美国最高法院以6∶3票对戴维·金（David King）诉卫生部部长西尔维娅·伯维尔（Sylvia Burwell）的案件做出了裁决。原告的核心指控是，该法规定，只有在各州建立的交易所购买保险的人才能获得税收补贴，这意味着法律禁止联邦政府向没有建立州交易所的各州支付补贴，因而该法是违宪的。但包括

① Jonathan Cohn, The Real Reason Republicans Couldn't Kill Obamacare, *The Atlantic*, March 22, 2021, https://www.theatlantic.com/politics/archive/2021/03/why-trump-republicans-failed-repeal-obamacare/618337/.

② Brian Duignan, Affordable Care Act Cases, June 28, 2012, https://www.medpagetoday.com/washington-watch/washington-watch/33524.

③ Adam Liptak, Supreme Court Upholds Health Care Law, 5-4, in Victory for Obama, The New York Times, June 28, 2012, https://www.nytimes.com/2012/06/29/us/supreme-court-lets-health-law-largely-stand.html.

首席大法官罗伯茨在内的 6 名大法官认为，该法允许通过州或联邦政府运营的交易机构两者来支付补贴，从而裁定该法并未违宪，数百万美国人有权继续获得帮助他们支付保险的税收补贴。这一裁决为大约 640 万美国人保留了福利，并对该法的共和党反对者造成了沉重打击。①

在 2016 年特朗普赢得总统大选时，许多人都认为奥巴马医改被终结的命运不可避免。废除该法已经成为共和党人的关键事业，②特朗普更是誓言将把废除该法作为他的首要任务，他这样做的目的，也是为了赢得一场政治胜利，抹去书写在史册上的奥巴马的标志性成就。特朗普的主要医疗政策倡议一直是其竞选中的承诺——废除和取代《平价医疗法》，他对参众两院提出的修改该法部分内容的法案表示支持，一些共和党人也准备就医改法的通过程序违宪向法院提起诉讼。

2018 年 2 月，得克萨斯州总检察长肯·帕克斯顿（Ken Paxton）和威斯康星州总检察长布拉德·希梅尔（Brad Schimel）领导的 20 个州联合在得克萨斯州北部地区的美国地方法院对联邦政府提起诉讼，指控《平价医保法》违宪。因为在 2017 年废除该法案的立法努力失败后，共和党议员占多数的国会在当年晚些时候通过了《减税与就业法》（*Tax Cuts and Jobs Act*），修订了《平价医疗法》，将个人强制缴纳的罚款重新设定为 0 美元。指控者的逻辑是，既然强制个人购买医疗保险是该法律的核心部分，0 罚款就意味着非强制性，因此整个法案应当被视为违宪。③

2018 年 12 月，得克萨斯州北区的里德·奥康纳（Reed O'Connor）法官裁

① Kimberly Leonard, Supreme Court Upholds Obamacare Subsidies, in Siding with the Administration in King v. Burwell, the Justices Deal a Blow to Opponents of the Affordable Care Act, June 25, 2015, https://www.usnews.com/news/articles/2015/06/25/supreme-court-upholds-obamacare-subsidies-in-king-v-burwell.

② Jonathan Cohn, The Real Reason Republicans Couldn't Kill Obamacare, The Atlantic, March 22, 2021, https://www.theatlantic.com/politics/archive/2021/03/why-trump-republicans-failed-repeal-obamacare/618337/.

③ Melissa Quinn, Supreme Court Rejects GOP Challenge to Obamacare, Saving Health Care Law, CBS News, June 17, 2021, https://www.cbsnews.com/news/supreme-court-rejects-obamacare-challenge-affordable-care-act-opinion/.

定：不能把对各州征收联邦税作为继续获得医疗补助资金的条件，因为实施税收的法律违反了非授权原则和《行政程序法》（*The Administrative Procedure Act*）。2019 年 12 月，设在新奥尔良市的美国第五巡回上诉法院（United States Court of Appeals for the Fifth Circuit）做出裁决支持上述判断，但拒绝就医保法其他部分做出裁决，而是要求下级法院更详细地重新考虑这个问题。① 在败诉之后，维护医疗法的民主党主导的各州和众议院要求最高法院受理上诉，共和党领导的反对方也要求最高法院复审，尽管特朗普政府敦促最高法院拒绝复审。2021 年 6 月 17 日最高法院终于以 7∶2 的票数裁定：提出起诉的共和党领导的州和两名个人不具备挑战《平价医疗法》合宪性的法律地位。最高法院没有回答"奥巴马医改"的个人强制令是否符合宪法的问题，也没有解决这一问题是否可以与法律的其余部分分开的问题，但这一裁决维持了《平价医疗法》的合宪性。②

民主党获胜之后，拜登总统在一份声明中表示：这一决定"是所有受益于这一开创性的、改变生活的法律的美国人的重大胜利"。奥巴马发出声明说："全民医保的原则已经确立，由于我们通过的这项法律，现在有 3100 万人可以获得医疗保险，还有数百万人不再因先前患病而被拒绝获得保险或被收取更多的费用。"众议院议长南希·佩洛西对最高法院的这一裁定表示欢迎，称这是"民主党人具有里程碑意义的胜利"。③

自《平价医疗法案》通过以来，民主和共和两党及其选民对它的态度始

---

① Emma Platoff, Individual Mandate Is Unconstitutional, Federal Appellate Court Rules in Texas-led Affordable Care Act Lawsuit, December 18, 2019, https://www.texastribune.org/2019/12/18/5th-circuitstrikes-down-individual-mandate-obamacare/.

② McNees Wallace, Nurick LLC, U.S. Supreme Court Affirms Constitutionality of the Affordable Care Act (a Third Time), June 23, 2021, https://www.jdsupra.com/legalnews/u-s-supreme-court-affirms-3530603/, 2022.2.11; Mark Sherman, "Obamacare" Survives: Supreme Court Dismisses Big Challenge, The Associated Press News, June 18, 2021, https://apnews.com/article/supreme-court-dismisses-obamacare-challenge-67cc2e9604a70b1b-329c5f3b4177a688.

③ Melissa Quinn, Supreme Court Rejects GOP Challenge to Obamacare, Saving Health Care Law, CBS News, June 17, 2021, https://www.cbsnews.com/news/supreme-court-rejects-obamacare-challenge-affordable-care-act-opinion/.

终泾渭分明。2020年医疗政策分析组织（Health Policy Analysis，HPA）的健康跟踪调查显示，超过四分之三的共和党选民（77%）表示，他们希望《平价医疗法》被推翻。那些想要推翻《平价医疗法》的选民倾向于成为特朗普总统的核心支持者。他们中的绝大多数人认为自己是保守派（80%），强烈支持特朗普作为总统的工作（83%），并表示他们可能或肯定会投票支持总统的连任（98%）。[①] 此外，85%的共和党选民表示，他们认为特朗普总统有一项计划，将继续为已患病者提供保护（但事实是，特朗普并没有这样一种替代法案），在那些希望推翻《平价医疗法》、但不希望看到对已患病者的保护被推翻的人中，这一比例高达92%。与此形成鲜明对比的是，大多数民主党选民（88%）和独立选民（62%）表示，他们不希望医改法或对已患病者的保护被推翻。[②]

无论共和党如何竭尽全力地反对，医保改革已经取得了一些实质性成果：截至2018年11月，在美国50个州中，已有36个州和华盛顿特区扩大或投票支持扩大医疗补助计划。[③] 美国卫生与公众服务部（The Department of Health and Human Services）2021年6月发布的一份报告显示，通过《平价医疗法》获得医疗保险的美国人已达到了创纪录的3100万人，其中包括截至2月在奥巴马医保交易所注册的1130万人，以及截至2020年12月加入医疗补助扩大计划的1480万新符合条件的低收入者。此外，还有120万人在2021年2月中旬拜登推出的特别登记期间选择了保险。[④] 这也意味着，废除《平价医疗法》不仅将使数千万人不再享有医疗保险，而且将损害经济增长。国会预算办公

---

① Audrey Kearney, A Conundrum: Majority of Republican Voters Want to Overturn ACA But Keep Protections for People With Pre-existing Conditions, November 2, 2020, https://www.kff.org/policy-watch/aconundrum-majority-of-republican-voters-want-to-overturn-aca-but-keep-protections-for-people-with-pre-existing-conditions/.

② Audrey Kearney, A Conundrum: Majority of Republican Voters Want to Overturn ACA but Keep Protections for People with Pre-existing Conditions, November 2, 2020, https://www.kff.org/policy-watch/a-conundrum-majority-of-republican-voters-want-to-overturn-aca-but-keep-protections-for-people-with-pre-existing-conditions/.

③ Obamacare Overview, https://ballotpedia.org/Obamacare_overview.

④ Ariane de Vogue and Chandelis Duster, Supreme Court Dismisses Challenge to Affordable Care Act, Leaving It in Place, CNN, June 26, 2021, https://edition.cnn.com/2021/06/17/politics/supreme-court-affordable-care-act-obamacare/index.html.

室 2021 年 6 月发现，废除《平价医疗法》将会导致美国在未来 10 年增加多达 3530 亿美元的政府赤字。自从“奥巴马医改”通过以来，医疗保健领域已经增加了近 100 万个工作岗位。[①] 到 2018 年，65 岁以下没有医保的美国人减少了 1860 万人，他们中的大多数都是通过扩大了的政府医疗补助计划而获得保险的。[②] 而共和党多年来只是承诺它会拿出更好、更便宜的医保，却从未制定出可替代的方案。

《平价医疗法》不仅经受住了共和党长达十年的攻击，而且由于拜登总统签署成为法律的新型冠状病毒感染救援计划中对它的一些重大升级，其法律地位可能得到巩固。但是共和党废除它的动力和决心不会由此而减弱。这一过程亦显示出，由于政治极化，在美国建立一个所有发达国家都拥有的全民医保体系有多么艰难。

三、政治极化纵容了对民主规范的挑战

接受民主选举结果，这是在所有西方民主国家中都接受的原则，也是西方民主得以存续的基本条件。在没有根据的情况下质疑大选结果，并在法院驳回起诉之后，煽动支持者采取行动，冲击立法机构，毋庸置疑是对民主选举结果的否定，而且煽动者在事后并没有受到任何惩罚。这样的事情就堂而皇之地发生在自诩为民主样板的美国。

2020 年 11 月 3 日美国总统选举日后，在选票尚未最后统计出来之前，特朗普便公开宣布自己获胜了。之后，尽管选举结果已经尘埃落定，特朗普仍然拒不承认自己的失败，他的团队还在许多州发起诉讼，认定大选中有舞弊行为，但这些起诉最终都被法院以证据不足驳回。特朗普不断散布有关选举

① Dan Diamond, Donald Trump Hates Obamacare-So I Asked Him How He’d Replace It, July 31, 2015, https://www.forbes.com/sites/dandiamond/2015/07/31/donald-trump-hates-obamacare-so-i-asked-him-how-hed-replace-it/?sh=4dd3b75d4e98.

② Jonathan Cohn, The Real Reason Republicans Couldn’t Kill Obamacare, The Atlantic, March 22, 2021, available at: https://www.theatlantic.com/politics/archive/2021/03/why-trump-republicans-failed-repeal-obamacare/618337/.

舞弊的虚假言论，并向佐治亚州选举官员施压，要求他们“找到”足够多的选票来推翻选举结果。[①] 他还指责拜登窃取了大选成果，称总统选举结果是广泛欺诈的产物，不应被美国人民接受，也不应被州或联邦官员所确认。在选举结果宣布一天后，特朗普的支持者便响应他的号召，在美国各地组织集会，进行抗议。

这些行动在 2021 年 1 月 6 日国会举行联席会议确认拜登获胜的当日达到高潮。特朗普在华盛顿的椭圆广场上对数千人发表了长达 70 分钟的讲话，重申了其谎言，“我们赢得了这次选举，而且我们以压倒性优势赢得了选举”。他接着说：“你将拥有一个非法的总统。这就是你们将会有的结果，我们不能让这种情况发生。”“我们拼命战斗，如果你们不拼命战斗，你们将不再拥有一个国家。”“在这之后，我们会走下去，我会和你在一起。”“我们要走到国会大厦，因为你永远无法凭软弱夺回我们的国家。你必须展示你的力量。我们要沿着宾夕法尼亚大道走，我们要去国会大厦。”[②] 作为回应，集会中的人群明确表示他们接受了特朗普的信息，他们在特朗普的讲话过程中高呼“为特朗普而战”，在特朗普演讲之后，众多暴徒行进至国会山，包围并袭击了国会大厦，他们冲破警察的阻拦，砸碎大厦门窗，甚至冲入众议院议长的办公室。录像显示，骚乱者大喊着“停止偷窃”，并威胁要伤害众议院议长佩洛西和主持国会联席会议的副总统麦克·彭斯（Mike Pence）等政界人士。国会议员、工作人员和记者在骚乱者闯入国会议事厅时被疏散。众议院议事厅外数千名身穿迷彩服的国民警卫队武装人员包围了大厦，一部分武装人员蜿蜒穿过大厅，所到之处把背包和武器堆放在一起。他们的出现让整个行动有一种战时之感。这次袭击直接造成 5 人死亡，其中包括一名警察，另有数十人受重伤。

特朗普大约在 2021 年 1 月 6 日中午向人群发表了讲话，国会定于下午 1 点召开联席会议清点选举人票，正式宣布拜登和哈里斯在大选中获胜。对美

① Nicholas Fandos, Trump Impeached for Inciting Insurrection, The New York Times, January 13, 2021, https://www.nytimes.com/2021/01/13/us/politics/trump-impeached.html?searchResultPosition=1.

② Capitol Riots: Did Trump's Words at Rally Incite Violence?, BBC, February 2021, https://www.bbc.com/news/world-us-canada-55640437.

国国会大厦的袭击大约发生在下午 1 点 10 分后不久。在这一过程中，助手们请求特朗普呼吁暴徒们停止行动，但他起初拒绝采取任何行动阻止暴力，而且据助手们描述，当他看到这一切发生时，显得很高兴和兴奋。《华盛顿邮报》评论道：他的讲话“鼓励了，并可预见地导致了国会大厦的不法行为”。“在他长期讨好、纵容和招募极端分子为他做事之后，他发出了这些指示。”甚至连众议院共和党领袖凯文·麦卡锡（Kevin McCarthy）也在一次演讲中承认，“总统对周三暴徒袭击国会负有责任”，“当他看到正在发生的事情时，他应当立即谴责暴徒”。[①]

众议院决定以“煽动叛乱”的罪名启动对特朗普弹劾程序。2021 年 1 月 13 日，众议院议长佩洛西发表演讲，谴责“暴动侵犯了人民国会大厦的神圣性，并企图推翻美国人民正确（投票）记录的意愿。我们知道，美国总统煽动的这种暴动是针对我们国家的武装叛乱。他必须离开，他对国家来说是一个明显的、现实的威胁”。随后，众议院以 232 票对 197 票通过了一项弹劾特朗普的条款，指控他“威胁了民主制度的完整性，干扰了权力的和平过渡，并危及了一个平等的政府部门”，在寻求推翻选举结果的过程中“煽动针对美国政府的暴力”，鼓励一群最忠实的支持者聚集在华盛顿与国会对峙。佩洛西呼吁将他免职，并取消他再次担任公职的资格。包括众议院共和党第三号人物利兹·切尼（Liz Cheney）在内的 10 名共和党众议员也投了赞成票。

尽管有很多共和党参议员都明白特朗普行为的性质，但他们仍然从党派利益出发来看待这一问题。以众议院议长佩洛西为首的民主党人曾要求副总统彭斯援引《美国宪法》第 25 条修正案[②]剥夺特朗普的总统权力，但亲身遭遇暴徒冲击国会大厦的彭斯在 2021 年 1 月 12 日给佩洛西的复信中说：“我不认

① Nicholas Fandos, Trump Impeached for Inciting Insurrection, The New York Times, January 13, 2021, https://www.nytimes.com/2021/01/13/us/politics/trump-impeached.html?searchResultPosition=1.

②《美国宪法》第 25 条修正案规定，一旦副总统和多数行政各部长官认定总统不能履行总统职务的权力和责任，可以向国会提交书面声明，如果国会以两院三分之二的多票数决定总统不能履行总统职务的权力和责任，副总统可以作为代理总统来履行总统的权力和责任。

为这样的行动符合我们国家的最佳利益，也与我们的宪法不相一致。”[1]在众议院通过弹劾条款时，距离特朗普 2021 年 1 月 20 日结束任期仅剩下 7 天时间，当时参议院因正在休会，不能审议弹劾案，为此民主党人希望参议院多数党领袖、共和党人米奇·麦康奈尔（Mitch McConnell）动用紧急权力要求参议院提前复会，但遭到后者的拒绝。这样，参议院对弹劾案的审议就被推迟到特朗普离任之后。而这也成为许多共和党参议员其后对弹劾案投反对票的法律依据，尽管其论点遭到参议院多数议员和主要宪法学家的否定。

参议院对弹劾案的审议被安排在 2021 年 2 月 9 日进行。当时两党在大选后新一届参议院中的席位平分秋色，各占 50 席，而弹劾案的通过需要三分之二多数票，即 67 票。由于国会在所有重大问题上的投票都是以党派划界的，这几乎就是天方夜谭。2 月 13 日，参议院最终以 57 票赞成、43 票反对的结果，未能给特朗普定罪。仅有 7 名共和党人加入了民主党的行列。包括参议院少数党领袖麦康奈尔在内的大多数共和党人坚持认为，参议院没有宪法赋予的权力来审判已是普通公民的前总统。特朗普的辩护律师称：特朗普不能受审，因为他已经卸任，他的演讲不构成煽动暴力，而且受到宪法第一修正案的保护。1 月 26 日，共和党参议员兰德·保罗（Rand Paul）仍然提出一项动议：在特朗普离任后如果面临弹劾程序，违反《美国宪法》，对此投支持票的都是共和党人，但这项议案在参议院以 55：45 票被否决。

麦康奈尔在投票结束后发表演讲称，特朗普在这一事件中的行为是“可耻的玩忽职守”，他“在实际上和道德上都应对引发今天的事件负责”。但麦康奈尔又说，参议院从来就不是一个“道德法庭”。[2]

在“无罪”判决宣布后，特朗普感谢了支持他的共和党人，并谴责了他所说的“我们国家历史上最伟大的政治迫害的又一个阶段”。他在声明中没有表示悔恨，而是宣称：“我们历史性的、爱国的、美丽的让美国再次伟大的运动

① Michael R. Pence, Pence's Letter to Pelosi, The New York Times, January 12, 2021, https://int.nyt.com/data/documenttools/pence-letter-to-pelosi/38989457c7d0c1b8/full.pdf.

② Sam Levine, Lauren Gambino, Donald Trump Acquitted in Second Impeachment Trial, February 14, 2021, https://www.theguardian.com/us-news/2021/feb/13/donald-trump-acquitted-impeachment-trial.

才刚刚开始。”[①] 他表示希望自己继续成为党内的一股政治力量。

关于民主党发起对特朗普弹劾的政治意图、共和党内的派系斗争，以及民主党和共和党孰是孰非，这些都不是本文的重点。本文想要说明的是，既然民主选举对于民主体制来说是至关重要的，民主的存续就需要竞争的各方都接受选举结果，即所谓“愿赌服输”。如果以没有根据的“选举舞弊”指责来否定和拒绝大选的结果，就与一些不被承认为稳定民主制的国家中在大选后出现的情况无异：这些国家中的一些派别可以以各种对选举过程的指责来发动一场政变，推翻选举结果。特朗普煽动支持者冲击国会的事件虽然没有严重到动用武力的程度，[②] 但在性质上（即否定大选结果）并无二致。

这还只是问题的一个侧面。另一个侧面是，美国的政治极化可以造成如此后果：政党可以为了自身的利益，而不顾国家利益。明知特朗普的行为是对民主政治的极大危害，但为了党派利益，仍然要袒护他。而且，这也开创了一个危险的否认民主选举结果的先例。负责弹劾案的 9 名检察官之一的民主党人乔·尼格斯（Joe Neguse）在参议院投票前呼吁：“有些时刻超越了党派政治，需要我们把国家置于党派之上，因为不这样做的后果太大了。参议员们，现

---

① Sam Levine, Lauren Gambino, Donald Trump Acquitted in Second Impeachment Trial, February 14, 2021, https://www.theguardian.com/us-news/2021/feb/13/donald-trump-acquitted-impeachment-trial.

② 实际上，美国军方中就存在着这种担心，迹象之一是在特朗普仍拒绝承认自己大选落败的情况下，10 名在世的美国前国防部部长在《华盛顿邮报》上发表了一封公开信，宣称：“美国军方无权决定美国大选的结果。让美国武装部队参与解决选举纠纷的努力将把我们带入危险、非法和违宪的境地。代理国防部部长克里斯托弗·米勒（Christopher Miller）及其下属都受到誓言、法律和先例的约束”，他们“必须避免采取任何破坏选举结果或妨碍新的总统团队的政治行动。我们以最强烈的言辞呼吁他们，像在他们之前的许多代美国人所做的那样，这最后的行动符合美国武装部队的最高传统和专业精神，也符合我们伟大国家民主转型的历史”。See All 10 Living Former Defense Secretaries: Involving the Military in Election Disputes Would Cross into Dangerous Territory, The Washington Post, January 3, 2021, https://www.washingtonpost.com/opinions/10-former-defense-secretaries-military-peaceful-transfer-of-power/2021/01/03/2a23d52e-4c4d-11eb-a9f4-0e668b9772ba_story.html.

在正是这样的时刻之一。”[①]但大多数参议员为了党派利益，对此无动于衷，这不能不说是政治极化造成的美国民主丑陋的一面。

在美国政治家们面对暴徒对国会的攻击还在盘算政党利益的同时，美国的西方盟国和伙伴国的政治家对其所见所闻无不感到震惊。这些人中，凡是愿意开诚布公批评美国的外国领导人，包括前英国首相鲍里斯·约翰逊（Boris Johnson）、法国总统埃马纽埃尔·马克龙（Emmanuel Macron）、前德国总理塞巴斯蒂安·库尔兹（Sebastian Kurz）等人，甚至连印度总理纳伦德拉·莫迪（Narendra Modi），都不约而同地表达了如下一致看法：这是“民粹主义的煽动和反民主的攻击”，“美国人民的意愿和投票必须得到尊重”，“尊重自由选举的结果和政府权力的和平移交是民主的基础”，“必须确保和平有序的权力交接”，当“即将离任的美国总统支持者拿起武器挑战选举的合法结果时，一人一票的普世理念就会遭到破坏”。在事件发生后，由于卢森堡外交部部长让·阿瑟尔伯恩（Jean Asselborn）和欧盟高级官员拒绝会见时任美国国务卿迈克·蓬佩奥（Mike Pompeo），后者不得不尴尬地取消了对卢森堡、比利时和欧盟的访问计划。[②]

美国布鲁金斯学会研究员罗伯特·卡根（Robert Kagan）并不是民主党人，而是一名美国著名的新保守主义者、外交政策方面的鹰派，但甚至连他都激烈抨击美国民主的现状。他指出，冲击国会的事件证明，“特朗普及其支持者正准备挑战宪法和民主规范”，“但是几乎所有美国人，除了个别政治家外，

① Sam Levine, Lauren Gambino, Donald Trump Acquitted in Second Impeachment Trial, The Guardian, February 14, 2021, https://www.theguardian.com/us-news/2021/feb/13/donald-trump-acquitted-impeachment-trial.

② Tucker Reals, Foreign Reaction to the “Disgraceful Scenes” at the U.S. Capitol, January 7, 2021, CBS News, https://www.cbsnews.com/news/us-capitol-riot-donald-trump-protests-foreign-reaction/; Michele Kelemen, How the World Reacted to the Insurrection at the U.S. Capitol, NPR, January 7, 2021, https://www.npr.org/2021/01/07/954562076/how-the-world-reacted-to-the-insurrection-at-the-u-s-capitol; Lisa Hagen, Senate Acquits Trump in Impeachment Trial, Though Seven Republicans Voted for Impeachment, It wasn't Enough to Convict the President on Charges of Inciting the Riot at the U.S. Capitol on Jan.6, US News, February 13, 2021, https://www.usnews.com/news/politics/articles/2021-02-13/senate-acquits-trump-of-incitement-of-insurrection-in-impeachment-trial.

都拒绝认真看待这一事件，没有试图阻止其发生。正如在其他出现法西斯领袖的国家中经常出现的情况一样，潜在的反对者在困惑与惊异中被这个富有魅力的独裁者所折服”。在美国，近几十年来，“对政党的忠诚已取代了对分权的忠诚，在特朗普时期更是如此”。正如两次弹劾特朗普的结果所显示的，“议员仅仅因为总统是他们的政党领袖就为其作辩护或忽略其不当之举”①。

美国的政治极化阻碍了民主政治下的妥协，如果不加抑制地朝着这个方向走下去，对民主制的生存将是致命的。罗素在《论权力》一书中所做的关于民主政治中妥协必要性的论述，可能非常适用于美国的现状：“作为一种政府形式，民主政治的困难在于它需要做好妥协的准备。失败的一方不应把某项原则看得过于重要，以致使它怯懦到屈服；另一方面，多数派也不应滥用优势，以致引起反抗。这需要实践、对法律的尊重，以及相信他们的意见也许并无恶意的习惯。而更为重要的是，决不可以有一种会产生巨大恐怖的状态，因为在这种状态中，人们会去寻找领袖。一旦找到，便会听命于他，结果使他很可能成为一个独裁者。”②卡根也持有同样的观点，他强调：“自由和民主要求接受不利的选举结果，愿意支持与我们意见相左的人上台执政。”他援引历史学家理查德·霍夫施塔特（Richard Hofstadter）的观点，“自由和民主要求人们为了社会和平容忍错误。这种意愿部分源自这样一种信念，即民主制度能够帮助执政党纠正错误和越权行为”。他警告美国人，如果没有改变，不久的将来美国国内还会出现对民主规范和体制的更大挑战。③

① Robert Kagan, Our Constitutional Crisis Is Already Here, The Washington Post, September 23, 2021, https://www.washingtonpost.com/opinions/2021/09/23/robert-kagan-constitutional-crisis/.

② [英]罗素：《权力论》，靳建国译，东方出版社 1988 年版，第 156 页。

③ Robert Kagan, Our Constitutional Crisis Is Already Here, The Washington Post, September 23, 2021, https://www.washingtonpost.com/opinions/2021/09/23/robert-kagan-constitutional-crisis/.

四、政治极化助长了美国政治的种族化

根据一篇 2005 年发表的、被广泛引证的论文《种族制度与美国政治发展》，“种族不平等一直是而且仍然是美国历史上令人困惑的特征”，因为“在一个精神上崇尚民主、尊重权利的政权里，种族不公正是一种巨大的偏差”。[①] 这一判断现在仍然适用。

虽然从立国时期起，美国就建立起了民主制，但是与民主制和自由价值观念相悖的美国奴隶制依然存在。在美国内战和 19 世纪 60 年代奴隶制被废除后，《美国宪法重建修正案》（*The Reconstruction Amendments to the United States Constitution*）赋予所有非洲裔美国人解放奴隶的权利和公民权。新的宪法、行政、政治、经济、教育和社会机构被建立起来，以促进更大程度的种族平等，新的学校、政治组织和黑人公民协会也纷纷涌现。但是，种族隔离制度和剥夺黑人选举权的吉姆·克劳法（*Jim Crow Laws*）仍然盛行，越来越多的黑人被剥夺公民权利。非洲裔美国人做出了各种努力来保障他们的合法权利和公民权利。20 世纪 60 年代，产生了席卷美国的学生抗议运动、民权运动、反越战运动和女权运动，而民权运动在美国追求种族平等和政治平等的进程中被视为一场“权利革命”，也是其追求平等进程中的必经之路。1964 年的《民权法》与 1965 年的《选举权法》[②] 的诞生不仅废除了全国范围内公共场所、教育与就业中的种族隔离和种族歧视政策，也有力地保证了黑人等少数族裔的投票权。

然而，随着民权运动在全国范围内的展开，它与民主党明显地联系在一起。民权运动开始冲击当地的社区和学校，并开始瓦解一些白人选民对民主

---

① Desmond S. King, Rogers M. Smith, Racial Orders in American Political Development, *The American Political Science Review*, Vol.99, No.1, 2005.

② 1964 年的《民权法》（*The Civil Rights Act*）在亚特兰大中心汽车旅馆公司诉美国案（1964 年）中得到最高法院的支持，明确禁止在就业中基于种族、肤色、宗教、性别或国籍的歧视，结束了选民登记要求的不平等应用，禁止在学校、工作场所和公共场所实行种族隔离。1965 年的《投票权法》（*The Voting Rights Act*）恢复和保护了少数族裔的投票权，授权联邦政府监督那些历史上少数族裔选民代表性不足的地区的登记和选举。

党的忠诚。此外，为数众多的选民，包括北方白人、城市和郊区以及整个南方，对人权革命的各个方面深感愤怒和痛苦。由于新权利的引入，在以下领域也发生了社会变革：白人工人和中下阶层中少数民族的公民权利、妇女的生育权和在工作场所的权利、对刑事被告的宪法保护、来自发展中国家的移民机会，这些都遭到了部分白人选民的强烈抵制。

与此相应的是，尽管法律上的种族不平等已不复存在，种族歧视也已被普遍视为是对20世纪90年代传播的“政治正确”的违背，[①] 但限制种族和民族平等权利的“玻璃天花板”（glass ceiling，即无形限制）仍然无处不在。为消除黑人和有色人种在教育和就业领域竞争起点不平等的“肯定性行动”（Affirmative Action）[②]，在实行多年后被那些感到因此受到不平等待遇的白人视为“逆向歧视”，自20世纪70年代起，越来越多地要求给予非洲和拉美裔人“平等权利”的诉讼在法院提起。2019年2月，皮尤研究中心的一项调查发现，73%的美国人反对大学招生中的种族和民族平权政策。[③]

在美国，一个越来越受到研究者重视的问题是，种族仇恨与各种政治因素的关联性越来越大。尽管1988年至2016年近30年间在总统选举年白人受访者的平均种族仇恨程度基本上保持不变，但种族仇恨与投票选择、党派和意识形态等政治方面的关联性越来越明显。提出这一看法的亚当·恩德斯（Adam Enders）和贾米尔·斯科特（Jamil Scott）认为，美国当前政治话语的

① Serge Ricar, The Trump Phenomenon and the Racialization of American Politics, Revue LISA/LISA e-journal, Vol.XVI, No.2, 2018, https://pdfs.semanticscholar.org/aa43/d29c32b99305f117b714992b291895fe6dac.pdf?_ga=2.28974709.831582273.1644764532-1558135093.1641912876.

② “肯定性行动”又被称为“平权运动”“优惠性差别待遇”“矫正歧视措施”等，是指依据肤色、种族、宗教、性别、国籍，给予这些少数群体或弱势群体优待的一种手段，目的是使各族裔群体享有平等的权利。“肯定性行动”主要集中于就业、教育、工程承包和医疗方案上。

③ Pew Research Center, Most Americans Say Colleges Should Not Consider Race or Ethnicity in Admissions, February 2019, https://www.pewresearch.org/fact-tank/2019/02/25/most-americans-say-colleges-should-not-consider-race-or-ethnicity-in-admissions.

种族主义性质已经改变了公众对政治的看法，而且这种改变可能很难逆转。[①] 两位作者发现，白人的种族仇恨与政治团体、决策和政策之间的联系越来越紧密，尽管政治人物很少表现出明显的种族偏见，但他们总是使用“暴徒”和“内城”[②]等种族暗号来激活种族偏见，并将其与政治问题联系在一起。两位作者用种族仇恨与投票选择、党派、意识形态和对政治问题态度的相关性变化来对上述结论进行检验，结果发现，1988 年，种族怨恨与政党认同之间的相关性系数为 0.07，而到 2016 年，相关性已上升到 0.50。在调查研究中，这是一个很强的相关性。该作者得出的结论是，美国政治中的这种相关性具有持久的、日益增强的影响，尽管政治家的策略在最近几年并没有多大变化，但这种政治沟通策略已经在大众中引起了变化，其表现形式就是“政治决策日益种族化”。[③]

恩德斯和斯科特担心，这种核心政治态度和取向的日益种族化可能产生多米诺骨牌效应，使其他问题和行为更容易被种族化。如果种族仇恨程度高的人能够按照党派、意识形态和对问题的态度进行分类，那么政治家和有组织的利益集团就能更容易以种族为基础来吸引这些人。哈佛大学政治学家莱恩·伊诺斯（Ryan Enos）指出，种族态度的吸引力似乎在向两个方向移动：种族保守主义者被拉入共和党，而种族自由主义者被拉入民主党。[④] 如今，几乎所有的种族保守主义者都进入了共和党，几乎所有的种族自由主义者都进入了民主党，无论在哪个政党中，种族温和派都在逐渐消失。其结果是，两党在种族问题上的观念变得更加对立，这种对立与政治极化互为因果。

---

① Adam M. Enders, Jamil S. Scott, Why the Racialization of American Politics Is Here to Stay, June 15, 2018, https://blogs.lse.ac.uk/usappblog/2018/06/15/why-the-racialization-of-american-politics-is-here-to-stay/.

② “内城”指市中心贫民区，相对于中产阶级居住区与郊区而言。

③ Adam M. Enders, Jamil S. Scott, Why the Racialization of American Politics Is Here to Stay, June 15, 2018, https://blogs.lse.ac.uk/usappblog/2018/06/15/why-the-racialization-of-american-politics-is-here-to-stay/.

④ Thomas B. Edsall, The Deepening “Racialization” of American Politics, Obama Was a Lightning Rod, Trump Is a Lightning Strike, February 27, 2019, https://www.nytimes.com/2019/02/27/opinion/trumpobama-race.html.

研究者们发现，尽管美国第一位黑人总统巴拉克·奥巴马的当选被称为美国后种族时代的到来，但事实上，这更是一个转折点，种族偏见从此前的休眠状态中被唤醒。①奥巴马的当选给美国政治格局带来了一些重要变化，其中之一是消极的种族态度与政治问题之间的联系日益紧密，最突出的表现就是种族偏见对医疗保险制度改革的溢出效应：奥巴马政府领导下的医改被视为“奥巴马医改”，一些白人仅仅因为它是“奥巴马医改”就反对它，甚至不遗余力地试图废除它。②

与奥巴马的当选相比，特朗普的竞选胜利是决定性的。“特朗普在2016年的竞选活动中，不仅频繁地援引种族问题，以种族歧视的方式评价总统竞选”，而且，2016年竞选活动中突出的种族问题也渗透到了国会竞选中。③尽管特朗普的获胜被许多人视为一个偶然事件，但“实际上这是一种回归常态，自2016年11月8日以来，出于种族动机的不文明行为和犯罪的增加证明了这一点”④。

同时，民主党人也加紧推动种族自由主义政治议程，在捍卫多样性和多元文化主义方面变得更加强势。民调数据显示，在对种族问题的态度上，正是特朗普推动了民主党自由派进一步左倾，保守派共和党人则进一步右倾。虽然整体来看，自特朗普竞选以来，美国在与种族、移民、伊斯兰教和性别有关的问题上明显变得更加自由，但向左的转变并不是全面的，它是民主党人和倾向于民主党的选民所带动的。“这种日益增长的宽容很大程度上局限于

① Serge Ricar, The Trump Phenomenon and the Racialization of American Politics, Revue LISA/LISA e-journal, Vol.XVI, No.2, 2018, https://pdfs.semanticscholar.org/aa43/d29c32b99305f117b714992b291895fe6dac.pdf?_ga=2.28974709.831582273.1644764532-1558135093.1641912876.

② Jamil S. Scott, Why the Racialization of American Politics Is Here to Stay, https://blogs.lse.ac.uk/usappblog/2018/06/15/why-the-racialization-of-american-politics-is-here-to-stay/.

③ Carlos Algara, Isaac Hale, The Distorting Effect of Racial Animus on Proximity Voting in the 2016 Elections, https://www.sciencedirect.com/science/article/abs/pii/S0261379418302774.

④ Serge Ricar, The Trump Phenomenon and the Racialization of American Politics, Revue LISA/LISA e-journal, Vol.XVI, No.2, 2018, https://pdfs.semanticscholar.org/aa43/d29c32b99305f117b714992b291895fe6dac.pdf?_ga=2.28974709.831582273.1644764532-1558135093.1641912876.

民主党和倾向于民主党的独立派人士，作为对特朗普主义的反弹，民主党人变得更加宽容，而共和党则仅有微小的变化。”这也意味着，虽然美国人变得越来越宽容，但他们在种族和民族问题上也更加两极分化。①

加州大学欧文分校的政治学教授迈克尔·特斯勒（Michael Tesler）认为，民主党和共和党选民的分歧不仅仅在于政府应当在移民和平权运动等有关种族的问题上做些什么，他们现在在美国种族问题上的分歧日益加大。而种族态度与公众舆论之间日益趋同，“已经使选民两极分化，并使美国政治变得越来越苛刻”。而且，种族态度与党派认同密不可分，一个人身在哪一党派，很大程度上决定了其种族态度。“党派认同影响着当代美国社会的方方面面”，“党派身份的种族化本身就是美国政治和社会的种族化。”②

在美国，对种族问题的态度往往是用对一个问题的回答来衡量的：“种族歧视是当今许多黑人无法取得成功的主要原因。”从 2008 年至 2016 年，很少有共和党人赞同这一观点，但在这一时期，民主党的支持率从略低于四分之一上升到远远超过一半。③皮尤研究中心的一项调查发现，特朗普当选总统之后，大多数民主党人赞同这一说法，而共和党人的支持率仅有微小的提高。④

盖洛普（Gallup）的数据显示，在特朗普总统任职期间和之后，白人民主党人有明显的左倾倾向。特朗普的总统任期不仅推动了民主党人向进步主义方向发展，特朗普本人也在保持民主党团结方面发挥了关键作用。自称“社会自由主义者”的白人民主党人的比例从 2001 年至 2006 年的 39%，上升到

① Thomas B. Edsall, The Deepening “Racialization” of American Politics, Obama Was a Lightning Rod, Trump Is a Lightning Strike, February 27, 2019, https://www.nytimes.com/2019/02/27/opinion/trumpobama-race.html.

② Michael Tesler, Racial Attitudes and American Politics, 2019, https://www.taylorfrancis.com/chapters/edit/10.4324/9781351054621-6/racial-attitudes-american-politics-michael-tesler.

③ Stephen M. Utych, Man Bites Blue Dog: Are Moderates Really More Electable than Ideologues?, *The Journal of Politics*, Vol.82, No.1, 2020, https://www.journals.uchicago.edu/doi/pdf/10.1086/706054.

④ Thomas B. Edsall, The Deepening “Racialization” of American Politics, Obama Was a Lightning Rod, Trump Is a Lightning Strike, February 27, 2019, https://www.nytimes.com/2019/02/27/opinion/trumpobama-race.html.

2007 年至 2012 年的 50%，以及 2013 年至 2018 年的 63%。这 24 个百分点的增幅超过了黑人民主党人，后者的变化是从 33% 上升到 41%，拉美裔民主党人从 28% 上升到 36%(当然，白人选民中认为自己是民主党人的比例远低于非洲裔或拉美裔选民)。平均有 82% 的保守派民主党人、91% 的温和派民主党人和 96% 的自由派民主党人不赞成特朗普总统作为总统所做的工作。①

美国政治极化的另一个表现形式是，在较早时期大选的众议院的竞选中，温和的候选人比意识形态极端的候选人更有可能当选。1980 年，非常极端的候选人赢得选举的可能性不到 20%，而意识形态温和的候选人赢得选举的可能性接近 80%。然而到 2008 年，意识形态极端的候选人和温和候选人在选举中获胜的概率不相上下，都在 50% 左右。②如今，当美国政治变得越来越极化时，美国在消除种族歧视和种族不平等方面所取得的成果不断被溶蚀。历史上，1954 年到 1968 年在美国各地废除制度性种族隔离、歧视和剥夺公民权的民权运动摧毁了令美国蒙耻的种族制度的最后障碍；1963 年 8 月，马丁·路德·金发出的富有巨大感召力的“我有一个梦想”的呼喊为无数美国人描绘出一个种族和谐的美好愿景；美国人在消除种族歧视和种族不平等方面所做的不懈努力取得了令世人瞩目的成果，这些都曾使美国国内外的人们期待：美国将不可逆转地朝着种族融合和种族平等的方向走下去，美国民主制上的这一污点也终将会被抹去。但是，美国的政治极化使这一理想变得模糊了，现实与这一理想之间的距离不是越来越近，而似乎是越来越远。《种族制度与美国政治发展》一文的作者写道：“美国始终存在着两种演化着的、相互竞争的‘种族制度秩序’，一种是‘白人至上主义’秩序，另一种是‘平等主义变革’秩序，这两种秩序始终进行着相互竞争。为了取得更大的成就，美国的政治人

① Thomas B. Edsall, The Deepening “Racialization” of American Politics, Obama Was a Lightning Rod, Trump Is a Lightning Strike, February 27, 2019, https://www.nytimes.com/2019/02/27/opinion/trumpobama-race.html.

② Stephen M. Utych, Man Bites Blue Dog: Are Moderates Really More Electable than Ideologues?, *The Journal of Politics*, Vol.82, No.1, 2020, https://www.journals.uchicago.edu/doi/pdf/10.1086/706054.

物通常感到必须加入其中之一。”[①]而近年来不断加深的政治极化至少在可预见的将来，只会使两种“种族制度秩序”之间的竞争越来越激烈。

从以上分析可以看出，政治极化对美国政府的治理能力和美国民主的危害深入膏肓。一些美国人认为政治极化无关痛痒，把政治极化等同于一般的两党政策分歧，看作两党制国家中的正常现象；更多的人看到了其危害性，但都对此束手无策。美国已经有许多研究者在呼吁采取一些措施来避免或弱化政治极化，但都只是治标不治本。美国的政治极化将发展到何种程度？它可能会给美国带来什么更大的影响？它是否可能和在什么条件下逆转或减弱？这些都关系到美国民主的未来（而后者构成了百年未有之大变局的一个重要因素），值得我们进一步观察和研究。

① Desmond S. King, Rogers M. Smith, Racial Orders in American Political Development, *The American Political Science Review*, Vol.99, No.1, 2005.

英美极化政治中的民主与民粹 *

2016 年 6 月，英国就是否脱离欧盟举行了全民公投，结果是脱离欧盟。毫无疑问，在欧盟已经面临很多困难和挑战的时刻，这一公投结果会对其一体化的进程构成不小的打击。它传递出一个很清晰的信息：英国人——起码他们中的很多人——不想再继续维持以前那种对外开放和合作，他们认为欧盟这种国际共同体带来的负面效果超过正面价值，全球化的贸易也不一定对他们自己有好处，他们想变得更“独立”。就此而言，这可能是自近代以来一直以自由国际贸易为基本国策的英国的最重要转向。与此同时，在大西洋彼岸，美国总统选举爆出大冷门，没有任何政治经验的特朗普在共和党初选中获胜，成为正式的共和党总统候选人。在很多人看来，特朗普的胜利就是美国版本的政治右翼化和民粹化，即便在接下来的竞选中他输给民主党的希拉里·克林顿，他的影响也不会马上消失。如何理解西方世界的这种变化？经常被人们认为已经相当成熟的西方民主，为什么也不能阻止这种右翼化的趋势？本文针对这些问题展开讨论，并以此为契机分析现代民主政治的若干重要特征和机理。

一、议程的设定

客观地说，英国脱欧并非一时兴起之举。在历史上，相对于欧洲大陆来说，英国长期扮演“离岸手”的角色，尽力使欧陆内部的各个权力之间保持有利于自己的平衡。二战后，欧洲开始踏上内部整合之路，一般来说人们将其看作经历无休止的战争后欧洲各国对极端民族主义的反思和拒绝，[①] 但欧洲的

---

* 作者简介：段德敏，北京大学政府管理学院长聘副教授。本文原载于《探索与争鸣》2016 年第 10 期。

① John Pinder, *The European Union:A Very Short Introduction*, Oxford University Press, 2001, pp.1–3.

外部边界仍然存在，苏联作为一个共同的外部威胁在欧洲整合中起到的推动作用也不容忽视。[①] 英国属于广义上欧洲的理所当然的成员，欧洲共同体（欧盟的前身）成立之后，英国也是较早加入的国家之一（1973 年）。但很多英国人一开始就对这个超国家组织有所怀疑，以至于加入仅两年后，英国执政的工党就为此问题陷入难以解决的内部分歧。工党政府支持留欧，但很多代表下层民众的工党成员极力反对。当时的保守党则支持留欧。1975 年英国首相哈罗德·威尔逊宣布就留欧还是脱欧举行全民公投，这也是英国历史上的首次公投。当时英国保守党领袖撒切尔曾这样评价这次公投：这是“工党为了解决其内部分歧而采取的动作”，工党政府没有能力做出决定，便“把球甩给了人民”。[②] 撒切尔领导了当时保守党的支持留欧运动，但她在任英国首相之时，又极力反对欧洲单一货币政策，尤其拒绝英国加入欧元区。[③]

世异时移，2016 年英国举行了其历史上第二次公投，主题仍是脱欧与否（欧盟早已在 1993 年取代欧共体），但支持和反对的阵营几乎调换了位置。执政的保守党政府支持留欧，但很多保守党成员支持脱欧，工党主流则支持留欧。然而，撒切尔所指出的问题却仍然存在。卡梅隆为了连任首相，争取“疑欧派”（Eurosceptics）特别是右翼政党英国独立党（UKip）对保守党的支持，承诺连任成功后将就是否脱欧问题举行全民公投。如果我们只看公投本身，它很容易给我们一种印象，即这是公民“自己”在用选票就某重大事项做出决定，好像这是民主的体现。公投之后很多媒体都做出类似这样的评论，即无论公投结果如何，这是民主的声音。卡梅隆自己也在公投结果公布后发表公开演讲时说：“这个国家刚刚进行了一场大型的民主活动，这也许是我们历史上最大的一次。”

然而，我们还可以问这样一些问题，即为什么要就这个议题公投，而不就

① Derek W. Urwin, *The Community of Europe: A History of European Integration since 1945*, Routledge, 1994, pp.13–26.

② Richard Roberts, Back to the Future? Britain's 1975 Referendum on Europe, *New Statesman*, 23 January, 2015.

③ Margret Thatcher, *Statecraft: Strategies for a Changing World: Strategies for A Changing World*, Harper and Collins, 2002, p.355.

其他议题公投？为什么现在公投而不是其他时间？为什么公投的选项只有这两个而不能有第三个或更多？事实上，在公投前，所有这些问题都已经被决定了，它们的重要性绝不亚于公投本身，却并没有经过民主的程序。如前所述，这些决定通常是某些政客在政党内部权衡之后做出的，远离公众的视线，公众对这些决定基本上没有控制能力。正如英国这两次公投所体现的，它们都或多或少跟政客们的个人野心有关。很多人在讨论公投是否民主时，都只关注公投本身，而没有考虑公投的这些有关议程设定的“前提条件”，好像公投自然而然就该如此这般发生，这是对现代西方民主以及全民公投的一种非常粗浅的理解。

在欧洲语言中，“全民公投”（referendum）一词起源于古罗马，最初指“平民大会”的投票决定，因此与它同义的另外一个词是 plebiscite，其词根“pleb”即平民的意思。一个议题通过与否完全由选票的数量决定，或有时候干脆就由群众喊声的大小决定。在近代，较早使用这种方法来通过政治议题的是法国的拿破仑，1880 年他通过公投将自己确立为法兰西第一共和国的第一执政，300 多万人投了赞成票，只有区区 562 人投了反对票。[①] 在这一结果的支持下，仅四年之后他就成了法兰西第一帝国的皇帝。希特勒是另一个喜欢使用全民公投的人，他的上台本身就带有很强的民粹色彩，这方面已有相当多的描述，[②] 但较少引起我们注意的是，他前后一共发动了四次公投，而且都得到超过 90%选票的支持。1933 年，在得到几乎不受法律限制的统治权后不久，希特勒要求德国人就德国是否退出日内瓦裁军谈判会议和国际联盟进行公投，95%的人投票要求退出。1934 年，兴登堡总统去世后，希特勒要求公投决定是否确立自己为唯一的德国元首，90%的德国人投票赞成。1936 年，98.8%的德国人投票同意德国占领被《凡尔赛条约》确定为非军事区的莱茵地

① Steve Douglas, Referendum: Hitler's "Democratic" Weapon to Forge Dictatorship, *National*, 8 April, 2005, p.43.

② John Lukacs, *Democracy and Populism: Fear and Hatred*, Yale University Press, 2005, pp.110–142.

区。1938 年，99%的民众通过公投同意德国吞并奥地利。[①]

值得注意的是，纳粹党上台前夕，德国内外交困，民生凋敝，纳粹党趁机煽动民众赢得议会选举中的多数票，但即便是多数也只有 44%。为何在不久后的公投中希特勒就能获得一边倒的支持，史蒂夫·道格拉茨很精辟地说，那主要是因为在公投时根本没有反对派。[②] 公投只有“是”或“否”、“赞成”或“反对”的答案，无论结果是什么，都带有压倒性的特征。正如此次英国脱欧公投的结果一样，如此重要的议题，即便只有 53%的投票支持脱欧，此结果也只能被打上“人民的呼声”的封印。无怪乎撒切尔称公投是独裁者和煽动家才喜欢用的工具。

二、政治的极化

我们将目光投向美国，特朗普的获胜当然不是因为全民公投，但仍然带有明显的民粹特征。特朗普经常说他代表着美国“沉默的大多数”，与建制力量（the establishment）——包括共和党内的建制力量对抗，他要将权力从那些习惯于操弄政治的精英手里夺回来，交给人民。当然，将权力交给人民或“沉默的大多数”实际上等同于交给他自己，因为他认为自己才真正代表着人民，才真正为人民发声。当然，我们需要知道的是，现代民主政治多少都带有一些民粹色彩，一个候选人要在选举中胜出，多少都要有一些马克斯·韦伯所说的卡里斯玛式的人格魅力，而竞选者也都需要让尽可能多的人相信自己才是人民利益的真正代言人。然而，这里有一个“是朋友还是敌人”的问题。一般而言，竞争中的不同政党和候选人不会把其他阵营及其支持者看作真正意义上的“敌人”，他们充其量只是持有不同的政治见解，对“这个国家怎么了”“我们应该向何处去”这样的问题有不同的答案而已。而且关键在于，正

① Steve Douglas, Referendum: Hitler's "Democratic" Weapon to Forge Dictatorship, *National*, 8 April, 2005, p.43.

② Steve Douglas, Referendum: Hitler's "Democratic" Weapon to Forge Dictatorship, *National*, 8 April, 2005, p.43.

常情况下，他们不会相信自己一方就是永远和绝对正确的，从而不同意自己的另一方就是“与人民作对”，甚至应该被彻底打倒。用当代政治理论家尚塔尔·墨菲（Chantal Mouffe）的话来说，这是一种对立但不敌对的竞争状态，而且现代民主主要就依赖这种状态所带来的开放性，墨菲将其称为“论争式民主”（agonistic democracy）。[1]

然而，特朗普在近期的美国大选中展示的却是另一番图景，这也是为什么这次美国大选非常抢眼，与以往很不一样的最主要原因。特朗普相信他所代表的“沉默的大多数”才是真正的美国人民，并声称“其他人并不重要”。他甚至向其支持者暗示，如果希拉里当选，美国宪法第二修正案保护下拥有持枪权的、支持他的人可以做点什么。特朗普的生意中有一块是培训别人怎么赚钱，后来很多学员向法院起诉他的那个所谓“特朗普大学”存在欺诈行径。在初选期间，特朗普在公开场合怒斥就此案做出裁决的法官，称他是墨西哥裔，所以他不可能做出公正的裁决。此言一出，美国国内舆论大哗，因为这其实不完全是盛怒之下控制不住情绪的表现，它和特朗普一贯的政治立场实际上是一致的。特朗普非常著名的一个竞选口号就是要在美国和墨西哥边境建一堵墙，挡住来自南美的非法移民，他对外来移民持强烈的敌视态度，他认为应该把打击恐怖主义和对穆斯林人群及其宗教的控制紧密相连，如果当选势必要加深制度性的宗教和种族歧视，他对女性公开的嘲讽和攻击也数不胜数。

因此，在特朗普那里，“美国人民”是有所特指的，比如墨西哥裔、穆斯林、有色人种、同性恋等可能就不那么值得被归入人民之列。自然，他也将其对手希拉里的竞选阵营看作敌人，几乎是欲除之而后快。种种迹象都表明，特朗普的竞选策略基本上是通过分裂社会，制造恐惧，尤其是对外来移民、穆斯林和全球化的恐惧，从而达到煽动民意并获取政治利益的目的。特朗普的主要支持者是中下层白人，他们在全球化的进程中获利最少，而且随着制造业从美国流向其他国家，他们的工作机会也在减少，因此对全球化甚少有

① Chantal Mouffe, *On the Political*, Routledge, 2005, p.52.

好感。他们也敌视外来移民，认为外来移民抢了自己本来就少的工作机会。他们大都因为极端伊斯兰主义和恐怖主义也敌视穆斯林群体。特朗普所做的基本上就是将这些人的愤怒调动起来，作为他自己的政治基础。

特朗普现象与墨菲所说的“敌对式民主”（antagonistic democracy）很相似，即不是将政治对手看作和而不同、有序竞争的对立面，而是看作一定要打倒的敌人。[①]这也是该现象同时带有很强烈的民粹色彩的原因。民粹主义一般会将“人民”或“人民的意志”看作一个不可分割的、具有内在一致性的整体，因而只可能有“真正的人民”（true demos）和“虚假的人民”（false demos）之间的区别，不可能有关于“谁是人民”“什么是人民的利益”这类问题的不同答案。[②]民粹主义领袖一般会攻击已有民主程序的正当性，认为它代表了少数人或建制派的利益，正如特朗普在选举中所做的那样。他试图将其政治上缺乏经验这一点转化为优势，将自己装扮为那部分被体制忽略了的大多数人的真正代表，而这些人才是真正的美国人民。然而吊诡的是，尽管民粹主义的煽动家经常将“真正的人民”放在其话语的中心，他们实际上却并不相信人民自己能组织和管理自己，因为一旦缺乏正确的领导，人民很快就将涣散或被敌人误导。从而，真正的人民的胜利与某个人或政党的胜利是分不开的，只有这个人——如希特勒或特朗普——或其政党才能拯救那个衰弱的、受到敌人包围和打压的民族。最终，领袖的意志与人民的意志合而为一，正如在纳粹德国时期一样，希特勒的意志就是人民的意志，二者之间没有任何距离。

三、社会的分裂

上述极化政治并不会凭空出现，它需要有一些条件的促成，如国际环境、原有政治制度、历史遗留问题等，但其中最主要的是其国内的基本社会状况。

---

① Chantal Mouffe, *The Return of the Political*, Verso, 1993, pp.1–8.

② Y. Mény, Y. Surel, The Constitutive Ambiguity of Populism, in Yves Mény and Yves Surel (eds.), *Democracies and the Populist Challenge*, Palgrave, 2002, p.9.

此次英国脱欧公投和特朗普在美国共和党初选中的胜利，它们有一个表面上不起眼但实际上很重要的共同点，即它们都在很大程度上出乎人们的意料。作为较早加入欧共体的国家，英国有太多理由留在欧盟，其中最显著的就是欧盟所提供的所谓单一市场。该市场以 1958 年《罗马条约》所构想的“四项自由”为基本组成，即货物、服务、资本和人员在欧盟内部的自由移动，这意味着整个欧盟构成一个几乎没有任何内部壁垒的单一市场，它对外也可以以一个统一经济体的身份参与国际竞争，二战后欧洲的经济发展在很大程度上要归功于此单一市场。如果从欧盟退出，从而失去该市场，长期来说英国的经济必然会遭受一定的打击。正如英国《独立报》一篇评论所指出的，“英国目前只构成全球人口的不到 1%，全球 GDP 的不到 3%，而且每年呈递减趋势，如果退出欧盟，英国会越来越难以在影响其自身繁荣和福利的问题上发言”①。

与这类支持留欧的理由相比，支持脱欧的理由显得弱了很多。这些理由包括：欧盟内部人员的自由流动导致英国对自己边境的控制减弱，外来移民过多；欧盟机构缺乏民主，却能对各国内政指手画脚；脱离欧盟就不用交成员国费；等等。然而，很多分析指出，虽然这些大多是真实的问题，它们远没有很多人想象得那么严重，如外来的移民大多数具有大学学历，不会造成太大负担，而且英国国民也有相当多在欧盟其他国家工作生活，等等。另一方面，脱离欧盟其实只是看起来会解决这些眼前的问题，实际上会让英国长期的处境更差。留在欧盟内部，参与规则的制定和改革，尽力争取解决其存在的问题，这才是英国所应该选择的路径。

以上这些留欧的理由看起来都很充分。事实上，在公投前，大多数人都相信公投的结果会是留欧。就连支持脱欧的英国右翼政党独立党领袖法拉奇在公投前都预期结果会是“留欧”。公投的结果让几乎整个世界都感到惊讶，各国媒体纷纷将此作为重大突发事件来报道。同样，特朗普在共和党初选中的胜利也颇让人吃惊。在初选开始时，特朗普非常不被看好，甚至他自己一开始都对获得提名不抱太大希望，很多媒体都揣测他参与大选的动机可能主

① Hugo Dixon, The In/Out Question: Why Britain should Stay in the EU, *The Independent*, 25 March, 2014.

要是吸引眼球，从而有利于自己的生意。然而，结果也令人很意外：特朗普获得了共和党初选中的多数选票，正式成为共和党的总统候选人，他真的有可能成为下一届美国总统！

实际上，这两个场景中的“意外”都指向了一个没有被足够重视的事实，即无论英美，其社会内部分化都已经较严重。感到意外的大多是受过高等教育，有较宽广的国际视野，有能力并且愿意从长远的角度考虑和分析社会问题的人，我们泛泛地把他们称为“精英”并不为过。他们之所以感到意外，恐怕主要是因为他们没有看到或起码没有切身感受到其国内另一个世界的存在。在这另一个世界中，人们关心的主要是一些非常“当下”的问题。比如，在美国的某个州，我们可能会发现当地的一家工厂关闭了，因为资本家认为把它开在第三世界国家会更有钱赚，而很多当地人却因此失去了工作和收入来源。再比如一些英国的建筑工人可能会发现，因为欧盟的人口自由流动政策，他们面临来自一些东欧国家工人的竞争，而这些人可能要求的工资低得多。或者在很多欧美白人看来，外来人口的流入会带来传统的流失、极端主义和恐怖主义问题等。对于这些人来说，全球化或区域一体化所带来的体验更多的是被剥夺和被排斥。在面临“脱欧”还是“留欧”这样简单的二选一选项时，英国的这些人很容易便会做出更切合他们的实际体验的决定。

英国脱欧和特朗普现象中的一些统计数据也很好地印证了这种社会的分化。在 45 岁以上的英国公民中，支持脱欧的占多数，年轻人则大多支持留欧；教育程度越低，支持脱欧的可能越大；收入越高，支持留欧的可能越大。[①] 特朗普支持者的构成与此类似，低收入、低教育水平、年长者居多，同时多了一些种族的因素，即中下层白人更有可能支持特朗普。[②] 总体上来说，英美这两个国家都存在社会两极分化的现象，其政治在很大程度上反映了这种分化，同时也进一步加剧了分化的可能。如果生活在两个世界中的人们没有什么共

① Ashley Kirk & Daniel Dunford, EU Referendum: How the Results Compare to the UK's Educated, Old and Immigrant Populations, *The Telegraph*, 27 June, 2016.

② David W. Brady, Douglas Rivers, Who Are Trump's Supporters? Real Clear Politics, http://www.realclearpolitics.com/articles/2015/09/09/who_are_trumps_supporters.html#!.

同语言，缺乏相互间的沟通和情感上的共鸣，那么很自然地其政治就向“敌对化”方向转化。

四、代表政治

尽管我们在这里所描述的社会分化中可以辨识出“精英”与“大众”之间的区别，而且也确实有论者认为在当今各国的反全球化浪潮中，存在一种“全球精英联合，民众却日益分裂”的现象。然而在政治层面，我们需要注意的是，那些领导反全球化运动的人，却又经常是精英。无论是特朗普还是法拉奇，就其财富和所拥有的权力来说，他们都可以说是十足的“精英”。但这并不妨碍很多来自底层的民众将他们看作自己利益和诉求的代言人，或者把他们看作自己的“代表”。

很多时候，我们将民主政治看作是“人民自己统治自己”，当民众人数过多从而不可能都聚在一起参政议政时，他们就要选出一些代表，这些代表与民众之间的关系是或起码应该是一种代理关系，即政治代表应该听从民众的命令，以民众的利益为唯一指导开展政治行动，否则便是与民主相悖。这听上去不错，但实际过于简单，简单到几乎可以说是错误的。原因主要在于“人民”的身份是模糊的，“人民的利益”或“公共利益”的内容也是不确定的。很多关于民主的理解都强调它是一种对民意的吸纳过程，但大多有意无意地忽略了或低估了，在“谁是人民”或“什么是民意”的问题上，其实并不存在所谓绝对正确的答案。拿美国建国之初和今天相比，“人民”的范围扩大了很多，但“人民是谁”的问题并没有得到解决，是否接纳已经居留在美国的非法移民，同性恋能否和其他公民一样享有婚姻权利等，这些都涉及人民的身份问题。

因此，当我们在说政治代表们要听命于民众的意见或命令时，民众本身在“什么是对的和应该做什么”这个问题上也是分裂的。事实上，即便在一个很小的群体中，在涉及共同行动时，也需要有人站出来表达他对该群体公共利益的理解，这种发言带有很强的主观性质，它不可能像镜子一样“反映”客观实在的公共利益。也正是因为这种发言带有主观色彩，这个人才被同其他人区分开来，如果他的发言被很多人接受，他实际上就构成了对这些人乃至整个共同体的“代表”，他也就拥有了权力。这个人，通常就是我们所说的政治领域里的精英，他多少得具备一些突出的特征或能力，比如逻辑思维、综合理解、语言表达能力，或者具有出众的魅力，总之他得在人们眼中和其他人有所不一样。

很多人自然而然地把民主和精英对立起来，以为民主好像就是反精英的。其实不然，即便是民粹主义政治，也同样离不开精英，甚至可以说精英色彩更加浓厚。民粹主义的典型例子是希特勒时期的德国和查韦斯治下的委内瑞拉，无论希特勒和查韦斯本人出身多么平民，从其所拥有的权力和影响力的角度来说他们无疑都是精英。同时，他们的权力背后又有着相当广泛的“民意基础”，尤其是中下层普通民众的支持，他们都是被选举上台的。与我们的一般印象可能不一样的是，选举本身就带有精英甚至贵族性质。古希腊的城邦经常被认为是民主政治的发源地，但在当时选举普遍被认为是一种贵族制或寡头制的政治工具，最符合平等政体或民主政体的是抽签任官制度，亚里士多德在《政治学》中就曾对此有过详细的描述。① 一直到近代，孟德斯鸠、卢梭等人还在将选举与贵族制联系在一起，原因很简单，能被选举出来的一定是较“出众”的，而在前现代社会，那就只能是贵族了。当代的政治理论家伯纳德·曼宁（Bernard Manin）对此做过政治科学式的分析，他的结论是：“被选举出的代表‘必须’具备一些被正面认可的特征，这些特征将他与选民们区分开来，并在此意义上优于他们。” ②

关于现代民主政治中的精英特征的研究并不少见，最彻底的恐怕莫过于熊彼特在《资本主义、社会主义与民主》一书中的分析。他说，那些提出民主学说的功利主义先驱们试图通过某种方式计算出所谓“共同福利”，实在是

① [古希腊]亚里士多德，《政治学》，吴寿彭译，商务印书馆 1997 年版，第 102～108 页。
② Bernard Manin, *The Principles of Representative Government*, Cambridge University Press, 1997, p.160.

“看不到18世纪五金商以外的世界”[①]。熊彼特几乎完全颠倒了人们对民主的一般想象，既然不存在先在、透明的“共同福利”，“人民的统治”就是一个没有实在内容的想象。在他看来，民主是一种“方法”，是“那种为做出政治决定而实行的制度安排，在这种安排中，某些人通过争取人民的选票而取得做决定的权力”。[②]换句话说，民主政治其实也是精英统治，只不过精英们不是通过世袭、神选等方式获取“做决定的权力”，而是通过竞争选票的方式。熊彼特的批评既有一定的道理，也“启发”了我们当下很多将西方民主看作“选主”过程的观点。从这个角度看，特朗普和希拉里之间的竞争只能看作是所谓精英之间的权力争夺战。当然，熊彼特的理论不能被简化为阴谋论的高级版，这一点我们暂且不讲。现代西方民主其实也并不只是一套产生精英的程序。

这里最大的问题在于如何理解民主的反面。如果只看精英这一层面，好像二者确实没有太大区别，主要是“方法”不同。然而不可否认的是，希特勒时期的德国和今天的德国有着巨大的差别，不仅是精英的产生方式不同，人们的观念和情感、人与人之间的关系等都发生了巨大的变化，人们的“生活世界”完全改观了。从政治的角度来说，关键在于政治共同体是开放的还是封闭的。确实，所谓“共同利益”并不先在地存在，它一定需要精英（政治家或政党）的积极建构，但这些作为人民代表的精英是否垄断了对共同利益的理解和表达？共同体内部是否存在一个公共空间，允许不同的对共同利益之理解的争鸣？根据法国政治学家克劳德·勒弗（Claude Lefort）的说法，定义纳粹德国式极权政治的并不是其独特的精英产生方式，而在于其政治代表（或国家）同社会之间不存在任何距离。在纳粹德国，希特勒就是德意志人民，他的意志就是人民的意志。任何反对他以及当时的德国政权的人都是与人民作对，因而都应该被消灭。与此相反，民主政治的标志则是一种开放性或“不确定性”，即不存在一个确定不变的对人民的代表，不同的对人民的代表之间应该

① ［美］约瑟夫·A.熊彼特，《资本主义、社会主义与民主》，吴良健译，商务印书馆1999年版，第373页。

② ［美］约瑟夫·A.熊彼特，《资本主义、社会主义与民主》，吴良健译，商务印书馆1999年版，第395～396页。

存在一种公开的、和平和有序的辩论和竞争。政治精英的个人野心在这个过程中当然会发生作用，不可避免也无需避免，但在政治过程中，他们每个人的发言只不过是多种声音中的一种，这也就意味着在理论上任何人包括那些边缘群体都可以产生自己的代表，加入这一公共空间的辩论中来。

在今天英美带有民粹主义色彩的政治中，我们可以观察到一些反民主的苗头。特朗普并不喜欢美国民主政治中那个开放的空间，他可能更倾向于在他的领导下将它闭合上。在英国，平庸的政客为了自己的权力武断地发动公投，愤怒的普通民众用一锤定音的方式决定了国家的未来，无论有什么反对意见，一概到此为止。20 世纪是人类历史上前所未有的动荡的世纪，两次世界大战、极权主义政治、大屠杀、集中营，所有这些加在一起打碎了近代以来人们对启蒙的想象和期待。但苏联的垮台和冷战的结束却给很多人带来了新的希望。在世纪之交，人类世界看上去确乎是一番新的景象，战争似乎成为遥远的过去，日益全球化的经济贸易成为各国人民生活的中心，不同肤色、种族、宗教和政治意识形态的人们之间的隔阂也变得不再那么重要，宽容和合作好像成为新的世界性“普世价值”。然而不幸的是，起码就目前看来，新的世纪也并不令人十分满意：冷战是结束了，但核威慑还在；伊拉克战争和颜色革命并没有催生稳定的民主国家，反而在混乱中为极端恐怖组织提供了温床。在西方民主国家内部，也出现了明显的右翼化和民粹主义倾向：法国、荷兰、奥地利等国都出现了势力强劲的右翼政党，就连一向被认为更加温和开放的英国和美国也不例外。也许英美极化政治并不至于走向民主的反面，但如果民粹主义在一向被认为较稳定和繁荣的西方民主国家也如此容易滋长，起码说明从较开放的政治走向民粹主义远比我们一般想象的要容易。

第五编

政治极化的可能走向

周期性与终结性：美国政治极化的两种论断 *

美国的政治极化是近期引起人们广泛关注的政治现象。尤其是处在中美争端加剧状态中的两国学者，就更是偿付心力，认真求解。对这一现象的判断，大致可分为两种观点：一是将之视为美国政治的周期性现象，故在美国的长程历史中加以解释；二是将之视为美国政治衰落的标志，因此在中西竞争局面的结构性变化中，认读为美国没落的终结性现象。两种解读，各有其理。从总体上讲，当前美国政治的极化现象，恐怕还不能被认定为美国没落的标志。一个比较贴近事实的判断是，美国政治极化仍然只是一种政治周期性现象，而不是美国政治的终结性标志。

、政治极化的美国

美国近期政治极化的现象随处可见，俯拾即是：政党政治的尖锐对立、身份政治的社会对峙、总统选举的久决不下、社运暴力的广泛流行、知识分子的普遍左倾……所谓美国政治极化，指的是政治生活中本来应当在立宪机制中激发活性力量，使高度多元化的社会趋近于中间妥协立场，而成就一种温和与稳定的体制，但因为偏离稳健和妥协的中点，及偏离选举型政党讨好中间人群（中间选民）的协调点，各自朝极端化的两个端点发展，以至于表现出难以协调的极端化倾向。[①] 循此可知，理解政治极化，存在一个基本坐标，那就是旨在协调多元利益，俾使立宪合作机制得以稳健运作的制度安排。由此

* 作者简介：任剑涛，清华大学社会科学学院教授。本文原载于《人民论坛·学术前沿》2022 年第 6 期。

① 这可以理解为美国学者对政治极化现象的一般界定，参见 Paul Pierson，Eric Schickler：Madison's Constitution Under Stress：A Developmental Analysis of Political Polarization，*The Annual Review of Political Science*，Vol.23，2020。

呈现出两种政治状态：一是避免政治极端化，促使各政治组织、社会公众趋近合作的状态，这是一种政治常态；二是各种政治集团与社会组织，尤其是两大基本政党组织剑走偏锋，不仅只关心自己组织的利益，而且敌视其他组织争取自己利益的行动，不仅双方或多方难以合作，而且走向尖锐对立，以至于令人触目惊心的政治对立成为社会基本态势。后者，便是政治极化的表现。就此观察，近期美国政治确实有偏离温和与稳定的立宪民主机制，走向政治极化的趋势。

美国政党政治的对立倾向，是党争政治的一个定势。仅就新世纪来看，美国政党政治的极化态势一直呈现在世人面前。布什诉戈尔案，是此前让人印象深刻的党争个案。而希拉里与特朗普的白热化竞争，则是近年来的一个典型事例。最近的标志性案例，当属特朗普与拜登久决不下的选战胜负之判。美国政治不仅在两党竞争的传统政治框架中，出现两个政党相持不下的极化现象；而且在政党内部，不同偏好的政治派系之间，也出现了互不相让、拒绝妥协的激化情形。在民主党内部，温和左翼的传统政党定位，似有不敌激进左翼的趋向——桑德斯公开倡导一种社会主义取向的政策，并且赢得了青年一代的热情欢迎。这让民主党不得不在两次党内总统候选人竞争过程中，慎重选择更代表民主党温和左翼倾向的政党候选人。但即便如此，民主党的左转，不仅从2020年的副总统候选人卡玛拉·哈里斯的提名上得到印证，也从当选总统乔·拜登随时随地向黑人下跪的举动上辨认出来。同样地，在共和党内，以唐纳德·特朗普为代表的激进主张，对党内的温和保守主张构成强大的压迫，造成共和党的明显右转。由于两党内部、两党之间的政治角力都走向了左右两个极端，因此，在公共政策的制定上，两党的合作气氛似乎稀薄化，而对立情绪显著增强。[1]

与政党政治的尖锐对峙相形而在的是，美国社会近期被身份政治所撕裂，社会运动的暴力化特点展露在公众面前。身份政治是公民政治颓变的产物。当公民身份无以整合社会秩序的时候，各种身份便成为凝聚社会小团体

① 刘永涛：《政治极化：当代美国面临的严峻难题》，《美国问题研究》2017年第1期。

的驱动力。从当下表现来看，已经活跃较长时间的社会非主流集群，试图僭越为社会主流的尝试，如LGBTQ，对当下美国社会的理性整合造成了巨大的冲击；“黑人的命也是命”抗议运动、安提法的极左暴力活动，都是美国社会尖锐对峙的直接体现。回想此前美国的占领华尔街运动，美国社会极化的对抗情绪已经呈现给世人。从源流上看，20世纪60年代的两次大规模社会运动，促成了身份政治进入社会政治场域的动力机制：一次是黑人民权运动，这次运动促成美国突破了种族隔离藩篱，但也凸显了美国种族关系的高度张力。另一次是“1968风暴”，这是一次社会非主流集群对主流集团的反叛与颠覆运动，它将18世纪以降引导西方国家的主流价值观念、制度形态与生活方式视为洪水猛兽，试图建构新世代的价值理念与行动模式。这也许对现代社会的重建发挥了积极作用，但同时也激化了美国传统价值与价值重寻之间的紧张，以至于塑就了绝对的相对主义、多元的文化主义这类明显无助于社会整合的理念。将两个方面结合来看，美国社会领域的政治对峙性是显而易见的。

2020年美国的总统选举，则是人们近距离观察美国政治极化的最新案例。这次总统选举，时任总统特朗普志在必得。他得到了美国右翼保守团体与社会公众的坚定支持，并且认定自己是天选之才。而民主党总统候选人拜登，尽管得到了两党建制派的合力支持，但竞选期间的造势情形，并不令人鼓舞。竞选造势与民意调查结果，呈现出与总统选举似乎迥然不同的结果。点票的直接结果，是拜登大赢特朗普。特朗普坚决拒绝接受这一选举结果，认定拜登是靠做票当选。因此通过合法渠道起诉拜登选举作假，通过社会运动渠道发动自己的支持者广泛抗议。在美国的总统选举程序安排上，前者的成功概率相当之低。因为美国总统选举不可能停顿下来，进行旷日持久的选举诉讼；在社会运动的角度看，特朗普试图借助施压参众两院和副总统以改变总统选举结果的尝试也殊难成功。于是，2020年1月6号，特朗普支持者在国会前的示威，难以控制地转变为冲击国会的暴力行动。[①] 因此，民主党转而指责特朗普发动暴乱。在这样的乱局中，国会连夜通过了拜登当选的法定程序。但

① 新华网：《美国国会遭冲击，政治乱象加剧》，https://baijiahao.baidu.com/s?id=1688216035992654156&wfr=spider&for=pc。

事后特朗普并未停止对拜登窃选的指责，并且推动他认定的选票作假州县审计选票。[①] 这次选举在美国政治极化当下的标本意义，已经无可争议地被认定下来。

被人们视为社会良心的知识分子，在今天的美国发挥了助长政治极化的消极作用。从总体上讲，美国的知识分子一直具有关注公正公平、同情社会弱势群体的精神传统。前者可以从这一群体深怀的权力批判信念上得到印证，后者则从这一群体对平等的高涨热情上呈现出来。[②] 在当代美国社会中，知识分子，尤其是大学教师群体对民主党意识形态的超大比例认同与支持，表明了左翼思想与知识分子的相互助长关系。即便是被人认为是保守的常春藤大学，尤其是哈佛大学文理学院这样的机构，教师的政党捐款竟然超过 90% 流向民主党。[③]这种不均衡性表明，民主党的左翼意识形态对知识分子的吸引力，远远强于共和党的保守主义意识形态的相应认同感。在 2020 年总统选举中，美国教师工会公开号召全国教师反对特朗普、支持民主党的候选人，这也是这个集群总体左倾的一个标志。[④] 据此，以及民主党两届总统候选人提名竞争者桑德斯公开倡导社会主义，让特朗普认定，美国正变成社会主义，他明确号召公众加以坚决抵制。[⑤]

从扩展的视角看，美国政治极化也成为人们观察与解释其国际政治行为的一个进路。譬如，有人指出，中美的冲突，便是美国对华政策极化的结果。[⑥] 由此扩展开来，有学者更从政治极化的一般视角，尝试对美国外交政

---

①《亚利桑那州：选票审计结果和 2020 大选结果出入非常大》，https://www.163.com/dy/article/GEV967G30534D9HK.html。

② 美国知识分子对政治权力的批判与对平等的热情的日益增长，是美国社会历史的一大特征。参见［美］希尔斯：《知识分子与当权者》，第二部第七章“知识分子与美国社会的中心”，傅铿等译，台北桂冠图书股份有限公司 2004 年版，第 201～245 页。

③ 褚国飞：《哈佛大学教师意识形态偏民主党》，《中国社会科学报》，2016 年 5 月 6 日。

④《不要再选特朗普！美国教师工会：请全国老师支持民主党候选人》，https://baijiahao.baidu.com/s?id=1659160108111287669&wfr=spider&for=pc。

⑤《美国正变成社会主义？特朗普呼吁支持者抵制美企：他们会毁掉国家》，https://xw.qq.com/cmsid/20210406A0538800。

⑥ 李捷：《美国对华政治极化与涉疆虚假人权叙事》，《当代传播》2021 年第 4 期。

策的总体特征进行概观，认为美国政治极化导致其国际政策的极端自私自利，试图以美国一己意愿塑造国际秩序。[①]

美国政治极化的现象触目皆是。其导因是多种多样的。其中，政治情势的转变、社会环境的变化、经济利益分配的不公、文化心理的嬗变、政治理论的总体左倾，是值得注意的几个主因。如果说由此显示的美国政治极化因果关系太过复杂的话，那么，简而言之，其导因可归结为二：一是美国政治自身的走势。二战以后，美国领导世界塑就了向外关注，因此在一个较长时段里有效整合了美国各种社会政治力量，故国家内部的总体社会政治氛围比较温和。20 世纪 90 年代的苏联解体，让美国没有了海外对手。于是，美国社会政治力量的国内针对成为主潮，各种力量的分别动员，以及由此提出的自闭性社会政治主张，导致山头林立的政治极端化走向。二是美国社会在公民政治成为绝对主流的情况下，立宪民主政体似乎没有挑战余地，因此社会公众的关注点便逐渐落到因社会分层而形成的种种亚文化群体上面。随之浮现出为各种社会亚文化群体进行辩护的社会政治理论，身份政治理论由此成为僭越性的伪主流理论。这就不仅让撕裂性的社会公众有了明确的社会政治意识自觉，而且还拥有了基于身份政治理念的社会运动的系统理论支持。弗朗西斯·福山、马克·里拉等人，都从这一进路审视美国政治的新变化，并吁求重建美国公民政治传统，以克服身份政治对美国政治造成的巨大冲击。[②]

二、常态与极化

美国的政治极化，早就引起美国国内各界尤其是学术界的关注，以此为题的学术论文日益增多。在新世纪以来的二十余年，美国各界对之展开了愈

① 肖晞：《美国的政治极化及其外交转向》，《人民论坛》2020 年第 22 期。
② 任剑涛：《在契约与身份之间：身份政治及其出路》，《当代美国评论》2019 年第 2 期。

来愈广泛的描述、分析与深入讨论。① 从总体论述倾向上看，多数论者似乎认定，美国政治极化乃是一个趋同性的表现，而且是美国政治理念与制度安排的必然产物。以此，甚至有人推断，美国政治极化乃是其政治痼疾，是其政治走势的必然产物，美国政治大有被其扼制、窒息生机的危险。

必须承认，政治极化确实已经给美国政治的正常运转造成了极大的困难。这类困难，在现象上，已如前面所言。在实质上，其是否属于美国政治的一种线性走向，也就是在国家建构的根柢上已经埋下伏笔，逐渐呈现出来，并且无可挽回地趋向严重，并最终导致美国的彻底衰败，则需要审慎分析，以免对美国当下局势产生误判。而需要重点分析的问题，大致有三。

一是美国政治在原初设计时，是否就是一种倾向于极化的理念与制度体制？如是，那么美国政治极化便是一种受其初始政治逻辑支配，因此无以克服的内在困境。美国的政治设计，自然是围绕立宪展开的。美国制宪会议所展现出来的限制国家权力的宗旨，不仅在宪法条文中有较为充分的体现，而且在联邦党人与反联邦党人之间展开的政治斗争中，也鲜明呈现出来。而由此确立的美国立宪精神，正是开国者基于宗教信念对国家权力的高度警惕，一种基于分权制衡的体制由此建构起来。而随之确立的政党竞争政治体制，让那些试图谋求掌控国家权力的人群在党争中获得政治历练的同时，也受到党内政治、党际政治的约束，而无法大权独揽。这显然是一种让公民对国家保持高度警惕，而同时又保证国家权力只能分散行使的机制。就此而言，美国政治的初始设计，确实饱含了对国家权力的极度警觉。② 一旦国家权力在

---

① 在 2008 年美国总统选举时，便有学者以政治极化为视角，审视美国政治中的两党冲突。参见 Eric Schickler, American Politics in an Era of Political Polarization，北京论坛（2008），“文明的和谐与共同繁荣 —— 文明的普遍价值和发展趋向”。近期的相关研究成果更是数量繁多。在中国，仅以“美国政治极化”为关键词在知网上搜索，就有 140 多个篇目。

② 众所周知，美国宪法处处明确呈现出对权力的警惕性，对立法、行政与司法权限作出了相当明确的决定，由此既保证了强有力的国家权力，又有力遏制了权力滥用。即便是在制定宪法的过程中，参与的人们也是相互设防，以求立宪的公正性。参见［美］詹姆斯·麦迪逊：《辩论：美国制宪会议记录》，尹宣译，译者例言，以及“联邦制宪会议记录的解密和成书”，辽宁教育出版社 2003 年版，第 1～22 页。

运作中出现任何让公民疑惧的事情，国家权力就会陷入危机之中。而且，党争政治与立宪机制的相辅相成关系，也让美国政治的不同组成部分各具其理、各成其行。这也让美国政治容易陷入冲突各方的对峙中。而以所谓国家大局为重的合作，似乎在国父们的建国理念中，隐而不彰。①

但是不是美国的制度设计就只是让公众警惕权力，让权力相互斗争呢？如果美国的开国者所设计的是只限制权力而无助于权力作为的机制，那么美国就不足以在建国百余年的时间里成为领袖群伦的国家。可以说，美国政制的初始设计，最重要的就是有利于冲突各方在一个宪制平台上作为，既兜住国家崩溃的底，又促使国家各方在冲突中寻求合作。因此，冲突不仅成为国家必须面对的经常性状态，而且也成为以冲突求合作的国家必需。这正是美国政治中充满大大小小、持续不断的种种冲突的缘故。② 仅就近期来看，21 世纪以降的总统选举，一次比一次的竞争与冲突更为激烈的缘故，也是这 20 年美国社会集群之间愈来愈不能相互容忍，而诉诸激亢的社会运动以求解决问题的原因之所在。但将国家内部的矛盾与冲突作为制度设计的前提，并以之作为社会政治运作的常态，正是美国政制初始设计的一个突出特点。仅就这一点而言，对目前美国政治极化的制度缺陷联想，需要一定范围限制。

二是美国政治是否从建国至今，鲜明地呈现出一条线性的极化轨迹？如是，那么美国政治极化的走势就无可挽回，只能朝更为极端化的糟糕态势发展下去，因此，不仅会让美国政治一头走到黑，而且将使美国社会随之彻底撕裂。以近 20 年来美国政治极化的走势来看，其愈来愈极化的趋势似乎是显而易见的：如果说此前的美国政治极化主要限制在政党竞争领域的话，那么，随着美国社会不平等的日趋严重，社会的极化现象也为人们所体认。但关键的

---

① 被认为是深刻影响了美国政制初始设计的杰斐逊、汉密尔顿两人，不仅在建国理念上鲜明不同，而且在政争中也代表了对峙的政治路线。参见［美］约翰·菲尔林：《美利坚是怎样炼成的：杰斐逊与汉密尔顿》，王晓平等译，商务印书馆 2015 年版，第 360～375 页。

② 段德敏以此出发讨论美国政治的极化问题，从而将极化视为冲突的当然状态，而且是美国政治的制度结构和政治实践的一个正面、积极的现象。参见段德敏：《重思美国政治中的冲突与“极化”》，《学术月刊》2021 年第 1 期。

变化，似乎出现在特朗普当政以后。因为他在有意无意之间，将极化的政治与极化的社会联通起来，从而在总体上助长了美国的政治极化。

但这是一个短时段的结论。如果从长时段观察，结论可能有所不同：从一个相对较长的时段来看，20世纪美国的政治极化，总体上可能应当以20世纪六七十年代的黑人民权运动、反战运动与学生造反运动为高潮。相比而言，2020年总统选举期间的政治极化，并没有走到动摇国本的地步。而20世纪60年代的美国社会运动所造成的极大震荡，在时长与结构上都超过这一次。如果将时距拉得更长，从美国建国贯通到当下，则美国南北战争之诉诸军事手段解决国内冲突，可谓美国历史上政治极化走到极致的标志。由此观之，2020年的种种冲突与20世纪60年代的社会运动，其政治极化程度就相差甚远了。从美国近250年的历史来看，政治极化大致处于一个从低极化到高极化，再从高极化下落到低极化的循环往复过程。但这样的政治运行状态，并没有起到中止美国制度效能、颠覆立宪民主政体的根本破坏作用。[①]由此可以断言，美国历史并没有刻画出一条从极化设计到极化运作，极化运作从低度状态到高度极化的崩溃轨迹。尽管在不同时段的参照框架中，致力于促成冲突各方合作的极化设计，确实存在一种从低极化向高极化演变的趋向，但总体上并不存在一条日趋严重以至于无可救治的极化轨迹。

三是美国政治是否已经遭遇更为强劲的挑战对手，因此只能以政治极化作为应对手段？如是，那么美国政治尤其是国际政治的可动用手段似乎已经穷尽，它不仅无法有效供给国内所需要的政治秩序，而且也无法发挥国际影响力，最终势必失去国际社会的领导权。诚然，需要看到，美国国内政治的当下极化，尤其是民主、共和两党政治的对峙性仍强，其对美国外交政策的影响无疑是巨大的。在拜登接掌总统职位前夕，人们曾认为他会逆转特朗普的外交政策，尤其是会修正特朗普的对华政策。但事与愿违，拜登上任后对华政策未见修正不说，相反步步紧逼，有一种笃定中美零和游戏之举的态势。

① 前引 Paul Pierson，Eric Schickler，Madison's Constitution Under Stress：A Developmental Analysis of Political Polarization 就以低极化（low polarization）与高极化（high polarization）的分辨，来描述美国近期政治极化演变的不同态势。

这不能不说是美国近期国内政治极化对外交政策的明显影响。

在对外政策上，美国历史上一般不会留人以极化的印象。将美国历史分作两段来看，都可以印证这一点：在美国崛起为世界第一大国之际，其国际政策以内敛型的“门罗主义”为基本取向，而在第一、第二次世界大战未被紧逼的情况下，美国也没有主动介入的意愿。而“门户开放”政策的推出、国际联盟主张的倡导与退出，都是这类政策的一个投射。在二战后崛起为世界第一强国的长时段中，美国的国际政策尽管具有明显的进取性，甚至是侵略性，但其与苏联竞争中提出的缓和主张、趋同理论，也显示出它避走极端的国家守势。这不是说美国在国际政策上就完全没有极化的表现。相反，美国的国际政治一旦被极化，就会出现与竞争对手你死我活的政治极端倾向。二战对德、日的态势是如此，二战后对苏联的总体态势也是如此。当下的美国，是否已经走上类似这两次国际政治极化的轨道，尚有待观察。但从总体上讲，只要与美国发生正面碰撞的国家在国际关系上处置得当，美国就不会有走向极化的外部动力。至于一直存在的美国国内政治极化，自然会在国内政治的周期性震荡中逐渐修正。

从总体上讲，美国政治的结构特点并不必然导致极化。尽管在制度设计上它促使利益与取向迥异的社会各组织与人群表达自身的意愿，因此具有促使极化的制度导向。但立宪机制，让美国政治有其缓解甚至消解极化的常态在。这一常态，既呈现为从温和到极化的正向运行轨迹，也呈现为从极化回归温和的反向运行通道。而温和与极化之间的两极张力，正是美国政治能够按照宪法轨道长期运行的动力所在。美国政治在时限与内外政策上，由于立宪平台成就了一个巨大的冲突舞台，各色人等在中间都具有各显其能的机会、资源与空间。因此，美国政治除去南北战争的胜负之决外，罕见你死我活的政治对决局面。因此，可以说，温和是其主调，极化是其变调，高极化是其例外情形。在这里，美国政治的温和与极化之间表现出的两种态势值得注意：一方面，有温和，就会导向极化，因为温和促进社会各方充分表达自己的意愿和诉求，表达意愿与方式一旦趋强，高极化就势所难免。另一方面，出现极化，就会催生温和，因为极化尤其是高极化，让各方警惕，意识到社会政治共识的必要性与重要性，从而降低极化各方的社会政治调门，转而寻求达成共识、实现政治合作与和解的可能。当下在民主党拜登主政下，两党对基建、对外交达成的共识，[①] 正是从高极化走向低极化进而走向各自坚持基本取向，但同时寻求合作的一些标志性事件。

三、周期性与终结性

毋庸讳言，美国政治极化的当下表现引人高度关注。如果说这样的政治态势，在事实指认上不会出现太多歧见的话，那么主要的分歧就在于对其导因、走势和当下与未来影响如何估价的问题。如前所述，美国政治极化的导因是多种多样的，因此并不存在彻底消解这一现象的可能性——因为低极化本就是美国政制安排的一个出发点。倘若彻底消解政治极化，等于摧毁了美国的政治根基。这对那些在建国之初就全力整合国家力量，并长期努力凸显统一国家意志的国家来讲，存在一个跨越本国政治思维，以理解美国政治极化的观念挑战。但美国政治的高极化现象，确实是美国政制安排需要面对并努力解决的问题。所谓美国政治的高极化，就是指政治运作到了一个超逾宪法、无以化解的危机地步，因此可能瓦解国家的立宪机制。以特朗普动员支持自己的公众到国会山抗议，并诱发公众冲击国会来讲，确实是已经远超人们想象的政治高极化事件，其与两党政治的健康运作机制，相去何止千里。加之美国社会的长期极化，身份政治对社会公众的撕裂，公民政治对公众整合的明显乏力，政治与社会的两种极化相互激发，也实在是给美国造成了一种空前严峻的挑战局面，让人们有理由推断美国政治因此一蹶不振，严重下行，削弱国力，失权国际。

这就存在一个如何面对当下美国政治极化情形，以有效解释美国政治走

---

①《美国白宫与两党参议员代表就基建计划达成部分一致》，https://baijiahao.baidu.com/s?id=1703520062136219947&wfr=spider&for=pc。另见《美媒：拜登对华动作得到鹰派赞赏，两党已经达成对华共识》，https://www.163.com/money/article/G1OUI3PL002580S6.html。

势的问题。从一个非共存的国家竞争理念出发，审视美国当下的政治极化，会自然而然地引导出一个美国走向衰颓，竞争国因此具有在国际范围内崛起的空间的结论。但这样的结论，可能会显得轻率。一者，这不符合现代国际体系中霸权转移的通例。二者，替代美国发挥国际领导权的国家尚未显示出相应的实力。在现代国际体系中，霸权转移存在成败两种情形：成功的国际霸权转移由英美两国上演，波澜不惊，既未出现残酷的战争，也未出现新霸权国全方位胜出且将老霸权国打回原形的惊人之变，英美同为世界领导型国家。失败的霸权转移出现在二战时期的德日意对英美法，前者试图诉诸一场战争以改变国际格局，但最终却被后者彻底镇制，前者沦为二流国家，后者继续行使国际领导权。如果以后者的历史做派为据，来审视美国政治极化，并寻求审视者所在国零和性崛起契机的话，那么，将会很难凸显成功的国际领导权转移新范例。

姑且不论从国际领导权转移的角度看美国政治极化的限度问题，即便就美国政治走势看其政治极化问题，也需要在避走极端的情况下，冷静地分析其状态，判断其究竟属于周期性的政治表现，还是属于终结性的政治局势。在非常热络的中国学界对美国政治极化的讨论中，存在两种截然不同的判断：一是视美国政治极化为其走向衰落的明显标志，因此是其国运衰微并被他国取而代之的重大论据。这可以说是关于美国政治极化与美国处境的终结性判断。二是视美国政治极化为周期性现象，因此不过是美国政治重组的一个阶段的表现，即便存在高极化的事实，但并不构成美国政治穷途末路的立论依据。

两种论断，都不是论者臆断，均有其理据。就美国政治极化属于终结性现象的断言来看，至少它从三个方面给出了让人不得不重视的理由：一是美国政治极化与美国社会极化交叠出现。因此，纵使政治杰出人物再世，也很难化解。这是一种政府运转失灵、社会分裂与民众不安重叠显现的根本性困局。[①] 二是美国政治极化已经严重消耗了美国的国力，使其很难恢复生机与活力。“病来如山倒，病去如抽丝。潜藏于美国政体和社会深处的危机若无法解

①《政治极化撕裂美国》，中国日报百家号，https://baijiahao.baidu.com/s?id=1591354748846672055&wfr=spider&for=pc。

决，任何关于带领美国实现‘团结’的豪言壮语，恐怕都是无源之水。而不断升级的党争权斗，最终消耗的只能是美利坚的生命力。”[①]政治极化造成的“否决政治”已经将美国政治推向了合作政治的反面。“美国的这种政治极化、权力制衡已经异化为一种否决政治。同时，政治极化也使得美国的种族冲突、社会矛盾进一步加剧，白人至上主义沉渣泛起，这就使得美国国内的各种矛盾错综复杂地交织在一起。”[②]纵是精炼老到的政客拜登，也将束手无策。三是美国的政治极化已经从国内政治蔓延到国际政治，因此打乱了国际秩序。特朗普政府的“‘美国优先’打破了美国一贯坚持的自由主义外交路线，是其国内政治极化的对外延伸，严重破坏国际规则与道义”。[③]而其所打乱的国际秩序，恰恰是美国在二战后主导建立起来的。这证明美国已经很难领导国际社会，国际社会需要新的领导者。

而视美国政治极化为周期性现象的论断，也给出了相应的理由。可以将之归纳为：其一，美国政治极化不过是基于合法合理冲突的基点以设计国家的一种惯性表现而已，因此不必大惊小怪，更没有理由从中推导出美国已经衰颓的结论。国家基本制度的设计，可以基于和谐，也可以基于冲突，但都是为了维护国家的机体，支持国家的长治久安。这两者并无绝对的优劣之分：不是说基于和谐的初衷设计国家，国家就一定能保持和谐；如果不给冲突留下足够的空间，可能追求和谐的国家制度初衷便会落空。同理，不是说基于冲突的初衷设计出来的国家，就在展现冲突、哪怕是强烈冲突的时候，国家就一定会衰颓或灭亡，只要冲突仍然在法治平台上进行，那就没有偏离国家基本制度设计的原初意图。因此，有必要按照国家基本制度设计的初衷去理解两国的政治运行逻辑，而不能各自以自己国家的设计逻辑去估量对方的国家运行状态。

其二，美国的政治极化，是其政治运行机制在一个时期的温和国内政治

---

① 《政治极化不断消耗美利坚的生命力》，环球网百家号，https://baijiahao.baidu.com/s?id=1688951898985266356&wfr=spider&for=pc。

② 《政治极化的美国：“否决政治”盛行 “本土恐怖主义”蔓延》，国际在线百家号，https://baijiahao.baidu.com/s?id=1693208052222389456&wfr=spider&for=pc。

③ 肖晞：《美国的政治极化及其外交转向》，《人民论坛》2020年第22期。

与国际政治之后，必然出现的对峙性政治现象。只是美国政治在温和与极化、低极化与高极化之间似乎是循环运行的一个正常状态。因此，不必在其常态化运行的时候对其作长盛不衰的论断，也不必在其极化运行之际对其作彻底衰颓的断言。否则，就很难对美国政治情势作出准确的判断。这样，才可望避免1991年苏美竞争胜败之局导出的美国领导国际社会已无对手的粗疏结论，也才可以避免21世纪初期美国政治极化已经显示其不复兴盛、势已衰颓的草率论断。需要评估美国政治的基本机制是否已经丧失功能，并以此为据分析与评价美国是否已经走上不可挽回的衰颓之路。从2020年选举的冲突及其解决来看，美国基本制度尚未丧失其维持国家秩序的功能。因此，社会撕裂也好、政治高极化也好，也只是各种机缘巧合下的往复性、交错式表现而已。而当前美国社会对这一危机处境的高度警觉，恰好说明美国社会已经具有纠偏的自觉。经此一役，美国社会又可能走向一个温和运行的新时段。复加美国20多年来再一次对外部敌人的确认，也可能成为促成其内部团结的外部动力。

其三，比较而言，周期性意味着循环性，终极性意味着末世化。因此，断定美国政治极化是终结性的态势，需要有充分的理由证明美国政治已经逼近绝境，因此丧失了国家自我修复的机能，否则就不足以让人确信美国已经陷入穷途末路的国家险境了。同理，如果试图让人确信美国政治极化不过是周期性现象而已，也必须以充分的理由证明当下美国政治极化，仍然运行在立宪设计的兜底与上限的适当范围里。因此，在启动制度修复机制的情况下，政治极化可以重回立宪民主的制度轨道，弥合社会裂痕，整合政治秩序。从美国政治运行的状态看，宪政机制似乎还没有丧失其供给政治秩序的功能：尽管2020年总统选举的争执仍在持续，但总统选举的结果是在立宪机制中得到确认的；尽管共和、民主两党的冲突仍在上演，但在内政外交上也开始达成重要共识；尽管美国国力是衰落了，但仍然维持了它整合国际秩序的强势能力。就此而言，断言美国政治极化已经造成美国的终结性局面，为时尚早。从美国社会的现状看，身份政治是与严重的社会不公伴随的现象，它确实给社会带来了严重的分歧与对立，但美国社会自己对之展现了强大的自我批判能力。像前述弗朗西斯·福山、马克·里拉等有识之士对公民政治的重建吁求，显示了美国社会对诊治“社会病”的自觉，而不致耽于浅薄乐观，贻误社会病的治疗契机。至于美国社会仍然保持的全球最强劲的科技原创能力、最具有活力的高等教育机制、最具有国际市场竞争力的公司体系，也都为美国克制极化政治，重归常态政治提供了动力。

理性而言，在美国政治极化属于终结性或周期性的两种推断之间，无论人们支持哪一种论断，都不应视为一种非此即彼的对峙政治决断。进而言之，国人同意当前美国的政治极化属于终结性现象，并不等于就此顺带确立了自己的爱国立场。一旦这样的确认限于偏执，那对中国的国家利益所产生的消极影响，恰恰无助于维护中国的国家利益，其很可能诱发一种名义上爱国、实际上“卖国”的危险。同理，国人同意当前美国的政治极化属于周期性现象，也不等于说就顺带主张美国的国运长盛不衰，而中国的国运不可能乘势而起。换言之，断言其属于终结性现象，不会因其暗示的爱国立场而增添其正当性；认定其属于周期性现象，不会因其对美的理智判断而降低其爱国心。

事实上，在一片美国衰落、中国崛起的对峙性言说中，有“小国大政治家”美誉的李光耀曾自问自答：美国正处于全面衰落中吗？绝非如此。进而，他分析到，“美国目前的确因背负债务与赤字使其发展道路充满坎坷。但我完全可以肯定美国不会沦为二流国家。历史上，美国已经展现了很大的自我更新与复兴的能力。美国的优势包括：美国人头脑中没有根深蒂固的陈旧思想，而是思维活跃，富有想象力，态度诚实；拥有各类优秀的研究中心，竞相发明新技术、提出新理念；美国社会能够吸引世界各地的人才，并能轻而易举地使其融入其中；英语相当于一个开放的体系，是科学、技术、发明、商业、教育与外交的领导者以及各国顶尖人才的通用语言。虽然美国面临异常艰难的经济形势，但美国的创造力、弹性以及创新精神使其有能力应对一些核心问题，克服这些问题，并重新获得竞争力。今后二三十年，美国仍将是唯一的超级大国。美国是军事力量最强大的国家，是经济最富活力的国家，美国凭借创新、生产效率和消费依然是全球经济增长的引擎。今天以及今后几十年，国际社会的游戏规则仍将由美国制定。任何关于国际和平与稳定的重大问题，如果没有美国的领导，就无法得到解决，没有任何国家或任何集团能够取代美国的全球主导地位。”[1]这样的断言，乃是基于一个富有洞察力的政治家对世界大势的准确判断，对国人衡量当下美国政治极化局面具有警醒作用。

从美国的最终结局来看，它的衰颓可以说是注定的。因为历史告诉我们，没有任何一个国家能够保持长盛不衰的国运。倘若美国社会对身份政治丧失警觉性，假如美国政治对高极化的政治态势掉以轻心，如果美国对国际游戏规则的变化视若未睹，总而言之，一旦美国对国家立宪机制失去动态更新的欲求，对国际事务抱持一种简单的霸权心态，那么，它就会自我终结其发展势头、被动终止国际领导权。就此而言，认为美国政治极化属于终结性现象，便有了它的远期支持理由。不过，这一基于最终结局的断言，不应成为一个时期内对美国发展态势进行理性评估的根据。因为从当下延伸出去的一个时期，美国处境是否如李光耀的断言，才是人们必须正视的问题。如果国人以最终结局来应对当下评价，那么在时间上的严重错位，定会给人以深刻的教训。仅就此点讲，认为美国政治极化是一种周期性现象的观点，便有了它在一个时期内的成立理由。

四、从美国看国运

需要进一步探寻的一个问题是，何以美国的政治极化成为举世关注的重大论题？从各国自己的视角看，当然各国都有其需要关注的、对其生存发展而言，显得更为重要和紧迫的问题。但之所以美国政治极化成为全球共同关注的问题，是因为它不是一个限于美国范围内的国家问题，而是一个经由美国呈现、影响遍及世界的重大问题。换言之，美国的政治极化直接关系到美国的国家命运；而美国的国运走势，进一步关乎全球的当下变局与未来走势。

人们热衷谈论的一个国家的国运，实际上是一个含义模糊且语义重叠的辞藻。起码需要在三重意义上，相对清晰地界定国运的含义：一是上天注定、必然如此的国家命运，这可以用英语的 national fate 来理解。这样一种似乎是

① [美]格雷厄姆·艾莉森等编：《李光耀论中国与世界》，蒋宗强译，中信出版社 2013 年版，第 23～24 页。

上天选定的国家命运，恐怕除了精神上的自我鼓舞作用外，人们很难相信实际上会有哪个国家是在这样的精神氛围中取得真实的发展与巨大的成就的。二是受制于客观条件，但更重视人群努力造成的国家运行态势，这一含义可以用 national fortune 命名。一个国家，以变应变、主动作为，将价值建设、制度建构相宜地付诸行动，所谓天道酬勤，必然成就国家发展机运。三是上佳的主客观条件偶然地集于一身，让国家看似意外、实则在意料之中崛起，可以用 national luck 称之。这对国家是一种不期而至的好运，与这个国家的人民是否足够努力关系不大。[①]

美国在百年间由一个挣脱宗主国而获得独立的农业国，迅速成长为一个强大的工业国，似乎确实是天选之国。在美国总统的致辞中，最后总是会循例讲一句“God Bless America”，这似乎暗示人们，美国具有这样的、上天注定的国家强大命运。但以各个国家都会诉诸人力之外的超级力量的独特支持而言，这样理解美国的国家命运，似乎就失去了它的有效性与针对性。同样，如果认为 20 世纪上半叶美国作为第一强国的崛起是靠碰巧撞上的运气，那么，也就等于说民族国家体系中各国发展的成败，都是偶然机缘注定的，至于国家是否坚韧确立合宜的价值信念、建构公正公平的制度机制，且因势利导地应对国家处境、出台有利于支持国家发展的公共政策，就变得无足轻重了。从民族国家的世界史来看，没有哪个国家仅靠上帝嘱意或大运上身，就崛起为世界强国的。就此可知，美国的崛起，是靠美国人对现代价值的精准把握、对分权制衡制度的成功建构、对社会变迁大局的灵活顺应。这是一种因应环境条件且发挥民族的积极努力精神，才可望成就的国运。

因此，不能以上天注定与撞上大运来理解美国的崛起或衰颓。需要从现代价值、制度建构和与时俱进等维度，看待美国从一个小国崛起为世界强国的变化过程。这才足以理解美国的发展结果，也才能清楚分析今日美国的国

① 在英语中，fate 一词主要用来指命中注定的运气。fortune 的词义凸显的是较为中性的机会与运气，以及发展变化的际遇与趋势，luck 凸显的则是得自侥幸的运气。参见［英］霍恩比：《牛津高阶英汉双解词典》（第 9 版），商务印书馆 2018 年版，第 781～782、857、1290 页。

家处境与国家命运。那种将一个发挥国际领导权的大国出现的不利局面，解释为机缘不再或运气消逝，都是轻率和不负责任的。这不是为不为美国衰颓奏响哀歌、为中国崛起送上祝福的问题，而是一个如何理性认知国家命运的问题。从历史线索看，美国的崛起，在18世纪建国之际，最为重要的是适时确立了有利于国家长治久安的立宪机制；在19世纪国家扩展其立宪民主原则而遭遇黑人权利困境时，以南北战争再次确立了初始的建国原则；进而在20世纪处理国家权力与市场机制的匹配困难时，以“新政改革”落实了有限政府的有为问题。这都是美国立宪机制在不断地、适时地优化的表现。这不是以天降大运或机运上身的被动性国运论所可以解释的世相。这正是前引李光耀评论美国的那段话真正精彩的地方。

当然由此可以得出同样的结论，假如美国人丧失了这种因势利导的主动作为精神，对国家变局熟视无睹，对当有的作为无所用心，对亟须改变的处境全无应对，那么，美国就一定会丧失它蓬勃向上的国家发展势头，陷入被动，并走向衰落，最终让出综合国力第一的宝座，拱手交出长期行使的国际领导权。

从当下美国社会对国运变化的自我警醒来看，美国尚未丧失它因时而变的主动作为精神。相反，左左右右的意识形态流派对美国现实的严厉抨击，激进或保守的社会运动对落实立宪原则的强烈诉求，国家与社会双方对改良美国的一致行动取向，都表明美国仍然是一个充满活力、未曾陷入死水微澜危局的国度。这不是称颂美国，而是对一个事实的描述。因为外部的称颂与否，对美国是不是能够成功处理它遭遇的难题并无影响；同理，以民族自尊心为由，一味贬斥美国，也并不能发挥出抑制美国、强盛中国的作用。对当今世界的任何一个国家，尤其是具有超越美国雄心的国家来讲，真正秉承现代的国家精神与制度理念，从而理性而充分地动员自己国家的资源，才是超越美国的希望之所在。换言之，一个国家的国运如何，不是另一个国家的国运所能够决定得了的。美国的国运好，其他国家的国运不见得就会差；美国的国运差，不见得其他国家的国运就会好。一个国家的国运好坏，决定于这个国家的官民双方如何因应其客观处境而积极主动地作为。

保罗·肯尼迪在观察了500年来的大国兴衰历史后，进行了两方面的重要提点：一方面，他指出了国家间实力消长的必然性。“一流国家在世界事务中的相对地位总是不断变化的。主要原因有二：一是各国国力的增长速度不同；二是技术突破和组织形式的变革，可使一国比另一国得到更大的优势。”① 因此，弱国变强、强国衰颓，实属于再正常不过的事情了。另一方面，他强调，对于任何一个国家来讲，国家专注于自身经济实力的增强，对国家实力的世界位置的影响，要胜于它在世界事务中以军事手段耀武扬威。“如果一个国家把它的很大一部分资源不是用于创造财富，而是用于军事目的，那么，从长远来看，这很可能会导致该国国力的削弱。同样，如果一个国家在战略上过分扩张（如侵占大片领土和进行代价高昂的战争），它就要冒一种风险：对外扩张得到的潜在好处，很可能被它付出的巨大代价抵消了。”② 这两方面的提醒，对于人们理解美国，以及尝试替代美国而起的霸权国度的国家命运具有深刻的启迪：国家命运确实是千变万化的，但国家命运决定于一国如何处理好国内经济发展事务与国际干预事务的关系。在某种意义上，从特朗普以“美国再次伟大”为号召展开的战略收缩与重组，再到拜登以联盟方式强化国家力量的举措，都表明美国还算明白其国家处境——不以超过国家实力的方式强撑国际霸权。这与当年的苏联不计国家经济实力，强行以军事手段干预国际事务（如发动阿富汗战争），最终在内外实力不支的情况下引发国家崩溃的做法，具有根本的不同。

在当代世界史上，流行着发挥国际领导力的国家衰落，其他国家才有望崛起的见解。这是一种似是而非的关于国家间关系的陋见。英美霸权的交接表明，新老霸权国家可以同时位列发达国家的行列，也可以同时发挥国际领导权。而德国、日本与苏联认定的国家霸权乃是一国独专的事情，因此以宣告英美霸权终结，转而由自己国家领导世界（德国、苏联）或地区（日本），引发了霸权转移的政治悲剧：这种独专的国家领导权思维，最终导致了三国在国

① ［美］保罗·肯尼迪：《大国的兴衰：1500—2000年的经济变迁与军事冲突》，陈景彪等译，北京国际文化出版公司2006年版，第35、36页。
② ［美］保罗·肯尼迪：《大国的兴衰：1500—2000年的经济变迁与军事冲突》，陈景彪等译，北京国际文化出版公司2006年版，第35、36页。

家竞争中的悲壮失败。而这三个国家在与美国的竞争中，都曾误判美国衰颓、自身将替代性地势不可挡地崛起。这是一种显见的战略误判。这种误判的一再浮现，就是因为此起彼伏、你有我无、你死我活的国际竞争思维，具有激发努力崛起的国家之国家斗志的强大刺激作用。但这样的思维，偏离了国家崛起的正常思路，因此留给人们极为深刻的教训。

如果将人类命运与规范的现代价值与制度认取挂起钩来，我们就能免除将人类命运与某一个具体国家的命运直接关联的偏执。美国的命运如何，端赖美国守持现代价值与制度的理性强度与坚韧程度。如果严重偏离现代价值与制度安排，它就不可能持续取得经济发展与军事强盛的成就，美国的衰落就是必然的。其他国家坚定认取现代价值与制度安排，就会乘势而起，成为引人瞩目的国家发展楷模。如果美国纠正了它目前的某些失误，那么，崛起国便会与美国共享国际领导权；如果美国没能矫正自己发展的失误，那么新兴的崛起国就会一力或与其他国家共同行使国际领导权。总而言之，国家的命运把握在一国中人自己的手里。

美国政治极化中的妥协困境 *

在乌克兰危机爆发数天后，拜登总统在国会首度发表了2022年国情咨文演讲，试图团结两党精英以及美国民众以应对美国国内外挑战。演讲之后各大媒体平台较为罕见地展示出一定的共识，这是在过去若干年来华盛顿政治中不寻常的一幕。事实上，拜登政府如此致力于建构两党共识，其关键性背景就是当前美国政治的大分裂。政治极化现象从20世纪70年代开始已经日渐严重，使得美国最重要的政治传统——政治妥协正经历着严峻挑战，妥协缺失是当前美国民主运作最大的困境。本文将剖析作为美国民主传统的政治妥协所面临的挑战以及背后的钳制因素，运用2016、2020年"美国国家选举研究"最新数据以及新近的皮尤研究中心调研数据，展示美国民众在政治妥协这一议题中的定位，以及政党认同、意识形态、政治精英与政治妥协之间的关系。

一、文献回顾

尽管在英美自由主义传统中一直存在对妥协的政治技巧以及普遍态度的倡导，而且在新近关于多元主义与民主社会建制的论述中妥协也被视为关键的政治理念，但根据美国政治哲学学者阿林·弗莫雷斯科关于妥协的概念史的梳理，过去的一个多世纪中只有十多本书比较认真地探讨了这个概念，"政治妥协这一主题成了最被政治理论家忽视的课题之一"[①]。然而最近几年，学

---

* 作者简介：祁玲玲，南京大学政府管理学院教授。本文原载于《江苏社会科学》2022年第5期。

① [美]阿林·弗莫雷斯科：《妥协：政治与哲学的历史》，启蒙编译所译，上海社会科学院出版社2016年版，第3页。

术界对于政治妥协的探讨陡然升温，学者们不仅从哲学思辨的视角为妥协正名，而且从经验研究的角度剖析民主实践中妥协缺失的问题。比如，从价值层面建构妥协作为政策目标的正当性，[①]认为妥协是一种“帕累托最优”状态，[②]阐述妥协作为道义原则的可能，[③]以及妥协如何带来和平和公共正义，[④]严格区分真正意义上的妥协与偏离了基本价值的“被腐蚀的妥协”[⑤]，等等。政治哲学家们认为，妥协不仅是出于政治实践的需求，而且在价值层面同样有着非工具性的独立正当性。但对于采用实证路径的政治学者来说，政治妥协在政治现实运行中早已被视为无可避免、势在必行，他们更关心经验性问题，即行动者们的妥协价值缘何遭受侵蚀，他们的妥协行为为何面临困境进而影响了民主运作，目前这一脉的研究主要集中在美国政治领域。

讨论美国政治中妥协的缺失多少存有讽刺的意味：因为二百多年来美国民主的历史就是“妥协”与“原则”动态平衡的历史。[⑥]从1787年制宪会议起，美国政治体系的基本架构的每一个元素，包括美国参众两院的设立、选举制度的基本原则、联邦与各州之间的权力分配、立法-行政-司法的制衡机制等一系列在美国制宪会议中激烈博弈后所达成的原则无不展现了美国政治博弈中的妥协传统。政治妥协的艺术也好，手段也罢，一直以来被认为是美国民主的核心精神之一。然而当前要达成两党政治博弈中的妥协已日渐艰难，美国政治学界在过去若干年把矛头指向了华盛顿政治，涌现了大量文献来讨论

---

① A. Gutmann, D. Thompson, *The Spirit of Compromise: Why Governing Demands It and Campaign Undermines It*, Princeton University Press, 2012, p.64.

② R. Bellamy, Democracy, Compromise and the Representation Paradox: Coalition Government and Political Integrity, *Government and Opposition*, Vol.47, No.3, 2012; P. V. Parijs, What Makes a Good Compromise?, *Government and Opposition*, Vol.47, No.3, 2012.

③ D. Weistock, On the Possibility of Principled Moral Compromise, *Critical Review of International Social and Political Philosophy*, Vol.16, No.4, 2013.

④ F. Wendt, *Compromise, Peace and Public Justification: Political Morality Beyond Justice*, Palgrave Macmillan, 2016.

⑤ A. Margalit, *On Compromise and Rotten Compromises*, Princeton University Press, 2010.

⑥ S. Lynd, The Compromise of 1787, *Political Science Quarterly*, Vol.81, No.2, 1966; 王希：《妥协与原则：美国宪法的精神与实践》，北京大学出版社2014年版。

两党的国会代表们如何无法达成两党之间政策妥协。[①]在美国政治极化的大背景下，两党在政治决策以及意识形态上的激烈对抗已经不是新闻，不过有研究表明，无论美国政党政治如何极化、无论国会怎样被认定为“一事无成”，两党之间妥协的路径仍然存在；横跨行政与立法机构的两党精英的政治驱动、制度所赋予的能力乃至议案的建构等元素都可能成为影响两党政治妥协的直接原因。[②]当然也有研究跳脱了华盛顿政治而着眼于美国民主选举的基本格局，认为是“永无止境的政治竞选”使得两党代表们在长期的议题站队中形成了不妥协的观念，失去了对政治对手的基本信任，从而妨碍了美国民主的运行。[③]

与华盛顿政治精英的视角同样重要的是普通选民的政治价值倾向与行为。已有研究表明，出于对两党冲突的厌恶，美国普通民众一般来说在价值层面是支持妥协的，但支持水平直接受制于政治精英的导向和媒体信息传播，[④]以及更为重要的政党认同[⑤]。新近的研究也指出了教育和个人的社会经历对支持妥协的作用，[⑥]并发现美国民众对妥协价值的认同止步于具体的政策过程。[⑦]但总体来讲，相对于较为成熟的精英研究路径，目前关于美国普通民众政治妥协的态度考察仍存有相当的空间，精英互动背后的社会结构性力量的分化与政治妥协之间的关联并没有得到深入剖析，尤其是大选中妥协与投票偏好的关系乃至与美国民主运行之间的关联仍然缺乏扎实的经验分析。

---

① M. N. Beckmann, Up the Hill and Across the Aisle Discovering the Path to Bipartisanship in Washington, *Legislative Studies Quarterly*, Vol.41, No.2, 2016.

② T. Groseclose, N. McCarty, The Politics of Blame: Bargaining Before an Audience, *American Journal of Political Science*, Vol.45, No.1, 2001.

③［美］艾米·戈特曼、丹尼斯·汤普森：《妥协的精神》，启蒙编译所译，上海社会科学院出版社 2014 年版。

④ B. McLaughlin, M. Douglas, McLeod et al., Elite Cues, New Coverage, and Partisan Support for Compromise, *Journalism & Mass Communication Quarterly*, Vol.94, No.3, 2017.

⑤ L. Harbridge, N. Malhotra, Electoral Incentives and Partisan Conflict in Congress: Evidence from Survey Experiments, *American Journal of Political Science*, Vol.55, No.3, 2011.

⑥ J. M. Glaser, J. M. Berry & D. J. Schildkraut, Education and the Curious Case of Conservative Compromise, *Political Research Quarterly*, Vol.74, No.1, 2019.

⑦ N. Malhotra, B. Harrison, Public Preferences for Bipartisanship in the Policymaking Process, *Legislative Studies Quarterly*, Vol.39, No.3, 2014.

二、理论考量：解释政治妥协的不同维度

既然政治妥协之于民主运作极为关键，那么到底是何种因素牵制着当前美国政治精英与民众关于政治妥协的基本态度呢？首先是政党认同带来的影响。在以政党为主要载体的现代代议制民主中，政党认同是除基本的人口特征之外最重要的个人认同维度之一，弥散在人们对政治生活认知和参与的方方面面。学者们很早就观察到美国政治自 1970 年代以来社会分化的各个议题在选举政治的运作下形成“政党站队”（party sorting）的趋势，[①] 这成为当前美国政治极化的根源之一。在美国当前两党政治争斗激烈、政治分裂的境况下，不同的政党认同意味着更大可能的政策对抗立场。而且，当选议员和所在选区的选民之间存在互相强化极端立场的格局，即具有强烈政党立场的选民往往对候选人是否当选产生关键性的影响，因此当选议员出于连任的基本理性会回应所在选区的意识形态立场而走向极端，其竞选中逐渐走向偏激的基本政策立场又会影响所在选区选民的偏好。[②] 具有强烈政党认同的民众更加倾向于反对妥协，而政党认同弱或者没有明显政党立场的民众则更倾向妥协。[③]

但是，这一思路只考虑到政党认同的程度所产生的影响，并没有比对两党支持者在妥协问题上的态度差别，共和党人与民主党人二者对妥协的态度差异并不清晰。根据皮尤研究中心的数据，共和党支持者一直比民主党支持者更加坚定地反对妥协，两个群体之间支持妥协的人群比例差距约为 15% ～ 20%[④]。共和党支持者究竟缘何如此坚定地拒斥政治妥协呢？现有关于

① M. P. Fiorina, S. J. Abrams, Political Polarization in the American Public, *Annual Review of Political Science*, Vol.11, 2008.

② M. Levendusky, Why Do Partisan Media Polarize Viewers?, *American Journal of Political Science*, Vol.57, No.3, 2013.

③ L. Harbridge, N. Malhotra, Electoral Incentives and Partisan Conflict in Congress: Evidence from Survey Experiments, *American Journal of Political Science*, Vol.55, No.3, 2011.

④ A. Tyson, Partisans Say Respect and Compromise are Important in Politics–Particularly from Their Opponent, *The Pew Research Center Report*, June 19, 2019.

意识形态影响的研究表明，持有保守主义倾向的人更加不宽容，一些保守主义的价值，例如个体主义、质疑政府、偏好传统等，与不宽容不妥协的姿态有着天然的联系。[①]但众所周知，美国的政党体系的重要特征之一就是政党认同的松散结构，拥有多样背景的人都可以通过自我偏好或选举中的投票被归入共和党或民主党名下，保守的价值定位并不能完全解释共和党人更为不妥协的现状，更无法展示相同的政党认同人群内部存有的多样性。但理论上，如果有强烈的共和党认同并将其与保守意识形态相结合的话，会导致这一群体表现出更为不妥协的姿态。因此，当沿着政党界线形成的分化不断加强，从选民到精英所面临的政治妥协障碍也日渐增强，尤其是偏向保守的共和党人政党认同强烈时更有可能趋于不妥协。

其次是意识形态自身的影响。意识形态与政党认同既有重合部分又相区别，以上已经提及在美国政治的背景下，保守主义者更可能认同共和党，而自由主义者则更偏好民主党，但这不尽然对应，区分两种意识形态对妥协态度的影响有着充分的必要性。一方面，意识形态作为用来理解世界运作、指导个体或群体行动的基本价值与一系列原则，势必决定基本的政治偏好，并影响政治行为。因此，在美国语境下，那些更加注重传统、坚信个人主义、严格限制政府边界的保守主义有了更加不愿意妥协的坚定姿态；而那些倡导多元价值、强调平权、锐意打破传统以推动进步的自由主义者则可能形成包容妥协的宽容姿态。而另一方面，意识形态的作用更宽泛，尤其当其与美国政治中极为重要的议题相连时。选民在具体议题上的站位不仅影响其意识形态，而且其明晰的偏好会削减政治谈判和博弈过程中的退让空间。例如，当选区的保守倾向选民明确反对同性恋合法化时，势必会直接左右该选区的议员代表在相应议案博弈和投票中的偏好，导致其间的妥协空间与回旋余地大大减小。美国政治议题大致可分为国内和国外两类，这两类议题与政治极化有着

---

① J. M. Glaser, J. M. Berry & D. J. Schildkraut, Education and the Curious Case of Conservative Compromise, *Political Research Quarterly*, Vol.74, No.1, 2019; M. Peffley, M. L. Hutchison, M. Shamir, The Impact of Persistent Terrorism on Political Tolerance: Israel 1980–2011, *American Political Science Review*, Vol.109, No.4, 2015.

迥异的内在关联。我们能够观察到，在反对恐怖主义、全球大国竞争等涉及美国整体国家利益的议题上，两党精英以及选民往往更加能够克服党派分歧形成共识，[①]但在涉及传统的意识形态争执的国内议题上却有着极大的分化。因此，理论上选民对外交政策相关的议题所持的态度不会影响政治妥协，而内政议题因为代表美国社会中的结构性裂痕，议题中的对抗则更有可能造成政治妥协困境。

最后是政治精英的影响。现有研究表明，美国普通选民的政治态度会受到政治精英导向的影响，[②]政治妥协的态度同样存在精英效应。以美国过去两任总统为例，民主党奥巴马在多个场合呼吁政治妥协，认为妥协才是给美国民主政治改革带来希望的关键性因素，[③]尽管其执政过程中两党政治合作的状态遭到诸多质疑，但其对政治妥协的呼吁仍然与特朗普形成了鲜明的对比。如果说奥巴马的政治妥协意愿在华盛顿政治博弈中并没有得到很好的实现，那么特朗普自竞选开始就明显表现出的不妥协姿态已经深刻地分化了美国选民。[④]在反对派对特朗普的诸多批评中，极为关键的一项就是特朗普拒绝与民主党进行实质性的政治妥协所导致的华盛顿政治困境。与此同时，特朗普的核心支持者在关键性议题，比如美墨边境修墙、反对禁枪等议题上也表现出强硬的拒绝妥协的姿态。特朗普与他的支持者之间在态度偏好上有着强烈的呼应格局。[⑤]后文的模型中将分别以受访者对奥巴马（是否认可奥巴马的工作）和特朗普的认可程度（是否投票给特朗普）作为自变量来分析总统的妥协态度

---

① R. Fontaine, Great- Power Competition is Washington's Top Priority–But Not the Public's, *Foreign Affairs*, September 9, 2019.

② M. J. Hetherington, Resurgent Mass Partisanship: The Role of Elite Polarization, American Political Science Review, Vol.95, No.3, 2001; J. N. Druckman, E. Peterson & R. Slothuus, How Elite Partisan Polarization Affects Public Opinion Formation, *American Political Science Review*, Vol.107, No.1, 2013.

③ M. D. Shear, Obama Says Thought and Compromise are Key to Bringing Change, *The New York Times*, May 7, 2016; B. Obama, Democracy Requires Compromise, *Motley Moose*, May 9, 2016.

④ 祁玲玲：《美国政治正确的归因分析》，《世界经济与政治》2017 年第 10 期。

⑤ V. Garcia, Rush Limbaugh Urges Trump to not Compromise with Democrats on Guns, *The Fox News*, August 8, 2019.

与民众的政治妥协态度之间的关系。

以下我们将首先利用调研数据来描述美国民众关于政治妥协的基本态度，而后再运用多元回归模型来分析影响美国民众政治妥协态度的因素。统计模型还将包括基本人口指标的影响：性别（男性＝1）、教育程度（最高学历 1＝小学一年级，16＝博士）、年龄、家庭年收入以及种族（白人＝1）。[①] 我们将采用 Logistic Regression with Robust Standard Error 模型来进行多元回归分析。

三、实证研究：美国民众关于妥协的基本立场及影响因素

（一）数据、变量测量以及美国民众关于政治妥协的态度

本文的数据主要来源于美国选举实证研究最重要的调研项目“美国选举调查研究”2016 年与 2020 年总统大选前后进行的系列调查数据以及 2020 年大选期间的试验数据（2020 ANES Pilot Study）。另外，也借助于皮尤研究中心的数据，包括 2015 年 9 月该中心与普林斯顿大学国际民调中心（Princeton Survey Research Associate International）联手在美国全国范围内进行的电话抽样“政治调查”（Political Survey）[②]，2017 年 4 月在全国范围进行的“政治图景调查阶段 A 和 B”（Summer 2017 Political Landscape Survey Phase A&B）[③]，2018 年 3 月与 2019 年 3 月在全美范围内以手机 / 电话方式展开的“政治调查”[④]。

在 2010—2019 这十年的八次相关调查中，皮尤研究中心持续追踪美国民众对一个问题的回答：你偏好“那些能与持不同意见的官员进行妥协的当选官员”还是偏好“那些坚守自身立场的当选官员”？根据皮尤研究中心的报告

① 2016 年模型中还加入了民众对妥协的认知变量，发问受访者是否同意“妥协就是出卖一个人的基本原则”。

② Pew Research Center Dataset，http://www.people-press.org/2015/09/29/september-2015-political-survey/。

③ Pew Research Center Dataset，http://www.people-press.org/dataset/april-2017-political-survey/。

④ Pew Research Center Dataset，https://www.people-press.org/dataset/march-2018-political-survey/。

（图 1），民众关于妥协的看法存有一定的波动：2010 年奥巴马第一任期时，有 40% 的受访者倾向于妥协，之后民众对于妥协的诉求逐渐走高，到奥巴马第二任期的 2014 年 2 月份，有 56% 的民众更加认同妥协。这一数值在特朗普当选总统后的半年（2017 年 6 月至 7 月）达到了顶点，有 58% 的民众站在了倾向于妥协的一方，只有 39% 的民众希望官员坚守自己的立场。[①]数据显示，特朗普的到来一度伴随着美国民众更不愿意妥协的态度；经过 2018 年中期选举的波动后，2020 年大选前民众对于妥协的诉求再度升至 57%，而有 43% 的民众仍然坚持要"坚守原则"，这又回归到了 2016 年大选前后的格局。从总体局势来看，尽管有波动，但美国民众关于妥协的认同或反对率基本徘徊在 50% 上下，也就是民众态度基本是分裂而对立的。2017 年的皮尤研究中心数据基本上与 ANES 同时期数据能够相互应和，印证了这一时期近六成的民众倾向于妥协的格局，民众中有近四成的人是坚定的"不妥协者"，后者是当前美国民主运行中的"不妥协"民众的基础。

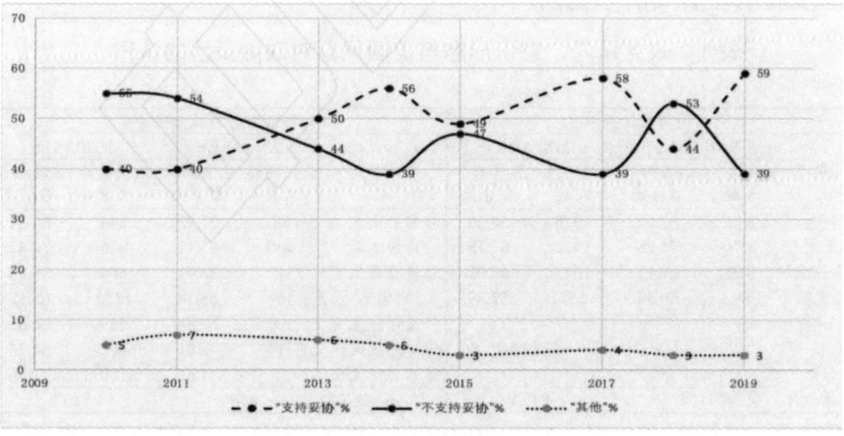

图 1　美国民众对政治妥协的态度基本走势（2010 年—2019 年）

数据来源：Pew Research Center，March 20–25，2019，Political Survey。

① 实际上，根据皮尤研究中心 2017 年 6 月份的原始数据，偏好"愿意妥协的官员"的比例是 61.44%，偏好"坚守原则的官员"的比例是 34.69%，对两种表述同等认同 / 或不认同的比例为 1.43%，"不知道"或未回答的比例为 1.8%。

表 1 进一步展示了 2016 ANES 和 2020 ANES 数据中不同的政党认同人群、不同的意识形态人群对妥协的态度。表 1 表明，共和党人比民主党、党派独立者以及其他党派的人群更加倾向不妥协。2016 年数据样本共 4164 人，其中自我认同为共和党人人群的 52.62% 表达了倾向于妥协的立场，远低于民主党人的 74.25% 以及独立党派的 67.11%。2020 年的数据基本维持了该格局。值得指出的是，在特朗普在任四年后民主党人表示“不妥协”的比例有不小的上升，基本与独立党派持平。根据 2016 年的数据，意识形态“非常自由主义”的人群有 77.98% 认同妥协，但“非常保守主义”的人群仅有 31.62% 认同。“自由主义”和“轻度自由主义”人群最宽容，仅有 15% 上下的人不认同妥协，与“保守主义”人群仅有 48.61% 认同妥协形成对比。2020 年的数据显示的重要变化是左翼自由主义人群在特朗普执政几年后变得更不宽容了。“非常自由主义”的人群中不宽容比例增加了 11.13%，其他两组“自由主义”人群也分别增加了 10.69% 和 7.48%。民主党人与自由主义者的变化所体现的“特朗普效应”将进一步展示在后文的多元回归中。

表 1　政党认同、意识形态与美国民众对政治妥协的认同

政党认同与政治妥协					意识形态与政治妥协				
政党	2016 ANES		2020 ANES		意识形态	2016ANES		2020ANES	
	认同妥协人数	占各群体百分比	认同妥协人数	占各群体百分比		认同妥协人数	占各群体百分比	认同妥协人数	占各群体百分比
共和党	642	52.62	1375	54.30	非常自由主义	85	77.98	244	66.85
民主党	1070	74.25	1912	67.18	自由主义	400	85.11	896	74.42
党派独立	910	67.11	1643	66.01	轻度自由主义	342	83.41	694	75.93
其他党派	89	60.54	154	57.89	中间派	569	68.14	1174	65.15
					轻度保守主义	296	67.58	539	66.63
					保守主义	314	48.61	802	54.74
					非常保守主义	37	31.62	160	37.56
样本总数 N	4164		8133		样本总数 N	4164		8133	

数据来源：American National Election Studies (ANES)2016、2020 年时间序列数据。

（二）多元回归解释美国民众的政治妥协态度

表 2 至表 5 采用多元回归模型考察了在 2016 年以及 2020 年大选期间民众所呈现的妥协态度背后的决定因素。[①] 首先来看政党认同的影响，在 ANES 数据中，有两组问题分别衡量政党认同：一组是宽泛地自我认同为“民主党人”“共和党人”还是“独立选民”；另一组则更加详细地发问，是自我认同为“坚定民主党人”“一般民主党人”“独立—民主党人”“独立选民”“独立—共和党人”“一般共和党人”还是“坚定共和党人”。表 2 和表 4 中采用第一种测量法，宽泛地计算三类不同的政党认同如何影响其妥协态度，表 3 和表 5 采用第二种测量法。四个表格中的所有模型都分别将各种人群编码为哑变量进行检测。总体来讲，当一位选民不具有明确的政党认同时，比具有政党认同的选民更加愿意接受政治妥协（参见表 2 模型 2 和表 4 模型 12 中的“独立选民”变量）。这一结果展示在 2016 年与 2020 年两波数据中，印证了之前关于政党认同影响研究的基本结论。数据还表明，认同民主党与认同共和党有着完全不同的效应：表 2 模型 1 以及表 4 模型 11 中民主党的政党认同变量尽管系数负向，但并没有获得统计学的重要性；而表 2 模型 3 以及表 4 模型 13 中，共和党政党认同变量的负向作用获得了稳固的统计学重要性。所以，如果相对宽泛地界定受访者的政党认同，那么如果认同民主党，并不影响其对政治妥协的看法，但如果认同共和党，则会增加反对政治妥协的可能。

① 在进行计算的过程中，本文也考虑到了其他的变量维度，例如，社会资本变量（包括人际信任及公民参与）、政治参与变量等，因为这些变量均没有获得统计学的重要性，出于模型简练的基本原则，这里没有报告相关模型的具体结果。

表 2　Logistic 模型解释政治妥协（2016 年）

	模型 1	模型 2	模型 3
民主党人	−0.11(0.14)		
独立选民		0.24(0.11)**	
共和党人			−0.24(0.12)*
意识形态	−0.10(0.04)*	−0.08(0.04)	−0.07(0.05)
投票特朗普	−0.80(0.15)***	−0.80(0.14)***	−0.70(0.14)***
评价奥巴马	0.05(0.07)	0.06(0.07)	0.07(0.07)
妥协认知	0.38(0.04)***	0.38(0.04)***	0.38(0.04)***
同性恋合法化	0.29(0.12)**	0.29 (0.12)*	0.29(0.12)**
反对枪支合法	0.32(0.09)***	0.32(0.09)***	0.31(0.09)***
堕胎合法	0.27(0.05)***	0.26(0.05)***	0.26(0.05)***
移民态度	−0.01(0.01)	0.01(0.01)	0.01(0.01)
反对自由贸易	−0.04(0.04)	−0.04(0.04)	−0.04(0.04)
恐怖主义	−0.03(0.04)	−0.03(0.04)	−0.03(0.04)
男性	0.19(0.10)	0.18(0.10)	0.19(0.10)
教育程度	0.05(0.02)**	.04(.02)	0.05(0.02)
年龄	0.01(0.00)***	0.01(0.00)***	0.01(0.00)***
家庭年收入	0.02(.00)**	0.02(0.00)***	0.02(0.00)***
白人	0.10(0.13)	0.10(0.13)	0.12(0.013)
常数项	−3.04(0.60)***	−3.26(0.59)***	−3.24(0.59)***
样本量	2395	2395	2395
Pseudo R^2	0.18	0.19	0.19

注：以上报告的为各变量的系数，括号中为标准误差，*p<0.05，**p<0.01，***p<0.001。

数据来源：American National Election Studies (ANES) 2016 时间序列数据。

为了进一步检验共和党政党认同的独特作用，我们启用了第二组关于政党认同的测量模型进行更加细化的计算，成果呈现在表 3 以及表 5 的 14 个模型中。细化测量后的模型出现了较为复杂的结果，不仅在相同的政党内部出现了分化，而且也展示了 2016 年到 2020 年之间的重要变化。根据 2016 年数据，表 3 进一步佐证了表 2 中关于独立选民更倾向于妥协的基本结论，但对照 2020 年数据，表 5 模型 17 中的“独立选民”变量失去了统计学重要性，说明认同为独立选民并不增加他们对妥协的正向意愿。表 3 和表 5 更重要地展示出了两党不同程度政党认同人群的差异。首先，共和党的支持者内部存在分化，并不是所有的认同为共和党的选民都更倾向反对政治妥协，只有那些坚定的共和党人（strong Republican）才更拒斥政治妥协（表 3 模型 10，表 5 模型 20），而认同感一般的共和党人（not very strong Republican）以及接近独立选民的共和党人并没有更加倾向于反对政治妥协（表 3 模型 8，表 5 模型 19），甚至可能更愿意妥协（表 5 模型 18）。在民主党内部，根据 2016 年大选数据，表 3 中三个模型中民主党的认同变量均没有获得统计学上的重要性，但模型 4、5、6 中政党认同变量系数的走向也对应了共和党内部的结构，即坚定的民主党认同也会削弱政治认同（该变量的 p 值为 0.089，没有达到 0.05 的基本门槛）。不过到 2020 年，坚定民主党认同（表 5 模型 14）以及独立民主党认同均获得了统计学的重要性，前者表明高度认同民主党的人群已经走向了“不妥协”，正如高度认同共和党的人群一样。这一转变可以理解为在特朗普执政四年中政治反对派的进一步分化的结果，对应了表 1 中的基本趋势。而独立民主党人对妥协倾向的转变表明对妥协的呼吁更多来自两党的温和派而不再是独立候选人，也就是说对于妥协的呼吁也打上了更深的政党烙印。

表 3　政党认同与美国民众政治妥协态度（2016 年）①

	模型 4	模型 5	模型 6	模型 7	模型 8	模型 9	模型 10
坚定民主党	−0.25(0.16)						
一般民主党		0.13(0.17)					
独立-民主党			0.14(0.18)				
独立选民				0.34(0.17)*			
独立-共和党					0.06(0.14)		
一般共和党						0.26(0.14)	
竖定共和党							−0.48(0.13)***
意识形态	−0.10(.04)*	−0.09(.04)*	−0.09(0.04)	−0.08(.04)*	−0.09(0.0)*	−0.10(0.0)*	−.05(.05)
投票特朗普	−0.8(0.1)***	−0.7(0.1)***	−0.7(0.1)***	−0.7(0.1)***	−0.7(0.1)***	−0.8(0.1)***	−0.7(0.1)***
其他变量				省略报告[1]			
样本量	2408	2408	2408	2408	2408	2408	2408
Pseudo R^2	0.19	0.18	0.19	0.19	0.19	0.19	0.19

注：以上报告的为各变量的系数，括号中为标准误差，*p<0.05，**p<0.01，***p<0.001。

数据来源：American National Election Studies (ANES)2016 时间序列数据。

意识形态变量在表 2 至表 5 中的绝大部分模型中均获得了统计学的重要性，而且系数变量为负，表明越是趋向于保守的意识形态定位，该选民越有可

① 模型 9～15 控制变量与表 2 中的模型相同，这里略去不报告。

能反对政治运行中的妥协立场，这符合此前的基本假设。但是，表 2、表 3 呈现的 2016 年的数据与表 4、表 5 中 2020 年数据存有差别。根据 2016 年的数据，意识形态变量在控制政党认同、投票特朗普以及具体议题等变量的情况下，其统计学的重要性并不稳定，在模型 2、3、10 已经失去了统计学的重要性；尤其在两个有关坚定共和党人的模型中，自由或保守意识形态的变量已经不影响其关于政治妥协的态度。在表 2、表 3 中，有关意识形态的具体议题所呈现的结构稳定，即国内议题具有重要作用，而事关对外政策的议题并没有获得统计学的重要性，也符合此前的理论假设。可见，如果一个选民倾向于认同同性恋合法化、主张政府对枪支购买更多设限、更接受女性堕胎，那么他更加有可能接受政治妥协。但是，在 2016 年大选中也同样重要的自由贸易问题、恐怖主义问题以及相关移民政策问题并没有呈现与选民妥协态度相关的关系。美国民众的政治不妥协或妥协态度更多是美国国内民主政治的运作维度，尽管美国民众在对外政策上也不无异见，但这并不妨碍他们支持或反对华盛顿的立法者们在政治博弈中的妥协，那么这意味着华盛顿的政策制定者在外交政策层面拥有比内政相关政策更多的自主裁量空间。

表 4　Logistic 模型解释政治妥协（2020 年）

	模型 11	模型 12	模型 13
民主党	−0.14(0.08)		
独立选民		0.21(0.06)**	
共和党			−0.22(0.09)**
支持特朗普	−0.27(0.09)***	−0.20(0.09)***	−0.12(0.09)
意识形态	−0.12(0.02)***	−0.10(0.02)***	−0.08(0.02)**
其他变量		省略报告	
样本量	5245	5245	5245
Pseudo R^2	0.06	0.06	0.06

注：以上报告的为各变量的系数，括号中为标准误差，*p<0.05，**p<0.01，***p<0.001。

数据来源：American National Election Studies（ANES）2020 时间序列数据。

表 5　政党认同与美国民众政治妥协态度（2020 年）①

	模型 14	模型 15	模型 16	模型 17	模型 18	模型 19	模型 20
坚定民主党	−0.18(0.08)*						
一般民主党		0.06(0.10)					
独立-民主党			0.23(0.10)*				
独立选民				−0.00(0.11)			
独立-共和党					0.19(0.09)*		
一般共和党						.0.07(0.09)	
坚定共和党							−0.25(0.09)***
意识形态	−0.12(0.0)***	−0.11(0.0)*	−0.10(0.0)***	−0.11(0.0)***	−0.11(0.0)***	−0.11(0.0)***	−0.09(0.0)***
投票特朗普	−0.24(0.0)***	−0.19(0.0)**	−0.17(0.09)*	−0.20(0.8)	−0.22(0.0)**	−0.21(0.0)**	−0.12(0.0)
其他变量				省略报告[1]			
样本量	5368	5368	5368	5368	5368	5368	5368
Pseudo R^2	0.06	0.06	0.06	0.07	0.06	0.06	0.06

注：以上报告的为各变量的系数，括号中为标准误差，*p<0.05，**p<0.01，***p<0.001。

数据来源：American National Election Studies（ANES）2020 时间序列数据。

关于政治精英影响力的考察，数据展示出奥巴马和特朗普两任总统在妥协议题上对民众的迥然不同的影响：选民对奥巴马的基本评价并不影响其对于政治妥协的态度（表 2），但是对特朗普的支持与他们的不妥协态度高度相关（表 2、表 3、表 4、表 5）。这一结果与我们对两任美国总统的基本认知相符。奥巴马总统对于政治妥协的意愿与理念都很强烈，但并没有非常成功地弥合华盛顿政治精英之间的根本分歧，因此其关于政治妥协的遗产是复杂而界限模糊的。特朗普自进入总统大选后展示的重要气质就是与民主党全面对抗的不妥协姿态。表 2、表 3 数据截至 2016 年大选前后，此时是特朗普利用身份政治策略与政治正确等议题分化美国选民的高潮阶段，这一格局非常清晰地展示在了统计模型中，而表 4、5 中支持特朗普的变量继续证明了其执政期间的基本立场。

在运算了以上模型后，结合控制变量，我们大体可以找出当前美国民众中典型的不倾向于政治妥协的人群基本特质：年轻的、低收入的坚定共和党

① 模型 14～20 中的其他控制变量的计算结果包括"同性恋合法化""堕胎合法""反对非法移民""男性""教育程度""年龄""家庭年收入""白人"，各个变量运算结果与表 4 中的模型相同，这里略去不报告。

人，他们意识形态保守，反对同性恋合法化，反对堕胎。这一群体组成了两次大选中特朗普的票仓。茶党运动的主流人群可以被纳入该范畴。而在政治妥协议题上较为宽容的群体应该是政党认同较弱的高收入人群，他们意识形态偏向自由主义，更倡导同性恋合法化、女性的堕胎权等，他们在大选中往往是特朗普的反对派。从 2016 年到 2020 年，最为值得注意的倾向是相对中立的人群以及左翼的坚定民主党人在特朗普执政四年后在政治妥协问题上有了反对的立场，这是特朗普在执政中不断撕裂美国的重要体现。

四、结语

自 2021 年初就任总统以来，拜登多次呼吁以民主党内部以及两党之间的妥协来弥合美国社会政治生活中的裂痕，但相关数据充分展现了美国社会围绕两党政治所产生的结构性撕裂，没有也不可能随着特朗普的选败而消失。2022 年中期选举中以 J. D.万斯（J. D. Vance）为代表的共和党保守力量的崛起再次表明，虽然2020年大选后“特朗普离开了，但特朗普主义没有”[①]。本研究表明政治不妥协的诉求在坚定共和党人群中存在共识，而且这种情绪也正在左翼阵营中蔓延。重塑美国政治妥协的传统，需要政治精英与普通选民偏好的共同转向，在当前美国经济基础差距巨大、身份政治盛行的背景下，这一转型的到来或许并非不可能，但绝非指日可待。美国民主二百多年的历史似乎表明政治大分裂在面临巨大危机时存在有自我愈合的机制[②]，当前乌克兰危机中美国连同北约国家与俄罗斯形成的国际对抗能否一定程度上弥合美国国内大分裂，对外政策中的两党协作能多大程度上外溢到国内政治领域，仍然有待进一步观察。

① M. Tackett, Message of Election 2020: Trump Lost, But Trumpism Did Not, *AP*, November 8, 2020; I. Tharoor, Trumpism is Here to Stay, *The Washington Post*, November 5, 2020.

② P. Pierson, E. Schickler, Madison's Constitution Under Stress: A Developmental Analysis of Political Polarization, *Annual Review of Political Science*, Vol.23, 2020.

政治极化与政治冲突的“变质”：当前美国政治困境及原因 *

2021 年 1 月 6 日，时任总统唐纳德·特朗普在“拯救美国”的政治集会上鼓动他的支持者进行“激烈的战斗”（fight like hell），以“夺回我们的国家”。[①]同时特朗普煽动其支持者冲击国会，以制造骚乱的手段来试图否认并推翻 2020 年美国大选的结果。“冲击国会大厦”事件对于当今美国政治具有深刻的意义，反映出美国的部分右翼已经不相信美国的民主体制，质疑和否定总统选举的合法性并试图以非民主手段推翻选举结果。尽管主流媒体与众多学者对这次事件均表示批评和谴责，将其视为一次“未遂政变”（attempted coup）或“未遂自我政变”（failed self-coup）[②]，但与此同时，民主、共和两党选民对“冲击国会大厦”这一事件的理解却截然不同。舆观（YouGov）在 2021 年 1 月 6 日关于这一事件的民意调查显示，在接受民调的共和党人中，有 68% 认为冲击国会大厦事件不会对美国民主造成威胁，而 93% 的民主党人认为其会危及美国民主；69% 的共和党受访者认为国会大厦事件不应或不全应由特朗普负责，而 90% 的民主党受访者认为特朗普应负主要责任；85% 的共和党人

---

* 作者简介：王格非，任职于辽宁省纪委研究法规室。本文原载于《美国研究》2022 年第 3 期。

① Travis Andersen, Before Mob Stormed US Capitol, Trump Told Them to “Fight Like Hell”, January 6, 2021, https://www.bmstonglobe.com/2021/01/06/metro/heres-what-trurp-told-his-supportes-beforemam-them-stormed-capitol-wedmesda.

② Paul Musgrave, This Is a Coup, Why Were Experts So Reluctant to See It Coming?, Foreign Policy, January 6, 2021, https://foreignpolicy.com/2021/01/06/coup-america-capitol-electoral-college-2020-election/; Charles T. Call, No, It's Not a Coup: It's a Faileed “Self-coup”that Will Undermine US Leadership and Democracy Worldwide, January 9, 2021, https://www.brookings.edu/blog/order-from-chaos/2021/01/08/no-its-not-a-coup-its-a-failed-self-coup-that-will-undermine-us-leadership-and-democracy-worldwide/.

认为特朗普不应因此事而被立即解职，而83%的民主党人则持完全相反的意见。[①] 由此看来，对于"冲击国会大厦"事件的评价仍然是以政党为标准而高度分化的，谴责和批评并不是美国社会的共识，特朗普在共和党选民心目中仍然是非常具有影响力的。所以这次美国总统试图改变选举结果以颠覆民主过程的"政变"充分展现了当今美国政治所面临的困境，就是政治极化程度不断加深，社会分裂难以弥合。

在2016年特朗普横空出世，当选第45任美国总统之际，《纽约客》（*New Yorker*）杂志主编大卫·雷姆尼克（David Remnick）曾发表专论，用"一场美利坚的悲剧"（An American Tragedy）这个醒目的标题来形容特朗普当选对美国宪法和自由民主体制所造成的负面影响。[②] 而特朗普四年来的施政措施与执政绩效表明，其当选的确反映了美国政治的极化与社会的分裂，其所推行的政策又进一步扩大了这种极化和分裂的趋势。特朗普身为总统却无意代表全体美国民众的利益而仅仅关注支持他的选民的利益，为了追求自身利益而将党派政治和冲突政治极端化、常态化、意识形态化，加剧了两党之间、选民之间、族群之间以及各社会团体之间的分歧和冲突。当今美国政治极化和社会分裂不但未能缓和，反而有不断扩大加深的趋势。特朗普通过动员所谓的"沉默的多数"与"真正的美国人民"制造敌对和恶性冲突当选上台，而在任期间又通过制造敌对和恶性冲突来施政。分裂政治和极化政治导致了选民间、族群间、党派间的"己方"与"敌方"相互敌对与深刻的政治分歧，这种敌对近似尚塔尔·墨菲（Chantal Mouffe）所强调的"政治敌对"（political antagonism）的概念：不是将政治上的对抗一方看作竞争对手（adversary），而是看作"与人民为敌"的敌人（enemy），应该被彻底地打倒在地。[③] 这种政治上的敌对与分歧发泄在美国的现实政治中就会导致如"冲击国会大厦"、对黑

① YouGov Poll, Capitol Protest, January 6, 2021, https//docs.cdn.yougov.com/7e6digtwqp/capitol-protest-crosstabs-adobe.pdf.

② David Remnick, An American Tragedy, *New Yorker*, November 9, 2016, 转引自王希：《特朗普为何当选？——对2016年美国总统大选的历史反思》,《美国研究》2017年第3期。

③ Chantal Mouffe, *The Return of the Political*, Verso, 1993, pp.1–4.

人乔治·弗洛伊德的暴力执法、西雅图骚乱等一系列恶性政治冲突的出现。《时代周刊》将特朗普称为“美利坚分裂国总统”（President of The Divided States of America），特朗普的当选是美国政治冲突恶性化的产物和政治极化的表现，同时特朗普的政策又推波助澜，助长了政治冲突的恶性化，推动了政治极化和社会分裂程度进一步加深。

结合上述各种数据和事例可以看出，美国的政治极化现象反映了社会不同团体和派系之间的共识和合作逐渐缩小而冲突和分歧逐渐扩大的趋势，其典型表现就是民主、共和两党之间的党派恶斗，相互否决，展开完全以自身利益为导向的政治冲突和斗争。“政治极化的主要表现在于，各派完全以自身的力量最大化为目标，一切被认为有利于自身力量扩大化的话语或政策措施都被认为是可以接受的；反之，某一派别所说所做哪怕明显有道理，也会被对立派别攻击、抹黑、贬低。”① 那么为什么美国会形成这样一种政治极化现象，其背后的原因是什么？对于这一问题学界近年来已有非常丰富而深刻的论述：部分学者认为美国的政治极化是美国社会的不平等所导致的，社会的不平等和收入的两极分化造成了阶层、党派、社会团体和种族之间的政治冲突和激烈争斗，使政治极化愈演愈烈。② 不平等确实是分化和冲突的重要社会根源。而美国的不平等是长期存在的，但政治极化现象并不是一直存在的，而是有一个变动发展的过程。另有学者从意识形态角度出发，认为多元化的价值观对于主流意识形态的冲击和削弱导致了政党、精英、民众的政治极化。③ 还有学者从制度角度出发，认为是美国政治制度中政党制度、选举制度中的某些

---

① 段德敏：《重思美国政治中的冲突与“极化”》，《学术月刊》2021年第1期。

② Michael J. Barber, Nolan McCarty, Causes and Consequences of Polarization, in Nathaniel Persily (ed.), *Solutions to Political Polarization in America*, Cambridge University Press, 2015；庞金友：《不平等：当代美国政治极化的经济与社会根源》，《探索与争鸣》2020年第9期。

③ James E. Campbell, *Polarized: Making Sense of a Divided America*, Princeton University Press, 2016；佟德志：《当代美国意识形态的极化现象及其根源》，《探索与争鸣》2020年第9期；陈琪等：《美国政治的极化之势》，《人民论坛》2020年第17期。

弊端扭曲了民意，强化了分歧和冲突，导致了如今的政治极化现象。[①]

以上提到的学界对于美国政治极化问题的主要观点和论述都具有相当的说服力，但笔者认为在此基础上还应去讨论一个前置性的理论问题，即政治冲突的性质问题。以上的讨论都是默认了政治冲突是恶劣的，需要被克服的。但实际上政治冲突需要在性质上加以区分：既有良性的政治冲突，也有恶性的政治冲突，并且政治冲突的性质会在一定条件下相互转化。当前美国政治乱象丛生，恰恰反映了美国的政治冲突“变质”的过程——由良性政治冲突转变为恶性政治冲突。这种“变质”有其深刻的制度与文化基础，也导致了当前美国政治所面临的政治极化现象。在美国的政治体制中，政治冲突不是近些年才产生的。这种体制一开始就允许甚至是鼓励政治与社会中的竞争、对立和冲突，“极化中的冲突本身并不被美国或西方主流政治理念认为是需要被克服的要素”[②]。笔者认为，要理解美国的政治极化现象，关键不是回答如何克服政治冲突的问题，而是要辨明政治冲突的不同性质并回答政治冲突的性质因何转变、如何转变的问题。

本文将首先从理论层面探讨政治冲突所具有的良性与恶性的不同性质，进而从历史和现实角度讨论美国政治冲突的“变质”及其影响。本文从美国政党体制和社会“民情”的变化入手，阐释政治冲突“变质”的深层次原因，以更好地解释政治极化加剧的现象，同时更深入地理解当前美国政治所面临的困境。

一、政治冲突的性质：良性政治冲突与恶性政治冲突

在政治学研究中，政治冲突被认为是发生于政治领域的社会冲突，涉及

① 节大磊：《美国的政治极化与美国民主》，《美国研究》2016 年第 2 期；赵可金：《老国家与新社会的错位：美国政治极化的根源》，《探索与争鸣》2020 年第 9 期；倪春纳：《选举制度如何放大美国的政治极化：对选民整体极化论的质疑》，《探索与争鸣》2021 年第 2 期。

② 段德敏：《重思美国政治中的冲突与“极化”》，《学术月刊》2021 年第 1 期。

国家政府的冲突都可以被视为政治冲突。[①] 从内容上来看，政治冲突是围绕着政治权力而展开的一种斗争。[②] 这种斗争的实质是利益斗争，政治冲突则是利益斗争的基本表现形式，归结到最后就是经济发展所造成的现有各社会阶级以及阶级集团利益的斗争。[③]各政治主体间的互动主要就是围绕着权力、权利、利益等稀缺资源的展开争夺，所以政治冲突可以被理解为各政治主体之间基于自身的利益要求，为实现特定的权利而围绕着公共政治权力所产生的对抗性互动行为。[④]

从以上对于政治冲突的理解中可以看出，政治冲突普遍被认为是政治主体以利益为核心所进行的对抗性互动。但同时应注意，这种各方的直接对抗性互动虽然最终目标都是为了争夺利益，但在其作用和效能上却可以有两种截然不同的理解：正面功能和负面功能。政治冲突的负面功能是指政治冲突会对社会秩序、政府能力产生负面作用，造成政治紧张、动荡和颠覆等后果；而正面功能则是指对于政治秩序和社会发展所产生的积极作用，例如扩大政治合作，推动政治规则调整，促进利益表达和实现等。“冲突并不一定就是坏事，它往往是一个更长的过程的一部分……在一个健康、活泼和进步的社会里，冲突、竞争和合作都是有益于该社会的正常的社会关系现象。”[⑤] 以正面的视角来看待政治冲突的政治学者可以上溯至尼科洛·马基雅维利（Niccolò Machiavelli）。普林斯顿大学政治学教授毛里齐奥·维罗利（Maurzio Viroli）在研究亚里士多德和马基雅维利时就曾提出，二者的关键区别之一就在于马

① ［美］罗伯特·A.达尔：《多元主义民主的困境》，尤正明译，求实出版社 1989 年版，第 58 页。

② ［意］加塔诺·莫斯卡：《统治阶级：政治科学原理》，贾鹤鹏译，译林出版社 2002 年版，第 97 页。

③《马克思恩格斯全集》（第 22 卷），人民出版社 1965 年版，第 591～592 页。

④ 王浦劬：《政治学基础》，北京大学出版社 2005 年版，第 94 页。

⑤ ［美］罗伯特·达尔：《多头政体：参与和反对》，谭君久、刘惠荣译，谭君久校，商务印书馆 2003 年版，第 170 页。

基雅维利对政治冲突的正面功能的强调。[①]亚里士多德的共和主义是要求贵族与平民和谐相处、克制冲突，其隐含的前提是在共和政体中政治冲突是导致祸乱的根源；而在马基雅维利看来，罗马的强盛与扩张离不开内部主要的两个派系——贵族与平民间公开而持续的斗争和政治冲突，“我要说，诅咒贵族与平民纷争不已的人，他们谴责的正是让罗马保持自由的元素。他们未看到这些嘈杂喧嚣的纷争收到的良好效果；他们没有顾及共和国皆有两种相反的气质，即民众的气质和大人物的气质，凡是有利于自由的法律，皆来自他们之间的不和，这从发生在罗马的事情即可知晓。”[②]而孟德斯鸠（Montesquieu）则从比较政体的视角出发，认为西欧的“君主政体”和东方的“专制政体”中的政治冲突的作用是不同的，“诚然，我们各处看见，当一个专制国家发生骚乱的时候，人民为感情所激动，往往把事情推向极端。他们所做出的一切纷乱都是极端的。但是在君主国里，事情就常常不会做得过分。首领们为自己着想是有所顾忌的，他们怕被人抛弃；‘依附的中间势力’，不愿意让平民太占上风。国内的各阶层完全腐败是不常有的事，君主就依附于这些阶层。谋乱的人既没有意志、也没有希望去颠覆国家，所以他们不能、也不愿推翻君主”[③]。在君主政体中会有较多公开的政治冲突，如骚乱、内战等，但革命的可能性较小；专制政体虽然平日公开的政治冲突较少，但一旦发生政治冲突则极易走向革命。“因此，在我们一切的历史上，都是只有内战而没有革命，但是在专制的国家，却都是只有革命而没有内战。”[④]从马基雅维利和孟德斯鸠等政治思想家的论述中可以看出，在西方政治思想中政治冲突并不一定完全只有负面的作用。假使政治冲突能够被制度或文化控制在一定的范围之内，政治冲突就完全可以成为积极的因素。部分国内学者从这个角度出发，探讨政治冲突的正面与负面功能在不同方面的内涵与表现形式，为政治冲突研究提出了有

① M. Viroli, Machiavelli and the Republican Idea of Politics, in Gisela Bock, Quentin Skinner & Maurizio Viroli (eds.), *Machiavelli & Republicanism*, Cambridge University Press, 1990, pp.143–171.

② ［意］尼科洛·马基雅维里:《论李维》,冯克利译,上海人民出版社 2012 年版,第 56 页。

③ ［法］孟德斯鸠:《论法的精神》,张雁深译,商务印书馆 1961 年版,第 56～57 页。

④ ［法］孟德斯鸠:《论法的精神》,张雁深译,商务印书馆 1961 年版,第 57 页。

益的理论思考。[①]

但目前有一个问题尚需解决：政治冲突为什么会有正面与负面功能的不同？笔者认为这种不同本质上根源于政治冲突在性质上的差异。按照政治冲突的性质可以分为良性的政治冲突与恶性的政治冲突，良性政治冲突会对社会带来积极的影响，产生正面功能，而恶性政治冲突会对社会造成负面的影响，产生负面功能。笔者对于政治冲突性质的理解借鉴了新美国基金会高级研究员李·德鲁特曼（Lee Drutman）的观点：所有的政治都是冲突，但并非所有的冲突都是有害的（All politics is conflict；Not all conflict is toxic），[②] 政治冲突并不是同一性质的，而是有好有坏的。笔者认为，政治冲突性质好坏的衡量标准主要有两个方面：其一，参与政治冲突的政治主体对待政治共同体整体利益上的态度差异，即政治主体在进行利益争夺的对抗性政治行为时，是否以尊重共同体的整体利益为前提；其二，参与政治冲突的政治主体与其他政治主体的关系差异，即政治主体间的互动与对抗是一种有限的对立（oppose）还是一种彻底的敌对（antagonize），是以对方存在为基础进行对抗还是以打倒对方为基础进行对抗。政治从本质上来说就蕴含了冲突和矛盾的部分，当政治冲突以整体利益为前提，与其他政治主体保持一种有限对立的关系，其分歧可以调和时，这种政治冲突的性质是良性的；而与之相反的是，政治冲突不以整体利益为前提，与其他政治主体是一种彻底敌对的关系，其分歧难以调和时，其性质就是恶性的。恶性政治冲突会造成政治主体间对抗的毫不妥协，冲突变得极端化以致损害共同体的利益，这是导致政治极化和分裂程度加剧的直接原因。

同时需要注意的是，政治冲突不仅在性质上有良性和恶性的区别，而且这两种性质的冲突不是一成不变的，在一定条件下二者可以相互转化。进入现实政治的实践过程中，可以看到在不同国家的不同历史阶段，政治冲突的

① 胡锐军：《政治冲突与政治秩序的博弈及耦合》，《经济社会体制比较》2013 年第 2 期；宋衍涛等：《民主社会的政治冲突功能研究》，《理论与现代化》2018 年第 5 期。

② Lee Drutman, *Breaking the Two-Party Doom Loop: The Case for Multiparty Democracy in America*, Oxford University Press, 2020, p.98.

性质会呈现出动态的、相互转化的特点，而非静态的、一成不变的，也即政治冲突是会“变质”的。在词典中，“变质”一词多指“人的思想或事物的本质变得与原来不同（多含贬义）”，而笔者在本文中借用这个词来表现政治冲突的性质发生了相互转化的过程，这一过程既可以是良性转变为恶性，也可以是恶性转化为良性。所以在这里政治冲突的“变质”不一定就意味着政治冲突的性质转变就是消极的、负面的，而仅仅是对政治冲突性质变化的一种客观描述。具体到政治冲突在美国现实政治中的表现形式，也可以按照性质的不同进行划分：如政治改革、政治竞争、和平抗议、游行示威等诸多形式的政治冲突，普遍可以被理解为一种良性的政治冲突，而如骚乱、政变、政治暴乱、恐怖主义等形式的政治冲突则大都是恶性的政治冲突，这对我们后面观察和理解美国政治的“变质”过程有着非常重要的作用。美国不是自始至终都面临着当前政治极化和分裂政治的困境。回顾 19 世纪三四十年代时期的美国，在托克维尔笔下“为改善社会而自愿组织起来”的公共活动，如抗议、游行、公众集会、就各自利益和联邦公共利益连续不断的竞争等都是这一时期美国良性政治冲突的具体表现。所以，要理解当今美国出现的政治极化现象以及政治冲突性质的恶化，需要从政治学理论出发，进入美国的历史与现实，追溯这种良性政治冲突的缘起，以进一步分析美国政治冲突逐渐“变质”的制度及社会根源。

二、美国良性政治冲突的滥觞：“新国家”的政治制度设计与社会文化基础

（一）政治制度设计：“宪政平衡机制”与“混合政体”

1787 年初，当时的美国邦联虽然暂时度过了“谢斯起义”（Shays’ Rebellion）带来的危机，但危机出现的根源并没有得到彻底的解决。无序的经济、混乱的财政、失败的外交、空虚的国库以及无力的邦联政府等诸多方面的危机依然使整个邦联的前景笼罩在一片阴霾之下。美国的政治精英们不得不召开制宪会议，着手进行新的政治体制设计以摆脱困局，最终美国选择了

联邦制这一新的国家形式以保障共和国的发展，联邦共和国的政制设计在麦迪逊等的《联邦党人文集》中得到了非常清晰而透彻的阐释。在《联邦党人文集》中，联邦党人强调建立联邦的一个重要目的就是制止如派系斗争、内战、暴乱和外国侵略等恶性的政治冲突，鼓励如权力制衡、政治竞争等良性的政治冲突。“一个牢固的联邦，对于各州的和平和自由是非常重要的，因为它是分裂和叛乱的障碍；在一个组织良好的联邦能够带来的众多好处中，没有什么好处是比制止和控制派系间暴力更值得去发展的了。”[①] 联邦制与共和政体的结合可以更好地控制派系斗争，阻止派系协调一致地活动，避免派系斗争为国家带来的危险。“总之优点不是在于给不讲正义和图谋私利的多数人以更大的障碍，反对他们协调一致，完成其秘而不宣的愿望吗？”[②] 同时联邦党人在权力分配的政制设计上，鼓励良性政治冲突的发展，这对美国联邦宪法的制定与政治实践影响深远。麦迪逊等借鉴了孟德斯鸠的权力分立与制衡的观点，设计了权力在纵向和横向、区域和部门间分配上的双向互动，在联邦与各州之间，立法、行政、司法部门之间形成一个“宪政平衡机制”（constitutionalequilibrium）[③]。纵向来看，联邦党人强调联邦不会剥夺各州的主权，各州保留大部分原来的权力，国家加强原有的权力是出于保护全体利益的需要。中央政府可以防止以州为基础的派系活动和州与州之间的恶性政治冲突，同时各州可以联合起来反对联邦的权力扩张和对州权的侵犯，“对联邦束缚的恐惧，如同对外国束缚的恐惧一样，会造成同样的联合”[④]。横向来看，联邦政府由立法、行政与司法三部分组成，相对独立又互相制衡。掌握立法权的国会、执掌行政权的总统以及行使司法权的联邦法院保持着相互钳制和

① [美]汉密尔顿、杰伊、麦迪逊：《联邦党人文集》，程逢如等译，商务印书馆 1980 年版，第 46、52 页；Hamilton，Jay，Madison，*The Federalist Papers*，Liberty Fund Inc.，2001，p.42。

② [美]汉密尔顿、杰伊、麦迪逊：《联邦党人文集》，程逢如等译，商务印书馆 1980 年版，第 59 页。

③ Hamilton，Jay，Madison，*The Federalist Papers*，Liberty Fund Inc.，2001，p.263.

④ [美]汉密尔顿、杰伊、麦迪逊：《联邦党人文集》，程逢如等译，商务印书馆 1980 年版，第 287 页。

监督的关系，目的是防止国家大权轻易落入某一派别或某一利益集团手中。[①]从政治冲突的角度看，美国政制设计中的“宪政平衡机制”是一种良性政治冲突的设计，有意识地去创造政治上的冲突以实现权力之间的制衡。这种冲突是在维护政治共同体利益的前提下展开的，参与冲突的各政治主体将对方看作政治竞争中的对手，以对方的存在为基础争取自身的利益。

另外，这种政制设计的背后是对传统欧洲“混合政体”理念的传承和创新。美国作为罗马之后第一个面积较大的共和国，在政制设计中是否应该维持，以及如何维持一个较大共和国成为当时制宪会议的代表们重点探讨和争论的问题。反联邦党人以孟德斯鸠共和政体的版图必须狭小的论述为依据，反对联邦权力的加强。而联邦党人则同样引述孟德斯鸠的论述，反驳反联邦党人的观点，认为美国应该采取联邦共和国的政体，将君主政体和共和政体的优点同时结合起来，“既具有共和政体的内在优点，又具有君主政体的对外力量”，“联邦既由小共和国组成，它便享有各共和国的内部幸福，至于对外情况，由于联合，它具有大君主国的一切优点”，从而克服古代共和政体的缺陷，扩大民主政府的范围。[②]所以，联邦党人在美国的政制设计中，将联邦共和国作为实现联邦和各州利益以及维护共和国长期存续的重要制度安排。

在混合政体中，政治冲突可以更好地发挥混合政体中各部分的优势并克服其不足，成为促进公共利益的一种手段。美国的“混合政体”设计包括了三个层面：联邦公民类似于民主政体中的“公民”，选举出总统代表国家，选举国会议员作为公民的“实质代表”（virtual representation）而非“实际代表”（actual representation）。实质代表并不是对选民言听计从，而是和选民之间存在着共享的利益与共同的感情，“人们可能在选择时犯错误，但共同利益和共同感情很少出错”[③]。总统执掌行政权力，处理国家重大事务，类似于君主政体中的“君主”；而议员们作为代表在国会中进行争论、提案与表决，成为共和

① 王希：《原则与妥协：美国宪法的精神与实践》，北京大学出版社 2014 年版，第 107 页。

② ［法］孟德斯鸠：《论法的精神》（上），张雁深译，商务印书馆 1961 年版，第 131 页；［美］汉密尔顿、杰伊、麦迪逊《联邦党人文集》，程逢如等译，商务印书馆 1980 年版，第 49 页。

③ Edmund Burke, *Select Works of Edmund Burke*, Liberty Fund, 1999.

国中的“自然贵族”(natural aristocracy),“代表应当从那些智慧美德卓越之士中选任。如果这都不能称为是自然贵族,那我不知道自然贵族所指的是什么,选择这些具有美德才能卓越之士又有什么可以反对的呢?”[①]三者在维护公共利益的基础上保持冲突和竞争,公民通过直接或间接选举,选出学识道德优秀的人作为总统和议员,并监督他们的行为是否促进了公共利益的发展,“每部政治宪法的目的就是,或者说应该是,首先为统治者获得具有最高智慧来辨别和最高道德来追求社会公益的人”[②];议员作为“实质代表”在议会中必须深思熟虑和独立决断,要维护共和国的公共利益,而不仅仅是作为各选区、各州利益的“传声筒”;总统行使联邦最高行政权,施行政策的同时也受到共和国公民和国会中议员们的监督和制约。

总的来看,美国政制设计的初衷之一就是鼓励和制造良性政治冲突。通过“宪政平衡机制”的建立与“混合政体”的创新来发展良性政治冲突,既坚持和尊重人民主权原则,同时又警惕和防范“民主的专制”,实现了对于公共利益的维护,达到了运用权力以争取权利、制衡权力以保障权利的政治目标。

(二)社会文化基础:“民情”与“共识”

美国的良性政治冲突不仅仅是联邦宪法和政制设计的贡献,同时也是美国社会的“民情”基础所决定的。在19世纪30年代初,托克维尔访问并考察了当时的美国。在介绍美国的政治社会发展时,托克维尔清楚地认识到当时美国的民主不仅仅指投票权或一套特殊的政治体制,在其背后还有深厚的社会文化支撑着这套政治体制的良性运作。“自然环境不如法制,而法制又不如民情。我确信,最佳的地理位置和最好的法制,没有民情的支持也不能维护一个政体,但民情却能减缓最不利的地理环境和最坏的法制的影响。”[③]托克维尔将其总结为“民情”(或称“心灵习性”,Moeurs/Mores),这种“民情”是维

① Herbert J. Storing, *What the Anti-Federalists Were For*, University of Chicago Press, 1981;[美]拉塞尔·柯克:《保守主义思想:从伯克到艾略特》,张大军译,江苏凤凰文艺出版社2019年版,第91～96页。

② [美]汉密尔顿、杰伊、麦迪逊:《联邦党人文集》,程逢如等译,商务印书馆1980年版,第334页。

③ [法]托克维尔:《论美国的民主》(上卷),董果良译,商务印书馆1988年版,第358页。

系美国民主政治体制、维护良性冲突的最重要的社会文化基础之一。“它不仅指通常所说的心理习惯方面的东西，而且包括人们拥有的各种见解和社会上流行的不同观点，以及人们的生活习惯所遵循的全部思想。因此，我把这个词理解为一个民族的整个道德和精神面貌。”[①]对此，美国史学家埃里克·方纳指出：“托克维尔所谓‘民情’是一种文化，是一种包括了对个人主动性的鼓励、对平等的信仰和为改善社会而自愿组织起来的积极公共空间的社会存在。”[②]而“为改善社会而自愿组织起来”的，如抗议、游行、公众集会等公共活动，就各自利益和联邦公共利益所进行的连续不断的谈判、辩论和竞争都是这一时期美国良性政治冲突的具体表现形式。美国的“民情”根植于新英格兰时期遗留下来的公民自治与乡镇自治传统。经过美国独立运动的洗礼，人民参与公共事务的觉悟和积极性提高了，公民自治和乡镇自治的传统也被托克维尔视作人民主权和公民自由原则的源头。

从政治冲突的角度来看，“民情”最重要的作用是塑造了政治冲突的公共空间，并且在社会和公民之中形成了对于国家统一体（national unity）的“共识”（commonality），保障了政治冲突的良性性质。美国所具有的这种“民情”的社会文化，在自治传统的基础上生发出了一种自下而上、从私人领域到公共领域的力量，使社会中的每一个公民都有意愿去参与政治。通过广泛结社、过有组织的生活、热心公共话题、投身公益事业等各种各样的公民生活，将社会中的“个人”上升为公民社会中真正的“公民”。在关心公共事务的同时，公民参与改善社会的过程，自愿组织起来积极的公共空间，自觉地将公共事务与自身紧密联系起来。“每个人为什么却像关心自己的事业那样关心本乡、本县和本州的事业呢？这是因为每个人都通过自己的活动积极参加了社会的管理。”[③]在“民情”的影响下，这种公民的积极参与形成了对于国家统一体的“共识”：公民是国家的公民，公共利益的增加能为自身带来益处，而且公共

① Alexis de Tocqueville, *Democracy in America*, The University of Chicago Press, 2000, p.275.
② ［美］埃里克·方纳：《美国历史：理想与现实》（上册），王希译，商务印书馆2017年版，第441页。
③ ［法］托克维尔：《论美国的民主》（上卷），董果良译，商务印书馆1988年版，第270页。

利益中有自己的一分子，同时自己有意愿为公共利益而出力。“在美国，人民都知道社会的普遍繁荣对他们本身的幸福的影响。这个看法虽然如此简单，但却很少为人所道出。而且，美国人民习惯于把这种繁荣看作是自己的劳动成果，所以他们认为公共的财富也有他们自己的一份，并愿意为国家的富强而效劳。他们这样做不仅出于责任感和自豪感，而且出于我甚至敢于称之为贪婪的心理。”[①] 如托克维尔所说，这种对于统一体的“共识”建立在公民个人利益计算的基础上，所以“民情”影响下的公共参与必然会带来不同公民、不同团体各自利益上的差异和对抗，冲突便由此产生；同时“共识”又建立在公民对于国家统一体的自豪感、责任感上，对于统一体的承认、对于公共利益的维护就使得不同公民间、不同团体间的冲突不至于发展为一种彻底的敌对（antagonistic），而是处于一种对立而不敌对的状态：在统一体“共识”的基础上，冲突各方为争取自身利益而进行对抗但不相互敌对，在增进公共利益的事务上能够保持合作。个人利益与国家利益、公共利益相连接，正是由于对于个人利益的正确理解，所以政治冲突的性质才能够保持一种良性的状态，因为各政治主体间的对抗性行为能够以公共利益为前提，能够将其他主体视为对手（adversary）而非敌人（enemy）。所以“民情”与“共识”塑造了政治冲突的积极的公共空间，保障了良性政治冲突的性质。

综上所述，托克维尔所描述的美国社会所保有的“民情”以及在其影响下形成的统一体的“共识”成为支撑当时美国政治体制良性运行的社会文化基础。美国在建国初期的政治制度设计和社会文化基础为良性政治冲突的发展提供了条件，开美国良性政治冲突之滥觞。

三、良性政治冲突的“变质”：“四党体制”解体与“民情”的衰落

在创建一个“新国家”的过程中，美国既有鼓励良性政治冲突的政制设计，又有使良性政治冲突得以发展的社会文化基础，因此也实现了从 18 世纪

① [法]托克维尔：《论美国的民主》（上卷），董果良译，商务印书馆 1988 年版，第 270 页。

晚期到 19 世纪中叶经济社会的迅速发展。但不可否认的是，现实的政治实践中的美国却并不是一直保持着良性政治冲突的，1861—1865 年间的美国内战就是一个非常具有代表性的事例。奴隶制与共和体制这两种制度之间的矛盾与冲突自美国立国之初就一直困扰着这个“新国家”。当初为了联邦的顺利建立，联邦宪法的制定过程中对奴隶制问题，如贩奴贸易、逃奴追捕等方面作了相当程度的妥协与让步，化解了部分危机以防止政治冲突进一步恶化，影响联邦的统一及各州的团结合作。① 但随着 19 世纪初美国经济快速发展与美墨战争中领土的大幅扩展，南北各州的经济模式和社会文化认同的差异日益凸显，围绕西部领土是否能够施行奴隶制的争论则进一步加剧了南北之间的利益冲突。这种冲突最后演变为了南北双方对于联邦体制和联邦宪法的争论，形成了统一体“共识”的重大危机，并开始了迄今为止美国历史上最为血腥和暴力的冲突。② 从性质上来讲，这种政治冲突毋庸置疑是恶性的政治冲突，导致了国家的分裂。而随着内战的结束和奴隶制的废除，新的联邦体制和宪政秩序得以重建，美国重新实现了主权统一和制度统一，重塑了国家和社会共识，使良性政治冲突的基础得以巩固和发展。

在 21 世纪的美国，政治极化和社会分裂现象的出现同样也反映了政治冲突的恶化趋势。虽然当前的政治冲突并没有如美国内战时期那样剧烈和血腥，“当前的‘美国危机’似乎没有超过其历史上的其他一些危机（如美国内战、大萧条等），但它却令人感到更加凶险，更加难以化解” ③。从历史到现实，为什么政治冲突会“变质”？当前美国所面临的良性政治冲突的恶化，究竟是什么因素造成的？以上问题笔者认为需要从政党体制和社会文化的变化入手予以解答。

---

① Max Farrand, *The Records of the Federal Convention of 1787*, Yale University Press, 1911, pp.453–454.

② ［美］埃里克 · 方纳：《美国历史：理想与现实》（上册），王希译，商务印书馆 2017 年版，第 489 页。

③ 王希：《“美国实验”与“美国危机”：特朗普现象背后的总统选举制度》，《文化纵横》2020 年第 6 期。

（一）政党体制的变化："四党体制"的解体与"真正的两党制"的形成

政党政治本身并不是美国宪政体制的原始设想。而且在建国之初，参与制宪会议的精英们对于政党和政党政治都十分反感和警惕，因为在当时看来，政党（party）和派系（faction）的内涵似乎并没有太大区别，都是为私利而开展活动的组织。所以美国制宪会议所商定的原始宪法中完全没有提及政党。但客观上来看，美国的"宪政平衡机制"与"混合政体"的政制设计为政党的出现和发展提供了条件。总统和国会中众议院议员的选举，以及州、县、乡各级地方政府官员的选举，使投票选举成为一种定期而频繁的公共活动。① 虽然根据联邦制的原则，选举（包括总统和国会议员的选举）是由州政府和地方政府来主持的，选举程序和选举资格的规范原则上是州政府的权力，但不同利益群体围绕公职而展开的竞选活动催生了政党政治。② 于是政党政治因应现实政治的需要，逐渐成为政治体系中的制度性力量。可以说，其生成与发展是政治竞争和政治冲突的必然结果。在美国政党最早也是起源于精英内部派系的冲突和联合，随着19世纪上半叶全国性政党组织的建立、政党动员选民能力的加强以及竞选技术的提升，美国政党政治的发展如火如荼，公民参与积极，竞争公开有序，促进了这一时期美国良性政治冲突的发展。正是从这一时期开始，美国成为一个"政党政治国家"（partisan political nation）。③ 而且政治冲突的性质也从此与政党政治的发展紧密相连。19世纪五六十年代辉格党与民主党没能妥善解决奴隶制问题，一定程度上导致了美国政治冲突的恶化与内战的爆发，最终共和党和民主党取代了原有的两党，形成了新的两党制，重新恢复了良性的政治冲突。19世纪70年代以后，两党间的竞争与冲突成为美国政党政治的核心与主题，一直持续至今，所以对于当前美国政治冲突恶化的分析依然需要从政党政治和两党制度的角度进行观察。

在20世纪90年代以前，美国民主党与共和党所形成的两党制，实际上是

① L. Sandy Maisel, *American Political Parties and Elections: A Very Short Introduction*, Oxford University Press, 2007, p.5.

② 王希：《两党制与美国总统选举的"无选择困境"》，《史学理论研究》2018年第2期。

③ Joel H. Silbey, *The American Political Nation, 1838–1893*, Stanford University Press, 1991, p.126.

由保守派共和党人、自由派共和党人、保守派民主党人和自由派民主党人四个派别组成的“四党体制”（the four–party system），其中自由派共和党人和保守派民主党人被视为政治立场较为温和中立的派别（moderate），更能以国家利益为重而不是局限于党派私利。所以这些温和派被认为是保持政党政治良好运行的重要组成部分，推动政策理念战胜狭隘的党派利益。[①]部分学者认为，从 20 世纪 60 年代到 90 年代初是美国国会表现最好的时期，因为这一时期通过认真审慎的委员会和听证会，民主、共和两党共同制定了一系列具有里程碑意义的法案。特别是从 1965 年到 1980 年，国会在许多不同议题上的投票模式呈现出高度的多维性。[②]换言之，投票模式没有遵循可预测的单一维度的左翼—右翼或者民主党—共和党结构，而是反映了在相互竞争和冲突的不同价值之间的权衡取舍，这为在不同政策问题上政党派别之间形成“流动联盟”（fluid coalition）提供了空间。然而，“四党体制”在 20 世纪 90 年代逐渐走向解体。如图一和图二所示，在 1994 年之后，自由派共和党人和保守派民主党人在参众两院所占议席开始呈现明显的下降趋势；而到 2020 年，自由派共和党人在国会中几乎已经销声匿迹，同时只有非常少数的保守派民主党人仍然活跃在参众两院中。[③]

① Lee Drutman, *Breaking the Two-Party Doom Loop: The Case for Multiparty Democracy in America*, Oxford University Press, 2020, p.74.

② David R. Mayhew, *Divided We Govern: Party Control, Lawmaking, and Investigations, 1946–1990*, Yale University Press, 1991; Ashley E. Jochim, Bryan D. Jones, Issue Politics in a Polarized Congress, *Political Research Quarterly*, Vol. 66, No.2, 2013.

③ Lee Drutman, *Breaking the Two-Party Doom Loop: The Case for Multiparty Democracy in America*, Oxford University Press, 2020, p.78.

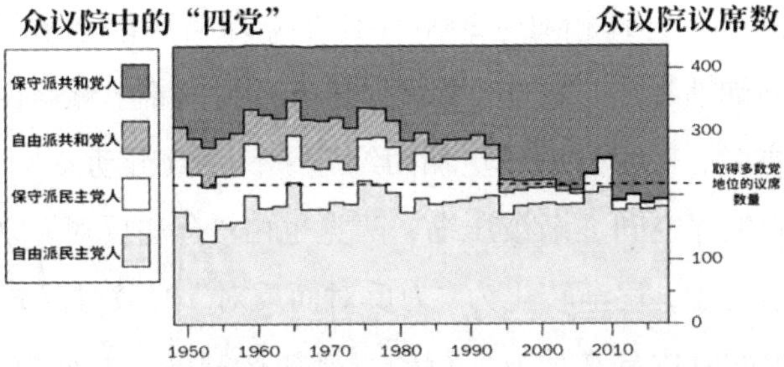

图 1　众议院中四个政党派别的议席数量

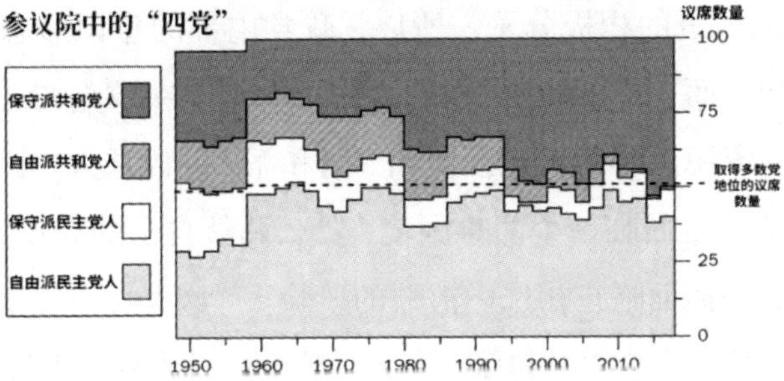

图 2　参议院中四个政党派别的议席数量

国会中作为“中间温和派”的自由派共和党人和保守派民主党人数量的逐渐减少，“四党体制”逐渐解体，很大程度上是受到了政党主导的国会集权改革和加强党内团结的影响。自 20 世纪 80 年代起，共和党保守派领袖纽特·金里奇开始着手进行共和党内的国会集权改革，加强了共和党自上而下的领导，从而保证党内的团结和议员行动的一致性。在指挥共和党 1994 年中期选举的过程中，金里奇分发了一份名为《语言：一种关键的控制机制》(*Language：A Key Mechanism of Control*) 的党内备忘录，要求党内议员用“背叛、贪婪、扯谎、可悲、激进、自私、病态、偷窃、叛国者”等词汇来攻击、丑化民主党。[①] 金里奇的敌对性策略非常奏效，1994 年共和党赢得了众议院中的多数席位，终结了民主党在众议院 42 年的统治地位。保守派共和党人赢得了新获

① Lilliana Mason, *Uncivil Agreement:How Politics Became Our Identity*, University of Chicago Press, 2018, p.132.

得的共和党席位，使共和党更加坚定地向保守派靠拢，而民主党也不甘示弱，也组织起来与共和党针锋相对。2006 年民主党取得中期选举的胜利之后，国会内的民主党领袖斯特尼·霍耶（Steny Hoyer）与南希·佩洛西承认金里奇的做法影响了民主党，民主党应该更加团结起来，一致行动。① 因此，两党“温和派”候选人的生存空间逐渐被压缩，两党也由“合法反对”原则下组织化竞争体制中的政治对手，逐渐转化为“为反对而反对”的敌对双方。

同时，美国两党内部在地方实行的直接初选制度，也对“温和派”的式微与“四党体制”的解体产生了非常重要的影响。政党初选的投票率远远低于大选，常常只有后者的三分之一左右。② 而参加初选的选民大部分都是本党在意识形态上更加激进的积极分子。所以，政党内部的意识形态更为极端的候选人更容易胜出，而“温和派”的候选人则更有可能在政党初选中就被淘汰出局，政党自身的资源也不太可能投资给“温和派”的候选人。因此，立场温和的候选人在初选中就面临一个两难困境：要么调整自己的立场使之更加激进，要么坚持温和立场而面临在初选中落败的风险。③这也一定程度上解释了为什么 20 世纪 90 年代国会中“温和派”议员会减少以及“四党体制”会最终解体。

可以说，1994 年的国会选举标志着美国政党体制中“四党体制”的终结和“温和派”的式微。政党主导的国会集权改革和直接初选制度在瓦解原有体制的同时又塑造了一个“真正的、泾渭分明的两党制”（genuine，fully-sorted two-partysystem），而在新的政党体制中，民主、共和两党则是“截然不同且毫无交集的政党”（two distinct，non-overlapping parties）。④ 两党越来越代表着不同的道德和文化价值，政治冲突和分歧也在不断加深、升级与恶化，并形成了一种自我强化的机制。参众两院中自由派共和党人和保守派民主党人

---

① Ronald Brownstein, *The Second Civil War:How Extreme Partisanship Has Paralyzed Washington and Polarized America*, Penguin Press, 2007, p.341.

② David W. Brady, Hahrie Han & Jeremy C. Pope, Primary Elections and Candidate Ideology: Out of Step with the Primary Electorate?, *Legislative Studies Quarterly*, Vol.32, No.1, p.91.

③ 节大磊：《美国的政治极化与美国民主》，《美国研究》2016 年第 2 期。

④ Lee Drutman, *Breaking the Two-Party Doom Loop:The Case for Multiparty Democracy in America*, Oxford University Press, 2020, p.74.

的缺失，使政党政治中缺少了综合利益主张、形成共同政策的桥梁和纽带。从 20 世纪 90 年代初开始，国会在许多不同议题上的投票模式由原来高度的多维性坍缩为可预测的单一维度，即政党标准，不同价值之间的权衡取舍被政党的敌对和冲突所遮蔽和取代。两党之间的敌对导致了国会的失能虚弱与立法权的行使不畅。自 1990 年以来，国会再没有进行过两党联合的大规模立法活动。

概言之，政党在国会的集权改革以及地方的直接初选制促成了美国“四党体制”的解体与“温和派”的式微，政党体制的变化又最终造成了民主、共和两党之间由对立转向敌对，两党间政治冲突的性质也随之由良性“变质”为恶性。这种“变质”，一方面使“宪政平衡机制”和“混合政体”中限制总统权力的政制设计无法有效实行。软弱的国会造就了更有权力的总统，而更有权力的总统使选举的风险更加提高，使政治冲突更加恶化，政治极化更加严重，陷入恶性循环。[①] 另一方面，良性政治冲突的“变质”会带来弗朗西斯·福山所提出的“否决政治”（Vetocracy）。两党之间不顾国家社会的公共利益，为党派私利而相互敌视，以意识形态上的分歧阻断决策过程，使政治陷入僵局之中。“自从 19 世纪末以来，美国两大政党在意识形态上从来没有如此两极分化过……但是政治的极化并不是故事的全部……当极化遇到美国麦迪逊式的制衡体系，结果就是灾难性的。”[②]

（二）社会文化的变化：“民情”的衰落与“共识”的减弱

诚如福山所言，当前美国两党的意识形态分化非常严重。而正如之前所分析的，政党体制的变化与两党中“温和派”的大幅减少，对两党意识形态分化具有非常重要的影响，同时这种分化又反过来加强了两党间的分歧，促使两党意识形态向左右两极分化，形成了一种自我强化的机制。这反映了政治精英之间由对立转向敌对，冲突逐渐恶化的过程。而这种过程并不仅仅局限

---

① David A. Hopkins, *Red Fighting Blue: How Geography and Electoral Rules Polarize American Politics*, Cambridge University Press, 2017, p.221.

② Francis Fukuyama, America in Decay: The Sources of Political Dysfunction, *Foreign Affairs*, Vol.93, No.5, 2014.

于精英，在两党的选民之中也表现得越来越清晰和明显。20 世纪 70 年代以来，中间选民的数量开始逐渐减少，明确政党认同的选民的比例不断提升。[①]这种政党认同与选民的意识形态偏好紧密联系在一起，民主党更加标榜自由主义，而共和党则更多地被贴上了保守主义的标签。[②]正是选民们的政党认同和意识形态的偏好支撑了两党的极化和敌对。那么，我们就需要追问一个问题：选民们这种强烈的政党认同和意识形态偏好是如何形成并锚定下来的？个人认为，这种认同和偏好根源于美国社会中“民情”的衰落和“共识”的消散。

托克维尔在《论美国的民主》一书中一再强调“民情”对于当时美国社会的重要意义，也是美国与其他国家相区别的关键因素。美国社会所保有的“民情”以及统一体的“共识”成为支撑当时美国政治体制良性运行的社会文化基础。但在美国的发展历史中，这种“民情”的发展也充满了挫折和反复。19 世纪 60 年代，美国南北双方关于奴隶制度的冲突，蓄奴还是废奴的争论已经无法在联邦内部和既有的政治体制中得到妥善解决，造成了辉格与民主两党的瓦解与分裂，甚至威胁到了整个美国社会作为统一体的联邦的“共识”，最终爆发了南北双方的内战。内战之后通过重建时期（Reconstruction）的修复与发展，美国社会重新建立了对联邦统一体的“共识”，逐渐恢复并重构了作为一种社会文化的“民情”：对个人竞争和主动性的鼓励，对平等的公民权的信仰以及自愿组织起来参与公共事务以改善社会的意识。

虽然当前美国政治的困境与政治冲突的“变质”还远没有达到美国内战时期的严重程度，但当下美国所面临的危机同样隐藏着社会文化方面的因素：“民情”的衰落和“共识”的减弱。不过，和美国内战时期有所不同，当前美国“民情”的衰落和“共识”的减弱主要是由于公民参与热情的降低。罗伯特·帕特南（Robert Putnam）在某种程度上继承了托克维尔在观察美国时的问题意识，力图从“民情”的角度来重新考察和评估美国的民主制度运行的情况。他

① Larry Bartels, Partisanship and Voting Behavior: 1952–1995, *American Journal of Political Science*, Vol.44, No.1, 2000.

② Matthew Levendusky, *The Partisan Sort: How Liberals Became Democrats and Conservatives Became Republicans*, University of Chicago Press, 2009, pp.1–8.

在考察美国民主社会的发展时发现，自 20 世纪 60 年代到 21 世纪初，“美国人热衷参与政治的特点在过去三十年中发生了变化”①。这种变化具体来说是公民社会的衰落，与之前提到的美国政党体制的变化大致处于同一时期。在这一时期，热心公共事务、关注公共话题、积极参加各种公民团体和公民组织、具有公共精神的美国人逐渐减少，取而代之的则是分散在社会中的、“独自打保龄”的美国新一代。帕特南敏锐地意识到，当前美国的“民情”与托克维尔时期的“民情”相比，发生了一种“逆转”：公民社会中的真正的“公民”退化为社会中分散的“个人”。从原来的“广泛参与社团、过有组织的生活、热心公共话题、投身公益事业”的公民退化为“排斥集体行动、漠视公共话题、参与热情降低”的个人。这导致了“为改善社会而自愿组织起来”的“积极的公共空间”逐渐消逝，人们从公共领域退出，转而走向各自的私人领域。大众的政治参与程度的下降，使能够“像关心自己的事业那样关心本乡、本县和本州的事业”的公民越来越少，“民情”也逐渐趋于衰落。

随着这一时期“民情”的逐渐衰落，其塑造的政治冲突的公共空间逐渐消逝，这导致了公民对于国家统一体的“共识”的减弱。在“积极的公共空间”逐渐消逝的情况下，公民从公共领域走向了私人领域，大众更可能优先接受性别、种族、宗教等次国家社会团体的“成员”身份而不是国家的“公民”身份。美国人过于强调身份自由主义（identity liberalism），过多关注种族、性别和宗教的社会身份上的差异和多样性，而忽视了对于一个团结一致、相互帮助的国家公民身份的关注。② 另外，对国家统一体的“共识”要建立在公民个人利益与公共利益的相联结的基础上，“积极的公共空间”的消逝使公共利益的增加对自身的益处的影响逐渐变小，而公民自己也很难从公共利益的增加中分一杯羹。既然国家的繁荣与公民之间的联系越来越小，公民对于统一体的自豪感和责任感也会逐渐削减，最终导致公民个人利益与国家、与公共利

① ［美］罗伯特·帕特南：《独自打保龄：美国社区的衰落与复兴》，刘波等译，中国政法大学出版社 2018 年版，第 21 页。

② Mark Lilla, The End of Identity Liberalism, November 18, 2016, https://www.nytimes.com/2016/11/20/opinion/sunday/the-end-of-identity-liberalism.html.

益相互脱离。“民情”的衰落和“共识”的减弱导致公民无法正确理解其个人利益与公共利益的关系。于是，保持良性政治冲突的前提条件消失了，各政治主体间争夺利益的对抗行为不再以公共利益为前提，而是以其个人私利或派系利益为标准，不同公民间、不同团体间的政治冲突就更容易发展成为一种彻底的敌对状态，政治冲突因此产生了由良性向恶性的转变。

公民参与热情的整体下降与“民情”的逐渐衰落造成了大众政治参与的积极性下降，具体表现为选举投票率持续降低与政治冷漠现象的出现。根据《美国统计摘要》的统计，在 1965 年到 1995 年的 30 年中，总统投票率下降了接近 1/4；而在地方选举中也出现了程度相近的下降。[①] 在经历数十年的下滑后，1996 年仅有 48.9% 的美国人在克林顿、多尔和佩罗之间做出选择，接近 20 世纪的最低投票率。[②]结合同一时期的政党体制改变的发展趋势来分析这一现象，我们可以发现投票率的逐年走低，体现出大众整体上对于政治参与和政党政治的消极态度；但反过来看，那些依然积极前往投票站投票、积极进行政治参与的民众则大都是意识形态立场非常坚定和激进、有着深刻政党认同的两党选民，其政策观点会更趋极端化、意识形态化。

统计显示，66% 的民主党选民认为自己是自由主义或极端自由主义者，而 77.1% 的共和党选民则自认为是保守主义或极端保守主义者；共和党选民在“支持‘黑人的命也是命’运动的观点”“保留总统选举人团制度”，以及“赞成特朗普对于‘弗洛伊德之死’的抗议活动的处理手段”等不同政治议题的支持率为 13.7%、84.2% 与 89.7%；而民主党选民的支持率则分别为 93.7%、10.2%、4.7%。[③] 所以政治参与积极性的下降和“民情”的衰落主要反映的是立场较为温和的中间选民的大量“退场”。这也解释了为什么“四党体制”会

---

① Sidney Verba, Kay Lehman Schlozman & Henry E. Brady, *Voice and Equality: Civic Voluntarism in American Politics*, Harvard University Press, 1995, p.69.

② [美]罗伯特·帕特南:《独自打保龄：美国社区的衰落与复兴》,刘波等译,中国政法大学出版社 2018 年版,第 21 页。

③ 数据来自大卫·布雷迪（David Brady）教授 2021 年 1 月 14 日在斯坦福大学和北京大学举办的线上会议“The 2020 U.S. Election: Stress Test for American Democracy”中的发言内容。

逐渐解体以及两党“温和派”议员为何逐渐销声匿迹，因为形成它们的选民基础——温和中间派选民逐渐减少了。随着作为中间力量和沟通桥梁的“温和派”逐渐式微，两党很难像20世纪五六十年代一样，根据不同的政策议题内容来形成“流动联盟”以保证国家公共利益的发展。由于“共识”的逐渐减弱，更多情况下则是两党出于迎合党内选民、争取选票的利益考量，以获取参与投票的选民的支持。而参与的选民不同于大众，意识形态偏好与政党认同是更为强烈的。同时由于缺乏“共识”，两党选民之间很难相互理解并形成互信与合作。“如果生活在两个世界中的人们没有什么共同语言，缺乏相互间的沟通和情感上的共鸣，那么很自然地其政治就向‘敌对化’方向转化。”[①] 所以两党在政策议题上就更倾向于站在左右两极，表现出互不妥协和高度分化的特点，两党间的敌对和分歧进一步加深。这种敌对和分歧又进一步强化了两党选民间意识形态的高度分化趋势，促使选民进行“选边站”。于是选民们的意识形态偏好与政党认同就这样形成并锚定下来，而两党及其选民们在政治冲突上也就形成了一种自我强化的恶性循环，导致极化政治成为当前美国政治难以解决的最主要困境之一。

综上所述，20世纪后半叶美国社会中“民情”的衰落以及对统一体的“共识”的减弱直接带来了选民意识形态偏好与政党认同的锚定，以及中间选民的数量逐渐减少。这进一步影响了政党体制的变化，加深了两党的敌对与分歧，并最终导致了政治冲突由良性向恶性转变的发展趋势，政治冲突的“变质”带来了美国当前政治极化的困境。

四、结语

“冰冻三尺，非一日之寒。”某种政治现象的产生与发展，其背后普遍存在着深厚的政治制度因素和社会文化基础。在当前美国政治所面临的困境中，最突出也是最为严峻的现象就是政治极化的不断加强，而从历史和现实的角

① 段德敏：《英美极化政治中的民主与民粹》，《探索与争鸣》2016年第10期。

度来看，极化现象的直接原因就是良性政治冲突的“变质”。历史上，美国良性政治冲突来源于“宪政平衡机制”和“混合政体”的政治制度设计，根植于深厚的“民情”和“共识”社会文化基础。在良性政治冲突中，各政治主体对于公共利益的追求以及主体间“有限对立”的有序竞争推动了美国政治的良性发展。而随着 20 世纪后半叶以来“民情”的衰落与“共识”的削减，其原来形成的“积极的公共空间”逐渐缩小，社会不同群体的对话空间逐步丧失。“四党体制”逐渐难以维系，良性政治冲突也随之逐渐恶化：公共利益让位于派系私利，“有限对立”让位于“彻底敌对”，加剧了政治冲突的极端化。政治精英和大众选民中的“温和派”因此逐渐减少，“温和派”影响力的减弱带来了两党选民与政治精英之间分歧和敌对程度的加剧，最终导致了政治极化的困境。拜登在胜选后的演讲中强调自己将作为一个“追求团结而非分裂，代表美国而非红蓝”的总统，呼吁美国各阶层的民众团结起来“治愈美国”，试图弥合两党乃至美国社会的分歧和裂痕，解决政治极化现象①。但正如《华盛顿邮报》所评论的：“特朗普会离开，但特朗普主义犹在。”② 美国社会“民情”和“共识”的恢复仍然任重道远，长期来看政治极化现象将继续困扰着美国。

---

① Joe Biden, A Presidency for All Americans, November 7, 2020, https://joebiden.com/presidency-for-all-americans/.

② Paul Waldman, Trump Will Go, but Trumpism Will Remain, November 23, 2020, https://www.washingtonpost.com/opinions/2020/11/23/trump-will-go-trumpismi-will-remain/.

美国政治能够去极化吗?
——基于美国历史经验和政治制度的分析 *

政治极化是美国政治史上的常见现象，也是当今美国政治中最重大的问题之一。国内外学术界对政治极化的表现、原因、影响等方面已经有大量研究，尽管仍然存在不少学术争议和尚待解决的问题，但已经初步达成了一些共识。例如，美国政治精英出现了明显的政治极化，可能达到了内战以来的最高水平；一小部分选民表现出极化，特别是政治积极分子，但大多数选民仍然持相对温和的意识形态和政策立场；当代美国政治极化背后存在经济不平等、南部重组等深刻的经济和社会根源，也与政治全国化、媒体的发展等因素有关。①

迄今关于政治极化的研究较少涉及其未来趋势，特别是极少探讨美国政治实现去极化的可能性与实现条件。尽管极化是美国政治历史的常态，但确实存在两个短暂的去极化时期：一是内战结束后，二是大萧条和新政之后。这两个去极化时期都出现在高度极化之后，并伴随着政治上或经济上的灾难而发生。美国政治能否再度实现去极化这个问题具有很强的理论价值和现实意义：从理论上看，它关乎美国政治体制是否具备足够的纠错和修复能力；从现实来看，它关系到美国政治能否继续保持稳定，美式民主是否有衰败的可能性，以及美国能否进行有效的国内治理和国际竞争。

目前国内外已经有少量研究成果涉及美国政治的去极化。戈登·赫策尔与克莉丝汀·劳林探讨了当前美国政治极化的两种可能发展趋势，其中一

---

* 作者简介：付随鑫，中国社会科学院美国研究所助理研究员。本文原载于《当代世界与社会主义》2023 年第 3 期。

① Nolan McCarty, *Polarization: What Everyone Needs to Know*, Oxford University Press, 2019, pp.8–21.

种是当前的政治极化已经快要达到顶点，因为多数美国人已经开始对两党的极端政策产生不满，这可能导致他们转向更温和的立场，进而导致极化的减弱。[①]萨拉·查特菲尔德等研究了 20 世纪 20 年代美国政治极化缓和的现象，认为新老议员交替以及两党在部分议题上的合作缓解了镀金时代的美国高度政治极化。[②]美国著名智库卡内基国内和平基金会的学者评估了 1900 年以来全球多个国家的政治极化和去极化现象，发现去极化大多与一个国家的政治生活中的巨大变化有关，例如暴力冲突、政权变更、外国干预等。[③]保罗·皮尔逊与埃里克·席克勒尔认为，美国政治制度的最新发展导致当前的政治极化处于自我强化的过程中，短期内不会出现去极化的可能。[④]有些学者对去极化的策略或技术进行了研究。例如，著名学者弗朗西斯·福山提出了三个可能有助于美国实现去极化的方案：在选举过程中推行排序复选制；培育民主党和共和党之外的第三大党；在基层启动协商民主运动。他还认为美国走出极化的长远途径，是民主党人明确采取行动，占领美国政治的温和中心，并在此基础上赢得选举。[⑤]

从上述文献可以看出，目前关于美国政治去极化的研究还相当有限。一是对美国历史上仅有的两个去极化历史案例尚缺乏深入的研究和总结，而对它们的研究将有助于理解美国政治极化的可能结果以及去极化发生的可能条件。二是在理论上对美国政治制度是否有助于实现去极化的研究还不够透彻。例如，福山提出的三个有助于去极化的制度改革方案不仅在现实中很难实现，

① Gordon Heltzel, Kristin Laurin, Polarization in America: Two Possible Futures, *Current Opinion in Behavioral Sciences*, Vol.34, No.1, 2020.

② Sara Chatfield, Jeffery A. Jenkins & Charles Stewart, Polarization Lost: Exploring the Decline of Ideological Voting in Congress after the Gilded Age, *Journal of Historical Political Economy*, Vol.1, No.2, 2021.

③ Jennifer Mccoy et al., Reducing Pernicious Polarization: A Comparative Historical Analysis of Depolarization, https://carnegieendowment.org/2022/05/05/reducing-pernicious-polarization-comparative-historical-analysis-of-depolarization-pub-87034.

④ Paul Pierson, Eric Schickler, Madiso's Constitution Under Stress: A Developmental Analysis of Political Polarization, *Annual Review of Political Science*, Vol.23, No.1, 2020.

⑤ Francis Fukuyama, Pathways from Polarization, https://www.americanpurpose.com/blog/fukuyama/pathways-from-polarization/.

在理论上也与关于政治极化的既有学术成果不相符。[①]三是尽管一些政治策略或技术有助于去极化，但鉴于政治极化根植于重大经济和社会矛盾之中，因此更有必要从后者的角度对去极化的可能性进行探讨。

本文试图更全面地探讨美国政治走向去极化的可能性与条件。首先从内战后和大萧条后美国政治短暂实现去极化的两个历史案例出发，探讨发生去极化的原因与条件；其次从理论上探讨美国政治制度中对极化的约束性和强化性成分；最后考察当代美国政治极化的根源，探讨其未来发展趋势和去极化的可能性。

一、美国政治去极化的历史经验

当前，美国的政治极化已经发展到非常严重的程度。美国历史上有两个可与当前相比的高度极化时期，分别是19世纪50年代的内战前夕和19世纪末的镀金时代。当前的极化程度虽不及内战前夕，但已经出现大量相似的表现，[②]至少与镀金时代相当，且在意识形态方面的极化可能更为严重。[③]在前两个极化高峰之后，都出现了短暂的去极化时期，且都伴随着严重的暴力冲突或经济危机。通过研究美国历史上仅有的两个政治去极化案例可以发现，美国的政治极化是一个自我强化的过程，很难被政治制度所抑制，去极化是非常难实现的，需要严苛的条件并付出惨重的代价。

① 有学者综合研究现有文献认为，选举制度、第三党等因素不是造成当前美国政治极化的主要原因，甚至这些因素相互之间也没有直接关系，福山的建议因而可能是舍本逐末。参见Nolan McCarty, *Polarization: What Everyone Needs to Know*, Oxford University Press, 2019, pp.103–133。

② Hans Binnendijk, David Gomper, Another American Civil War? Take Heed or Take Cover, https://national interest.org/feature/another-american-civil-war-take-heed-or-take-cover-204583.

③ Julia Azari, Marc J. Hetherington, Back to the Future? What the Politics of the Late Nineteenth Century Can Tell Us about the 2016 Election, *The Annals of the American Academy of Political and Social Science*, Vol.667, No.1, 2016, pp.92–109.

（一）美国内战与政治去极化

1. 内战前的政治极化

从 19 世纪 40 年代后期开始，美国出现了极为严重的社会分裂，进而引发美国历史上最严重的政治极化。这次社会分裂主要是围绕奴隶制而产生的，同时还伴有经济、地区等方面的矛盾，而美国政治制度却未能阻止政治极化的继续恶化加剧，最终通过残酷的内战，北方将其政治主张强加给南方，才实现短暂的去极化。

从美国独立时起，奴隶制就是美国政治挥之不去的“原罪”和潜在的“火药桶”，但南北双方经过制宪妥协、1820 年“密苏里妥协案”，关于奴隶制的矛盾被暂时压制。从 19 世纪 20 年代后期到 40 年代中期，民主党和辉格党都竭力淡化奴隶制问题，将政治斗争集中在关税、银行等经济问题上。当时，北方绝大多数选民并不关心奴隶制，南方奴隶主因蓄奴州与自由州数量相等而在参议院掌握着否决权，足以阻止国会通过不利于奴隶制的立法。因此，南北双方维持着脆弱的政治平衡，而且两党在南部和北部都有大量支持者，尚未沿着严格的南北地理界线发生分裂。[①]

但 1846 年美墨战争使长期被压制的奴隶制矛盾浮出水面，进而迅速引发强烈的政治极化。美墨战争为美国带来大片新土地，建立自由州还是蓄奴州将直接影响南北方的政治平衡和经济利益。南方奴隶主意识到致命的危险正在降临，直接原因在于北方人口数量的增长远快于南方，南方议员在众议院已经处于少数，如果自由州的数量超过蓄奴州，奴隶制将失去参议院均势的保护，国会可能通过损害甚至废除奴隶制的立法；根本原因则在于，随着北方人口数量和经济实力的快速增长，他们无论在政治权力、经济利益还是道德上都不想再继续对南方奴隶主妥协让步，而奴隶制对绝大部分南方白人来说不仅是最重要的经济基础，而且是“白人至上主义”价值观和生活方式的支

---

① Scott R. Meinke, Slavery, Partisanship, and Procedure in the U.S. House: The Gag Rule, 1836–1845, *Legislative Studies Quarterly*, Vol.32, No.1, 2007.

柱。[1] 奴隶制因此成为双方之间难以调和的、根本性的分裂因素。同时，奴隶制矛盾与南北地区分裂、经济发展模式的差异、文化差异沿着同一断层线相互强化，加剧了南北的分裂趋势。到了 1850 年，奴隶制使原本有限的、模糊的南北差异迅速演变成清晰的、尖锐的南北分裂。南方奴隶主认为奴隶制的存废是关乎生死存亡的斗争，不惜退出联邦和诉诸暴力手段。

美国政治制度不仅未能阻止奴隶制引发的政治极化，反而加剧了极化。美国创立者们制定了错综复杂的分权制衡制度，虽然有助于抑制极端势力的发展、促进政治妥协，但远不足以抑制奴隶制引发的深刻的社会分裂。国会是当时最有权力的机构，但因议员间政治观点相互对立而很难通过重大立法来抑制社会分裂。虽然在资深参议员亨利·克莱等人的努力下，南北双方在 1850 年暂时达成了妥协，但这种妥协只维持了四年就失效了。19 世纪美国总统权力非常有限，总统严重依赖国会和政党，无力也不愿干预奴隶制问题。最高法院原本可以成为最后的权威，但支持奴隶制的成员占据绝对多数，1856 年的“斯科特案”极大地刺激了北方人，加剧了南北对立。[2] 当时最能维系南北统一的就是政党，两党原本在南北地区都有大量支持者，但随着奴隶制矛盾的激化，民主党内部出现了难以调和的南北分裂，辉格党也因南方分支的衰退而最终在 1854 年解体，1856 年新成立的反奴隶制政党共和党则是一个纯粹的北方政党，根本不以统合南北为目标。[3]

2. 内战与政治去极化

内战爆发后，北方与共和党靠暴力在美国形成了“共识”，暂时实现了政治去极化。美国学术界通常用 NOMINATE 分值来衡量国会两党的极化程度。在内战爆发前夕的 1856 年，两党众议员间的 NOMINATE 分值差距高达 0.98，比美国历史上任何时期都高；内战结束时两党分值差距下降到 0.6。1867 年，

① [美]戴维·M.波特：《危机将至：内战前的美国，1848—1861》，高微茗译，中信出版社 2019 年版，第 20～56 页。

② Austin Allen, *Origins of the Dred Scott Case: Jacksonian Jurisprudence and the Supreme Court, 1837–1857*, University of Georgia Press, 2010, p.203.

③ John H. Aldrich, *Why Parties? A Second Look*, University of Chicago Press, 2011, pp.130–161.

两党众议员间的 NOMINATE 平均分值为 0.28，非常接近共和党众议员的平均分值 0.31。[①] 去极化的实现是由于共和党占据了国会大约 2/3 的席位，获得压倒性政治优势，而支持奴隶制的南方民主党议员都已退出国会，只剩下支持联邦的北方民主党议员。通过战争，共和党政府废除了奴隶制，消除了引起政治极化的一大根源，也重创了民主党，使共和党在一段时间内处于绝对优势地位，其政策主张成为美国的“共识”。从林肯时期开始，共和党连续控制白宫长达 24 年，连续控制国会两院 14 年。

以战争和暴力手段去政治极化的进程充满不确定性，且代价极为高昂，而且“共识”时期很短。尽管北方拥有明显的物质资源优势，但战争过程非常曲折，林肯政府频繁因战局不利陷入危机，共和党一度濒临分裂，内战还面临被英法等大国干涉的风险。内战造成 66 万美国人死亡，相当于其他战争死亡人数的总和。虽然这次去极化的代价如此之大，但持续时间却不长。一旦和平降临，共和党就无法将其主张强加给民主党。1875 年，民主党已恢复到几乎与共和党势均力敌的程度，两党的 NOMINATE 分值差距开始超过 0.7，其后不断上升。

（二）进步主义、大萧条与政治去极化

1. 镀金时代的政治极化

在 19 世纪后期的镀金时代，两党围绕经济问题发生激烈的斗争，政治极化程度仅次于内战前。货币和关税是这一时期两党冲突斗争的焦点。东北部的资本家和债权人为了维持资产价格和国际资本流动的稳定性，不希望货币供应量快速增长和发生通货膨胀，因此坚决支持金本位制；南部和西部的农民则希望通过自由铸造银币来增加货币供给、促进通货膨胀，进而提高农产品价格、减轻债务负担，因此他们强烈要求实施金银复本位制。[②] 共和党代表的工业集团为了避免与外国产品竞争，要求实行贸易保护，支持征收极高的关

① 本文的 NOMINATE 分值均系作者根据 Voteview 网站相关数据计算得出，参见 https://voteview.com/parties/all。

② ［美］米尔顿·弗里德曼、安娜·施瓦茨：《美国货币史》，巴曙松、王劲松等译，巴曙松、牛播坤等校，北京大学出版社 2009 年版，第 75 页。

税；民主党代表的农业集团则希望对外出口农产品，要求降低关税、实行自由贸易。[1] 两党在经济问题上的分裂同样与地区分裂相互强化，共和党的支持者集中在工业发达的东北部和中西部，而民主党的支持者主要集中在以农业经济为主的南部和西部。

两党围绕货币和关税问题的激烈斗争持续了近 30 年之久。在这一时期，两党都没能在国会里获得稳定且明显的多数席位，国会的控制权频繁易手。1896 年选举是美国历史上的一次关键选举，引发了政党重组，形成了持续到大萧条时期的政党体系。在这次选举中，共和党成功说服工人与资本家结盟，支持金本位制和高关税。这一新联盟使它获得了长达 30 余年的显著优势，民主党基本退回南方。[2] 共和党的胜利并没有促使民主党接受其主张，两党内部各自同质性和凝聚力的提升反而进一步加剧了政治极化。两党的 NOMINATE 分值差距从 1875 年的 0.7 上升到 1897 年的 0.85，达到这一时期的顶峰，此后十年间都在 0.8 以上波动。

2. 进步主义时代与新政时期的去极化

20 世纪前中期美国经历了两个阶段的去极化过程。政治极化先在进步主义时代有所缓和，大萧条之后才实现了真正的去极化。在第一阶段，两党的 NOMINATE 分值差距从 1910 年的 0.8 下降到 1929 年大萧条前夕的 0.65。原因是多方面的：第一，镀金时代的经济矛盾在外部因素的作用下有所缓和。从 19 世纪 90 年代后期开始，世界各地一系列金矿的发现以及黄金开采提炼技术的进步使黄金产量不断增加，货币供应量增长，金银复本位制失去了经济基础，货币问题的重要性显著下降。[3] 同时，由于美国的快速工业化和城市化，农民阶层和农业集团逐渐衰落，其政治实力不断下降，无力与代表工业集团

---

① Douglas A. Irwin, *Clashing over Commerce: A History of US Trade Policy*, University of Chicago Press, 2017, pp.236–248.

② Mark D. Brewer, Jeffrey M. Stonecash, *Dynamics of American Political Parties*, Cambridge University Press, 2009, pp.33–47.

③ [美]斯坦利·L.恩格尔曼、罗伯特·E.高尔曼：《剑桥美国经济史（第二卷）：漫长的 19 世纪》，高德步，王珏总译校，王珏、李淑清本卷主译，中国人民大学出版社 2008 年版，第 467 页。

的共和党竞争。第二，从 19 世纪 90 年代末开始，美国进入了进步主义时代。面对政治腐败、经济垄断、贫困蔓延、劳动剥削等社会弊病，新兴的中产阶级试图发起改革，两党内都出现大量进步主义者，达成一些新共识，例如反对政党机器和“城市老板”，支持选举改革和反垄断。共和党总统西奥多·罗斯福和民主党总统伍德罗·威尔逊都是具有巨大影响力的进步主义领导者。第三，进入 20 世纪 20 年代，两党内部的派系活动增强，降低了党内的同质性，缩小了两党之间的差异，增加了两党合作的可能性。两党内部都存在进步主义派别，两派跨党形成了进步联盟，与两党内的保守派进行斗争。同时，南方民主党人开始保守化，意识形态与政策立场向共和党方向移动，初步形成了跨党的保守派联盟。由于党内派系的分化与跨党联合，两党在农业救济、关税政策等关键领域达成了一定程度的合作。[①]

大萧条发生后，美国政治进入去极化的第二阶段。从 20 世纪 30 年代初到 70 年代初，美国出现了长达 40 年的低极化时期。两党的 NOMINATE 分值差距从大萧条前的 0.65 下降到 1948 年的 0.5，一直到 70 年代都没有超过 0.6。这一时期的去极化主要是由于经济矛盾得到缓解、种族矛盾被压制。第一，大萧条和罗斯福新政有力缓和了美国的经济矛盾。大萧条前夕是 20 世纪以来美国经济不平等最严重的时期，1929 年美国最富有的 0.1% 家庭所占有的财富份额高达 23%，大萧条摧毁了大量的资本品和金融财富。同时，罗斯福新政出台了许多缓和经济矛盾的举措，例如，大幅提高个人所得税、开展失业救济、建立社会保险、提高工人地位、缓解农村贫困等。1940 年，美国最富有的 0.1% 家庭所占有的财富份额下降到 15%，到 20 世纪 70 年代下降到 10% 以下。[②] 第二，这一时期两党成功压制了种族矛盾，没有使之进一步加剧政治

① Sara Chatfield, Jeffer A. Jenkins & Charles Stewart III, Polarization Lost: Exploring the Decline of Ideological Voting in Congress after the Gilded Age, *Journal of Historical Political Economy*, Vol.1, No.2, 2021.

② [法]托马斯·皮凯蒂:《21 世纪资本论》，中信出版社 2014 年版，第 299 页；Emmanuel Saezand, Gabriel Zucman, Wealth Inequality in the United States since 1913: Evidence from Capitalized Income Tax Data, *The Quarterly Journal of Economics*, Vol.131, Iss.2, 2016。

极化。富兰克林·罗斯福将新政改革主要集中在经济议题上，故意压制了民权改革，使得民主党当时既能吸引非裔选民，又能笼络南方保守白人。随着民主党内北方自由派势力越来越强大，1948 年杜鲁门总统公开支持民权改革，种族矛盾才再次凸显。[①] 但一直到 20 世纪 60 年代民权运动高涨前，种族矛盾并未像内战前那样成为推动政治极化的主要动力；相反，它在 20 世纪中期造成民主党的严重分裂恰好阻碍了政治极化。第三，两党内部都出现了强烈的派系活动，形成了事实上的“四党体制”，这使得跨党合作变得比较容易。南方民主党人从 20 世纪 20 年代开始日趋保守，40 年代后期对北方民主党人的民权改革非常不满，民主党内南北两派对立明显。共和党内则分化出温和派与传统派，前者以东北部为基地，接受新政的部分主张，在民权问题上比较进步；后者集中在中西部和西部，拒绝新政和民权改革。20 世纪五六十年代，北方民主党人与温和派共和党人合作推动了许多经济和民权立法，如著名的《1964 年民权法》《1965 年投票权法》，而南方民主党人与传统派共和党人则对此予以阻挠。[②]

二、美国政治去极化的条件与阻碍

通过对美国历史上两个去极化案例的探讨，可以分析出美国政治极化和去极化的过程与原因。结合当代美国政治极化的既有研究可以发现，美国政治的极化与去极化取决于两个方面的关键因素：第一，是否存在严重的经济或社会矛盾。这些矛盾通常会引发严重的政治分裂，从而加剧极化的程度。相对于政治制度安排，经济或社会矛盾对于政治极化的影响是根本性的。因此，如果要实现政治去极化，就需要缓和或压制经济社会矛盾。但从美国历史经验来看，这种条件要么是可遇不可求的，要么出现在战争或经济危机等灾难

---

① Mark D. Brewer & Jeffrey M. Stonecash, *Dynamics of American Political Parties*, Cambridge University Press, 2009, p.80.

② Lee Drutman, *Breaking the Two-party Doom Loop: The Case for Multiparty Democracy in America*, Oxford University Press, 2020, pp.85–87.

性事件之后。第二，美国的政治制度能否缓解极化并促进去极化。缓解经济社会矛盾引发的政治极化需要政治制度这个中介变量，如果现有的政治制度安排很容易强化经济社会矛盾所造成的政治分裂，或者很容易削弱政府缓和经济社会矛盾的能力，那么这种政治制度就会加剧极化；反过来，如果政治制度有助于抑制经济社会矛盾或加强政府的治理能力，那就容易实现政治去极化。

（一）缓和经济社会矛盾与去极化

从美国政治极化的三个高峰期可以看出，导致美国政治极化最重要的矛盾有两种。一是经济矛盾。主要是经济不平等，这在 19 世纪末 20 世纪初和当代美国表现得尤其明显，与政治极化之间存在密切的因果关系。① 经济矛盾还表现在具体的经济政策上，例如是否支持政府干预经济、支持贸易保护还是自由贸易、是否支持再分配政策等。此外，经济矛盾还可能表现在经济区域、经济部门和经济发展模式的差异上。19 世纪，农业部门与工业部门之间的矛盾是美国政治极化的重要原因；在当代，金融、高科技等服务业与制造业、农业之间的矛盾也推动了政治极化。二是社会矛盾。在美国，社会矛盾主要是种族矛盾。种族矛盾一直是美国政治冲突最重要的根源之一，无论是内战前还是当代，种族矛盾都是推动政治极化的主要动力。此外，福利制度和移民造成的社会矛盾也会加剧政治极化，但它们通常与种族矛盾高度相关。例如，许多白人反对福利和移民，主要是因为他们认为美国的福利制度更多让少数族裔受益，且当代美国绝大多数外来移民都是少数族裔。②

地区矛盾和文化矛盾也在政治极化中起着重要作用，它们与经济矛盾、社会矛盾往往高度相关且相互强化。美国存在显著的地区差异，地区矛盾往往会引发政治冲突。在美国历史上，地区矛盾通常发生在四个地区之间：东北部、南部、中西部、西部。在当代，地区矛盾主要表现在大洋两岸与内陆之

① 付随鑫：《美国经济不平等和政治极化关系探析》，《美国问题研究》2017 年第 1 期。

② Rachel Wetts，Robb Willer，Privilege on the Precipice：Perceived Racial Status Threats Lead White Americans to Oppose Welfare Programs，*Social Forces*，Vol.97，No.2，2018.

间，更准确地说是表现在城乡之间。① 美国的族裔分布具有明显地理差异，族裔因素加剧了地区矛盾。例如，内战前黑人奴隶只分布在南方，这是政治分裂按南北划界的主要原因。在当代，美国的少数族裔主要生活在大城市，农村主要是白人，这是造成城乡矛盾的重要原因。此外，文化矛盾主要表现为宗教矛盾。从美国建国到 20 世纪中期，新教与天主教的矛盾一直很激烈，这强化了共和党与民主党之间的对立。在当代，两党的“文化战争”如火如荼，福音派与自由派之间的矛盾是两党极化的重要原因。文化矛盾与种族矛盾有高度相关性，当今“文化战争”在很大程度上是民权运动后白人身份的变化造成的。②

综合考察前两个极化高峰以及随后的去极化可以发现，政治极化源于激烈的经济或社会矛盾，去极化的实现是由于这些矛盾减弱或被压制。19 世纪 20 年代至 40 年代，经济矛盾强化了两党的冲突，但政治极化程度并不算高，主要是因为更具分裂能力的奴隶制矛盾被两党刻意压制了。19 世纪 40 年代后期开始，奴隶制矛盾被激活，加上原本就存在的南北经济矛盾，导致政治极化达到顶峰并引发了内战。随着奴隶制被废除，种族矛盾得到缓和，由其引发的政治极化减弱，出现了约十年的去极化时期。

从 19 世纪 70 年代中期开始，经济矛盾取代种族矛盾成为推动政治极化的主要因素，政治极化在 19 世纪与 20 世纪之交达到顶峰。1910 年之后，由于货币问题的重要性减弱、农民阶层的衰落等经济因素的作用，去极化进程开启。但经济不平等问题越来越严重，直到大萧条爆发和新政实施后，经济矛盾才显著缓和，政治极化也降至历史最低水平。在这个周期内，种族矛盾虽然一直存在，但始终被两党主流压制，与经济矛盾的关联性较弱，二者也未

① Will Wilkinson, The Density Divide: Urbanization, Polarization, and Populist Backlash, https://www.niskanencenter.org/the-density-divide-urbanization-polarization-and-populist-backlash/.

② Joel Olson, Whiteness and the Polarization of American Politics, *Political Research Quarterly*, Vol.61, No.4, 2008.

能相互强化。[①] 也正因如此，镀金时代的政治极化程度是弱于内战前的，造成的后果也没有内战严重；种族矛盾也没有在新政时期取代经济矛盾，成为推动政治重新极化的因素。因此，第二个去极化进程的持续时间远长于第一个。

从美国的历史经验看，通过缓解经济或社会矛盾实现去极化的难度非常大，代价非常高。美国历史学家沃尔特·沙伊德尔研究了从石器时代到 21 世纪的经济不平等问题，指出不平等从未以和平的方式消退，只有全民战争、彻底的革命、国家崩溃、致命性瘟疫这四种能大规模摧毁富人财富的“大调平器”才能明显减轻不平等的程度。[②] 缓和经济矛盾，要么需要等待经济条件在长期发展中产生重大变化，从而改变各政治集团的力量对比或者改变两党斗争的断层线；要么需要经历严重的暴力冲突或经济危机，通过巨大的破坏使政治重新洗牌。也就是说，前者缓慢且不可预期，后者代价巨大且后果可能失控。美国的种族矛盾源于建立在肤色之上的系统性歧视，带有先天性特征，比后天的经济矛盾更加顽固，造成的政治冲突也更激烈。因此，通过缓解种族矛盾实现去极化，其难度高于通过缓解经济矛盾实现去极化，内战的破坏性也高于大萧条。尽管两党曾长期通过合力压制种族矛盾来抑制政治极化，但其前提条件是白人内部在种族问题上未发生严重分裂且少数族裔势力微弱。这两个条件在南方重建之后直到新政时期是存在的，但在内战前和当代并不完全成立。如果政治极化源于种族矛盾与经济矛盾的相互强化，那么实现去极化就更加困难。

（二）政治制度安排与去极化

美国人经常以其“强大的制度纠错能力”自诩，但在上述两个案例中，政治极化的不断加剧及其灾难性后果恰恰说明美国的制度安排存在严重缺陷——不但不能阻止政治极化，反而加剧了极化程度，使政治极化成为一个自我强化的过程。

---

① 内战后，黑人选民一边倒地支持共和党，但 1879 年南方重建结束后，共和党就不再关心黑人民权问题了。南方白人继续敌视黑人，利用各种手段剥夺黑人的选举权，对他们进行政治打压。直到新政时期，民主党都蓄意压制黑人的民权。

② Walter Scheidel, *The Great Leveler: Violence and the History of Inequality from the Stone Age to the Twenty-First Century*, Princeton University Press, 2017。

美式民主具有西方民主的通病，都源自古希腊的“广场式政体”，缺乏权威、党争频繁。[①] 在美式民主制度之下，只要有利益之争，“政策企业家”或民粹领袖就会将其变成权力之争、党派之争。美国制宪者们曾试图通过制度安排控制党争。“宪法之父”詹姆斯·麦迪逊认为，造成党争最普遍且持久的原因就是财产的不平等分配，因此党争是很难消除的，但有两种方法控制它：一是靠国家的规模和分散的利益。只要国家的规模足够大、其中的利益足够多元与分散，分裂就会是交叉性的，党争的规模和危害就不会过大。二是靠分权制衡，通过代议制、三权分立、联邦制等制度安排，使不同的利益派别之间相互牵制，无法形成合力。[②] 这套“麦迪逊体制”确实在一定程度上有助于抑制党争，但从美国历史上看，它未能完全阻止政治极化。

麦迪逊提出的第一种方法在美国政治发展过程中被削弱。美国制宪者们没有预见到政党制度的建立，更没有预料到全国范围会出现两个势均力敌、尖锐对立的政党。政党能聚合全国大大小小、各种各样的利益，将它们变成同一种声音和诉求。在特定时期，由于存在不同的利益集团、不同的选民偏好，再加上分权制衡机制的作用，政党内部会出现派系，从而降低党内的同质性和凝聚力，削弱政治极化。这在20世纪20年代至60年代表现得非常明显。但由于通信技术的进步、大众媒体的发展以及全国性政党组织和利益集团网络的建立，各方利益更容易通过政党汇聚到全国层面，政党高层也更有能力统合分散的利益。这就造成州和地方的“政治全国化”。[③] 当经济或社会矛盾加剧时，全国选民更容易被主要矛盾吸引，政治全国化也就更容易实现。总之，在政党制度和政治全国化的推动下，麦迪逊原本期望的多元且分散的利益被两个对立的政党所取代。

麦迪逊提出的第二种方法也存在内在不足。分权制衡虽然能在一定程度

① 范勇鹏：《政治极化之源：美国制度中的党争基因》，《人民论坛·学术前沿》2021年第11期。

② [美]汉密尔顿、杰伊、麦迪逊：《联邦党人文集》，程逢如等译，商务印书馆1995年版，第45～51页。

③ Daniel J. Hopkins, *The Increasingly United States: How and Why American Political Behavior Nationalized*, University of Chicago Press, 2018, pp.124-142.

上抑制极化的发展，但也会削弱政府应对极化的能力。由于分权制衡机制的存在，美国政治中的否决者极多。众议院和参议院能够相互否决，参议院中还有阻挠议事程序，总统有权否决国会法案，最高法院有司法审查权力，联邦与州之间互不隶属。这些机制导致美国政府的施政阻力重重，效率低下。如果分权制衡遇到政党对立明显，美国政治就会变成福山所说的“否决政治”，政府就会陷入瘫痪，进而放任极化的发展。[①] 例如，内战前，南方奴隶主仅凭其拥有的一半参议院席位，就能长期阻挠国会和总统缓解奴隶制矛盾；在镀金时代，两党对立导致联邦政府的货币、关税政策反复左右摇摆，这一时期的经济矛盾最终并不是靠政府缓解的。

从上面的论述可以看出，美国政治从极化的状态转向去极化的过程是非常难实现的。实现去极化需要缓解激发政治极化的经济或社会矛盾，但这要么需要经历长期的经济或社会变迁，要么需要付出高昂的代价，且结果也不可控。美国的麦迪逊体制抑制政治极化的效果非常有限，反而更可能加剧政治极化。

三、当代极化的发展趋势与去极化的可能性

20 世纪 70 年代以来，美国政治再次进入高度极化时期，当前的极化水平已经超过镀金时代，表现出许多与内战前相似的特征。2022 年众议院两党的 NOMINATE 分值差距高达 0.88，仅次于内战前的水平。

（一）当代政治极化将继续强化

与前两次高度极化时期类似，当代美国政治极化背后也有深刻的经济和社会原因。最近半个世纪，美国的经济不平等越来越严重，被称作“新镀金时代”。1978—2012 年，美国最富有的 0.1% 家庭所占有的财富份额从 7.6% 上升

① Francis Fukuyama, American Political Decay or Renewal?, *Foreign Affairs*, Vol.95, No.4, 2016.

到 22%，[①] 只略低于大萧条前。日益严重的经济不平等强化了政治极化，削弱了政府通过再分配政策来缓和不平等的能力。美国政府转而采取放宽信贷准入的做法，直接导致了 2008 年国际金融危机。[②] 两党还围绕具体的经济政策展开激烈的斗争，例如大政府还是小政府、自由贸易还是贸易保护、增税还是减税。两党背后也存在经济区域和经济部门的显著差异。民主党更多地得到大洋两岸服务业从业者的支持，而共和党则更多地得到内陆农业和制造业从业者的支持。尤其是从事制造业的白人蓝领阶层，出于经济不满和种族怨愤，自 20 世纪 80 年代起从民主党逐渐转向共和党，促进了两党的极化。[③]

与镀金时代不同但与内战前相似的是，种族矛盾在推动当代政治极化中起着比经济矛盾更重要的作用。肇始于 20 世纪 60 年代的南部政党重组是当代政治极化的关键原因。在民权运动的刺激下，南方白人抛弃其支持了 100 余年的民主党而转向共和党。从此，共和党越来越依靠保守白人，民主党越来越依靠自由派白人和少数族裔。[④] 南部重组导致 20 世纪中期的“四党体制”不复存在，两党内的同质性都得到提升，两党之间差异拉大，政治极化加剧。与内战前相似，当代的种族矛盾不仅与经济矛盾高度相关，也与移民、福利、宗教、城乡等其他重要矛盾高度相关。[⑤]

美国政治制度在当代政治极化过程中也起了推动作用，最显著的表现是 20 世纪 70 年代以来的政治全国化。一方面，在电视、网络、社交媒体的加持下，当代政治全国化的程度远高于内战前和镀金时代，无论是利益集团还是

① Emmanuel Saez, Gabriel Zucman, Wealth Inequality in the United States Since 1913: Evidence from Capitalized Income Tax Data, *The Quarterly Journal of Economics*, Vol.131, Iss.2, 2016.

② Raghuram G. Rajan, *Fault Lines: How Hidden Fractures Still Threaten the World Economy*, Princeton University Press, 2011, p.31.

③ Alan Abramowitz, Jennifer McCoy, United States: Racial Resentment, Negative Partisanship, and Polarization in Trump's America, *The Annals of the American Academy of Political and Social Science*, Vol.681, No.1, 2019.

④ 付随鑫:《当代美国的南部政党重组与政治极化》,《当代世界与社会主义》2018 年第 4 期。

⑤ Lilliana Mason, *Uncivil Agreement: How Politics Became Our Identity*, University of Chicago Press, 2018, pp.1–17.

政治积极分子，都比以前更容易对两党精英施加影响；另一方面，在政治极化的影响下，当代美国政府的治理能力比 20 世纪中期低极化时期弱得多，国会很难通过重大立法，总统更依赖行政命令治国，[①] 这导致政府很难采取行动去缓和政治极化。

可以预见，美国当前的政治极化将在很长一段时间内继续维持或强化，根本原因在于造成极化的经济和社会矛盾短期内不大可能得到解决。美国日益严重的经济不平等有多种根源，包括资本主义的内在缺陷、全球化和自动化的发展、工会的衰落、政府再分配政策的减少，[②] 这些因素的影响短期内都不会减弱。经济不平等在美国并不是一个受两党主流重视的问题，以伯尼·桑德斯为代表的左翼民粹主义运动虽然重视经济不平等问题，但它在美国政坛上并非主流，甚至在民主党内至今未能撼动温和派的主导权。因此，美国政府在短期内不大可能采取缓和经济不平等的重大举措。

更重要的是，种族矛盾在未来很长时期内还会继续增强。虽然共和党竭力推行反移民政策，但少数族裔人口将持续增长，预计白人人口占美国总人口的比例到 2045 年将降到一半以下。[③] 在这种情况下，保守白人对失去既有经济社会特权的恐惧只会增长，其“白人至上主义”活动将更频繁与恶劣。此外，两党共同压制种族矛盾在当代政治环境中是很难做到的。在 20 世纪中期之前，美国黑人的人口数量较少、经济实力非常弱，除非白人内部在种族问题上发生分裂，种族矛盾很容易被两党主流共同压制。但自民权运动以来，黑人的政治意识普遍觉醒，再加上拉美裔和亚裔人口的迅速增长，少数族裔早已成为美国政治中举足轻重的力量。

目前，两党内部都存在一定的派系活动，但它们并不能像 20 世纪中期那样减弱极化，反而会加剧极化。民主党内有进步派与温和派，共和党内有建

① Sarah Binder, The Dysfunctional Congress, *Annual Review of Political Science*, Vol.18, No.1, 2015.

② Jonathan Rothwell, *A Republic of Equals: A Manifesto for a Just Society*, Princeton University Press, 2019, pp.3–23.

③ Jonathan Vespa, Demographic Turning Points for the United States, https://www.census.gov/content/dam/Census/library/publications/2020/demo/p25–1144.pdf.

制派与民粹派。近年来，民主党温和派与共和党建制派的政治理念差距越来越大，而且进步派在推动民主党左转，民粹派在推动共和党右转，桑德斯和特朗普的崛起分别加快了这一进程。在此情况下，两党中并不存在拥有大量共识的两个派别，更不会出现类似 20 世纪中期的“四党体制”。

两党主流都在努力适应和利用极化的环境，并没有对极化作出制度改革。有些学者和改革者提出通过改革政党或选举制度来实现去极化，这不仅与现有的政治学研究成果不符，在现实中也很难实现。不少人将美国政治极化归咎于初选制度容易挑选出极端的候选人，但现有的研究没有证明初选显著增加了极端候选人的数量，并促进了政治极化。[①] 有人认为不公平的选区划分导致了政治极化，但支持这一论点的论据更薄弱：参议院并没有重划过选区，但它却出现了极化；众议院的极化是因为温和选区越来越多为极端议员所代表，但他们的出现并非由不公平的选区划分造就的，而是有着更深层的经济或社会根源。[②] 还有人将政治极化归因于美国选举捐款制度，认为减少大企业捐款和增加个人捐款将有助于减少极化。但现有研究成果得出的结论恰恰相反：大企业的捐款通常没有鲜明的意识形态和政党倾向；相反，愿意捐款的个人往往具有鲜明的意识形态和政党倾向，可能会维持或增强极化。[③]

（二）当代政治极化的可能结局

虽然美国当代政治极化将继续增强，但不大可能演变成内战式的结局。近年来，有许多学者预测政治极化将导致美国发生第二次内战。[④] 但与内战前不同的是，当代的种族矛盾是由于少数族裔权利的扩张和人口结构的多元化导致的，这两方面因素虽然会损害白人既有的经济社会特权，但不至于像废

① Shigeo Hirano et al., Primary Elections and Partisan Polarization in the U.S. Congress, *Quarterly Journal of Political Science*, Vol.5, No.2, 2010.

② Nolan McCarty, Keith T. Poole & Howard Rosentha, Does Gerrymandering Cause Polarization?, *American Journal of Political Science*, Vol.53, No.3, 2009.

③ Michael J. Barber, Ideological Donors, Contribution Limits, and the Polarization of American Legislatures, *The Journal of Politics*, Vol.78, No.1, 2016.

④ 参见 Barbara F. Walter, *How Civil Wars Start: And How to Stop Them*, Penguin Random House LLC, 2022; Stephen Marche, *The Next Civil War: Dispatches from the American Future*, Avid Reader Press, 2022。

除奴隶制那样从根本上摧毁白人的经济根基和生活方式。因此，当代的种族矛盾弱于内战前的奴隶制矛盾。除此之外，内战前的政治极化严格按南北地理界线发展，但当代极化实质上是城乡分裂，地理界线犬牙交错，沿海各州也有乡村，而内陆各州也有大城市。因此，当代的地理分裂对政治极化的促进作用不仅不会像内战前那么大，而且会严重阻止任何叛乱行动的割据企图。内战前美国的联邦制并不成熟，州权思想盛行，许多南方人对本州的认同度高于对联邦的认同度，而如今美国的民族凝聚力和联邦制的成熟度远胜于内战前。尽管在得克萨斯州、加利福尼亚州等地存在微弱的分离主义倾向，但并未形成大规模的分裂势力，也没有任何主流政客支持这种想法。当今的美国联邦政府无论是规模还是权力都远超内战前，尽管其能力受到政治极化的削弱，但镇压地方叛乱行动的力量仍然远超过内战前。目前美国的军队和执法部门总体上保持着政治中立，并没有表现出倒向任何政党或地方势力的迹象。

当代政治极化虽可能避免内战式的结局，却会引发频繁的暴力活动，甚至可能导致大规模内乱，造成美式民主的衰败。2008 年以来，美国的极右翼民兵组织增加了一倍，70% 以上与极端主义有关的死亡是极右翼分子造成的。最近几年，美国每年都有数十人被极端分子杀害，死亡人数最多的 2016 年高达 72 人。根据奥斯陆和平研究所内战研究中心的说法，内战的技术定义是一年内有 1000 名战斗人员死亡，而内乱的定义是一年内有 25 人死亡。根据这个定义，美国已经处于内乱状态。[①]在 2021 年 1 月 6 日的“国会山骚乱”中，“誓言守护者”“骄傲男孩”等极右翼组织实际上发动了一场有组织的武装叛乱。[②]发动叛乱的并不是那些极度贫困的人，而是那些拥有特权并觉得自己正在失去这些特权的人。随着美国白人的特权和地位受到少数族裔越来越强的冲击，许多白人可能会诉诸暴力，未来美国并非不可能出现多地相互协调的准军事暴力行动。如果暴力活动得到有影响力的政客的支持，则可能演变成大规模

① Stephen Marche, *The Next Civil War:Dispatches from the American Future*, Avid Reader Press, 2022, pp.2–3.

② Joshua Zeitz, Ask the “Coupologists”: Just What Was Jan.6Anyway?, https://www.politico.com/news/magazine/2022/08/19/jan-6-coup-authoritarianism-expert-roundtable-00052281.

内乱。特朗普在执政期间曾多次煽动或纵容极右翼分子的暴力活动，在“国会山骚乱”中他实际上策划了一场未遂的“自我政变”。这场从政府内部发动的自我政变与极右翼分子从外部发起的武装叛乱相互支持，一度打断了美国总统权力的交接程序。该事件发生后，虽然有数百名参与者被起诉，但极右翼势力在政治上并未被清算，他们继续支持特朗普，而且在共和党内的影响力越来越大。随着保守白人的种族焦虑继续加强，极右翼势力可能更加强大并诉诸更猛烈的暴力活动。

与镀金时代的政治极化类似，当代政治极化也可能引发严重的经济危机。前文已论及当代美国经济不平等的恶化趋势及其与经济危机的关系，这里不再赘述。美国经济的另一个重大风险是债台高筑。美国的经济发展和政府支出很大程度上是由债务驱动的。由于 2008 年国际金融危机、特朗普减税、新冠疫情等因素的影响，美国政府的债务持续快速增长。2021 年，仅美国公众持有的联邦政府债务就达到当年美国国内生产总值的 102%，预计到 2051 年这一数据将达到 202%。[①] 在政治极化的影响下，两党很难就债务问题达成统一的解决方案，民主党政府热衷于花钱，共和党政府热衷于减税。债台高筑将影响美国经济增长，损害美元的信誉，削弱政府应对危机的能力。这是一个恶性循环，一旦达到某个临界点，其后果将比 2008 年国际金融危机更严重。

（三）当代美国政治实现去极化的可能性

从经济和社会根源的角度看，当代政治极化的强度高于镀金时代而低于内战前，去极化的难度将大于镀金时代而小于内战前。由于当代政治极化不大可能发展到内战的程度，因此去极化不会以战争的方式实现。

从种族矛盾的角度看，一个有助于去极化的因素是美国人口结构的长期变迁可能会缓和种族矛盾。白人变成少数族裔在美国是一个不可避免的趋势，极端保守的白人福音派的衰落速度更快，少数极端的白人至上主义者可能会用暴力来抵抗这一趋势，但大多数白人可能会较平和地接受它。这种现象已经在美国许多州发生。例如，在人口最多的加利福尼亚州和得克萨斯州，白

① U.S. Congressional Budget Office，The 2022 Long-Term Budget Outlook，https://www.cbo.gov/system/files/2022-07/57971-LTBO.pdf.

人的人口比例早已经降到一半以下，但并没有发生系统性的种族暴力事件。此外，白人身份并不是固化的，在一定程度上是可以建构的，特别是对于增速最快的拉美裔来说，尽管在统计上将其列为少数族裔，但许多拉美裔向来自认为是白人或双重族裔，这些人通常支持共和党。自 2016 年特朗普当选总统以来，美国种族政治的去极化进程越来越显著。少数族裔对民主党的支持率逐步下降，对共和党的支持率逐步上升。同时，受教育程度而非种族身份在决定白人选民政党认同中的作用越来越大，受过大学教育的白人对民主党的支持率逐步上升，对共和党的支持率逐步下降。[①] 上述趋势都表明，种族矛盾在长期内可能缓和，与其高度相关的移民、福利、宗教等方面的矛盾也会随之出现缓和，从而促进美国政治去极化。

从经济矛盾的角度看，一个有利于去极化的因素是白人蓝领阶层的持续衰落。正如进步主义时代农民阶层的衰落促进了政治去极化一样，当代白人蓝领阶层的衰落也将有助于去极化。尽管近年来他们的不满产生了巨大的政治反响，但随着人数的减少和产业重要性的下降，其政治影响力长期来看必将衰微，与之相关的围绕全球化、贸易政策、产业政策、移民政策等具体问题的政治分裂也会减弱。但白人蓝领阶层衰落对政治去极化的作用仍比较有限，因为它并不能缓解经济不平等这个更为根本的问题。2008 年国际金融危机和新冠疫情都没有显著减少经济不平等，要想通过缓和经济矛盾的途径实现去极化，美国可能需要等待另一次大萧条式的经济危机。但经济危机的后果是非常不确定且危险的，2008 年国际金融危机已经导致美国出现破坏性的民粹主义运动，美国政治制度能否承受住更严重的经济危机，目前尚未可知。

四、结语

本文从美国政治发展和政治制度的角度，通过对历史案例的分析与比较，深入考察了美国政治极化的发展趋势和去极化的可能性。美国历史上曾出现过

① 付随鑫:《美国人口结构变化对 2020 年大选和两党格局的影响》,《美国问题研究》2021 年第 1 期。

两个极化高峰时期，分别是内战前夕和镀金时代末期，在这两个时期之后，美国政治都出现了短暂的去极化时期。通过考察这两个重要的历史案例可以发现，美国政治极化的根源是重大经济与社会矛盾，特别是经济不平等与种族矛盾；美国政治去极化得以实现，正是因为这些矛盾得到缓和。内战和大萧条对去极化起到了关键作用，这也说明去极化的条件和过程是非常具有破坏性的。美国的政治制度对抑制政治极化并没有显著效果，相反，政治制度在很多方面推动了政治极化，因此通过改革政治制度来促进去极化是非常困难的。

将上述两个历史案例与当代政治极化进行比较研究可以发现，当代政治极化也基于深刻的经济与社会矛盾，政治制度也在其中起了推动作用。这些矛盾短期内不会减弱，因此当代美国政治极化将持续甚至强化，尽管当代政治极化不大可能演变成内战式的结局，但可能导致美国出现更恶性的暴力活动，或者爆发更严重的经济危机。长期来看，美国存在有助于去极化的因素，例如人口结构的长期变迁可能缓和种族矛盾，白人蓝领阶层的进一步衰落可能缓和经济矛盾。这可能使美国当代政治极化在未来出现类似 20 世纪初期进步主义时代的趋缓态势，但推动政治极化的经济不平等问题仍然很严重，其缓和可能需要另一次严重的经济危机。总之，当代美国政治的去极化在短期内不大可能出现，长期来看有可能发生，但充满不确定性，且代价可能非常高昂。

本文旨在探讨美国政治去极化的可能性，无意评判极化和去极化对美国孰优孰劣。尽管各界对美国当前的政治极化诟病甚多，但这并不意味着去极化在所有方面都是一种更好的政治状态。实际上，美国政治的去极化通常意味着两党主流联合起来，对经济或社会矛盾进行刻意压制，对不满群体的变革诉求进行蓄意阻挠，而极化可能有利于某些群体表达其诉求，有助于实现负责任的政党政治。

极化格局下的路线之争：后特朗普时代美国政治思潮的可能图景 *

置身百年未有的大变局时代，美国的国际地位、地区间关系和国内政治都发生了翻天覆地的变化，美国政府的目标和策略、美国人的价值和观念也不得不随之调整。重振雄风、回归昔日繁荣的理想和愿望已经悄然淹没高歌猛进、阔步向前的豪迈和激情。自由主义步履激昂的进步化态势，无时无刻不在叩击着当代保守主义敏感而脆弱的神经，冲击-回应式右翼保守主义的崛起更似一场被动而无奈的反击。右翼民粹主义反移民、反全球化的内心焦虑，与狭隘、排外的民族主义不谋而合。冷战铁幕落下后，美国主导的单极体系为世界主义提供了前所未有的发展空间，同时也对美国传统政治理念和政治制度构成了重大的冲击和挑战。素人出身、争议不断的特朗普，虽怀抱复兴美国之梦想，大刀阔斧又动作频频，却未能取得连任机会。后特朗普时代的“拜登主义”会力挽狂澜，还是在进步主义的道路上越走越远，人们唯有观望。四年一度的美国大选，表面上看是两位候选人的终极 PK，是两大政党的强势对决，若从深层次来看，却是围绕何为美国、如何维护美国利益的核心问题展开的价值抉择，是针对美国主要社会矛盾以及核心政治议题形成的路线之争。如果说分歧、冲突和极化是当代美国政治发展的显著特征，反思、调适与重构则是当前美国政治思潮的整体图景。

一、自由主义与保守主义的非对等性极化

极化是当代美国政治的基本特征。这种极化不仅表现为政治精英的两极

* 作者简介：庞金友，中国政法大学政治与公共管理学院院长、教授。本文原载于《比较政治学研究》2021 年第 2 辑。

分化、政党政治的阵营对抗，还表现为政治文化的显性裂化、思想光谱的激进偏移。其中，以自由主义与保守主义两大思潮的分歧、分化和分裂最具代表性。

自由主义是当代美国当之无愧的主流思潮。虽然历经20世纪的百年风雨，新自由主义（new liberalism）与保守自由主义（neo-liberalism）之间仍然分歧不断、论争不止，但相较其他政治思潮，自由主义的基脉与底色却分毫未改：在经济上，首肯市场化、全球化的价值，承认国家干预的作用并给予较大的行动权；在政治上，认同“积极自由”，主张“大政府”或“强政府”，倡导福利国家政策；在文化上，推重人权，倡导多元，尊重选择自由和宗教宽容，给予非主流文化以较大空间，关注少数族群权益；在国际上，倡导世界主义和普遍主义，主张自由贸易和多边合作，强调国家间的和平稳定，注重发挥国际组织和国际制度的作用。

在自由主义两大流派争相勾勒的“美国梦”中，人们似乎看到了这样一幅恢宏图景：人人都拥有平等的机会和自由选择的权利，人人都承担世界主义和全球公民的责任，人人都分享社会进步和世界繁荣的福祉；美国带动并引领世界的发展，美国人因身为美国之一员而无比骄傲、无上荣光。然而现实是残酷的。自20世纪90年代以来，尤其是进入21世纪之后，一些变化已经悄然发生。

在经济领域，美国贫富差距的恶劣程度和加剧速度日趋严重，中产阶级岌岌可危，阶级固化已初具规模，“贫困陷阱”业已显现，[①]“在过去的40年里，一种新的、日益增长的不平等以及从未有过的固化的阶级体系开始出现并得以巩固”[②]。在不断下降的积累和不断加剧的失衡的双重夹击下，自由主义所描绘的机会平等、共同富裕的美好理想与人们渐行渐远。[③]在政治领域，沉重的

① [美]约瑟夫·斯蒂格利茨：《美国真相》，刘斌等译，机械工业出版社2020年版，第32～45页。

② [美]厄尔·怀松等：《新阶级社会：美国梦的终结？》，张海东等译，社会科学文献出版社2019年版，第1页。

③ [法]热拉尔·迪梅尼尔、多米尼克·莱维：《新自由主义的危机》，魏怡译，言予馨审校，商务印书馆2015年版，第163页。

福利制度成为政府公共财政不可承受之重，“大政府”和“强政府”的制度设想远没有达到民众的权利需求。预期的愿望和福利没有实现，美国民众的不满和不信任就会随之而来，政府的合法性、公共权力的权威因此遭遇空前挑战。在文化领域，受个人主义和权利至上意识的推动，传统意义上的边缘群体和非主流群体正在谋求更大的发展空间，他们渴望被理解，呼吁平等，甚至希望更多的人加入其中。全球化为世界范围内的人员流动提供了便利的渠道和条件，大幅上升的移民数量对移民迁入国的经济、社会、文化和制度安排不断提出新的难题与挑战，也引发了外来移民与本地居民的摩擦和冲突。正是自由主义对移民群体的无限接纳，对外来文明的高度宽容，造成了当前外来移民、文明冲突、身份政治崛起等诸多棘手的问题。在全球领域，随着中国、印度、巴西等发展中国家和新兴经济体的群体性崛起，传统的世界秩序和国际格局发生了结构性的变化，美国作为独一无二的超级大国独霸世界的单极体系面临解体，美国的影响力、话语权和建构能力已无法与往昔相提并论。在如何面对中国、俄罗斯及其他欧洲国家对自己形成的冲击和挑战，如何合理定位未来发展的权力格局等核心问题上，美国更是举棋不定、瞻前顾后。

对于这些变化，多数民众不仅充满困惑，而且心怀不满，甚至无比愤怒。这也表明美国新自由主义的进步主义理论和政策正在遭遇空前的困境，反思和调适在所难免。当然，这些困局也让保守派看到了希望，从而为美国保守主义的崛起提供了契机。

战后美国的保守主义，历经巴克利时代、里根时代、小布什时代直到特朗普时代，虽然几经波折，阵营变换频繁，但反思自由主义、应对现实发展的基调并未发生多大变化。虽然不像自由主义那样根基深厚、思想系统、立场鲜明，但当代美国的保守主义笃信自由市场的至上地位，倡导“小政府”或“弱政府”，对国家干预和福利政策一直心怀戒备；虽然承认个人权利和个体选择，但更强调权威、传统和宗教的基础性作用，[①] 推崇盎格鲁-撒克逊新教传统的文化价值，同情并力挺中下层白人群体；在国际关系的处理上坚持现实主

① [法]苏珊·乔治:《思想的锁链：宗教与世俗右翼如何改变美国人的思维》,蓝胤淇译,商务印书馆,2016 年,第 1～12 页。

义立场，坚决维护美国国家利益，甚至不惜奉行单边主义和反全球化政策。

特朗普在任期间，将激进和极端的保守主义立场表现得淋漓尽致。在经济上，特朗普试图通过减少税收、提高工资、拉升就业率等手段，振兴制造业，繁荣美国的经济；在政治上，坚持美国利益至上，对美国利益的威胁者"痛下杀手"，甚至不惜采取强硬政策，不仅与自由主义的绥靖政策分道扬镳，更与保守的建制派划清界限；在文化上，坚决抵制外来移民的扩张势头，努力维护美国传统价值和主流道德，对同性恋群体、外来文化、少数族群态度强硬；在外交上，坚持对等原则，反对差异政策，倡导"美国是美国人的美国"，高调退出联合国人权理事会和世界卫生组织等国际组织。由此可见，"从根上解决美国的国家建构问题，并循此路径解决美国的国家建设问题，是特朗普治国理念中明显可见的一条线索"①。无论是国家建构抑或是国家建设，特朗普保守主义的价值理念是清晰明朗的，"从他所维护的政治法律制度到推行的内外政策，从坚守的思想信仰到提倡的生活方式，都符合保守主义的基本理念"②。从保守主义的角度，我们就不难理解特朗普内外政策的实质，"特朗普主义追求的目标其实很简单：重拾美国传统，再塑美国精神，让美国成为美国人的美国，一切为了美国和美国人的利益"③。

不难看出，如果说自由主义使美国政治的天平不断向左倾斜，那么特朗普时代的保守主义则使美国政治急速向右偏移，其力道与速度有过之而无不及，这无疑大大加剧了美国原已甚为明显的政治极化趋势。在激进自由主义和极端保守主义的双重牵引下，"党派冲突白热化、精英立场极端化、意识形态两极化、大众文化冲突、社会阶层分裂化的趋势更加明显"④。

值得注意的是，美国的政治极化不是一种沿着政治中心线向左右两端展

---

① 任剑涛:《重构国家：特朗普理念的政治理论推定》,《当代美国评论》2020 年第 3 期。
② 丛日云:《民粹主义还是保守主义——论西方知识界解释特朗普现象的误区》,《探索与争鸣》2020 年第 1 期。
③ 庞金友:《大变局时代保守主义向何处去：特朗普主义与美国保守政治的未来》,《当代美国评论》2019 年第 4 期。
④ 庞金友:《不平等：当代美国政治极化的经济与社会根源》,《探索与争鸣》2020 年第 9 期。

开的对等或对称的偏移，更不是一场势均力敌的两极分化。左翼自由派追求更广泛的权利主体、更丰富的权利内涵、更具进步主义色彩的权利想象，右翼保守派则崇尚更纯粹的价值观念、更传统的道德底线、更具现实主义风格的秩序建构。左右两翼虽然渐行渐远，但偏离传统分界点的距离不尽相同。同样是强调个体权利和个人选择，自由派追求覆盖人群的“广度”和赋予权利的“宽度”，保守派则追求特定议题的“强度”和特定主张的“硬度”。单看自由派给予移民群体、同性恋群体、BLM 运动的同情、理解甚至支持，自由派的激进程度远非保守派可比；但若看保守派对自由市场、传统道德、国家利益的痴迷和坚守，其决绝态度又非自由派之所能及。同样是强调减税，自由派要减的是中低收入阶层的税，保守派要减的却是企业和高收入阶层的税。同样是强调医改政策，自由派试图扶助的目标群体是穷苦阶层，保守派则干脆提出全民免费医疗。两者的激进程度已难分彼此、不相上下了。

从整体来看，保守主义的极化趋势是被动的、回应性的，更多地受到左翼自由主义的牵引和拉动。正如国内学者所说：“两极化的主要动力是左翼自由派的大幅‘进步化’。右翼保守派虽然在某些议题上也有保守化的倾向，但政治立场总体而言相对稳定，甚至在诸多议题上跟随着左翼向‘左’移动。”[1]

从选举政治的角度，政治极化必然导致分化和分裂。对于共和党和民主党来说，最为关键的是首先巩固右翼保守派和左翼自由派的阵营基础，这意味着必须就民众所关心的移民、性别、族群、持枪、边境墙、中美关系等敏感问题表达明确、坚决而非模糊、暧昧的立场。对于广大选民来说，随着社会经济形势的急速扭转，尤其是经济不平等的日趋明显，在涉及切身利益的工资、福利、就业、文化冲突、信仰自由等重要议题上，已经没有多大商量余地。他们乐于见到态度鲜明的政治对策，而不愿意接受温和路线或折中方案。对于总统候选人来说，日趋严重的极化格局是下一步政治策略避无可避的预设前提，只不过是考虑如何继续向右和如何转而向左的区别罢了。

---

① 刘瑜：《后现代化与乡愁：特朗普现象背后的美国政治文化冲突》，《美国研究》2018 年第 6 期。

二、右翼民粹主义与民族主义的上升与合流

从某种程度来讲，2016年是当代民粹主义崛起之年，以英国脱欧、特朗普当选、欧洲民粹主义政党兴起为其标志。当代民粹主义虽形式各异、阵营多元，但仍以反精英、反体制、仇官仇富、推崇暴力话语、倡导极端平民主义立场的鲜明特征区别于其他主流或新兴思潮。“民粹主义者所在意的，与其说是在一个真正的形成民意的过程之后，每个有常识的人都能归纳出的公共利益，不如说是某种能借以推断出正确的政策的‘真正人民’的象征性表征。民粹主义者总希望打着‘真正人民’和‘沉默大多数’的旗号，对抗民选代表和选举出的官方结果。”①

基于成员结构、利益所向、权利诉求等因素的考虑，美国的民粹主义又具体分裂为左右两大阵营。左翼民粹主义以外来移民、城乡低收入群体等下层草根阶层为主体，将当前生活的窘境归咎于精英阶层的操纵和现行体制的缺陷，猛烈批判精英阶层和富人群体，主张通过改变规则和制度以谋求发展空间；②右翼民粹主义则以传统中产阶层、“铁锈地带”白人蓝领等白人保守派为主体，认为日益深化的全球化进程导致美国制造业衰落，不断涌入的外来移民抢占就业机会和福利份额，肆意扩张的外来文化引发主流道德沦陷、文明冲突凸显、社会分裂加剧，坚决反对高税收和高支出，拒绝医保改革，要求缩减政府规模，限制政府权力。③“他们不喜欢富人，认为富人抢走了他们的财富。同时，他们也不喜欢穷人，认为穷人得到太多的社会福利，这些福利出自对他们的税收。”④2008年金融危机后，美国政府推行了一系列针对低收入群

---

① [德]扬-维尔纳·米勒:《什么是民粹主义?》,钱静远译,译林出版社2020年版,第130页。

② Mark Lilla, *The Once and Future Liberal: After Identity Politics*, Harper Collins Publishers, 2017, pp.19–56.

③ [奥地利]露丝·沃达克:《恐惧的政治：欧洲右翼民粹主义话语分析》,杨敏等译,格致出版社2020年版,第11～18页。

④ 庞金友:《无法摆脱的撕裂：美国大选背后的价值冲突与观念歧异》,《当代美国评论》2020年第4期。

体的救助政策，尤其是对那些看不起病、还不起贷款的穷人。此举引起了右翼民粹主义者的强烈不满，他们担心民主党执政的政府会征更多的税以补贴穷人，喊出“你没资格花我的钱”的口号。同样也是基于这种担心，他们坚决主张限制移民，因为政府给予移民群体的福利和救助金也来自对他们所征的税。美国左翼民粹主义以 2011 年开始的“占领华尔街运动”为代表，右翼民粹主义则以声势浩大的“茶党运动”为代表，两大运动的兴起大大加剧了美国政治的两极分化。

在 20 世纪 30 年代的大萧条时期，大多数中产阶级破产失业，他们抱怨政府和体制，与底层民众站在一起，共同坚持左翼民粹主义立场。在 2008 年的金融危机中，中产阶级饱受冲击，他们担心经济形势和就业机会，但更担心不断涌入的移民、不断增加的穷人会威胁自己的利益。他们逐渐开始放弃左翼民粹主义立场，转而支持右翼民粹主义路线。作为特朗普重要的选民阵营，中产阶级的价值立场和利益诉求自然是特朗普内政外交的重心所在。于是乎，右翼民粹主义的价值立场也就成了特朗普政府的政策主张，反全球化、反移民群体、为中产和精英阶层减税自然也就成了特朗普主义的典型表现。

中产阶级的生存境况也刺激了民族主义的觉醒。“在不断衰落的制造行业、持续紧张的就业状况和不断涌入的移民浪潮等多种因素的压迫下，‘铁锈地带’的白人蓝领阶层转向民族主义立场，他们旗帜鲜明地反对全球化，反对世界贸易体系，反对外来移民。”[①]他们感觉与美国主流社会日渐疏远，昔日的政治理想、价值理念甚至生活方式开始遭到冷遇甚至贬低。他们无时无刻不想回到那个曾经由他们主导的文化氛围、那个无比伟大和辉煌的国家当中。这种追忆和怀念，又何尝不是对当前发展境遇的不满和控诉？与此同时，这种疏离感和挫败感让民族主义者变得愤世嫉俗，对外界充满敌意。“由于社会经济条件在不断发生变化，原有的社会中上层阶级或群体的地位下降，或者说他们自认为地位下降了，激进的保守主义观点和民族主义就油然而生。很多美国人对美国自己制造的世界产生了逆反心理，因为他们认为全世界都跟

① 庞金友：《大变局与小趋势：当代美国保守主义的民族主义转向》，《人民论坛》2021 年第 3 期。

他们、他们的家庭以及整个美国作对。”[①]在这种情况下，当特朗普喊出“夺回美国”“让美国再次伟大”的口号时，他们内心被激起的共鸣之强烈可想而知。正如佛罗里达所分析的：“相互重叠的阶层和地理分化让特朗普出人意料地赢得了美国总统大选。在阶层上，他的支持者主要是感到自己的经济状况正在恶化的白人、低学历和有宗教信仰的人。在地理上，他的支持者主要集中在白人和低学历人群占比大、经济焦虑程度高、工厂和服务工作聚集的地区。”[②]

虽然在思想传统、价值主张、政策倾向上有着较大的差异，但面临日益复杂的国际环境和持续恶化的国内社会经济境况，加之不断加码的精神和心理层面的焦虑与不安，美国右翼民粹主义与民族主义渐呈合流之势。在2016年的美国大选中，特朗普和共和党充分借助右翼民粹主义的力量，并将其与不断上涨的民族主义和白人种族主义紧密结合，借“美国优先”的口号煽动反移民情绪。特朗普执政后，更加旗帜鲜明地推行民粹主义和民族主义的激进路线，与民主党势同水火，冲突与对抗日渐激烈，甚至几度陷入联邦政府被迫停摆的“否决政治”窘境。在特朗普执政期间，右翼民粹主义和民族主义在全球化、移民群体、外来文化、种族身份等问题上的立场和态度具有较大的契合性。

对于美国经济的持续下行，右翼民粹主义与民族主义都将原因归结为当前国际体系和世界格局的不利。前者坚持在国际事务中奉行美国优先原则和单边主义，后者主张美国利益至上。特朗普在其执政期间，带领美国政府先后退出10余个国际组织、协议和条约，很大程度上符合这一立场的价值判断。

对于不断涌入的外来移民，右翼民粹主义和民族主义的态度也极为相近，他们以定居者的身份，对移民群体持警惕、戒备和抵触心理，将其视为美国传统、自身利益和生存发展的抢夺者和威胁者。特朗普政府陆续出台的多项严格限制移民的政策，无疑回应了这两大阵营的利益指向和心理诉求。

---

① [英]阿纳托尔·利文:《美国的正确与错误：民族主义视角》,孙晓坤译,中信出版集团2017年版,第21页。

② [美]理查德·佛罗里达:《新城市危机：不平等与正在消失的中产阶级》,吴楠译,中信出版集团2019年版,第181页。

对于甚嚣尘上的种族主义情绪，以白人蓝领阶层为主体的右翼民粹主义和以白人精英为代表的激进民族主义的立场更是不谋而合。2020 年 5 月暴发的弗洛伊德事件即是一个最好的证明。种族矛盾是潜藏在美国历史和文化传统当中根深蒂固的顽疾。经过常年的抗争，黑人群体的生存状况和权益保障取得了实质的改善，但自 21 世纪以来，随着经济不平等的不断恶化，社会不平等问题愈加严重。2008 年金融危机以后，黑人群体的生存和发展空间遭遇空前的困境。特朗普上台后，虽然没有明确提出种族政策，但他推崇白人主义、倡导白人利益优先的政策导向再明显不过。这次事件只是一个导火索，但它再次揭开了种族矛盾这块旧日伤疤。弗洛伊德事件引发的这场现象级的街头运动和全球骚乱不是偶然的，而是多重现实矛盾积累到一定程度的必然结果，是以黑人为代表的有色人种在新冠疫情与经济危机双重压力下怨恨和不满情绪的群体发泄，是美国社会长期积累的社会矛盾和种族冲突的集中爆发。这恐怕也是右翼民粹主义和激进民族主义始料不及的。

对于左翼自由主义在经济、政治和社会文化等领域的深度扩张以及由此导致的不断紧张的国内外发展环境，不仅保守主义、新左派等主流思潮积极回应，社会中下层民众也纷纷表达不满，进而引发了一波势头强劲的民意右转浪潮，右翼民粹主义和民族主义就是其中的主导力量。但值得注意的是，右翼民粹主义和民族主义都有滑向强人政治的危险。

从根本上说，无论是左翼还是右翼，民粹主义都源自广大底层民众的不满和焦虑。底层民众本已收入下降、福利不保、就业艰难，医疗待遇和教育机会日渐匮乏，还要眼睁睁看着外来移民不断涌入，权贵阶层肆意抢占财富、垄断资源、掌控规则，其愤懑和怨恨的情绪自然要找到发泄的对象。由此观之，其反精英、反主流、反建制、反“政治正确”等抗拒性主张和推崇白人主义、倡导美国优先、支持种族主义等极端性诉求就不仅可以被理解，甚至都值得同情。但光有情绪和诉求是不够的，究竟如何去实现呢？“在民粹主义和民族主义的共同作用下，人们往往寄希望于权力集中的政府以及强大而决策果断的政治领袖，来领导他们恢复民族荣耀，凝聚国家认同，并采取强力的措施来改变不公正现象。”[①]这就为强人政治的回潮和威权政体的复归提供了深厚的社会土壤。“在包围着我们的民众的狂怒中，人民已经觉醒，他们越来越清楚自己的不满，而被主流大媒体贬斥为危险的转向的东西，其实就是强势回归、重新进入画面中来的阶级斗争。”[②]纵观当今世界政坛，强人政治并不少见。特朗普、普京、莫迪、杜特尔特、埃尔多安等都是代表性人物。他们虽然背景不同、形象各异，但都善于借助本国的民族主义和民粹主义力量，甚至不惜采取激进立场和动用极端手段。

从另一个角度来看，民粹主义与民族主义的上升与合流，标志着美国传统价值观遭到严重的冲击，美式民主政治面临空前的挑战，本已乱象横生的政治极化更会雪上加霜。而且，从目前的发展趋势来看，全球化进程、移民浪潮、不平等趋势等重要变量短期内不会有太大的变化，这也意味着民粹主义与民族主义的发展还有较大的上升空间，其后果和影响还有待时间来检验。

三、世界主义与身份主义的耦合与紧张

20世纪90年代初，全球政治发生了两个大的结构性变化：一是随着东欧剧变、苏联解体、冷战结束，美国一家独大的单极体系从理想成为现实；二是全球化进程持续加速，全球共识不断深化，地球村和世界公民观念流行，地区间合作普遍开展，超民族国家共同体的设想从理论成为可能。这两大变化，极大地刺激了美国世界主义思潮的形成和发展。然而，这一极具进步主义色彩的发展态势对美国传统政治理念甚至政治制度构成了重大的冲击和挑战。

首先，在界定自己与国家的关系时，美国人一直秉承“we the people”（我们人民）的想象，这既是一种共和理念，也是一种公民美德。无论是在殖民地时代，还是独立战争前后，抑或宪政论辩期间，对于酝酿和首倡“我们人民”的建国者们来说，“人民”自然是指北美人民，北美之外的其他人并未被包括

① 王缉思：《世界政治潮流与美国的历史作用》，《世界政治研究》2018年第2期。
② [德]海因里希·盖瑟尔伯格：《我们时代的精神状况》，孙柏等译，上海人民出版社2018年版，第293页。

在内。显然，这与世界主义者眼中宽泛的“我们人民”不可同日而语。正如安德森所说：“没有任何一个民族会把自己想象为等同于全人类。”①

其次，美国是当代宪政国家的典型，美式宪政以宪法为规则和框架，制约公权，保障私利，努力维持统一的联邦权与自治的州权之间的微妙平衡，但美国政府的权力一旦越过边界，涉及其他国家乃至全球事务时，以何为据、以何为界就成了一个复杂的问题。温和的世界主义者试图建构一个基于共识之上的普适性宪法，为世界各国所遵守，激进的世界主义者则希望树立一整套以美国宪法为基础的法律和制度体系，向世界各地推广。无论是哪种方案，美式宪政的传统框架势必要被打破。

再次，在传统政治中，“美国是美国人的美国”，美国人选举自己的总统，美国总统决定美国的事务。但进入世界主义时代，无论是“世界的美国”，还是“美国的世界”，都对传统政治提出了挑战。虽然美国人仍在选举自己的总统，但美国总统决定的已经并不仅仅是美国的事务，美国总统的决定影响的更不仅限于美国人民。问题随之而来：美国总统决定事务时究竟是遵循美国利益至上还是全球利益至上原则？按照公共选择学派的“经济人假设”分析，自然是美国利益至上，而一旦美国利益至上，那美国还是“世界的美国”吗？

最后，也最致命的是，世界主义不仅没有带给多数人所预期的幸福和美好，反而使得全球经济危机暗流涌动，移民潮和难民潮连绵不绝，全球不平等愈演愈烈。尤其是随着以中国、印度为代表的新兴发展中国家的群体性崛起，以美国为首的发达国家在全球的影响力、话语权和既得利益下降明显。严峻的国际形势和国内政局迫使美国重新审视世界主义，全面反思全球化进程。反全球化或逆全球化思潮的出现，以及单边主义和国家主义的抬头，也就在情理之中了。于是，“新自由主义倡导的国际主义和自由市场，现在正被原始的保护主义和本土主义所取代”②。

---

①［美］本尼迪克特·安德森：《想象的共同体：民族主义的起源与散布》，吴叡人译，上海人民出版社 2016 年版，第 7 页。

②［美］约瑟夫·斯蒂格利茨：《美国真相》，刘斌等译，机械工业出版社 2020 年版，第 237 页。

由此看来，作为政治理想的世界主义，想象起来极美好，但实践起来却又极艰难。对于世界主义的不同理解和不同态度，不仅导致了民主党与共和党的对立，也加剧了建制派与非建制派的分裂。与陷入困境的世界主义形成鲜明对比的是美国国内身份主义的崛起。世界主义与身份主义看似关联甚微，实则紧密相关。战后世界主义的流行，为当代身份主义的出现提供了地理空间和物质条件；进入 21 世纪，世界主义引发的移民潮、经济不平等、民粹情绪等则是刺激身份政治崛起的重要因素。如果说世界主义是进步主义向外扩张的全球梦想，身份主义则是保守主义向内收缩的部落情结。

人生而自由，但却无往不在各种身份之中。传统政治中，身份属性往往由主流的、强势的和大规模的社会身份来承载，国家、民族、宗教甚至性别都属于这种宽泛意义上的身份。20 世纪 80 年代后，在民主化、全球化、左派运动和多元文化主义等社会思潮的裹挟下，身份属性更倾向于借助非主流、弱势、少数群体来表达。

自启蒙时代以来，个人主义的生长与扩张一直是现代社会的核心特征。独立、自主的个人突破传统的宗教阴影、社会羁绊和伦理束缚，个体价值和尊严的维护、个人选择和判断的彰显，成为政治思考、制度设计和社会理想的出发点与归宿。而这一切又反过来强化了个体的过度自信和个人价值的极端抬升。传统的秩序观念、宗教信仰和伦理规范饱受冲击，不断被瓦解，个人至上主义、极端利己主义获得了较大的生长空间。“以个人主义为内核、以个体和私人为表征、以情感关联和文化认同为轴心，围绕各式各样的身份属性而形成的群体、组织和网络最终浮出水面，这就是身份政治的原初形态。”[①] 不断扩张的个人主义成为当代身份政治不断崛起的主体因素和价值根基。

自 20 世纪 80 年代以来，不断加速的全球化进程是理解当代欧美社会变革的重要因素。全球化带来了世界范围内商品、资本和劳动力的自由流动，民族、国家和地域的传统壁垒被打破，社会生活的各个维度的趋同性不断加强。人们开始拥有更多接触更广泛领域的各色群体的机会，自然也就会意识

① 庞金友、洪丹丹:《大变局时代的身份政治与西方民主政治危机》,《行政论坛》2019 年第 5 期。

到自身与他者的差异，这种差异性反过来又加强了人们对自身的理解和认识。人们往往需要借助身份来呈现自己、推销自己，也需要借助身份来认识他人、界定他人。每个人都有不同的身份，需要在不同的身份中不断转换，身份属性成了现代人的内在特征和基本属性。全球化也促使各生产要素不断向优越的地区集聚，引发移民大潮的定向迁移，这就不可避免地加剧了生产要素集中地与移民迁入国生活空间的挤压、就业机会的竞争、社会福利的分享和大众文化的冲突，进而引发外来移民与本地居民之间的矛盾和冲突。在世界经济持续上行、国内经济稳定发展的良好形势下，这些矛盾和冲突是可以理解的，也是能被多数人所接受的。但一旦全球经济危机爆发，国内经济停滞不前，这些矛盾和冲突就会被激化，民众的愤怒就可能指向特定的人群、特定的文化或特定的国家。

从社会运动的角度，身份政治源自左翼阵营反思和批判主流文化的街头政治。20 世纪 60 年代陆续整合民权运动、黑人运动和女权运动后，左翼运动主要针对的对象是精英、白人和男性群体，斗争手段是通过强调自身的差异性来反抗并拒绝压迫和剥削，其目标已不仅仅是争取平等的公民权利，而且是引领文化和主导社会的主流权利。20 世纪 80 年代后，随着权利运动的不断胜利，以反思、批判和解构为特征的左翼批判不断衰落，身份政治成了左翼精英人物表达政治主张和文化诉求的“表演政治”，“政治正确”一度是身份政治的强大武器。进入 21 世纪后，全球经济形势发生了较大的变化，席卷而来的移民浪潮、持续恶化的就业环境、不断加剧的不平等浪潮，直接或间接地侵占和挤压了白人中产阶级的生活空间与就业机会，他们压力倍增，感到失落、不满和愤怒。尤其是生活在农业州和“铁锈地带”的白人群体，他们向来以美国传统的共同缔造者、美国精神的践行者自居，真诚地相信正是他们这些定居者坚持不懈的努力，才让美国成为世界的“山巅之城”、全球的灯塔。以定居者的身份冷眼旁观咄咄逼人的外来移民，再加上自身经济社会环境和生存空间的不断恶化，白人群体的身份认同被唤醒，“受害者情结”被激发，进而形成了一种独特的“回应性身份政治”。结果是“身份政治不再是一个边缘对中心的反抗政治，而是变成了两个自感于同处边缘的文化族群的对抗政治”[①]。

身份政治对民主政治构成了实质的冲击和挑战。原本应以广大民众利益为根、以共识政治为本的民主政治，沦落为追求狭隘的族群利益、特定的身份属性的部落政治。民主政治被拆解为支离破碎的部落主义，民主的精神和宗旨自然荡然无存。在福山看来，身份政治是当前美国民主政治危机的根源，“共和党正成为白人政党，民主党正成为少数人群政党。如果这一进程继续下去，身份将完全取代经济意识形态，成为美国政治的核心分歧，这个结果将很不利于美国政治”[②]。

公民身份是传统政治的基石，但在世界主义和身份主义的双重夹击下，公民身份正遭遇前所未有的困境：向外扩张的世界主义拓展了公民身份的活动空间，却稀释了公民身份的精神内核；向内萎缩的身份主义强化了少数族群的身份认同，却瓦解了公民身份的基本架构。越来越多的人开始意识到，世界公民的耀眼光环无法掩盖宽泛政治共同体身份的大而无当，族群身份的骄傲自豪同样无法遮蔽国家认同和公民身份的分崩离析。

美国的公民政治向何处去，如何定位和安放公民身份，未来美国是展开双臂拥抱更广阔的世界主义，还是亦步亦趋回归更纯粹的美国主义，是给予外来移民、同性恋群体、BLM 成员更多的权益和关爱，还是关注白人蓝领、推崇白人至上主义、复兴盎格鲁-撒克逊新教传统，是民主党与共和党的根本性分歧所在。特朗普执政期间，强调美国优先，推行单边主义，高调“退群”，建边境墙，限制移民，奉行白人至上原则。而拜登在上任当天就通过签署 17 项行政命令“拨乱反正”，其中 9 项直接推翻了特朗普的行政措施，包括美国重返《巴黎协定》及世界卫生组织、停止修筑美墨边境墙、撤销美国针对主要伊斯兰国家采取的极具争议的旅行禁令等，其力度之大、行事之果断，较特朗普有过之而无不及。与特朗普赤裸裸地鼓吹“美国优先”和极端单边主义不同，拜登上任以来发表的讲话和签署的行政命令，都清晰释放出拜登政府

① 孔元：《身份政治、文明冲突与美国的分裂》，《中国图书评论》2017 年第 12 期。

② Francis Fukuyama, Against Identity Politics: The New Tribalism and the Crisis of Democracy, *Foreign Affairs*, Vol.97, No.5, 2018.

将积极参与国际和地区事务，包括重返国际机构组织、参加国际会议的信息。其意图显而易见，那就是想方设法重新抢夺美国的国际领导地位，修复被特朗普搞砸搞糟的美国国际形象。

四、后特朗普时代政治思潮的可能走势

首先，分裂与极化仍是主旋律。从愈演愈烈的经济极化到乱局横生的政治极化，从持续升级的文化极化到危机四伏的社会极化，一股强大的极化力量正在缓慢而无情地撕扯着美国的民主政治。如何解决贫富差距、处理移民问题、缓解种族情绪、回应民主危机、破解身份焦虑，既是美国学界的论争焦点，也是美国未来政治的重心所在，更是各种政治思潮正在面对并试图解决的核心问题。对此，无论是自由主义和保守主义等主流思潮，还是民族主义和世界主义等传统思潮，抑或是民粹主义和身份主义等新兴思潮，都有着不同的理解，都试图提供自己的解决方案。它们无法说服别人，更无法在一个极化的时代达成基本的政治共识。美国虽然暂时放弃了特朗普路线，但拜登的替代性方案无论以何种面孔出现，以何种策略推行，在短期内都不可能从根本上解决美国社会所面临的诸如经济不平等、移民浪潮、民粹情绪、种族意识等深层矛盾。而对于这些基本矛盾的解决，各政治思潮之间、政治思潮的各派别之间存在着较大的分歧。这是一个被撕裂的时代，极化和分裂已成常态，协调和共识渐成奢望。任何一方的提议，都会遭到其他方的坚决反对；任何一方的努力，都会被其他方视为虎视眈眈。美国大选改变不了美国政治的大气候和大氛围，极化的趋势与裂化的格局短期内不仅无法摆脱，甚至有加剧的可能。

其次，微调和转向在所难免。从保守主义的角度看，四年前特朗普的意外当选，证明了激进自由派和白左路线渐失人心，广大民众希望再次看到美国的伟大和辉煌；从自由主义的角度看，四年后特朗普连任的失败，反衬出右翼民粹主义和激进保守主义难当重任，激进路线与极端立场未能破解美国的颓势和窘境。动机再积极，愿景再美好，都无法替代民意所指和人心所向。

对于拜登政府来说，撤销特朗普政府的极端决定，纠正特朗普主义的激进路线，消除特朗普政策的负面影响，是其首要任务；重返国际社会，修复盟友关系，改变防疫策略，恢复经济发展，缓解就业压力，提升福利水平，乃美国的当务之急。这些政策得以推行并产生较好的实效，可对美国政治思潮的发展产生持久的影响。遭遇保守主义短暂而有力阻击的自由主义迎来一个更广阔的发展空间和更乐观的发展契机，毕竟拜登对于外来移民、同性恋群体和有色人种的态度要比特朗普友善和宽容得多。无论从哪个角度考虑，身份政治都是未来较长一段时间影响美国政治发展和变迁的重要因素。

再次，现实政治仍是最关键的变量。特朗普上任后，虽然在国内事务上东挡西杀、上下纵横，但其贸易战略、移民政策和减税法案引发了较大争议，经济不平等以及由此引发的社会不平等现象未得到有效缓解，导致美国民众怨声载道；在外交政策上，特朗普政府态度强硬、独断任性，不断挑战现行体制和既有规则，退群不停，毁约不断，引起国际社会普遍不满，全球声望和国际影响力迅速下跌，全球灯塔光环褪色。在斯蒂格利茨看来，对内缓解贫富差距、政治极化和社会分裂趋势，对外改革世界贸易组织，调整国际贸易议程，以更人性化的态度对待全球化，是当前美国内政外交的重中之重。[①]

最后，部分极端思潮可能有所抬头。一是种族主义。种族主义是困扰美国政治的顽疾，历史悠久且根深蒂固。从弗洛伊德事件可以看出，这块余毒仍在。如果不能很好地解决种族不平等、福利和文化权利等问题，类似的事件仍会发生。在美国政治的语境中，种族主义又往往与民族主义、民粹主义相互纠缠，必须予以格外关注。二是法西斯主义。广泛意义上的法西斯主义是指主张拥有绝对权力、极力宣扬带有侵略性的民族主义和种族主义的思潮。2016 年特朗普当选时，左右两翼批评者都曾发出美国可能出现法西斯主义的警告。2021 年 1 月 6 日，美国国会参众两院举行联席会议认证美国大选结果的当天，国会遭遇暴力冲击，有美媒评论说，这是法西斯主义的复燃。从某种

① [美]约瑟夫·斯蒂格利茨:《美国真相》,刘斌等译,机械工业出版社 2020 年版,第 243～244 页;[美]约瑟夫·斯蒂格利茨:《全球化逆潮》,李杨等译,机械工业出版社 2019 年版,第 303～310 页。

程度上看，冲击国会大厦标志着美国极右翼完成了一次历史性的重组。是否冲击国会，以及冲击国会后所遭遇的打压和制裁，将导致美国极右翼阵营发生重大的分裂，建制派与反建制派从此将分道扬镳。这也可能成为后特朗普时代政治运动的雏形和模式。一部分曾经的体制捍卫者，正式成为议会外的法西斯主义者。对于美国政治的未来发展，这可能是最危险的一个动向。三是部落主义。部落主义是身份主义的过度扩张，是身份政治的极端取向。与种族主义和法西斯主义相比，它表面上看危险性不大，但对政治共同体、国家认同和公民身份都构成了重要挑战甚至致命威胁。部落主义是一种极端的个人主义，它把个体利益和个人诉求推向极致，完全无视公共利益和基本善，与一盘散沙的原子主义异曲同工，对于民主社会和共识政治后患无穷，必须给予高度重视。四是威权主义。若有大乱，则需大治。一个缺乏共识，贫富差距严重，高度碎片化、原子化和部落化的政治共同体，在民粹情绪和民族情感的感召下，往往会将民族振兴和国家繁荣的希望寄托于强人政治。但政治强人一旦被选举出来，却可能渐渐关闭政治的竞争赛道，让选举政治和代议体制饱受侵蚀和损害，甚至有走上威权政治的危险。不仅如此，“自 2016 年大选以来政论家开始关注特朗普威权主义倾向可能带来的威胁。他们的担忧合情合理，但却忽略了一点，那就是共和党此前漫长的转变过程给特朗普的崛起和统治提供了土壤”[①]。

分歧、分化与分裂，是 2020 年美国大选留给世人的直观印象，其实也是当前美国政治生态的真实写照。作为政治发展的折射和回应，美国政治思潮会发生什么变化，我们只能拭目以待。

① [美]雅各布·哈克、保罗·皮尔森:《推特治国：美国的财阀统治与极端不平等》,法意译,当代世界出版社,2020 年版,第 186 页。

参考文献

中文专著

1. 常士訚主编：《异中求和：当代西方多元文化主义政治思想研究》，人民出版社 2009 版。

2. 黄安年：《当代美国的社会保障政策》，中国社会科学出版社 1998 年版。

3. 刘军宁等编：《直接民主与间接民主》，生活·读书·新知三联书店 1998 年版。

4. 王沪宁：《美国反对美国》，上海文艺出版社，1991 年版。

5. 王希：《原则与妥协：美国宪法的精神与实践》（增订版），北京大学出版社 2014 年版。

6. 王正绪、耿曙、唐世平主编：《比较政治学》，复旦大学出版社 2021 年版。

7. 阎学通：《历史的惯性：未来十年的中国与世界》，中信出版社 2013 年版。

8. 周琪主编：《意识形态与美国外交》，上海人民出版社 2006 年版。

9. 资中筠：《冷眼向洋：百年风云启示录》（上），生活·读书·新知三联书店 2009 年版。

10. 资中筠主编：《战后美国外交史：从杜鲁门到里根》，世界知识出版社 1993 年版。

中文译著

1.［古希腊］亚里士多德：《政治学》，吴寿彭译，商务印书馆 1997 年版。

2.［古希腊］亚里士多德：《政治学》，颜一、秦典华译，中国人民大学出版社 2003 年版。

3.[法]孟德斯鸠:《论法的精神》,张雁深译,商务印书馆1961年版。

4.[美]汉密尔顿、杰伊、麦迪逊:《联邦党人文集》,程逢如等译,商务印书馆1980年版。

5.[美]华盛顿:《华盛顿选集》,聂崇信、吕德本、熊希龄译,商务印书馆1983年版,第239页。

6.[美]麦迪逊:《辩论:美国制宪会议记录》,尹宣译,辽宁教育出版社2003年版。

7.[德]黑格尔:《法哲学原理》,范扬、张企泰译,商务印书馆1961年版。

8.[英]约翰·密尔:《代议制政府》,汪瑄译,商务印书馆1997年版。

9.[英]约翰·密尔:《论自由》,许宝骙译,商务印书馆1959年版。

10.[英]C.赖特·米尔斯:《权力精英》,李子雯译,北京时代华文书局2017年版。

11.[英]C.W.沃特森:《多元文化主义》,叶兴艺译,吉林人民出版社2005版。

12.[德]阿克塞尔·霍耐特:《为承认而斗争》,胡继华译,上海人民出版社2005年版。

13.[美]阿林·弗莫雷斯科:《妥协:政治与哲学的历史》,启蒙编译所译,上海社会科学院出版社2016年版。

14.[印度]阿马蒂亚·森《身份与暴力:命运的幻象》,李风华等译,中国人民大学出版社2013年版。

15.[加]阿米塔·阿查亚:《美国世界秩序的终结》,袁正清、肖莹莹译,上海人民出版社2017年版。

16.[英]阿纳托尔·利文:《美国的正确与错误:民族主义视角》,孙晓坤译,中信出版集团2017年版。

17.[美]埃里克·方纳:《美国历史:理想与现实》(上册),王希译,商务印书馆2017年版。

18.[美]艾丽斯·M.杨:《正义与差异政治》,李诚予、刘靖子译,中国政法大学出版社2017年版。

19.［美］艾伦·布林克利：《美国史（1492—1997）》，邵旭东译，海南出版社 2009 年版。

20.［美］艾米·戈特曼、丹尼斯·汤普森：《妥协的精神》，启蒙编译所译，上海社会科学院出版社 2014 年版。

21.［英］安东尼·吉登斯：《现代性的后果》，田禾译，译林出版社 2000 年版。

22.［英］安东尼·吉登斯：《现代性与自我认同》，赵旭东、方文等译，生活·读书·新知三联书店 1998 年版。

23.［美］安东尼·唐斯：《民主的经济理论》，姚洋等译，上海人民出版社 2005 年版。

24.［美］安格斯·迪顿：《逃离不平等：健康、财富及不平等的起源》，崔传刚译，中信出版社 2014 年版。

25.［西班牙］奥尔特加·加塞特：《大众的反叛》，刘训练、佟德志译，山西人民出版社 2020 年版。

26.［瑞典］奥萨·维克福什：《另类事实：知识及其敌人》，汪思涵译，中信出版社 2021 年版。

27.［美］保罗·肯尼迪：《大国的兴衰：1500—2000 年的经济变迁与军事冲突》，陈景彪等译，北京国际文化出版公司 2006 年版。

28.［比］保罗·沃黑赫：《身份》，张朝霞译，花城出版社 2018 年版。

29.［美］本尼迪克特·安德森：《想象的共同体：民族主义的起源与散布》，吴叡人译，上海人民出版社 2016 年版。

30.［美］查尔斯·蒂利：《身份、边界与社会联系》，谢岳译，上海人民出版社 2021 年版。

31.［美］查尔斯·赖特·米尔斯：《权力精英》，王崑、许荣译，南京大学出版社 2004 年版。

32.［加拿大］查尔斯·泰勒：《世俗时代》，张容南等译，上海三联书店 2016 年版。

33.［美］戴维·M. 波特：《危机将至：内战前的美国，1848—1861》，高微茗译，中信出版社 2019 年版。

34.［英］戴维·赫尔德:《民主的模式》，燕继荣等译，中央编译出版社，1998 年版。

35.［美］戴维·马格赖比、保罗·莱特:《民治政府：美国政府与政治》，吴爱明、夏宏图编译，中国人民大学出版社 2014 年版。

36.［美］道格拉斯·史密斯:《民主之门：最高法院如何将“一人一票”制带到美国》，胡晓进、李丹译，上海社会科学院出版社 2017 年版。

37.［美］厄尔·怀松等:《新阶级社会：美国梦的终结？》，张海东等译，社会科学文献出版社 2019 年版。

38.［美］弗朗西斯·福山:《国家构建：21 世纪的国家治理与世界秩序》，黄胜强、许铭原译，中国社会科学出版社 2007 年版。

39.［美］弗朗西斯·福山:《身份政治：对尊严与认同的渴求》，刘芳译，中译出版社 2021 年版。

40.［美］弗朗西斯·福山:《政治秩序的起源——从前人类时代到法国大革命》，毛俊杰译，广西师范大学出版社 2014 年版。

41.［美］弗朗西斯·福山:《政治秩序和政治衰败：从工业革命到民主全球化》，毛俊杰译，广西师范大学出版社 2015 年版。

42.［美］格雷厄姆·艾莉森等编:《李光耀论中国与世界》，蒋宗强译，中信出版社 2013 年版。

43.［德］哈贝马斯:《在事实与规范之间》，童世骏译，生活·读书·新知三联书店 2003 年版。

44.［美］哈罗德·伊罗生:《群氓之族：群体认同与政治变迁》，邓伯宸译，广西师范大学出版社 2015 年版。

45.［德］海因里希·盖瑟尔伯格:《我们时代的精神状况》，孙柏等译，上海人民出版社 2018 年版。

46.［英］霍恩比:《牛津高阶英汉双解词典》（第 9 版），商务印书馆 2018 年版。

47.［美］基思·佩恩:《断裂的阶梯》，李大白译，中信出版集团 2019 年版。

48.［意］加塔诺·莫斯卡：《统治阶级：政治科学原理》，贾鹤鹏译，译林出版社2002年版。

49.［美］贾雷德·戴蒙德：《剧变：人类社会与国家危机的转折点》，曾楚媛译，中信出版社2020年版。

50.［美］凯斯·R.桑斯坦：《信息乌托邦：众人如何生产知识》，毕竞悦译，法律出版社2008年版。

51.［美］凯斯·桑斯坦：《网络共和国：网络社会中的民主问题》，黄维明译，上海人民出版社2003年版。

52.［美］拉里·M.巴特尔斯：《不平等的民主：新镀金时代的政治经济学分析》，方卿译，上海人民出版社2021年版。

53.［美］劳伦斯·哈里森：《多元文化主义的终结》，王乐洋译，新华出版社2017年版。

54.［法］雷米·热内维等：《减少不平等：可持续发展的挑战》，潘革平译，社会科学文献出版社2014年版。

55.［美］理查德·C.西诺波利：《美国公民身份的基础：自由主义、宪法与公民美德》，张晓燕译，复旦大学出版社2019年版。

56.［美］理查德·佛罗里达：《新城市危机：不平等与正在消失的中产阶级》，吴楠译，中信出版集团2019年版。

57.［美］理查德·霍夫施塔特：《美国生活中的反智主义》，陈欣言译，九州出版社2021年版。

58.［美］列奥·施特劳斯：《回归古典政治哲学——施特劳斯通信集》，朱雁冰、何鸿藻译，华夏出版社2006年版。

59.［美］列奥·施特劳斯：《自然权利与历史》，彭刚译，生活·读书·新知三联书店2006年版。

60.［奥地利］露丝·沃达克：《恐惧的政治：欧洲右翼民粹主义话语分析》，杨敏等译，格致出版社2020年版。

61.［美］罗伯特·达尔：《多元主义民主的困境：自治与控制》，尤正明译，求与实出版社1989年版。

62.［美］罗伯特·帕特南：《使民主运转起来——现代意大利的公民传统》，王列、赖海榕译，江西人民出版社 2001 年版。

63.［美］罗伯特·达尔：《多头政体：参与和反对》，谭君久、刘惠荣译，谭君久校，商务印书馆 2003 年版。

64.［美］罗伯特·A.达尔：《论政治平等》，谢岳译，上海人民出版社 2014 年版。

65.［美］罗伯特·达尔：《民主理论的前言》，顾昕等译，生活·读书·新知三联书店 1999 年版。

66.［美］罗伯特·戈登：《美国增长的起落》，张林山、刘现伟、孙凤仪译，银温泉校，中信出版集团 2018 年版。

67.［美］罗伯特·帕特南：《独自打保龄：美国社区的衰落与乡复兴》，刘波等译，中国政法大学出版社 2018 年版。

68.［美］罗伯特·帕特南：《我们的孩子》，田雷、宋昕译，中国政法大学出版社 2017 年版。

69.［美］罗杰·H.戴维森等：《美国国会：代议政治与议员行为》，刁大明译，社会科学文献出版社 2016 年版。

70.［美］罗纳德·英格尔哈特：《现代化与后现代化：43 个国家的文化、经济与政治变迁》，严挺译，祁玲玲校，社会科学文献出版社 2013 年版。

71.［英］罗素：《权力论》，靳建国译，东方出版社 1988 年版。

72.［美］马克·凯赛尔曼、乔尔·克里格：《转型中的欧洲政治》，史志钦等译，人民出版社 2016 年版。

73.［美］马克·吐温、查尔斯·沃纳：《镀金时代》，春燕译，内蒙古人民出版社 2010 年版。

74.［德］马克斯·韦伯：《新教伦理与资本主义精神》，于晓、陈维纲译，上海三联书店 1987 年版。

75.［美］马莎·L.科塔姆等：《政治心理学》，胡勇、陈刚译，中国人民大学出版社 2013 年版。

76.［美］马修·德雷南：《不平等的收入》，韩复龄译，机械工业出版社

2017 年版。

77.［英］迈克尔·马尔莫:《健康鸿沟：来自不平等世界的挑战》，俞敏译，人民日报出版社 2019 年版。

78.［美］迈克尔·桑德尔:《精英的傲慢：好的社会该如何定义成功》，曾纪茂译，朱慧玲审校，中信出版社 2021 年版。

79.［美］米尔顿·弗里德曼、安娜·施瓦茨:《美国货币史》，巴曙松、王劲松等译，巴曙松、牛播坤等校，北京大学出版社 2009 年版。

80.［美］米凯莱·阿拉塞维奇、安娜·索奇:《不平等简史》，罗海蓉等译，上海社会科学出版社 2018 年版。

81.［意］尼科洛·马基雅维里:《论李维》，冯克利译，上海人民出版社 2012 年版。

82.［美］诺兰·麦卡蒂、基思·普尔、霍华德·罗森塔尔《政治泡沫——金融危机与美国民主制度的挫折》，贾拥民译，华夏出版社 2017 年版。

83.［美］乔万尼·萨托利:《民主新论》（下卷），冯克利、阎克文译，上海人民出版社 2015 年版。

84.［英］乔治·奥威尔:《狮子与独角兽》，董乐山等译，北京燕山出版社 2015 年版。

85.［法］热拉尔·迪梅尼尔、多米尼克·莱维:《大分化：正在走向终结的新自由主义》，陈杰译，商务印书馆 2015 年版。

86.［法］热拉尔·迪梅尼尔、多米尼克·莱维:《新自由主义的危机》，魏怡译，言予馨审校，商务印书馆 2015 年版。

87.［意］G. 萨托利:《政党与政党体制》，王明进译，商务印书馆 2006 年版。

88.［美］塞缪尔·P. 亨廷顿:《变化社会中的政治秩序》，王冠华、刘为等译，上海人民出版社 2008 年版。

89.［美］塞缪尔·P. 亨廷顿:《第三波：20 世纪后期的民主化浪潮》，欧阳景根译，中国人民大学出版社 2013 年版。

90.［美］塞缪尔·P. 亨廷顿:《美国政治：激荡于理想与现实之间》，先萌奇、景伟明译，新华出版社 2016 年版。

91.［美］塞缪尔·P. 亨廷顿：《谁是美国人？美国国民特性面临的挑战》，程克雄译，新华出版社 2010 版。

92.［美］塞缪尔·P. 亨廷顿：《失衡的承诺》，周端译，东方出版社 2005 年版。

93.［丹麦］施蒂格·夏瓦：《文化与社会的媒介化》，刘君等译，复旦大学出版社 2018 年版。

94.［美］史蒂夫·福布斯、伊丽莎白·艾姆斯：《重铸美国自由市场的灵魂》，段国圣译，华夏出版社 2017 年版。

95.［美］斯蒂芬·斯科夫罗内克：《总统政治：从约翰·亚当斯到比尔·克林顿的领导艺术》，黄云等译，新华出版社 2003 年版。

96.［美］斯坦利·L. 恩格尔曼、罗伯特·E. 高尔曼：《剑桥美国经济史（第二卷）：漫长的 19 世纪》，高德步、王珏总译校，王珏、李淑清本卷主译，中国人民大学出版社 2008 年版。

97.［法］苏珊·乔治：《思想的锁链：宗教与世俗右翼如何改变美国人的思维》，蓝胤淇译，商务印书馆 2016 年版。

98.［美］汤姆·尼科尔斯：《专家之死：反智主义的盛行及其影响》，舒琦译，中信出版社 2019 年版。

99.［美］唐·沃特金斯、亚龙·布鲁克：《平等不公正：美国被误导的收入不平等斗争》，启蒙编译所译，上海社会科学院出版社 2019 年版。

100.［法］托克维尔：《论美国的民主》，董果良译，商务印书馆 1988 年版。

101.［美］托马斯·戴伊、哈蒙·齐格勒、路易斯·舒伯特：《民主的反讽：美国精英政治是如何运作的》，林朝晖译，新华出版社 2015 年版。

102.［法］托马斯·皮凯蒂：《21 世纪资本论》，中信出版社 2014 年版。

103.［法］托马斯·皮凯蒂：《不平等经济学》，赵永升译，中国人民大学出版社 2016 年版。

104.［美］托马斯·斯坎伦：《为什么不平等至关重要》，陆鹏杰译，张容南校，中信出版集团 2019 年版。

105.［美］威廉·A. 盖尔斯敦：《自由多元主义》，佟德志、庞金友译，江苏人民出版社 2005 年版。

106. [美] 威廉 · J.本内特:《美国通史》(下),刘军等译,江西人民出版社 2009 年版。

107. [美] 威廉 · 多姆霍夫:《当今谁统治美国? ——八十年代的看法》,沈泽芬、郑须弥译,中国对外翻译出版公司 1985 年版。

108. [美] 威廉 · 曼彻斯特:《1932—1972 年美国实录(光荣与梦想)》(第 4 卷),四川外国语大学翻译学院翻译组译,中信出版社 2015 年版。

109. [美] 沃尔特 · 李普曼:《公共舆论》,阎克文、江红译,上海人民出版社 2006 年版。

110. [美] 沃尔特 · 沙伊德尔:《不平等社会:从石器时代到 21 世纪,人类如何应对不平等》,颜鹏飞等译,中信出版集团 2019 年版。

111. [美] 西蒙 · 马丁 · 李普塞特:《政治人——政治的社会基础》,郭为桂、林娜译,江苏人民出版社 2013 年版。

112. [美] 希尔斯:《知识分子与当权者》,傅铿等译,台北桂冠图书股份有限公司 2004 年版。

113. [美] 小瓦尔迪默 · 奥兰多 · 基:《政治、政党与压力集团》(下),周艳辉、陈家刚译,浙江人民出版社 2021 年版。

114. [美] 小约瑟夫 · S.奈、菲利普 · D.泽利科、戴维 · C.金编:《人们为什么不信任政府》,朱芳芳译,商务印书馆 2015 年版。

115. [美] 雅各布 · S.哈克、保罗 · 皮尔森:《赢者通吃的政治》,陈方仁译,上海人民出版社 2015 年版。

116. [美] 雅各布 · 哈克、保罗 · 皮尔森:《推特治国:美国的财阀统治与极端不平等》,法意译,当代世界出版社 2020 年版。

117. [德] 扬-维尔纳 · 米勒:《什么是民粹主义? 》,钱静远译,译林出版社 2020 年版。

118. [美] 约翰 · 菲尔林:《美利坚是怎样炼成的:杰斐逊与汉密尔顿》,王晓平等译,商务印书馆 2015 年版。

119. [美] 约瑟夫 · 奈:《美国世纪结束了吗? 》,邵杜罔译,北京联合出版公司2016年版。

120.［美］约瑟夫·E.斯蒂格里茨:《不平等的代价》,张子源译,机械工业出版社2019年版。

121.［美］约瑟夫·E.斯蒂格里茨:《巨大的鸿沟》,蔡笑译,机械工业出版社2017年版。

122.［美］约瑟夫·斯蒂格利茨:《美国真相》,刘斌等译,机械工业出版社2020年版。

123.［美］约瑟夫·熊彼特:《资本主义、社会主义与民主》,吴良健译,商务印书馆1999年版。

英文专著

1. Gutmann, D. Thompson, *The Spirit of Compromise: Why Governing Demands It and Campaign Undermines It*, Princeton University Press, 2012.

2. Margalit, *On Compromise and Rotten Compromises*, Princeton University Press, 2010.

3. Adam Przeworski, *Democracy and Development: Political Institutions and Well–Being in the World, 1950–1990*, Cambridge University Press, 2000.

4. Advisory Commission on Intergovernmental Relations(ACIR), *Regional Growth: Historic Perspective*, ACIR, 1980.

5. Alan I. Abramowitz, *The Disappearing Center: Engaged Citizens*, Polarization, *and American Democracy*, Yale University Press, 2010.

6. Alan I. Abramowitz, *The Great Alignment: Race, Party Transformation, and the Rise of Donald Trump*, Yale University Press, 2018.

7. Alan Wolfe, *One Nation, after All, What Middle–Class Americans Really Think about*, Penguin Books, 1998.

8. Alex Keena, *Gerrymandering the States*, Cambridge University Press, 2021.

9. Alexander Bloom, *Prodigal Sons: the New York Intellectuals & Their World*,

Oxford University Press, 1986.

10. Alexiade Tocqueville, *Democracy in America*, Penguin Books, 2003.

11. Alvin J. Schmidt, *The Menace of Multiculturalism:Trojan Horse in America*, Praeger, 1997.

12. Amy Gutmann, *Identity in Democracy*, Princeton University Press, 2003.

13. Andrew Gelman et al., *Red State, Blue State, Rich State, Poor State*, Princeton University Press, 2008.

14. Andrew Gelmanetal, *Red State, Blue State, Rich State, Poor State: Why Americans Vote the Way They Do*, Princeton University Press, 2008.

15. Andrew Heywood, *Politics*, Palgrave Macmillan, 2007.

16. Angus Campbell et al., *The American Voter*, University of Chicago Press, 1960.

17. Anthony Downs, *An Economic Theory of Democracy*, Harper, 1957.

18. Arthur M. Schlesinger Jr., *The Disuniting of America:Reflections on a Multicultural Society*, W W Norton&Company, 1998.

19. Arthur Paulson, *Electoral Realignment and the Outlook for American Democracy*, Northeastern University Press, 2007.

20. Austin Allen, *Origins of the Dred Scott Case:Jacksonian Jurisprudence and the Supreme Court, 1837–1857*, University of Georgia Press, 2010.

21. Avigail Eisenberg, Will Kymlicka (eds.), *Identity Politics in the Public Realm*, UBC Press, 2011.

22. Barbara F. Walter, *How Civil Wars Start:And How to Stop Them*, Penguin Random House LLC, 2022.

23. Barbara Sinclair, *Party Wars:Polarization and the Politics of National Policy Making*, University of Oklahoma Press, 2006.

24. Barbara Sinclair, *Unorthodox Lawmaking:New Legislative Processes in the U.S. Congress*, CQ Press, 2000.

25. Bat Ye'or, Eurabia: *The Euro–Arab Axis*, Vancouver: Fairleigh Dickinson

University Press, 2005.

26. Benjamin I. Page, Martin Gilens, *Democracy in America? What Has Gone Wrong and What We Can Do About It*, University of Chicago Press, 2017.

27. Bernard Manin, *The Principles of Representative Government*, Cambridge University Press, 1997.

28. Bernard Weinstein, Robert Firestine, *Regional Growth and Decline in the United States*, Praeger, 1978.

29. Bill Bishop, Robert G. Cushing, *The Big Sort: Why the Clustering of Like-Minded America Is Tearing Us Apart*, Mariner Books, 2009.

30. Bill Ong Hing, *To Be An American: Cultural Pluralism and the Rhetoric of Assimilation*, NewYork University Press, 1997.

31. Bishop B., *The Big Sort: Why The Clustering of Like–minded America is Tearing Us Apart*, Mariner Books, 2008.

32. Braidotti R., *The posthuman*, *Malden*, Polity Press, 2013.

33. Carll Ladd, *American Political Parties: Social Change and Political Response*, W. W. Norton, 1970.

34. Cas Mudde, *On Extremism and Democracy in Europe*, Routledge, 2017.

35. Chantal Mouffe (ed.), *Dimensions of Radical Democracy: Pluralism, Citizenship, Community*, Verso, 1992.

36. Chantal Mouffe, *On the Political*, Routledge, 2005.

37. Chantal Mouffe, *The Return of the Political*, Verso, 1993.

38. Charles E. Lindblom, *Politics and Markets*, Basic Books, 1977.

39. Charles Tilly (ed.), *Citizenship, Identity and Social History*, Cambridge University Press, 1996.

40. Christopher H. Achen, Larry M. Bartels, *Democracy for Realists: Why Elections Do Not Produce Responsive Government*, Princeton University Press, 2017.

41. Colin Barker et al. (eds.), *Marxism and Social Movements*, Blackwell Publishing Ltd., 2013.

42. Colin Dueck, *The Obama Doctrine:American Grand Strategy Today*, Oxford University Press, 2015.

43. Connolly W., *Why I Am Not A Secularist*, University of Minnesota Press, 1999.

44. Dani Rodrik, *The Globalization Paradox:Democracy and the Future of the World Economy*, W. W. Norton, 2011.

45. Daniel Bell, *The End of Ideology:On the Exhaustion of Political Ideas in the Fifties*, FreePress, 1960.

46. Daniel J. Hopkins, *The Increasingly United States:How and Why American Political Behavior Nationalized*, University of Chicago Press, 2018.

47. Danielle M. Thomsen, *Opting Out of Congress:Partisan Polarization and the Decline of Moderate Candidates*, Cambridge University Press, 2017.

48. David A. Hopkins, *Red Fighting Blue:How Geography and Electoral Rules Polarize American Politics*, Cambridge University Press, 2017.

49. David A. Kaplan, *The Most Dangerous Branch:Inside the Supreme Court's Assault on the Constitution*, Crown, 2018.

50. David Burner, *The Politics of Provincialism:The Democratic Party in Transition, 1918–1932*, W. W. Norton, 1967.

51. David Harvey, *A Brief History of Neoliberalism*, Oxford University Press, 2005.

52. David R. Mayhew, *Divided We Govern:Party Control, Lawmaking, and Investigations, 1946–1990*, Yale University Press, 1991.

53. David Runciman, *How Democracy Ends*, Basic Books, 2018.

54. David W. Rohde, *Parties and Leaders in the Post Reform House*, The University of Chicago Press, 1991.

55. Dean J., *Affective Networks*, Media Tropes, 2010.

56. Derek W. Urwin, *The Community of Europe:A History of European Integration since 1945*, Routledge, 1994.

57. Doug McAdam, *Political Process and the Development of Black Insurgency: 1930–1970*, The University of Chicago Press, 1999.

58. Douglas A. Irwin, *Clashing over Commerce: A History of US Trade Policy*, University of Chicago Press, 2017.

59. E. E. Schattschneider, *The Semi–Sovereign People*, Holt, Rinehart, and Winston, 1960.

60. Earle Black, Merle Black, *Politics and Society in the South*, Harvard University Press, 1987.

61. Edmund Burke, *Select Works of Edmund Burke*, Liberty Fund, 1999.

62. Edward G. Carmines, James A. Stimson, *Issue Evolution: Race and the Transformation of American Politics*, Princeton University Press, 1989.

63. Elizabeth Drew, *Showdown: The Struggle Between the Gingrich Congress and the Clinton White House*, Simon and Schuster, 1996.

64. Elmer Eric Schattschneider, *Party Government*, Farrar and Rinehart Inc., 1942.

65. Eric Hobsbawm, *Age of Extremes: The Short Twentieth Century 1914–1991*, Abacus, 1995.

66. Erik H. Erikson, *Identity and the Life Cycle*, Norton & Company, 1980.

67. Erik J. Engstrom, *Partisan Gerrymandering and the Construction of American Democracy*, University of Michigan Press, 2016.

68. F. Wendt, *Compromise, Peace and Public Justification: Political Morality Beyond Justice*, Palgrave Macmillan, 2016.

69. Frances E. Lee, Nolan McCarty, *Can American Govern Itself*?, Cambridge University Press, 2019.

70. Frances Lee, *Beyond Ideology: Politics, Principles, and Partisanship in the U.S. Senate*, University of Chicago Press, 2009.

71. Francis Fukuyama, *Identity: The Demand for Dignity and the Politics of Resentment*, Farrar, Strausand Girouxm, 2018.

72. Francis Fukuyama, *Political Order and Political Decay:From the Industrial Revolution to the Globalization of Democracy*, Macmillan, 2014.

73. Francis Fukuyama, *The End of History and the Last Man*, Free Press, 1992.

74. Fred Shelly et al., *Political Geography of the United States*, Guilford Press, 1996.

75. Gabriel Almond, Sidney Verba, *The Civic Culture:Political Attitudes and Democracy in Five Nations*, Princeton University Press, 1972.

76. Gary W. Cox, Mathew D. McCubbins, *Setting the Agenda:Responsible Party Government in the U.S. House of Representatives*, Cambridge University Press, 2005.

77. George Crowder, *Liberalism and Value Pluralism*, Continuum, 2002.

78. George Thaye, *Who Shakes the Money Tree?*, Simon&Schuster, 1973.

79. George Tsebelis, *Veto Players:How Political Institutions Work*, Princeton University Press, 2002.

80. Gerald Gamm, *The Making of New Deal Democrats:Voting Behavior and Realignment in Boston, 1920–1940*, University of Chicago Press, 1986.

81. Gertrude Himmelfarb, *One Nation, Two Cultures*, Vintage Books, 1999.

82. Giovanni Sartori, *Parties and Party Systems:A Framework for Analysis*, Cambridge University Press, 1976.

83. Guito Bolaffied, *Dictionary of Race, Ethnicity and Culture*, SAGE Publications, 2003.

84. Hamilton, Jay & Madison, *The Federalist Papers*, Liberty Fund Inc., 2001.

85. Hannah Arendt, *The Portable Hannah Arendt*, Penguin Classic, 2000.

86. Hans J. Mol, *Identity and the Sacred:A Sketch for a New Social–Scientific Theory of Religion*, The Free Press, 1977.

87. Herbert J. Bass, George A. Billiasand & Emma J. Lapsansky, *Our American Heritage*, SilverBurdettCompany, 1978.

88. Herbert J. Storing, *What the Anti–Federalists Were For*, University of Chi-

cago Press, 1981.

89. Horace Kallen, *Democracy Versus the Melting Pot: A Study of American Nationality*, Brandeis University Press, 2012.

90. Howard P., *Is Social Media Killing Democracy?*, Oxford Internet Institute, 2016.

91. I. M. Destler, *American Trade Politics*, Institute for International Economics, 1992.

92. Illousz E., *Cold Intimacies: The Making of Emotional Capitalism*, Polity Press, 2007.

93. Iris Marion Young, *Justice and the Politics of Difference*, Princeton University Press, 1990.

94. Irving Kristol, *The Neoconservative Persuasion*, Basic Books, 2011.

95. James A.Thurber, *Rivals for Power: Presidential–Congressional Relations*, Rowman & Littlefield Publishers, 2017.

96. James D. Hunter, *Culture Wars: The Struggle to Define America*, Basic-Books, 1991.

97. James Davison Hunter, Alan Wolfe, *Is There a Culture War?*, Brookings Institution Press, 2006.

98. James E. Campbell, *Polarized: Making Sense of a Divided America*, Princeton University Press, 2016.

99. James Holt, *Congressional Insurgents and the Party System, 1909–1916*, Harvard University Press, 1967.

100. James L. Sundquist, *Dynamics of the Party System: Alignment and Realignment of Political Parties in the United States*, The Brookings Institution, 1983.

101. James Q. Wilson, John J. DiiulIo, Jr., Meena Bose & Matthew Levendusky, *American Government: Institutions and Policies*, Cengage, 2019.

102. Jeffrey M. Stonecash, Mark D. Brewer & Mack D. Mariani, *Diverging Parties: Social Change, Realignment, and Party Polarization*, Routledge, 2018.

103. Jerome M. Clubb, William H. Flanigan & Nancy H. Singale, *Partisan Realignment: Voters, Parties and Government in American History*, Westview Press, 1990.

104. Joel H. Silbey, *The American Political Nation, 1838–1893*, Stanford University Press, 1991, p.126.

105. John Agnew, *The United States in the World Economy: :A Regional Geography*, Cambridge University Press, 1987.

106. John H. Aldrich, *Why Parties?A Second Look*, University of Chicago Press, 2011.

107. John Locke, *The Second Treaties of Government (An Essay Concerning the True Original Extent and End of Civil Government) and a Letter Concerning Toleration*, Macmillan, 1956.

108. John Lukacs, *Democracy and Populism: Fear and Hatred*, Yale University Press, 2005

109. John Pinder, *The European Union: A Very Short Introduction*, Oxford University Press, 2001.

110. Jonathan Rothwell, *A Republic of Equals: A Manifesto for a Just Society*, Princeton University Press, 2019.

111. Joseph A. Aistrup, *The Southern Strategy Revisited: Republican Top-Down Advancement in the South*, University Press of Kentucky, 1996.

112. Joseph Nevins, Operation Gatekeper, *The Rise of the "Ilegal Alien" and the Remaking of the US–Mexico Boundary*, Routledge, 2002.

113. Joseph Raz, *Ethics in the Public Domain: Essays in the Morality of Law and Politics*, Clarendon, 1994.

114. Joseph Raz, *The Morality of Freedom*, Clarendon, 1986.

115. Kari A. Frederickson, *The Dixiecrat Revolt and the End of the Solid South: 1932–1968*, The University of North Carolina Press, 2001.

116. Kay Lehman Schlozman, Sidney Verba & Henry E. Brady, *The*

Unheavenly Chorus:Unequal Political Voice and the Broken Promise of American Democracy, Princeton University Press, 2012.

117. Keith T. Poole, Howard L. Rosenthal, *Ideology and Congress*, Transaction Publishers, 2011.

118. Keith T. Poole, Howard Rosenthal, *Congress:A Political–Economic History of Roll Call Voting*, Oxford University Press, 1997.

119. Kurt Weyland, *When Democracy Trumps Populism*, Cambridge University Press, 2019.

120. L. Sandy Maisel, Mark D. Brewer, *Parties and Elections in America:The Electoral Process*, Rowman & Littlefield, 2011.

121. L. Sandy Maisel, *American Political Parties and Elections:A Very Short Introduction*, Oxford University Press, 2007.

122. Laclau E., *On Populist Reason*, Verso, 2005.

123. Larry M. Bartels, *Unequal Democracy:The Political Economy of the New Gilded Age*, Russell Sage Foundation, 2008.

124. Larry M. Bartels, *Unequal Democracy:The Political Economy of the New Gilded Age*, Princeton University Press, 2016.

125. Lee Drutman, *Breaking the Two–Party Doom Loop:The Case for Multiparty Democracy in America*, Oxford University Press, 2020.

126. Leon Baradat, *Political Ideologies:Their Origins and Impact*, Pearson Education, 2009.

127. Lilliana Mason, *Uncivil Agreement:How Politics Became Our Identity*, University of Chicago Press, 2018.

128. Linda Martin Alcoff et al. (eds.), *Identity Politics Reconsidered*, Palgrave Macmillan, 2006.

129. Lloyd Rodwin, Hidehiko Sazanami (eds.), *Deindustrialization and Regional Economic Transformation:The Experiences of the United States*, Unwin Hyman, 1989.

130. Louis Hartz, *The Liberal Tradition in America*, Harcourt Brace Jovanovich, 1955.

131. Luca Tomini, *When Democracies Collapse*, Routledge, 2019.

132. Mansbridge, Cathie JoMartin (eds.), *Negotiating Agreement in Politics*, American Political Science Association, 2013.

133. Marc J. Hetherington, Thomas J. Rudolph, *Why Washington Won't Work: Polarization, Political Trust, and the Governing Crisis*, University of Chicago Press, 2015.

134. Marcus Paskin, *Liberalism: The Genius of American Ideals*, Rowman and Little Field, 2004.

135. Margret Thatcher, *Statecraft: Strategies for a Changing World: Strategies for A Changing World*, Harper and Collins, 2002.

136. Marjorie Randon Hershey, *Party Politics in America*, Longman, 2006.

137. Mark D. Brewer, Jeffrey M. Stonecash, *Dynamics of American Political Parties*, Cambridge University Press, 2009.

138. Mark D. Brewer, L. Sandy Maisel, *Parties and Elections in America: The Electoral Process*, Rowman & Littlefield Publishers, 2019.

139. Mark Lilla, *The Once and Future Liberal: After Identity Politics*, Harper Collins Publishers, 2017.

140. Matthew Levendusky, *The Partisan Sort: How Liberals Became Democrats and Conservatives Became Republicans*, University of Chicago Press.2009.

141. Max Farrand, *The Records of the Federal Convention of 1787*, Yale University Press, 1911.

142. Michael Barber, Nolan McCarty, *Causes and Consequences of Polarization*, Cambridge University Press, 2015.

143. Michael W. Hughey (ed.), *New Triblisms: The Resurgence of Raceand Ethnicity*, Macmillan Press Ltd., 1998.

144. Michel Maffesoli, *The Time of the Tribes: The Decline of Individualism in Mass Society*, SAGE Publications Ltd., 1996.

145. Mickey Edwards, *The Parties Versus the People: How to Turn Republicans and Democrats into Americans*, Yale University Press, 2012.

146. Milton M. Gordon, *Assimilation in American Life: The Role of Race, Religion and National Origins*, Oxford University Press, 1964.

147. Morris P. Fiorina, Samuel J. Abrams & Jeremy C. Pope, *Culture War? The Myth of A Polarized America, Third Edition*, Person Longman, 2011.

148. Morris P. Fiorina, *Unstable Majorities: Polarization, Party Sorting, and Political Stalemate*, Hoover Institution Press, 2017.

149. Morris P. Fiorinaetal., *Culture War: The Mythofa Polarized America*, Pearson Longman, 2005.

150. Nagle A., *Kill All Normies: Online Culture Wars from 4Chan and Tumblr to Trump and the Alt-Right*, Zero Books, 2017.

151. Nancy Fraser, *From Redistribution to Recognition? Dilemmas of Justice in a "Post-Socialist" Age//Anne Philipsed, Feminism and Politics*, Oxford University Press, 2009.

152. Nathan Glazer, *Ethnic Dilemmas1964–1982*, Harvard University Press, 1983.

153. Nathan Glazer, *We Are All Multiculturalists Now*, Harvard University Press, 1997.

154. Nelson W. Polsby, *How Congress Evolves: Social Bases of Institutional Change*, Oxford University Press, 2005.

155. Nick Kotz, *Judgment Days: Lyndon Baines Johnson, Martin Luther King, Jr., and the Laws that Changed America*, Houghton Mifflin Harcourt, 2005.

156. Nicol Rae, *Southern Democrats*, Oxford University Press, 1994.

157. Nicol Rae, *The Decline and Fall of the Liberal Republicans from 1952 to the Present*, Oxford University Press, 1989.

158. Nicole Mellow, *The State of Disunion:Regional Sources of Modern American Partisanship*, Johns HopkinsUniversity Press, 2008.

159. Nolan McCarty, Keith T. Poole & Howard Rosenthal, *Polarized America:The Dance of Ideology and Unequal Riches*, Massachusetts Institute of Technology Press, 2006.

160. Nolan McCarty, Keith T. Poole & Howard Rosenthal, *Polarized America:The Dance of Ideology and Unequal Riches*, The MIT Press, 2016.

161. Nolan McCarty, *Polarization:What Everyone Needs to Know*, Oxford University Press, 2019.

162. Paul Kennedy, *The Rise and Fall of the Great Powers*, Random House, 1987.

163. Paul Taggart, *Populism*, Open University Press, 2000.

164. Peter Francia et al., *The Financiers of Congressional Elections:Investors, Ideologues, and Intimates*, Columbia University Press.

165. Peter Woll, American Government, *Pearson Education*, 2010.

166. Phyllis Schlafly, *A Choice Not an Echo:The Inside Story of How American Presidents Are Chosen*, Pere Marquette, 1964.

167.Pietro S. Nivola, David W. Brady, *Red and Blue Nation? Characteristics and Causes of America' s Polarized Politics*, The Brookings Institution Press, 2006.

168. Pippa Norris, *Sarah Cameron and Thomas Wynter*, *Electoral Integrity in America*, Oxford University Press, 2019.

169. Raghuram G. Rajan, *Fault Lines:How Hidden Fractures Still Threaten the World Economy*, Princeton University Press, 2011.

170. Richard Bensel, *Sectionalism and American Political Development, 1889–1980*, University of Wisconsin Press, 1984.

171. Richard Hofstadter, *Social Darwinism in American Thought*, University of Pennsylvania Press, 1945.

172. Richard Hofstadter, *The Age of Reform:From Bryan to F.D.R.*, Alfred A.

Knopf, 1965.

173. Richard L.Hasen, *Election Meltdown: Dirty Tricks, Distrust, and the Threat to American Democracy*, Yale University Press, 2020.

174. Rick Perlstein, *Nixonland: The Rise of a President and the Fracturing of America*, Simon & Schuster, 2010.

175. Rick Perlstein, *The Invisible Bridge: The Fall of Nixon and the Rise of Reagan*, Simon & Schuster, 2015.

176. Robert B. Reich, *The System: Who Rigged It, How We Fix It*, Knopf, 2020.

177. Robert C. Lieberman, Suzanne Mettler & Kenneth M. Roberts, *Democratic Resilience: Can the United States Withstand Rising Polarization*?, Cambridge University Press, 2021.

178. Robert Dahl, *Pluralist Democracy in the United States*: Conflict and Consent, Rand McNally, 1968.

179. Robert Dahl, *Dilemmas of Pluralist Democracy*, Yale University Press, 1982.

180. Robert G. Liebman, Robert Wuthnow, *The New Christian Right*, Aldine Publishing Company, 1983.

181. Robert Putnam, *Bowling Alone: The Collapse and Revival of American Community*, Simon and Schuster, 2000.

182. Roger H. Davidson, Walter J. Oleszek & Frances E. Lee, *Congress and Its Members*, CQ Press, 2008.

183. Ronald Brownstein, *The Second Civil War: How Extreme Partisanship Has Paralyzed Washington and Polarized America*, Penguin Books, 2007.

184. Ronald Inglehart, *Modernization and Post-modernization: Cultural, Economic, and Political Change in 43 Societies*, Princeton University Press, 1997.

185. Rosenof, *Realignment: The Theory that Changed the Way We Think about American Politics*, Rowman & Littlefield Publishers, 2003.

186. Russell Kirk, *The Conservative Mind: Burke to Eliot*, Regnery Publishing,

2001.

187. S. Hall et al. (eds.), *Modernity and Its Futures*, Polity Press, 1992.

188. Sam Rosenfeld, *The Polarizers: Postwar Architects of Our Partisan Era*, University of Chicago Press, 2018.

189. Samuel Kernell, Gary C. Jacobson, Thad Kousser & Lynn Vavreck, *The Logic of American Politics (Eighth Edition)*, CQ Press, 2017.

190. Samuel P. Huntington, *Who Are We? The Challenges to America's National Identity*, Simon & Schuster, 2005.

191. Sean M. Theriault, *Party Polarization in Congress*, Cambridge University Press, 2008.

192. Seymour Martin Lipset, *Political Man: The Social Bases of Politics*, Knopf Doubleday Publishing Group, 1960.

193. Sidney Verba, Kay Lehman Schlozman & Henry E. Brady, *Voice and Equality: Civic Voluntarism in American Politics*, Harvard University Press, 1995.

194. Starkman D., *The Watchdog That Didn't Bark: The Financial Crisis and the Disappearance of Investigative Journalism*, Columbia University Press, 2014.

195. Stephen Marche, *The Next Civil War: Dispatches from the American Future*, Avid Reader Press, 2022.

196. Steve Fraser, Gary Gerstle (eds.), *The Rise and Fall of the New Deal Order*, 1930–1980, Princeton University Press, 1989.

197. Steven Levistsky and Daniel Ziblatt, How Democracies Die, Crown, 2018.

198. Surowiecki J., *The Wisdom of Crowds*, Anchor, 2005.

199. Theodor W. Adorno, *Negative Dialektik*, Suhrkamp, 1966.

200. Thomas Carothers, Andrew O'Donohue (eds.), *Democracies Divided: The Global Challenge of Political Polarization*, Brookings Institution Press, 2019.

201. Thomas E. Mann, Norman J. Ornstein, *It's Even Worse Than It Looks: How the American Constitutional System Collided with the New Politics of Extremism*, Basic Books, 2012.

202. Thomas E. Mann, Norman J. Ornstein, *Rivals for Power: Presidential-Congressional Relations*, Basic Books, 2012.

203. Thomas J. Main, *The Rise of the Alt–Right*, Brookings Institution Press, 2018.

204. Thomas Piketty, *Capital in the Twenty–First Century*, The Belknap Press, 2014.

205.Tim LaHaye, *The Unhappy Gays: What Everyone Should Know About Homosexuality*, Tyndale House, 1978.

206. V. O. Key Jr., *Politics, Parties, and Pressure Groups*, Thomas Y. Crowell, 1958.

207. Walter Burnham, *Critical Elections and the Main springs of American Politics*, W. W. Norton, 1970.

208. Walter Scheidel, *The Great Leveler: Violence and the History of Inequality from the Stone Age to the Twenty–First Century*, Princeton University Press, 2017.

209. Werner Sombart, *Why is There No Socialism in the United States?*, Springer, 1976.

210. William Crotty (ed.) , *Polarized Politics: The Impact of Divisiveness in the US Political System*, Lynne Reinner Publishers, 2015.

211.William Frey, *Metropolitan Magnets for Domestic and International Migration*, Brookings, 2003.

212. William G. Howell, Terry M. Moe, *Presidents, Populism, and the Crisis of Democracy*, University of Chicago Press, 2020.

后 记

本书是国家社会科学基金重大项目“当代西方国家政治极化的现状与趋势研究”（21&ZD159）和国家社会科学基金重点项目“当代西方国家政治极化的源起与影响研究”（21AZZ002）的阶段性成果之一。收录的27篇论文均为近些年在政治极化领域较有影响的最新成果。其作者中既有著述等身的学界前辈，也有炉火纯青的学科中坚，更有崭露头角的学术新秀。令我欣慰的是，国内政治学界竟然隐藏着如此一支虽不甚相熟甚至素未谋面但志趣相投、神交已久的虚拟研究团队，尤其令人感动的是，在邀约文稿时，他们无一例外地毫不犹豫，慨然相允。

民主是全人类共同的价值追求和政治理想。在建设中国式现代化的时代背景和构筑政治学自主知识体系的理论语境中，依然需要借助比较政治的宏阔视野，深入了解并理性看待当前欧美民主政治的发展动向。其中，作为当前欧美民主政治最新变化和显著特征的政治极化现象尤其值得关注。国内政治学界对于政治极化现象的关注起步较晚，若不算散落其间、偶有论及的成果，专题性的系统研究最早可追溯至2010年左右。未曾想，当下政治极化研究已经蔚为壮观，成果规模、学术质量和研究方法不断提升。十余年间，国内学者围绕何为政治极化、美国的政治极化何以产生且有何影响、未来趋势如何等问题已经形成一系列重要的研究成果。对已有研究成果做一个阶段性的梳理，对从事此项研究的学者群体做一个全员式的盘点，对新时代中国政治学人的气质和风范做一个广角级的呈现，是本书编撰的初心所在。

最近几年，我的研究重心从思想理论转向现实问题，政治极化是这一转向的重要支点和落脚点。立足古今中西、文明互鉴的视角，希望可以通过对欧美政治文明演进的观察和思考，为中国的当下和未来提供借鉴和启迪。中国的现代化探索既有世界各国的普遍特征，也有基于自己国情的中国特色。

当下欧美遭遇的困境，有些我们也在面对，有些将来可能面对，有些永远不需面对；当然，我们也必定会遇到只属于自己的“中国式问题”。从这个意义上来说，在当下倡扬本土化和自主性的今天，依然有开眼望世界的必要性和紧迫性。

再次感谢本书收录论文的各位作者，作为一本集众人智慧的册子，荣耀属于大家，但文责在我。感谢天津人民出版社的郑玥和天津教育出版社的安洁编辑，正是她们的信任和鼓励，才会有本书的面世。也要感谢我的博士生张鑫宇和硕士生徐凤翔、王颢曈、申芙源、吴楸、李昕阳，他们为论文的搜集、整理和编订付出了辛苦劳动。

庞金友于蔚秀园

2024 年 5 月 20 日